Diego López de Cogolludo

Historia de Yucatán

Barcelona **2023**
Linkgua-ediciones.com

Créditos

Título original: Historia de Yucatán.

© 2023, Red ediciones.

e-mail: info@red-ediciones.com

Diseño de cubierta: Michel Mallard

ISBN rústica: 978-84-9816-640-8.
ISBN ebooks: 978-84-9897-657-1.

Cualquier forma de reproducción, distribución, comunicación pública o transformación de esta obra solo puede ser realizada con la autorización de sus titulares, salvo excepción prevista por la ley. Diríjase a CEDRO (Centro Español de Derechos Reprográficos, www.cedro.org) si necesita fotocopiar, escanear o hacer copias digitales de algún fragmento de esta obra.

Sumario

Créditos _____ **4**

Brevísima presentación _____ **13**
   La vida _____ 13
   Las fuentes originales _____ 13

Libro I. De la historia de Yucatán _____ **15**
   Capítulo I. De las primeras noticias confusas que hubo de Yucatán, y como le descubrió Francisco Hernández de Córdoba _____ 17
   Capítulo II. Lo que sucedió a los castellanos en Campeche, y después en Potonchán, donde murieron muchos a manos de los indios _____ 22
   Capítulo III. Envía Diego Velásquez a Juan de Grijalva a proseguir el descubrimiento de Yucatán _____ 26
   Capítulo IV. Los de Tabasco tratan con a paz los castellanos que pasaron a Nueva España _____ 31
   Capítulo V. Primero obispo que hubo en la Nueva España, fue el de Yucatán, y viene el capitán Hernando Cortés a Cozumel _____ 36
   Capítulo VI. Lo que hizo Hernando Cortés en Cozumel, y como supo había españoles cautivos en Yucatán _____ 41
   Capítulo VII. Llega Jerónimo de Aguilar a Cozumel; refiérese como aportó a Yucatán, y los trabajos que en él pasó _____ 45
   Capítulo VIII. Cómo don Hernando Cortés llegó a Tabasco, y lo demás que se refiere _ 48
   Capítulo IX. De la peligrosa guerra que en Tabasco tuvieron con los indios, Cortés y sus españoles _____ 49
   Capítulo X. Del gran peligro en que se vieron los españoles en Tabasco; y como dieron los indios la obediencia _____ 54
   Capítulo XI. Dan en Tabasco a Marina la Intérprete, y cómo Francisco de Montejo fue la primera justicia real de la Nueva España _____ 59
   Capítulo XII. Francisco de Montejo lleva al rey el primero presente, y es el primero procurador de la Nueva España _____ 63

Capítulo XIII. Sale don Hernando Cortés de México para Honduras, y lo que le sucedió en Acalán Tabasco_____68

Capítulo XIV. Desgraciado fin de los que navegaban, y grandes trabajos del viaje por tierra _____72

Capítulo XV. Descúbrese una conjuración de los señores mexicanos, y la justicia en ellos ejecutada _____77

Capítulo XVI. Salen los españoles de la tierra de los Ytzaex; pasan una Sierra asperísima con gran peligro, y llegan a Honduras _____82

Libro II. De la historia de Yucatán_____ 87

Capítulo I. Capitula don Francisco de Montejo la pacificación de Yucatán, y porque se llamó así esta tierra_____89

Capítulo II. Refiérese la capitulación que se hizo para la pacificación de Yucatán ____92

Capítulo III. Prosigue la capitulación con prevenidos remedios, cautelando experimentados desórdenes_____97

Capítulo IV. Dase fin a la capitulación, y dícese el requerimiento que se mandaba hacer a los Indios_____102

Capítulo V. Sale el adelantado Montejo de España, llega a Yucatán, y resisten los indios la venida de los españoles a poblar _____107

Capítulo VI. De la primera batalla que tuvieron los Indios con los Españoles, que después poblaron en Chichen Ytzá _____112

Capítulo VII. Pueblan los españoles la Villa real: álzanse los Indios, y lo que sucedía con los de Chichen Ytzá _____117

Capítulo VIII. De lo que sucedía a Alonso Dávila en Bakhalál, y una gran batalla que tuvieron los de Chichen Ytzá _____122

Capítulo IX. Desamparan los españoles las dos poblaciones, que habían fundado en Yucatán_____127

Capítulo X. Lo que sucedió a los españoles en Yucatán, hasta que totalmente la despoblaron; yéndose a Tabasco _____132

Capítulo XI. La predicación de la Ley Evangélica estaba profetizada a estos indios por sus sacerdotes gentiles _____137

Capítulo XII. Como vinieron los primeros religiosos de san Francisco a Yucatán y predicaron el santo Evangelio_____145

Capítulo XIII. Quisieron los Indios matar a los religiosos por unos españoles, y como se volvieron a México _____150

Capítulo XIV. De otras cosas que se dicen del tiempo de la guerra con los Indios, y como vinieron otros religiosos nuestros a Yucatán _____154

Libro III. De la historia de Yucatán _____ **159**

Capítulo I. Vienen segunda vez los españoles a Yucatán, y resístenlos los indios como la primera_____161

Capítulo II. Juntan los indios grande ejército y vense en mucho peligro los españoles. Fundan en Champoton una villa, que llamaron San Pedro_____165

Capítulo III. Intentan rebelarse los indios de Champoton, remedianlo los españoles, y quieren otra vez dejar a Yucatán _____169

Capítulo IV. Sustituye el adelantado la conquista en su hijo, y refiérese la instrucción que le dio, para hacerla _____174

Capítulo V. Salen los españoles de Chanpoton, y la que les sucedió, y como poblaron la villa de Campeche _____178

Capítulo VI. Asientan real los españoles en Tihoo, vencen una batalla. Viene de paz el señor de Maní, y cómo mataron los de Zotuta a sus embajadores _____183

Capítulo VII. De una gran batalla, en que los indios fueron vencidos, y como los españoles fundaron la ciudad de Mérida en Tihoo _____188

Capítulo VIII. De lo que se fue ordenando para el gobierno de la ciudad, y fundan una cofradía a nuestra señora _____192

Capítulo IX. Salen de Mérida a la conquista de Choáca, y como fueron vencidos los Cocómes de Zotuta _____197

Capítulo X. Trátase de vender indios esclavos para fuera de Yucatán, y no se dio licencia para ello _____202

Capítulo XI. Mandanse desmontar los solares para medir la ciudad: espachase procurador a España, y que instrucción le dieron _____207

Capítulo XII. Refiérese una carta del cabildo, en que dice al rey el estado de la población de Yucatán._____211

Capítulo XIII. Pónese un testimonio del obispo Landa, que confirma lo referido, y otras cosas, que en la ciudad se ordenaron_____217

Capítulo XIV. Fúndase la Villa de Valladolid en la provincia de Conil _____220

Capítulo XV. Mudan la villa al sitio en que está, y fundan la de Salamanca en Bakhalál _____225

Capítulo XVI. Nombres de los conquistadores que se avecindaron en Mérida, cuando se fundó la ciudad _____229

Libro IV. De la historia de Yucatán _____237

Capítulo I. De la situación, temperamento, frutos y cosas singulares de la tierra de Yucatán _____239

Capítulo II. De la abundancia de mantenimientos que hay en Yucatán, y admirables edificios que en él se hallaron _____244

Capítulo III. De las primeros pobladores de Yucatán, que tuvo señor supremo, y como se dividió el señorío, gobernaban y trataban _____249

Capítulo IV. De los delitos y penas con que eran castigados los indios, y de muchas supersticiones suyas _____254

Capítulo V. Como conservaban la memoria de sus sucesos, dividían el año, y contaban los suyos, y las edades _____259

Capítulo VI. De la credencia de religión de estos indios, que parece haber tenido noticia de nuestra santa fe católica _____264

Capítulo VII. De otros ritos de religión, que tenían estos indios en tiempo de su infidelidad _____268

Capítulo VIII. De algunos ídolos especialmente venerados, y motivos que para ello tuvieron _____273

Capítulo IX. Hállanse cruces en Yucatán, que adoraban, siendo idolatras gentiles, y lo que de esto se ha dicho _____278

Capítulo X. Del estado y gobierno político de la ciudad de Mérida, cabeza de Yucatán _____283

Capítulo XI. Del gobierno eclesiástico, y de la santa catedral de la ciudad de Mérida 288

Capítulo XII. De nuestro convento principal, y iglesia de la ciudad de Mérida _____293

Capítulo XIII. Del convento de religiosas, y colegio de la compañía de Jesus con su universidad _____297

Capítulo XIV. Del hospital de San Juan de Dios: de nuestro convento de la Mejorada, y otras ermitas _____301

Capítulo XV. De la villa y puerto de San Francisco de Campeche, y milagrosas Imágenes que tiene _____305

Capítulo XVI. De las villas de Valladolid y Salamanca: y en Tabasco de la Vitoria y Villahermosa _____309

Capítulo XVII. Del gobierno espiritual y temporal de los indios de Yucatán después de su conversión _____314

Capítulo XVIII. Prosigue el precedente, y como se celebran los oficios divinos _____318

Capítulo XIX. De las doctrinas de indios, que administra la Clerecía de este obispado de Yucatán _____322

Capítulo XX. De las doctrinas que administramos los religiosos de esta provincia _____325

Libro v. De la historia de Yucatán _____ 335

Capítulo I. Viene el adelantado a Yucatán, y los religiosos que fundaron esta provincia _____337

Capítulo II. Revélanse los indios orientales a tres años pacificados, y las crueldades usadas con los españoles _____341

Capítulo III. La ciudad de Mérida socorre a Valladolid, a quien pusieron cerco los indios _____346

Capítulo IV. Revélase en el mismo tiempo el pueblo de Chanlacao en Bakhalal, y como se apaciguó _____350

Capítulo V. El padre fray Luis de Villalpando convierte los indios del territorio de Campeche, y baja a Mérida _____354

Capítulo VI. Convócanse en Mérida todos los caciques, para que entiendan a que han venido los religiosos _____358

Capítulo VII. Van los religiosos a los pueblos de la Sierra, donde son bien recibidos, y después quieren quemarlos _____362

Capítulo VIII. Libra Dios a los religiosos: son presos los agresores, y consiguen que no mueran por el delito _____367

Capítulo IX. Vienen más religiosos de México y España, y celebrase el primero capítulo custodial de esta provincia _____371

Capítulo X. Mandádse tomar residencia, y quitar los indios de encomienda al adelantado, y porque causa lo uno y otro _____376

Capítulo XI. Quítanse los indios al adelantado. Va con su residencia a España, y muere: y dícense sus sucesores _____380

Capítulo XII. Doña Catalina de Montejo pide restitución de los indios quitados a su padre, y litigio que en ello hubo _____384

Capítulo XIII. Renuncia el adelantado su derecho en un sobrino suyo, dícese la conclusión del litigio _____389

Capítulo XIV. Ocupado el padre Landa en la conversión de los indios, intentan matarle y sucédenle cosas notables _____395

Capítulo XV. Suceden al adelantado algunos alcaldes mayores, y celebrase el segundo capítulo custodial de esta provincia _____400

Capítulo XVI. Fue necesario hacer leyes con autoridad real, para evitar en los indios algunos ritos de su gentilidad _____405

Capítulo XVII. Prosiguen las leyes más en orden al bien espiritual de los indios _____409

Capítulo XVIII. Continúa lo espiritual de la cristiandad y ordena otras cosas, que conducen a ella _____414

Capítulo XIX. De otras ordenanzas en orden a la policía temporal de los indios _____418

Libro VI. De la historia de Yucatán _____423

Capítulo I. Erígese en provincia esta de Yucatán, y hace el provincial un grave castigo en unos indios idólatras _____425

Capítulo II. De la muy celebrada y devota imagen de la virgen santísima de Ytzmal _____429

Capítulo III. De otros milagros de nuestra señora de Itzmal _____434

Capítulo IV. Celébrase con gran concurso la fiesta de la virgen de Ytzmal, y refiérense otras milagrosas de este reino _____438

Capítulo V. De un singular duende, que hubo en la villa de Valladolid _____442

Capítulo VI. Vienen de España obispo y alcalde mayor. Renuncia el provincial su oficio, y va a España _____445

Capítulo VII. Sepárase esta provincia de Guatemala, y lo que sucedió con el obispo, y a nuestro padre Landa en España _____450

Capítulo VIII. Solicitan los religiosos el bien espiritual y temporal de los indios con provisiones reales _____455

Capítulo IX. De los gobernadores don Luis Céspedes, y don Diego de Santillán, y sucesos de su tiempo _____459

Capítulo X. Celébrase capítulo provincial, y dícese la vida de nuestro don padre fray Francisco de la Torre _____464

Capítulo XI. De la muerte del V. padre, y cosas notables en ella sucedidas, y sentimiento de los indios _____469

Capítulo XII. Dícense en suma las vidas de los padres fray Jacobo de Testera, fray Luis de Villalpando, y fray Lorenzo de Bienvenida, fundadores de esta provincia ___473

Capítulo XIII. Cómo acabaron esta presente vida los padres fray Melchor de Benavente, y fray Juan de Herrera ___477

Capítulo XIV. Vida y muerte del padre fray Bartolomé de Torquemada, hijo desta provincia y las de otros religiosos___481

Capítulo XV. Viene nuestro padre Landa consagrado obispo a Yucatán, y dale el rey treinta religiosos para la administración de los indios ___485

Capítulo XVI. Viene a este gobierno Francisco Velásquez Guijón. Solicita el obispo aliviar a los indios, y los disgustos que de ello se originaron ___490

Capítulo XVII. Va el obispo a México, y volvió a desta tierra, y algunas cosas que le sucedieron___494

Capítulo XVIII. Como murió el obispo don fray Diego de Landa, y fue revelada su muerte por un difunto ___498

Libros a la carta___**507**

Brevísima presentación

La vida
Diego Lopez de Cogolludo. España.
Nació en Alcalá de Henares en España, y se hizo Franciscano en el convento de San Diego, el 31 de marzo de 1629. Emigró a Yucatán, donde ejerció como en lector en teología, guardián y provincial de su orden.

Las fuentes originales
Historia de Yucatán fue publicada en Madrid en 1688, y reimpresa en 1842 y 1867, es una obra con información compilada por Diego Lopez en una época en la cual las fuentes más antiguas, hoy desaparecidas, eran aún accesibles.

Libro I. De la historia de Yucatán

Capítulo I. De las primeras noticias confusas que hubo de Yucatán, y como le descubrió Francisco Hernández de Córdoba

Gloriosos principios dignos de eterna memoria, no fábulas fingidas para gloria de la Nación Española; verdades sí admiradas del Orbe, emuladas del resto de las Monarquías; gran parte de un nuevo mundo (según el común lenguaje) manifestado a nuestra posteridad, y conquistado por el valor de pocos españoles, ofrecen asunto a la rudeza de mi pluma, escribiendo esta historia de Yucatán, que manifestado, ocasionó a la corona de Castilla la posesión de los amplísimos reinos de la Nueva España y sus riquezas. Habiendo el almirante don Cristóbal Colon descubierto la Isla Española y demás provincias, que en las historias de estos reinos se leen, hasta su cuarto viaje, que hizo a ellas desde las de España, pasado las calamidades, que se leen en la historia general de Herrera, y vagueando por el Océano; le llevaron sus corrientes a dar vista a las Islas que están cerca de Cuba. La contradicción de los vientos, oposición de las corrientes, no verse el Sol, ni las estrellas, la continuación de los aguaceros, truenos y relámpagos, que abortaban las nubes; no les dio lugar a más que hallarse sesenta leguas del puerto de Yaquimo, después de sesenta días que de él había salido. Enfermaron los marineros con los grandes trabajos, y aun el cuidado con que el almirante había estado en ellos, le puso en riesgo de perder la vida. Procediendo adelante con no menores peligros, descubrió una Isla pequeña con otras tres o cuatro junto a ella bien pobladas, que llamaron Guanajas, por haberle dado los indios este nombre a la primera, que vieron. Salió a tierra don Bartolomé hermano del almirante, a reconocer la gente por mandato suyo, y vio venir de la parte Occidental una canoa de admirable grandeza, en que venían veinticinco indios, que viendo los bajeles de nuestros españoles, ni se pusieron en fuga, ni usaron de defensa, con el miedo que concibieron de ver gente para ellos tan nueva. Fue la canoa a vista del almirante, que hizo subir a su navío los indios, mujeres, e hijos que llevaban. Halló ser gente vergonzosa y honesta, porque si les tiraban de la ropa, con que iban cubiertas, al punto se cubrían: cosa que dio mucho gusto al almirante, y a los que tenía consigo. Tratólos con agradables caricias, y dióles algunas cosas de las que llevaba de Castilla en trueque de otras de las que le parecieron vistosas, para llevar por muestra de las gentes que había descubierto; y quedándose con el viejo, para tener noticia de la tierra, licenció a los demás, para que se fuesen en paz en su canoa.

Eran estos indios de este reino de Yucatán, pues por la parte Oriental tienen al golfo de Guanajos, y no dista de aquella Isla en que estaba el almirante (que la llamó Isla de Pinos, por los muchos que vieron en ella) poco más de treinta leguas, y yendo como iban de la parte Occidental, era forzoso fuesen de Yucatán, pues no hay otra tierra de donde pudiesen salir seguros en embarcación tan pequeña, aunque para canoa era grande, que tenía ocho pies de ancho. Llevaban en ella mucha ropa de la que en esta tierra se teje de algodón, como son mantas tejidas de muchas labores y colores, camisas cortas hasta la rodilla, que aun hoy no las usan más largas; unas mantas cuadradas que usan en lugar de capas, a que llaman zuyen (zuyem), navajas de pedernal, espadas de maderas, que hay de muchísima fortaleza, con navajas de las referidas pegadas en una canal, que labraban, con otras cosas de bastimentos de esta tierra, que se dirán en su lugar.

Quedó por entonces el conocimiento de esta tierra tan confuso, que se persuadía el almirante, era principio la vista de aquellas gentes para hallar por ellas noticia del Catayo y gran Can, aunque la experiencia después mostró lo que se ha visto; y queriendo proseguir al Occidente, le dijo tales cosas el indio viejo de las tierras que señaló al Oriente (sin duda porque no aportara a su tierra) que volvió la derrota para Levante, y dejó el poniente, con que se quedó este reino de Yucatán, y los demás de la Nueva España sin ser conocidos. Pero la Providencia divina dispone las cosas, como ve que convienen. Conocióse esto claramente, pues después por el año de 1506, cuatro después de lo dicho, intentando con emulación de los descubrimientos del almirante, Juan Díaz de Solís y Vicente Yáñez Pinzón, hallar nuevas tierras, siguieron el descubrimiento, que el almirante había hecho, y habiendo llegado a las Islas de los Guanajos, y habiendo de coger la vía de Levante, navegaron hacia el poniente hasta reconocer la entrada del golfo Dulce, cuya boca a la mar es como un río, que sale a ella por entre cerros muy altos (dos veces he estado en él) y va dando algunas vueltas por tierra, por cuya causa no le vieron, y tomando la vuelta del norte, descubrieron lo oriental de Yucatán, sin que ellos, ni por algún tiempo otra persona prosiguiese este descubrimiento, ni se supiese más de estas tierras.

Hallábase el gobernador Pedrarias Dávila en el Darién con falta de mantenimientos y sobra de gente castellana, y estas dos cosas le obligaron a dar licencia, para que los españoles, que se quisieron ir a otras partes, pudiesen hacerlo. Bernal Díaz del Castillo dice en su historia, que fue uno de los que le pidieron licencia para irse a Cuba, por ver las revueltas que había entre los soldados y capitanes de Pedrarias, y porque había mandado degollar por sentencia a Vasco Núñez de Balboa desposado con hija suya, por sospecha, que se quería alzar contra él por el mar del Sur. Gobernaba en aquel tiempo Diego Velásquez la Isla de Cuba, haciendo buen tratamiento a los españoles que en ella estaban, y los acomodaba lo mejor que era posible, con que los de aquella Isla se hallaban ricos. Teníase ya noticia en el Darién de esto, y así se determinaron cien españoles de los que allí estaban, la mayor parte de ellos nobles, de irse a la Isla de Cuba, y así lo ejecutaron, recibiéndolos el gobernador con afabilidad y promesas, de que en habiendo ocasión los acomodaría. Alargábase esto más de lo que quisieran, y viendo, que perdían el tiempo, se resolvieron los que vinieron de Tierra firme, o Darién, con otros de los que estaban en Cuba, de buscar nuevas tierras, y en ellas mejor ventura. Tratáronlo con el gobernador Diego Velásquez, y parecióle bien, y juntos ciento y diez soldados, nombraron por su capitán a un hidalgo llamado Francisco Hernández de Córdoba, hombre rico y que tenía indios depositados en aquella Isla. Entre todos compraron dos navíos de buen porte, y otro les fiaba el gobernador, con tal que fuesen primero a las Guanajas, y de ellas le trajesen indios, con que pagar el valor del barco. No vinieron en ello, por parecerles no era justo hacer esclavos personas de suyo libres, y no obstante les dio el barco, y ayudó con bastimentos para el viaje.

Prevenido todo lo necesario de bastimentos, armas y municiones, con algunos rescates de cuentas y otras cosillas, y tres pilotos que gobernasen los bajeles, el principal Antón de Alaminos, natural de Palos, el otro Juan Álvarez el Manquillo, de Huelva, y otro llamado Camacho de Triana, y un clérigo Alonso González por su capellán, se alistaron ciento y diez soldados, y por su capitán Francisco Hernández de Córdoba: por veedor para lo que tocase al rey Bernardino Iñiguez (y no Núñez como dice Herrera) natural de Santo Domingo de la Calzada. A 8 del mes de febrero, año de 1517, se hicieron a la vela en el puerto, que los indios llamaban Jaruco a la banda del norte, y pasaron por el que se llama La Habana, a buscar el Cabo de San Antón, para desde allí en alta mar hacer su viaje, en que tardaron doce días, según dice Bernal Díaz, aunque Herrera dice que solos cuatro. Doblada aquella punta, le dieron principio, encomendándose a Dios y a la buena ventura, sin derrota cierta, sin saber bajos, corrientes, dominación de vientos, y otros riesgos, que en tal tiempo hoy se experimentan. Luego se hallaron en ellos con una tormenta, que les duró dos días con sus noches, y con que entendieron perderse. Abonazó el tiempo, y pasado veintiún días después que salieron de la Isla de Cuba, vieron nueva tierra, dando a Dios muchas gracias por ello.

Desde los navíos vieron un gran pueblo, que por no haber visto otro tan grande en Cuba, le llamaron el Gran Cairo, distante de la costa al parecer dos leguas. Disponiéndose para salir a reconocer la tierra, una mañana a 4 de marzo, vieron ir a los navíos cinco canoas grandes navegando a remo y vela, llenas de indios, que llegaron haciendo señas de paz, llamándolos también con ellas desde los navíos. Acercáronse sin temor, y entraron en la capitana más de treinta indios, vestidos con sus camisetas de algodón, y cubiertas sus partes verendas. Holgáronse de verlos así, teniéndolos por gente de más razón que los de Cuba (como también sucedió al almirante Colon) y los regalaron, y dieron algunos sartales de cuentas verdes, que estimaron los indios, habiendo mirado con cuidado aquel modo de gentes tan extrañas para ellos, y la grandeza y artificio de los navíos, nunca de ellos vista; el principal, que era cacique, hizo señas, que se quería volver al pueblo y que otro día traería más canoas en que saliesen los españoles a tierra. Cumplió el cacique su promesa, y al otro día por la mañana vino a los navíos con doce canoas grandes y muchos indios remeros, y con muestras de paz dijo al capitán, que fuesen a su pueblo, donde les darían comida, y lo demás necesario, que para llevarlos traía aquellas canoas. Decíaselo con las palabras, que en su lengua lo significan, y como repetía Conéx cotóch: Conéx cotóch (coneex c'otoch, coneex c'otoch.) que es lo mismo, que venid a nuestras casas; entendieron los españoles, que así se llamaba aquella tierra, y la nombraron Cabo o Punta de Cotóch (c'otoch), nombre, que quedó en las cartas de marear, y por donde se conoce.

Por ver la costa llena de indios, recelando lo que después sucedió, salieron los castellanos en sus bateles y en las canoas a tierra con quince ballestas y diez escopetas, según dice Bernal Díaz, aunque Herrera veinticinco ballestas parece que da a entender. Bien necesitaron de esta prevención, porque porfiando el cacique en llevarlos a su pueblo y guiándolos él mismo; al pasar por un montecito breñoso, dio voces el cacique, y a ellas salió gran multitud de indios, que tenía puestos en celada, y comenzaron a flechar a los españoles. Tal fue el ímpetu con que acometieron, que a la primera rociada hirieron quince soldados, y tras ella se juntaron con los españoles peleando con sus lanzas y espadas muy orgullosos, y dice Bernal Díaz, que les hacían mucho mal. Poco rato pudieron sufrir las heridas de las armas españolas, y habiendo muerto quince de ellos, los restantes huyeron, si bien prendieron dos indios, que después fueron cristianos; el uno se llamó Melchor y el otro Julián. Mientras duraba esta escaramuza, el clérigo Alonso Gonzáles, fue a unos adoratorios, que estaban un poco adelante en una placeta; y eran tres casas labradas de piedras, y allí halló muchos ídolos de barro, unos como caras de demonios, otros de mujeres, altos de cuerpo, otros al parecer de indios, que estaban cometiendo sodomías. En unas arquillas de maderas, que allí estaban, metió el clérigo algunos ídolos, y unas patenillas, tres diademas y otras piecezuelas a modo de pescados, y ánades de oro bajo, que enseñó después a los compañeros. Ellos habiendo visto casas de piedra, cosa que no usaban los indios de Cuba, y aquellas señales de oro, quedaron, aunque heridos, muy contentos, habiendo reconocido tal tierra. Acordaron con esto de volverse a embarcar, y curaron los heridos; salieron de allí costeando al occidente, navegando de día, y reparándose de noche a vista siempre de tierra, diciendo el piloto Alaminos, que era isla, y a quince días dieron vista a un pueblo al parecer grande, con una ensenada, que creyeron era río o arroyo, donde podrían coger agua, de que ya llevaban falta, por ir las pipas maltratadas. Domingo, que llaman de Lázaro, salieron a tierra junto al pueblo, que era Campeche (Can Pech), y por esta ocasión le llamaron San Lázaro, y hallando un pozo de donde vieron beber a los indios, hicieron su aguada. Con recelo de lo sucedido en Cabo de Cotóch (c'otoch), salieron muy bien prevenidos de armas. Recogida el agua, queriendo volverse a los navíos, fueron del pueblo como cincuenta indios, con buenas mantas de algodón, y preguntaron por señas, que buscaban, señalando con la mano, que si venían de donde sale el Sol, y con ser la primera vez que los vieron, decían Castilan, Castilan, sin reparar en ello los castellanos por entonces. Respondieron a los indios, que querían agua e irse. Ellos los convidaron a su pueblo, y los españoles con recato, y en concierto fueron con ellos, que los llevaron a unas casas de piedra muy grandes, que eran adoratorios de sus ídolos.

Capítulo II. Lo que sucedió a los castellanos en Campeche, y después en Potonchán, donde murieron muchos a manos de los indios

Los adoratorios donde en Campeche llevaron los indios a los españoles, eran de buena fábrica como los de Cotóch (c'otoch), y tenían figuradas en las paredes, serpientes, culebras y figuras de otros ídolos, y el circuito de uno como altar lleno de gotas de sangre muy fresca, que según supieron después acababan de ofrecer unos indios en sacrificio, pidiendo a sus ídolos victoria contra aquellos extranjeros; y dice Bernal Díaz, que a otra parte de los ídolos tenían unas señales, como a manera de cruces. Andaba gran gentío de indios y indias, como que los iban a ver riéndose, y al parecer de paz. Después vinieron muchos indios cargados de carrizos secos, que pusieron en un llano, luego dos escuadrones de flecheros, lanzas, rodelas y hondas, con unos como capotes colchados de algodón, arma defensiva para las flechas, cada escuadrón su capitán delante, y puestos en concierto se apartaron poca distancia de los españoles. Remató este aparato en que salieron de otro adoratorio diez indios con ropas de mantas de algodón largas y blancas; los cabellos largos y revueltos, que sino era cortándolos no podían esparcirse y llenos de sangre. Llevaban éstos unos como braserillos, y con una resina, que llaman copal (pom), sahumaron a los castellanos, a quien hicieron señas que se fuesen antes, que se quemase aquella leña, porque sino les harían guerra, y matarían. Juntamente mandaron poner fuego a los carrizos, y se fueron callando aquellos diez indios, que eran sacerdotes de los ídolos. Los de los escuadrones comenzaron a dar grandes silvos, y tocar sus trompetillas y tunkules, que son como atabalejos, y hacer ademanes muy bravos. No estaban sanos aun los heridos de Cabo de Cotóch (c'otoch), y habían muerto dos de ellos, que echaron a la mar, y así los españoles con recelo de tan gran gentío se fueron retirando por la playa y algo lejos del pueblo se embarcaron con sus pipas de agua, porque tuvieron por cierto los habían de acometer al embarcarse.

Salieron los españoles del puerto de Campeche, o Kimpech, como llaman los indios, y prosiguiendo su viaje al occidente, después de seis días, los dio un norte, que duró cuatro con gran riesgo de perderse. «O en que trabajo nos vimos (dice Bernal Díaz) que si se quebrara el cable, íbamos a la costa perdidos.» Cesó el temporal, y dieron vista a una ensenada, que parecía habría río o arroyo, y adelante de ella, como una legua, un pueblo llamado Potonchán (Chakan Poton). Parecióles salir a hacer agua, de que llevaban necesidad; pero advertidos con lo pasado, salieron todos y con sus armas. Hallaron unos pozos cerca de otros adoratorios y caserías de piedra, y habiendo llenado las vasijas, no pudieron meterlas en los bateles para llevarlas a bordo, porque vinieron del pueblo muchos indios de guerra, armados con sus sacos de algodón hasta la rodilla, arcos y flechas, lanzas y rodelas, espadas a manera de montantes, que jugaban a dos manos, hondas y piedras, las caras de blanco, negro y colorado pintadas, que llaman embijarse, y cierto parecen demonios pintados, muy empenachados, y como que iban de paz, preguntaron lo mismo que los de Campeche, repitiendo la palabra Castilan, Castilan, que entonces advirtieron, pero no entendieron que pudiese ser.

A prima noche, o poco antes era ya, y así les pareció quedarse allí aquella noche, aunque cuidadosos y velando todos. Estando de aquella suerte, oyeron gran ruido y estruendo, que era de más indios de guerra, que se venían a juntar con los otros. Hubo diversos pareceres si se embarcarían o no, pero resolvieron aguardar en que paraba tanto ruido: algunos decían, que sería bueno acometerlos, que como dice el refrán: quien acomete, vence; pero retardólos ver, que para cada español había trescientos indios. Encomendáronse a Dios, y aguardaron de día claro, vieron ir para ellos grandes escuadrones con sus banderas tendidas. Cercaron por todas partes a aquellos pocos españoles, y tal rociada les dieron, que de ella quedaron heridos ochenta. Juntáronse luego con los españoles, a quien llevaban a mal andar, aunque las heridas, que recibían los indios, eran tan desmedidas de las que daban, pero la multitud les daba la mejor parte en la pelea. Apartábanse algo de los españoles, pero desde allí como a terrero los flechaban más a su gusto, y apellidaban contra el capitán, repitiendo Halachvinic, Halachvinic (halach uinic), y así cargaron tantos indios sobre él, que le dieron doce flechazos, y se llevaron vivos dos españoles, el uno llamado Alonso Bote y otro un viejo portugués. Traían de comer a los indios que peleaban desde el pueblo, y con mudarse de nuevo los escuadrones, trataron tan mal a los españoles, que muertos ya más de cincuenta, los restantes por salvar las vidas, hechos todos un escuadrón, rompieron por las de los indios, para recogerse a los bateles, que estaban en la costa. Allí la grita, silvos y mayor persecución de los indios (que todo parece se levanta contra el que huye) y no dejaban de herir en los españoles. Como acudieron de golpe a sus bateles, y entraban tantos, se les iban a fondo, y así unos asidos a ellos, y otros medio nadando, llegaron al menor navío, que ya se acercaba a socorrerlos, y al embarcarse fue donde hicieron gravísimo daño los indios a los españoles, a quienes libró Dios de tan peligroso trance. Embarcados, hallaron menos cincuenta y siete compañeros, con los dos que llevaron vivos, y cinco que luego murieron de las heridas. Duró el combate poco más de media hora, y llamaron al paraje Bahía de mala pelea, por el desgraciado suceso de la referida. Solo un soldado llamado Berrio, se halló sin herida alguna: todos los demás con dos, tres y cuatro, y el capitán Francisco Hernández de Córdova con los doce flechazos; las heridas enconadas, y muy doloridas, como que se habían mojado con el agua salada; pero aunque tan mal parados, se curaron y dieron gracias a Dios de no haber quedado con los demás en la playa.

Con este gran desastre determinaron volverse a Cuba, y por estar muchos marineros heridos, que se hallaron en la refriega: acordaron quemar el navío menor, y en los dos mayores repartirse, para que hubiese bastantemente quien marease las velas. Dadas al viento, sobre sus desdichas, iban padeciendo gran sed, porque con la prisa del embarcarse no llevaron agua, y llegaron a tanto extremo, que con la sequedad se les abrieron grietas en las lenguas y bocas. Al cabo de tres días vieron un ancón o estero, donde les pareció habría agua, y salieron a tierra quince marineros, que por no haber salido de los navíos estaban sanos, y tres soldados de los menos peligrosos por las heridas, y con azadones hicieron pozos en tierra por no hallar río, como entendieron, pero aunque de mal gusto, y salobre, la hubieron de llevar por no haber otra; dos que solamente pudieron beberla, quedaron dañados los cuerpos y las bocas. Llamáronle al estero de los lagartos, por los que en el vieron. Mientras se hacia lo dicho, les dio otro viento nordeste, que a no venir los que estaban en tierra, y echar nuevas anclas y cables, peligraran, pero con ellas se aseguraron dos días, que allí estuvieron.

Pareció a los pilotos, que para volver desde allí a Cuba, era más acertada navegación atravesar a la Florida, que volver por donde habían venido. Atravesaron este golfo, y a cuatro días vieron tierra de la Florida. Salieron a ella veinte soldados de los más sanos, advertidos del piloto Alaminos, que estuviesen con recato, porque cuando estuvo allí con Juan Ponce de León, les habían muerto los indios muchos soldados. Puesta guarda en una playa muy ancha, cavaron unos pozos, donde fue Dios servido, hallaron buena agua, con que sumamente se alegraron, habiendo sido tan mala la que bebían. Estando con este gusto, vieron venir un soldado de la posta, dando grandes voces, y previniendo arma, porque venían muchos indios de guerra, así por tierra, como por mar en canoas, y que casi juntamente llegaron con el soldado. Vinieron derechas para los españoles, flechándolos, y con la repentina hirieron a seis; pero respondiéronles tan presto con las escopetas, ballestas y espadas, que luego los dejaron, y fueron a ayudar a los de las canoas, que embistieron con el batel, y peleaban con los marineros. Entraron al agua los nuestros a favorecer el batel, y en el agua y tierra mataron veintidós indios y prendieron tres heridos, que después murieron en los navíos. Acabada la refriega preguntaron al soldado que dio el aviso por su compañero, y dijo, que se había apartado con un hacha a cortar un palmito, y que le oyó dar voces, y por eso vino a dar aviso. Fueron en busca de él por las señales, y hallaron una palma comenzada a cortar, y cerca de ella mucha huella de gente más que en otras partes, y aunque le buscaron por más de una hora, no le hallaron, con que tuvieron por cierto le llevaron vivo. Este Soldado era Berrio, el que solamente salió sin heridas de Potonchán (Chakan Poton).

Grande fue el alegría de los que estaban en los navíos con el hallazgo de la buena agua, y era tan grande la sed que padecían, que desde el un navío se arrojó un soldado al batel, y cogiendo una botija bebió tanta, que se hinchó y murió. De allí fueron con no menor trabajo y cuidado, por hacer mucha agua uno de los navíos, hasta Puerto de Carenas, que hoy es La Habana, donde salidos a tierra, dieron a Dios muchas gracias por haberlos dejado volver a ella. Dieron por la posta aviso al gobernador Diego Velásquez de su llegada y sucesos, y el capitán Francisco Hernández no pudiendo por sus muchas heridas pasar a Cuba, se fue a la villa de Sancti Spiritus, donde tenía su encomienda de indios, y a diez días murió. En La Habana murieron otros tres soldados de las heridas, con que salieron de Potonchán (Chakan Poton), y los demás soldados se desparcieron por la Isla: Así solamente haber descubierto a Yucatán, sin más que las desgracias referidas, costó las vidas de sesenta y dos españoles. La novedad de los indios de Yucatán, haberse visto en él casas de piedra, las figuras de los ídolos, las joyuelas que el clérigo Alonso González llevaba, decir los dos indios Julián y Melchor, que había en su tierra de aquello, cuando les mostraban el oro en polvo, avivó la fama del descubrimiento de la nueva tierra, con presunción de que se hallarían grandes riquezas, por no haberse visto hasta entonces otra semejante. Luego dio noticia de todo a los señores que gobernaban las cosas de las indias, el gobernador Diego Velásquez, como diré, y ellos la dieron al rey, que estaba en Flandes. Pidió la tierra nuevamente descubierta el almirante de aquellos Estados a su majestad en feudo, y que la poblaría de gente flamenca a su costa, y que para que tuviese mejor efecto le diese el gobierno de la Isla de Cuba. Con facilidad se le concedió, sin advertir los inconvenientes que de ello se podían seguir a la real corona, y el agravio y perjuicio del almirante de las indias. Representáronlo los castellanos, y suspendióse la merced hecha; satisfaciendo al almirante de Flandes, con que su majestad no podía hacer semejante merced, sin concluir el pleito que el almirante de las Indias tenía con su fiscal sobre la observancia de sus privilegios y otras justas causas. Con esto se quedó el almirante de Flandes sin este reino de Yucatán y cuatro o cinco navíos, que ya tenía en San Lúcar con gente flamenca, para que le poblasen, se volvieron a sus tierras de donde habían salido. Guardaba la Divina Providencia a Yucatán, para principio del aumento, que a la corona de Castilla se siguió con tantas provincias y reinos, como en esta Nueva España se le juntaron, de que este fue primicia, pues por él se vino en conocimiento de esotros.

Capítulo III. Envía Diego Velásquez a Juan de Grijalva a proseguir el descubrimiento de Yucatán

Pasó el año de 1517, en que el gobernador Diego Velásquez, atendiendo a la nueva manifestación de Yucatán, y las grandes esperanzas que dél se habían concebido, solicitando con todas las agencias posibles, que se viniese segunda vez a continuar este viaje. No pudo conseguirlo hasta el año siguiente, por la prevención, que negocio de tanta calidad requería. Finalmente se juntaron cuatro navíos, los dos con que vino Francisco Hernández de Córdoba, comprados a costa de los soldados, y otros dos, que compró con sus dineros el gobernador Diego Velásquez. Hallábanse en Santiago de Cuba Juan de Grijalva, Pedro de Alvarado, Francisco de Montejo y Alonso Dávila, que todos tenían indios de encomienda, y eran personas valerosas. Concertóse entre todos, que el Juan de Grijalva viniese por capitán general, sin duda por ser deudo del gobernador, que así lo he leído en escritos auténticos, que los descendientes del adelantado Montejo tienen en esta tierra, donde se dice, que era sobrino suyo, y también por sus buenas prendas y edad a propósito, que era ya de veintiocho años. Por capitanes fueron señalados el general Juan de Grijalva de uno, Pedro de Alvarado de otro, Francisco de Montejo de otro, y del otro Alonso Dávila. Cada uno de estos capitanes proveyó su navío de bastimentos, a que también acudieron los soldados, según dice Bernal Díaz (no es justo ocultar lo que cada uno dio, por poco que fuese, pues siempre da mucho el que da todo lo que tiene) y el gobernador dio ballestas, escopetas, algunos rescates y los navíos.

Con la fama de las riquezas presumidas en Yucatán, se juntaron doscientos y cuarenta españoles en todos con el residuo del primer viaje. Por veedor de la armada se nombró uno, que se llamaba Peñalosa, natural de la ciudad de Segovia, pilotos los antecedentes, y otro que allí se halló. Por capellán vino otro clérigo llamado Juan Díaz. Había pasado de España el capitán Francisco de Montejo el año antecedente de catorce con Pedrarias Dávila a Tierra firme o Castilla del Oro, donde sirvió al rey con muchos y señalados servicios, y en los escritos que he dicho, se contiene, que en esta ocasión estaba en Cuba por visitador de aquella Isla, y tenía ya experiencia de descubrimientos y conquistas, y deseando servir en ellas, aceptó el oficio de capitán del un navío, que proveyó de matalotaje, como se ha dicho.

Dispuesto lo necesario para el viaje, fueron los navíos por la banda del Norte a un puerto, que se llamaba Matanzas, cerca de La Habana vieja, donde los vecinos tenían sus estancias de ganados, y allí acabaron de hacer provisión y juntarse los soldados. A 5 de abril (como dice Bernal Díaz testigo ocular) año de 1518, salió la armada de aquel puerto para Yucatán, y no del de Santiago de Cuba a 8 de abril, como dice Herrera, por no ajustarlo bien, quien hizo las relaciones que se le dieron. No llevaba orden el general Juan de Grijalva de hacer asiento, ni poblar en parte alguna, aunque hay diversos pareceres sobre esto, sino solo de acabar el descubrimiento y hacer algunos rescates. Así lo afirma Bernal Díaz tratando del descubrimiento que tuvieron después los soldados en el puerto de San Juan de Ulúa, y como se intentó dar aviso a Diego Velásquez, con estas palabras: «Porque el Juan de Grijalva muy gran voluntad tenía de poblar con aquellos pocos soldados, que con él estábamos, y siempre mostró un grande ánimo de un muy valeroso capitán, y no como lo escribe el cronista Gómara, etc.». Tenía la Providencia Divina reservada aquella facción para gloria del meritísimo marqués del Valle don Hernando Cortés.

después de diez días que salieron del puerto, doblaron la punta de Guaniguanico, a que llaman los pilotos Cabo de San Antón, y a otros ocho, que fue día de la Santa cruz de Mayo, por haber descaído algo los navíos con las corrientes respecto del primer viaje, vieron la Isla de Cozumel (Cuzamil la llaman los indios, y es lo mismo que Isla de golondrinas) y llegaron a ella por la banda del Sur, llamándola por el día que la vieron, Isla de Santa Cruz. Surgieron en buena parte limpia de arrecifes, y salieron a tierra, buena copia de soldados con el general Juan de Grijalva. Estaba cercano un pueblo de indios, que luego que vieron los navíos se huyeron al monte, por no haber visto otra vez tal gente y bajeles, solamente hallaron dos viejos, que se quedaron por no poder andar. Lleváronlos al general, que los acarició y dio algunas cuentezuelas verdes, y por medio de los dos indios Julián y Melchor, que ya entendían algo la lengua castellana, se les dijo, que fuesen a llamar al Halachvinic (halach uinic) (así llaman al gobernador) de su pueblo; pero aunque los viejos fueron regalados, no volvieron con respuesta.

Aguardándolos estaban, cuando pareció una india de buen rostro, y dijo en lengua de la Isla de Jamaica, como todos los indios de miedo se habían ido al monte. Entendieron algunos soldados la lengua, y extrañando el habla en aquella parte, le preguntaron quien era. Respondió, que era de Jamaica, y que había dos años que salieron de aquella Isla diez indios en una canoa a pescar, y que las corrientes la echaron a aquella de Cuzamil, cuyos indios mataron a su marido y demás compañeros, sacrificándolos a sus ídolos, y a ella dejaron con la vida. Pareció al general sería bueno que aquella india llamase la gente del pueblo, asegurando no se les haría daño alguno, para que le dieran dos días de plazo, aunque volvió al siguiente, diciendo no había podido persuadir a alguno que viniese. Aunque Herrera dice, que mientras pasó lo referido, mandó el general, que se dijese misa; no hace mención de esto Bernal Díaz, refiriendo otras cosas muy menudas; solo dice, que viendo el general, que estar allí era perder tiempo, mandó embarcar todos los soldados, y juntamente se fue con ellos la india de Jamaica.

Salieron de Cuzamil, y en ocho días dieron vista a Potonchán (Chakan Poton) hallándose en la bahía que llamaron de mala pelea, y de donde salieron la primera vez tan mal parados. Una legua de tierra echaron los bateles al agua, y en ellos de una vez salieron la mitad de los soldados. Luego que los indios vieron los navíos, vinieron armados y muy orgullosos por la pasada; pero el peligro en que se habían visto, hizo a los españoles más advertidos que en ella, y así llevaron unos falconetes con que ojear a los indios, y para defensa de las flechas aquellos como capotes de algodón colchados, que los indios usaban y como capotes de algodón llaman Ixcavipiles (ix ca uipil). Cargaron con todo eso los indios sobre ellos antes que saliesen a tierra y en ella, con tal coraje, que hirieron a la mitad de los españoles peleando con ellos también en tierra, mientras vinieron los bateles con el resto que quedó en los navíos. Juntos todos no pudieron los indios tolerar la fuerza y armas de los españoles y se hubieron de retirar. Mucho daño hizo a los nuestros haber langosta por aquellos pedregales, porque a veces entendían saltándoles con el vuelo, que era flecha, y la reparaban, otras que entendían que era langosta, los hería la flecha sin guardarse de ella. No costó de balde la victoria, tres soldados murieron, más de sesenta salieron heridos, y el general Juan de Grijalva con tres flechazos, y quebrados dos dientes. Dejaron los indios el pueblo solo y entrando en él los españoles, curaron los heridos y dieron sepultura a los muertos, pero ni hallaron persona ni cosa de sus haciendas, que todo lo habían puesto en cobro. Tenían tres indios prisioneros, y el uno parecía principal, hiciéronseles grandes halagos, y dieron algunas cuentas y les mandó el general fuesen a llamar al cacique, para quien le dieron otras y algunas cosillas, asegurándolos de todo recelo; pero aunque estuvieron cuatro días en el pueblo, nadie vino, y presumieron que los indios Julián y Melchor hablaron en contrario de los españoles, y así no se fiaron de ellos para enviarlos a que hablasen a los huidos.

Como la instrucción era, que pasasen adelante, salieron del puerto de Potonchán (y advierto que es el que se llama Champoton (Chakan Poton), y así le nombraré de aquí adelante) prosiguiendo al occidente, llegaron a la Laguna, que se llama de Términos, cuya salida a la mar parece como boca de río, que por tal la juzgaron. Decía el piloto Alaminos, que aquella boca partía términos con la tierra de Yucatán que era Isla, y por eso le pusieron aquel nombre que hoy permanece en las cartas de mareaje. Allí salió a tierra el general Juan de Grijalva con los otros capitanes y muchos soldados, y estuvieron tres días, y recorriendo todo aquel paraje, hallaron que Yucatán no era Isla, sino tierra firme con la que adelante se ve al occidente. Reconocieron también ser buen puerto (y a no pocos ha dado la vida recogerse a él, navegando esta travesía de la Nueva España) y hallaron otros adoratorios con ídolos de palo y barro, casas de cal y canto, como las otras que habían visto. Creyeron habría por allí cerca alguna población; pero no era así, porque aquellos adoratorios eran de mercaderes y cazadores, que pasando sacrificaban en ellos. Lo que hallaron fue mucha caza de venados y conejos, y habiendo sondeado la Laguna, y llevando buena razón de ella se embarcaron. Navegaban de día, y reparábanse de noche por no dar en algunos bajos, llevando tierra a la vista, y pasados tres días vieron una boca de río muy ancha, y llegándose muy a tierra, les pareció buen puerto; pero viendo reventar los bajos antes de entrar en él sacaron los bateles y rondeando en ellos conocieron que no podían entrar los dos navíos mayores, y así dieron fondo fuera en la mar, y acordaron, que con los dos menores y los bateles se entrase el río arriba.

Fueron muy bien prevenidos de armas, porque vieron en las riberas muchas canoas con indios de guerra que tenían sus arcos y flechas y demás armas, como los de Champoton (Chakan Poton), y por esto presumieron haber pueblo cercano. El nombre de este río era Tabasco, por llamarse así el cacique de aquel pueblo; y por haberse descubierto en esta ocasión, le llamaron el río de Grijalva, y con este nombre quedó señalado en las cartas de marear y así se llama. Llegando como media legua del pueblo oyeron ruido de cortar madera, y era que estaban fortificándole, porque habiendo sabido lo que pasó en Champoton (Chakan Poton), tuvieron por cierta la guerra con los extranjeros, y se estaban previniendo para ella. Llegando a una punta donde había unos palmares, salieron a tierra los españoles y vinieron a ellos como cincuenta canoas con gente de guerra, armados de todas las armas que usaban, y otras muchas quedaron entre los esteros. Pararon cerca de los españoles, y con apariencia de guerra estuvieron sin hacer otra demostración alguna. Quisieron los nuestros dispararles los falconetes, pero tuvieron por mejor decirles por medio de los indios Melchor y Julián, como la pretensión de los castellanos no era hacerles daño alguno, antes venían a comunicarles tales cosas, que oídas tendrían mucho gusto de saberlas, enseñándoles junto con esto algunos sartales de cuentas de vidrio, espejuelos y otras chucherías, de que ellos hacían mucha estimación y aprecio.

Acercáronse con esto cuatro canoas, y mandó el general a los intérpretes dijesen a los indios, como los castellanos que allí iban eran vasallos de un grande emperador que se llamaba don Carlos, y tenía por vasallos muy grandes señores, y que ellos le debían tener por señor, porque siendo tan gran rey, les estaría bien ser sus vasallos, y que mientras les trataban aquello más por extenso, les proveyesen de gallinas y bastimento a trueco de aquello que les mostraban. Dos de ellos, que el uno era principal y el otro sacerdote de ídolos, respondieron: Que traerían el bastimento que pedían y trocarían de sus cosas por las de los nuestros; pero que en lo demás señor tenían, que como acabando de aportar allí, sin haberlos comunicado, ni saber quien eran, querían ya darles otro señor? Que contentos estaban con el que tenían. Como habían tenido noticia de lo sucedido en Champoton (Chakan Poton), dijeron a los españoles, que mirasen no hiciesen con ellos lo que con los otros, donde sabían dejaron muertos más de doscientos, y que ellos se tenían por más hombres que los de Potonchán (Chakan Poton), y para defenderse, tenían también prevenidos dos Xiquipiles de guerreros (cada Xiquipil es ocho mil, y es cuenta que usan en el cacao, que allí se coge) que querían saber de cierto la voluntad que traían para írsela a decir a muchos caciques que estaban juntos para tratar de paz o guerra. El general los abrazó en señal de paz y les dio algunos sartales de cuentas, porque fuesen a decir como venían de paz, y les pidió, que con brevedad trajesen la respuesta, por que si no habían de ir por fuerza a su pueblo aunque no para enojarlos.

Capítulo IV. Los de Tabasco tratan con a paz los castellanos que pasaron a Nueva España

Despedidos los indios de los españoles, fueron al pueblo con su embajada, y la refirieron a los caciques y sacerdotes, que congregados esperaban la resulta de novedad tan extraña. Oyendo que los españoles no querían guerra como ellos no la moviesen, convinieron en tratar de paz a aquella gente, de quien no recibían daño alguno, y así luego despacharon treinta indios con bastimentos de la tierra, gallinas, pan de maíz, diversidad de frutas, pescado asado, diversas hechuras de pluma muy vistosas, una máscara de madera hermosa, aunque grande, y por respuesta, que a otro día irían el cacique y los señores a ver a los castellanos. Llegados los mensajeros pusieron en tierra unas esteras de palma que se llaman petates, y fueron poniendo en ellos el presente ante el general, a quien dijeron la respuesta que traían. Recibióles el general con todo amor y caricia, y dióles en retorno para que llevaran al cacique un bonete de frisa colorado, unos alpargates, tijeras, cuchillos y unas sartas de vidrio de diversos colores, con que volvieron muy alegres a la presencia de su señor, y los castellanos lo quedaron.

A otro día el señor de Tabasco en una canoa, llevando en su compañía otras con muchos indios sin armas, fue al navío del general Grijalva, que prevenido para recibir al cacique, estaba adornado de los mejores vestidos que tenía. Entró el cacique en el navío y recibióle Grijalva con toda humanidad y cortesía; y después de abrazado se sentaron, y más por señas que por palabras, platicaron sus intentos; porque aunque los castellanos llevaban a Julián y Melchor, ni se fiaban de ellos, ni del todo se dice, que entendían a los de Tabasco, aunque declaraban algunos vocablos. Resultó de esta plática, dar a entender el cacique, estaba alegre con la llegada de los españoles, a quien quería tener por amigos; y confirmóse por un presente, que el cacique ofreció al general Juan de Grijalva, que se apreció después en más de 3.000 pesos. Traíale en una petaca (que son de forma de cajas) y mandando sacarle, el cacique por su mano tomaba algunas piezas de oro y otras de palo, cubiertas de hojas de oro, dispuestas para armar a un hombre, y escogiendo las que mejor asentaban al general, le armó todo de piezas de oro fino, unas a modo de patenas para armar el pecho todas de oro, y otros de palo cubiertas de oro, y algunas sembradas de muy buena pedrería. El yelmo era un casquete de madera cubierto de hoja de oro, cuatro máscaras a trechos cubiertas de lo mismo, y en partes de madres de esmeraldas a modo de obra Mosaica de muy hermoso artificio, y otras diversas joyas, como son ajorcas, pincetas y orejeras, cuentas cubiertas de oro, con una rodela cubierta de pluma de diversidad de colores, de lo mismo una ropa con penachos muy vistosos, armaduras de oro para las rodelas con otras cosas, que solamente su artificio era de mucho valor. Así singulariza Herrera este presente; pero Bernal Díaz del Castillo testigo ocular, no dice que vino este cacique a ver al general, sino solamente, que vinieron los indios que se ha dicho con los bastimentos, y que presentaron ciertas joyas de oro, ánades, como las de Castilla; otras como lagartijas, y tres collares de cuentas vaciadas, y otras cosas de oro de poco valor, que no valía 200 pesos, y unas mantas y camisetas de las que usaban; y dijeron, que recibiesen aquello de buena voluntad, que no tenían más oro que darles, que adelante donde el Sol se pone había mucho, y decían Culhua, Culhua, México, México, y que aunque aquel presente no valía mucho, lo tuvieron por bueno, por saber tenían oro, y que luego acordaron de irse.

Grande es la autoridad del cronista general Herrera, y así no me atrevo a refutar lo que escribió con tan autorizadas diligencias, como para ello se hicieron; pero parece mucho oro y riqueza para en Tabasco, donde sabemos, que nunca se ha cogido, aunque bien podían tenerlo de otras partes; y así paso a decir lo que este autor refiere, que el general hizo con aquel cacique. Con grandes señas de agradecimiento, hizo traer una camisa de las mejores que tenía, y con sus manos se la vistió. Quitóse un sayón de terciopelo carmesí que tenía vestido, y su gorra de lo mismo, y púsoselo al cacique a quien hizo calzar unos zapatos nuevos de cuero colorado, adornando su persona lo mejor que pudo. Dióle de los mejores rescates que llevaba y también a los demás, que iban en su compañía, con que quedaron muy alegres, y los castellanos con tanto gusto, que muchos querían se poblase en Tabasco. Los indios habían expresado que no gustaban de que parasen allí, y así el general siguiendo la instrucción que llevaba y por las señas que habían dado que adelante había más oro, como también por el riesgo en que estaban los dos navíos mayores, si ventaba algún norte, dio orden que luego se embarcasen para proseguir su viaje.

Salieron del río de Tabasco, y a dos días descubrieron un pueblo junto a tierra, que se llama Aguayaluco, y por la costa muchos indios con rodelas de concha de tortuga, que juzgaron con la reflexión del Sol en ella, ser de oro bajo, y a este pueblo llamaron los castellanos la Rambla. Pasaron adelante a vista del río, que llamaron San Antonio, y luego se les aparecieron las grandes Sierras, que siempre están cubiertas de nieve, y nombraron de San Martín, por llamarse con aquel nombre el primero, que las vio navegando la costa, se adelantó el capitán

Pedro de Alvarado con su navío, y entró en un río, que desde entonces se llamó río de Alvarado, y allí le dieron, unos indios pescadores algún pescado. Repararon los tres navíos aguardando hasta que salió, por haber entrado sin licencia del general, por cuya causa le reprehendió y mandó, que otra vez no se adelantase, porque no cayese en algún peligro, donde los demás no pudiesen socorrerle. Juntos ya todos cuatro, llegaron a otro río, que llamaron río de Banderas, porque estaban en su ribera muchos indios con lanzas largas, y en cada una una bandera de manta blanca, tremolándolas y llamando con ellas a los españoles. Había ya sabido Montezuma el gran emperador de México, como había aportado aquella gente tan extraña para ellos a Cotóch (c'otoch), Champoton (Chakan Poton), y esta última batalla, que ahora hubo, y como iban en demanda de oro, que todo se lo habían enviado pintado sus indios, y así había mandado a los gobernadores de sus costas, que si por allí llegasen, trocasen oro por lo que llevaban, y por eso aquellos indios llamaban a los nuestros.

Viendo desde los navíos tan no acostumbradas señales, se determinó, que el capitán Francisco de Montejo fuese a ver, que querían los indios con aquellas señales, y diese aviso de ello al general. En los escritos de este capitán, que después fue adelantado de Yucatán, se dice que el general rehusaba que fuesen a tierra, pero que a persuasión suya, y ofreciéndose él para ir, se le dio licencia. Diez soldados se dice allí, que se embarcaron con él en el Esquife (aunque Bernal Díaz más gente pone) y que viendo los indios iban para ellos, se juntaron como para pelear, cosa que hizo a los nuestros repararse, y más cuando vieron que los indios entraban por el agua hacia donde el batel iba, pero no obstante prosiguieron hasta varar con él en tierra. Sacaron los indios al capitán Montejo en brazos, y después a los demás que con él iban, y viéndolos apacibles, que no parecía querer hacerles daño alguno; correspondieron los indios de la misma forma, y dieron al capitán algún oro y piedras, y cinco banderas, y él a ellos algunos rescates que llevaba, quedando muy amigos. Fue a dar cuenta el capitán Francisco de Montejo a su general de lo sucedido, y así salió con la demás gente al tierra, donde rescataron mucho oro y joyas, cantidad que dice Bernal Díaz, fue más de 15.000 pesos, y allí parece quejarse de lo que escribieron los cronistas Francisco López de Gómara y Gonzalo Hernández de Oviedo, así de esto, como de lo de Tabasco. Allí tomaron posesión de aquella tierra por el rey, y en su nombre el gobernador de Cuba Diego Velásquez.

De allí llevaron en los navíos un indio, que después fue cristiano y se llamó Francisco, después de seis días que estuvieron: y corriendo la costa adelante vieron una isleta, que llamaron Isla Blanca, por serlo su arena, y no lejos otra mayor, en frente de la cual había buen surgidero. Dieron fondo y echaron los bateles al agua, y saliendo a la isleta hallaron dos casas de piedra con sus gradas, que subían a unos como altares, y en ellos ídolos de malas figuras, y allí cinco cuerpos de indios cortados brazos y piernas, abiertos por los pechos, que habían sacrificado aquella noche, y por esto la llamaron Isla de Sacrificios. Pasaron adelante como media legua, y dieron fondo, desembarcando en unos arenales, donde hicieron algunas chozas para guarecerse, y luego fueron hasta treinta soldados con el general a una isleta, que tenían en frente, y hallaron otros adoratorios con un ídolo muy grande y feo, y era el de Rakalku (Bacal Ku; Bakal Ku; Kakal Ku?), que significa el Dios de las muertes: cuatro indios en ellos con mantas negras y largas, que eran sacerdotes y habían sacrificado aquel día a dos muchachos. Estaban sahumando al ídolo, cuando llegaron los nuestros, a quien quisieron sahumar también, pero no lo consintieron, antes sintieron gran dolor de ver los muchachos recién muertos. Era día de San Juan, y el general se llamaba Juan, y por lo que oían a los indios decir Culhua o Ulúa, llamaron a aquella isla San Juan de Ulúa, puerto que después ha sido su nombre tan célebre.

Quedó el gobernador Diego Velásquez con cuidado de la armada, y así envió en busca de ella un navío con siete soldados, y Cristóbal de Olid, persona de mucho valor, por su capitán, para que fuesen en demanda de ella; pero con un temporal que les dio, se hallaron necesitados de volver a Cuba, de donde habían salido. Llegó poco después el capitán Pedro de Alvarado, a quien el general Grijalva envió a dar noticia de lo que les había sucedido, y con la que dio, y las joyas que llevó no solo se recompensó la tristeza del suceso de Cristóbal de Olid, pero quedó muy alegre el gobernador Diego Velásquez, y todos los vecinos admirados de las riquezas de la nueva tierra que habían hallado. Mientras Pedro de Alvarado iba a Cuba, fueron descubriendo la costa adelante, y vieron las Sierras de Tusta, y otras más altas, que se llaman de Tuspa, ya en la provincia de Pánuco, y en un río que llamaron de canoas:

en unas acometieron indios de guerra al navío de Alonso Dávila, que era el menor, y hirieron a dos soldados con flecha y cortaron la amarra; pero acudiendo ayuda de estotros navíos, se huyeron los indios; y no pareciendo conveniente navegar adelante, por los inconvenientes, que ponía el piloto Alaminos, con acuerdo de todos dieron la vuelta, breve por la ayuda de las corrientes, y volvieron rescatando oro y se fueron a Cuba. Todo el oro que llevaron, dice Bernal Díaz, que valdría 20.000 pesos, aunque otros decían más, y otros menos; y dando a los oficiales del rey lo que tocaba de su real quinto, se halló que seiscientas hachas que habían rescatado entendiendo eran de oro bajo, estaban muy mohosas, como de cobre que eran, con que hubo bien que reír de la burla del rescate. Con esto se echa de ver, que el encarecimiento con que el aumento de la descripción de Ptolomeo sube de punto este rescate, es más ponderado de lo que en la verdad sucedió, pues dice que en Tabasco por cosas de pequeño valor, dieron aquellos indios riquezas de increíble precio, y que fueron tantas las que Grijalva llevó de este viaje, que excede al crédito de lo que se puede tener por verdadero. Lo cierto es, que con él, por haber descubierto a Yucatán, quedaron manifiestos los amplísimos reinos de la Nueva España hasta entonces no conocidos.

Capítulo V. Primero obispo que hubo en la Nueva España, fue el de Yucatán, y viene el capitán Hernando Cortés a Cozumel
Habiendo vuelto el general Juan de Grijalva y demás capitanes a Cuba, y dado cuenta de su viaje al gobernador Diego Velásquez, aunque estaba muy alegre, no le recibió y trató tan bien como merecía; y dice Bernal Díaz, que no tenía razón, pero que era la causa haberle descompuesto algunos, no hablando bien dél (nunca faltan emulaciones a un varón grande, y más con alguna dicha extraordinaria) porque presumían no haber poblado aquella tierra tan rica por poco valor, y corazón para tan grande empresa, aunque llevaba orden para que poblase, pareciendo buena. Pudo ser que a los soldados se les dijese esto para aficionarlos más al viaje y llevar el orden que se ha dicho; que no ha de hacer un capitán manifiestos sus designios al ejército, poniéndose a los riesgos que la prudencia enseña si se saben. Con la grandeza de las nuevas, determinó el gobernador Diego Velásquez dar cuenta al rey del descubrimiento que se había hecho, y dispuesto todo avío para que un su capellán Benito

Martín (Martínez le llama Bernal Díaz) llevase la nueva por ser persona muy inteligente de negocios. Hizo probanzas de todo y le dio cartas para don Juan Rodríguez de Fonseca, obispo de Burgos, y arzobispo de Rosano, y para otros que gobernaban las cosas de las Indias, a quien había dado indios en Cuba, y les sacaban oro, y envió buenos presentes, que confirmasen las riquezas que decía haberse hallado en aquella nueva tierra, pidiendo que pues con su industria se había descubierto, le diesen licencia para rescatar, conquistar y poblarla con los demás que descubriese, diciendo haber gastado muchos millares de pesos de oro en ello, y que se le diese algún título honorífico con que quedase premiado. Con razón se queja Bernal Díaz de haberlo escrito así, y dice: «No hizo memoria de ninguno de nosotros los soldados, que lo descubrimos a nuestra costa».

Llegó el clérigo Benito Martínez a la corte, y dando sus despachos con lo que llevaba, fue admitido con buena acogida. Entre los demás escritos llevaba relación que toda la tierra descubierta era Isla, y no olvidando sus ascensos, pidió por merced que le diesen el Abadía de aquella Isla de Cozumel (Cuzamil). Había solicitado el obispo don Juan Rodríguez de Fonseca por este tiempo, que el rey presentase por obispo de Cuba a un religioso de la orden de nuestro padre santo Domingo, y se llamaba fray Juan Garcés, confesor del obispo, y era gran predicador, maestro en teología y singularmente eminentísimo en la lengua latina; y viendo la petición del Benito Martínez, resolvió el rey promover a fray Juan Garcés de obispo de Cuba a obispo de Cozumel (Cuzamil), presumiendo entonces ser cosa muy grande, y al clérigo se hizo merced de Abad de Culhua, que salió tan diferente como se vio, pues fue la Nueva España sobre que después de pacificada hubo grandes disensiones. Vinieron las bulas del Pontífice, que hizo nueva erección de obispado de Yucatán con título de Santa María de los Remedios, nombrando por obispo a fray Juan Garcés, que su majestad había presentado.

En el tiempo que intervino para hacerse y llegar estos despachos, tuvo el rey noticia que los españoles que habían descubierto este reino de Yucatán, no habían permanecido en él, sino pasado adelante, y que en la Nueva España poblaron, con que el nuevo obispo no vino a usar de su dignidad. Quedó en esta suspensión, hasta que ya pacificada la ciudad de México, y su imperio sujeto a la corona de Castilla, el rey, que ya era emperador de Alemania Carlos

V, de gloriosa memoria, suplicó al Pontífice declarase que las bulas dadas para la erección del obispado de Yucatán, se entendiesen para la parte de Nueva España, que el rey asignase por estar ya poblada de españoles, y aun no pacificado Yucatán. Vino la declaración del Pontífice el año de 1526 (estando ya don Fray Juan Garcés en México) ordenando su santidad, conforme a lo pedido por el emperador, el cual le remitió la bula declaratoria, y con su autoridad le señaló por territorio la provincia de Tlaxcala, San Juan de Ulúa, Veracruz, todo lo de Tabasco, desde el río de Grijalva hasta llegar a Chiapa: reteniendo en su majestad y sus sucesores, la facultad que en dicha bula se le daba, para variar y revocar en esto lo que más conviniese en aquel obispado, en todo y en parte, como después se ha hecho, pues Tabasco pertenece hoy a este obispado de Yucatán y según he oído, más por permiso, que por territorio asentado de derecho. Con esto el obispo de Yucatán nombrado fue el primero, que en posesión tuvo el obispado de Tlaxcala, que comúnmente se nombra de la ciudad de la Puebla de los Ángeles, y al clérigo Benito Martínez se le recompensó en otra cosa el nombramiento que se había hecho en su persona de Abad de Culhua.

No por remitir el gobernador Diego Velásquez a Castilla los despachos referidos, aflojó en la prosecución del descubrimiento hecho de la Nueva España. Con gran diligencia previno una armada de diez navíos, los cuatro del viaje pasado que hizo luego dar carena y aderezar, y otros seis, que de toda la Isla juntó en el puerto de Santiago de Cuba. Grandes alteraciones había sobre quien había de venir por general, porque algunos querían fuese un caballero llamado Vasco Porcallo, pariente cercano del conde de Feria; pero temía el gobernador no se le alzase con la armada. Los más soldados pedían, que volviese por general Juan de Grijalva, pues era buen capitán, y no había falta en su persona, y en saber mandar y otros querían a unos parientes del gobernador. Andando en estas diferencias, Andrés de Duero, secretario del gobernador y Amador de Larez, contador del rey, concertaron con un hidalgo llamado Hernando Cortés, natural de Medellín y que tenía indios de encomienda en aquella Isla, que le harían dar el título de capitán general de la armada, con tal que repartiesen entre los tres la ganancia del oro, plata y joyas de la parte que cupiese a Cortés, porque secretamente se decía, que el gobernador solo enviaba la armada a rescatar, y no a poblar. Convino Hernando Cortés en el concierto, y los otros dos dijeron tales cosas al gobernador, que le inclinaron a nombrarle general; el Andrés de Duero era secretario, los despachos se hicieron presto, y se los entregó firmados a Hernando Cortés; disposición divina sin duda para que con esta traza se consiguiesen tan grandes cosas, como este insigne capitán, digno de inmortal memoria, intentó al parecer imposibles y temerarias, y acabó con la felicidad experimentada.

Luego que el general Hernando Cortés tuvo en su poder el título, puso gran diligencia en buscar todo género de armas y municiones, rescates y demás cosas pertenecientes al viaje, y se empeñó mucho por estar en la ocasión adeudado. Era apacible en su persona, agradable en la conversación, había sido vecino, dos veces alcalde, mandó hacer estandartes y banderas labradas de oro con las armas reales y una cruz de cada parte de ellas, con una letra latina, que decía: Hermanos, sigamos la señal de la santa cruz con fe verdadera, que con ella venceremos. Diéronse pregones, sonaron cajas, y comenzaron a alistarse soldados. Siempre se mostraba muy servidor del gobernador, y porque sabía que con emulación solicitaban descomponerle con él, estaba siempre en su compañía. Señaló día en que todos se embarcasen, y ninguno del viaje quedase en tierra; y hecho esto, se despidió del gobernador; y acompañándole sus dos amigos y los más nobles vecinos de la villa, habiendo oído misa y yendo con el mismo gobernador, se hicieron a la vela, y con buen viento llegaron a la villa de la Trinidad, en cuyo puerto dieron fondo y salieron a tierra. Fueron en aquella villa muy bien recibidos, y allí se juntaron otros muchos hidalgos, que fueron en esta jornada, y el general con su sagacidad atrajo muchos, y allí se les juntó el capitán Juan Sedeño con su navío cargado de provisión, que se le compró el general. En este medio tiempo, mudado el gobernador Diego Velásquez de parecer, por miedo que le pusieron, que iba alzado el general, le revocó el título y escribió a la villa de la Trinidad detuviesen la armada, porque ya Hernando Cortés no era general della, sino Vasco Porcallo, a quien había dado título y nombramiento. Aunque más diligencia puso el gobernador, fue mayor la sagacidad, con que Hernando Cortés redujo a los más y más principales para que no se innovase cosa alguna, y escribió al gobernador solicitando sosegarle en sus sospechas. Viendo la materia en aquel estado, con prudencia juzgó, que no le convenía detenerse allí, y así aprestó todo lo necesario para el viaje con la brevedad posible. Dispuesto ya dio orden que todos se embarcasen en los navíos, que estaban en el puerto a la banda del Sur, y los que quisiesen ir por tierra hasta La Habana, fuesen con el capitán Pedro de Alvarado recogiendo soldados que estaban en unas estancias de ganado; y llegados casi todos a La Habana en cinco días, no pareció el navío del general, ni hubo quien supiese dar razón dél, y temieron no se hubiese perdido en unos bajos, que llaman jardines de la reina. Finalmente llegó, con que cesaron inquietudes, que ya habían principiado sobre el generalato, y allí se dispuso todo para poder hacer viaje.

A 10 días del mes de febrero año de 1519, después de haber oído misa salió el general por la banda del Sur con nueve navíos, y los otros dos salieron por la del Norte, con orden de juntarse en la Isla de Cozumel (Cuzamil), para donde reservó hacer reseña de soldados, armas y caballos, aunque Herrera dice, que doblado el Cabo de San Antón se hizo. Llegó antes a Cozumel (Cuzamil) el capitán Pedro de Alvarado, que el general, y saliendo a tierra fue a un pueblo que halló sin gente, y cogieron los soldados por su orden hasta cuarenta gallinas, y algunas cosillas de poco valor, y llegando el general que lo supo, reprehendió severamente al capitán, diciendo que no se habían de pacificar las tierras de aquella manera, ni tomando a los naturales su hacienda, y mandó volver lo que se había traído, y pagar las gallinas con rescate, y a un piloto llamado Camacho mandó poner unos grillos, porque no guardó en la mar el orden que le fue dado. Habían cogido los soldados de Pedro de Alvarado dos indios y una india, y con estos, por medio del indio Melchor (que ya su compañero Julián era muerto) trató el general Hernando Cortés de enviar a llamar a los caciques y indios de aquel pueblo, asegurándolos de todo recelo con enviarles lo que se les había quitado, y algunas cuentas y cascabeles, con más una camisa de Castilla, que dio a cada indio prisionero. Fueron a la presencia de su cacique, que sabiendo el buen tratamiento que el general les había hecho, vino a verle a otro día con toda su gente, hijos y mujeres del pueblo, y anduvieron entre los españoles, como si toda su vida los hubieran comunicado, y mandó el general que no se les diese disgusto en cosa alguna. «Aquí en esta Isla (dice Bernal Díaz) comenzó Cortés a mandar muy de hecho, y nuestro señor le daba gracia, que do quiera que ponía la mano se le hacía bien, especial en pacificar los pueblos y naturales de aquellas partes.»

Capítulo VI. Lo que hizo Hernando Cortés en Cozumel, y como supo había españoles cautivos en Yucatán

Con el buen tratamiento del general Hernando Cortés, con no hacer los españoles daño alguno a los indios, se acabaron de asegurar todos los de la Isla, y traían buena provisión de bastimentos para el ejército. Con esto mandó el general sacar los caballos a tierra, cuya extrañeza de animales nunca por ellos vistos, puso gran admiración en los indios, que los tuvieron por ciervos de aquella grandeza, y los proveyeron abundantísimamente de hierba y maíz, por haber mucho en la Isla. Desta familiar comunicación con los indios, dice el cronista Herrera, resultó que algunos dieron a entender que cerca de aquella Isla en Tierra firme de Yucatán, había hombres semejantes a los españoles con barbas, y que no eran naturales deste reino, con que tuvo ocasión Hernando Cortés de buscarlos. Bernal Díaz asigna otra causa, y dice: Que como hubiese oído el general a los soldados que vinieron con Francisco Hernández de Córdoba, que los indios les decían Castilan, Castilan, señalando al oriente, que llamó al mismo Bernal Díaz y a un vizcaíno llamado Martín Ramos, y les preguntó, que si era como se decía; y respondiéndole que si, dijo el general, que presumía haber españoles en Yucatán, y sería bueno hacer diligencia entre los indios. Mandó el general llamar a los caciques, y por lengua del indio Melchor (que ya sabia algún poco de la castellana, y la de Cozumel (Cuzamil) es la misma que la de Yucatán) se les preguntó si tenían noticia de ellos. Todos en una conformidad respondieron, que habían conocido unos españoles en esta tierra, y daban señas dellos, diciendo que unos caciques los tenían por esclavos, y que los indios mercaderes de aquella Isla los habían hablado pocos días había, que estarían de distancia la tierra adentro, andadura y camino de dos soles.

Grande fue la alegría de los españoles con esta nueva, y así les dijo el general a los caciques que con cartas, que les daría para ellos se los enviasen a buscar. A los que señalaron los caciques para ir, halagó y dio unas camisas y cuentas, prometiendo darles más cuando volviesen. Los caciques dijeron al general, enviase con los mensajeros rescate para dar a los amos, cuyos esclavos eran, para que los dejasen venir, y así se les dio de todo género de cuentas y otras cosas, y se dispusieron los dos navíos menores con veinte ballesteros y escopeteros, por su capitán Diego de Ordaz. Dióles orden el general que estuviesen en la costa de Punta de Cotóch (c'otoch) aguardando ocho días con el navío mayor, y que con el menor se le viniese a dar cuenta de lo que hacían. Dispusose todo, y la carta que el general Cortés dio a los indios, para que llevasen a los españoles, decía así: «Señores y hermanos, aquí en Cozumel (Cuzamil) he sabido, que estáis en poder de un cacique detenidos. Yo os pido por merced, que luego es vengáis aquí a Cozumel (Cuzamil), que para ello envió un navío con soldados, si los hubiéredes menester, y rescate para dar a esos indios con quien estáis, y lleva el navío de plaza ocho días para os aguardar. Veníos con toda brevedad: de mi seréis bien mirados, y aprovechados. Yo quedo aquí en esta isla con quinientos soldados y once navíos. En ellos voy mediante Dios la vía de un pueblo que se dice Tabasco o Potonchán (Chakan Poton), etc.».

Dicen algunos, que los indios de Cozumel (Cuzamil) pusieron grandes dificultades, rehusando llevar la carta y darla acá en Tierra firme por el peligro que corrían sus vidas, y que con las dádivas se ofrecieron a llevarla y que porque no se la hallasen, la revolvieron en la cabellera que usaban traer del cabello trenzado y revuelto a la cabeza. Esto no parece haber pasado así, pues Bernal Díaz da a entender no pusieron dificultad alguna, antes los caciques dijeron a Cortés llevasen los mensajeros rescates para los amos de los cautivos, como se ha dicho; ni estos indios eran tan bárbaros, aunque tenidos por tales, que no tuviesen por cosa sagrada la observancia de la seguridad, que las más naciones del mundo han practicado con los embajadores, aunque sean de enemigos declarados, como largamente refiere el padre Torquemada en su Monarquía indiana. Pasaron a Tierra firme, atravesando el pequeño brazo de mar que hay entre ella y la Isla, aunque con muy grandes corrientes; dejémoslos allá mientras negocian y digamos lo que hizo el general Cortés en Cozumel (Cuzamil) en el ínterin.

Con la celeridad que necesitó salir de la jurisdicción del gobernador Diego Velásquez, no había hecho reseña de armas y muestra de soldados, y con la oportunidad la hizo tres días después que llegó a Cozumel (Cuzamil). Halláronse quinientos y ocho soldados, sin maestres, pilotos y marineros, que serían ciento y nueve, dieciséis caballos y yeguas: once navíos grandes y pequeños con uno que era como bergantín, y cantidad de pólvora y balas. Esto tan solamente fue el aparato de guerra con que este esforzado y venturoso capitán entró por los amplísimos reinos de la Nueva España, tan poblados de innumerables gentes. Este el ejército de españoles que dio principio a la consecución de tan gloriosos fines, de que están llenas las historias y el mundo, de su fama y riquezas; digo ahora pues solamente lo que pasó en esta tierra. Los capitanes quedaron confirmados en sus oficios, y no es justo omitir sus nombres, y más habiendo sido después uno dellos adelantado de Yucatán, y otro el primer oficial del rey que tuvo. El general quedó por capitán de su navío y gente, Alonso Hernández Portocarrero de otro, Pedro de Alvarado y Francisco de Montejo (que lo había sido, cuando Grijalva) cada uno del suyo, Francisco de Morla, Diego de Ordas, Francisco de Saucedo, Juan de Escalante, Juan Velásquez de León, Cristóbal de Olid y Alonso Dávila, cada uno del suyo. Por capitán de la artillería nombró a Francisco de Orozco, persona de mucho esfuerzo y que había sido buen soldado en Italia, piloto mayor el que se ha dicho Antón de Alaminos. La artillería fue diez piezas de bronco y cuatro falconetes, con trece escopetas y treinta y dos ballesteros.

Era Cozumel (Cuzamil) el mayor santuario para los indios que había en este reino de Yucatán, y a donde recurrían en romería de todo él por unas calzadas que le atravesaban todo, y hoy permanecen en muchas partes vestigios dellas, que no se han acabado de deshacer, y así había allí grandes kues (ku na), adoratorios de ídolos. A uno, el rey de ellos que tenía un gran patio, ocurrieron una mañana muchos indios con diversidad de sahumerios, y como cosa nueva para los españoles, con singular atención lo repararon. En uno de aquellos adoratorios subió un indio viejo con mantas largas que era el sacerdote de aquellos ídolos, y predicó un rato a los indios. Preguntó el general Cortés al indio Melchor que era lo que les decía aquel indio, y respondió que les predicaba cosas de su falsa religión y credencia, con que tuvo más ocasión de hacer llamar al cacique, y al mismo predicador y por lengua de Melchor, como pudo más bien declarárselo, les hizo un razonamiento de la sustancia siguiente: «Que si habían de ser hermanos y amigos de los españoles, era justo, que profesasen una misma religión, y creyesen lo que los españoles creían. Que era necesario dejasen la adoración de aquellos ídolos, que no eran dioses como entendían, sino demonios que los engañaban, y con los errores que les hacían cometer, los llevaban a perdición eterna, que los quitasen de aquella casa, como cosa abominable y mala. Que en su lugar pusiesen una imagen de nuestra señora, que les enseñó, y una cruz que les haría, y que con esto tendrían buenas sementeras y serían ayudados para la salvación de sus almas. Que cesasen de los sacrificios de sangre y vidas de hombres que ofrecían a sus ídolos, cosa de que tanto se ofendía el verdadero Dios, que no gustaba de la muerte de los hombres ofrecida en tan cruentos sacrificios, y que si al Dios que el adoraba se convertían y recibían su fe, tuviesen por ciertos todos los bienes del cuerpo y del alma, y que serían libres de las penas eternas del infierno, que tenía prevenidas para los que no le adoraban, y guardaban su ley santa».

Con atención oyeron los indios aquella tan nueva, y no presumida plática; y el indio sacerdote con los caciques respondieron: «Que sus mayores, de quien descendían, por muchas edades habían adorado aquellos dioses, a quien ellos también reverenciaban y tenían por buenos: de quien recibían los bienes, y salud que tenían, y que así no se atreverían a quitarlos de allí, ni dejar su adoración, porque perderían sus sementeras y lo demás, que de ellos recibían y que enojados se les huirían a la mar y los perderían. Que no se atreviesen los españoles a hacerles ultraje alguno, ni quitárselos de los adoratorios, donde los veneraban porque verían cuanto mal les sucedía por ello, y que se irían a perder a la mar. Para que los indios viesen por experiencia el error en que estaban y la falsedad de aquellas figuras que adoraban por dioses; mandó el general a algunos soldados, que echándolas a rodar por las gradas abajo, las despedazasen y echasen por aquellos suelos, como lo hicieron; y viendo no se les iban a la mar, como ellos decían, por allí conociesen cuan vano era el temor con que estaban de sus ídolos. Había mucha cal en el pueblo y indios albañiles, y así mandó luego hacer un altar, donde se puso la imagen de nuestra señora; y a dos españoles carpinteros mandó labrar una cruz de maderos nuevos que allí estaban, la cual se puso en uno como humilladero cercano al altar. Dijo misa el padre clérigo Juan Díaz, a que estuvieron presentes los caciques y sacerdotes de los ídolos con grande atención y silencio, admirándose de las ceremonias con que se celebra, porque la novedad, y ser estos indios connaturalmente amigos de ella, y ceremoniáticos, los debió de atraer para que la tuviesen».

«Aunque el general Hernando Cortés aguardó al capitán Diego de Ordaz en Cozumel (Cuzamil), y este capitán la respuesta que habían de llevar los que con la carta pasaron acá a Tierra firme, un día más que llevó de término; volvió sin llevar razón alguna, ni de los españoles que se esperaban, ni de los indios que fueron en su busca. Entonces, dice Bernal Díaz, que el general con palabras soberbias dijo al capitán Diego de Ordaz, que había creído que otro mejor recaudo trajera, que no venirse así sin españoles ni nueva dellos, porque ciertamente estaban en aquella tierra. Viendo, pues, que no había rastro de esperanza, que le asegurase poder llevarlos consigo, y que ya el detenerse más en Cozumel (Cuzamil), era perder viaje: habiendo encomendado mucho a los indios la reverencia de aquella santa imagen de nuestra señora y la cruz, y que tuviesen el altar con mucha limpieza y aseo, diciéndoles, que había de volver a verlos; y habiéndose despedido de los indios, mandó embarcar toda la gente, con que aquel mes de marzo de 1519 años, dando velas al viento, salieron de la Isla de Cozumel (Cuzamil), para proseguir su viaje. Aquel mismo día, como a las diez, oyeron que del navío del capitán Juan de Escalante, dispararon un tiro, daban grandes voces, y capeaban a los demás; y el general Cortés puesto a bordo de su capitana, vio, que iba arribando hacia Cozumel (Cuzamil) el navío. Preguntó: ¿Qué sería? Respondió un soldado, que se anegaba, y era el navío donde iba el cazabe, pan y sustento del ejército. Mandó hacer seña a todos los navíos para que arribasen a Cozumel (Cuzamil), y así volvieron al puerto aquel mismo día. Hallaron la imagen con mucho aseo y sahumerios, de que se alegraron y preguntaron los indios: ¿la qué volvían? Respondiéseles, que a aderezar aquel navío, que hacia agua; sacaron dél el pan cazabe, y cogieron el agua, en cuatro días; disposición divina al parecer, para que en ellos llegase uno de los españoles que estaban acá en Yucatán, como se dice en el capítulo siguiente, de que tanto útil se siguió después para la comunicación con los indios de la Nueva España.»

Capítulo VII. Llega Jerónimo de Aguilar a Cozumel; refiérese como aportó a Yucatán, y los trabajos que en él pasó
Los indios que llevaron la carta del general Hernando Cortés, dentro de dos días la dieron a un español, que se llamaba Jerónimo de Aguilar. Dicen algunos, que no se atrevieron a dársela a él, sino a su amo, y que receló mucho le quisiese dar licencia para irse, y que así con mucha humildad puso todo el negocio en la voluntad de su amo; medio con que hasta entonces se había

conservado, y que con esto no solo le dio licencia, pero que hizo le acompañasen algunos indios, y le rogó solicitase para él la amistad de los de su nación, porque deseaba tenerla con hombres tan valerosos. Pero Bernal Díaz afirma, que al Jerónimo de Aguilar se dio la carta y rescates, y que habiéndola leído se holgó mucho (bien se deja entender el grado en que sería) y que fue a su amo con ella, y los rescates para que le diese la licencia, la cual luego dio para que se fuese donde tuviese gusto. Jerónimo Aguilar habida licencia de su amo, fue en busca de otro compañero suyo llamado Gonzalo Guerrero y le enseñó la carta, y dijo lo que pasaba. Respondió el Guerrero: «Hermano Aguilar, yo soy casado y tengo tres hijos. ¿Tiénenme por cacique y capitán, cuando hay guerras, la cara tengo labrada, y horadadas las orejas que dirán de mí esos españoles, si me ven ir de este modo? Idos vos con Dios, que ya veis que estos mis hijitos son bonitos, y dadme por vida vuestra de esas cuentas verdes que traéis, para darles, y diré, que mis hermanos me las envían de mi tierra». La mujer con quien el Guerrero estaba casado, que entendió la plática del Jerónimo de Aguilar, enojada con él dijo: Mirad con lo que viene este esclavo a llamar a mi marido, y que se fuese en mala hora, y no cuidase de más. Hizo de nuevo instancia Aguilar con el Guerrero, para que se fuese con él: diciéndole, que se acordase era cristiano y que por una india no perdiese el alma, que si por la mujer e hijos lo hacían que los llevase consigo, si tanto sentía el dejarlos. No aprovechó tan santa amonestación, para que el Gonzalo Guerrero (que era marinero, y natural de Palos) fuese con Jerónimo de Aguilar, que viéndole resuelto en quedarse, se fue con los dos indios de Cozumel (Cuzamil) al paraje, donde quedó el navío. Llegando a el, como ya se había ido, quedó muy triste, y se volvió con su amo, diciendo lo que pasaba.
Cuando volvieron a arribar a Cozumel (Cuzamil) los navíos, súpolo luego Jerónimo de Aguilar, y trató con prisa de ir a alcanzarlos. Pagó con las cuentas verdes del rescate que le enviaron, y seis indios remeros que en breve tiempo (por no ser más de cuatro leguas la travesía) pasaron de la banda de Tierra firme a la playa de la isla, aunque por la violencia de las corrientes descayeron algo del puerto a donde iban a parar. Habían salido unos soldados a caza de puercos monteses (citam), de los que tienen el ombligo arriba en el espinazo; dijeron al general como habían visto, que de la parte de Cabo de Cotoch atravesó una canoa grande a la Isla, y que la gente de ella junto al pueblo. Mandó

el general al capitán Andrés de Tapia, que con otros dos soldados fuese a reconocer que novedad era aquella. Viendo los indios remeros ir los españoles para ellos, quisiéronse tomar a embarcar, pero Aguilar los sosegó, diciéndoles, que no tuviesen miedo, que eran sus hermanos. Como el español venía de la misma forma que los indios, envió a decir el capitán Andrés de Tapia al general Cortés, que siete indios eran los que habían llegado en la canoa; pero luego que salieron a tierra, el español dijo (mal mascado y peor pronunciado, como dice Bernal Díaz) Dios, y santa María y Sevilla. El capitán Andrés de Tapia luego que fue a abrazarle, y el otro soldado a gran prisa a pedir albricias al general por la buena nueva de la llegada del español, que también luego se fue con el capitán Tapia para donde estaba Cortés. Los españoles que los encontraban, preguntaban al capitán Tapia por el español; ¿pero que tal venía él, para que le conociesen, aunque estaba presente? De su natural color era moreno, venía trasquilado como un indio esclavo, traía un remo al hombro, una ruin manta, sus partes verendas cubiertas con un paño a modo de braguero, que los indios usan y llaman Puyut, y en la manta un bulto, que después se vio eran horas muy viejas, y con este arreo llegó a la presencia del general Cortés que también preguntó al capitán Tapia por el español Jerónimo de Aguilar, que se había puesto en cuclillas, como los otros indios, entendiendo al general, dijo: Yo soy; y luego Cortés le mandó vestir camisa y jubón, y unos calzones, y calzar unos alpargates, y le dieron para cubrirle la cabeza una montera, que por entonces no se le pudo dar otros vestidos.

Muy diferente de esto refiere Herrera la llegada de Aguilar, porque dice, que llegando al paraje del navío, halló por allí muchas Cruces de caña, pero no a los españoles, y que con la tristeza se encaminó por aquella costa, donde halló una canoa enterrada media podrida, y que entrándose en ella con los dos indios de Cozumel (Cuzamil), y sirviendo un pedazo de pipa (que acaso hallaron) de remo, navegando la costa abajo, atravesó por lo más angosto a Cozumel (Cuzamil), y que bajando en tierra los acometió el capitán Andrés de Tapia, y los dos soldados con las espadas desnudas, y que los indios intentaron volverse, pero que los sosegó Aguilar, que habló a los españoles, diciendo. Señores, cristiano soy, y puesto de rodillas en tierra dio gracias a Dios, y preguntó si era miércoles, porque deseaba saber, si anda errado en el día, y en el rezo del oficio de nuestra señora, que siempre había rezado en unas horas que tenía, y que llegado a la presencia de Cortés se puso en cuclillas; pero que cuando dijo quien era, se quitó una ropa larga amarilla que traía con guarnición carmesí, y él mismo le cubrió con ella, rogándole que se levantase del suelo, y que no solo acertó el día que era, sino aun la letra Dominical. Mandó que le diesen de comer, y después le preguntó quien era y como había venido a aquel estado. Comió poco y dijo que lo hacia por no estragar el estómago, que estaba acostumbrado a poca vianda y a la comida de los indios. Como también lo estaba a poca ropa sentía enfado con el nuevo vestido.

Capítulo VIII. Cómo don Hernando Cortés llegó a Tabasco, y lo demás que se refiere

Reparado ya en Cozumel (Cuzamil) el navío del capitán Juan de Escalante, y teniendo ya los españoles a Jerónimo de Aguilar en su compañía, con gran gozo de tener lengua segura con quien poder comunicar con los indios, se prometieron mejor suceso. Dio orden el general a los navíos más pequeños, que navegasen lo más cerca de tierra que pudiesen, procurasen descubrir un navío que faltaba, y no llegó con los demás a Cozumel, aunque Bernal Díaz decir, que todos llegaron. A 4 de marzo de 1519 años, salió segunda vez la armada de Gozumél (Cuzamil), y yendo navegando, al amanecer les dio un viento recio, que los desbarató y apartó con gran riesgo de varar en tierra. Duró hasta media noche y abonanzando el tiempo, luego que amaneció se juntaron, sino fue el de Juan Velásquez de León, que no pareció hasta mediodía, volviendo la armada a buscarle. Llegaron a la Laguna de Términos, donde se dice hallaron el otro navío. Había enviado por delante un navío pequeño y buen velero, que reconociese el puerto, y si era tierra a propósito para poblar y había mucha casa como se decía, y pusiese señal de como había llegado. No le hallaron en este puerto, carta sí en que decía, como era buena tierra y de mucha casa, y que había hallado una lebrela que en el viaje pasado se quedó en tierra, la cual luego que vio el navío, hacia muchos halagos y señas, y estaba muy gorda. Sentía el general no haber hallado el navío, que era el de Escobar el paje, y queriendo buscarle, dijo el piloto Alaminos que el viento Sur, le había echado algo la mar a fuera, como había sucedido, que presto le alcanzarían, y así fue. Juntos ya, dieron vista al paraje de Potonchán (Chakan Poton), donde quiso surgir el general, y se lo rogaron muchos de los soldados que habían venido los dos viajes antecedentes, por dar una mano a aquellos indios, que tan mal los habían tratado. Replicaron los pilotos, que si allí entraban, no habían de poder salir en ocho días, por el tiempo contrario, y que de presente llevaban buen viento, con que en dos días llegarían a Tabasco. Pasaron con esto adelante, y a 12 de marzo llegó toda la armada junta al río de Tabasco o Grijalva. Como ya sabían que no podían entrar navíos grandes, surgieron la mar a fuera los mayores navíos, y con los menores y los bateles subieron por el río a desembarcar a la punta de los Palmares, donde estuvieron el viaje antecedente de Grijalva. Vieron en el río entre los manglares muchas canoas de indios de guerra, cosa que les causó admiración, por haberlos dejado al parecer de paz y amigos; pero el motivo, que para esta novedad tuvieron los indios, se dice en el capítulo siguiente.

Capítulo IX. De la peligrosa guerra que en Tabasco tuvieron con los indios, Cortés y sus españoles

Habiendo pasado lo que se refirió en los capítulos antecedentes, entre el cacique de Tabasco y Juan de Grijalva: luego que lo supieron los de Potonchán (Chakan Poton) y Campeche, les dieron en rostro las joyas y demás cosas que dieron a Grijalva, diciendo, que de miedo no se atrevieron a hacerle guerra, siendo como eran más pueblos y de mayor gentío; y que ellos con ser menos, les habían muerto cincuenta y seis hombres, con que los traían afrentados. Irritados con esto los de Tabasco, estaban con última resolución, que si otra vez volvían les españoles a su tierra, los habían de recibir de guerra, y por esto tenían prevenidos demás de los indios, que veían en las canoas, doce mil indios, con todos los géneros de armas, que usaban. Viendo el general Cortés, que los indios parecía no estar de paz y que pasaban una canoa grande cerca de ellos, dijo a Jerónimo de Aguilar les preguntase, que porque andaban tan alborotados, que no les venían a hacer mal alguno, sino a trocar de las cosas que traían, y tratar con ellos como hermanos: que advirtiesen, no diesen principio a la guerra, porque les había de pesar, y todo cuanto (para que estuviesen de paz) pareció a propósito. Habiéndoselo dicho Jerónimo de Aguilar, se mostraron más furiosos, amenazando a los españoles, que si intentaban llegar a su pueblo, los habían de matar a todos, porque le tenían muy fortificado a la redonda con gruesas palizadas, albarradas y fuertes cercas.

Segunda vez requirió Aguilar a los indios con la paz, y que les dejasen hacer aguada y comprar de comer por sus rescates, y decirles cosas que importaban a sus almas; pero obstinados los indios, porfiaban que no habían de pasar de aquellos Palmares o que los habían de matar.

Vista la resistencia de los indios, mandó el general Cortés disponer los bateles y navíos de menor porte; en cada batel tres tiros, y repartidos los ballesteros y escopeteros. Ordenó a tres soldados, que aquella noche mirasen si un camino angosto, que desde los Palmares se acordaban iba al pueblo, salía a dar en las casas, y que volviesen presto con la respuesta, como lo hicieron, diciendo que sí. Todo el día siguiente pasó en resolver como había de hacer aquella guerra, y a otro, habiendo todos oído misa, ordenó Cortés al capitán Alonso Dávila, que con cien soldados, y entre ellos diez ballesteros, fuese por el caminillo que salía al pueblo, y cuando oyese los tiros, él por aquella parte y el resto que con el general quedaba por otra, darían en el pueblo. Salió río arriba Cortés con los bateles, y cuando los indios que estaban en los manglares lo vieron, fueron al puerto donde habían de desembarcar, para defender que no saliesen a tierra. Mandó Cortés detener un poco a sus soldados y que no disparasen ballesta ni escopeta, porque quería proceder, cuanto justificadamente pudiese. Hizo tercero requerimiento a los indios por lengua de Aguilar, y por ante un Diego de Godoy, escribano del rey, para que le dejasen pacíficamente salir a tierra, tomar agua y decirles cosas del servicio de Dios y del rey, y que si dándole guerra, por defenderse sucediesen algunas muertes y daños, fuesen a su culpa y cargo. A todo esto estaban los indios haciendo fieros, como hasta entonces, y ahora haciendo seña con sus instrumentos de guerra comenzaron a flechar a los españoles. Cercaron las canoas los bateles, y dieron una gran rociada de flechas sobre ellos, y los hicieron detener, hiriendo algunos españoles.

Ya parece que necesitaba la reputación de los castellanos, de dar a entender a los indios, que el sosiego con que hasta entonces estaban, se originaba de la humanidad con que querían tratarlos: y que el valor y ánimo se extendía, siendo necesario, a lo que luego conocieron. Procuró salir a tierra, no sin peligro por la mucha lama, y cieno del paraje, y darles el agua a la cinta, con que no pudieron salir tan presto como entendieron, y peleando el general, se le quedó un alpargate en el cieno; y así descalzo en un pie salió a tierra, y aquí dice Bernal Díaz, que se hallaron en grande aprieto, Fuera ya de él, y en tierra, se hizo la seña que se había dado al capitán Alonso Dávila, disparóse la artillería y escopetas, juzgando al principio, que el cielo llovía fuego sobre ellos, por ser la primera vez que los vieron disparar. Atemorizáronse, pero se recobraron presto para la pelea. Cerraron con ellos los españoles, invocando el nombre de nuestro patrón el apóstol Santiago, y los hicieron retraer, aunque no muy lejos, con recelo de las grandes albarradas y cercas de gruesas maderas, con que se amparaban. Expugnáronselas, y ganadas por unos portillos, entraron al pueblo peleando con los indios y llevándolos por una calle, dieron en otras trincheras o albarradas, donde hicieron cara los indios. Estando todos revueltos, llegó el capitán Alonso Dávila con su gente, que tardó algo, por ser el camino cenagoso; y así por un lado y otro, echaron de aquellas fuerzas a los indios, y los llevaron retrayéndose. El valor en quien quiera, siempre es digno de alabanza, y así tratando del que estos indios tuvieron en esta ocasión, dice Bernal Díaz estas palabras: «Ciertamente, que como buenos guerreros iban tirando grandes rociadas de flechas y varas tostadas, y nunca volvieron de hecho las espaldas, hasta un gran patio, donde estaban unos aposentos y salas grandes, y tenían tres casas de ídolos, y ya habían llevado todo cuanto hato había en aquel patio, etc.». No pudiendo del todo resistir la cólera con que los españoles los apretaban, huyendo los que podían al monte; presos algunos, y muchos muertos, desampararon el pueblo, aunque el costa de hallarse heridos cuarenta españoles, que mandó el general se fuesen a curar a los navíos.

Quedando los demás señores del pueblo, mandó el general que se reparasen en aquel gran patio, y adoratorios, y que no siguiesen el alcance. Allí tomó posesión de aquella tierra por el rey, y en su real nombre con esta acción. Junto a un árbol grande que allí había, de los que se llaman Ceiba (yax che), desenvainó su espada, y dio tres cuchilladas en el árbol, diciendo: que si había alguna persona, que se lo contradijese, que el se lo defendería con su espada, y una rodela que tenía embrazada. Dijeron todos los soldados, que serían en su ayuda a defendello, si alguien otra cosa dijese, y por ante escribano del rey quedó autorizado aquel auto, aunque dice Bernal Díaz, que los de la parte de Diego Velásquez tuvieron que murmurar de la acción. También dice, que los españoles heridos fueron catorce, y que los indios muertos al salir del agua, y en tierra fueron no más que dieciocho, y que allí reposaron aquella noche.

Otro día mandó Cortés al capitán Pedro de Alvarado, que con cien soldados, y entre ellos quince ballesteros y escopeteros, fuese la tierra adentro, hasta dos leguas, a reconocerla, y el capitán Francisco de Lugo por otra parte con otros cien soldados, y doce ballesteros y escopeteros por otra, otras dos leguas, y que volviesen a dormir al real. Había de ir el indio Melchor con el capitán Alvarado, y buscándole no pareció, hallaron sus vestidos colgados en el Palmar por donde conocieron se había pasado a los indios, que lo sintió el general, porque no fuese ocasión de más inquietarlos. Salieron ambos capitanes, y como a una legua del real, se encontró el capitán Lugo con grandes escuadrones de indios flecheros y lanzas con rodelas, empenachados, que así como vieron a los españoles, se fueron derechos para ellos. Cercáronlos, como eran tantos, por todas partes, y fueron tantas las flechas, varas tostadas y piedra arrojada con hondas, que sobre ellos cayeron, que parecía a la multitud del granizo cuando cae. Acercáronse después, y con las espadas de navajas de a dos manos, daban tanto que hacer a los nuestros, que por bien que peleaban, apenas podían de si apartarlos. Vista tanta multitud de enemigos, con todo concierto comenzó el capitán Lugo a retraerse, y un indio de Cuba viendo el peligro en que quedaba, fue corriendo a dar aviso al general para que le socorriese. Por la parte que fue el capitán Alvarado, no encontró indios; pero sabiendo andado más de una legua, dio con un estero tan malo de pasar, que hubo de coger otro camino, y acaso fue hacia donde el capitán Lugo y sus soldados peleaban con los indios. Oyeron con esto el estruendo de las escopetas, tunkules, que les sirven a los indios de tambores, sus trompetillas y grande grita, y silvos que daban, y al sonido acudieron a la parto de la pelea. Juntos los dos capitanes, lo más que pudieron hacer, fue resistir, y que pasasen los indios; pero cuando se fueron retirando hacia el real, no dejaron de seguir a los españoles.

Mientras esto pasaba con los dos capitanes, fueron otros escuadrones de indios a donde el general Cortés estaba; pero como tenían la artillería y era más gente, presto hicieron retirarlos. Llegó el indio de Cuba y dijo como quedaba el capitán Lugo en aquel aprieto; y saliendo el mismo general a socorrerle, vieron como venían ya para el real los dos capitanes, que llegaron con sus soldados, ocho de los de Francisco de Lugo heridos, y dos murieron, y tres heridos de los de Pedro de Alvarado. En el real sepultaron los difuntos, curaron los vivos y descansaron todos aquella noche, aunque con buenas centilas, y cuidado como era necesario en guerra ya declarada. Supieron habían muerto quince indios y prendiéronse tres, que el uno de ellos parecía principal. Determinado estaba el general a tentar todos los medios posibles para traer a los indios a la paz; y así aunque había sucedido lo referido, dio cuentas verdes a uno de los prisioneros, para que fuese a decir a los caciques viniesen de paz, y que les aseguraba no habría cosa alguna por lo sucedido, que lo pasado se olvidaría como se quietasen. El indio fue, pero nunca volvió, si bien dejó dicho, como el indio Melchor de Cabo de Catóch (c'otoch) se fue a ellos la noche antes, y dijo, como les había aconsejado diesen guerra a los españoles de día, y noche, que sin duda los acabarían porque eran pocos, y que por eso estaban de aquella forma. De los otros dos supo Jerónimo de Aguilar aquella noche con certidumbre, que para otro día estaban confederados todos los caciques comarcanos de aquella provincia, con su gente de guerra apercibida para venir a cercar el real de los españoles, y que también había sido consejo del indio Melchor, con que no salió vano el recelo que tuvo Cortés, cuando supo su fuga.

Con esta noticia mandó el general, que se sacasen los caballos de los navíos, que recién salidos se hallaron algo torpes, aunque al otro día ya estaban sueltos: previniéronse todos los escopeteros y ballesteros, y aun a los heridos se les ordenó estar a punto. Dispuso, que los mejores jinetes peleasen en los caballos, que llevasen pretales de cascabeles, y que no se parasen a alancear, sino que pasándoles las lanzas por los rostros, fuesen adelante, hasta haberlos desbaratado. Algunos dicen (que al principio no dio tan grande la resistencia de los indios, y que pidiéndoles bastimentos trajeron algunas canoas con maíz, gallinas y fruta, aunque poco para tanta gente, diciendo, que por ser tarde no traían más, que a otro día vendrían con mucha provisión de bastimentos. Al día siguiente vinieron con otra poca de comida, y dijeron, que la tomasen si querían, que no tenían más, y que se fuesen porque temiendo alguna violencia los indios, se habían ido al monte, y que sobre no querer salir del puerto, descargaron sobre los españoles una gran rociada de flechas, que ocasionó la batalla, con que se entró el pueblo, como se ha dicho. Sabido por el señor de Tabasco, intentó engañar a Cortés, mientras juntaba todas sus gentes, y con veintidós hombres, que parecían principales, le envió a rogar no quemase el pueblo, y que a otro día trajeron alguna comida, y recaudo del señor del pueblo, que si querían más, con seguridad podían entrar la tierra adentro a rescatarla, y que debajo de aquel seguro salieron los capitanes Francisco de Lugo y Pedro de Alvarado, a quien sucedió lo que se ha dicho. Lo más cierto es, que nunca en esta ocasión hicieron señal de paz, ni verdadera ni fingida, porque estaban afrentados con los baldones de los de Champoton (Chakan Poton) y Campeche.

Capítulo X. Del gran peligro en que se vieron los españoles en Tabasco; y como dieron los indios la obediencia

Bien entendiera el general Hernando Cortés, que la rota pasada sería ocasión para que los amedrentados no tuviesen ya la guerra por tan a propósito, como les había parecido, y que vendrían de paz con las ofertas que de ella les hacia, y buen tratamiento que se hizo a los prisioneros, como podría decir el que despachó al cacique. Con menos temor se hallaban los indios, que nunca se persuadían, a que tan pocos extranjeros habían de ser poderosos para sujetarlos: ellos si, siendo tantos, sino se salían de su tierra para consumirlos; y así habían juntado todo su poder para ejecutarlo. Súpolo el general Cortés de los prisioneros, y prevenido, como se dijo al fin del capítulo antecedente; a otro día (que fue el de la Encarnación del Verbo Eterno a 25 de marzo) se dijo misa, que oyeron todos, y queriendo ser más agresores, que acometidos, salieron a buscar a los enemigos. El general Cortés por capitán de los de caballo y demás infantes con sus capitanes, iban por unas sabanas o campo raso sin arboleda, y a una legua como salieron de donde estaban alojados, se hubo de apartar el general con los demás de caballo por un mal paso de unas ciénegas, que no podían atravesarlas. Por cabo de toda la infantería iba el capitán Diego de Ordaz, y caminando algo apartados los caballos de los infantes, como se ha dicho, descubrieron gran multitud de indios, que ya venían en busca de los españoles a su real, porque no se persuadieron, a que tan pocos habían de salir a buscarlos. Venían repartidos los indios en cinco escuadrones, cada uno, según su modo de contar de ellos, traía un jiquipil (xiquipil) a de guerreros, que son ocho mil, con que por todos eran cuarenta mil indios. Así dice Bernal Díaz que venían. «Traían todos grandes penachos y atambores, y trompetillas, y las caras enalmagradas y blancas, y prietas, y con grandes arcos y flechas, y lanzas y rodelas y espadas, como montantes de a dos manos y mucha honda y piedra, y cada uno sus armas colchadas de algodón.» Los indios se hallaron en mejor sitio, y luego que se acercaron, despidieron de si tal multitud de flechas, varas tostadas y piedra, que hirieron más de sesenta españoles, y uno murió luego de un flechazo, que le entró por un oído. Disparó el capitán Mesa la artillería contra ellos, que aunque fue grande la matanza, por no perderse munición alguna, siendo tantos y tan apiñados, no por eso se apartaron, más de lo que necesitaban, para flechar mejor a los nuestros. Resistían los españoles con valor a aquella multitud, que ya se juntaba pie con pie (como suele decirse) y aun con ser tales las heridas que recibían, y muchos con ellas la muerte; no eran poderosos para apartarlos de si, aunque viéndose en tanto peligro, apretaron de suerte a los cercanos, que los hicieron pasar de la otra parte de una ciénega, porque ya los españoles se habían visto como cerrados en una hoya de forma de herradura. Dice Bernal Díaz: «Acuérdome, que cuando soltábamos los tiros, que daban los indios grandes silvos y gritos, y echaban tierra y pajas en alto, porque no viésemos el daño que les hacíamos, y tenían entonces trompetas y trompetillas, y silvos y voces y decían: Ala. Ala». Pero aunque le pareció que decían Ala, no dicen, sino la la, que repetido parece aquello.

Dudosa estaba la victoria, porque los indios con la multitud que tenían, suplían con brevedad la falta que les hacían los muertos y heridos, acudiendo de nuevo muchos más de los que caían. Peleaban como gente, que tenía la atención a vencer, y así al parecer no sentían el daño con la esperanza, que perseverando, siendo tantos, habían de acabar con aquellos pocos extranjeros. Los españoles peleaban como quien solamente tenía la vida segura en su valor y esfuerzo. Hallábanse cansados y que casi no podían aprovecharse de su artillería, y hay quien escribe, se vieron en tal peligro, que para no ser desbaratados de los indios, hubieron de juntarse espaldas con espaldas, para hacer rostro a todas partes, porque por todas eran combatidos; pero aunque Bernal confiesa, que se vieron en gran riesgo, no declara llegaron a la acción referida. No había podido llegar Cortés con los demás hasta entonces, quedado por las espaldas a los indios ocupados con los que tenían delante, le dieron lugar para llegar a ellos. Era el campo llano, los caballeros buenos jinetes, los caballos venían con pretales de cascabeles; y al estruendo, cuando volvieron los indios quedaron asombrados; porque como nunca habían visto hombres a caballo, juzgaron, que caballo y caballero era todo un cuerpo, tenido de ellos por horrible monstruosidad, demás, que el daño que con las lanzas les hacían era muy grande, por ser en parte que podían jugar y correr los caballos como querían. Entonces los de a pie cargaron con mayor ánimo sobre los indios, que atemorizados con aquella repentina novedad, volvieron las espaldas a valerse de los montes, tanta multitud, que cubría las sabanas, y por ser tarde no les dieron alcance, y por estar tan fatigados. «Estuvimos (dice Bernal Díaz) en esta batalla sobre una hora, que no les pudimos hacer perder punto de buenos guerreros, hasta que vinieron los de a caballo.»

Habiendo quedado el campo por los españoles, dieron gracias a Dios y a su bendita madre, por haberles dado tan gran victoria y en memoria de ella, poblándose después allí una villa, se le dio nombre de Santa María de la Victoria por ella; y el día en que se alcanzó. Después se curaron los heridos con unto de los indios muertos, que abrieron para sacársele, porque recorriendo el campo, hallaron más de ochocientos ya difuntos, y muchos medios muertos, y más quejándose de otras heridas no tan graves, y con cinco indios prisioneros se volvieron al real a comer y descansar. La tardanza del general Cortés la ocasionaron dos cosas; la una, ciénegas y pantanos, que hallaron en el camino, y haber encontrado con otros escuadrones de indios, con quien forzosamente pelearon, y así llegaron, cuando se juntaron en la batalla ocho caballos heridos y cinco de los que en ellos iban. Lo que dice Gómara de haberse visto en esta batalla al glorioso apóstol Santiago o San Pedro, particular devoto del general Cortés, no debió de ser así, pues dice Bernal Díaz, que nunca tal cosa oyó platicar en el ejército y que hubieran sido muy ingratos a Dios y a sus santos, ocultando tan especial favor de su misericordia, y no dejando testimonio fidedigno de ello.

De los cinco indios prisioneros eran los dos capitanes, y pareció al general enviarlos para tratar de paz con los caciques, y que les dijesen, que si querían ser amigos, cesaría la guerra comenzada, y que bien podrían colegir de lo sucedido, en que tan pocos habían vencido a tantos; ¿qué sería, si se proseguía? que de lo pasado ellos tenían la culpa; y se les dieron cuentas verdes y otras cosas, para que les diesen juntamente con la embajada. Fueron los dos capitanes en busca de sus caciques, a quien dieron lo que llevaban, y dijeron la paz que los españoles les ofrecían. Hallábanse destrozados con el encuentra pasado, y cobrado temor a las grandes heridas de las armas contrarias; y así todos convinieron en que era más acertado asentar paz y amistad con aquellos hombres, a quien ya reputaban invencibles, y se la ofrecían: que continuar la guerra, de que les resultaba el daño que habían experimentado. Resolvieron asentar la nueva amistad; pero no fiándose del todo de la oferta de los españoles, enviaron primero quince indios esclavos con ruin traza, y trajeron gallinas, pescado asado y pan de maíz, diciendo que los caciques pedían paz y amistad. Recibiólos el general con caricia, pero medio enojado les dijo, que no era señal de querer paz, pues no la acostumbran a asentar los esclavos: que viniesen algunos señores para tratar de ella, que con eso conocerían ser verdad, que la solicitaban con veras; y con todo eso dieron a aquellos esclavos cuentas azules en señal de paz, y se les hicieron halagos, para que fuesen a decir, cuan bien tratados habían sido.

A otro día fueron treinta principales con buenas ropas y algunos de ellos ancianos, y llevaron más gallinas, pescado, fruta y pan, y pidieron licencia para hablar al general y tratar con él de la embajada que traían de sus caciques. Diósela, y recibiólos con toda benignidad, diciéndoles, que se alegraba mucho se hubiesen persuadido, a que no era suficiente su multitud contra el valor de los castellanos, que siempre había ofrecido la paz, y lo hacia de nuevo, y mandó soltar delante de ellos los otros prisioneros. Pidieron licencia para enterrar sus muertos, y diósela, con que acudió gran gentío para ello, y dijeron, que no se podían detener más, porque otro día habían de venir los señores de aquellos pueblos a efectuar las paces, con que los despidieron. Con lo que estos dijeron, dieron entero crédito a los españoles, y a otro día a mediodía vinieron cuarenta indios todos caciques, ricamente vestidos a su usanza, y con grande acompañamiento, usando de sus sahumerios, llegaron a saludar al general, y después a los demás capitanes y soldados. Estaba prevenido para recibirlos con más autoridad, aguardándolos, sentado en una silla; y al llegar el principal señor, se levantó y le abrazó, y después a los demás caciques que con él venían. Tenían por costumbre, cuando hablaban por intérprete, poner un criado que hablase con otro de la otra parte, y estos hablaban cada uno con sus señores lo que se trataba, porque entre ellos no hablaban derechamente el uno al otro, sino a los criados intérpretes. En esta conformidad dijo el cacique al suyo lo que había de decir, y el a Aguilar, que fue en sustancia. Que a todos aquellos señores pesaba mucho del disgusto que habían dado a los españoles;

pero que arrepentidos venían a ofrecerse por sus servidores y criados, y que toda la tierra de allí adelante estaría sujeta a su obediencia. Entonces Cortés con un enojo mezclado en mansedumbre, respondió: Que ya habían visto cuantas veces les ofrecieron paz y no la quisieron, que ahora no merecían, que se les concediese, porque eran vasallos de un gran rey y señor, que se llamaba el emperador Carlos que los envió a estas tierras, pero que porqué los mandó, que a los que estuviesen en su real servicio, los favoreciesen y ayudasen, los perdonaban, porque ya se ofrecían a su servicio, y que siempre los ampararían siendo buenos.

Amedrentó Cortés a todos estos indios, con una notable advertencia, nacida de su viveza de ingenio, y fue: Había una yegua de un Juan Sedeño, ya nombrado en otro capítulo, y estaba recién parida, y hízola tener atada junto adonde él estaba, hasta que el lugar cogió el olor de ella y luego la quitaron. También tuvo una pieza de artillería cargada con bala, que hizo seña disparasen al tiempo que manifestaba el enojo. El estallido fue grande, el ruido de la bala a menor, por estar el tiempo en calma, y espantáronse los caciques. Sosególos con decirles que la había mandado no hiciese daño en ellos, y así había pasado por alto. Luego, que trajesen allí el caballo, que en dándole el olor de la yegua, comenzó a relinchar y manotear; miraba al aposento donde estaban los indios, y era, que de allí le daba el olor. Creyeron con esto, era por ellos, y Cortés entonces se fue para el caballo, y cociéndole del freno, dijo a Aguilar hiciese que entendiesen le quietaba, y mandó le llevasen de allí. Todo esto se ordenó, a que los indios tuviesen por cierto que los caballos peleaban por sí, y también la artillería hacia el daño, que habían visto, y que estaban enojados con ellos por la guerra pasada, y que ya estaban aplacados. En este intervalo llegaron más de treinta indios cargados con gallinas, pescado y frutas; y habiendo tenido grandes pláticas con los caciques, todas en orden a traerlos, se despidieron, diciendo que vendrían otro día. Así lo cumplieron, trayendo un pequeño presente de oro, porque como la tierra no lo tiene, y habían dado lo que se dijo a Grijalva, no pudo al presente ser mucho; y así dice Bernal Díaz, que presentaron a Cortés cuatro diademas, unas lagartijas y orejeras, dos como perrillos, cinco ánades, dos figuras de caras de indios, dos suelas como de sandalias de oro, y otras cosillas de poco valor, con algunas mantas bastas, y unas indias, entre las cuales fue una, la que mediante Dios, dio la vida a todos los españoles después en la Nueva España.

Capítulo XI. Dan en Tabasco a Marina la Intérprete, y cómo Francisco de Montejo fue la primera justicia real de la Nueva España

Después de recibido el presente que se ha dicho, habló el general Cortés con los caciques a parte, y agradecido el presente les pidió, mandasen a los indios, viniesen al pueblo con sus hijos y mujeres, que sería la señal más cierta de que estaban pacíficos verdaderamente. Preguntóles, que fue la causa, porque tres veces rogados con la paz, no la admitieron. Y respondieron, que por los baldones del cacique de Champoton (Chakan Poton) y su consejo, porque no los tuviesen por cobardes, y que también se lo aconsejó el indio Melchor que se huyó a ellos. Mandóles Cortés, que en todo caso se le trajesen, y respondieron, que como vio, que les había sucedido a los indios tan mal la guerra, que les aconsejó contra los españoles, que se les huyó no sabían dél, aunque le habían buscado; pero Bernal Díaz dice, que supieron, que le habían sacrificado, por haberles costado tan caro seguir su consejo. No olvidó el general Cortés lo más importante, y así les trató algunas cosas de nuestra santa fe y adoración de un solo Dios verdadero. Enseñóles una imagen de nuestra señora muy devota, con su hijo santísimo en los brazos, y declaróseles quién era. Aunque respondieron qué les había parecido aquella gran señora, y dijeron, que se la diesen para tenerla en su pueblo y reverenciarla; con todo eso la nueva creencia de aquel Dios, que les decía, mudanza de la religión que profesaban, y dejar la adoración de sus dioses, que tantos tiempos habían venerado, necesitaban de consultarse más de espacio.

Con esto se acabó la plática aquel día, en que luego mandó el general Cortés hacer un altar muy bien labrado y una cruz bien alta, que se fijó delante. El día siguiente se colocó la santa imagen en el altar en presencia de todos los caciques y principales, y los españoles la adoraron juntamente con la santa cruz. Iba en compañía de los españoles un religioso de la Orden de nuestra señora de la Merced, llamado fray Bartolomé de Olmedo, buen teólogo y predicador, y que fue de mucha importancia después en la conquista como repite Bernal Díaz en diversos capítulos, y este dijo misa aquel día. Habían dado (como toqué en el fin del capítulo antecedente) unas indias a los españoles, y estas fueron veinte en número, y parece eran esclavas que tenían de otras partes. Después de la misa las predicó el padre fray Bartolomé por lengua de Jerónimo de Aguilar, y ellas pidieron el santo bautismo, que después de catequizadas se les dio, y el general las repartió entre los capitanes, para que los sirviesen.

Entre estas, una que se le dio por nombre doña Marina, era hija de grandes caciques y señora de vasallos, y dice Bernal Díaz, que se le parecía bien en su persona. De ordinario la nobleza de la sangre, en cualquiera estado que se halle quien la tiene, hace proceder de suerte, que manifieste a su dueño. Como vino a esclavitud esta señora, fue de esta suerte. Sus padres eran caciques, y señores de un pueblo, que se llamaba Painala (como ocho leguas distante de la villa de Guazacualco) y era cabeza de otros, que le estaban sujetos. Murió el padre, quedando ella muy niña, y la madre se casó con otro cacique mancebo. Tuvieron un hijo, a quien quisieron mucho, y porque heredase el cacicazgo, y la niña no fuese estorbo, el padrastro y la madre una noche a escondidas, la dieron a unos indios de Xicalango, y muriendo en aquella ocasión una hija de una india esclava, publicaron que era la heredera, con que no se supo el embuste y maldad, con que su propia madre, a la hija que nació señora de tantos pueblos, la puso en la miserable servidumbre de esclavitud penosa; pero se puede entender, fue dispensación y permisión de la Divina Providencia, para tanto bien como de ello resultó. Los indios de Xicalango la dieron a los de Tabasco, y los de Tabasco con las otras a don Hernando Cortés como se ha dicho. Ésta entendía la lengua mexicana por hablarse en su tierra, y con la esclavitud de Tabasco sabia la de Yucatán. Después por este medio Aguilar decía a doña Marina en la conquista de la Nueva España lo que era necesario para comunicarse los españoles con aquellos indios, ella se lo decía en su lengua mexicana. Daba la respuesta a Aguilar en lengua yucateca, y éste a Cortés en la nuestra española, con que se aseguraron de gravísimos peligros, y se entendían en su comunicación con seguridad cierta.

Por ser víspera del domingo de Ramos, quiso Cortés se celebrase allí esta festividad, para que los indios viesen el culto y reverencia divina, y la procesión de los Ramos, que ordenó se hiciese con la mayor solemnidad posible, y mandó a los caciques asistiesen a ella. Cantóse la misa y pasión con solemnidad, habiendo, como suele, precedido la procesión de los Ramos, y después adorado y besado la cruz, estando a todo los indios muy atentos. Acabada la solemnidad, se despidió el general y todos los demás de los indios: encargándoles mucho la santa imagen de nuestra señora, y cruces que habían puesto, que tuviesen sus lugares muy limpios y enramados, y las reverenciasen y tendrían salud y buenas sementeras, que estuviesen firmes en su buen propósito, y les enviaría quien les declarase nuestra santa fe, y que la obediencia que habían prometido al rey de Castilla, no la violasen, porque la experiencia les mostraría como conservaba en paz y justicia a sus vasallos, defendiéndolos de sus enemigos. Aquí se curaron unos seis o siete soldados, a quien sin saber, que lo ocasionase, les dio recién salidos a tierra tan grande dolor en los riñones que no podían estar en pie, y cargados los hubieron de llevar a embarcar a los navíos.

Lunes santo por la mañana, ayudando todas las canoas de los indios, se embarcaron todos los españoles, y dando velas al viento con próspero viaje, llegaron Jueves santo después de mediodía a San Juan de Ulúa, surgiendo en la parte que el piloto Antón de Alaminos tuvo por más segura para los navíos, si ventaban Nortes: no teniendo por bueno aquel puerto, dio orden el general Cortés que dos navíos pasasen la costa adelante, a ver si le había mejor. Por capitán de ellos envió a Francisco de Montejo (come quien había ido, cuando vino Grijalva) con orden, que diez días navegasen costa a costa, cuanto pudiesen, y habiéndolo hecho así, llegaron al río grande cerca de Pánuco, y de allí adelante no pudieron pasar por las grandes corrientes. Determinaron con esto volverse, y les dio tan recio temporal, que tuvieron poca esperanza de salir vivos a tierra, porque la fuerza con que la mar revienta, no da lugar a ello anegando los bateles, y de dos que se expusieron a salir, el uno se ahogó. Obligóles a echar a la mar cuanto llevaban, que aun de los bastimentos solo el pan reservaron. Faltábales el agua, y viéndose perecer con la sed, ordenó el capitán Francisco de Montejo, que atando todas las armas a la tablazón del un navío, fuesen con él a varar a tierra para librar las vidas, porque parece había principios de nueva tormenta. Socorrió Dios esta necesidad del agua con un aguacero de Norte, de que recogieron en algunas sabanas y vasijas, y aun algunos bebían la que corría por las velas de los navíos: tanta era la necesidad con que estaban, que en los escritos y probanzas de este capitán se dice, que murieron algunos de sed; porque para cada dos hombres se les daba en todo un día medio cuartillo de agua, y que cuando llovió, ya totalmente les había faltado y que tardaron en este viaje veintidós días, aunque en algunas historias se dice que doce. Con esto pudieron llegar a San Juan de Ulúa, y salidos todos a tierra, fueron descalzos en procesión, y descubiertas las cabezas hasta donde ya estaba hecho un altar, y allí dieron gracias a Dios, por hallarse libres de los peligros en que se habían visto.

Las nuevas que trajeron deste viaje, fue solo decir, que a diez o doce leguas de allí habían visto un pueblo a su parecer fortificado, cerca del cual había un puerto, en que los pilotos decían podrían estar los navíos reparados de los Nortes. Aunque en este intermedio habían acudido muchos indios a Cortés, y pasado lo que en las Historias generales se refiere, diré solo lo que hace a propósito de la nuestra, para dar razón de como llegó el capitán Francisco de Montejo a capitular la pacificación desta tierra de Yucatán, y ser adelantado della. Cesaron los indios de la Nueva España de comunicar con Cortés y los españoles, y por esto y la incomodidad del sitio en que había muchos mosquitos, mandó el general Cortés, que se pasasen al lugar que había visto el capitán Francisco de Montejo. Hubo contradicción de los parientes, criados y aficionados del gobernador Diego Velásquez; pero la sagacidad y prudencia del general Cortés, no solo la sosegó, pero negoció con algunos capitanes y soldados sus amigos, que se poblase en aquel sitio una villa en nombre del rey. Vencidas grandes dificultades, que sobre esto hubo, se resolvió fundar una villa, que le dieron por nombre la Villa rica de la Veracruz. Rica por la mucha riqueza que descubrían en aquella tierra, y de la Veracruz, por haber salido a ella en Viernes santo. Fueron nombrados por primeros alcaldes Alonso Hernández Portocarrero, que como se ha dicho, era deudo muy cercano del conde de Medellín, y Francisco de Montejo; y asimismo se nombraron regidores, y los demás oficios necesarios para el gobierno de una República. Dícese, que luego ante la nueva justicia real renunció los poderes que de Diego Velásquez traía el general Cortés para gobernar, y que el nuevo regimiento en nombre del rey, y hasta que su majestad ordenase otra cosa, le dio título de capitán general y Justicia Mayor de la Nueva España; pero por voto los soldados sus aficionados, parece haber sido hecho este nombramiento, que prevaleció, aun replicándolo la parte contraria, y así se fue dando principio a la pacificación de la Nueva España.

Fundada la Villa Rica de la Veracruz en cuanto a su gobierno político, y dada traza en los edificios materiales; después de confederado el general y Justicia Mayor Hernando Cortés con el señor de Zempoala. Queriendo socorrerle contra los de Zimpanzingo o Zingapacinga, apaciguado aquello por haber salido los indios de paz a recibir a los españoles, se comenzó tratar, de granjear para Dios algunas almas. Derribaran los españoles muchos Kues, adoratorios y temples de sus ídolos, diciéndoles, que pues ya eran hermanos y vasallos de un rey, no los habían de adorar más. Hízose altar en que se puso la imagen de nuestra señora, labrose una cruz, y bautizáronse ocho indias principales que habían dado primicias de aquel gentilismo. Pareció acertado, por haber ya más de tres meses, que estaban allí, entrar la tierra adentro, y probar (como suele decirse) ventura, yendo a ver aquel rey tan poderoso, tan temido, y de quien tantas grandezas les contaban sus vasallos. Para esto se determinó primero dar noticia al rey de lo sucedido, desde que salieron de Cuba, y como estaban edificando aquella villa en su real nombre. Tratóse de enviar al rey no solo su real quinto, sino todo el oro que se había recogido, así de presentes de Montezuma (Moctecuzoma), como lo rescatado; pero con recelo de que algunos soldados querían para si sus partes, ordenó a los capitanes Diego de Ordaz y Francisco de Montejo, alcalde, que hablasen a todos aquellos de quien se podía entender, y les persuadiesen las conveniencias grandes que había, para que se hiciese al rey un presente considerable. Con esta diligencia renunciaron todos sus partes, y se nombraron procuradores para España.

Capítulo XII. Francisco de Montejo lleva al rey el primero presente, y es el primero procurador de la Nueva España
Pareció al general Cortés, que las personas más a propósito para llevar el oro que se había juntado, y dar noticias del intento con que quedaban, eran los capitanes Alonso Hernández Portocarrero, y Francisco de Montejo, y para que hiciesen el viaje, mandó prevenir el mejor navío, y por piloto Antón de Alaminos, como más práctico que todos los restantes. Escribieron el general Hernando Cortés, el nuevo regimiento, y algunos capitanes y soldados, como salieron de Cuba, diciendo, que venían a poblar, y que hallando después que el intento del gobernador Diego Velásquez, era rescatar y no poblar, y que teniendo cierto oro rescatado, decía Cortés, que se quería volver a Cuba; le

hicieron que poblase y le nombraron por su capitán general y Justicia Mayor, hasta que su majestad se sirviese de mandar otra cosa. Hicieron relación de sus trabajos de la guerra de Tabasco, y como aquellos indios le habían dado la audiencia, y ya eran sus vasallos; los principios tan grandes, que en la Nueva España tenían para sujetarle aquellos amplísimos reinos, a lo cual estaban determinados mediante el favor divino, en que confiaban con todo lo demás sucedido. Suplicaron, que para llevarlo a ejecución, diese a Hernando Cortés el gobierno de todo lo que se sujetase a su real corona, y que mandase despachar con brevedad sus procuradores, para saber su real voluntad, y ejecutarla en todo como leales vasallos.

Firmadas las cartas y dadas a los procuradores, estaba ya prevenido el navío, y habiendo dicho misa el padre fray Bartolomé de Olmedo, y encomendado a Dios les diese buen viaje; salieron del puerto de San Juan de Ulúa, a 26 de julio de aquel año de 1519. Llevaban orden, que de ningún modo entrasen en La Habana, ni llegasen a una estancia, que allí tenía el capitán Francisco de Montejo porque pudiendo saber así su viaje el gobernador Diego Velásquez, no los detuviese y se le evitase. Aunque llevaban este orden, instó tanto el capitán Montejo al piloto Alaminos, que le hizo dar fondo en un puerto junto a su estancia llamada Marien, diciendo era para rehacerse de bastimentos; iba el otro procurador muy enfermo, y así hacia todo lo que quería. Dice Bernal Díaz, que con un marinero que echó en tierra, hizo publicar su viaje en Cuba, y que se dijo había escrito de secreto al gobernador lo que pasaba. Mal se comprende esto con lo que después hizo el capitán Montejo, desmintiendo con las obras estos rumores. Lo cierto es, que el gobernador supo como estaba allí, y con toda brevedad armó dos navíos pequeños con artillería, y soldados: por capitanes Gabriel de Rojas y Gonzalo de Guzmán, para que le llevasen presa la Nao. Mayor fue la presteza del capitán Montejo en salir de aquel puerto, y esta fuga fue ocasión de descubrir el derrotero de la Canal de Bahama, para la vuelta de España, hasta entonces no navegada, y desde aquella ocasión siempre seguida. Llegaron los dos capitanes al paraje donde habían de hacer la presa, y como no la hallasen, preguntando a unos barcos que allí andaban, por ella: supieron, como habrían desembocado de la Canal, por haberles hecho buen tiempo. Con esto volvieron a Cuba sin más recado.

Con próspero viaje llegaron por el mes de octubre de aquel año al puerto de San Lúcar, y aunque habían acabado con las tormentas de mar, hallaron nuevos cuidados e impedimentos en tierra. Fue la ocasión de estar en Sevilla el clérigo Benito Martín, que fue a la corte a los negocios del gobernador Diego Velásquez, como se dijo; y teniendo noticia de la llegada de estos procuradores y lo que pasaba; informó a los oficiales de la Casa de la Contratación, como iban en deservicio del rey, y que era gente alzada contra los órdenes de su capitán general Diego Velásquez, gobernador de Cuba. Con esta información se dice en algunas historias que allí les embargaron todo cuanto llevaban, y escribieron contra ellos a don Juan Rodríguez de Fonseca, obispo de Burgos y arzobispo de Rosano, muy aficionado del gobernador Diego Velásquez, diciéndole, no debía el rey dar audiencia a estos procuradores, sino castigarlos como a desleales, y inobedientes; Bernal Díaz siguiendo su historia, con las cartas que los procuradores escribieron a la Nueva España, dando razón de sus sucesos, dice: Que llegados a Sevilla, luego fueron en posta a la corte, que estaba en Valladolid, a besar las manos al presidente de Indias, que era el referido don Juan Rodríguez de Fonseca, por estar el rey electo emperador ausente en Flandes. Presentaron las cartas, relaciones, joyas y oro que llevaban, suplicándole se diese noticia luego de ello a su majestad, y que ellos mismos irían a llevarlo. Cuando entendieron hallar favor y agradecimiento, la respuesta fue con palabras secas y ásperas. Suplicáronle mirase los grandes servicios que Cortés y sus compañeros hacían al rey, y que se le enviasen todas aquellas joyas y cartas, para que supiese lo sucedido, y que ellos irían con ello. Entonces respondió con más aspereza mandándoles, que lo dejasen y diciendo, que él escribiría al rey lo que era, y no lo que le decían, porque iban alzados contra Diego Velásquez, con otras muchas sequedades. En aquella ocasión llegó a la corte el clérigo Benito Martín, y dando quejas contra Cortés y sus secuaces, se indignó más el obispo. Alonso Hernández Portocarrero, pretendiendo templar al obispo, le rogó mirase la materia sin pasión, y que a quien tan bien servia al rey, no tratase con palabras afrentosas. Indignóse más con esto el obispo, y mandólos prender, con que hubieron de callar hasta su tiempo.

El obispo escribió a Flandes al rey, favoreciendo a su amigo Diego Velásquez, y contra Cortés y sus compañeros, diciendo que era gente alzada, sin enviar las cartas y relaciones, que los procuradores para el rey traían. Viendo ellos lo que a Flandes para el rey, remitiéndole el duplicado de las cartas, que dieron al obispo, y memoria de todas las joyas y presente, que le habían entregado, descubriendo juntamente los tratos que con Diego Velásquez tenía, y muchos caballeros escribieron al rey, favoreciendo a los procuradores. Recibidas estas relaciones, se mejoró mucho el crédito de Cortés y sus compañeros, y por el contrario no le tenía como de antes el obispo, especialmente por no haber enviado todas las piezas oro que se le entregaron, que se quedó con gran parte de ellas, según refiere Bernal Díaz. Con el presente, y relaciones, todo era engrandecer las riquezas de la nueva tierra, y el servicio grande que Cortés y sus compañeros estaban haciendo a la real corona. Daba el emperador nuestro rey gracias a Dios, porque en su tiempo se hubiesen hallado tan dilatadas provincias, donde fuese su santo nombre glorificado.

Aunque como se ha dicho mejoraron de crédito los procuradores, no fue bastante, para que luego fuesen despachados, la parte de Diego Velásquez estaba muy acreditada, y haría grandes instancias contra ellos. Fue electo Sumo Pontífice nuestro santo padre Adriano VI, año de 1521, estando gobernando a Castilla, por no haber aun venido el emperador nuestro rey de Flandes, y determinaron ir los procuradores a besar sus pies a la ciudad de Vitoria, en compañía de un gran señor alemán, que enviaba el emperador a dar el parabién por su al Pontífice. Este caballero tenía gran noticia de lo sucedido en Nueva España, y ayudó mucho a los procuradores con el Pontífice, para que los favoreciese como lo hizo. Con este arrimo tuvieron ánimo para recusar al obispo presidente de Indias, favoreciéndoles muchos caballeros, y especialmente el duque de Bejar. Las causas refiere Bernal Díaz en su historia, que no son necesarias en esta. Basta decir, que propuesta la recusación en Zaragoza, donde la presentaron ante el Pontífice, como gobernador de España, la aprobó por buena, y declaró a Cortés y sus compañeros, por leales servidores del rey, dando por gobernador de la Nueva España a Hernando Cortés; y habiendo llegado en aquella sazón a España el rey, fueron luego los procuradores a verle con cartas del Pontífice, y bien informado de todo, confirmó lo que su santidad como gobernador de España, había determinado. No solo negociaron esto, pero el Pontífice como tal, les concedió muchas indulgencias para las iglesias y hospitales de la Nueva España, y escribió una carta, encomendando mucho al gobernador Cortés y demás conquistadores de ella, tratasen mucho de la conversión de los indios a nuestra santa fe, y les evitasen sus sacrificios y torpezas, y ellos las muertes y robos, atrayéndolos con los medios más pacíficos que fuese posible; y dándoles bulas, para que absolviéndolos por ella los confesores, compusiesen y asegurasen sus conciencias.

Pidieron también por merced al rey, que recibido debajo de su real protección todo lo que se le sujetase en la Nueva España, no pudiese enajenarse de la corona real de Castilla, en todo, ni en arte, pues la fidelidad con que sus vasallos la habían ya conquistado, lo merecía. Otorgó la suplica, dando su fe y palabra, por si, y sus sucesores, de que se haría así, y para ello se dio real provisión en Pamplona, a 22 de octubre de 1523, dándole fuerza de y ley, como si fuera promulgada en cortes generales de los reinos sujetos a la corona, con otras muchas mercedes que alcanzó para aquel reino de la Nueva España y los demás que se poblasen. Entre otras mercedes particulares, fue dar la Tenencia de la Fuerza de la Veracruz, y un regimiento al capitán Francisco de Montejo, que había solicitado las demás para sus compañeros. Encargóle mucho el rey dijese al gobernador Cortés la gran necesidad en que se hallaba, causada de las muchas guerras, y que así le enviase todo el oro que fuese posible. Salió Francisco de Montejo luego con tan buenos despachos, y tocando en La Habana, halló dos criados del gobernador Cortés, que habían ido por bastimentos, armas y caballos, y embarcándolo todo en su navío, fue con ello a la Nueva España. Llegado, hizo manifestación de los despachos que llevaba, así para el común como para los particulares, que fueron recibidos con el contento que se puede considerar.

Aunque Cortés había recibido a los oficiales de su majestad con toda honra y buen tratamiento, escribieron al rey, desdorando sus cosas y servicios, el tesorero Alonso de Estrada, el contador Rodrigo de Albornoz, el factor Gonzalo de Salazar y el veedor Peralméndez Chirinos, de donde resultaron tan grandes disgustos, como las Historias generales de las indias refieren. Para reparo de esto hubo de ir persona confidante, y de autoridad, que mereciese crédito por parte del gobernador Cortés. En la ejecutoria del adelantado Montejo se dice, que todos los cabildos que ya había en la Nueva España en esta ocasión, le nombraron segunda vez por procurador de aquel reino, y el debía de tener deseo de ir a España, para capitular con el señor emperador Carlos V nuestro rey, la pacificación de estas provincias, como después lo hizo, y se dirá en el segundo libro. Escribieron también en descrédito suyo, luego que supieron iba a España. Lo cierto es, que con esta discordia estuvo en contingencia de perderse lo ganado, y especialmente por la ausencia que de México hizo el gobernador Cortés con el viaje para tierra de Hibueras u Honduras, que por pertenecer gran parte de él a este reino y gobierno de Yucatán, referiré mientras el capitán Montejo hace su viaje a España.

Capítulo XIII. Sale don Hernando Cortés de México para Honduras, y lo que le sucedió en Acalán Tabasco

Cuando el capitán Francisco de Montejo tocó en La Habana, como se ha dicho, halló allí al capitán Cristóbal de Olid, a quien con una armada había despachado don Hernando Cortés, dándole cinco navíos bien bastecidos con muchos soldados, armas y caballos, para que fuese a poblar la tierra de Honduras, y en sus conversaciones de este capitán, conoció que iba alzado. Dio noticia de ello a Cortés, que envió en su seguimiento al capitán Francisco de las Casas, con cinco navíos bien artillados, y cien soldados, con algunos de los conquistadores de México, y poderes con mandamientos bastantes para prender al Cristóbal de Olid, y gobernar el Casas aquella tierra en nombre de Cortés. Llegó el capitán Francisco de las Casas a la bahía y puerto, llamado el triunfo de la cruz (donde Cristóbal de Olid tenía su armada) y aunque dando fondo, puso banderas de paz; no dio crédito, y armando dos carabelas con muchos soldados, resistió a los que venían la salida a tierra. El capitán Casas, que era hombre valeroso, resuelto a salir echó sus bateles al agua, y hubo de abrir camino con las armas. Echó a fondo una de las dos carabelas de Olid, de cuyos soldados murieron cuatro, y otros quedaron heridos. Con esto este capitán, por esperar sus soldados que no los tenía allí todos, movió tratos de paz con Francisco de las Casas. Este capitán con recato se estuvo aquella noche en sus navíos, y porque tuvo cartas secretas de amigos de Cortés, que desembarcase en tierra en otra parte, y viniendo con su gente le ayudarían, para que prendiese al capitán Olid.

La providencia humana, como tan corta su esfera para prevenir lo futuro, experimentó en esta ocasión la mayor desgracia del capitán Casas. Aquella misma noche se levantó un recio viento Norte, que hizo varar sus navíos en tierra: perdióse cuanto en ellos iba, ahogáronse treinta soldados, los demás fueron presos, y con ellos su capitán Francisco de las Casas. El capitán Cristóbal de Olid, hizo a sus soldados jurar, que siempre serían en su favor y contra Cortés, con que presto los soltó; reteniendo al capitán Francisco de las Casas, hasta que llegaron los otros capitanes que estaban ausentes. Lo que este capitán preso, no pudo de otra suerte, venció con industria y con ella hecha información del alzamiento contra Cortés, por sentencia fue degollado el capitán Cristóbal de Olid en la plaza pública de Naco, y dejando orden en aquellas provincias, como estuviesen por Cortés, determinó ir a México a darle noticia, y con él el capitán Gil González Dávila, que le ayudó y fue compañero en dar la sentencia contra el degollado.

Ignoraba Cortés lo que al capitán Francisco de las Casas hubiese sucedido, y con este recelo y por haberle dicho era tierra rica de minas de oro, y principalmente entendiendo descubrir estrecho para la mar del Sur, y la Isla de la Especería, que mucho se deseaba: dejando el mejor orden, que le pareció convenir para la conservación de la Nueva España (aunque le salió tan mal como se lee en las Historias generales) resolvió ir personalmente en seguimiento del capitán Francisco de las Casas, y visitar tan dilatadas provincias, nunca penetradas de nación alguna. Contradicciones tuvo, oponiéndole muchos los daños que podía ocasionar su ausencia: pero ninguna bastó a impedirle la jornada, aunque los recelos no salieron vanos como manifestó después la experiencia. Resuelto con última determinación, salió de México llevando consigo (porque quedase la Nueva España y sus naturales sin ocasión de algún levantamiento) a Guatemuz rey de México, a quien por armas se la ganaron al señor de Tacuba y otros muy principales, y aun algunos de Michoacán, y con ellos más de tres mil indios mexicanos con sus armas de guerra, sin otros muchos del servicio de aquellos caciques, y juntamente llevó a doña Marina la india intérprete, que ya Jerónimo de Aguilar era difunto. Acompañaron a Cortés en este viaje muchos caballeros españoles, cuyos nombres refiere Bernal Díaz, y yo solamente el de don Francisco de Montejo, hijo del capitán Francisco de Montejo (que dije en el capítulo antecedente, fue segunda vez a España) nombrándole aquí por ser de nuestra Historia, y como después se dice, el capitán general que en nombre y con poderes de su padre pacificó y pobló este reino de Yucatán.

Caminando don Hernando Cortés para Guazacualco, se le juntaron más de otros cincuenta españoles, y era cosa de admiración, por donde quiera que pasaba, las grandes fiestas y regocijos con que le recibían. Los más de los conquistadores que vivían en aquella villa, treinta y tres leguas antes de llegar a ella, salieron a recibirle. En un pueblo que llaman Orizaba (antes que se me olvide) casó doña Marina la intérprete con Juan Jaramillo, y no con Jerónimo de Aguilar, como dice el doctor Illescas en su pontifical. En la villa de Guazacualco fue don Hernando Cortés recibido y regalado de todos aquellos conquistadores, con las mayores muestras que pudieron las voluntades manifestar a su capitán general, amigo y compañero en tantos trabajos. Desde allí escribió a la Villa Rica de la Veracruz, a Simón de Cuenca su mayordomo, cargase dos navíos pequeños de bastimentos, herraje y otras provisiones necesarias, que bajasen costa a costa por mar del Norte, y que les escribiría, donde habían de aportar, y que el mismo Simón de Cuenca viniese por capitán de ellos. Mientras don Hernando Cortés estaba en Guazacualco, dice Bernal Díaz: «Ya estábamos todos apercibidos con nuestras armas y caballos, que no le osábamos decir de no, y ya que alguno se lo decía, por fuerza le hacia ir». Reparados allí para proseguir el viaje, salió con ciento y treinta soldados de a, caballo; otros ciento y veinte escopeteros y ballesteros, sin muchos soldados nuevamente venidos de Castilla, Llevaba en su compañía al padre fray Bartolomé de Olmedo, que le acompañó en la conquista, y otros dos religiosos de la Orden de nuestro padre san Francisco.

Llegaron a Tonalá, pasaron el Ayaguadulco, y siete leguas de allí dieron en un estero que va a la mar, donde para pasar el ejército, fue necesario hacer una puente, que tenía de largo cerca de medio cuarto de legua, cosa espantosa. De allí atravesaron el gran río llamado de los Indios Mazapa, el que los marineros llaman de dos bocas, y es el que nace en las cumbres de las grandes y altísimas Sierras, nombradas Cuchumatanes, y pasa por Chiapa de Indios, tan caudaloso ya, como allí se ve; y pasando por los pueblos intermedios, llegaron a la provincia que llaman la Chontalpa, que vieron muy poblada y llena de huertas de cacao. Acercándose a Tabasco, se perdieron cuatro arrobas de herraje (falta sensible por no poderse hallar con dineros ni rescates) y llegando a un pueblo que se dice llamarse Zagutan, hallaron a los indios pacíficos, pero a la noche se ausentaron todos, pasándose entre unas grandes ciénegas. Envíolos don Hernando Cortés, a buscar, y con gran trabajo prendieron siete indios principales y alguna gente menuda que se volvieron a huir y allí quedó el ejército sin guías, que no fue lo menos sensible. Proveyó nuestro señor a esta necesidad; porque habiendo tenido noticia los caciques de Tabasco de que venía hacia su tierra don Hernando Cortés, fueron a aquel paraje los caciques con cincuenta canoas cargadas de maíz y bastimentos; y aquí debió de ser donde dice Herrera, que paró el ejército veinte días, por falta de quien los guiase. Para haber de pasar a los pueblos de Tepetitan y Iztápa, hay un río muy caudaloso, llamado Chilapa, y por consejo de Bernal Díaz, don Hernando Cortés envió un Soldado español con cinco indios el río arriba, a un pueblo llamado Chilapa, como el río, para que trajesen canoas en que pasar el ejército. Estos encontraron dos caciques que venían por el río con seis grandes canoas, en que traían bastimentos al ejército, que con ellas pasó, aunque en ello tardaron cuatro días. Pasado el río, hallaron caminos muy pantanosos, y aquí dice Herrera que por causa de una ciénega de trescientos pasos, se hizo una puente, de madera que la cogió toda, donde se pusieron vigas de treinta y cuarenta pies de largo, con que pudieron llegar al pueblo de Chilapán, donde halló dos hombres solos, que le pasaron a Tamaztepéc, y que en seis leguas que había, tardó el ejército dos días, por dar el cieno y agua a veces a los caballos hasta las barrigas, y que de allí pasaron a Iztápa. La puente fue la que queda dicha; porque pasado el río, no se hizo puente, sino que aunque con malos caminos y cenagosos, fueron al pueblo de Tepetitan, que hallaron despoblado y quemado, por haberles hecho guerra otros vecinos a ellos, y de allí pasaron al pueblo de Iztápa. Los indios de este pueblo, temerosos se habían pasado de la otra parte de un río que había muy caudaloso, y enviados a buscar, trajeron a los caciques con muchos indios, que traían sus mujeres e hijos.

Haeblólos don Hernando Cortés con mucha mansedumbre, y mandóles restituir cuatro indias y tres indios, que en el monte les habían cogido, con que asegurados los caciques, le presentaron algunas joyuelas de oro de poco valor, y por haber buena hierba para los caballos, se detuvieron allí tres días, y aun quiso poblar una villa, por ser comarca de muchos pueblos, para servirla y bastecería. Informóse Cortés de su viaje, y aun mostró uno como mapa, donde se le dieron pintado en Guazacualco; pero los indios de Iztápa le engañaron, proponiendo, que para ir a Acalán como quería, había muchos ríos y esteros, y rogándoles que acompañasen el ejército para ayudar a hacer puentes con que los pasasen no lo hicieron. Salieron de Iztápa con provisión de maíz tostado, y algunas legumbres para los tres días, que entendían caminar a Tamaztepéc, y hubieron de andar siete jornadas, hasta hallar reparo, y los ríos estaban sin puentes ni canoas. aquí si hubieron de hacer una de gruesas maderas en un caudaloso río, para poder pasar los caballos y el ejército, y donde todos trabajaron, capitanes y soldados, tardando en hacerla tres días, y comiendo raíces y yerbas que no conocían, y después no hallaron camino alguno. Comenzáronle a abrir, creyendo irían a dar al pueblo de Tamaztepéc, y una marina volvieron al mismo camino, que a las espaldas habían dejado abierto. Allí mostró gran pesar Cortés, y aun oyó las murmuraciones que contra él había por el viaje, pero disimulaba como prudente. Hallábanse entre unas montañas de arboledas altísimas, que apenas descubrían el cielo, y ocupaban con su mucha espesura, que desde algunos árboles atalayasen algún paraje; de tres indios guías que traían, los dos se habían huido y el otro no sabía dar razón del camino que llevaban. En este aprieto se valió Cortés de su viveza en el discurso, y con una aguja de marear que traía un piloto, y con el mapa de Guazacualco, mandó abrir camino al Este y quiso Dios vieron unos árboles antiguamente cortados, y viniendo con estas nuevas, hubo gran contento, porque ya había dicho Cortés que él no hallar camino al día siguiente no sabía que hacer.

Con harto trabajo pasaron un río que iba a un pueblo, el cual hallaron despoblado, pero con bastimentos de maíz, frijoles y otras legumbres, con que saciaron la grande hambre que llevaban. Con ella y los trabajos de semejante camino, habían muerto tres españoles y muchos de los indios mexicanos, sin otros que enfermaban y algunos que como descarados se quedaban a morir por aquellos montes, como gente de flaco corazón para empresa tan grande.

Capítulo XIV. Desgraciado fin de los que navegaban, y grandes trabajos del viaje por tierra

El pueblo referido, que hallaron despoblado, era el de Tamaztepéc, que tanto desearon, y viéndole así, mandó Cortés a dos capitanes y soldado que fuesen a buscarlos y trajeron más de treinta indios, todos caciques y sacerdotes de ídolos, a quien habló con muchas caricias, con que trajeron mucho maíz y gallinas. Supo en este pueblo don Hernando Cortés, como los señores mexicanos habían cogido dos o tres indios de los pueblos por donde habían pasado, y matándolos, se los habían comido como usaban en su gentilidad, y lo mismo habían hecho con las dos guías que tuvieron por huidas. Con esto llamó a aquellos caciques, y los riñó muy enojado, amenazándolos con grave castigo, si otra vez lo hacían, y dando a entender que solamente averiguó haber cometido un indio aquel delito; por vía jurídica le hizo quemar para escarmentar a los otros. Uno de nuestros religiosos predicó en aquella ocasión; y dice Bernal Díaz cosas muy santas y buenas, y acabado el sermón se hizo la justicia. Para ir desde allí al pueblo de Izguatepéc a Ziguatepéc, distante como dieciséis leguas, les dieron más de veinte indios que en barcas, y canoas les ayudaron a pasar dos ríos. De estos enviaron por delante, para que dijesen a los indios no tuviesen recelo, porque no les harían daño alguno, y aprovechó porque prevenidos con esto, aguardaron en el pueblo. Dióles don Hernando Cortés cosas de México, de las que mucho estiman ellos; y preguntándoles adonde salía un río muy grande que pasaba junto al pueblo, dijeron que iba al de Gueyatásta, cercano de Xicalango.

Desde allí pareció a propósito enviar a saber, si Simón de Cuenca estaba por la costa con los dos navíos, y así le escribió con Francisco de Medina, a quien hizo capitán juntamente con el otro. Bajó por el río abajo y halló al Simón de Cuenca, que con los dos navíos estaba en lo de Xicalango aguardando nuevas de Cortés. Presentadas las provisiones que traía Medina, sobre el mandar tuvieron palabras: de ellas pasaron a las armas, con que de unos y otros no quedaron más que seis o siete españoles vivos. A estos mataron los indios y luego quemaron los navíos, con que hasta más de dos años después no se supo que hubiese sucedido por ellos. Desde Ziguatepéc envió a ver el camino para Acalán y se halló, que con hacer algunas puentes, aunque había pantanos, se podía pasar, y así envió por delante a Bernal Díaz y a un Mejía, para que previniesen a aquellos caciques y llevaron unos indios principales para que los guiasen. Éstos la primera noche se huyeron temerosos de los de Acalán, porque eran enemigos y traían guerra entre sí. Hubieron de ir sin las guías, y llegando al primero pueblo de aquella jurisdicción, hallaron a los indios que parecía estar de guerra. Sosegárónlos con buenas palabras y algunas cuentas, y dijéronles que fuesen a Ziguatepéc a ver al capitán Malinche y llevarle de comer. A Cortés llamaban los indios el capitán Malinche, por andar siempre a su lado Marina la intérprete, y por aquel nombre era conocido entre los indios. Como su nombre era tan temido con la voz de haber sujetado a México; certificados los indios de aquel pueblo a otro día de unos mercaderes, que era verdad estaba allí Malinche con el ejército, respondieron con mejor voluntad y más humildes, que llegando a sus pueblos le servirían en cuanto pudiesen, pero que no irían a Ziguatepéc, porque aquellos indios eran sus enemigos.

Salió Cortés para Acalán, y habiendo caminado dos días, llegaron al río grande, donde se detuvieron cuatro en hacer (para que pasase el ejército) una puente de maderas tan gruesas y grandes, que después causo admiración a los de Acalán cuando la vieron. Con la detención estaban ya muy faltos de bastimentos, pasaban gran hambre, y dábales cuidado no saber, si hallarían de paz los indios adonde iban para proveerse. A este tiempo llegó Bernal Díaz y sus compañeros con bastimentos, por haberle enviado a decir Cortés lo que pasaba. Era de noche, supiéronlo los soldados, y como tal hambre es mala de sufrir, salieron, y antes de llegar a su presencia lo cogieron todo, sin reservarle para él, ni para los capitanes cosa alguna, que a voces decían, que era para Cortés y su mayordomo clamaba, que siquiera le dejasen una carga de maíz. Por más que se enojó, no le valió esta vez, pero Bernal Díaz le socorrió y a su amigo el capitán Sandoval, con ir después al cuarto de la modorra por más maíz y gallinas, que dejaba guardadas, que le habían dado los indios para el. Tal era la necesidad, que le obligó al capitán Sandoval a ir por ello personalmente con Bernal Díaz, teniendo muchos soldados que pudo enviar. Salidos de allí, como una legua adelante, dieron en unas ciénegas tan peligrosas, que no entendieron salir de ellas; pero vencida tan gran dificultad, pasaron a tierra enjuta, y desde allí para poder pasar, fue necesario enviar a Acalán por bastimentos. Hubo de ir Bernal Díaz, como ya práctico; y a la noche del día que llegó, volvió con más de cien indios cargados de bastimentos, pero con más cuidado que la otra vez, porque salió al camino el mismo Cortés con Sandoval y Luis Marín, avisado de que llegaba y lo recibió, con que ordenadamente se repartió entre todos, y el día siguiente como a mediodía, llegaron a Acalán.

Por lo referido se ve, no haber ido bien ajustadas las relaciones que se le dieron al cronista general de las Indias Herrera, pues dice, que por un río llamado Quitzalapán, que sale al de Tabasco, llamado de Grijalva, envió Cortés a saber de los navíos que habían de estar por la costa, y que por allí se proveyó el ejército de los bastimentos que en ellos iban, y que con la aguja de marear salió al pueblo de Huacttecpán, habiendo sido al de Zamatepéc. Lo del peligro que tuvieron yendo para Acalán, es así, y el estero que allí dice de quinientos pasos de ancho, es el río grande, que queda referido, y en la puente que para pasarle se hizo, singulariza que se gastaron ocho mil vigas de ocho brazas de largo y cinco y seis palmos de ancho, sin otra infinidad de menores maderas, que fue la ocasión de admirarse tanto los indios de Acalán, con que acabaron de persuadirse no intentarían cosa los españoles, que no saliesen con ella.

Estando ya estos en el pueblo de Gueyacála (según dice Bernal Díaz del Castillo se llamaba) vinieron de paz los caciques de él, y trajeron maíz y bastimento, con que Cortés (por lengua de doña Marina) dándoles algunas cosas de Castilla, les dijo llamasen todos los caciques, que venidos a su presencia, no solo le informaron del viaje que llevaba, sino que también le trajeron pintados en unas mantas hasta los ríos, ciénegas y atolladeros que había en el camino. Pidióles Cortés, que pues había entre ellos grandes poblaciones, les pusiesen puentes y llevasen canoas para pasar los ríos. Respondieron los caciques, que aunque aquellos pueblos eran sus vasallos, no los querían obedecer, y que así, si no enviaban algunos de sus Teules (dzul) (así llamaban a los españoles) ni aun más maíz, ni bastimentos traerían. Por esta causa salió Diego de Mazariegos con hasta ochenta españoles por aquellos pueblos y en canoas, que les dieron los caciques que estaban en Gueyacála y otras que por allá cogieron, trajeron más de cien canoas de maíz, gallinas, miel, sal y otras provisiones y diez Indias, que tenían por esclavas, dando todo al parecer con voluntad, y juntamente con ello vinieron los caciques a ver a Cortés. Gran provisión tuvo en esta ocasión el ejército; pero cuando al parecer estaban los indios en amistad; pasados cuatro días, se huyeron todos los caciques y demás gente; quedando solamente tres guías a los españoles, con quien pudiesen proseguir su viaje. Así refiere Bernal Díaz la entrada y pasaje de los españoles por Acalán, aunque la Crónica General de Herrera dice, que luego que llegaron a aquella provincia, vino al pueblo de Tizatpétla un mancebo de buena traza, con mucho acompañamiento, que era hijo de Apoxpalán, señor de toda aquella tierra, y le trujo un presente, diciendo que su padre era muerto); pero que él ofrecía su persona y tierra al servicio de los españoles, para quien tenía prevenido mucho bastimento. Recibióle Cortés con mucho agrado, no dándose por entendido de saber que era vivo Apoxpalán, padre de aquel mancebo, y dióle algunas cosas, entre las cuales fue para él de mucha estimación un collar de cuentas de Flandes. Habiendo descansado allí seis días, fueron al pueblo de Titacát, donde los recibieron. Como en el pasado, y hospedaron la gente en dos temples tan grandes y de buena fábrica, que dieron lugar a ello. En uno de ellos acostumbraban a sacrificar doncellas vírgenes, que criaban las más hermosas para ello, porque el demonio se enojaba si no lo eran.

El cacique de aquel pueblos se aficionó tanto a los castellanos, que le dijo a Cortés (aunque en secreto) como Apoxpalán era vivo; pero que porque no viese su tierra y riquezas, había dicho su hijo que era muerto, y que para que no le viese, tenían determinado guiarle por un rodeo, aunque de buen camino. Con este aviso hizo tales preguntas Cortés al hijo de Apoxpalán, que hubo de declarar la verdad, y persuadido que llamase al padre, le trajo a otro día. Excusóse con humildad, diciendo que por temor de gente para ellos tan extraña, y de aquellos ciervos grandes que traían (decíalo por los caballos) se había escondido, temiendo su perdición; pero que ya la experiencia le desengañaba, de que era vano su recelo, y que así rogaba fuesen con él a su ciudad, para que experimentasen la buena voluntad que les había cobrado. Aceptó don Hernando Cortés el convite, y así en compañía de Apoxpalán y su gente, salió a otro día el ejército de los españoles y mexicanos para la ciudad de Yzancanác (Itzam Kanac), cabeza donde Apoxpalán residía. A éste dio don Hernando Cortés un caballo en que fuese; pero aunque lo agradeció significando mucho placer, le recibió con algún temor, como no sabía que era andar en caballo, y por poco cayera al principio pero después cobró ánimo, y mirando como los españoles guiaban los suyos, prosiguió en el viaje.

Tenían prevenido gran recibimiento en la ciudad de Yzancanác (Itzam Kanac) para la entrada de los castellanos, por orden de Apoxpalán, con quien entraron en ella, hallando a los indios muy regocijados, por ver tan apacible la presencia de gentes, en cuya vista tenían con repetidos temores por la cosa más cierta su perdición y muerte. Eran tan grandes las casas de Apoxpalán, que sin salir él de ellas, hospedó a don Hernando Cortés con todos sus españoles. A los indios mexicanos repartieron por las casas de la ciudad, para que tuviesen más comodidad, y a todos regaló mucho. En esta ciudad dice Herrera, que don Hernando Cortés hizo justicia de los señores mexicanos, que se dirán en el capítulo siguiente, y que Apoxpalán le dio un presente de oro, aunque no mucho por no haberlo en la tierra, y las diez indias de servicio, una canoa, y indios, para que llevasen carta a los navíos, y que allí le despidió, dándole guías para el camino; pero como queda dicho, Bernal Díaz nada de esto dice, sino que se huyeron todos los caciques y quedaron solas tres guías, con que salieron de Gueyacála, y pasaron un río en puentes, que se quebraron al pasar, y el otro en barcas, y llegaron a otro pueblo de los sujetos a Acalán, cuyo nombre no dice allí. Estaba ya despoblado, y retirando los bastimentos por los montes; pero la diligencia de los españoles los halló, con que se proveyeron. Aquí fue donde dice, que se descubrió la conjuración, que los señores mexicanos ordenaban contra los españoles, que o ya fuese solamente conversación de lo que podrían hacer, según el estado en que les parecía se hallaban los españoles, o ya ánimo deliberado de matarlos; se descubrió y resultó lo que se dice en el capítulo siguiente.

Capítulo XV. Descúbrese una conjuración de los señores mexicanos, y la justicia en ellos ejecutada

Considerando los señores mexicanos, que don Hernando Cortés llevaba consigo los grandes trabajos que iban padeciendo por el camino, y sin duda la sujeción en que se hallaban, que les sería muy penosa, habiéndose visto reyes y señores tan obedecidos y poderosos; pusieron en conversación, que sería bueno y fácil matar a los españoles con quien iban, y volviéndose a México, convocar sus vasallos, con quien dando guerra a los que allá quedaban, los acabarían y serían señores de su imperio, o estaban ya con resolución de ejecutarlo en ocasión oportuna. La dilación en materias semejantes, donde intervienen tantas voluntades, que no todas están firmes en la traición o por el horror que ella misma ocasiona, o por otros particulares intereses y atenciones, suele manifestarlas, no sin providencia divina para que los reyes y superiores sean venerados de sus súbditos como deben. Herrera dice en su Historia, que estaba tan adelante este tratado, que hubo ocasión en que por orden de Quauhtemoc, rey que había sido de México; llegaron los indios a tener ya tomados los frenos y lanzas de la gente de caballos, para ejecutar su intento, y que lo dejaron para otra más a propósito. Uno, pues, de los señores mexicanos: que dice se llamaba Mexicaltzin, y después de bautizado Cristóbal, descubrió a don Hernando Cortés lo que se trataba, y dio pintadas en un papel las figuras y nombres de los señores conjurados, aunque Bernal Díaz dice, que la noticia la dieron dos caciques mexicanos, el uno llamado Tapia y el otro Juan Velásquez, que fue capitán general de Quauhtemoc, cuando la guerra de México.

Con esta noticia hizo don Hernando Cortés información con otros caciques, participantes de la conspiración, y confesaron que como veían ir a los españoles por el camino descuidados y descontentos, que enfermaban muchos y otros se habían vuelto camino de México, desesperados por las hambres que solían pasar, de que habían muerto cuatro chirimías y el volteador; que queriendo más morir que proseguir la jornada, habían tratado que sería bien al pasar algún río o ciénaga, pues eran tantos los indios, dar en los españoles y acabarlos. Quauhtemoc confesó ser así, como los demás lo habían dicho; pero que no fue él principio de aquella consulta, ni sabía si todos fueron en ella o se efectuaría, porque él nunca tuvo intención de salir con ello, que solo había pasado la conversación referida. Sin más probanzas, dice Bernal Díaz, que don Hernando Cortés mandó ahorcar a Quauhtemoc, y al señor de Tacuba, que era su primo; pero la Historia general de Herrera dice, que fue dada sentencia mediante proceso jurídico, y sentenciados a ahorcar Quauhtemoc, Couanoctzin y Tetepanquetzal. Ejecutóse la sentencia en los tres, por carnestolendas del año de 1525, quedando atónitos de verla; así los demás indios mexicanos viendo acabar con semejante muerte al que había sido su rey y señor tan poderoso, y a los otros dos; como los naturales de Acalán, que entendieron todos era su fin llegado. Murieron como cristianos, pidiendo a nuestros religiosos y al de la Merced, que los fueron esforzando y ayudando, que los encomendasen a Dios; porque dice Bernal Díaz, que para indios, eran buenos cristianos y creían bien y verdaderamente nuestra santa fe, y que estando para ahorcar al Quauhtemoc, dijo estas palabras: «O capitán Malinche, días ha que yo tenía entendido, y había conocido tus falsas palabras: que esta muerte me habías de dar, pues yo no me la di, cuando te entregaste en mi ciudad de México; porque me matas sin justicia?». Dios te lo demande. Y el señor de Tacuba dijo, que daba por bien empleada su muerte, por morir junto con su señor Quauhtemoc. Remata este suceso diciendo: «Y fue esta muerte que les dieron muy injustamente dada, y pareció, mal a todos los que íbamos a aquella jornada». Y aun otros escritores dicen, que debía don Hernando Cortés guardar a Quauhtemoc vivo, que era el mayor triunfo y gloria de sus victorias, más no quiso tener que guardaron tierra y tiempo tan trabajoso. Fue Quauhtemoc hombre valeroso, como se manifestó en la guerra del cerco de su Ciudad de México, y en todas sus adversidades tuvo ánimo y corazón real, y murió según se colige de lo dicho.

Aunque los demás historiadores convienen en que el caso referido sucedió en la ciudad de Yzancanan (Itzam Kanac) de la provincia de Acalán en presencia de Apoxpalán, señor de aquella tierra, parece no haber sido así, pues dice Bernal Díaz, que se halló presente, que habiendo desamparado todos los caciques en Gueyacála a los españoles y estos salido de allí con solas las tres guías a otro pueblo, que como dije en el capítulo antecedente, no le nombra; en él se ejecutó la sentencia de muerte referida en los tres señores mexicanos; con que aunque como se dice, puso temor y freno a los demás; pero confiesa que de allí salieron prosiguiendo con gran concierto los españoles por el camino, por temor (así dice) que los mexicanos viendo ahorcar a su señor, no se alzasen, más traían tanta mala ventura de hambre y dolencia, que no se les acordaba dello. Habiendo pasado un río profundo en barcas, llegaron a un pueblezuelo que según parece, era Mazatlán, y halláronle sin gente; pero buscando de comer por las instancias, dieron con ocho indios, que eran sacerdotes de ídolos, y se vinieron con los españoles el pueblo. Don Hernando Cortés los acarició y pidió llamasen a los demás indios y trajesen comida. Respondieron que la harían, con tal que no les tocasen a unos ídolos que tenían allí cercanos. Aunque don Hernando Cortés por medio de doña Marina les aseguró, que no recibirían enojo alguno, les dio a entender la vanidad de los ídolos y el error que cometían en adorarlos, a que los indios respondieron que los dejarían y con esto en un árbol que se llama Ceiba (yax che), se les labró una cruz junto a las casas donde estaban los ídolos. Trajeron veinte cargas de maíz y unas gallinas, y dieron guías para el pueblo siguiente. Aquí fue donde don Hernando Cortés, considerando los trabajos del camino, que los españoles enfermaban, y de los indios mexicanos morían muchos, no pudiendo reposar de noche, paseándose por la sala de su hospicio, inadvertidamente dio una caída de dos estados de alto, y se descalabró.

Salieron a otro día, y fueron a dormir junta a un estero o laguna (sin haber precedido el encuentro y escaramuza, que un amor escribe en el pueblo precedentes) y el siguiente llegaron a otro pueblo nuevo, cuyos moradores con la noticia de los españoles, le habían dejado aquel día, y escondídose en unas ciénegas. Era esta población muy fortificada con albarradas de gruesos maderos, cercada con otros muy recios de dos cercas, la una como barbacana, con cubos y troneras para flechar, y cavas hondas antecedentes, esto por la parte de la llanura. Por otra le servia de cerca unas peñas muy altas, llenas de piedras labradas a mano, con grandes reparos, y por otra una gran ciénega, de suerte, que para las armas que los indios usaban, era fortaleza muy grande; y si los moradores la hubieran defendido, hubieran dado que hacer a nuestros españoles. Entraron estos libremente en el pueblo, donde hallaron gran cantidad de gallos y gallinas de la tierra, guisados y pan de maíz, con otros bastimentos de que se alegraron grandemente, pero les causa novedad hallar la comida aderezada. En esta suspensión estaban, cuando saliendo de la ciénega quince indios principales, y llegando a la presencia de don Hernando, poniendo las manos en el suelo y besando la tierra con profunda humildad, llorando le pidieron, no les quemase el pueblo. Acariciólos don Hernando Cortés, y asegurados les preguntó la causa de tener tanta comida guisada. Respondieron, que por horas aguardaban a unos indios, llamados Lacandones enemigos suyos, que habían de venir de guerra, y por si quedaban vencidos, se querían comer antes todo cuanto tenían, porque no lo gozasen sus enemigos, y que si quedaban vencedores yendo a sus pueblos, les quitarían sus haciendas, con que no les haría falta lo que se habían comido. Que en dos parajes donde habían tenido el pueblo en tierra llana, los habían robado y abrasado las casas, como lo verían cuando pasasen, y que por eso se había recogido a aquel sitio. Respondióles, que les pesaba de sus guerras y que por no poder detenerse, no los ayudaba contra sus enemigos, con que se consolaron los indios, viendo que no se les hacia daño alguno.

Ya que los españoles van saliendo de la tierra de Acalán, digo que esta provincia la sujetó algunos años después, durando la conquista de este reino de Yucatán, el capitán Francisco Tamayo Pacheco, saliendo para ella de la ciudad de Mérida, con otros conquistadores, como leí en sus probanzas; pero aunque procuraron sujetar a los Lacandones sus vecinos, así por esta parte, como por la del reino de Guatemala, no se consiguió, y se están hoy año de 656 en su antigua infidelidad como se dice adelante. Dieron los de aquel pueblo guías a los españoles que pasaron por los pueblos quemados que les habían dicho, caminando por campos rasos fatigados de los calores. Veían en ellos gran multitud de venados, y que corrían tan poco que los alcanzaban los caballos y no se espantaban de ellos. Preguntaron a las guías la causa de aquella novedad, y respondieron: que su ídolo les había mandado que no los matasen ni espantasen, y que como lo ejecutaban así, no se espantaban cuando los veían; que los tenían sus dioses, porque se les había aparecido en su figura. Con este refresco de caza, por aquellos campos atravesaron hasta la tierra de los Ytzaex, pasando (como dicen las Historias) un mal puerto, a quien llamaron de Alabastro, porque lo parecía toda la piedra. Yo juzgo, según la demarcación, que es junto a lo que hoy llaman en esta tierra lo de la Pimienta, que dista como setenta leguas de los pueblos de la Sierra, porque muchos indios de ellos que suelen llegar hasta aquellas montañas, traen una piedra blanca a modo de espejuelo, de que se hace yeso blanquísimo, y cae casi al mediodía de la Sierra de Yucatán, entre él y Guatemala.

El pueblo principal de los Ytzaex está en una isleta, que hace una laguna de agua dulce, y así no se puede ir a el, si no es en canoas, con que durmiendo cerca de unos montes altos, salieron por las veredas cuatro capitanes y hallaron dos canoas con diez indios y dos indias, que traían maíz y sal. Lleváronlos a la presencia de don Hernando Cortés, que los trató amorosamente, y dejando consigo la mayor canoa, despachó la otra al pueblo con seis indios y dos españoles, con algunas cuentas de Castilla, que diesen al cacique, pidiéndole enviase canoas para pasar a su pueblo. Cuando los españoles llegaron a la ribera de la Laguna, ya estaba el cacique (a quien comúnmente llaman Canek (Ah Can Ek)) con otros principales y cinco canoas, aguardando al pasaje, y después de muchas cortesías que con él tuvieron, a que correspondió don Hernando Cortés con mucha afabilidad y agrado, determinó ir con ellos a su pueblo. Embarcóse en las canoas con treinta ballesteros, quedando los demás en tierra con cuidado, por si acaso aquella afabilidad de los indios era cautela, para ejecutar alguna traición, y aun la ida de Cortés se tuvo por osadía, y demasiada confianza. Recibiéronle en el pueblo con regocijo, regalándole según su posible, y allí le dio el Canek (Ah Can Ek) un presente de oro bajo de poco valor, por no haberlo en la tierra, y unas mantas, y noticia de donde había dos pueblos de españoles, que fue su mayor alegría por el deseo que todos llevaban de hallarlos. En la Tierra firme de la Laguna, dicen Herrera y Gómara, que antes que don Hernando Cortés pasase al pueblo, hizo que se dijese misa en presencia de Canek (Ah Can Ek) y sus principales, a que asistieron al parecer muy gozosos con el canto de la música, y atentos a las sagradas ceremonias que luego los religiosos les predicaron. A esto respondieron, que sabiendo como habían de adorar al Dios que les decían, desharían sus ídolos; a que les dijo Cortés, que presto les enviarían religiosos, que les enseñasen la ley de Cristo, pero que les dejaron una cruz que pidieron. De nada de esto hace mención Bernal Díaz en su Historia; pero es cierto del celo de don Hernando Cortés, que haría todo lo referido, por aficionarlos a nuestra santa fe católica, como también es cierto, que habiendo dicho a los indios muchas grandezas de nuestro rey el emperador Carlos V, se le dieron por sus vasallos, como ya lo eran los mexicanos; pero no me parece cierto haber quemado los ídolos en presencia de Cortés, como dice Gómara.

Capítulo XVI. Salen los españoles de la tierra de los Ytzaex; pasan una Sierra asperísima con gran peligro, y llegan a Honduras
Habiendo de proseguir los españoles su jornada, hubo de mandar don Hernando Cortés, que un caballo morcillo, que con los calores fatigado en la caza de los venados que se dijo, se le había derretido el unto, y no se podía tener en pie (otros dicen, que se había estacado una mano) le dejasen en aquel parte, encomendado a los indios, diciéndoles que después enviaría por él, como cosa tan estimada en aquellos tiempos, y a que tanto temor tenían los indio. ¿Quién dijera, que de esto había de resultar después la mayor idolatría, que hoy tienen aquellos indios Ytzaex (Ah Itza)? Pues la dejada del caballo, tomó el demonio por medio (quien alcanza la permisión divina) para nuevo engaño de idolatría. Despedidos los españoles de aquellos indios, quedó el caballo enfermo en su poder, y aunque con toda solicitud cuidaron de él, no fue suficiente para que no muriese. Gran sentimiento causó la falta del caballo, y como el temor que tenían a don Hernando Cortés, era crecido, porque sabían había sido el capitán, que sujetó la gran Ciudad de México; llamó Canek (Ah Can Ek) a junta sus principales para determinar que respuesta darían cuando se les pidiese el caballo, como tenían por cierto lo haría, habiendo llegado a Honduras y visto sus castellanos que buscaba. Resolvieron, que se hiciese una estatua y figura de madera representativa del caballo, y que cuando les fuese

pedido, respondiesen no haber bastado su solicitud, para que no muriese, y que en memoria del suceso habían fabricado aquella estatua para satisfacer con ella, pues no habían sido culpados en habérseles muerto, sin poder remediarlo.

Fabricaron el caballo de madera, según se resolvió en la junta; pero es tan vigilante el demonio en no perder ocasión, con que pueda hacer daño a la naturaleza humana, que apenas ve resquicio, que no la logre, y más cuando le ha de resultar algún honor y adoración, que no le es debida. Valióse de esta para hacer de nuevo idolatrar a aquellos miserables indios, que persuadidos, que teniendo aquella estatua en veneración entre sus dioses; cuando volviesen los españoles (como don Hernando Cortés les dijo enviaría) viendo la reverencia can que la tenían, diesen mayor crédito a su respuesta. Fue poco a poco aumentándosela adoración de aquella figura, y llegó a tanto grado, que cuando el padre fray Juan de Orbita y padre fray Bartolomé de Fuensalida, religiosos de esta provincia, fueron el año de 1618, a predicarles el santo Evangelio, era ya el principal ídolo que los Ytzaex reverenciaban, y como a tal le hallaron en la parte más preeminente del principal y superior a las demás abominables figuras de ídolos que adoraban como más latamente se dice adelante, tratando de la entrada, que estos dos religiosos hicieron en aquella tierra como apostólicos varones, deseosos de la salvación de aquellos infieles, cuyos entendimientos alumbre Dios por su bondad infinita, que aun se están idolatras gentiles.

Vuelto don Hernando Cortés del pueblo de la Laguna a Tierra firme, donde los suyos se alojaban: salieron, y aunque con mal temporal, por llover tres días y noches continuadas, caminaban temerosos de la falta de bastimentos que tenían. A esta adversidad se juntó dar a los dos días de camino con una sierra tan áspera, que se detuvieron ocho días en pasaría. Tenía unas piedras que cortaban como navajas, y así perecieron en ella más de sesenta caballos, despeñados y desjarretados de los pedernales: los que pudieron salir vivos, quedaron tales, que en tres meses no cobraron su antiguo vigor. A un sobrino de Cortés, llamado Palacios Rubios, se le quebró una pierna por tres o cuatro partes de una caída. Dieron luego con un río tan caudaloso por las continuas lluvias de aquellos días, que se detuvieron tres en hacer un puente para pasaje, que no le pasaron por vado, como un escritor dice. Estaba luego un pueblo cercano, y donde entendieron tener alivio, hallaron la mayor ocasión de desconsuelo. No llevaban ya maíz; los indios se habían huido y levantádolo todo; pero buscando por los campos Bernal Díaz otros cuatro soldados, hallaron cuatro casas llenas de maíz, frijoles y otras legumbres, con que pasaron la pascua, de Resurrección, y descansaron allí cinco días del trabajo de los antecedentes. Tardaron dos en llegar a otro pueblo cercado de arroyos, ríos y pantanos, donde se les huyeron las guías que llevaban; y aunque tres capitanes se ocuparon tres días, no hallaron camino o alguna gente para que les diese razón de él; y se volvieron sin hallar uno ni otro, con que se vieron en grande aprieto, hasta que saliendo Bernal Díaz con Hernando de Aguilar, y un Hinojosa, por señales que vieron al ponerse el Sol, sintieron gente en unas labranzas, y entrada bien la noche hallaron en la casa de ellas tres indios y dos indias que trajeron al real.

Informóse de ellos don Hernando Cortés, y conformaron en que por un río abajo se iba a un pueblo que estaba dos días de camino, y se llamaba Oculitzi, recién despoblado. Llegaron a él, y hallaron mucho maíz y legumbres, y en un adoratorio de ídolos, un bonete colorado y un alpargate ofrecido a ellos. Unos soldados dieron en unas barrancas, y en unos maizales cogieron dos indios viejos y cuatro indias, que preguntados por los españoles que buscaban, respondieron, que los hallarían a dos días de camino, que hasta allá estaba despoblado, y que tenían sus casas junto a la costa de la mar. Por orden de don Hernando Cortés se adelantó el capitán Sandoval, y teniendo dicha de coger una canoa de unos indios mercaderes, pasó el río del Golfo Dulce y halló unos españoles que le dieron noticia de los demás, de la muerte de Cristóbal de Olid, y todo lo sucedido en la tierra. Vino con presteza a dar la nueva un soldado llamado Alonso Ortiz, de que recibió todo el ejército increíble gozo, entendiendo se habían acabado sus trabajos; pero engañóles su deseo, que se les continuaron como en las Historias generales se dice, y yo no refiero así por eso, como por no pertenecer ya a la de esta tierra, pues quedan fuera de ella. Viaje fue este en que puede la Nación española gloriarse de perseverante y sufridora de trabajos, y que puede hacer competencias a todas luces, a cuantos cualesquiera otras Naciones han hecho en el mundo, pues atravesaron más de seiscientas leguas de tierras y Naciones de gentes nunca vistas ni comunicadas, hallándose innumerables veces entre asperísimas montañas, sin caminos ni guías, obligados a gobernarse por el Norte, padeciendo desmedidas hambres, porque no solo llegaron a comer culebras y otras semejantes inmundicias; pero certificó después un soldado llamado Medrano, que había comido de los sesos de otro que se llamaba Medina, natural de Sevilla, y de la asadura y sesos de Bernardo Caldera sobrino suyo, que había muerto de hambre.

Por la ausencia que de la Nueva España hizo don Hernando Cortés con esta jornada, sucedieron las alteraciones y discordias que pusieron en término de perderse la tierra, y a riesgo la buena fortuna y crédito de tan valeroso capitán, que teniendo noticia de lo que en ella pasaba, determinó después el año de 26 siguiente, volver allá, y como experimentado ya en las dificultades de la jornada por tierra, resolvió ir por la mar. Embarcóse en el puerto de Trujillo, a 25 de abril, y con él el padre fray Diego Altamirano, de mi seráfica religión, y primo suyo. Tuvieron buen tiempo casi hasta doblar la punta, que hace la costa de este la costa de este reino de Yucatán; y pasados los Alacranes, les sobrevino un temporal tan recio, que no pudiendo resistirle, porque con la violencia se quebrantaban los navíos, hubieron de ir a La Habana. Desde allí pasaron a la Nueva España, donde con su llegada, así como fue indecible el contento de los indios y españoles sus aficionados, con la presencia de tan gran capitán, a quien tuvieron por difunto, y como a tal se le habían hecho exequias y dicho misas; fue grave el sentimiento de sus émulos, desvanecidos ya totalmente sus artificios. No por eso cesaban por todos caminos de desacreditar en España, las acciones grandes que en estos reinos había hecho en servicio de la monarquía. Pero como eran tan notorias, y la grandeza de las nuevas tierras sujetas a la corona de Castilla tan manifiestas, no fueron suficientes las relaciones que contra su persona, y las de los más de sus valerosos capitanes y soldados se escribían, para que con el emperador y el real consejo de las Indias, se minorase la reputación y crédito con que eran estimadas, aunque fluctuaron algún tanto, hasta que don Hernando Cortés pareció personalmente en España, y dando razón de, si y de sus compañeros, le hizo el rey marqués del Valle, y los demás crecidos favores, con que tan aumentado de honor y reputación, volvió a la Nueva España.

Mientras lo referido sucedía, se hallaba en la corte de España don Francisco de Montejo, que como se dijo había ido por procurador general de todas las ciudades y repúblicas de estos reinos, y tenía en buen estado la licencia para poblar y pacificar este de Yucatán. Movióse a pedir esta conquista, porque le había dicho Jerónimo de Aguilar, el que estuvo ocho años cautivo en esta tierra (como se dijo) que era fértil y abundante de los frutos que en ella se daba. No solo se le dio la licencia, como se dice en el libro siguiente; pero dándose por bien servido de don Francisco, la majestad del señor emperador Carlos V, y con atención a sus muchos servicios y trabajos, para que quedase perpetua memoria de ellos y mayor nobleza de su casa, aunque tenía escudo de armas propias, que como dice Herrera en su Historia general, eran trece estrellas doradas en campo colorado, se las aumentó en esta forma. Que fuese un escudo, y que en el medio de la parte de arriba, a la mano derecha, hubiese una isleta cercada de mar y encima un león dorado en campo rosado, con unos granos de oro, en señal de la Isla de Sacrificios, adonde salió cuando llegó a ella la armada de Juan de Grijalva. En la otra mitad del escudo, a la mano izquierda, a la parte de abajo siete panes de oro redondos en campo azul, en memoria del oro que le dieron los indios, cuando en el mismo descubrimiento de Grijalva fue por capitán, según se ha dicho. En la otra mitad de la parte superior del escudo a la mano izquierda, un castillo dorado puesto en la Tierra firme a la costa de la mar, con tres banderas coloradas sobre el castillo, en señal de la fuerza de los indios y bandera que tenían. En la otra mitad inferior de la mano derecha, cinco banderas azules en campo dorado, en señal de las banderas que le dieron los indios y que este escudo tuviese por orla las trece estrellas doradas, que eran sus armas antiguas, y que le coronase un yelmo abierto con su timbre. Con estas tan honrosas insignias, ennobleció el año de 526, el emperador a don Francisco de Montejo, y le concedió la pacificación y población de Yucatán, haciéndole otras muchas mercedes, y capitulando la forma, que en ello se había de observar por escrituras públicas, como se verá en el libro siguiente.

Libro II. De la historia de Yucatán

Capítulo I. Capitula don Francisco de Montejo la pacificación de Yucatán, y porque se llamó así esta tierra

Como el nombre de don Hernando Cortés se había hecho tan célebre en el mundo con la conquista de la gran Ciudad Imperial Mexicana Tenuchtitlán (Tenochtitlán), los compañeros y capitanes amigos que se la habían ayudado a ganar, con gloriosa emulación aspiraban a la pacificación de las restantes provincias comarcanas. Pretendían hacerlo en servicio de la iglesia católica y de su rey y señor, cuyos vasallos eran a costa de lo que habían interesado en estas jornadas, sin que la corona gastase en ello de sus reales intereses. Acción de corazones nobles y valerosos, pues pudiendo gozar de las riquezas que ya tenían seguras, las aventuraban por el aumento de la cristiandad, gastándolas en lo que cuanto a lo temporal no tenían cierta la equivalencia. Seguros eran nuevos trabajos en las nuevas conquistas; ya tenían la experiencia, y no todas las veces suceden las cosas con felicidades iguales. El mayor interés en los nobles, es la gloria que les resulta, y por el mayor premio tienen la inmortalidad de su fama. Aumentan los príncipes el ánimo de sus súbditos, para que los sirvan cuando con mano liberal (propiedad real) se dan por bien servidos, honrándolos por lo pasado y dando esperanza del premio en lo futuro. Ya se ha dicho las mercedes que nuestro rey y señor el emperador Carlos V, de gloriosa memoria, había hecho por este tiempo a don Francisco de Montejo, capitán que había sido en los viajes de Grijalva, y Cortés a la Nueva España, y agradecido a la majestad Imperial por ellas, y por el nuevo escudo de armas con que ennobleció su persona, demás de las que como Hijodalgo tenía, trato con su majestad la conquista y pacificación de este reino de Yucatán y Isla de Cozumel o Cuzamil, que parece, que con la grandeza de los de la Nueva España, había quedado como olvidada. Ofreció a hacerla a costa de sus propios bienes, aunque impetrando nuevas mercedes en remuneración de servicio tanto.

Hallábase don Francisco de Montejo en los reinos de España, procurador general de las ciudades y villas fundadas en la Nueva España, y por haber muerto Alonso Hernández Portocarrero en la cárcel, donde le puso preso el obispo; solicitaban la parte de Cortés de los que acá residían, don Francisco de Montejo, y el capitán Diego de Ordaz, que ayudaban a Martín Cortés, padre de don Hernando, contra las querellas de Pánfilo de Narváez y Diego Velásquez con sus secuaces, porque Alonso Dávila, que había llevado toda la recamara de Montezuma (Motecuzoma), estaba preso en Francia, como después se dice. Con tan eficaces razones y instrumentos tan fidedignos, satisficieron los procuradores a los señores de la junta, que el rey señaló para este pleito que Cortés y todos los suyos quedaran absueltos de los cargos y honrados con nuevos favores, y que solamente Diego Velásquez demandase los gastos que había hecho, y de todo se dio provisión real en Valladolid, donde residía la corte, a 17 de mayo, de 1526 años.

Esta provincia o reino de Yucatán, se dice que en el tiempo de la infidelidad de sus naturales, no tenía toda ella nombre común, con que se conociesen sus términos y distrito; porque como estaba sujeta a diversos señores, que como reyezuelos dominaban diversos territorios: a cada parte donde residía le ponían su nombre diferente, como la provincia de Chacan (Chakan), la de Cepech (Ceh Pech), la de Choáca (Chouac Ha), y de esta suerte a las otras. Lo cierto es, que así la hallaron los españoles cuando la descubrieron; pero antes había sido toda sujeta a un señor y rey supremo, y así gobernada con gobierno monárquico, hasta que la deslealtad de algunos vasallos ocasionó la división en que fue hallada, y entonces toda esta tierra se llamaba Mayapán, del nombre de la ciudad principal, donde el rey tenía su corte, como se dice adelante. De llamarla Yucatán se dan diversas razones. Unos dicen, que cuando vino el capitán Francisco Hernández de Córdoba, costeando esta tierra, descubrió cerca de la mar un gran pueblo, y preguntando a los indios, como se llamaba, respondieron Tectetan (Tec ta than), que quería decir: «no entiendo esas palabras», y que los españoles, o por no entender bien el vocablo, o corrompiéndole en la pronunciación, habían entendido Yucatán, y que así dijeron: Yucatán dicen, y pusieron este nombre a esta tierra. Otros que se originó de preguntar los españoles a los indios, si había en esta tierra unas raíces, que nosotros llamamos Yuca, de que se hacen unas tortas, que en algunas partes se comen en lugar de pan, nombradas cazabe, y los indios respondieron Ylatli, por la tierra en que se plantan. Que de la palabra Yuca y la respuesta Ylatli, habían compuesto los españoles la voz Yucatla y de allí Yucatán. Otros, que andando los españoles por la costa, cuando preguntaban algo, respondían los indios, Tolocitan (tolo citan), señalando hacia un pueblo grande, que se llamaba de este nombre.

Lo más cierto es, que cuando los españoles llegaron a esta tierra, de necesidad como cosa hasta entonces no sabida, habían de preguntar a los indios que tierra era, como se llamaba, que gentes eran y a quien estaban sujetos? Cualquiera de estas cosas, o otra que a los indios hablasen, como era en lenguaje castellano, tan extraño a sus oídos, no la entendieron, y naturalmente la primera respuesta parece sería decir, que no lo entendían. Esto dicen los indios con estas palabras. Matan cubi athán (Matan c'ubi a than), o con estas: Matan cauyi athán (Matan ca uyi a than), que es «no entiendo tus palabras». Como los españoles oirían o atenderían más a lo último, Cubi athán o Cauyi athán, entendieron Yucatán pues al sonido diferencia tan poco, y más la primera vez que oyeron hablar a los indios. No fue mucho se dejasen llevar los españoles de aquella inteligencia de voz, y que les sonase así a su oído, pues aun entre los que de presente saben muy bien su idioma, se traen por gracejo algunas versiones por asimilar a nuestro oído. Los indios dicen Dios tacunticech, para decir a uno: Dios te guarde: y algunos lo interpretan diciendo: Dios está en Campeche, Mavoheli, dicen que es: mal huele, significando: no sé eso, y otras muchas a este modo. Como también Bernal Díaz, que se halló en los tres viajes referidos en el primer libro, dice en su Historia, que en esta tierra llaman los indios al gobernador Calachioni, y no le llaman sino Halach vinic, y entendió aquel vocablo, cuando los indios de Champoton pelearon con ellos, que como gritaban, que tirasen al que gobernaba a los españoles, repitiendo: Halach vinic, Halach vinic como acaba en C, y la juntaban, para repetirlo con la A, que suena el principio de la voz, parecería que decían: Calach vini, y no atendiendo bien como andaban peleando entendieron, que decían los indios: Caliochoni, Caliochoni. Finalmente, los españoles dieron a esta tierra el nombre de Yucatán que no tenía, y hoy es más conocida por el de Campeche, ocasionado de que dieron este nombre al palo de tintes, que de ella se saca, y de que tanta cantidad se lleva a España, y de allí a otras partes, cogida en el territorio y jurisdicción de la villa de Campeche.

Ya que en su lugar a propósito se me olvidó de decir, lo advierto ahora. La provincia y tierra de Tabasco, es diferente de Yucatán, donde cae Champoton o Potonchán, y era de diversos señores en tiempo de su infidelidad, y la guerra que Cortés tuvo con los de Tabasco, y todo aquel suceso confunde el doctor Illescas, diciendo, que allí ganó Cortés el pueblo de Potonchán, y que fue el primero que tuvieron los españoles en Tierra firme de las Indias. Que en el templo mayor de Potonchán les puso una cruz, la cual holgaron de adorar los indios, a quienes mandó, que de allí a dos días viniesen a ver la fiesta y procesión del domingo de Ramos. Ya se dijo en el libro primero, como Cortés no salió a tierra, aunque lo deseó en Champoton, y que pasó a Tabasco, que dista la villa de la Vitoria, donde dio Cortés la batalla, treinta y dos leguas por mar y treinta por tierra. La misma confusión de Potonchán con Tabasco, pone el aumento de la Descripción de Ptolomeo, y noticia del Occidente de Cornelio Wytsliet Lovaniense, diciendo, que la Ciudad de Potonchán fue a la que llaman la Vitoria los españoles.

Esta tierra de Yucatán, pues, es la que capituló pacificar don Francisco de Montejo, natural de la Ciudad de Salamanca, en Castilla la Vieja; y así por la satisfacción que había de su persona, como por vía de contrato, acabó de determinarse y firmarse a 8 de diciembre de 1526 años, día de la Purísima Concepción de la Madre de Dios. No me admiro, que Herrera en su cuarta Década diga, que esta capitulación se hizo el año de 27, siendo tan a los fines del de 26; y habiendo salido el adelantado Montejo de España para este reino, el de 27. La forma que en la capitulación se asentó, sacada de un traslado auténtico, que tengo en mi poder de la ejecutoria que a sus sucesores se les dio en el real Consejo de las Indias, habiendo litigado con el fiscal el cumplimiento della por don Francisco de Montejo, para que se les observase lo prometido por la majestad Imperial, se refiere a la letra en el capítulo siguiente, y dice así:

Capítulo II. Refiérese la capitulación que se hizo para la pacificación de Yucatán

«El rey. Por cuanto vos Francisco de Montejo, vecino de la Ciudad de México, que es en la Nueva España, me hicisteis relación, que vos por la mucha voluntad que teníais al servicio de la católica reina y mío, y bien, acrecentamiento de nuestra real corona; queríades descubrir, conquistar y poblar las Islas de Yucatán y Cozumel, a vuestra costa y misión, sin que en ningún tiempo seamos obligados a vos pagar, ni satisfacer los gastos que en ello hiciéredes, más de lo que en esta capitulación vos será otorgado, y haréis en ella dos fortalezas, cuales convengan. Y me suplicasteis por merced. Vos hiciese merced de la conquista de las dichas tierras, y vos hiciese y otorgase las mercedes, y con las condiciones que de yuso serán contenidas: sobre lo cual yo mandé tomar con vos el asiento, y capitulación siguiente.»

«Primeramente vos doy licencia y facultad, para que podáis conquistar y poblar las dichas Islas de Yucatán y Cozumel, con tanto, que seáis obligado de llevar y llevéis de estos nuestros reinos, y de fuera de ellos, las personas que no están prohibidas para ir a aquellas partes a hacer la dicha población en los lugares que viéredes, que convienen. Y que para cada una de las dichas poblaciones, llevéis a lo menos cien hombres, y hagáis dos fortalezas y todo a vuestra costa y misión. Y seáis obligado a partir de España, a lo menos el primero viaje, dentro de un año de la fecha de esta capitulación, que para ello deis la seguridad bastante que vos será señalada por los del mi consejo de las Indias. Y acatando vuestra persona y los servicios que nos habéis hecho, y esperamos que nos haréis; es mi merced y voluntad, como por la presente vos la hago, para que todos los días de nuestra vida seáis nuestro gobernador y capitán general de las dichas Islas, que así conquistáredes y pobláredes, con salario en cada un año por nuestro gobernador de 150.000 maravedíes, y por capitán general 100.000 maravedíes, que son por todos 250.000 maravedíes. Y de ello vos mandaré dar nuestras provisiones.»

«Otrosí, vos haré merced, como por la presente vos la hago del oficio de nuestro Alguacil Mayor de las dichas tierras, para vos, y para vuestros herederos para siempre jamás.»

«Otrosí, con tanto, que seáis obligado de hacer y hagáis en las dichas Islas dos fortalezas a vuestra costa y misión, en los lugares y partes que más convenga y sea necesario si pareciere a vos, y a los dichos nuestros oficiales, que hay necesidad dellas, y que sean tales, cuales convengan a vista de los dichos oficiales. Y que vos haré merced, como por la presente vos la hago de la tenencia de ellas por los días de vuestra vida y de dos herederos y sucesores vuestros, cuales vos señaláredes, y quisiéredes, con 60.000 maravedíes de salario en cada un año, con cada una de ellas. Y de ello vos mandaré dar provisión patente.»

«Otrosí, acatando vuestra persona y servicios, que me habéis hecho, y espero que me haréis y lo que en la dicha población habéis de gastar; es mi merced, y voluntad de os hacer merced, y por la presente os la hago del oficio de nuestro adelantado de las dichas tierras, que así pobláredes, para vos, y para vuestros herederos, y sucesores para siempre jamás, de ello vos mandaré dar título y provisión en forma.»

«Otrosí, os hago merced de diez leguas en cuadra de las que así descubriéredes, para que tengáis tierra en que granjear y labrar, no siendo en lo mejor ni peor. Esto a vista de vos y de los dichos nuestros oficiales, que de la dicha tierra mandarémos proveer, para que sea vuestra propia, y de vuestros herederos y sucesores para siempre jamás, sin jurisdicción civil, ni criminal, ni otra cosa, que nos pertenezca, como reyes, y señores.»

«Y asimismo, acatando la voluntad con que os habéis movido a nos servir en lo susodicho, y el gasto que se os ofrece en ello: quiero, y es mi voluntad, que en todas las tierras, que así descubriéredes y pobláredes a vuestra costa, como dicho es, según, y de la forma y manera, que de suso se contiene: hayáis y llevéis cuatro por ciento de todo el provecho, que en cualquier manera se nos siguiere, para vos, y para vuestros herederos y sucesores para siempre jamás: sacadas todas las costas y gastos, que por nuestra parte fueren hechos y se hicieren en conservación y población de la dicha tierra en cualquier manera, y los salarios que mandarémos pagar, así a vos como a otras cualesquier personas y oficiales nuestros que para la dicha tierra, en cualquiera manera se proveyeren.»

«Íten, por vos hacer merced, mi merced y voluntad, es que toda la ropa, mantenimientos, armas y caballos, y otras cosas, que destos reinos lleváredes a las dichas tierras, no paguéis derechos de Almojarifazgo, ni otros derechos algunos por todos los días de vuestra vida, no siendo para las vender, ni contratar, ni mercadear con ellas.»

«Asimismo que vos daré licencia, como por la presente vos la doy, para que de las nuestras Islas española, San Juan de Cuba y Santiago, y de cualquier de ellas podáis llevar a las dichas tierras los caballos, yeguas y otros ganados, que quisiéredes, y por bien tuviéredes, sin que en ello vos sea puesto embargo ni impedimento alguno.»

«Y porque nuestro principal deseo, y intenciones es, que la dicha tierra se pueble de cristianos, porque en ella se siembre y acreciente nuestra fe católica, y las gentes de aquellas partes sean traídas a ella; digo, que porque esto haya más breve, y cumplido efecto: a los vecinos, que con vos en este primero viaje, y después fueren a las dichas tierras a las poblar, es mi voluntad hacer las mercedes siguientes. Que los tres primeros años de la dicha población no se pague en la dicha tierra a nos del oro de minas, más solamente el diezmo, y el cuarto año el noveno, y de ahí venga bajando por esta orden, hasta quedar en el quinto. Y de lo restante, que se hubiere así de rescates, como en otra cualquier manera se nos pague el dicho nuestro quinto enteramente. Pero entiéndose que de los rescates, y servicios, y otros provechos de la dicha tierra, desde luego hemos de llevar nuestro quinto, como en las otras partes.»

«Otrosí, que a los nuestros pobladores y conquistadores se den sus vecindades, y dos caballerías de tierras y dos solares, y que cumplan la dicha vecindad en cuatro años que estén, y vivan en la dicha tierra, y aquellos cumplidos lo puedan vender, y hacer dello, como de cosa suya.»

«Otrosí, que los dichos vecinos, que fueren en la dicha tierra el dicho primero viaje, y después cinco años luego siguientes, no paguen derechos de Almojarifazgo de ninguna cosa de lo que llevaren a las dichas tierras para sus casas, no siendo cosas para vender, tratar, ni mercadear.»

«Y porque me suplicasteis, y pedisteis por merced, que los regimientos que se hubieren de proveer en la dicha tierra, los proveamos a los dichos pobladores y conquistadores: digo; que cuanto a esto, si los tales regimientos se proveyeren, habremos respeto en ello a lo que vos nos suplicáis y los dichos poblares hubieren servido y trabajado.»

«Otrosí, que para que las dichas tierras, mejor a más brevemente ennoblezcan, digo que haré merced y por la presente la hago por término de cinco años, que se cuenten desde que se comenzaren a poblar, de la mitad de las penas que en ellas se aplicare a nuestra cámara y fisco, para que se gasten en hospitales y obras públicas.»

«Y porque suplicasteis y pedisteis por merced, hiciese merced a la dicha tierra, y Islas de los diezmos, que en ellas nos pertenecen, entre tanto que se proveyese de prelado de ellas, para hacer las iglesias y ornamentos, y cosas del servicio del Culto Divino. Por la presente es nuestra merced, y mandamos, que para las dichas iglesias y ornamentos, y cosas del servicio, y honra del Culto Divino: se den y paguen de los dichos diezmos lo que fuere necesario a vista de los dichos nuestros oficiales, de los cuales dichos diezmos mandamos, que se paguen los clérigos, que fueren menester para el servicio de las dichas iglesias y ornamentos dellas, a vista y parecer de los dichos oficiales.»

«Otrosí, os doy licencia y facultad a vos y a los dichos pobladores, para que a los indios que fueren rebeldes, siendo amonestados y requeridos, los podáis tornar por esclavos, guardando cerca de esto lo que de yuso en esta capitulación, y asiento será contenido y las otras instrucciones y provisiones nuestras, que cerca de esto mandarémos dar. Y desta manera, y guardando la dicha orden los indios, que tuvieren los caciques y otras personas de la tierra por esclavos, pagándoselos a su voluntad a vista de la justicia y veedores, y de los religiosos, que con vos irán: los podáis tomar y comprar, siendo verdaderamente esclavos.»

«Otrosí, por hacer merced a vos, y a la gente, que a las dichas tierras fueren, mando que por tiempo de los dichos cinco años no sean obligados a nos pagar cosa alguna de la sal que comieren y gastaren de la que en las dichas tierras hubiere.»

«Otrosí digo, que porque la dicha tierra, mejor y más brevemente se pueble, mandaré hacer en las dichas tierras las mercedes que tienen, y habemos hecho a las dichas tierras y Islas, que ahora están pobladas, siendo convenientes a la dicha tierra, y no contrarias, las cuales luego seáis obligado a declarar, para proveer en ellas lo que fuéremos servido y más convenga.»

«Asimismo mandarémos, y por la presente mandamos y defendemos, que de estos nuestros reinos no vayan ni pasen a la dicha tierra ningunas personas de las prohibidas, que no pueden pasar en aquellas partes, so las penas contenidas en las leyes y ordenanzas, y cartas nuestras, que cerca desto por nos y por los reyes católicos están dadas.»

«Asimismo mandamos, que por el tiempo, que nuestra merced y voluntad fuere, no vayan, ni pasen a la dicha tierra de estos nuestros reinos, ni de otras partes letrados, ni procuradores algunos por los pleitos y diferencias, que de ellos se siguen.»

«Y porque nos siendo informados de los males y desórdenes, que en descubrimientos y poblaciones nuevas se han fecho y hacen; y para que nos con buena conciencia podamos dar licencia para lo hacer: para remedio de lo cual, con acuerdo de los del nuestro consejo y consulta, está ordenada y despachada una provisión general de capítulos sobre lo que vos habéis de guardar en la dicha población y descubrimiento, la cual aquí mandamos incorporar, su tenor de la cual es como se sigue:

«No prosigo adelante, sin decir primero, que no da lugar las más veces la confusión de la guerra, a que las leyes tengan la precisa ejecución, obviando los daños, que por ellas se pretende. La nueva fundación de repúblicas, suele admitir o tolerar desórdenes, que una vez asentada no las permite. Habiánse cometido algunos contra la intención de nuestros católicos monarcas, no observándose las instrucciones que daban, conforme a su santo celo, con que principalmente pretendía la exaltación de nuestra santa fe católica, bien y aumento de los naturales de estos reinos en los descubrimientos y nuevas poblaciones que se hacían. Sintiólo nuestro rey y señor, como católico, y dispuso el remedio, como piisímo padre de estos naturales: celoso príncipe de la observancia de la justicia. Así dando licencia a don Francisco de Montejo para la pacificación de este reino de Yucatán, insertó en la capitulación que con él hizo la real provisión que dice, donde le dispone la forma que ha de tener en la conquista y población; para que más bien se conozca, cuan ajustados a conciencia han procedido nuestros reyes en la adquisición de estos reinos, y cuan conforme a todo derecho han solicitado el mayor bien de estos naturales; la pongo a la letra, como lo demás de la capitulación.»»

Capítulo III. Prosigue la capitulación con prevenidos remedios, cautelando experimentados desórdenes

«Don Carlos por la Divina Clemencia, emperador semper augusto, y doña Juana su madre, por la misma gracia reyes de Castilla, de León, de Aragón etc. Por cuanto somos certificados, y es notorio, que la desordenada codicia de algunos de nuestros súbditos, que pasaron a las nuestras Islas, y Tierra firme del Mar Océano, por el mal tratamiento que hicieron a los indios naturales de las dichas Islas y Tierra firme, así en los grandes y excesivos trabajos que les daban, teniéndolos en las minas para sacar oro, y en las pesquerías de las perlas y en otras labores, y granjerías, haciéndoles trabajasen excesiva, y inmoderadamente, no les dando el vestir, ni el mantenimiento necesario para su sustentación de sus vidas, tratándolos con crueldad y desamor mucho, peor que si fueran esclavos. Lo cual todo ha sido, y fue causa de la muerte de gran número de los dichos indios, en tanta cantidad que muchas de las Islas, y parte de Tierra firme quedaron yermas y sin población alguna de los dichos indios naturales de ellas, y que otros viniesen, y se fuesen, y se ausentasen de sus propias tierras y naturaleza, y se fuesen a los montes y otros lugares para salvar sus vidas y salir de la dicha sujeción y mal tratamiento. Lo cual fue tan gran estorbo a la conversión de los dichos indios a nuestra santa fe católica, y de no haber venido todos ellos entera y generalmente en verdadero conocimiento de ella, de que Dios nuestro señor es muy deservido.»

«Y asimismo somos informados, que los capitanes y otras gentes, que por nuestro mandado y con nuestra licencia fueron a descubrir alguna de las dichas Islas, y Tierra firme: siendo como fue, y es nuestro principal intento, y deseo de traer a los dichos indios en conocimiento verdadero de Dios nuestro señor, y de su santa fe, con predicación de ella y ejemplo de personas doctas y buenos cristianos y religiosos, con les hacer buenas obras y tratamientos de prójimos, sin que en sus personas y bienes no recibiesen fuerza, ni premia, daño, ni desaguisado alguno. Y habiendo sido todo esto así por nos ordenado y mandado: llevándolo los dichos nuestros capitanes y otros nuestros oficiales y gente de las tales armadas, por mandamiento, y instrucción particular; movidos con la dicha codicia, olvidando el servicio de Dios nuestro señor y nuestro, hirieron y mataron a muchos de los dichos indios en los descubrimientos y conquistas, y les tomaron sus bienes, sin que los dichos indios les hubiesen dado causa para ello, ni hubiesen precedido ni hecho las amonestaciones que eran tenidos de les hacer, ni hecho a los cristianos resistencia, ni daño alguno para la predicación de nuestra santa fe. Lo cual demás de haber sido en gran ofensa de Dios nuestro señor, dio ocasión y fue causa, que no solamente los dichos indios, que recibieron las dichas fuerzas, daño y agravios; pero otros muchos comarcanos que tuvieron de ello noticia y sabiduría, se levantaron y juntaron con mano armada contra los cristianos nuestros súbditos, y mataron muchos de ellos, aun a los religiosos y personas eclesiásticas, que ninguna culpa tuvieron, y como mártires padecieron predicando la fe cristiana.»

«Por todo lo cual suspendimos y sobreseímos en el dar de las licencias para las dichas conquistas y descubrimientos, queriendo proveer y practicar, así sobre el castigo de lo pasado, como en el remedio de lo venidero, y excusar los dichos daños e inconvenientes y dar orden, que los descubrimientos y poblaciones que de aquí adelante se hubieren de hacer, se hagan sin ofensa de Dios, y sin muerte, ni robo de los dichos Indios, y sin cautivarlos por esclavos indebidamente. De manera, que el deseo que habemos tenido y tenemos de ampliar nuestra santa fe, y que los dichos Indios y infieles, vengan en conocimiento de ella, y se haga sin cargo de nuestras conciencias, y se prosiga nuestro propósito, y la intención y obra de los católicos reyes nuestros señores y abuelos, en todas aquellas partes de las Islas y Tierra firme del Mar Océano, que son de nuestra conquista, y quedan por descubrir y poblar. Lo cual visto con gran deliberación por los del nuestro Consejo de las Indias, y con nos consultado; fue acordado que debíamos mandar dar esta nuestra carta en la dicha razón. Por lo cual ordenamos y mandamos, que agora y de aquí adelante, así para remedio de lo pasado, como en los descubrimientos y poblaciones, que por nuestro mandado y en nuestro nombre se hicieren en las dichas Islas y Tierra firme del Mar Océano, descubiertas y por descubrir en nuestros límites y demarcación, se guarde y cumpla lo que de yuso será contenido en esta guisa.»

«Primeramente ordenamos y mandamos, que luego que sean dadas nuestras cartas y provisiones para los Oidores de la nuestra Audiencia, que residen en la ciudad de Santo Domingo de la Isla Española, y para los gobernadores y otras justicias, que agora son y fueron de la dicha Isla, y de las otras Islas de San Juan de Cuba y Jamaica y para los gobernadores y alcaldes mayores, así de Tierra firme como de la Nueva España, y de las otras provincias del Pánuco y de las Hibueras, y de la Florida y Tierra Nueva, y para las otras personas, que nuestra voluntad fuere de lo cometer, y encomendar, para que cada uno con gran cuidado y diligencia, cada uno en su lugar y jurisdicción, se informe cuales de nuestros súbditos y naturales, así capitanes como oficiales, y otras cualesquier personas hicieron las dichas muertes y robos, y excesos, y desaguisados, y erraron Indios contra razón y justicia. Y de los que se hallaren culpados en su jurisdicción, envíen ante nos en el nuestro Consejo de las Indias relación de la culpa, con su parecer, del castigo que se debe sobre ello hacer. Lo que sea perjuicio de Dios nuestro señor y nuestro, y convenga a la ejecución de nuestra justicia.»

«Otrosí, ordenamos y mandamos, que si las dichas nuestras justicias por la dicha información y informaciones, hallaren que algunos de nuestros súbditos, de cualquier calidad y condición que sean, o otros cualesquier que tuvieren algunos Indios por esclavos, sacados y traídos de sus tierras y naturaleza, injusta o indebidamente los saquen de su poder. Y queriendo los tales Indios los hagan volver a sus tierras y naturaleza, sí buenamente y sin incomodidad se pudiere hacer. Y no se pudiendo esto hacer cómoda y buenamente, los pongan en aquella libertad y encomienda, que de razón y justicia, según la calidad, capacidad o habilidad de sus personas hubiere lugar: teniendo siempre respeto y consideración al bien y provecho de los dichos Indios, para que sean tratados como libres, o no como esclavos. Y que sean mantenidos y gobernados, y que no se les dé trabajo demasiado, y que no los traigan en las minas contra su voluntad. Lo cual han de hacer con parecer del prelado y de su oficial, habiéndolo en el lugar y en su ausencia, con acuerdo o parecer del cura o su teniente de la Iglesia, que ende estuviere, sobre lo cual encargamos a todos las conciencias. Y si los dichos Indios fueren cristianos, no se han de volver a sus tierras, aunque ellos lo quieran, sino estuvieren convertidas a nuestra santa fe católica, por el peligro que a sus animas se les puede seguir.»

«Otrosí, ordenamos y mandamos, que ahora y de aquí adelante, cualesquier capitanes y oficiales, y otros cualesquier nuestros súbditos y naturales, de fuera de nuestros reinos, que con nuestra licencia, y mandado hubieren de ir y fueren a descubrir, y poblar, y rescatar en alguna de las Islas y Tierra firme del Mar Océano en nuestros límites, y marcaciones, sean tenidos, y obligados antes que salgan de estos nuestros reinos, cuando se embarcaren a hacer su viaje, a llevar a lo menos dos religiosos o clérigos de misa en su compañía, los cuales nombren ante los del nuestro Consejo de las Indias. Y por ellos habida información de su vida, doctrina y ejemplo, sean aprobados por tales, cuales conviene al servicio de Dios nuestro señor, para institución y enseñamiento de los dichos Indios, y predicación y conversión de ellos, conforme a la bula de la concesión de las dichas Indias, a la corona real de estos reinos.»

«Otrosí, ordenamos y mandamos, que los dichos religiosos, y clérigos tengan muy gran cuidado o diligencia en procurar, que los Indios sean bien tratados, como prójimos, mirados o favorecidos, y que no consientan que les sean fechas fuerzas, ni robos, daños, ni desaguisados, ni mal tratamiento alguno. Y si lo contrario se hiciere, por cualquier persona de cualquier calidad y condición que sea, tengan muy gran cuidado, y solicitud de nos avisar luego dello en pudiendo particularmente, para que nos y los del nuestro Consejo lo mandemos castigar con todo rigor.»

«Otrosí, ordenamos y mandamos que los dichos capitanes y otras personas, que con nuestra licencia fueren a hacer descubrimientos y poblaciones, y rescates, cuando hubieren de salir en alguna Isla y Tierra firme, que hallaren durante la navegación y viaje en nuestra demarcación, y en los límites de los cuales fueren particularmente señalado en la dicha licencia, lo hayan de hacer, y hagan con acuerdo y parecer de nuestros oficiales, que para ello fueren por nos nombrados, y de los religiosos y clérigos que fueren con ellos, y no de otra manera, so pena de perdimiento de la mitad de todos sus bienes al que hiciere lo contrario para nuestra cámara y fisco.»

«Otrosí, mandamos, que la primera y principal cosa, que después de salidos en tierra los dichos capitanes y nuestros oficiales y otras cualesquier gentes que hubieren de hacer, sea procurar, que por lengua de intérpretes, que entiendan los Indios y moradores de la tal tierra y Isla, les digan y declaren, como nos los enviarnos para les enseñar buenas costumbres y apartallos de vicios y de comer carne humana y a instruirlos en nuestra santa fe, y predicársela para que se salven, y atraerlas a nuestro señorío, para que sean tratados muy mejor que lo son, y favorecidos y mirados como los otros nuestros súbditos cristianos. Y les digan todo lo demás que fue ordenado por los dichos reyes católicos que les había de ser dicho, manifestado y requerido. Y mandamos, que lleven el dicho requerimiento firmado de Francisco de los Cobos nuestro secretario, y de nuestro Consejo. Y que se les notifique y hagan entender particularmente por los dichos intérpretes, una, dos y más veces, cuantas pareciere a los dichos religiosos y clérigos, que convinieren y fuere necesario para que lo entiendan. Por manera, que nuestras conciencias queden descargadas; sobre lo cual encargamos a los dichos religiosos y clérigos, y descubridores y pobladores sus conciencias.»

«Otrosí, mandamos, que después de hecha, y dada a entender la dicha amonestación o requerimiento a los dichos Indios, según y como se contiene en el capítulo supra prójimo: si viéredes que conviene y es necesario para servicio de Dios y nuestro, y seguridad vuestra, y de los que adelante hubieren de vivir y morar en las dichas Islas y tierra; de hacer algunas fortalezas o casas fuertes, y llanas para vuestras moradas, procurarán con mucha diligencia y cuidado de las hacer en las partes y lugares donde esté mejor, y se pueda conservar y perpetuar. Procurando, que se hagan con el menos daño y perjuicio que ser pueda, sin les herir, ni matar, por causa de las hacer y sin les tomar por fuerza sus bienes y hacienda. Antes mandamos, que les hagan buen tratamiento y buenas obras, y les animen y halaguen y traten como a prójimos, de manera, que por ello y por ejemplo de su vida de los dichos religiosos y clérigos, y por su doctrina, predicación y instrucción, vengan en conocimiento de nuestra fe y en amor y gana de ser nuestros vasallos y de estar y perseverar en nuestro servicio, como los otros nuestros vasallos súbditos y naturales.»

Capítulo IV. Dase fin a la capitulación, y dícese el requerimiento que se mandaba hacer a los Indios

«Otrosí, mandamos, que la misma forma y orden, guarden y cumplan en los rescates y en todas las otras contrataciones que hubieren de hacer y hicieren con los dichos Indios, sin los tomar por fuerza ni contra su voluntad, ni les hacer mal ni daño en sus personas, dando a los dichos Indios por lo que tuvieren, y los dichos españoles quisieren haber satisfacción; equivalencia de manera, que ellos queden contentos.»

«Otrosí, mandamos, que ninguno pueda tomar, ni tome por esclavo a ninguno de los dichos Indios, so pena de perdimiento de todos sus bienes y oficios y merced, y las personas a lo que nuestra merced fuere. Salvo en caso que los dichos Indios no consintiesen, que los dichos religiosos y clérigos estén entre ellos y los instruyan buenos usos y costumbres, y que les prediquen nuestra santa fe católica, y no quisieren darnos la obediencia, y no consintieren, resistiendo y defendiendo con mano armada, que no se busquen minas ni saquen de ellas oro, y los otros metales que se hallaren. Ca en estos casos permitimos, que por ello, y en defensión de sus vidas y bienes, los dichos pobladores puedan con acuerdo y parecer de los dichos religiosos y clérigos, siendo conformes y firmándolo de sus nombres, hacer guerra y hacer en ella aquello que los derechos en nuestra santa fe, y religión cristiana permite. Y mandamos, que se haga y pueda hacer, y no en otra manera ni en otro caso alguno, so la dicha pena.»

«Otrosí mandamos, que los dichos capitanes ni otras gentes, no puedan apremiar, ni compeler a los dichos Indios que vayan a las dichas minas de oro, ni otros metales, ni a pesquería de perlas, ni a otras granjerías suyas propias, so pena de perdimiento de sus oficios y bienes para nuestra cámara. Pero si los dichos Indios quisieren ir a trabajar de su voluntad, bien permitimos, que se puedan servir de ellos, como de personas libres, tratándolos como tales, no les dando trabajos demasiados, teniendo especial cuidado de los enseñar en buenos usos y costumbres, y apartarlos de los vicios, y del comer carne humana y adorar los ídolos, y del pecado y delito contra natura, y de los atraer a que se conviertan en nuestra fe, vivan en ella, y procurando la vida y salud de los dichos Indios, como de las suyas propias, dándoles y pagándoles por su trabajo y servicio, lo que merecieren, y fuere razonable, considerando a la calidad de sus personas y condición de la tierra y a su trabajo, siguiendo cerca de todo esto el parecer de los dichos religiosos y clérigos. De lo cual todo y en especial del buen tratamiento de los dichos Indios, les mandamos, que tengan particular cuidado, de manera que ninguna cosa se haga con cargo y peligro de nuestras conciencias, y sobre ello les encargamos las suyas. De manera, que contra el voto y parecer de los dichos religiosos y clérigos, no puedan hacer, ni hagan cosa alguna de las susodichas contenidas en este capítulo y en los otros, que disponen la manera y orden con que han de ser tratados los dichos Indios.»

«Otrosí mandamos, que si vista la calidad o condición, o habilidad de los dichos indios, pareciere a los dichos religiosos o clérigos, que es servicio de Dios y bien de los dichos Indios, que para que se aparten de sus vicios y especial del delito nefando, y de comer carne humana, y para ser instruidos y enseñados en buenos usos y costumbres, y en nuestra fe y doctrina cristiana; y para que vivan en policía conviene, y es necesario, que se encomienden a los cristianos, para que se sirvan de ellos como de personas libres: que los dichos religiosos y clérigos los puedan encomendar, siendo ambos conformes, según y de la manera que ellos ordenaren, teniendo siempre respeto al servicio de Dios, bien, utilidad y buen tratamiento de los dichos Indios, y a que en ninguna cosa nuestras conciencias puedan ser encargadas de lo que hiciéredes y ordenáredes, sobre lo cual les encargarnos las suyas. Y mandamos, que ninguna persona no vaya ni pase contra lo que fuere ordenado por los dichos religiosos y clérigos, en razón de la dicha encomienda, so la dicha pena. Y que con el primer navío que viniere a estos nuestros reinos, nos envíen los dichos religiosos la dicha información verdadera, de la calidad, y habilidad de los dichos Indios y relación de lo que cerca de ello hubiere ordenado, para que nos la mandemos ver en nuestro Consejo de las Indias, para que se apruebe y confirme lo que justo fuere y en servicio de Dios y bien de los dichos Indios, sin perjuicio, ni cargo de nuestras conciencias. Y lo que o fuere tal se enmiende, y se provea, y como convenga a servicio de Dios y nuestro, sin daño de los dichos Indios, y de su libertad y vidas, y se excusen los daños y inconvenientes pasados.»

«Íten ordenamos y mandamos, que los pobladores conquistadores, que con nuestra licencia, ahora y de aquí adelante fueren a rescatar, y poblar, o descubrir dentro de los límites de nuestra demarcación, sean tenidos y obligados de llevar la gente que con ellos hubiere de ir a cualquiera de las dichas cosas, de estos reinos de Castilla, o de las otras partes, que no fueren expresamente prohibidas. Sin que puedan llevar, ni lleven de los vecinos y moradores, y estantes en las Islas, y Tierra firme del dicho Mar Océano, ni de alguna de ellas, sino fuere una o dos personas en cada descubrimiento para lenguas, y otras cosas necesarias a los tales viajes, so pena de perdimiento de la mitad de todos sus bienes para la nuestra cámara, al poblador o conquistador y maestre, que los llevare sin nuestra licencia expresa y guardando, y cumpliendo los dichos capitanes y oficiales, y otras gentes que ahora y de aquí adelante hubieren de ir y fueren con nuestras licencias a las dichas poblaciones, rescates y descubrimientos, hayan de llevar, y gozar y gocen y lleven los salarios, y quitaciones, provechos y gracias y mercedes, que por nos y en nuestro nombre fuere con ellos asentado y capitulado. Lo cual todo por esta nuestra carta prometemos de les guardar y cumplir, si ellos guardaren y cumplieren, lo que por nos en esta nuestra carta les es mandado. Y no lo guardando, y cumpliendo o viniendo o pasando contra ello, o contra alguna parte de ello: demás de incurrir en las penas de suso contenidas, declaramos y mandamos, que hayan perdido y pierdan todos los oficios y mercedes de que por el dicho asiento o capitulaciones habían de gozar. Dada en Granada, a 17 días del mes de noviembre, de 1526 años. YO EL REY. Yo Francisco de los Cobos, secretario de sus cesáreas y católicas majestades la fice escribir por su mandado. Y está signada de los señores del Consejo con sus firmas.»

«Por ende por la presente, haciendo vos lo susodicho a vuestra costa, según y de la manera, que de suso se contiene, y guardando y cumpliendo lo contenido en la dicha provisión, que de suso va incorporada, y todas las otras

instrucciones que adelante vos mandarémos guardar y hacer para la dicha tierra y para el buen tratamiento y conversión de los naturales de ella: Digo y prometo, que vos será guardada esta capitulación, y todo lo en ella contenido, y por todo, según que de suso se contiene. Y no lo haciendo y cumpliendo así por nos no seamos obligados a vos mandar guardar y cumplir lo susodicho. Antes vos mandarémos castigar y proceder contra vos, como contra persona, que no guarda y cumple y traspasa los mandamientos de su rey y señor natural. Y de ello vos mandé dar la presente firmada de mi nombre, y refrendada de mi infraescrito secretario. Fecha en Granada, a 8 días del mes de diciembre de 1526. YO EL REY. Por mandado de su majestad. Francisco de los Cobos.»
El requerimiento que los reyes católicos habían mandado hiciesen sus capitanes a los Indios, donde quiera que llegasen en saliendo a tierra, y que en esta real provisión se refiere y de nuevo manda, se haga a los Indios ante todas cosas, aunque anda estampado en otras Historias, por si a caso, quien esto leyere, no las tiene, me pareció ponerle aquí, según le refiere Herrera) y es del tenor siguiente.
«Yo N. criado de los muy altos y muy poderosos reyes de Castilla y León, Domadores de las gentes bárbaras, su mensajero y capitán, vos notifico y hago saber. Que Dios nuestro Señor Uno y Eterno, crió el cielo y la tierra, y un hombre y una mujer de quien vosotros y nosotros, y todos los hombres del mundo, fueron y son descendientes y procreados, y todos los que después de nosotros vinieren. Más por la muchedumbre de generación, que de estos ha procedido, desde cinco mil y más años, que ha que el mundo fue criado; fue necesario que los unos hombres fuesen por una parte y los otros por otra, y se dividiesen por muchos reinos y provincias, porque en una sola no se podían sustentar y conservar de todas estas gentes Dios nuestro señor dio cargo a uno, que fue llamado san Pedro, para que de todos los hombres del mundo fuese señor y superior, a quien todos obedeciesen, y fuese cabeza de todo el linaje humano, do quier que los hombres estuviesen y viviesen, y en cualquier ley, secta o creencia, y dióle a toda el mundo por su servicio y jurisdicción. Y como quiera que le mandó que pusiese su silla en Roma, como en lugar más aparejado para regir el mundo; también le prometió, que podía estar y poner su silla en cualquier otra parte del mundo, y juzgar y gobernar todas las gentes, cristianos, moros, judíos, gentiles y de cualquiera otra secta y creencia que

fuesen. A este llamaron Papa, que quiere decir: Admirable, mayor, padre y guardador, porque es padre y gobernador de todos los hombres. A este santo padre obedecieron y tomaron por señor, rey y superior del Universo, los que en aquel tiempo vivían; y asimismo han tenido a todas los otros, que después dél fueron al pontificado elegidos y así se ha continuado hasta ahora, y se continuará hasta que el mundo se acabe.»

«Uno de los Pontífices pasados, que he dicho, como señor del mundo, hizo donación de estas Islas y Tierra firme del Mar Océano, a los católicos reyes de Castilla que entonces eran don Fernando y doña Isabel, de gloriosa memoria, y a sus sucesores nuestros señores, con todo lo que en ellos hay según se contiene en ciertas escrituras, que sobre ello pasaron, según dicho es (que podéis ver si quisiéredes) así que su majestad es rey y señor de estas Islas y Tierra firme, por virtud de la dicha donación, y como a tal rey y señor algunas Islas, y casi todas a quien esto ha sido notificado, han recibido a su majestad, y le han obedecido y servido, y sirven como súbditos, lo deben hacer con y buena voluntad, y sin ninguna resistencia, luego sin ninguna dilación, como fueron informados de lo susodicho, obedecieron a los varones religiosos, que les enviaba para que les predicasen y enseñasen nuestra santa fe. Y todos de su libre y agradable voluntad, sin premio, ni condición alguna se tornaron cristianos y lo son, y su majestad los recibió alegre y benignamente, y así los mandó tratar, como a los otros sus súbditos y vasallos, y vosotros sois tenidos y obligados a hacer lo mismo.»

«Por ende, como mejor puedo, vos ruego y requiero, que entendáis bien esto, que os he dicho, y toméis para entendello, y deliberar sobre ello en tiempo que fuere justo, y reconozcáis a la iglesia por señora y superiora del Universo mundo, y al Sumo Pontífice, llamado Papa en su nombre y a su majestad en su lugar, como superior y señor rey de las Islas y Tierra firme, por virtud de la dicha donación, y consintáis que estos padres religiosos os declaren y prediquen lo susodicho. Y si así lo hiciéredes, haréis bien, y aquello que sois tenidos, y obligados, y su majestad, y yo en su hombre, vos recibirán con todo amor y caridad, y vos dejarán vuestras mujeres y hijos libres y sin servidumbre, para que de ellas y de vosotros hagáis libremente todo lo que quisiéredes y por bien tuviéredes, como lo han hecho casi todos los vecinos de las otras Islas. Y aliende desto su majestad vos dará muchos privilegios y excepciones, y vos hará muchas mercedes. Si no lo hiciéredes o en ello dilación maliciosamente pusiéredes, certificoos que con el ayuda de Dios yo entraré poderosamente contra vosotros, y vos haré guerra por todas las partes y manera que yo pudiere, y vos sujetaré al yugo y obediencia de la iglesia y de su majestad, y tomaré vuestras mujeres y hijos y los haré esclavos y como tales los venderé, y dispondré de ellos como su majestad mandaré, y vos tomaré vuestros bienes y vos haré todos los males y daños que pudiere, como a vasallos que no obedecen ni quieren recibir a su señor y le resisten y contradicen. Y protesto que las muertes y daños que de ello se recrecieren, sea de a vuestra culpa y no de su majestad, ni nuestra, ni de estos caballeros que conmigo vinieron. Y de como os lo digo y requiero, pido al presente escribano que me lo de por testimonio signado.»

Capítulo V. Sale el adelantado Montejo de España, llega a Yucatán, y resisten los indios la venida de los españoles a poblar

En la forma referida se hizo la capitulación para la conquista deste reino de Yucatán y Isla de Cozumel, con el adelantado V. Francisco de Montejo, conformándose el católico celo de nuestro monarca, con la voluntad de la silla apostólica para que sus capitanes y demás vasallos la ejecutasen con toda rectitud, y seguridad de las conciencias, bien y aumento de los naturales destos reinos, cuyo buen tratamiento en sus personas y bienes, tantas veces se repite, requiere y encomienda en esta capitulación, amenazando con los severos castigos, que en ella y en la provisión general se ponen contra los transgresores. Bastante satisfacción, para que el mundo conozca la justa posesión que nuestros reyes adquirieron en la dominación destos reinos, y confusión de la envidia, con que fingiendo tiranías, quieren oscurecer la gloria con que se han dado tantas almas a Dios y hijos a la santa iglesia católica romana, y vasallos a la corona.

Recibidos todos los despachos necesarios para hacer su viaje don Francisco de Montejo (a quien en lo de adelante nombraré el adelantado) y hecho merced de más de las que dice la capitulación, de que no se le quitase el repartimiento de Indios, que en la Nueva España tenía, ni el oficio de la tenencia de la villa rica de la Veracruz, aunque la población se pasase a otro sitio (como sucedió después) fueron asignados por oficiales reales de su majestad el

capitán Alonso Dávila para contador, Pedro de Lima por tesorero, y Hernando Moreno de Quito por Veedor de las fundiciones, aunque este último oficio no fue necesario por falta de minas en este reino. Habiendo sido este capitán Alonso Dávila uno de los que ayudaron a don Hernando Cortés en la conquista de la Nueva España, ya que ahora es especial de nuestra Historia, parece justo decir como llegó a disponerse venir ahora a Yucatán por contador del rey y capitán desta conquista en compañía del adelantado desde España, que sucedió desta suerte. Habiendo conquistado don Hernando Cortés la gran ciudad de México, fueron por procuradores de los conquistadores el capitán Alonso Dávila y el capitán Antonio de Quiñones, a quienes dieron 88.000 castellanos de oro, la recámara del gran Montezuma, y lo que de su tesoro se halló en poder de Guatemuz, que era de grandísimo valor. Murió en la Isla de la Tercera Antonio de Quiñones y quedó solo Alonso Dávila, que saliendo de allí para España, dio con él un Juan Florín, cosario francés, que rindió los dos navíos en que lo llevaba, robó aquel tan rico presente y a Alonso Dávila llevó preso a Francia, donde le tuvieron con mucha guarda, esperando por su persona un muy crecido rescate. Después fue preso el Juan Florín francés, y en España en el puerto del Pico lo ahorcaron. Refiere Bernal Díaz, que cuando estaba preso Alonso Dávila, se hicieron por la parte de Diego Velásquez y Pánfilo de Narváez, los cargos contra Cortés y sus capitanes, y que habiendo oído los Sres. jueces de la junta los que contra Alonso Dávila hacían, dijeron que se lo fuesen a pedir a Francia y que le citasen pareciese en la corte de su majestad, para ver lo que sobre ello respondía. Aunque estaba bien guardado, negoció con el caballero francés en cuyo poder estaba dar noticia, para que se supiese en España su prisión y suceso, con que se dio orden en su libertad y se hallaba ya en España a tiempo de la capitulación. Como eran amigos el adelantado y él, trataron de venirse juntos, y no solo dio el rey al Alonso Dávila la tesorería, sino que atendiendo a sus muchos servicios, mandó que la encomienda de Indios que tenía en Nueva España, no se le quitase, y si estaba encomendada a otro se le restituyese y no se hiciese novedad en cosa alguna de lo que allá tenía al tiempo de esta partida para tesorero del reino de Yucatán.
Publicóse la capitulación, y corrió por España la nueva de este viaje, y como la pieza de artillería de plata, que don Hernando Cortés había enviado al empe-

rador, dio tanto que decir, como cosa no vista otra vez; fueron muchos los que se movieron a venir en compañía del adelantado: que aunque los ánimos de suyo sean generosos y grandes, tiene mucha fuerza la esperanza de las riquezas que juzgaban seguras. Muy grande fue el gasto que hizo el adelantado, comprando armas, municiones, caballos y bastimentos, tanto que le obligó a vender un mayorazgo que en su tierra tenía, que valía 1.000 ducados de renta, como parece por su ejecutoria litigada en el consejo. Aparejó cuatro navíos a su costa, y en ellos se embarcaron cerca de cuatrocientos españoles, sin la gente de mar. Esta traía pagada; los otros venían sin sueldo alguno, confiados de que se les había de encomendar la tierra, dando a unos la segunda y a otros la tercera encomienda hasta la octava, sin otra ayuda de costa: hízose asimismo contrato entre el adelantado y los que con él venían sobre esto, y salieron de España año de 1527, no he podido certificarme en que mes, aunque si, haber llegado este año, pasando con próspero viaje por las Islas donde se proveyeron de refresco y algunas cosas necesarias. Herrera dice, que se le dio licencia al adelantado, para que pudiese traer a Yucatán algunos vecinos de las Islas, y consta lo contrario de la capitulación, pues solo en ella se permite sacar una o dos personas para intérpretes, prohibiendo lo demás con tan graves penas. No vinieron con el adelantado religiosos como en la capitulación se contiene, ni he podido hallar más que el nombre de un solo clérigo, llamado Francisco Hernández, que vino por capellán de la armada, y esto dio después mucho cuidado al Consejo, atribuyendo el mal suceso a esta falta) como se dice adelante en el capítulo doce.

Salieron a tierra en la Isla de Cozumel (Cuzamil) algunos soldados con el adelantado, a quien los Indios recibieron con apacible semblante, no extrañando verlos, como gente que ya había comunicado [con los] españoles en los tres viajes que se dijeron en el primer libro. No tenían intérprete, que hablase a los indios, cosa que sentían mucho, porque ni se podían dar a entender a los indios, ni estos a los españoles, para quien no era poco sensible esta falta, si bien por señas daban a entender no pretendían hacerles daño y que estaban de paz. Los indios andaban muy domésticos entre los españoles, y sucedió una cosa impensada, que fue principio de entenderlos. Estando a caso orinando el adelantado, quiso un indio saber, con que palabra se decía aquella expulsión en la lengua castellana, y luego se llegó al adelantado y le dijo: Balx u Kabaló (balx u kaba lo) (y no como le escribieron a Herrera en las relaciones que se le enviaron: Baxurraba) que quiere decir: como se llama eso; dando a entender con las acciones lo que preguntaba. Conocido por el adelantado, que con aquellas palabras se preguntaba por el nombre de las cosas; las escribió y con ellas él, y los demás, preguntando a los indios, y ellos respondiendo, se comenzaron a entender, aunque con dificultad. Es la Isla de Cozumel (Cuzamil) muy pequeña, y pareciendo al adelantado que pacificada la Tierra firme de Yucatán, con facilidad sujetaría aquellos pocos Indios; se embarcó para ella, habiéndole dado los isleños una guía para que los llevase y metiese la tierra adentro.

De Cozumel (Cuzamil) vinieron costeando al occidente, y desembarcaron en la costa, que hoy es término de la villa de Valladolid (Zac li). Salieron a tierra todos los españoles; la gente de mar se quedó para guarda de los navíos y sacaron los caballos, armas, municiones y bastimentos que parecieron necesarios. Lo primero tomaron posesión de la tierra en nombre del rey, con todas las solemnidades que en las nuevas conquistas se hacían, y arboló bandera real el alférez Gonzalo Nieto, diciendo a voces: España, España, España viva, que así lo he leído en las probanzas que después hizo de sus méritos y servicios. Mucha falta hacia no haber intérprete; descansaron allí unos pocos días, y con los excesivos calores (para lo que estaban acostumbrados) enfermaron algunos y comenzó el adelantado a dar principio a la pacificación con suavidad, porque era de natural cuerdo, y reportado, a que se juntaba el orden tan apretado que traía para proceder con los Indios benignamente. Antes que proceda adelante, quiero satisfacer a diversas pláticas, que se dicen en esta tierra, acerca deste principio de la pacificación. Unos dicen, que los españoles entraron por lo de Bakhalál (Bacalar) (Bak Halal), otros que se principió por Campeche, y otros diversas cosas. La ocasión de todo esto, fue la tardanza de esta conquista, la diversidad de sucesos que en ella hubo, las diferentes veces, que unos y otros vinieron, hasta que se pobló, como permanece: unos escritos hacen probanzas de unas partes y otros de otras, conforme los sucesos; los que por último la poblaron, vinieron los más de Nueva España, Chiapa y otras partes, y comenzaron por Campeche, como de todo se da razón adelante, y como de estos primeros conquistadores fueron pocos los que hasta el fin duraron con el adelantado, hay confusión en esto. Lo cierto es, que se dio principio por donde se ha dicho, y después sucedió lo demás que se dice. Conviene con esto el Bachiller Valencia en su relación que hizo el año de 1639, para remitir al cronista de su majestad, y este autor era natural de la villa de Valladolid (Zac li) en este reino, y descendiente de conquistadores de él.

Como ya en esta tierra sabían los Indios, que los españoles estaban poblados en Nueva España, y ahora vieron venir a la suya tantos juntos; luego los de Cozumel (Cuzamil) presumiendo a los de acá de los nuevos huéspedes, a quien determinaron resistir la entrada con todas sus fuerzas, para que se coligaron gran multitud de la provincia de Chavachaa o Choáca (Chauac Ha), como se experimentó presto. Aunque el adelantado había venido con Grijalva y Cortés, como solamente había sido pasar mirando la costa desde los navíos; nada sabia de lo interior de ella, y así venían guiados del indio que en Cozumel (Cuzamil) les dieron. Caminaron la costa abajo hacia el occidente, que se dice estaba muy poblada, sin hacer daño a los Indios, porque no se irritasen, preguntando con lo arriba referido algunas cosas a los Indios; y de esta suerte dice Herrera que fueron de pueblo en pueblo, hasta llegar a uno llamado Conil. No se llamaba este pueblo sino Cóni (Coni), porque Conil es otro puerto de mar antes de llegar a Cóni (Coni), y allí había solamente un rancho donde estaba un viejo, llamado Nacóm Balán (Nacom Balam), que después se llamó Pedro, por ser esto el nombre del padrino español. No se determinaron los indios a mover luego las armas contra los españoles; pero prevenianse aguardando que les sucedería con ellos. Los señores de la provincia de Choáca (Chauac Ha), enviaron algunos indios principales a visitar al adelantado, que los recibió amorosamente; pero presto se vio la traición de sus corazones.

Como los españoles veían a los Indios andar amigables, recatábanse menos de ellos, de lo que era justo entre gente aun no conocida; y viendo los Indios que no se recelaban de ellos, uno de los que vinieron a hacer la visita, se llegó hacia un negrillo esclavo del adelantado y le quitó un alfanje que tenía, con que quiso herir al adelantado que estaba allí cercano. Viólo el adelantado y sacó otro que traía colgado en la cinta, y se defendió. Poco necesitó de ello, porque al punto acudieron soldados que en breve mataron al indio, con que pagó su osada resolución. No se vio el adelantado en solo este riesgo, que otros más apretados le sucedieron; pero este sirvió a todos de aviso, para hacer adelante más caso de los Indios, y rescatarse más de ellos, que hasta entonces. Determinó el adelantado salir de Cóni (Coni) para la provincia de Choáca (Chauac Ha) y llegó al pueblo de Cobá (Coba), que ahora está despoblado, y allí fue donde a los españoles los llamaron en su lengua Ahmakopob (ah mak op dzuliloob), que quiere decir los comedores de anonas, que es una fruta de esta tierra: admirados los Indios de vérselas comer, sin reparar en si eran nocivas o no. De allí pasaron a Choáca (Chauac Ha), de donde fue enviada aquella visita tan maliciosa, y desde aquí comenzaron a experimentar los grandes trabajos que les esperaban en esta pacificación, porque no hallaron caminos abiertos para pasar el ejército con comodidad alguna, que los Indios usaban de solo veredas para sus viajes, y la tierra es de espesísima montaña y pedregosa como hoy se ve.

Capítulo VI. De la primera batalla que tuvieron los Indios con los Españoles, que después poblaron en Chichen Ytzá

Fatigaba a los españoles, no solo los malos caminos, sino los calores, y más la falta de agua con ellos, como no hay fuentes ni ríos en esta tierra. Llegaron con estas incomodidades al sitio que ahora llaman Choáca y entonces era pueblo, y halláronle desamparado de sus moradores, por haberse ido a juntar con los demás que estaban confederados, desde que tuvieron las nuevas de Cozumel, para recibir a los españoles con las armas en las manos. Reparáronse estos en aquel sitio y descansaron del viaje, aunque presumieron habían menester bien las manos para sujetar a los Indios. No pareciendo algunos para darles a entender, no era el intento de los españoles matarlos ni hacerles el daño que temían, con la noticia de la muerte del indio, que acometió al adelantado en Cóni, de que avisaron los compañeros, que se huyeron luego a Choáca; salió el ejército guiado por el indio que los llevaba para un pueblo llamado Aké. Estaban gran multitud de Indios emboscados en el camino, y haciendo alto el ejército de los nuestros para descansar, aparecieron con todas las armas que en las guerras usaban, carcajes de flechas, varas tostadas, lanzones con agudos pedernales por puntas, espadas de a dos manos de maderas fortísimas, rallos, pitos, y tocando en carapachos de tortugones grandes con astas de venado, bocinas de caracoles grandes de la mar, desnudos en carnes, solo cubiertas las partes verendas con un pañete, embarrados todo el cuerpo con tierras de diversos colores, que parecen demonios fierísimos: agujeradas narices, y orejas con sus narigueras, y orejeras de cuzcas y otras piedras de diversos colores.

En esta forma se presentaron a nuestros castellanos, a quienes causó admiración ver figuras tan desusadas, y el estruendo que con los tortugones y bocinas hacían, acompañándolas con una gritería de voces, que parecía hundirse los montes. No se admiraron tanto el adelantado y capitán Alonso Dávila, que ya se habían visto muchas veces con semejantes aparatos en otras conquistas; aunque viendo era forzoso pelear con los Indios; animó el adelantado a sus españoles con ejemplos de su experiencia para dar la batalla a los Indios. Llegó la hora en que no pudo excusarse, porque ellos la buscaban, y acometiéndose unos a otros, se trabó una reñidísima batalla. Los españoles animosos para dar a entender a los indios su mucho valor, aunque el número de ellos era excesivo, y porque les cobrasen temor para lo de adelante, como era la primera vez, que les manifestaban sus fuerzas. Los indios, como quien aspiraba a acabar con aquellos pocos españoles, o echarlos de su tierra, peleaban con obstinada porfía. Los españoles no se podían aprovechar de los caballos como quisieran, porque lo pedregoso del sitio no les daba lugar a ello, y sentíanlo, porque los Indios les tenían notable temor, y los de a caballo hacían en ellos mucho daño, hiriéndoles con las lanzas los rostros, y pasando con presteza adelante; pero ayudábanse los unos a los otros lo mejor que podían. Por todo aquel día no cesó la pelea, y aunque de los Indios morían muchos, venían otros tantos más de nuevo, con que reforzaban la batalla, sin desistir un punto de la pelea, con que fatigaron mucho a los castellanos, muriendo algunos, y saliendo otros con peligrosas heridas, quedando también muertos algunos caballos y perros de ayuda que traían.

Hubo de poner treguas la noche en la contienda, como los indios no acostumbraban a pelear sino de día. Con que los nuestros tuvieron lugar de descansar, curar los heridos y cobrar aliento para el día siguiente, velándose toda aquella noche; porque aunque luego que comenzó a oscurecer, no pelearon los indios y se recogieron; no desampararon el sitio. Parecióles que al siguiente día acabarían con los nuestros, como de los indios había tantos descansados para renovar la pelea. Amaneció, y todos se previnieron para la continuación de la batalla que duró muy reñida hasta cerca del mediodía, que los Indios comenzaron a aflojar, y conocido por los españoles, los apretaron con mayor coraje. Dieron las espaldas huyendo por aquellos montes, escondiéndose en sus espesuras, y siguiéndolos los nuestros, no más que hasta hacerse señores de todo el campo y sitio por ignorar la tierra y hallarse tan cansados. Murieron en esta batalla más de mil y doscientos indios, según hallaron después los españoles, los cuales se estuvieron en aquel paraje descansando y curando los heridos. Esta fue la primera batalla en que a los Indios vencieron, y que holgara haber hallado, que día se dio para escribirlo; lo cierto es, que fue a fines del año de 1527. Tengo por cierto, que las relaciones por donde Antonio de Herrera escribió la Historia general de las Indias, no fueron tan puntuales como debieran, y esto ocasionó que no refiera esta sangrienta batalla, y que diga en su cuarta Década, que intentando el adelantado sujetar la mayor población deste reino, para que se redujese lo restante con más facilidad, como sucedió en México; supo, como estaba fundada en el sitio de Tihoó (Ho) (y no Tircoh, como le escribieron) y que caminó para ella la costa abajo, aunque con algunos rencuentros con los Indios y que llegado a Tihoó halló ser así, como se le había dicho la mayor población. Que allí con su industria atrajo a un linaje de unos señores, llamados los Cheles (Ah Chel), los cuales le mostraron el asiento de Chichen Ytzá, que distaba de Tihoó siete leguas, y que allí paró y pobló, recibiéndole de paz Tutulxiu (Tutul Xiu), señor de la comarca de Maní, con cuya ayuda pobló, como entonces daba lugar el tiempo. Aunque la fundación en el asiento de Chichen Ytzá fue en este tiempo: dista sobre veinte leguas del sitio de Tihoó, donde muchos años después se pobló la ciudad de Mérida, que hoy permanece, y ni por aquel tiempo pudo ver a los Cheles el adelantado, ni le vio Tutulxiu (Tutul Xiu) para asentar paces. Cuando, y como fue cada cosa de estas, se verá adelante, y las relaciones confundieron los sucesos y los tiempos en que acaecieron, que fue lo peor.

Habiéndose acabado el año de 27, en que las españoles entraron en este reino de Yucatán, comenzando el de 28, determinó el adelantado ir reconociendo la tierra poco a poco, con el menor escándalo de los Indios, que fuese posible, y por no ocasionar perdida de su gente en los encuentros con ellos, experimentados ya de belicoso natural y en número tan crecido. Procuraba con medios de suavidad y prudencia, atraer sus feroces naturales a la obediencia del rey a la amistad de los españoles. Con esta resolución salieron de Aké, guiando su viaje a Chichen Ytzá, donde determinó parar y poblar, pareciéndole lugar a propósito por la fortaleza de los grandes edificios que allí había (de que se da razón en otra parte) para defenderse en ellos de las invasiones y acometimientos de los Indios, que presumían ciertos, viendo la mala voluntad con que los habían recibido.

Desde allí solicitó pacificar los naturales, introduciéndose con ellos con señales de amor y amistad cuantas podía, y con ellas agregó algunos Indios, con que dio principio a edificar y hacer población en forma, aunque con intento de poblar de asiento en lo que después pacificada la tierra, pareciese más propósito para la vivienda y comercio de los españoles. Las casas eran al modo de las de los indios, de maderas y palos, las cubiertas de hoja de guano, que es muy semejante a la de la Palma, y otras de una paja larga a modo de centeno. Avecindáronse en la nueva población ciento y sesenta vecinos españoles, que así se dice en la ejecutoria del adelantado, número muy cuantioso para lo que se acostumbraba en aquellos tiempos, y los demás quedaron para hacer las otras poblaciones que traían determinadas, según se fuese reconociendo la tierra. No he hallado para asegurarlo con certidumbre, que nombre pusieron a esta primera población; pero por lo que he leído en un escrito muy antiguo, me persuado la llamaron Salamanca, y no sería mucho darle el adelantado el nombre de su patria. Desde allí repartida la gente en escuadras, hacían salidas a reconocer la tierra. Los Indios con disimulación, parecían servir sin pesadumbre a los nuevos huéspedes; y viendo esto el adelantado, informado de las más poblaciones de Indios y caciques que las dominaban, determinó repartir los Indios, encomendándolos a los españoles, en conformidad de la licencia que la capitulación daba.

Para ejecución de esto, dio a conocer el adelantado a los indios a algunos de los españoles, a quienes habían sido encomendados, y el orden, que con ellos habían de tener. Dice Herrera que fue tan grande el número de los Indios, que a los encomenderos cupo, que el que menos alcanzó, fue tres, y dos mil; pero sin duda engañaron los Indios al adelantado en el mapa y número de ellos que le dieron, como se halló después cuando pudieron poseerlos, que a muchos no les alcanzó las rentas para sustentarse, de que he visto y leído bastante número de probanzas que de ello hicieron los conquistadores acabada de pacificar la tierra. No pareció recibir los Indios encomendados a sus encomenderos con gusto, y conocíaseles en la tristeza del semblante y poco agasajo con que los recibían; pero callaron por entonces, y pusieron la esperanza de verse libres de ellos en manos del tiempo, aguardando ocasión, que les fuese oportuna para sacudir el nuevo yugo que se les imponía, y conseguir desahogo del aprieto en que se hallaban, con la sujeción que se les iba entablando de los castellanos. No hubo el cuidado que debiera, en prevenir la salida desde tierra a la mar, para socorrerse de los navíos de las cosas que necesitasen, y que iba consumiendo el tiempo. Todo era proseguir la nueva población, sin recelarse como debieran, del mal semblante que mostraban los indios.

Por las noticias y mapa, que de la tierra tenía el adelantado, entendieron los españoles que en la provincia de Bakhalal (Bak Halal), que llamaban los Indios de Vaymil (Uaymil) y Chetemal (Chactemal), habría minas de oro, porque en lo que habían visto, ni aun señales de ello había, cosa que desanimo mucho a los conquistadores. Para verlo y buscarlo, y traer los Indios a la amistad de los españoles; determinó el adelantado fuese con algunos el capitán Alonso Dávila, contador real, y poblase una villa de españoles en un paraje llamado Tulma (Tulum?), y con nombre común a toda aquella provincia, nombraban Cochvá (Coch Uah). Salió para allá el capitán Alonso Dávila con cincuenta infantes y dieciséis caballos, y en su compañía un Francisco Vázquez, que tenía gran conocimiento de minas, y a quien prometió el adelantado 300 ducados, si descubría muestras de oro en aquella provincia. Habiendo llegado a Tulma (Tulum?), con algunos encuentros de los indios, que no se detenían más de lo forzoso, por no perder tiempo, hallaron el sitio de mala disposición para fundar en él, muy montuoso, y cerrado todo de pedregales, donde si los indios se alteraban, no podían valerse bien de los caballos a que ya tenían más atención, considerando los que les habían muerto en la batalla de Aké (Ake). Por esta causa resolvieron pasar a un pueblo, llamado Chablé (Chable) (que es ahora despoblado) y era uno de los que entendían tener oro.

Recibió el cacique de Chablé (Chable) de paz a los castellanos, y por muchas diligencias que se hicieron y diversas catas en la tierra, no se halló oro alguno. Entendióse lo hubiera en el pueblo de Chetemal (Chactemal), y el contador Alonso Dávila envió a llamar al cacique de aquel pueblo con el de Chablé (Chable), para informarse dél, y que diese algún bastimento para los españoles, o saber si había oro en algún pueblo de su señorío, porque entendieron lo había en uno llamado Bakhalál (Bak Halal) que era su distrito. La respuesta que trajo el cacique de Chablé (Chable), fue decir, que el de Chetemal (Chactemal) no había hecho caso de lo que había enviado a decir, y que había respondido claramente, que no quería venir. Que las gallinas que pedía, las daría en las lanzas, y maíz en las flechas, que aguardando estaba de guerra, y con ánimo de pelear. Porque no fuese ocasión la respuesta de este cacique de Chetemal (Chactemal), para que los indios que estaban amigos, cobrasen algún aliento contra los españoles y se alborotasen; les pareció ir a castigar aquella osadía. Fue el capitán Alonso Dávila personalmente con veinticinco infantes, y ocho caballos, y algunos caciques que se le habían dado por amigos. El camino era muy trabajoso, por los pantanos, y lagunas que había, y así dijeron los caciques, era mejor ir en canoas la gente, pues se podía. Llegaron a otro pueblo de la costa, donde se volvieron a embarcar, y finalmente salieron al pueblo de Chetemal (Chactemal), que hallaron desamparado de los indios, aunque su cacique había dado tan resoluta respuesta.

Capítulo VII. Pueblan los españoles la Villa real: álzanse los Indios, y lo que sucedía con los de Chichen Ytzá

El asiento del pueblo de Chetemal (Chactemal) pareció más a propósito para poblar en él así por las buenas sementeras, y frutales, como por más seguro para cualquier suceso, que con los indios se ofreciese, de todos cuantos habían visto en aquella provincia, y así determinaron hacer la población en él. Avisaron desde allí a los compañeros, que habían quedado en Chablé (Chable), y a los indios amigos, y de servicio que allí habían dejado, y venidos fundaron una villa, a quien dieron nombre de Villa real. Había desamparado su pueblo el cacique de Chetemal (Chactemal), con ánimo de juntarse con otro comarcano, a quien persuadió, que ellos, y otros amigos suyos fuesen de guerra contra los españoles, que aunque tenían consigo indios amigos, todos eran pocos, respecto del crecido número que ellos confederados juntarían. No se le ocultó al capitán Alonso Dávila la trama que trataban los caciques, porque con gran solicitud inquirió, donde hubiese ido el cacique de Chetemal, para darle una buena mano en pago de su atrevimiento. Tardó con todo esto más de dos meses en saber con certidumbre donde estaba; pero teniendo noticia del paraje, determinó ir contra él, sin aguardar a que fuese el agresor el cacique y con esto cobrase orgullo, y los Indios alientos. Aun no se habían juntado, cuando salió a buscarle con cinco caballos, y veinticinco españoles, y a cuatro leguas dio con él, que estaba alojado, y hecho para su defensa un fuerte de muy grandes palizadas. Acometióle Alonso Dávila con los Indios amigos, que llevaba, y sus españoles; y aunque resistieron los que allí había de Chetemal algún tanto no pudieron sufrir mucho tiempo las heridas de las armas españolas, y desbaratándose, se pusieron en fuga, si bien los nuestros cogieron algunos prisioneros, con quien dieron la vuelta a la nueva Villa real.

No había dado cuenta Alonso Dávila al adelantado de lo que le pasaba, y ahora determinó darla de lo sucedido hasta este punto. Parecióle, que la tierra donde había pasado, no estaba muy alborotada, y que serían suficientes tres hombres de a caballo, y tres buenos ballesteros, para que llevasen la nueva, y así los despachó con término de sesenta días para traer la respuesta. Estos salieron pero a trece leguas de allí los mataron los indios, que ya estaban revelados, como después les dijo un indio de Chablé a los castellanos. Estaban al mismo tiempo los que con el adelantado habían quedado en Chichen Ytzá, con deseo grande de saber, que les hubiese sucedido, como desde que salieron no había tenido nueva de ellos, y recelaban por esto algún grave daño. Aumentóles este cuidado ver a los Indios de su comarca que iban manifestando a las claras la mala voluntad que les tenían, y lo mucho que sentían la sujeción de los españoles. En muchas partes negaron los bastimentos a sus encomenderos, y se pusieron en arma para defenderse si con ellas iban a pedirlo. El adelantado procuraba con industria apaciguarlos, y componerlos, y descubrir los más secretos de la tierra que podía, por medio de los Indios amigos, informándose donde hubiese minas, aunque ninguna fue hallada. Cada día iban sintiendo más la falta de socorro de las cosas que habían traído de Castilla y el poco acuerdo que habían tenido, como se habían de proveer dellas dé los navíos, porque estaban algo la tierra adentro, y no era muy fácil por las poblaciones que había hasta la costa de la mar, y advertíanlo los Indios, que en cuanto miraba a su libertad, que pretendían, no descuidaban punto.

Conocida la necesidad de los españoles, ya no se contentaban los Indios con negar el tributo, y provisión de bastimentos; pero se atrevían a darles algunos rebatos, ocasionando cada día encuentros, y escaramuzas bien pesadas para ambas partes. Sucedió en una, que uno de los soldados ballesteros, muy diestro, molestaba en gran manera a los Indios. Uno de estos, que también era diestro en disparar el arco, al disimulo buscaba ocasión para flecharle, y todos le solicitaban la muerte, como a quien tanto daño les hacia; pero conociéndolo él se guardaba. Fingió el indio estar descuidado, para asegurar el ballestero y este entendiendo era el descuido verdadero, le disparó una jara de la ballesta. Como en el indio la disimulación no era falta de cuidado, al punto que le encaró la ballesta, armó el arco, y disparó un flechazo, que aunque hirió al ballestero en un brazo habiendo salido antes la jara del castellano, se halló el indio herido en los pechos, y atravesada la mano del encarar. Era tanta la soberbia de este indio, que viéndose herido tan mal, porque no se dijese que moría a manos de aquel español, se apartó de allí, y a vista de los suyos se ahorcó con un bejuco. Diversos lances sucedían, y ya los españoles se hallaban necesitados de atemorizar a los Indios en todas las ocasiones, que la suerte les ofreciese comodidad para ello, pues por otra vía no aprovechaba para atraerlos a sujeción y obediencia. Habiánse apartado a una ranchería escondida en los montes algunas Indias con sus hijuelos y dos Indios padre y hijo, que debían de ser principales, y allí les pareció estaría segura aquella gente de los encuentros que cada día acaecían. No les valió este retiro, porque teniendo noticia de ellos los españoles, salieron algunos en busca de la ranchería, pero hallaron una tropa de Indios prevenidos con sus armas, que antes de llegarse a ella le servia de guarda. Luego que sintieron a los españoles, hicieron seña para que las mujeres y muchachos pusiesen en salvo sus personas, escondiéndose por el monte, y ellos aguardaron a los españoles con sus lanzas y rodelas, para dar a los suyos tiempo de hacer la fuga. Pelearon valerosamente, hasta que les pareció ya estarían seguros, y como su intento no había sido más que esto; luego comenzaron a huir, escondiéndose por el monte y dejaron solos a los españoles, que no los quisieron seguir, por el poco fruto que de ello habían de tener y riesgo grande a que se ponían de perderse, por las espesuras de los montes, y aun por si era engaño, para cogerlos en alguna celada; y así volvieron a Chichen Ytzá cansados y sin presa.

No lo pasaba mejor el capitán Alonso Dávila y su gente en Chetemal, y habiendo despachado los seis españoles que se dijo, para dar cuenta al adelantado de como había poblado allí y no en Tulma, y la causa que para ello había tenido; quince días después acordó de ir a un pueblo que se llamaba Mazanahó, por donde habían de haber pasado, y ver si aquellos Indios intentaban alguna novedad. Para esto escogió veinte soldados que fuesen en su compañía, dejando los otros para guarda de la Villa real. Salió de ella para Mazanahó, y experimentó no haber sido vano su recelo, porque halló las veredas que servían de caminos, cerradas, señal cierta de estar alzados los indios. Dióle cuidado esta novedad; pero talando el monte para salir a camino por donde ir al pueblo, hallaron un indio (que lo tuvieron a dicha) de quien se informaron de lo que pasaba. Pudiera ser peligraran, siendo tan pocos, a no dar con él, porque les dijo la mucha prevención, reparos, y Indios de guerra, con que los del pueblo estaban por la parte que iban. Habiánse juntado otros comarcanos para ayudarlos, y hecho grandes albarradas, y palizadas muy fuertes para asegurar la entrada del pueblo, y que estaban esperando de guerra a los españoles, decían para matarlos, pues eran tan pocos y ellos tantos. A esta resuelta determinación, pareció vencer con industria, pues la fuerza en aquella ocasión notoriamente era peligrosa; y así guiados del Indio por el monte, con mucho trabajo, y aun recelo de ser sentidos de los que guardaban el camino, rodearon, y cogieron por la parte contraria la entrada del pueblo. Como por allí no recelaban los Indios daño alguno, ninguno la guardaba, y así sin riesgo entraron los nuestros el pueblo. Como cogieron a los Indios inopinadamente, y los vieron ya dentro dél, no hicieron movimiento alguno, antes procuraron dar a entender a Alonso Dávila le recibían de paz. Como ya sabia la fortificación, que a la otra entrada tenían hecha, se fue con disimulo hacia ella, y preguntó a los Indios, para que la habían hecho. Dieron sus excusas, aunque frívolas, y Alonso Dávila les dio a entender que las creía; pero díjoles, que la deshiciesen, pues no había para que fuese, si estaban de paz como decían y que sino lo estaban, advirtiesen les haría guerra hasta consumirlos. Con esto entendió atemorizarlos, y no hizo castigo alguno por la rebelión intentada, aunque le constaba, y por dejarlos más aficionados con la clemencia, y asegurar el paso para la vuelta de los que había enviado al adelantado, que aun no sabía eran muertos.

Dejando a los Indios con esta advertencia, salieron para Chable distante de allí siete leguas, y pasaron por un pueblo, que hallaron pacifico, y los recibió bien, ofreciendo provisión de bastimentos, para la nueva villa que habían fundado. Antes de llegar a Chablé, descubrieron unas fuertes trincheras y a los indios de guerra que las guardaban. La entrada estaba rodeada de monte muy cerrado y ciénega, que casi les imposibilitaba llegar al pueblo; pero socorriólos Dios antes de llegar cerca de la cerca, con encontrar un indio, que los guió de suerte, que cogiendo por el monte la vuelta al pueblo, entraron en él a tiempo, que ya los Indios le habían desamparado sin quedar en él persona viviente. Detuviéronse allí cuatro días, en que enviaron a decir a los indios del pueblo, volviesen a sus casas, que no venían a hacerles daño alguno; pero ellos o ya por el temor, o por estar resueltos a no vivir en compañía de españoles, se estuvieron sin venir por entonces. Asegurados más de sus recelos, y a persuasiones del contador Alonso Dávila, vinieron después, y él solamente los reprehendió de palabra y amenazó como a los del otro pueblo, si no se sosegaban, procurando atraerlos con medios suaves. Aquí fue, donde hablando un indio del pueblo, con otro de los que llevaban los españoles en su compañía, le dijo, como los castellanos que habían ido en busca del adelantado, eran muertos, y el indio se lo dijo a Alonso Dávila. Con el sentimiento que se deja entender, quedó cuando lo oyó y juzgó ser verdad, por haber hallado tan alterados a los indios; pero con todo eso esperó el término de los sesenta días que les asignó para la vuelta.

Volvióse a la Villa real a aguardarlos, y viendo que pasado el término no venían, determinó ir por el camino, que habían de haber ido con veintidós hombres, tres caballos, para tener más cierta noticia de si eran muertos, y siéndolo o no sabiendo de ellos llegar donde estaba el adelantado. Con esta determinación, habiendo llegado a Bakhalál, algunos principales le dijeron, que si quería excusar el camino, y escribir al adelantado; ellos le despacharían las cartas, y dentro de un mes le traerían respuesta. Creyólos y dióselas, pero nunca las trajeron, que apenas le trataban palabra de verdad, sino todo simulaciones, y engaños (maña que hoy les dura.) Estas cartas dice Herrera, que se ofrecieron de llevar los indios al adelantado a Campeche. ¿Cómo pudo ser, que le escribiese a Campeche, tan distante de donde le dejó, sin haber sabido del adelantado, desde que salió de Chichen Ytzá, donde se estaban cuando esto sucedía? Mucho confundió las relaciones, quien las escribió: gran daño para una Historia, y que no pudo evitar el autor de ella. Viendo Alonso Dávila los Indios tan cavilosos, resolvió dar guerra a los de Cochvá, por ser los más inquietos, y aun me parece, por haber sido ocasión de las muertes de los españoles mensajeros, y los caciques de la provincia de Vaymil, se ofrecieron de ayudarle en ella. Para hacer viaje pasaron por el pueblo de Chablé, y para que los indios de él les ayudasen en aquella guerra; pero ellos entonces se declararon, y no quisieron, aunque antes lo habían prometido. Dudosos estuvieron, si castigarían primero aquel engaño, y burla que parecía hacían los de Chablé de los españoles; pero como su principal intento se ordenaba a saber del adelantado, para cuyo fin era todo aquel movimiento; resolvieron seguir su camino, y disimular hasta tener ocasión más oportuna. Para haber de entrar en el primero pueblo de la provincia de Cochvá, descubrieron los corredores, que iban por delante un foso fortificado con trinchera, y prevenida la gente de la tierra contra ellos, y en este paraje desampararon a los españoles los caciques e indios, que se habían fingido amigos. No fue tan a su salvo la fuga, que los soldados españoles conocida la traición, no prendiesen a dos de los caciques, y con el enojo mataron al uno. El otro viendo a su compañero muerto, y tan cierto el peligro de su vida, se abrazó con el contador Alonso Dávila, por cuyo respeto no se la quitaron. Halláronse los españoles imposibilitados de entrar el pueblo, por la gran fortificación con que estaba, y la mucha gente que la defendía, y así tomaron otra resolución, que se dice en el capítulo siguiente.

Capítulo VIII. De lo que sucedía a Alonso Dávila en Bakhalál, y una gran batalla que tuvieron los de Chichen Ytzá
Valiéronse los españoles de lo que en las otras ocasiones les había aprovechado, y hallaron por el monte un buen paso, por donde cogieron la otra parte contraria del pueblo. Ya los indios con las pasadas estaban con más cuidado, y así recurrieron a la defensa por aquella parte; pero como no tenía tanto impedimento, cerraron los españoles con ellos valerosamente. Necesitaban bien de sus fuerzas y destreza, aunque fueran muchos más en número por el grande de Indios, que se había juntado. Pelearon con todo esfuerzo los castellanos, y aunque fueron heridos tres, de los cuales murió el uno; fue Dios servido ahuyentasen aquella multitud de idólatras infieles, que parece cosa milagrosa haber prevalecido contra tantos, y hecho incomparable daño en ella, porque se dice haberse juntado con los que desampararon a los españoles más de tres mil indios. Habida esta victoria, llegaron dos soldados, que se habían quedado atrás, llamado Treviño y Villoria. Con uno de los caciques huidos, a quien traían prisionero. Este viendo a los nuestros resueltos de proseguir el camino

comenzado, los certificó iban por él en manifiesto riesgo de su perdición, y por su consejo llevándole por guía y a buen recaudo, escogieron otro camino. Llegaron a un pueblo que hallaron sin gente, y la necesidad de los dos heridos, los obligó a estar allí dos días, para que se reparasen. Pasaron a otro pueblo grande que hallaron fortalecido, como el antecedente, y aunque pelearon mucho con los indios, no pudieron entrarle; antes bien heridos once castellanos, se hubieron de retirar al pueblo de donde habían salido. Los Indios los siguieron mucho trecho, haciéndoles cuanta molestia podían, aunque viendo el camino que seguían los dejaron, presumiendo, que los otros Indios de por allí, como todos estaban alzados, los consumirían, siendo tan pocos, cansados de tantos trabajos y faltos de bastimentos.
Conociendo Alonso Dávila el peligro tan urgente en que se hallaba, y la dificultad grande que había para seguir su intento; mudó de parecer, determinando dar la vuelta a Villa real, que aunque en esto había dificultad, no era tanta como ir a ver al adelantado. Valióse para volver del cacique, a quien por abrazarse con él, no mataron los otros soldados, y con halagos y amenazas que le hizo: aunque por malos caminos los guió sin tocar en el pueblo, de donde se habían retirado. En algunos pasos encontraban indios de guerra, pero no peleaban con los españoles, y así dieron vuelta hasta el pueblo de Chable. Estaban sus moradores bien descuidados de que tal pudiera sucederles, y así viendo a los nuestros se huyeron. allí se hallaron algunas canoas, con que poder pasar unas lagunas, que lo tuvieron a particular merced de Dios, y llegaron a su nueva población de Villa real, dándole muchas gracias cuando se vieron juntos con los otros compañeros, y de que los hubiese librado de tantos peligros.
No hallando como saber del adelantado, ni orden para darle noticia de los trabajos sucedidos, les pareció que preso alguno de los caciques o señores de por allí, dispondría como se llevasen cartas en que darle noticia de todo. Dice Herrera, que andando en esto un Martín de Villarubia, cogió unas canoas que estaban en el río con mercaderías, para pasar a Ulúa; y en ellas cogieron algunos principales, y con ellos un hijo del señor de Tepaén, con quien pasó lo que luego se dirá. Pero antes reparo, en que ¿cómo podían ser estas canoas, para pasar a Ulúa, donde ya estaba la Veracruz, y era necesario dar vuelta por la mar a todo este reino para ello, ni que contratación podían tener allá estos infieles? por donde juzgo, que no serían, sino para ir hacia lo de Honduras, y

123

aquel pedazo que cae hacia acá, que no estaba aun sujetado por los españoles. Cogido aquel mancebo entre los otros indios, pareció llamar su padre, y ofreciéndole, si enviaba las cartas y traían respuesta, que no solamente darían libertad al hijo, pero que volverían todo lo que se halló en las canoas; aceptó el partido, con término de treinta días, que para ello le dieron. Cumplióse y no viniendo la respuesta, fue llamado el padre del presa y preguntándole la causa, respondió, que los Indios de guerra habían muerto los mensajeros. Pareció mentira a Alonso Dávila la respuesta, y puso en el tormento al indio y sus compañeros, que confesaron, como las cartas no habían ido, y que las tenían guardadas, presumiendo, que cansados de esperar soltarían los presos. Por ver como les salía, trocaron de suerte, que quedase el padre preso, y el hijo llevase las cartas con el mismo término, pero no solo no lo cumplió, más viendo que ya era pasado, supo Alonso Dávila que los Indios procuraban hurtar las canoas, que las cartas no habían ido y que se juntaban Indios de guerra para venir sobre Villa real. Para esperarlos se previno de bastimentos y envió a Francisco Vázquez con siete canoas por maíz, y Villarubia salió con otras diez, que después llegaron. Juntóse con las otras, y fueron en seguimiento de unas diecinueve canoas en que habían visto muchos Indios, y adelantándose una de las nuestras, la dieron tal carga de flechas, que mataron dos castellanos, y a no llegar los compañeros murieran todos. Salidos de aquella, buscaron algún bastimento, con que volvieron a la villa, donde cada día esperaban el acometimiento de los indios, aunque con alguna confianza de valerse contra ellos, por ser el sitio a propósito, para aprovecharse de los caballos. No estaban con menores cuidados el adelantado y su gente en la población de Chichen Ytzá, que Alonso Dávila y los suyos en la de Villa real; porque si a estos los hallamos recogidos en ella, aguardando cada día el asalto de los Indios convocados: esotros por instantes andaban con las armas en las manos por las continuas alteraciones con que los de Chichen Ytzá, y sus comarcas los molestaban. Hacia mucha falta al adelantado Alonso Dávila y su gente, que no parece acertó en fundar aquella población con tanta presteza, porque tan separados no podían favorecerse unos a otros. Necesitaban grandemente de socorro, porque los soldados poco a poco iban faltando con las continuas escaramuzas, que con los indios tenían, y de ninguna parte les venía socorro de gente, caballos, municiones, ropa y otros pertrechos.

Como los Indios reparaban más cada día la falta que de todo esto tenían los españoles, con deseo de echarlos de esta tierra o acabarlos: totalmente les negaron los bastimentos, sin acudirles con cosa alguna para su sustento, que no fue la menor guerra, no pudiéndolo haber de fuera. Viéronse necesitados los españoles de Chichen Ytzá, de buscar la comida con las armas, porque de otra suerte ya no la tenían. Los Indios no perdían ocasión: por una parte tocaban arma contra los que quedaban en lo poblado; por otra daban sobre los que salían a buscar bastimentos, con tanto coraje, que a los unos y a los otros ponían en cuidado. Los que traían el bastimento temían perderlo, si querían socorrer a los que estaban en poblado y estos que los indios les ganasen la población si salían a defender a los compañeros: siendo ya todos tan pocos, que para cada cosa de las dos eran bien necesarios los que había, siendo los indios tantos. Llegaron a este aprieto de haberles de costar su sangre, si habían de comer, y lo que más gusto daba a los Indios, era que saliesen a diversas partes por cuadrillas a buscarlo; que aunque era con el mayor secreto que podían, no para ocultárseles, que luego iban sobre ellos, y les daban bien en que entender. Entre los demás que hacían estas salidas, leí en sus probanzas, ser uno Juan de Cárdenas, y otro Blas Gonzáles. Necesario fue en tan extremado peligro, que el adelantado fuese persona de gran corazón y ánimo, y se gobernase con singular prudencia, cual tuvo en tan miserable estado, para que no pereciesen desesperados de todo favor humano. Animaba a los suyos con dádivas de lo que tenía, y promesas para lo futuro, siendo Dios servido de mejorar el estado presente, porque todos estaban disgustados, no esperando hallar oro, plata, ni otras riquezas, con que descansar, cuando hubiesen sujetado la tierra, y de presente veían desdichas, trabajos y muertes de sus compañeros; la multitud de los Indios y la ferocidad de sus ánimos, no experimentada tan grande en otros hasta entonces.

Por esta ocasión dice Herrera, que viéndose el adelantado Montejo tan desvalido y apretado, sin noticia en muchos meses del contador Alonso Dávila y su gente, pidió socorro a los castellanos de Tabasco, que estaban en nuestra señora de la Vitoria, y le enviaron veinte soldados. Esto no pudo suceder en este tiempo; porque después de la batalla que se dirá luego, y haber ido el adelantado a Nueva España a buscar socorro de gente y otras cosas, y dejado a su hijo, que conservase el puerto de Campeche; sujetó a los Indios de

Tabasco, que estaban alzados, y pobló la villa de la Vitoria, como consta de la ejecutoria del adelantado, y convienen en esto muchas probanzas de conquistadores que he visto y leído. Cuando vinieron estos veinte hombres, que fue mucho después, se dice adelante.

Con última resolución determinaron los indios, o acabar con los españoles de Chichen Ytzá, o hacerles dejar la tierra. Para esto convocaron lo más de toda ella, con que el gentío que se juntó fue grandísimo: los Indios que los capitaneaban briosos, y de natural orgulloso, y así fiados en la multitud, cercaron a los españoles, que por ninguna parte podían valerse, ni ser ayudados. Fue casi sumo el aprieto en que se hallaron con este cerco, pereciendo de hambre; y obligados de esta necesidad, habiendo de morir a manos de este lento enemigo; escogieron acabar, como valerosos, peleando en la campaña. Dispuestos para ello, y en la ocasión que juzgaron más a propósito, salieron a dar batalla a los Indios. Como estos lo deseaban tanto, tuvieron a dicha la salida de los nuestros, porque aun no se atrevían a acometerlos en su fortificación. Trabóse una de las peligrosas batallas, que los españoles han tenido en estos reinos; porque aunque a su esfuerzo se aumentó pelear por las vidas, que ya veían en la última desesperación de conservarlas de otra suerte; los Indios también peleaban, por quedar señores de su tierra, y en la libertad que pretendían, con ganar la victoria. Gran daño recibían de las armas españolas; pero aunque morían muchos en la batalla, como el gentío era tan grande, muchos más escuadrones de nuevo ponían en su lugar por instantes, con que por todas partes fatigaban a los ya cansados españoles. La multitud por último hizo grande estrago en los nuestras, y conocida por el adelantado, dio señal de retirarse con buen orden, para conservar los españoles que le quedaban. Recogidos a su fortificación, hallaron haber muerto aquel día a manos de los Indios ciento y cincuenta de aquellos primeros conquistadores; casi los restantes todos heridos, y algunos caballos muertos; gran falta, siendo los demás tan pocos, y para todos miserable ruina, solo tuvieron de felicidad, no acometerlos los Indios en su retiro siguiendo la victoria, porque sin duda entonces acabaron con ellos; pero fue Dios servido se contentasen con lo sucedido porque no perecieran todos miserablemente.

No se refiere causa particular en las Historias, más que la mala voluntad que tenían a los españoles, y deseo de no estarles sujetos, para tan gran confederación y liga, como en esta ocasión se hizo contra ellos; pero en una relación antigua, que por mayor da razón de las cosas de la conquista; halló, que fue haber muerto los españoles a un cacique por una traición, que sucedió en esta forma. Antes que de todo punto se declarasen los indios con los españoles, andaba entre ellos un cacique, llamado Cupul, de quien no se recelaban, teniéndole por amigo. Era ficción en el indio la voluntad que manifestaba; y así en una ocasión, habiéndose vuelto de rostro el adelantado para una necesidad ordinaria; su espada estaba arrimada a un rincón, y este cacique con toda presteza la sacó de la vaina, e iba a matar con ella al adelantado, que mal se defendería, estando vueltas las espaldas. Fue Dios servido, que en la ocasión salió un conquistador, que en la relación se dice era Blas Gonzáles, y sacando su espada, llegó al indio a tan buen tiempo, que antes que ejecutase el golpe, le cortó el brazo en que tenía la del adelantado, antes que él volviese el rostro. Acudieron otros soldados al ruido, y en breve dieron la muerte al indio, con que los demás se alteraron, y hubo entonces una razonable refriega; pero aunque ella se sosegó, no las voluntades, porque desde entonces dice, que comenzaron a negar los bastimentos y a desaparecerse, hasta suceder lo referido.

Capítulo IX. Desamparan los españoles las dos poblaciones, que habían fundado en Yucatán

Era imposible conservar más la población de Chichen Ytzá con el mal suceso de aquel día y aun casi reputaban por tal, salir della con vida hacia la costa a buscar sus navíos para embarcarse. El discurso se aviva con la necesidad al ojo, y ocasiona remedios para los mayores aprietos, como se vio en este, que se hallaban los españoles. Habiendo una noche descuidado a los Indios, ataron un perro hambriento a la lengua de una campana, y le pusieron en distancia, que el olor le llegase, y no alcanzase donde el pan estaba. Aquella tarde, cuya noche tenían resuelto salirse, para desvelar a los indios, y que los cogiese con algún cansancio, salieron a escaramuzar con ellos, y a buena hora se recogieron a sus estancias. Estaba ya todo prevenido, y con gran silencio desampararon el real, y población, guiando al norte para salir a la mar. EL perro como vía que se iban, por irse con ellos tiraba el cordel, y tocaba la campana, después por alcanzar el pan, hacia lo mismo, con que engañados los Indios, presumiendo que los castellanos tocaban rebato, se estuvieron quedos, previniéndose para el suceso de aquella seña. Caminaban los nuestros a buen paso en el ínterin, para salir a la costa, y ya poco antes de amanecer, no sintiendo los Indios rumor alguno, y oyendo, que la campana no cesaba, lo tuvieron por novedad, y como cosa no acostumbrada, obligó a los capitanes de los Indios a acercarse a la población de los españoles, la cual reconocieron despoblada. Grande enojo recibieron los indios con esta burla, porque tenían por cierto, no podían salir de allí los españoles con vida pero la industria prevaleció a la fuerza, y ellos quedaron alegres, teniéndose ya por victoriosos contra ellos, y fueron siguiéndolos por diversas partes. Las tropas que acertaron a coger el camino que los españoles llevaban, alcanzaron la retroguarda, a quien decían palabras injuriosas con mil afrentas (cosa que aun hoy hacen, en viéndose como se dice, en la suya) con palabras bien sucias (de que no tienen pequeña copia en su idioma, con que motejar, así a varones como a mujeres.) Enfadados los españoles, quisieran hacerles rostros, y algún daño por despedida; pero don Francisco el hijo del adelantado, que iba con ellos: capitán, aunque mancebo, prudente, y considerado, los detuvo diciendo, que aquella era ocasión en que solo convenía conservar las vidas sin atender a la insolencia con que aquellos bárbaros los ultrajaban con las lenguas. Fue tal la perseverancia con que iban contra los nuestros, que hubo de mandar don Francisco, que seis hombres de a caballo, se ocultasen en parte, donde dejando pasar alguna tropa de Indios, saliesen a ellos, y los alcanzasen, que era lo que más temían. Hallóse lugar a propósito, para poderse valer de los caballos, y cuando les pareció tiempo, dieron en los Indios, alanceando muchos. Perturbó su orgullo esta salida, como los temían tanto; pero muchos Indios hubo, qué con valor resistieron este encuentro, y tal, que andando corriendo uno de los castellanos a media rienda, le cogió el caballo por una pierna, y le detuvo, como si fuera un carnero; acción que la refiere Herrera en su Historia general, con lo demás de este capítulo. Quedaron tan amedrentados los Indios con el estrago que los de acaballo hacían en ellos, que cesaron de seguir a los nuestros, y pudieron proseguir, sin aquel enfado su viaje.

Grandísima diversidad hallo en todos los escritos, que refieren los sucesos del adelantado y sus españoles, desde este día. El bachiller Valencia dice en su relación: «Que habiendo ido siguiendo el norte para salir a la mar, fue Dios servido de sacarlos a unas llanadas y lagunas, que llaman de Tabuzoz (Buctzotz) y de allí pasaron al puerto de Dzilám, en donde viéndose destrozados y fatigados con las refriegas pasadas, y con la falta de bastimentos, y sobra de otras muchas necesidades, habiendo durado esta entrada casi dos años; por el fin del año de 1529, se embarcaron, llevando la derrota para la Isla de Sacrificios y puerto de San Juan de Ulúa». La salida de los españoles de esta tierra, la pone muy diferente Herrera en su Historia general, porque dice: «Que después que despoblaron a Chichen Ytzá, habiéndolos recogido el señor de Dzilám en su pueblo, como los Cheles eran amigos de los castellanos, de quien no habían recibido enojo, los dejaban estar, y así se entretuvieron pocos meses; pero que viendo, que no tenían remedio de proveerse de gente, ni de las cosas de Castilla que habían menester para la conquista: convidados de las riquezas del Perú, y temerosos de los Indios, que querían acometerlos, acordaron de desamparar del todo la tierra. Pero que era forzoso ir a Campeche, distante cuarenta leguas de Dzilám, y que el señor de este pueblo, llamado Anamux Chel (Ah Na Mux Chel), y dos mancebos hijos del señor de Yobain, los acompañaron hasta Campeche, por el peligro grande que había en tanto camino, y tan poblado de Indios enemigos. Y que habiendo llegado a Campeche sin trabajo, fue bien recibido el adelantado, y despidió a los señores Cheles, que volvieron a su tierra. Que estuvo en Campeche algunos días, desde donde se fueron él y su gente a la Nueva España, y el adelantado pasó a México, adonde algunos años estuvo solicitando la vuelta de su conquista, etc.». Esta salida la pone por el año de 31, diferenciando casi dos de lo que dice Valencia. Otra relación antigua, que ya he dicho, tengo en mi poder, dice, que este viaje no fue por tierra, sino embarcados desde Dzilám (Dzilam), si bien dice fueron a dar a Champoton por estas palabras: «Que entrando en acuerdo los conquistadores, le tuvieron sobre ser error, proseguir la conquista con la declarada y mala fortuna, que les perseguía con tan gran pensión, donde tenían tan cierta y cerca la muerte, sin ningún provecho para buscar nueva gente, y ocasión, y puerto más seguro. Que el adelantado por no ser culpado de temerario, los mandó embarcar, y se vinieron costeando por los puertos de Zizal (Sisal). Desconocida Campeche, sin entrar en ellos hasta Champoton, donde de nuevo procuraron hacer la conquista». Esto parece más conforme a lo cierto, porque el viaje a Campeche por tierra era peligrosísimo, y los señores Cheles no eran poderosos, para llevarlo sin trabajo, habiendo en él tanta multitud de Indios enemigos, no solo de los españoles, pero aun de los mismos Cheles. En las probanzas de Blas González se dice: «Que despoblado el sitio de Chichen Ytzá, el hijo de don Francisco el adelantado, llamado así también, fue en busca de su padre al sitio de Tihoó, donde había bajado, y que juntos padre, y hijo, se fueron a Cilám (Dzilam), donde pasaron muchas necesidades y peligros. Que poblaron en aquel puerto una ciudad (aunque no se dice el nombre) en la cual dejó el adelantado a su hijo por capitán general, y de allí por estar en playa, se le huían los españoles con la fama de las riquezas del Perú, y que viendo esto y que los Indios andaban como alzados, se fue con su padre Campeche, donde también se huían, con que no pudo permanecer, y se fue el adelantado». De los escritos del obispo don fray Bartolomé de las Casas, consta, que desde que vino de España el adelantado a esta conquista, tuvo siete años de guerras continuadas con los Indios, y Herrera dice después en la quinta Década, que por el año de 35 se estaban el adelantado y el contador Alonso Dávila en Salamanca, y que entonces desamparó la gobernación y se fue a México. En tanta diversidad, tengo por más cierto, que los señores Cheles pudieron asegurar al adelantado hasta Tihoó, donde después de haber llegado juntos padre y hijo a Dzilám, pudo haber ido, y después volviendo a Dzilám, dejar al hijo allí, y ir él primero a Campeche por la mar que era más fácil; porque allí fue donde permanecieron por lo menos hasta el año de 34, sin desamparar a Yucatán, aunque el adelantado solicitaba socorros de la Nueva España, donde fue quedando su gente en Campeche, como más claramente se ve en las probanzas de Gonzalo Nieto que siempre le acompañó, y por lo que en las de Blas González está probado, sucedió en Campeche, que aunque hubo poca curiosidad en asignar el año de los sucesos, forzosamente fue antes de desamparar a Yucatán, y quedar como cosa perdida esta conquista. Ya veo que causaría algún enfado toda esta narración; pero hállome necesitado de satisfacer a los escritos que hay en esta tierra, que con la confusión de no haber asignado los años, ocasionan diversas inteligencias y encontradas pláticas. No me ha sido posible ajustar esto como quisiera, y así vuelvo a la narración de los sucesos. Salido el adelantado con los suyos a la costa de la mar, por las bocas que llaman de Tabuzoz, fue a Campeche por la mar, y llegado a aquel puerto, salió a tierra, solicitando tener quietos a los Indios, con no hacer cosa de que pudiesen recibir enojo; pero tenía ya tan poca gente, que no podía entrar la tierra, ni hacer facción de importancia; y así dejando su gente allí, con el mejor recaudo que pudo, fue a la Nueva España, para traer socorro de gente y armas, con que adelantar algo esta conquista.

Dejamos al capitán Alonso Dávila y los suyos en Chetemal, y nueva población de Villa real, que no lo pasaban con mejores progresos, que el adelantado tuvo en Chichen Ytzá. Lo que en aquel sitio les sucedió, no he hallado escritos por donde referirlo. Herrera dice, que habiendo estado en Villa real, hasta el año de 1532, padeciendo grandísimos trabajos de hambre y guerra con los naturales, procurando tener alguna nueva del adelantado, que no sabia hubiese desamparado a Chichen Ytzá, y como la tierra toda estaba de guerra, se hallaba en grandísima confusión y sin fuerzas para sustentarse allí más. De los cincuenta españoles que habían ido, no eran ya más de cuarenta, y de los caballos solamente habían quedado cinco. Esto, y desde que estaban en Villa real, no haber llegado por allí navío alguno a buscarlos les hizo presumir que el adelantado y los que con él quedaron, eran muertos; y así trataron de desamparar la villa, viéndose sin socorro de parte alguna, y que permanecer en ella, era exponerse manifiestamente a perecer sin remedio. Determinaron buscar otro sitio en esta gobernación, desde donde por estar cerca la de Honduras, por aquella parte pudiesen proveerse de socorro, con que mantenerse contra los Indios rebeldes, mientras tenían nueva del adelantado, y orden suyo de lo que hubiesen de hacer.

El viaje era muy peligroso, pero venciendo dificultades salieron a la costa, donde buscaban sitio a propósito para su intento, pero no le hallaban, por ser la tierra baja y anegadiza. Esto, y habérseles consumido ya las más de las armas, los hizo mudar intención, y se hubieron de ir al puerto y villa de Trujillo en Honduras, con notable miseria y desdicha, porque no tenían que comer y la necesidad les obligaba a salir de las canoas en que iban a tierra, y sustentarse en aquel viaje con frutas silvestres, palmitos y algunos cangrejos. Entendiendo hallar en aquella villa algún reparo a sus necesidades y socorro para lo de adelante; fue bien al contrario, porque los de Trujillo estaban muy necesitados y descontentos, habiendo más de tres años que no había llegado navío alguno a aquel puerto, y con la falta de contratación, la tenían de armas, ropa y demás cosas de Castilla. Pidieron favor a Andrés de Cereceda, que gobernaba a Trujillo, para volver a buscar al adelantado en Yucatán, y aunque todos sintieron verlos tan maltratados, y temían la perdida del adelantado; estando tan faltos como estaban, no pudieron ofrecerles más socorro que de algunos cabellos y yeguas, si querían comprárselas, porque también ellos estaban fabricando un bajel para enviar a las otras Islas por algunas cosas. Túvose como por cosa de milagro, que en este. tiempo, cuando el nuevo descubrimiento de las riquezas del Perú, se llevaba tras si a todos; llegasen a Trujillo dos barcos de la Isla de Cuba, en uno de los cuales dice Herrera, que se embarcó Alonso Dávila con la gente de Yucatán y llegó con ella a salvamento a Salamanca (Bak Halal) dos años después, que se apartó del adelantado, porque había tenido noticia, que por entonces estaba allí, donde habiendo llegado supo, como el adelantado había perdido la provincia por la terrible guerra de los naturales, como se ha dicho. Si no es que a la población de Chichen Ytzá la nombraron Salamanca, como antes de ahora he dicho, no puede concordar esto, porque la que hoy hay, está en la tierra de Bakhalal, donde había andado el mismo Alonso Dávila, y se fundó el año de 44, y sin duda tuvo este nombre, porque después de esto se junto con el adelantado, y llegando a la costa, sabría en ella el suceso con que pasó hacia Campeche a buscarle.

Capítulo X. Lo que sucedió a los españoles en Yucatán, hasta que totalmente la despoblaron; yéndose a Tabasco

Halló el contador Alonso Dávila de vuelta de Trujillo al adelantado don Francisco de Montejo en Campeche, y no en otra parte, según lo que se dice en algunas probanzas de los pocos conquistadores que de aquellos primeros permanecieron, donde se pobló y conservó algún tiempo, y con la venida del contador y su gente, le pareció sería bueno entrar por aquella parte algo en la tierra, y que la catasen, y trajesen noticia de lo que en ella viesen. Envió para esto al contador con cincuenta hombres, y viendo los Indios, que los españoles que quedaban en Campeche, no eran más de cuarenta de a pie y diez de a caballo, se juntó gran multitud de ellos (que en las probanzas de Blas González se dice, eran más de veinte mil) y dieron en el real de los nuestros, que se vieron en gravísimo peligro. Oyendo el adelantado el tumulto, salió a caballo por ver si podía apaciguarlos, que estaban divididos en muchos escuadrones, y yendo hacia uno de ellos, que estaba en una cerrezuela, los llamaba a voces, diciéndoles que no fuesen locos, y que era su perdición lo que hacían, que viniesen de paz, pues no les habían hecho daño alguno, con que tuviesen ocasión para aquel alboroto. Los Indios, que entendían de aquella vez acabar con los nuestros; volvieron adonde oían las voces, y como conocieron que era el adelantado, sin hacer caso de lo que les decía, se fue a él una gran tropa de ellos, que le cercó. Unos querían quitarle la lanza y otros echaban mano a las riendas del caballo para sujetarle; pero viendo el adelantado el peligro en que estaba, le apretó las piernas, y con la violencia despidió de junto a si a los que le echaban mano. Asegundaron tantos indios, que sujetaron al caballo por los pies, otros le tuvieron las riendas y otros le quitaron la lanza. Querían ya sacarle del caballo para llevarle a sacrificar a sus ídolos (como después dijeron, y que entendían que muerto él se irían los españoles.) De estos se halló el más cercano Blas González, soldado de a caballo, y viendo el peligro en que su general estaba, y el que todos corrían con su muerte; acometió a los Indios alanceándolos, con tal valor, que abrió camino entre ellos, y pudo llegar a socorrerle, y acudieron otros, con que se pudo librar del todo. Salió el adelantado con algunas heridas que ya tenía; pero muchas más el Blas González y muy peligrosas: su caballo de tal data, que a poco rato murió, y le había costado 300 pesos de oro de minas, y se dice, que nunca le dieron otro en recompensa. Los demás conquistadores, y entre ellos Francisco de Montejo, capitán que era, y sobrino del adelantado, ponderan la acción por una de las grandes de la conquista, y dicen, que totalmente se perdiera, muriendo en aquella ocasión el adelantado. Viéndole los indios recobrado y salvo, en poder de sus españoles, comenzaron a irse unos por una parte y otros por otras, con que fue Dios servido, se sosegase aquel tumulto.

Procurando el adelantado rehacerse de gente para poder seguir su conquista, porque con la fama de las nuevas riquezas del Perú, y con la oportunidad del puerto, muchos le dejaban, se determinó a ir a la Nueva España, y en su compañía fue Gonzalo Nieto, el alférez, que cuando salieron a tierra, con su bandera, tomó posesión de ella en nombre del rey, y por sus buenos servicios era ya capitán para las entradas que se hacían en la tierra. Había procurado tuviese noticia el rey del mal suceso de esta conquista, pidiéndole le ocupase en otra de su servicio por acá, porque esta no tenía esperanza de conseguirla, y que mandase juntar la gobernación de Honduras con la de Yucatán, porque con la gente de una provincia se podía conservar la otra. Aunque el rey, según dice Herrera, daba oídos a esta unión, por darse por bien servido del adelantado; no tuvo efecto, porque pertenecía aquello al adelantado de Guatemala don Pedro de Alvarado; pero despachóse una cédula real a la audiencia de México, para que le favoreciesen y ayudasen, la cual decía así: «LA REINA. Presidente y oidores de la Nueva España. Yo soy informada de los trabajos y pérdidas que le han sucedido al adelantado Francisco de Montejo en la población, que por nuestro servicio fue a hacer a la provincia de Yucatán y Cozumel, de que me he desplacido: así por estorbo que ha habido, para que los naturales de ella viniesen en conocimiento de nuestra santa fe católica, como por el daño que el adelantado ha recibido, por ser tan buen servidor nuestro, y que las cosas de aquella población estaban ya en buenos términos. Y por lo mucha que el dicho adelantado nos ha servido, y gastos que en ello ha hecho; tengo voluntad de le mandar favorecer, para que mejor pueda proseguir lo comenzado. Por ende yo vos mando y encargo mucho, que en todo lo que se le ofreciere para aquella conquista, le ayudéis y favorezcáis, como a servidor nuestro, para que mejor lo pueda hacer, y servirnos en ella, que por los dichos respetos me haréis en ella mucho placer y servicio. De Ocaña 4 días del mes de abril, de 1531 años. YO LA REINA. Por mandado de su majestad. Juan de Samano».

Con este favor, y con la renta que el adelantado tenía en la Nueva España, juntó algunos soldados, y compró navíos para venir a proseguir la conquista de Yucatán, previno armas, municiones y lo demás necesario para la guerra. A esta sazón parece habérsele encomendado al adelantado la pacificación de los Indios de la provincia de Tabasco que estaban alterados, y habiéndose venido a ella luego; después su hijo don Francisco salió de la Veracruz con los navíos, y pasando por Tabasco, quedó alguna gente can que el adelantado pacificase aquella tierra, y desde entonces quedó unida al gobierno de Yucatán, como lo ha estado siempre. El capitán Gonzalo Nieto pasó con dos navíos a Campeche, con cartas del adelantado, para llevar a Tabasco toda la gente castellana de Yucatán, porque aquella pacificación se halló más difícil que parecía. Ya se vio, cuan belicosos eran los indios, y en el aprieto que pusieron a don Hernando Cortés y sus españoles, cuando pasaba a la Nueva España. La poca gente que había para acudir a ambas, y lo poco que en esta tierra se adelantaba, ocasionó tratase primero el adelantado de pacificar aquello antes, que proseguir en Yucatán, pues ya todo pertenecía a su gobierno. Mientras esto se acabó de efectuar, los españoles que estaban en Campeche, padecían muchos trabajos y falta de sustento, con que casi todos enfermaron, y su capitán Gonzalo Nieto no tenía con que sustentarlos, y los caballos era menester soltarlos a pacer, aunque con peligro de que los matasen los Indios, porque no tenían con que mantenerlos. Llegaron a quedar solos cinco soldados y el capitán, que pudiesen velar y guardar a los demás, y estos buscaban el sustento para todos como podían. En una de estas salidas hirieron al capitán Gonzalo Nieto con una herida, que se tuvo por mortal; pero fue Dios servido sanase de ella, para que fuese tan fiel amigo del adelantado, que perseveró con él en tan mala fortuna hasta que (como después se dirá) se consiguió la pacificación de esta tierra. Hubieron los españoles de desampararla totalmente, aunque con ánimo de volver más de propósito a su conquista, siendo a la sazón alcalde de Campeche el capitán Nieto, año de 1535 (tengo por cierto, que al principio dél) y que fuese este año, lo testifican los testigos de las probanzas de este capitán, respondiendo a la séptima pregunta, en que uno de los testigos llamado Pedro de Ledesma, especifica, que al tiempo que salieron los españoles de Yucatán, era Gonzalo Nieto, alcalde, y como tal hechos sus requerimientos y apercibimientos, y amonestaciones, fue el postrer hombre que se había embarcado. Estos requerimientos parece haber sido, para que aquella población hecha en nombre del rey, no se desamparase; pero satisfecho a todo jurídicamente, se embarcó para Tabasco con los demás compañeros.

Diferente de esto (que por las probanzas de aquellos primeros conquistadores he podido ajustar) refiere lo sucedido Valencia en su relación; porque dice, que acabados de salir de Chichen Ytzá, desde el puerto de Dzilam, se fue el adelantado con sus españoles a San Juan de Ulúa el año de 29, y el siguiente volvió guarnecido de valientes soldados, y hizo asiento en Champoton, de donde no pasó en más de cuatro por la resistencia de los Indios, y de allí envió cien hombres a Tabasco, con que se pacificó aquello, aunque después se revelaron de modo, que obligados con ello se retiraron a Chanpoton con el adelantado, que hallándose por el año de 33 con este aprieto, vino su hijo con nuevos soldados, y ambos a dos entraron hacia Kimpéch (Ah Kin Pech) (que por este nombre o a lo menos por su sonido, le pusieron después Campeche) hallando la misma resistencia en los Indios. Allí en una refriega sucedió coger los indios al adelantado, y que en memoria de esto, y por tener guardado aquel puerto para los navíos, fundaron allí una villa, que intitularon la villa y puerto de San Francisco de Campeche. Allí dice gastaron tres años, hasta el de 36, en cuya sazón al adelantado se le ofreció ir a Nueva España a cosas del servicio de su majestad, y tratar de la nueva conquista de Honduras, y para hacer este viaje, sustituyó la capitulación en su hijo don Francisco, con Título de capitán general, y teniente suyo para la prosecución de la conquista, y el adelantado hecho esto, partió para su viaje año de 1537.

Por la información referida con que concuerdan las Historias, consta que ningún español quedó en Yucatán el año de 35. Haber sustituido el adelantado la capitulación en su hijo, consta por ella misma, que fue el año de 40, su fecha en la Ciudad Real de Chiapa de españoles, que entonces gobernaba el adelantado. La fundación de la villa de Campeche, con título de San Francisco, consta (del auto de fundación de la ciudad de Mérida) que la hizo el hijo del adelantado, después de recibido el poder de su padre en Chiapa, con que se echa de ver no vio estos escritos auténticos, y confieso tuve ventura yo en hallarlos, porque aun con ellos me ha costado algún trabajo desenmarañar, aunque no del todo estos sucesos, dándoles su año señalado a cada cosa. No he podido más, porque no he hallado más claridad para afirmarlo, ni fuera bien asegurar por cierto lo dudoso.

También me ha hecho reparar cuál sería la causa, porque habiendo dicho Herrera en su Historia, que el año de 1531, habiendo el adelantado despoblado a Chichen Ytzá, ídose a Campeche, y estando allí pocos meses, dando orden de su partida, se fueron él y sus españoles a Nueva España, donde estuvo algunos años el adelantado, solicitando la vuelta de su conquista. Y en otro tomo, que salió después a luz, dice, que por el año de 32 estaba poblado en Salamanca, donde le halló el contador Alonso Dávila cuando volvió de Trujillo. Y en esta misma dice, que por el de treinta y cinco se estaban el adelantado y contador con su gente en Salamanca, y que entonces desamparó la gobernación y se fue a México, para solicitar con el virrey, y volver nuevamente a la conquista. No parece concordar bien estos escritos entre sí mismos, en muchas de estas cosas de los sucesos que escribió de esta tierra.

Más me admira, que habiendo dicho en muchas partes, cuan belicosos fueron los indios de esta tierra, las muchas guerras que con los españoles tuvieron en el discurso de estos años, pues refiere las más que aquí se dicen; tratando de ellos dice, que eran gente mentirosa y traidora, y que jamás mató a hombre castellano, sino debajo de paz. Ser gente mentirosa, aun hoy les dura en grado crecido, y es mucho menester, para certificarse si el indio trata verdad; pero lo último de no haber muerto a castellano, sino debajo de paz, ni concuerda con lo que antes había escrito de ellos, ni con la verdad de lo sucedido, que antes el mayor mal de los españoles, fue hallarlos tan guerreros, con que se tardó tantos años la conquista como es notorio. Pero pues ya les dejaron por ahora su tierra, y se fueron todos a Tabasco; mientras vuelven a la conquista, digamos como se les vino a predicar a los Indios el santo Evangelio en el ínterin, lo que de ello resultó, y como por sus mismos sacerdotes gentiles les estaba años antes profetizada la venida de los españoles a esta tierra, y la predicación de la Ley Evangélica, con que habían de tener conocimiento de Dios verdadero.

Capítulo XI. La predicación de la Ley Evangélica estaba profetizada a estos indios por sus sacerdotes gentiles

Previene muchas veces la disposición divina indicaciones y señales a ejecuciones humanas, que siendo lo principal de ellas dimanado de la eficacia soberana: quiere antecedan tales noticias, para que el hombre no atribuya a sola su actividad y diligencia, lo que en el decreto de la infinita providencia, tiene determinado la seguridad de su existencia. Tanto más se declara su clemencia, cuanto el objeto es capaz de su verdadera noticia. Propiedad es del bien comunicarse cuanto puede. Retardase a veces por incapacidad de quien ha de recibirlo. Crió Dios al hombre capaz de gozarle con su visión y amor en la bienaventuranza. Puso el hombre óbice siendo transgresor del precepto divino para no conseguirla. Determinó el divino señor reparo a tanta quiebra luego; que no sufre dilaciones amor tan noble, cuando se conoce poderoso para restaurar lo perdido. Quedó el remedio cierto con la unión hipostática del verbo divino a la naturaleza humana en carne pasible, y la ejecución en tiempo, por cuenta de la eterna sabiduría para la exhibición de beneficio tanto. No careció de misterio la dilación que intervino, pues conoció con ella el hombre la enfermedad, que contrajo por su culpa, y experimentó no poder recobrar salud sin superior ayuda. Previnieron el nacimiento del Sol de Justicia las aclamaciones proféticas, y las promesas de la verdad infalible, para que anunciado de tantos paraninfos, no hubiese ignorancia en los hombres, y la novedad de maravilla tan grande tuviese el crédito que le era debido. Llegó el tiempo, que correspondiendo la ejecución con lo prometido, vio el mundo al Unigénito del Eterno padre hecho hombre, y al Médico Celestial, solicitando la salud del enfermo terreno. Dióse a conocer con sus maravillas y doctrina, y consiguió la salud de los hombres con su pasión y muerte. Prosiguieron con la predicación Evangélica los apóstoles, manifestando su nombre, y salió el sonido de sus voces, como dijo el Profeta rey, a los fines de la redondez de la tierra.

Aunque no consta con certidumbre, que en estos reinos de la América haya sido anunciada la predicación Evangélica por los mismos apóstoles personalmente; se halló en este reino de Yucatán fundamento para poder presumirlo, y que no dio poco que considerar a los escritores antiguos, pues nuestros españoles, cuando en él entraron, hallaron Cruces, y en especial una de piedra, relevada en que estaba la imagen de Cristo Redentor nuestro crucificado, la cual esta en nuestro convento de Mérida, y a quien veneraban los Indios, como se dice libro cuarto, capítulo nono, por donde se pudo entender habían tenido noticia de nuestra santa fe católica ya perdida, o por demérito de sus pecados, y en castigo de haberse dado a tantas idolatrías como tenían o por otras causas que no alcanzamos. Ya que no hayan tenido el verdadero conocimiento, hasta que llegaron nuestros españoles, y que se dilatase la venida espiritual de Dios en sus almas hasta aquel tiempo: por lo menos muchos antes se la tuvo prevenida y anunciada, para que la creyesen cuando llegase. Porque como la Divina clemencia no quiere que perezca la criatura racional, que formó a su imagen y semejanza, antes bien solicita la salvación de todas; previene los tiempos y dispone los medios con eficacia y suavidad para coger el fruto de sus determinaciones. Cuando la fe no nos enseñara, que la Providencia Divina gobierna todas las cosas, y que la conversión de las almas, dando crédito a ella, depende de su eficacia con singular auxilio; desengañara a nuestros españoles la admirable disposición, con que la majestad de Dios nuestro señor tenía prevenidos los ánimos de estos naturales, para que la recibiesen, cuando les fuese manifestada por los predicadores evangélicos, y con la pacificación de los españoles en lo temporal lo temporal los sujetasen a

nuestros Católicos Monarcas. Cosa parecerá a algunos difícil de crédito; pero la verdad del hecho asegura el común sentir de los naturales en su certidumbre: estar escrito en su idioma entre otras cosas de sus antigüedades, desde que se convirtieron y no ser imposible comunicar Dios dones semejantes a los hombres, aun cuando por sus culpas se hacen incapaces de recibir las mercedes, que dimanan de su gracia justificante. En el tiempo, pues, que estaban estos Indios más sujetos al demonio con el culto idolátrico que le ofrecían, y más apartados del verdadero conocimiento de su Criador y señor; dio espíritu profético a algunos de los sacerdotes gentiles, con que anunciaron la predicación evangélica, para que cuando llegase el tiempo de coger su fruto, ni la novedad les admirase, ni tuviesen excusa con la ignorancia de lo que se les decía. Pondré a la letra sus profecías para más calificación de este intento, y no en su idioma, por excusar enfado a quien no le entendiere, y porque ni aun a leerlo ha de acertar, sino en el castellano solamente.
Profecía de Patzin Yaxun Chan, sacerdote gentil de Yucatán.
Este indio llamado Patzin Yaxun Chan, siendo idolatra gentil, habló a los suyos de esta suerte. «Hecha fue la palabra de Dios sobre la tierra, la cual esperad, que ella vendrá, que sus sacerdotes os la traerán. Aprended sus palabras y predicación divina. Bienaventurados los que las recibieren. O Ytzalános, aborreced a vuestros dioses. Olvidadlos, que ya son finibles. Adorad todos al Dios de la verdad, que está poderoso en toda parte, que es Criador de todas las cosas». Estas son las palabras a la letra, con que parece (permítaseme alguna vez la digresión, que pasada esta yo la excusaré lo posible) pudieron decir con Jeremías. Pronunció el señor nuestras justificaciones; venid, y digamos en Sión la obra maravillosa del señor. Obligación tuvieron de asentir a este nuncio, y dar crédito a esta revelación desde luego, pues conviene tanto con la razón natural no haber más que un solo Dios verdadero, Criador de todas las cosas, siguiéndose de lo contrario un proceder en infinito, a buscar un primer principio sin principio, que tanto disuena al buen filosofar humano. No parece pudo decirles con mayor claridad la mudanza espiritual deste reino y de su sacerdocio, amonestándoles, que la esperen y reciban, detestando la adoración contraria, concluyéndoles, con que sus dioses son perecederos y finibles, tan repugnante al ser de Dios verdadero. Pero vamos a otro que habló con tiempo más determinado.

Profecía de Nahau Pech, gran sacerdote en Yucatán.

Antes que refiera las palabras de este idolatra, digo, que parece que la Providencia Divina no solo guía la salvación de las almas a que tenga efecto; pero parece observa uniformidad en el darse a conocer a los hombres. Reveló la venida del Verbo en carne humana, sin determinar tiempo, y también asegurando la edad en que había de alumbrar con su luz soberana, como lo uno, y otro se ve en la Sagrada Escritura. Manifestóse a estos naturales en la profecía antecedente, sin determinación de tiempo, ahora por la boca de este gentil se le señala que dijo así: «En el día que más alumbrare el Sol por la misericordia del Omnipotente, vendrán de aquí a cuatro edades los que han de traer la nueva de Dios. Con gran afecto os encomiendo esperéis (o Ytzalanos) vuestros huéspedes, que son los padres de la tierra cuando vengan». Esto profetizó Nahau Pech en los días de la cuarta edad, acerca de su principio. Estas son sus palabras, en que anuncia más resplandores del Sol en el cumplimiento de su vaticinio. No se experimentaron en el celeste luminar, que alegra el Orbe; manifestáronse en la luz que recibieron sus almas, alumbradas del Sol de justicia Cristo por la bondad del padre de las misericordias, como le llamó san Pablo. Es de notar el grato hospicio que previene a los nuevos huéspedes, y los llama padres, como quien dice. No hay sospecha para admitir al que hace oficio de padre: padres son de la tierra vuestros huéspedes, con todo afecto os encomiendo el admitirlos. Con diverso sentir parece miró otro sacerdote gentil, llamado Ah Kukil Chel las cosas de esta conversión, como se puede ver por la profecía siguiente.

Profecía de Ah Kukil Chel, sacerdote antiguo de Yucatán.

Amor y temor son las dos alas, con que el corazón levanta el pensamiento a nuevos propósitos. El amor se origina del conocimiento de la perfección del objeto, que representada a voluntad, le elige como conveniente. El temor se cansa de la desconveniencia que halla en lo propuesto, por la cual lo rehúsa, y no pudiendo evitarlo, se entristece. Lo uno, y otro parece verse en estos sacerdotes gentiles, pues los referidos encargaron a su posteridad, recibiesen la predicación del Evangelio. Conociéronla sin duda por buena. Amó la voluntad lo conocido, y así con el afecto que se vio, dejaron encomendado se recibiese. No obró el mismo efecto en este sacerdote Ah Kukil Chel (Ah Kauil Chhel), que parece lloró la llegada de nuestros españoles. Males propone a los suyos, venideros y no remotos. Informaba el entendimiento con el error de sus idolatrías a su afecto, con que tuvo por desconveniente lo bueno, como si hubiera excusa para tener tanto bueno por malo, diciendo así: «¿En el fin de la edad presente los que ignoráis las cosas futuras, que pensáis que sucederá? Sabed, que vendrán de toda parte y el Norte y del Oriente tales cosas por nuestros males, que los podéis tener por presentes. Yo os digo, que en la edad novena, ningún sacerdote ni profeta os declarará la Escritura, que generalmente ignoráis». Estas son sus palabras, que parecen amenaza de castigo o tener por tal, y por mala la mudanza, que pronosticaba. Si por mal, o males tenía la perdición del señorío temporal que gozaban; no es nuevo en la Divina Justicia quitársele a idolatras para que los fieles le posean. Mucho tiempo precedió la promesa que Dios hizo a Moisés de la tierra de los Cananeos idolatras gentiles para su pueblo; pero aunque diferida no frustrada. Así el señorío, que de estos reinos tiene nuestro católico rey, edades antes que los poseyese su corona; estaba prevenido, no solo en la determinación divina; pero ya manifiesto a las atenciones humanas. Merecióle el piísimo celo de sus gloriosos progenitores; gócelo con felicísimos aumentos de reinos en todas las edades futuras, mediante su real descendencia. No pudo con rectitud juzgar por males la creencia y vivienda diferente, pues hallan en la una la verdadera salud del alma, y en la otra con lo político la mejoría de vida y trato humano, que experimentan. Conoció la diferencia de culto que habían de tener sus feligreses, y hallándole repugnante al que enseñaba; la desconveniencia hacia a la voluntad le contradijese, de donde se siguió anunciar por males las dichas mayores. El glorioso padre san Agustín ríe del Sapientísimo Mercurio Trismegisto, por decir cosas contrarias entre sí; pues probando la vanidad de los muchos dioses que se adoraban, y como profetizando su ruina, da a entender, que le pesa, hubiese de tener fin la idolatría y la llora. Yo ahora noto aquí, que la destos dice, cesará en la edad novena, que parece misterio; pues el número de nueve siempre le tuvieron por cosa sagrada y santa, y tal fue para ellos en la que tuvieron el conocimiento de Dios vivo y verdadero, por medio de sus sacerdotes evangélicos.

Profecía de otro sacerdote gentil, llamado Ah Na Puc Tun.

No se cansaba la misericordia Divina de manifestar a estos naturales la sujeción a la Ley de Gracia en que habían de verse. Notoria la hizo por la boca de otro gentil sacerdote, llamado Ah Na Puc Tun, que dijo. «En la última edad,

según está determinado, habrá fin el culto de dioses vanos, y el mundo será purificado con fuego. El que esta viere será llamado bienaventurado, si con dolor llorare sus pecados». La antigüedad de este sacerdote no he podido averiguar, pero parece haber sido con alguna precedencia de tiempo a la venida de nuestros españoles, pues dice. En la última edad, y por edad entendían el espacio de tiempo de veinte años. Solo parece tiene duda, si es última respecto del Universo, o respeto del estado en que se hallaba. Si por la primera consta de la escritura su verdad. Si por la segunda, entendiendo que no había más mundo que estos reinos, con la introducción de nuestra santa fe católica, cesó por lo menos por lo público el culto de los ídolos sus vanos dioses, y este nuevo mundo (que llamamos) fue purificado con el fuego del Espíritu santo, y noticia, de Cristo vida nuestra, que según san Lucas, vino a encender el fuego de su amor en la tierra, con que desde entonces se pudieron llamar bienaventurados, según lo que el mismo señor había dicho a sus sagrados apóstoles oyendo lo que les decía. Ya temo, soy notado de enfadoso, y así referiré otra que falta solamente a la letra.
Profecía de Chilan Balam, gran sacerdote de Tixcacayom Cauich en Maní.
Este sacerdote procede más dilatadamente, que los precedentes diciendo así: «En el fin de la décima tercia edad, estando en su pujanza Ytzá, y la ciudad nombrada Tancah (que está entre Yacman y Tichaquillo, que hoy se llama Ychpaa, que es fortaleza y castillo) vendrá la señal de un Dios, que está en las alturas, y la cruz se manifestará ya al mundo, con la cual fue alumbrado el Orbe. Habrá división entre las voluntades, cuando esta señal sea traída en tiempo venidero. Los hombres sacerdotes antes de llegar una legua y a un cuarto de legua no más, veréis la cruz, que se os aparecerá y os amanecerá de Polo a Polo. Cesará el culto de vanos dioses. Ya vuestro padre viene, o Ytzalános. Ya viene vuestro hermano, o Tantunites. Recibid a vuestros huéspedes bárbaros del Oriente, que vienen a traer la señal de Dios. Dios es, que nos viene manso y piadoso. Ya viene el tiempo de nuestra vida. No tenéis que tener del mundo. Tú eres Dios Único, que nos criaste piadoso. Buenas son las palabras de Dios. Ea ensalcemos su señal en alto: ensalcemos para adorarla y verla. La cruz hemos de ensalzar. En oposición de la mentira, se aparece hoy, en contra del árbol primero del mundo. Hoy es hecha al mundo demostración. Señal es esta de un Dios de las alturas. Esta adorad, o gente Ytzalána,

adorémosla con voluntad recta, adoremos al que es Dios nuestro y verdadero Dios. Recibid la palabra del Dios verdadero, que del cielo viene el que os habla. Cobrad juicio, y ser los de Ytzá. Los que creyeren, serán alumbrados en la edad que esté por venir Mirad, si os importa lo que yo os digo, advierto y encargo, yo vuestro intérprete y maestro de crédito Balam por nombre. Y con esto he acabado de decir lo que Dios verdadero me mandó, para que lo oiga el mundo». Este es el sacerdote de quien hacen mención Herrera, Remesal, Torquemada y otros Autores aunque le llaman Chilam Cambal; y dice Herrera, dando razón, como los segundos españoles, que con Juan de Grijalva aportaron a Yucatán; hallaron así acá en Tierra firme, como en Cozumel (de que se trata adelante en estos escritos) algunas Cruces, que la ocasión desto fue) Que habiendo el adelantado Montejo comenzado la conquista de esta tierra, y recibídole pacíficamente algunas provincias, en especial la de Tutul Xiu, cuya cabeza era el pueblo de Maní, catorce leguas de donde ahora esta la ciudad de Mérida; se entendió, que pocos años antes que llegasen los castellanos, un indio principal sacerdote, llamado Chilám Cambal, tenido entre ellos por gran profeta, dijo: Que dentro de breve vendría de hacia donde nace el Sol gente barbada y blanca, que llevaría levantada la señal de la cruz, que les mostró, a la cual no podrían llegar sus dioses y huirían de ella. Y que esta gente había de señorear la tierra, no haciendo mal a los que con ellos quisiesen paz, y que dejarían sus ídolos y adorarían a un solo Dios, a quien aquellos hombres adoraban. Hizo tejer una manta de tributo, y dijo, que de aquella manera había de ser el tributo, que se había de pagar a aquellas gentes. Mandó al señor de Maní, que se llamaba Mochan Xiu, que se ofreciese aquella manta a los ídolos, para que estuviese guardada, y la señal de la cruz hizo hacer de piedra; y la puso en los patios de los templos, adonde fuese vista, diciendo, que aquel era el árbol verdadero del mundo, y que por cosa nueva la iban a ver muchas gentes, y la veneraban desde entonces. Y esta fue la causa, porque preguntaban a Francisco Hernández de Córdoba y a los suyos, si iban de donde nacía el Sol. Y cuando el adelantado Montejo entró en Yucatán, y los Indios vieron, que se hacia tanta reverencia a la cruz, tuvieron por cierto lo que su profeta les había dicho.

Por las palabras con que este indio predijo la venida de nuestros españoles, parece no sería tan poco el tiempo antes que llegasen, como se dice adelante.

Ni fue solo este el que la anuncia, como se ha visto en este capítulo, aunque parece causa más admiración, dar fin diciendo. Que Dios verdadero se lo mandó publicar, para que lo oiga el mundo. Y quiso la Divina majestad fuesen los sacerdotes de estos Indios, a quien daban entero crédito (especial cuanto a las cosas de religión, como maestros della) quien se la anunciase y encargase la recibiesen, siendo ellos, quien más lo había de repugnar; para que después no tuviesen excusa en admitir nuestra santa fe católica.

He repetido, que los dichos destos Indios gentiles fueron profecías, y no me parece hay repugnancia, para que hayan sido verdaderamente profetas; aunque algunos oyendómelo decir, se les ha hecho duro de creer, que la Divina misericordia y municase don de profecía a estos pecadores; pero para satisfacer a los que no tienen obligación de saberlo, es de advertir. Que el don de la profecía es gracia gratis dada, que se ordena principalmente a la utilidad de otros, y no para justificación de quien la recibe, como lo da a entender san Mateo en su evangelio. Alojado estaba el pueblo de Dios por la campaña de Moab, y el rey Balac temeroso, que los Hebreos le destruyesen, hizo grandes promesas a Balam para que maldijese al pueblo de Dios: entendiendo que con sus maldiciones y encantos serían impedidos los Hebreos. Quiso ejecutarlo Balam, pero nunca pudo. Echóles mil bendiciones y profetizó la venida de Cristo, como parece por el libro de los Números. Que fue verdadero profeta lo afirma san Buenaventura, santo Tomás y san Gregorio Papa y que entendió los Misterios de Cristo y de su Iglesia, que profetizaba y de que hablaba, pues exclamó suspirando por ellos. Y aunque el mismo san Buenaventura, san Jerónimo y Albino dijeron, que fue santo profeta, más que después con las grandes promesas de Balac, fue desobediente a Dios, como lo dice san Pedro: con todo eso la escritura le llama Ariolo, que es lo que nosotros decimos Adivino. San Ambrosio, santo Tomás y otros muchos le condenaron por Mágico hechicero, que tenía pacto con el demonio. Y Beda afirma que fue Nigromántico.

De aquí se colige no ser repugnante, que por ser estos sacerdotes gentiles y hombres pecadores, les comunicase Dios don de verdadera profecía, pues lo que dijeron no se ordenaba a quedar ellos por esto, o estar en gracia justificante, sino a la utilidad de estos indios, que se les había de seguir con el conocimiento de Cristo y sus Misterios. Y que estos le tuviesen de lo que anunciaban, echase de ver, pues les encargaban tanto, recibiesen con voluntad a los que se los habían de declarar y les diesen crédito. Baste lo dicho para una historia, que me parece no faltará quien diga, que sobra, y así no hago ponderación de llamarse este indio Balam, como el otro profeta, que no falta por acá quien quiera hacer misterio de ello, pero si de cuantas veces en esta tierra y en otras de estos reinos anunció Dios su señorío para nuestros reyes y señores, que con su celo grande de la conversión de estos indios y exaltación de nuestra santa fe católica, han gastado de sus reales haberes en los gastos de ministros, iglesias, hospitales y otras obras pías de esta calidad, hasta el año de 1647, más de diez millones de oro y plata que así nos lo testificó el muy reverendo padre fray Buenaventura de Salinas, comisario general, en una su patente, dada en México dicho año, a 30 de octubre. Y ahora después, leyendo este escrito su sucesor el muy reverendo padre fray Juan de la Torre, que está haciendo más exactas diligencias, para ajustar en lo que pudiere la grandeza de las limosnas, que nuestros reyes han hecho y hacen en estos reinos a los ministros evangélicos y Iglesias; me dijo había andado su antecesor muy corto, como se verá algún día. Siendo Dios servido, se logre su trabajo. En el ínterin ya que se ha dicho, como estuvo anunciada la ley evangélica a estos naturales; digamos quienes fueron sus primeros predicadores en el capítulo siguiente.

Capítulo XII. Como vinieron los primeros religiosos de san Francisco a Yucatán y predicaron el santo Evangelio

El padre Torquemada tratando de la venida de los religiosos de la orden de nuestro padre san Francisco a Yucatán, dice que llegaron el año de 1534 con beneplácito, y orden del primer virrey de la Nueva España don Antonio de Mendoza, y con autoridad suya; y que si necesario fuese, para que los Indios admitiesen su predicación, asentasen con ellos, que no entrarían españoles en su tierra, con que se ve, ya no los había, y se habían ido todos, como se ha dicho, a Tabasco, con que esta venida de los religiosos fue el año siguiente de 35, pues en él se fueron los españoles y dejaron solos a los Indios. Aunque no se asigna causa especial que moviese al virrey a enviar religiosos a Yucatán, tengo por cierto fue orden que del consejo vino para ello. Ya se dijo como el rey tenía noticia del mal suceso que los españoles tenían en la conquista de esta tierra y como escribió a la real audiencia de México la reina, que favoreciesen al adelantado, y para que por todas vías se lograse mejor su celo de la conversión de esto Indios; había dado otra su cédula el año antes para la misma audiencia, que decía así: «La Reina. Presidente y oidores de la nuestra Audiencia, y chancillería real de la Nueva España. Ya soy informada, que Francisco de Montejo nuestro gobernador de la Provincia de Yucatán, y Cozumel, no ha cumplido lo que por nos le fue mandado, y no llevó los religiosos que había de llevar a la dicha sierra y no los hay allá Lo cual es grande estorbo para los naturales de la dicha sierra, que es nuestro principal intento. Por ende yo vos mando, que hagáis información, y sepáis, como y de que manera lo susodicho pasa Y si el dicho Francisco de Montejo llevó los religiosos a la dicha tierra, o si los dejó de llevar, y no los hay en ella, y quien administra los santos Sacramentos, y entiende en la conversión de los Indios. Y la dicha información habida y firmada de vuestros nombres, y signada de escribano, ante quien pasare: cerrada y sellada en manera, que haga fe la enviéis el nuestro Consejo de las Indias, para que yo la mande ver, y proveer lo que convenga. Y entre tanto vosotros, proveed lo que os pareciere, que conviene. Fecha en Madrid a 22 de septiembre de 1532 — Yo la Reina. — Por mandado de su majestad. Juan de Samano». — Como en esta cédula se ordenaba, que la Audiencia, mientras venía resolución de España, proveyese lo que juzgase conveniente; hallando no haber venido religiosos algunos a Yucatán con el adelantado, para que tratasen de la conversión de estos Indios; resolvió el virrey viniesen religiosos nuestros. El venerable padre fray Jacobo de Testera, de Nación francés, con el ferviente celo de la salvación de las almas, que dice el padre Torquemada que tenía, aunque era custodio actual de la Provincia santa del santo Evangelio de México, que no estaba erigida en Provincia, y así superior y prelado de ella; se ofreció a venir a esta espiritual conquista, con aprobación y grande facultad para todo del virrey, que determinó viniese con otros cuatro religiosos compañeros. El padre Lizana no hace relación más que del padre fray Jacobo, comisario, y el padre fray Florencio de Bienvenida y que vinieron el año de 31. No miró bien lo que hubo de escribir, como en muchas partes he experimentado para juntar estos escritos, y juzgo en algunas cosas se dejó llevar de lo que oía, pudiendo inquirirlo con más certidumbre, y baste esta advertencia, para en las que con él no conformare. — Era el padre fray Jacobo, varón celosísimo de la salvación de las almas y de singular espíritu para su conversión, con que quisiera reducir toto el Orbe al conocimiento del verdadero Dios. Con él había solicitado la del reino de México, Michoacán y otras partes donde hubo copiosos frutos de su trabajo. Dispuso su viaje para el nuevo certamen que se le ofrecía en la conversión de estos indios, donde esperaba trabajos muchos, y dudosos logros por saberse cuanto habían resistido a los españoles, hasta que ninguno quedó, como se ha dicho. Por esto traía autoridad del virrey para reducirlos por cualquier camino, aunque fuese asentado no entrarían en ella. Diéronsele algunos indios mexicanos que viniesen en su compañía, y con ellos fervoroso en la caridad, se ofreció al riesgo, y admitió el peligro. A 18 de marzo, víspera del glorioso san José: llegaron a Champoton, y para mejor disponer los ánimos da estos naturales, envió antes que él los viese algunos Indios mexicanos de los que llevaba, a darles noticia de su venida, como era de paz, pues lo podrían conocer en cuan pocos eran, y sin armas algunas, cuya violencia pudiesen temer: que solo venían a darles a conocer el verdadero Dios, que debían adorar, como habían hecho en México, sin más atención, que a la salud de sus almas, cuyo peligro conocerían teniendo noticia de los errores, en que en lo tocante a la religión y creencia de sus ídolos vivían, y que los visitarían, dándoles licencia para entrar en su tierra. Llegados los mexicanos a la presencia de los señores de Chanpoton, fueron recibidos pacíficamente, y propusieron su embajada. Oída la petición de los religiosos, y consultando mucho sobre ello: ciertos de que no eran personas de quien pudiesen recibir algún agravio ú opresión; antes bien si otros lo hacían, lo reprendían como apostólicos predicadores de la verdad y justicia, cuya experiencia los mexicanos habían visto en su tierra, como vieron arriesgar poco en dejarlos entrar, les dieron licencia.

—Llevaron los mexicanos la respuesta a los religiosos, que con la licencia dada fueron a Champoton, cuyos Indios los recibieron bien, como afirman Torquemada y Remesal, que parece ambos seguir los escritos del obispo de Chiapa don fray Bartolomé de las Casas, y hallaron en ellos disposición para predicarles la ley Evangélica; a que luego dieron principio. Es el ejemplo de vida en el predicador evangélico gran motivo porque los oyentes pongan en ejecución la doctrina que les predica; y estos religiosos como verdaderos hijos de la religión seráfica sin atención alguna a los bienes de este mundo, le dieron tal a estos naturales, que viendo su vida irreprehensible no solo asistieran a su predicación, pero en breves días se gozó el fruto de este trabajo. No fue tan copioso como si hubieran tenido intérprete, que supiese su idioma como el caso requería; pero obraba la divina gracia y solicitud de estos ministros, que no admitían descuido alguno, con que pasados cuarenta días que comunicaban con los Indios; los señores de la tierra voluntariamente les trajeron todos sus ídolos, y los entregaron a los religiosos para que los quemasen, significando hacerlo con gusto (y bien lo daba a entender la misma acción de traerlos) y que les agradaba la doctrina que les habían predicado. La mayor señal que pudieron ofrecer para conocer esta verdad, fue que después de haber dado los ídolos, trajeron sus hijos y se los entregaron a los religiosos, para que los doctrinasen y enseñasen cuando (como dice el obispo don fray Bartolomé de las Casas) los querían más que a la lumbre de sus ojos. Como el trato y comunicación suele aumentar el amor de las voluntades, sucedió en esta ocasión que aficionándose más cada día los Indios a los padres les hicieron casas en que vivir y templo donde celebrar los Divinos oficios. Con tan buena oportunidad comenzaron a juntar y enseñar a los hijos de los señores y principales, guardando el orden que en México habían tenido, y los padres con los niños que enseñaban se ocupaban en el servicio de la iglesia con que se iba dando maravilloso principio a la fábrica espiritual que se pretendía obrar en las almas. Una cosa ponderan estos autores con singular atención por única sucedida hasta entonces, y fue. Que doce o quince señores de muchos vasallos y tierras, cada uno por sí persuadidos de los religiosos, juntaron sus pueblos, y tomando sus votos y consentimiento se sujetaron de su propia voluntad al señorío de los reyes de Castilla, recibiendo al emperador como rey de España por señor supremo y universal, confirmando este concierto con unas señales como firmas, las cuales después afirmó el obispo don fray Bartolomé de las Casas tenía en su poder con testimonio de nuestros religiosos que eran ellas. Procedían con gozo de su espíritu, viendo tan grandes principios, teniendo por cierto que de ellos había de resultar la conversión de todo este reino de Yucatán: a tiempo que permitiéndolo la majestad Divina, sucedió el mayor inconveniente, que el demonio pudo solicitar, envidioso de las almas que los religiosos le sacaban de su esclavitud para que tan santa obra se perturbase. Entraron por cierta parte (dice el obispo de Chiapa) dieciocho españoles de a caballo y doce de a pie, y trayendo muchas cargas de ídolos que habían quitado a los Indios de otras Provincias: el capitán de estos treinta españoles, llamó a un señor de la tierra por donde entraron y le dijo que tomase aquellas cargas de ídolos y los repartiese por toda su tierra, vendiendo cada ídolo por un indio o india para hacello esclavo, amenazándolo que si no lo hacia le había de dar guerra. El señor forzado con este temor que le puso el capitán, repartió los ídolos por toda su tierra y mandó a todos sus vasallos, que los tomasen para adorallos, y le diesen Indios y Indias para dar a los españoles. Los Indios con el miedo y mandato de su señor; quien tenía dos hijos daba uno y quien tres, daba dos, y por esta manera el señor cacique contentaba a aquellos españoles. Uno de ellos estando a la muerte, tenía debajo de su camana dos cargas de ídolos; y mandaba a una India que le servia que mirase bien que aquellos ídolos que allí estaban no los diese a trueque de gallinas. Porque eran buenos, sino cada uno por un esclavo, y con este testamento murió. Visto por los Indios que no había salido verdad lo que los religiosos les habían prometido, que no habían de entrar españoles en su tierra y quellos les traían ídolos de otras a vender, habiendo ellos entregado todos sus dioses a los frailes, para que los quemasen, se alborotó y indignó toda la tierra contra los religiosos. Íbanse a ellos diciendo: ¿Por qué nos habéis mentido engañándonos, que no habían de entrar en nuestra tierra cristianos? ¿Por qué nos habéis quemado nuestros dioses, pues nos traen a vender otros de otras provincias buenos cristianos? «¿Por ventura no eran mejores nuestros dioses?» Los religiosos no teniendo que decir a tan execrable maldad, los aplacaron lo mejor que pudieron, y buscando los treinta españoles, les dijeron el mal tan grave que hacían, y les requirieron, que se saliesen de la tierra. Ellos no quisieron, antes hicieron entender a los indios, que los mismos frailes los habían hecho venir allí, que fue malicia consumada. Con este tan pernicioso inconveniente se suspendió el fruto que los religiosos iban cogiendo de su evangélica enseñanza; porque el demonio, como enemigo del linaje humano, siempre busca impedimentos para la salvación del hombre, permitiéndolo así Dios con su oculta providencia, que solo su Divina majestad sabe el por qué. No pudieron con persuasiones los religiosos reducir a aquellos perdidos hombres, a que cesasen del nefando comercio de los ídolos, que desdichado es el hombre, si Dios le deja de su mano; que horrible vicio la avaricia, pues a cristianos y españoles, los llegó a tan miserable estado, que no solo vendiesen los ídolos a los Indios, para que los adorasen, sino que hiciesen creer, que los religiosos eran participantes de maldad tan grave. Desdichado el corazón humano de que se apodera la codicia, que fue acción de peligrar las vidas de aquellos inocentes religiosos, y ya que no, que la conversión de estos Indios cesase, como se dice en el capítulo siguiente.

Capítulo XIII. Quisieron los Indios matar a los religiosos por unos españoles, y como se volvieron a México
Indignados los Indios contra los religiosos, quisieron matarlos; pero sabiendo la determinación que tenían, porque algunos se la manifestaron; huyeron el peligro, guardándolos Dios para mejor empleo, pues en este no morían por aborrecimiento, que los Indios tuviesen a la fe, sino por la malicia de aquellos a quien no pudieron reducir al camino de la verdad. Saliéronse una noche los religiosos dejando a los Indios, que conociendo después que los hallaron menos la inocencia de vida, con que con ellos habían conversado y tratado; enviaron mensajeros cincuenta leguas tras ellos, rogando, que los perdonasen por la alteración que les causaron. Los religiosos, como siervos de Dios y celosos de aquellas ánimas, creyéndoles; tornáronse a su tierra, y fueron recibidos de los Indios como ángeles: haciéndoles mil servicios, y estuvieron cuatro o cinco meses después, y porque nunca aquellos españoles quisieron irse de la tierra, ni pudo el visorey con cuanto hizo sacallos, porque está lejos de la Nueva España, aunque los hizo pregonar por traidores, y porque no cesaban de hacer agravios a los Indios; pareciendo a los religiosos, que tarde o temprano, los Indios con tan males obras se desabrirían, especialmente, que no podían predicarles con quietud y sin continuos sobresaltos, acordaron de desamparar esta tierra y se volvieron a México. Quedó así sin lumbre y socorro de doctrina, y estos miserables indios en la oscuridad de la ignorancia en que estaban, quitándoles al mejor tiempo el remedio para la salud de sus almas, cuando con ansias iban adquiriendo noticia de Dios y de sus misterios sacrosantos.

Este caso de la venta de los ídolos, he referido casi a la letra, como lo trae el padre Remesal en su Historia, y parecen ser formales palabras del obispo don fray Bartolomé de las Casas, en la plática que hizo en la mar a vista del puerto de Campeche, año de 1545, cuando pasó a su obispado con los religiosos de nuestro padre santo Domingo, que consigo llevaba, de que se trata adelante, libro tercero capítulo último. Por esto consta el desgraciado fin, que tuvo en esta tierra la predicación del Venerable padre fray Jacobo de Testera y sus compañeros, habiendo tenido tan felices principios. No podemos alcanzar las disposiciones divinas, en cuanto a conversiones de infieles, que las reserva para cuando más debe de convenir. La parte por donde estos españoles entraron, que no la señala el obispo de Chiapa, dice el padre Lizana (aunque yerra el año) y concuerda con el bachiller Valencia en su relación, que fue por los Agualulcos, bajando a la Chontalpa y Tichel, de donde llegaron a Champoton. Que habían salido de la Nueva España, como hombres facinerosos, huyendo del virrey don Antonio de Mendoza y del castigo que había ejecutado en algunos semejantes y ellos por robos y otras crueldades hechas en la Nueva España. Por lo que dice el obispo de Chiapa, parece haber podido los religiosos darle noticia, como habían parado en esta tierra, pero por la distancia no pudo evitar los daños que en ella hacían.

No puedo dejar de admirarme, leyendo, que cuando llegaron estos treinta españoles a Champoton, hayan estado los Indios tan cobardes y temerosos, como se dice en el suceso, y que treinta españoles fuesen bastantes a que los señores de la tierra, quitasen los hijos y hijas a sus padres, para dárselos a que los hiciesen esclavos, habiendo sucedido con Francisco Hernández de Córdoba y con Grijalva, lo que se dijo en el libro primero; pues al adelantado Montejo no pocas veces le hicieron frente, y a los de Tabasco motejaron de cobardes, por haber recibido de paz a Grijalva, que fue la ocasión de la guerra, que don Hernando Cortés tuvo con ellos. Cuando después segunda vez vinieron los españoles, y efectuaron la conquista de esta tierra, los resistieron los de Champoton, y los recibieron con las armas en las manos, como se dice en el libro tercero, y en aquella ocasión no haber tenido manos, ni ánimo contra treinta españoles solos. Secretos son de la Divina Justicia, que quizá por sus muchos pecados no merecieron, que entonces se les continuase la predicación de nuestra santa fe católica; pero hallo que la abrazaban, y habían entregado sus ídolos, y Dios no desecha al pecador arrepentido, cuando enmendado le busca. Su Divina majestad sabe la causa, que yo no la alcanzo; ni tampoco importa gastar más el tiempo en esto. Lo que de esto queda cierto es, que a ninguno de los conquistadores, que con el adelantado vinieron, ni a los que después sujetaron y poblaron esta tierra, alcanza la macula de estos delitos, y su infamia de aquellos tiranos, que este nombre merecen, pues el mismo obispo de Chiapa los da por libres de ella: afirmando, que antes que esto sucediera, habían desamparado este reino los que de España vinieron a pacificarle, y cuando no lo dijera, la condición con que los Indios recibieron a nuestros religiosos, de que no habían de entrar españoles en su tierra, supone, que no los había. Los segundos llegaron entrado el año de 37, después de haberse ido el padre fray Jacobo y sus compañeros a Nueva España, con que de necesidad sucedió lo dicho en el tiempo, que medió desde cuando se fueron los primeros a Tabasco, hasta que vinieron los segundos.

Ni he de pasar sin referir lo que de los primeros conquistadores, y del adelantado se escribió, ya que yo lo hago en esta tierra, por lo cual juzgo tener más obligación a singularizar los sucesos de ella, y porque se me hizo duro pasar por el peligro del crédito de la nación española, pudiendo dar con fundamento razón de lo que escribo, pues no faltan émulos de esta monarquía tan envidiada, que procuren oscurecer tan gloriosas acciones, como ejecutaron en estos dilatados reinos en servicio de Dios y aumento de la santa iglesia romana, imputándoles otras de desdoro y tiranía que no hicieron. Dice, pues, el obispo don fray Bartolomé de las Casas, en aquella plática que hizo a sus religiosos, y la refiere el padre Remesal, a quien parece seguir el padre Torquemada, que los españoles, que habían estado los dichos años poblados en Yucatán, no habían dado noticia a los Indios, de que tuviesen príncipe supremo y señor, cuyos vasallos eran. Y que por esto, cuando los religiosos habían comenzado a predicarles y dársela; los convidaban de las provincias comarcanas, para que les fuesen a dar noticia de Dios y de aquel que decían, que era gran rey de Castilla. Torquemada dice, que quedaron muy admirados de que había rey en Castilla, porque nunca tal se les había tratado en los siete años pasados, que habían tenido de guerra.

Digo, que cuando el adelantado y sus españoles hubiesen querido ocultar a los indios, que eran vasallos del rey de Castilla, de donde venían, no era posible, supuesto lo que todas las Historias de estos reinos refieren. Porque como en esta también queda dicho, y estos mismos autores dicen; cuando pasó el general Juan de Grijalva, hizo notorio a los indios como eran vasallos de un rey muy poderoso del Oriente, que era el rey de Castilla. Lo mismo había hecho don Hernando Cortés en Cozumel, cuando allí estuvo, y aun como dice

Bernal Díaz, aquellos indios le pidieron una carta de favor, para que si viniesen a aquel puerto otros españoles; fuesen de ellos bien tratados, y no les hiciesen agravio, la cual carta les dejó. Más por extenso se lo declaró a los indios de Tabasco, después de haber peleado con ellos, cuando dieron la obediencia, nombrándose expresamente vasallos del rey de Castilla el emperador. Como pues, era posible, que a los indios se lo hubiera ocultado el adelantado, aunque quisiera, habiendo estado tres veces españoles con ellos antes, que viniese a la conquista, y las dos con las demás el adelantado, que habiendo sido en ambas capitán, y no particular soldado, parece forzoso le conociesen los indios. Demás, que una de las razones con que procuraban persuadir a los indios, viéndose tan pocos contra tan desproporcionada multitud, era decirles. Que advirtiesen, que aunque ellos siendo tan pocos por alguna mala fortuna pereciesen; eran enviados de un rey tan poderoso, que en sabiéndolo, enviaría otros muchos más, que con todo rigor los sujetasen porque tenía muchas naciones y señoríos debajo de su imperio, y que así no se fiasen en verlos pocos, sino que diesen la obediencia a un rey tan poderoso y a quien tantos obedecían.

Ni aun parece haber razón prudencial, que persuada haber querido ocultar, que eran vasallos de los reyes de Castilla, porque esto se pudiera presumir, si ellos hubieran tenido intento de tiranizar esta tierra, alzándose con ella; porque si este no era su intento, a que propósito habían de encubrir, que tenían rey y señor natural, cuando el saberlo los indios, y que era tan poderoso, era el mayor freno para que se quietasen. No solo no tenían tal intento, pues daban noticia a todas las partes que podían de lo mal que les iba en la conquista, pidiendo favor y socorro para proseguirla; pero aun una de las grandezas que con razón alegan en probanzas auténticas, que he leído, hechas en contradictorio juicio con fiscal real, es: que en tantos años, como duró sujetar a estos naturales, no hubo motín en ocasión alguna ni alboroto, que al adelantado o capitanes diese cuidado. No niego tampoco, que los indios dirían a los religiosos, que el adelantado y su gente no les habían dicho, que había rey de Castilla, y que eran sus vasallos y que se hiciesen de nuevas en presencia de los religiosos, diciendo, que entonces llegaba a su noticia, lo creo; pero experimentando estamos la poca verdad que tratan y la facilidad con que se perjuran, jurando falsamente a cada paso, y así se echa de ver, que fue composición

153

que fingieron los indios, pues cuando no hubiera más, que haber estado los españoles las tres veces que se ha dicho en esta tierra y comunicádolos, no parece posible ocultárseles, quienes eran los conquistadores. El obispo lo escribió, conformándose con lo que aquellos religiosos dijeron, que habían dicho los indios, pero estos, parece cierto haberlos engañado, ni el obispo estuvo en esta tierra hasta el año de 45, cuando pasó por ella tan de paso, como se dice adelante en su tiempo, y no podría hacer la inquisición de esta verdad con la asistencia que quería, como ni los escritores que le siguieron, no habiendo estado en esta tierra.

Capítulo XIV. De otras cosas que se dicen del tiempo de la guerra con los Indios, y como vinieron otros religiosos nuestros a Yucatán

No menos pondera el obispo don fray Bartolomé de las Casas, así en aquella plática, como en el tratado de la destrucción de las Indias, las crueldades y tiranías, que el adelantado y sus castellanos, dice haber hecho en estos años, que intervinieron de guerra con los indios, desde que llegó de España a este reino de Yucatán, hasta que le desampararon, sin poder conseguir sujetar a estos naturales, como se ha visto en los capítulos antecedentes, y porque siguiéndole los que después han escrito las cosas sucedidas en las conquistas de estos reinos, dicen casi trasladando unos de otros lo que escribió, diré lo que refiere, y todos como digo casi con unas mismas palabras. «Entró en Yucatán un conquistador el año de 1526, con trescientos hombres, que hicieron tan crueles guerras, y tan grandes matanzas en los pobres indios, como en breve experimentaron. Y porque no tenían oro, por hacerlo de sus propias personas y sacarlo de sus entrañas, ya que no lo hallaba en las de la tierra; hizo esclavos a todos los que dejó con vida, y cargando muchos navíos, hizo de ellos tal barato, que daba a escoger entre cien doncellas una por una arroba de aceite, de vino ú de vinagre: y lo mismo un muchacho bien dispuesto por este precio, escogido entre ciento. Y acaecía vender un mancebo, que parecía hijo de un príncipe por solo un queso y cien personas por un caballo. Y en estas obras tan crueles se detuvo con su gente siete años, asolando tantas tierras y matando sin piedad aquellas gentes, por quien Jesu-Cristo derramó su sangre. Y que los tristes indios que escaparon con vida, estaban tan hostigados, que solo oír el nombre de cristianos los asombraba, pensando eran todos como aquellos, que tanto mal les habían hecho. Esto es en suma lo que escriben de este capitán y sus castellanos, lo cual mirando los sucesos atentamente, no parece haber podido suceder con el exceso que se dice, aunque sucediese parte de ello.»

Estos siete años en que escriben haber hecho tan excesivas crueldades con los indios, son (como en los mismos escritos se dice) los que estuvieron el adelantado y sus castellanos en este reino de Yucatán, desde que capitulada su pacificación, vinieron y no pudiendo conseguirla: perdido, cuanto para este fin habían gastado, la desampararon, yéndose a Tabasco, Nueva España y otras partes, como en este libro segundo queda referido. Claramente consta por sus capítulos, cuan belicosos hallaron los españoles a los indios de este reino de Yucatán, cuan obstinados en no querer dar la obediencia ni sujetarse a ellos, pues salieron a recibirlos en Aké, recién llegados de guerra, donde tuvieron la batalla referida con perseverancia, hasta segundo día, sin desamparar su asiento y los demás encuentros, y peligrosos trances, en que con ellos se vieron. Como obligaron a los españoles a que despoblasen la ciudad, que primer fundaron en Chichen Ytzá que se puede decir, casi fue con ignominia de la nación española, saliendo huidos de noche, y como suele decirse a cencerros tapados, porque no acabasen con ellos, pues en solo un día habían muerto ciento y cincuenta. Los peligros en que se vio el adelantado en Coni y Chichen Ytzá, con el indio que quitó el alfanje a su esclavo, y el otro cacique, que con su espada le iba a matar. En Campeche ya se dijo, como le tuvieron en su poder para llevarlo a sacrificar, si Blas González y otros tras él no le libraran. En la Provincia de Cochvá ya se refirió como trataron al capitán Alonso Dávila, y sus compañeros, pues la guerra tan continua que les hicieron, les obligó a despoblar la Villa real, que habían fundado, y pasar los trabajos que padecieron. La guerra que los indios tan porfiadamente hacían a los españoles, obligó al adelantado a retirarse a Campeche para poder embarcarse allí sin riesgo, si se viese del todo perdido, como después se vio necesitado de dejar este reino totalmente, como cosa por entonces perdida. Casi todas estas batallas de los indios, refiere Herrera en el discurso de su Historia general, con que conforman las probanzas de méritos de los conquistadores que he leído.

Véase por esto, quienes eran superiores a quien en estos siete años, que duró la guerra con los indios, si lo eran ellos, o los españoles. ¿Quién se puede decir, que eran los molestados y afligidos, pues los españoles no tuvieron lugar seguro donde permanecer con la continua molestia con que los fatigaban, sin perder ocasión en que no se sujetasen los indios para ver si los podían acabar? Estos son los indios, con quien se dice usaron las crueldades referidas en estos años, que no parece haber sido posible, con la demasía que se dice. Porque si los indios fueron en ellos tan superiores a los españoles que con guerra los obligaron a que les dejasen su tierra libre, y ellos señores de ella como antes: como se compadece ser los españoles tan superiores, que tuviesen poder para hacer tanta inmensidad de esclavos, como se dice, y que pudiesen dar a escoger entre ciento uno por una arroba de aceite o vino, y un indio, que se dice parecía hijo de un príncipe, por un queso. ¿Cuándo los españoles hubieran tenido a los indios tan sujetos, que estuviesen maniatados, y la impiedad se dilatase a rienda suelta, no pudieran hacer más? ¿Pero prevaleciendo en todos estos siete años los indios contra los españoles, que se vieron en tantos riesgos de perecer todos a sus manos; colija el discurso como puede convenir lo uno con lo otro?

Ni por esto digo, que no hicieron esclavos algunos indios, que si hicieron; pero serían los que en las batallas cogiesen, que según ellas pasaron, y queda dicho, sin comparación no pudo ser, ni con muchos millares, los que se da a entender en los autores que han escrito. Y estando tan rebeldes, como estuvieron estos indios, lícito les era hacerlos esclavos según queda referido en la capitulación hecha para la pacificación de este reino. Bien pudo ser ávido en estas guerras el mancebo, que el obispo don fray Bartolomé de las Casas dice haber visto por sus ojos, que había sido vendido por esclavo, siendo hijo de uno de los más principales caciques de esta tierra, que como tal saldría en alguna de ellas contra los españoles, y estos prenderle entre otros y venderle con ellos. Lo que yo he alcanzado de los papeles que he visto, así de estos españoles, como de los que segunda vez vinieron, y se referirán en el libro siguiente, que siempre les rogaron con la paz. Y sino, cual fue la causa, porque cogieron al adelantado en Campeche, sino por salir a decirles, que se sosegasen, pues no les hacían mal alguno los españoles. Véase adelante la instrucción, que el adelantado dio a su hijo, cuando le sustituyó la capitulación, y dio su poder para hacer después esta conquista, en que tanto le encarga, mire por el bien de los indios. El obispo de Chiapa escribió por relación lo que dijo de este reino de Yucatán, porque no estuvo en él, cuando ello sucedió, y así la que le dieron, pudo no tener la certidumbre que debía. Confieso, que si persona de tanto crédito diga, afirmara, que lo había visto, que no me persuadiera a lo contrario, sin evidentísimas razones; pero quien le informó pudo hablar o escribir la relación apasionado, y su señoría con piadoso corazón, y amor entrañable, que a los indios siempre tuvo, condoliéndose de ello lo escribió.

Los indios de Cholula, habiendo recibido a don Hernando Cortés y a sus españoles con mucha fiesta y regocijo al parecer; con traición, que tenían concertada con Montezuma y con promesa de su ídolo principal, que les había certificado acabarían con los españoles; tenían trazado de matarlos y llevar vivos los que pudiesen a Montezuma, para que él los sacrificase en México. Alcanzólo a saber doña Marina la Intérprete, que dieron en Tabasco, y dio noticia de ello a don Hernando Cortés. Convenciólos de aquella traición, y confesáronla, demás de experimentar y verla, y aun dijeron, como tenían creído se habían de dar una muy buena hartazga con las carnes de los españoles, para que ya tenían aparejadas las ollas con sal, y así. Entonces hizo un gran castigo en ellos, y dice Bernal Díaz estas palabras: «Y se les dio una mano, que se les acordará para siempre, porque matamos muchos, y otros se quemaron vivos, que no les aprovechó las promesas de sus falsos ídolos. Y cerca del fin del capítulo, en que refiere todo el suceso como acaeció dice. Aquestas fueron las grandes crueldades que escribe, y nunca acaba de decir el señor obispo de Chiapa don fray Bartolomé de las Casas; porque afirma y dice, que sin causa ninguna, sino por nuestro pasatiempo, y porque se nos antojó, se hizo aquel castigo, etc.» y luego prosigue acabando de satisfacer con la causa que tuvieron para hacerlo. Los segundos religiosos, que vinieron a Yucatán fueron cinco, cuyos nombres no escribe el padre Torquemada en su monarquía, solo dice, que el padre fray Antonio de Ciudad-Rodrigo, siendo provincial de la santa provincia del santo Evangelio de México, los envió el año de 1537 en busca de nuevas gentes, a quien predicasen la ley de Dios, y reino de los cielos. Ellos vinieron predicando y enseñando por los pueblos de Guazacualco y Tabasco, donde ya estaba poblada la villa de Santa María de la Victoria, y llegaron a Xicalanco; de allí pasaron a Champoton y a Campeche. En este camino, y entre estas gentes, dice, que se detuvieron dos años, y que hallaban en los indios habilidad y disposición para venir a nuestra fe y creencia, y que esto era, como la ausencia del padre fray Jacobo los dejó con la leche en los labios, así oían de grado, y deprehendían la doctrina cristiana. Acabados los dos años, parece haberse vuelto a México, porque no traían instrucción para quedarse, sino de volverse a la presencia de su prelado. Si el bachiller Francisco de Cárdenas Valencia, para hacer la relación que acabó el año de 1639, para enviar al Cronista Mayor de Indias don Tomas Tamayo de Vargas, leyera estas Historias, no dijera en ella, que los primeros religiosos que vinieron a predicar el santo Evangelio a Yucatán, fue en el año de 1545. Sin duda se rigió por un librillo escrito de mano, que hay en el idioma de los indios, que le escribieron los de muy dentro de la tierra, después de su conversión, en que notaron algunas cosas de aquellos tiempos, desde la segunda venida de los españoles, y algo de las guerras referidas. Y aun el padre Torquemada, habiendo dicho en el libro diecinueve, que el padre fray Jacobo vino a Yucatán el año de 34, dice después en el vigésimo, que vino el de treinta y uno, y que después de vuelto a México le hicieron custodio, habiendo dicho, que lo era actual cuando vino, y no lo fue más de una vez, siendo custodio, como había dicho antes en el capítulo de los provinciales.

Libro III. De la historia de Yucatán

Capítulo I. Vienen segunda vez los españoles a Yucatán, y resístenlos los indios como la primera

Ya que el no haber asignado los conquistadores el tiempo determinado, y año en que sucedió cada cosa de las que voy refiriendo, sino hecho las probanzas con indeterminación de poco más o menos; ha ocasionado no poder yo tampoco afirmarlo para la claridad y gusto, que diera saberse, y aun integridad a estos escritos: por lo menos la verdad del hecho me consta, de muchísimas que he leído auténticas y legales, a que se debe todo crédito. Queda dicho al fin del libro antecedente como la mucha guerra que los indios hacían a los españoles, la falta de bastimentos, armas y otras provisiones que ya sentían, y sobre todo irse los que hallaban ocasión con la fama del descubrimiento de las riquezas del Perú, y poco provecho que en Yucatán esperaban de sus trabajos, donde (como en una relación que ya he citado se dice) había calamidades muchas; oro y plata poca, sobra de desventuras y hambres continuadas: todo esto ocasionó despoblar esta tierra. No pudo conservarla el adelantado, aunque había gastado toda su hacienda. Fue a la Nueva España a rehacerse de lo necesario, dejando acá algunos amigos, que no le desampararon, y habiendo comprado navíos y prevención sin duda cuantiosos, pues los escritos que he leído le dan nombre de armada, queriendo volver, se le encomendó la pacificación de Tabasco. Para concluirla hubo de venir Gonzalo Nieto, como se dijo, a Yucatán por la gente que en él estaba. Había quedado el capitán Alonso Dávila mientras volvía el adelantado, y con la nueva ocasión de Tabasco, hubo de ir allá a ayudar al adelantado.

Dio principio a la pacificación de Tabasco, y no queriendo venir los indios en lo que era razón, ni poner en ejecución la obediencia, que a nuestros reyes habían dado; fue necesario sujetasen las armas los ánimos, que no podía pacificar la benevolencia. Con la llegada de los capitanes Alonso Dávila y Gonzalo Nieto, y soldados, que estaban en Yucatán, se mejoró el partido del adelantado, que viendo en su compañía aquellos amigos conocidos a fuerza de trabajos e infortunios, se alegró mucho. Fue más dificultosa la pacificación de lo que presumieron, porque los indios con la comunicación de los españoles, les habían perdido en mucho el miedo. A los españoles daba cuidado la incomodidad de la tierra para hacer la guerra por el práctico dictamen, que su elección quisiera. Muchos los pantanos y ciénegas (inconveniente grande para ayudar los de acaballo a los infantes) la numerosa multitud de indios, que la habitaba muy excesiva, con que se iba dilatando, y acabándose los bastimentos que habían traído, y por fuerza se los quitaban a los indios. También de aquí se le iban los soldados, porque tampoco es tierra de oro o plata, y andaban disgustados, porque con la demasiada humedad y calor de la tierra, enfermaban muchos y morían algunos.

Llegó esto a poner al adelantado en más necesidad de gente y bastimentos, de la que entendió a tiempo que quiso Dios llegase a la villa de la Vitoria el capitán Diego de Contreras con un navío suyo, en que llevaba muchos bastimentos y otras provisiones, de que en Tabasco se necesitaba, y en él también iban un hijo suyo, llamado Diego de Contreras, y otros veinte españoles. Rogóles el adelantado, se quedasen en su compañía, pues no iban necesariamente a otra parte determinada, porque estaba en condición de perderse lo trabajado, diciéndoles el servicio grande que harían al rey en ello, y prometiendo gratificárselo después en su nombre, con que se quedaron en Tabasco, sirviendo con sus personas, navío y lo que él llevaban. Fue este socorro en aquella ocasión tal, que se dice en sus probanzas, bastó a que el adelantado pudiese permanecer entonces en Tabasco, hasta que con mayor ayuda consiguió (aunque a costa de muchos gastos y trabajo) la pacificación de toda aquella tierra, que duró según la cuenta más cierta que hallo, hasta el año de 37. Por el trabajo y gastos, que en ella tuvo, se le adjudicó al adelantado, juntamente con el gobierno de Yucatán, título que hasta hoy dura a los gobernadores. Por esta causa prueba el adelantado haber poblado la villa de la Vitoria; porque aunque por la Historia general de Herrera parece estaba ya poblada, cuando el adelantado hizo esta pacificación, o se despobló can el rebelión de los indios, o aquello estaba tal, que fue como conquistarlo de nuevo. No he hallado hasta ahora más singularidades que escribir de la pacificación de Tabasco; algún día (dejando Dios salir a luz estos escritos, como espero en él sucederá) pesará a los interesados, sin poderlo imputar a omisión, pues bien notoriamente he andado rogando a todos, mientras gasto el tiempo en ello, me den sus probanzas, méritos, para referir todas las acciones dignas de memoria, como si me importara a mi más el escribirlas, que a los descendientes de sus dueños el que se hagan notorias, y salgan de mucha confusión, que hay en el conocimiento de esta materia.

Pacificado Tabasco, dio orden el adelantado don Francisco de Montejo de componer su armada, que si era la que vino de la Veracruz, ya necesitaría de ello, aunque por algunos escritos fue otra, y prevenidos soldados, municiones y armas, que sabia bien eran necesarias para volver segunda vez a Yucatán, como quien tenía tanta experiencia y tan a su costa, de los naturales que la habitaban. Solicitó también en la Nueva España y ciudad de Chiapa, los ánimos de algunos, que vinieron a ayudarle a proseguir la conquista de esta tierra. Salieron de Tabasco y llegaron a ella. Algunos escritos dicen, que vino personalmente el adelantado, y en otros parece darse a entender vino su hijo: confusión que se debe de originar, de tener un mismo nombre. Tengo por más cierto vino el adelantado mismo a traer la armada y dar principio, y luego se volvió al gobierno de Tabasco, quedando su hijo don Francisco a gobernar los soldados, como podrá verse, por lo que después se dice. Solo digo ahora, que el navío en que los Contreras llegaron a Tabasco, sirvió en este viaje y en ir y venir de allí a Champoton, hasta que se consumió, sirviendo en la conquista.

Eligieron a Champoton para desembarcar y asentar real, por parecerles puerto a propósito, más cercano a Tabasco, comenzar desde allí lo más poblado y tener a la vista los bajeles con que proveerse de lo necesario y recibir el socorro de gente, que el adelantado remitía. Desembarcaron, pues, en Champoton, según la cuenta que me parece más cierta el año de 1537. Los indios con malicia los dejaron salir a tierra pacíficamente, sin alboroto alguno, ni dar muestra del pesar que recibían, viendo otra vez a los españoles en su tierra, cuando entendían ya los habían dejado; y viendo cuan pocos y destrozados habían salido la primera vez, tenían por cierto no vendrían segunda. Pero la divina bondad tenía determinado el gran número de almas que habían de venir al verdadero conocimiento de su Criador, por medio de esta venida, y así fortaleció el ánimo del adelantado, para ejecutarla, y al de los que le siguieron para acompañarle, aunque no había esperanza de minas de oro, ni plata para después de conseguida la victoria, y se sabia la dificultad de la empresa.

Viendo los españoles el sosiego de los indios, les pareció estaban ya más afables y de diferente parecer, por haber sabido, tenían ya sujetos a los de Tabasco sus vecinos; aunque no por eso dejaban de estar con toda vigilancia, recelosos por las traiciones pasadas, con que diversas veces los habían asegurado para dar después más a su salvo en ellos. Todo les fue necesario, aunque no suficiente, para que a pocos días, como allí habían llegado, una noche no tuviesen bien conocido peligro. Aguardaron los indios que fuese media noche, y junta la mayor multitud que pudieron, con todo silencio (que no fue poco para su natural de ellos atreverse de noche y callando) fueron, como quien sabia tan bien las veredas y pasos al real, donde estaban sitiados los españoles. Cogieron de improviso a una de las centinelas, a quien luego quitaron la vida, y a las voces de éste, y estruendo, que comenzaron a hacer los indios, despertaron los demás españoles. Recurrieron a sus armas admirados, no tanto del acometimiento, como de que hubiese sido de noche, cosa tan poco acostumbrada entre ellos, y trabóse una peligrosa contienda para los españoles, que como los más no sabían la tierra, y a eso se juntaba la oscuridad de la noche, todo para ellos era confusión. A las tres partes de tierra que tenían, Oriente, Occidente y Sur, oían voces y estruendo de los indios.

Pelearon los españoles con esfuerzo, pero no bastante, a que no muriesen algunos, aunque a costa de muchos de los indios, que rindieron las vidas a manos del valor y armas españolas. Fue aflojando el furor, con que los indios habían acometido, sintiendo los que de ellos morían, y oyendo las voces y gemidos que los heridos daban, pidiendo socorro y ayuda a los sanos, con que comenzaron a desaparecerse. Los españoles, sin noticia aun de la tierra, y como la oportunidad de la hora les era poco favorable, no los siguieron, con que murieron muchos menos de los que perecieran a ser en ocasión diferente. Juntáronse en su real, y aguardaron el día con que recogieron los cuerpos difuntos de los españoles, que fueron pocos, y diéronles sepultura, quedando los vivos más advertidos de la atención, que necesitaban tener en lo restante. En muchos días no parecieron indios con señal de guerra, pero iban faltando a los españoles los bastimentos, porque se los ocultaban, cuanto era posible. La suspensión con que en este tiempo estaban los indios, no era ocio: ocupábanse en hacer llamamiento general, convocar y atraer a si todas aquellas comarcas y sus caciques contra los españoles, que ignoraban el intento, que los indios tenían. La falta de vitualla iban supliendo los españoles con el pescado que cogían, de que son muy abundantes aquellas playas. Sucedió, que en una ocasión dos españoles se alejaron del real, y los indios, que no descuidaban punto de hacerles el daño posible, los hubieron a las manos. Lleváronlos a toda prisa, sin que lo viese español alguno, con que no pudieron librarlos, y los sacrificaron a sus ídolos, comiéndoselos después, como tenían de costumbre, y teniendo (como dice una relación antigua) como por reliquia la pequeña parte, que a cada uno alcanzaba, y el demonio que no se descuida, debió con esta ocasión (según allí se dice) de incitarles el apetito, que saboreado con las carnes de los españoles; no se sació, y mataron muchos de sus muchachos, sacrificándolos a sus ídolos que debió de ser, pidiéndoles victoria contra los españoles, y después se los comieron. Lo que resultó de la convocación de los indios, se dice en el capítulo siguiente.

Capítulo II. Juntan los indios grande ejército y vense en mucho peligro los españoles. Fundan en Champoton una villa, que llamaron San Pedro

En el tiempo, como iba diciendo, que parecía, que los indios de Champoton dejaban descansar a los españoles, estaban haciendo liga y confederación de todos los más caciques de esta tierra que podían atraer a si, porque aunque son de una lengua, no toda ella estaba sujeta a un señor, que entre sí tenían sus guerras, y enemistades heredadas de padres en hijos, como en otra parte se dice; pero ahora se aunaban contra el que juzgaban común enemigo. No fue así como quiera esta Junta, porque asentaron sus cosas debajo de sus juramentos y seguridades, según su costumbre, y mediante ellas fue grande la multitud de indios, que de diversas partes se junten en Champoton. Dio cuidado a los españoles ver tanto bullicio de indios más que los acostumbrados, y conocieron cuan mal lo habían de pasar, si tan excesivo número los acometía, pues no parecía poderse ordenar a otra cosa, y así aguardaban el fin prevenidos. Juntos ya los indios confederados, acometieron con horrible estruendo al real de los españoles. Resistieron valerosamente a los indios, aunque se defendieron con todo esfuerzo; no bastaba a comportar tanta multitud de enemigos, como les había sobrevenido. Peleaban casi con desesperación, y así era grande el número de los indios que morían; pero el coraje con que ellos se habían determinado era tal, que daban por bien empleados mil que faltasen de los suyos, por quitar la vida a un español que tanto aborrecían. Faltaban ya algunos de los nuestros (que cualquiera falta en la ocasión era muy sensible) y conociendo, que permanecer era manifiestamente buscar la muerte y perderse todo; hubo de ceder esta vez el valor a la multitud, y se fueron retirando con buen orden a la playa a valerse de las embarcaciones. Siguiéronlos los indios con gran ímpetu (que parece, aumenta el valor al contrario ver las espaldas al enemigo) y decíanles mil injuriosas afrentas. Entraron el real donde habían estado alojados, y cargaron con las ropas y demás cosas que en él habían quedado, porque la repentina embarcación no cuidó de recogerlo.

Los indios se vistieron las vestiduras de españoles, que hallaron, y con ellos desde la playa daban grita a los españoles, mofando de ellos, y enseñándoselos con escarnio. Muchas veces perderse una victoria no es por falta de valor, que los vencidos tuviesen: ni el retirarse es todas veces cobardía. Atribuían a ella la retirada de nuestros españoles, y vituperábanlos los indios, ¿diciéndoles, qué donde estaba su valentía, que como había huido? Sintieron tanto los nuestros estos baldones, que posponiendo las vidas a la estimación y aprecio de la reputación y fama, prevenidos de todas sus armas, volvieron a salir a tierra, que aunque resistidos de los indios la cobraron. Gran admiración causó a los indios ver, que los que se habían retirado al parecer vencidos; tan presto volviesen con nuevos alientos a hacer rostro a sus vencedores. Mucho debió de hacer desmayar a los indios la valerosa resolución de los nuestros, porque aunque se trabó otra muy reñida contienda entre los dos campos, viendo los indios que acercándose a los españoles perecían muchos de ellos, y que los nuestros fallecían pocos y que a los que de ellos se retiraban no los seguían, fueron poco a poco dejándolos en el sitio que habían recobrado. No era por entonces otra su pretensión de los españoles, pues les bastaba en aquella ocasión que los indios no quedasen con la gloria de haberles hecho perder la tierra; y el cansancio con que se hallaban no les daba lugar a seguirlos, ni aun acertarían a ello, porque aun había indios descansados, como eran tantos. Finalmente, aunque a pesar de los indios, se hubieron de quedar los españoles en el sitio que les ganaron.

Con esta vuelta de los nuestros a tierra, perdieron mucho el ánimo los indios, y no determinándose otra vez a dar batalla, como aquella multitud era de gente allegadiza, aunque son de poco comer; les comenzó a faltar su mantenimiento de que habían hecho poca provisión, presumiendo acabar presto con los españoles Ocasionó esto, que los que no eran de la comarca de Champoton, se volviesen a sus tierras, con que quedaron los españoles más desahogados y con algunas esperanzas de mejoría en la prosecución de su conquista.

Muchos trabajos padecían con estas dilaciones, porque eran pocos para penetrar tierra tan poblada como ésta, hasta que quiso Dios, que viéndolos los indios de Champoton tan perseverantes, que por ningún modo intentaban desamparar la tierra; y que no les hacían mal, sino era provocados; trabaron alguna amistad con los españoles, y esta se fue aumentando con la comunicación que con ellos tenían, hasta tratarse ya como amigos, aunque los nuestros no dejaban de recelarse del natural de los indios. No daban paso adelante por vía de fundación; porque aunque desde allí hacían algunas entradas en la tierra, eran tan mal recibidos de los indios, que les obligaba a volverse a reparar a su real en Champoton, único refugio de sus fatigas. Como estaban en puerto de mar, y ya había noticia de ello, solían llegar algunas fragatas, con que los pobres españoles socorrían algunas de sus necesidades. Tal vez les quedaban compañeros de nuevo, y tal se les iban otros de los antiguos, viendo el poco fruto que se conseguía con la dilación que pasaba. Llegó a término, que se vieron solamente diecinueve españoles en Champoton, y lo conservaron algún tiempo, que no es poco de ponderar, ni razón que deje de escribir los nombres de los que he hallado que fueron Gómez de Castrillo, Juan de Magaña, Juan de Parajas, Juan López de Recalde, Juan de Contreras, Pedro Muñoz, y si hallare los de los otros los escribiré. Estos afirman en sus declaraciones jurídicas, haber estado con ellos en ocasión tan peligrosa don Francisco, el hijo del adelantado, cuya prudencia y buen tratamiento, dicen que los conservó.

Desde Tabasco procuraba el adelantado enviar el socorro, que podía a su hijo; pero inclinábanse pocos a venir por la mala voz que corría de la conquista, y así se valió del adelantado don Pedro de Alvarado. Había salido un capitán suyo, llamado Francisco Gil a la conquista de Tequepan Puchutla, y habiendo mala comodidad de poblar, bajaron al Valle de Tun y río de Tanochil, que me parece es Tenozic, mal pronunciado y entendido entonces de los españoles. Halló este capitán la provincia de Puchutlá con lo restante de guerra, sin quererle dar la obediencia. No se dice en las informaciones que he leído, hubiese guerra con los indios; pero hiciéronsela más a su salvo, huyéndose los indios y alzándoles a los españoles todos los bastimentos, con que perecían de hambre, y pasándolas terribles y muchas desdichas, por haberse escondido los indios, llegaron al río de Tanochil o Tenozic; donde poblaron una villa, a quien llamaron San Pedro, con advertencia que declararon: que si para su conservación y servicio del rey convenía mudarla, se pudiese hacer, sin incurrir mala nota por despoblar aquel sitio. Proseguía en la nueva población la misma necesidad de mantenimientos, por no parecer los indios, y llegó a extremo, que los que traían de servicio de otras partes, se les morían. Parece había ido Juan López de Recalde por su mujer, hijos y criados a Chiapa donde los tenía, y venía con los demás en esta ocasión, y allí se le murió de hambre un hijo pequeñuelo que traía, quedando con el dolor que se puede entender de morir aquel angelito de aquella suerte. Testificó después Francisco de Montejo, sobrino del adelantado, y como ya otra vez he dicho, capitán de la conquista de Yucatán, que él fue desde Champoton a esta villa, donde vio los trabajos y miseria, que allí los españoles padecían, que son los referidos, y los que necesariamente a ellos se siguen.

Certificado don Francisco el hijo del adelantado de la población, que Francisco Gil, capitán del adelantado de Guatemala, había asentado en el río de Tenozic: jurisdicción del gobierno de su padre, que lo era de Yucatán y gobernador de Tabasco, avisado también, que Francisco Gil traía orden de don Pedro de Alvarado, para que pacificado, lo que tocaba a la suya; con la gente que pudiese, pasase a ayudar a los que estaban en Champoton; fue don Francisco a la nueva población y villa de San Pedro, con veinte soldados, y hizo notorio a Francisco Gil, como aquel territorio pertenecía a la conquista de su padre, y le requirió no procediese en nombre, y con autoridad de don Pedro de Alvarado. Francisco Gil y los suyos viendo tan manifiesta la justificación de lo que pedía don Francisco de Montejo, se le entregaron todos como a quien gobernaba en nombre de su padre, y en él tomo la posesión de aquella villa, sin contradicción alguna. Concluido aquello con la concordia referida, se volvió don Francisco de Montejo a hacer compañía a los suyos al puerto y lugar de Champoton, dejando el gobierno de aquella villa y españoles al capitán Francisco Gil. Conservóla algún tiempo, pasando allí los españoles muchas necesidades, hasta que viendo cuan mal lo pasaban, y pareciendo que aquella población no era a propósito para adelante, y que de presente era más acertado juntarse con el hijo del adelantado en Champoton, que así se conservarían unos y otros mejor; resolvieron despoblar aquel sitio, pues se había fundado la villa con condición, que si para la conservación de los pobladores no era conveniente aquel sitio, se pudiese hacer sin incurrir mala nota. Tomado este acuerdo, dio orden el capitán Francisco Gil a Lorenzo de Godoy, que era su maestro de Campo, para que recogidos todos y su bagaje, con buena orden viniesen en demanda de Champoton. Su trabajo les costó la venida, porque la tierra es cenagosa y llena de pantanos, y los indios de por allí no estaban del todo pacíficos; pero en fin llegaron a Champoton y se juntaron con los que allá estaban, que se holgaron viéndose más en número, y quedaron todos sujetos a la obediencia del mismo don Francisco de Montejo, como teniente de gobernador y de capitán general por su padre. Con este nuevo aumento de compañeros, determinaron que su residencia en Champoton fuese por vía de población y convinieron en que la villa de San Pedro, que despoblaron en el río de Tanochil o Tenozic, se poblase en el sitio de Champoton, para que viéndolos los indios ya tan de asiento, se quietasen más y los españoles viviesen también en forma de república. En esta conformidad se eligieron alcaldes, nombraron regidores y demás oficiales, con la misma condición que poblaron en Tanochil. No he hallado razón destos nombramientos, ni quienes fuesen los nombrados, y debió de ser la ocasión, que como fue fundación, como por vía de depósito, y no permaneció ni se hicieron viviendas para perpetuarse, no se cuidó de ello, aunque en las probanzas de los Contreras, Recalde y otros, se hace relación de lo que allí les sucedió, hasta que después pasaron esta villa y la poblaron en Campeche, con título de San Francisco. Cada cosa de estas, que voy refiriendo, sin poder decir el año en que sucedió, aunque el hecho esta contestado en diversas probanzas, confieso que lo siento; pero ya he dicho otras veces, que no tengo la culpa, sino la poca curiosidad de los conquistadores, cuando lo comprobaron, que con la notoriedad del hecho se contentaron quedase la memoria en común de lo sucedido.

Capítulo III. Intentan rebelarse los indios de Champoton, remedianlo los españoles, y quieren otra vez dejar a Yucatán
Habiendo ido don Francisco de Montejo a ver a su padre a Tabasco y darle noticia de como pasaban en Champoton, algunos indios mudaron de intento, queriendo rebelarse contra los españoles; pero como ya muchos los habían cobrado voluntad, dieron aviso de ello al capitán Francisco de Montejo, sobrino del adelantado, a cuyo cargo había quedado aquello en esta sazón. Dióle gran cuidado poder asegurar por rigor, para sosegarlo con las armas, si

fuese necesario, porque eran pocos para ello. Esto, y lo que luego diré, me hace juzgar sucedió algo antes de haber venido el capitán Francisco Gil y los suyos, y hecho todos juntos la forma de población que se dijo en el capítulo antecedente. Consultaron, que modo tendrían para atajar aquel mal, antes que fuese menester llegar a las armas, y los indios tuviesen lugar de más prevenirse, y resolvieron era más acertado ir cogiendo con cautela los caciques del territorio, que se presumía movían los Ánimos de los indios y remitírselos al adelantado, que a la ocasión estaba en Tabasco, para que apartadas las cabezas, los demás se quietasen. Ejecutose, como se había resuelto, y aunque se cogieron algunos caciques y principales, sin alteración de los indios, se ofreció otro inconveniente, que fue no haber quien se quisiese encargar de llevarlos a Tabasco; ya por la aspereza y distancia del camino, ya por el peligro que corrían, habiendo de ir por tierra, porque no había comodidad para ir por la mar, aunque era viaje más a propósito y más fácil.

Ofreciose a llevarlos Juan de Contreras, hijo del capitán Diego de Contreras (de quienes ya se ha hecho mención) y pareciéndole al capitán Francisco de Montejo, que era persona de valor y satisfacción, fió la acción de él, y le entregó los indios. Aseguraronle la salida y algún tanto la distancia del camino, hasta salir de la jurisdicción de Champoton, por si acaso los indios saliesen a quitárselos, y con la mayor brevedad que pudo, llegó con ellos a la villa de la Vitoria, donde el adelantado residía. Recibiólos con señal de enojo; pero considerando prudentemente, que el rigor en aquella ocasión no podía dar buen expediente a lo que se pretendía, y que sería posible que los indios con recelo del castigo se harían más difíciles de reducir sin armas: que los españoles que había en Champoton, eran muy pocos, si los indios se congregaban, como la otra vez hicieron; templó el enojo con los presos. Reprehendiolos con alguna afabilidad, y afeóles el quebrantamiento de la fidelidad y obediencia prometida al rey y a él en su nombre. Dijóles como, aunque podía castigarlos con la pena de muerte que merecían por el delito cometido, no quería para que con la experiencia viesen como los españoles no buscaban su daño, sino vivir con ellos en paz y quietud, siéndoles buenos amigos. Después los regaló y aun dio algunas cosillas de Castilla de las que tenía, diligencia que del todo sosegó los corazones y ánimos de aquellos caciques. Hizo de ellos, como suele decirse, del ladrón fiel, y volviólos a enviar a Champoton, con que agradecidos (aunque

al parecer bárbaros) ellos eran quienes quietaba a los indios, si algún desabrimiento se les ofrecía con los españoles.
Pasados algunos días, habiendo hecho la nueva población de Champoton, tuvieron noticia de que los indios que vivían el río arriba algo dentro de tierra, andaban alterados, y temiendo no alborotasen a estotros, envió don Francisco al Maestro de Campo de Francisco Gil, que ya se ha dicho, se llamaba Lorenzo de Godoy, con dieciocho españoles para que lo reconociese, si era como se decía. Yendo río arriba, dieron con más de ochenta canoas de indios de guerra, con quien fue forzoso pelear, porque no solo les impedían el paso, viéndolos tan pocos, pero aun los acometieron con grande gritería. Pasaron nuestros españoles, aunque con peligro, y cogieron tierra cerca de unas albarradas, que los indios prevenidos tenían hechas para su defensa. Estaban de la parte de tierra muchos indios para resistir la entrada, que vistos por los nuestros, trataron de volver a dar cuenta de lo que pasaba. Los indios, que a la ida hallaron, que se habían juntado con otros en más canoas, los aguardaron a una vuelta del río, y dieron en ellos tal carga de flechas y varas, que los obligó a retirarse de entre aquella multitud, y salieron, que no lo tuvieron a dicha pequeña. Vencido este peligro, llegaron a Champoton o villa de San Pedro; mandó prevenir la más gente de a pié y todos los caballos que había, y quedando con algunos en guarda de la villa, envió a los otros el hijo del adelantado, dándoles por capitán a su primo Francisco de Montejo, para que reprimiesen el orgullo de aquellos indios. Fueron adonde los compañeros decían haber sucedido lo referido, y hallaron a los indios puestos en resistencia con albarradas y otros fuertes que tenían hechos para defenderse, pero valióles poco su prevención toda. Rogáronles con la paz, y no valieron amonestaciones, ni requerimientos, y así se hubo de remitir a las armas. Resistieron algún tanto los indios; pero matándoles los españoles algunos y ganadas las fuerzas y albarradas; unos comenzaron a flaquear, los más huyeron y otros quedaron presos, con que aquel territorio se sujetó, y con los prisioneros volvieron a Champoton los nuestros, con costa de algunas heridas que sacaron, aunque ninguno de ellos peligró, a Dios las gracias.
No hay duda, sino que el adelantado fue desgraciadísimo en esta conquista, porque como para venir de España con la gente que trajo a la primera entrada, gastó tanta suma de hacienda, que hasta su mayorazgo vendió como se ha

dicho; con que ya por estos tiempos estaba muy gastado, no podía acudir con tanto socorro como era necesario, a los que en esta tierra estaban. La fama de las riquezas del Perú volaba: la de la pobreza de esta tierra era ya notoria, sin minas ni otros provechos, de que en las demás gozaban los españoles después de los trabajos. Aficionaba poco esto a los que de fuera pudieran venir a ayudarle; a los que estaban en Champoton desazonaba mucho, que no lo pasaban bien y que no daban paso adelante ganando tierra, con que procuraban ausentarse todos los que podían, unos huyéndose en canoas, otros por tierra, como más bien se les ofrecía la ocasión para ello. Hubo de ir el hijo del adelantado a ver a su padre, para tratar de mejorar el estado de las cosas, y dejó el cuidado de todo al capitán Francisco de Montejo su primo. Este reconocía el peligro en que estaba, yéndosele la gente, que era su perdición manifiesta, y el que había si se perdiese una vez aquel puerto, habiéndose experimentado lo que les costó verse señores dél, y así señaló algunos los más confidentes y aficionados a la perseverancia para que sosegasen y recogiesen a los que pareciese querían irse, y hallasen que de hecho se iban. Uno de los que con singular asistencia cuidaron de esto, fue Juan de Contreras, que en no pareciendo alguno, le buscaba y traía a la presencia de los compañeros, diligencia que ocasionó perseverancia en algunos, viendo que otros que habían intentado fuga; con el cuidado que había, eran vueltos al real, y tenían empacho de verse entre sus compañeros, a quienes habían querido dejar en la necesidad más apretada.

No fueron diligencias bastantes, cuantas hacia el capitán Francisco de Montejo, para que los que estaban en la villa de San Pedro de Champoton, viendo cuan a lo largo iba el mejorar partido, que la tardanza del socorro iba muy prolongada y que ya había casi tres años estaban allí sin poder pasar adelante, desesperados ya, no tratasen de despoblar la villa y irse cada uno por donde su ventura le deparase, pues ya no podían conservar la tierra ni permanecer en tanta necesidad como se hallaban. Comunicáronlo con el capitán que los animó a la perseverancia cuanto pudo; pero su determinación llegó a tanto, que los más tenían ya hecho su matalotaje y dispuesto su avio para el camino. Los alcaldes renunciaron las varas para poder irse con más libertad, y los regidores hicieron también renunciación de sus oficios, y todos tenían puesto su fardaje para embarcarse, y solo se trataba de desamparar esta tierra y su conquista.

Tomaron mejor acuerdo, capitán, alcaldes y regidores, que juntos a consejo determinaron no ejecutar tan intempestivamente aquel intento, sino dar noticia dél al adelantado para justificarle más, aunque sabia bien los trabajos que allí pasaban y quedar con menos peligro de la mala opinión en que podían tenerlos con tan grave resolución. Parece estaba a la sazón el adelantado en Tabasco, aunque juzgo (por la instrucción, que poco tiempo después dio a su hijo y se pone en el capítulo siguiente) que ya gobernaba la Ciudad Real de Chiapa de españoles, y allá determinaron avisarle de lo que pasaba. Hubo de ir el capitán Juan de Contreras con los despachos, y esta nueva, y dióla al adelantado con larga relación de la última desesperación en que quedaban los de la villa de San Pedro de Champoton. No dio pequeño cuidado al adelantado la resolución de los suyos, por los grandes gastos, que en la prosecución de la pacificación de este reino tenía hechos, y si los españoles que en él estaban, le volvían a desamparar, casi quedara imposibilitado de poder conseguirla. Con el cuidado de ella, tenía cuando llegó la nueva Juntos algunos españoles, para que viniesen a Champoton a ayudar a los demás que allí estaban, y con este peligro a la vista, con dádivas y promesas agregó a aquellos los más que pudo. Mientras podrían llegar, despachó a Alonso Rosado, que era uno de los que estaban para venir a que diese noticia a los de Champoton del nuevo y presto socorro que ya les iba, y que con toda seguridad podían esperar. Llegó Alonso Rosado y dio la nueva, con que se consolaron y detuvieron (porque no hay duda sentirían perder tanto como allí habían padecido) y con toda diligencia quedó el adelantado previniendo el despacho, y concluido lo más que pudo, envió a Juan de Contreras por delante a decir como ya salía.

Por algunos escritos parece poderse entender vino personalmente el adelantado en esta ocasión a Champoton con los españoles, que de allá vinieron. Haya venido o no (que no hallo suficiente claridad para afirmarlo) ellos llegaron, trayendo alguna provisión de bastimento, ropa y armas con que los que allí estaban se reforzaron y concibieron nueva esperanza de poder pasar adelante con la pacificación de Yucatán, y no se despoblaron como querían. Paréceme también ayudó haber ido don Francisco el hijo del adelantado a la Nueva España a juntar más soldados, porque en las probanzas del capitán

Gaspar Pacheco y Melchor Pacheco su hijo, testificó después el mismo don Francisco, que habiendo ido él a la Nueva España a hacer gente para pacificar estas provincias, cuando bajó a ellas, quedaba el capitán Gaspar Pacheco en la villa de San Ildefonso, que él como capitán y cabo de los españoles que allí se hallaron, había conquistado y poblado en la Nueva España en la provincia de los Zapotecas y indios Miges (de que también hace mención Herrera en su Historia general) y como supo que don Francisco bajaba a esta tierra; después de ya llegado a ella, luego vino con veinte hombres de a caballo que trajo a su costa, y le alcanzó en Campeche al comenzarse la conquista, y de allí a tres meses vino su hijo Melchor Pacheco, que también sirvió en ella, con que parece haber estado el hijo del adelantado en la Nueva España juntando la gente para Yucatán, por fines del año de 39, cuando sucedía en Champoton lo referido, según la cuenta que más cierta he podido ajustar.

Capítulo IV. Sustituye el adelantado la conquista en su hijo, y refiérese la instrucción que le dio, para hacerla

Ya parece se les abre la puerta a mejor fortuna a los españoles que estaban en Yucatán, que sin duda los que perseveraron con el adelantado de los que con él vinieron de España, merecen nombre de verdaderamente constantes, pues a tantos trabajos no cedieron. Dolíase el adelantado de la pérdida común suya y de ellos; y así dice una relación antigua, que viendo la mala fortuna con que proseguía lo que tanto le costaba, y satisfecho del valor de su hijo don Francisco, determinó poner en sus manos la pacificación de Yucatán, y que totalmente corriese por su cuenta. Estaba gobernando el año de 1540 la Ciudad Real de Chiapa de españoles, y desde allí le envió a llamar a Champoton, donde parece había llevado la gente que trajo de Nueva España, con que ya estaba engrosado el número de los españoles para poder acometer alguna cosa de importancia. Fue don Francisco a Chiapa a verse con su padre, donde le sustituyó los poderes que del rey tenía, para pacificar estos indios y poblar a Yucatán de españoles, y fue esto con tanta presteza, que en un mes ya estaba de vuelta en Champoton con todos los recaudos necesarios, para disponer por su arbitrio la conquista. Con todo eso le dio su padre una instrucción de como había de portarse, que me ha parecido justo referir a la letra, para crédito suyo y reputación de los demás, que como ya referí, notaron de tan crueles. La instrucción es como se sigue.

INSTRUCCIÓN.

«Lo que vos don Francisco de Montejo mi hijo habéis de hacer para la conquista y pacificación de Yucatán y Cozumel, que en nombre de su majestad y en mi lugar por el poder que tengo de su majestad para ello, vos doy y vais a pacificar y poblar: es lo siguiente.»

«Primeramente habéis de trabajar, que la gente, que con vos fuere, vivan y estén como verdaderos cristianos, apartándolos de vicios y pecados públicos: y no les consistiendo maldecir a Dios, ni a su bendita madre, ni a sus santos, ni otras blasfemias contra nuestro señor. Y sobre esto habéis de estar advertido de lo castigar y no disimular cosa de lo que acaeciere en este caso.»

«Llegado que seáis a la villa de San Pedro, que está depositada en el pueblo de Champoton, presentareis vuestra provisión y recibido en cabildo; informaros eis, así de españoles, como de los naturales del pueblo de Champoton, si se les ha hecho algún agravio y se les ha tomado algunos indios esclavos contra su voluntad y hacerlos eis volver con todo lo demás que se les ha tomado. Y hacelles eis entender, que por la buena obra que han hecho en tener dos años y medio los cristianos y dádoles de comer, y lo que han habido menester y han de ser muy favorecidos y relevados de todo trabajo.»

«Y juntando toda la gente os saldréis del dicho pueblo, dejando los indios muy contentos y sosegados, y llevando con vos algunos principales hasta el pueblo de Campeche. Y allí hablareis a los principales del pueblo y hacelles eis entender, como vais a poblar aquella tierra y en nombre de su majestad y mío, y administrallos en las cosas de nuestra santa fe. Y a los que no quisieren venir a conocimiento de Dios y obediencia de su majestad habéis de castigar. Y a los que vinieren en ello, que han de ser muy favorecidos y amparados, y tenidos en justicia. Y hecho tomareis algunos principales del dicho pueblo: dos principales del pueblo de Champoton y los demás dejallos eis volver y entrar a la provincia de Acanul (Ah Canul), llevando muy gran recado en la gente que lleváredes no hagan daño, ni mal tratamiento a los indios de la dicha provincia, pues que todos aquellos están de paz, y siempre han deseado, que los españoles fuesen a poblar aquellas provincias.»

«Y en esta provincia procurareis por haber un señor, que se dice Uva Chancan (Ul Uac Chan), que ha sido siempre amigo de los cristianos y el que más ha ayudado en tiempos de la guerra. Y venido a do vos estuviéredes, sea muy bien recibido, agradeciéndole su voluntad y buenas obras que ha hecho, y trabajad de tenerle con vos y delante dél hablad a todos los principales de la provincia a lo que vais, y ellos os avisarán, si su provincia quisiere guerra. Y si la hubiere, con maña enviarles eis a llamar, haciéndoles entender que si vinieren de paz, los recibiréis en nombre de su majestad y mío, y que serán muy bien tratados y recibidos y favorecidos. Y que sino vinieren, enviarles eis a hacer los requerimientos que su majestad manda, y no queriendo, dalles eis la guerra con más sin perjuicio y daño de los españoles y de los naturales que se pudiere: conformándoos con lo que su majestad manda.»

«Y llegados al pueblo de Tihoó, que es la provincia de Quepéche (Ah Ceh Pech), asentareis allí el cabildo y regimiento de la dicha villa o ciudad, y si os pareciere, que la comarca es tal, que lo sufra. Y de allí trabajareis de traer toda la tierra de paz. Y si algunos no quisieren venir, darles eis guerra conforme que su majestad manda.»

«Y después que tengáis pacificadas las provincias que han de servir a esta dicha ciudad, que son las sujetas a la provincia de Acanul (Ah Canul), la provincia de Chacan (Ah Chakan), la provincia de Quepéche (Ah Ceh Pech), la provincia de Kin Chel (Ah Kin Chel), la provincia de Cocolá, la provincia de Tutul Xiu, y la provincia de los Kupúles (Ah Cupul), que son las provincias mayores de toda la tierra. Y aunque algunas provincias otras vengan de paz, no las repartiréis, más de que sirvan, hasta que haya lugar en el puerto de Conil de encomendarlos, y no por vía de posesión de esta ciudad.»

«Habéis de hacer el repartimiento de a cien vecinos y no menos; porque las provincias son grandes y los indios muchos: es menester vecinos, que los resistan y sojuzguen, y ha de ser esta la principal ciudad de todas. Y demás de los repartimientos que hiciéredes y del repartimiento que yo he tomado para mi, dejareis algunos pueblos sin repartillos, para personas que convengan al servicio de su majestad, porque así se suele hacer en todos los repartimientos que se hacen en tierras nuevas.»

«Y lo que conquistáredes y pacificáredes de todas las provincias de suso declaradas; haréis hacer visitación general, y fecha, y sabido la cantidad de pueblos y casas de ellos; particularmente de cada pueblo, haréis deposito en los españoles vecinos, que os pareciere, conforme a la calidad y servicios de cada uno. Y en nombre de su majestad darles eis las cédulas de repartimiento y encomienda de los indios y pueblos que así les encomendáredes, conforme a lo que su majestad manda, sin tocar en los que yo he tomado para mí, y en los pueblos que os pareciere, que es bien que queden como dicho es.»

«Y después de fecho todo lo susodicho, trabajareis, que todos hagan sus casas y granjerías y labranzas, y vos el primero, para que todos tomen ejemplo de vos. Y trabajareis, que los indios sean muy bien tratados o doctrinados, y vengan al conocimiento de nuestra santa fe católica y servidumbre de su majestad, y con los buenos tratamientos que les hicieren, pierdan las malas costumbres y erróneas que tienen y han tenido.»

«Asimismo habéis de trabajar de abrir todos los caminos, así para Campeche, como para la mar derecho a la costa del Norte, como a los pueblos principales, y en todo pondréis la diligencia y cuidado que fuere posible, porque yo vos confío. Y en todo porque sé, que sois persona que lo sabréis bien hacer, poniendo a Dios nuestro señor delante, y el servicio de su majestad o bien de la tierra y la ejecución de la justicia, de lo cual todo os mandé dar y di, está firmada de mi nombre. Fecha en Ciudad Real de Chiapa, de 1540 años.»

«Otrosí, que los pueblos, que yo tengo encomendados en mi en nombre de su majestad: vos de nuevo en el dicho repartimiento que hiciéredes. Me los encomendéis y depositéis, y mi repartimiento que es en la provincia de Tutul Xiu, con todo lo a ella sujeto, y el pueblo de Techaque, con todo lo a él sujeto, y el pueblo de Campeche, con todo lo a él sujeto, y el pueblo de Champoton, con todo lo a él sujeto. Fecho ut suprá. El adelantado don Francisco de Montejo. Por mandado de su señoría Hernando de Esquivel, escribano de su majestad.»

Por esta instrucción bien claro consta, que si algunos desórdenes hubo en el tiempo, que los españoles tuvieron guerra con estos indios en los años antecedentes, y en los que se irán diciendo; no fue por falta de atención en el adelantado, pues tantas veces le repite a su hijo la tenga a las órdenes reales para el buen tratamiento de los indios. Haber en las guerras muertes, latrocinios, estrupos, raptos, y otras innumerables desdichas, que de ellas se ocasionan; no vio la primera luz en la conquista de este nuevo mundo. Cosecha es, que de suyo traen las guerras. Con ellas nacieron y con ellas (como accidente inseparable del sujeto) vemos, que permanecen, y para desdicha del linaje humano perseveran. Porque el ánimo marcial a vista de lo que reputa por agravio, con la cólera irritada, con los desabrimientos, que el nombre de enemigos engendra; parece que de suyo se trae, prorrumpir en semejantes afectos. Haya para la ejecución la ocasión en la mano, y así las ejecuciones de los afectos salen, como originados de tales principios. No quiero desviarme más de la narración, solo digo, que aun no está acabada la obstinación de los indios en no querer sujetarse. Guerras faltan aun con ellos, si bien con mejor fortuna de los españoles, que en las precedentes.

Recibidos, pues, los poderes, esta instrucción, y todo lo demás necesario; volvió don Francisco a Champoton, con la presteza que se ha dicho, y voló la nueva de que la pacificación de Yucatán corría ya por su cuenta. Con ella se alentaron a venir unos de Nueva España, y otros de Chiapa, donde el adelantado también con su autoridad, dádivas y promesas atraía muchos, y don Francisco su hijo gastó para este fin lo que tenía, no solo ahora, pero antecedentemente, y después, porque aunque era persona de valor y mancebo, era prudente y liberal, repartiendo lo que tenía con los conquistadores, como ellos mismos después afirmaron, por una carta, que el cabildo de la ciudad de Mérida, recién fundada, escribió al rey, y así con voluntad le asistían, y en su compañía toleraban los trabajos. Por un decreto, que en el libro de la fundación de la ciudad de Mérida hay, parece habérsele dado en la Nueva España a don Francisco, socorro de indios mexicanos, para ayuda de la conquista, porque acá se les señaló parte, donde hubiesen de vivir, y aun en otro se trata del modo de tributo que habían de dar, que quedó muy moderado.

Capítulo V. Salen los españoles de Chanpoton, y la que les sucedió, y como poblaron la villa de Campeche

Como ya estaba la pacificación de Yucatán por cuenta de la solicitud de don Francisco, puso todo conato en dar principio a ella, y como se dice en una relación antigua, se determinó con resuelta voluntad a entrar en la conquista. Los indios, como conocieron las veras con que trataban ya el negocio, se acedaron, viendo tiraba aquello a la permanencia de los españoles contra su voluntad. Muchas veces se disimulan cosas por parecer poco durables, y que ellas se solicitan su fin, y pudo ser, que los indios que eran tenidos por amigos, lo fuesen fingidos, entendiendo no permaneciesen por lo poco que en tantos años habían granjeado, y así no halló aun a los que su padre decía en la instrucción, tan afectos como se imaginaba. Parece haber esto sido así, porque saliendo de Champoton para Campeche, dio no muy lejos con un gran número de indios, que formaban un batallón. Procuraron resistir el pasaje, pero no pudieron, porque los desbarataron los españoles, y se acercaron algo a Campeche. allí asentaron real, por no volver pié atrás de lo comenzado; pero los indios sintiendo haber sido desbaratados de los nuestros, desde entonces se fortificaron más, de suerte, que dice aquella relación, que no se dio paso adelante, sin hallar nuevas albarradas y defensas, que en lo restante se ganaron con muertes de algunos conquistadores, heridas de los más de ellos, en que morían tantos indios, que a veces les servían de reparo, y impedimento a los españoles, que habían de pasar por encima de los cuerpos muertos para pelear con los vivos, y hubo día de tres batallas con ellos, con que los nuestros a veces se hallaban fatigadísimos. Así se dice en aquella relación.

Reconocida, pues, que la resistencia que habían de hallar en los indios de allí adelante; se determinó, que antes que el ejército marchase, fuesen cuatro soldados, personas de valor, que reconociesen el estado en que los indios los aguardaban. Entre ellos he hallado en sus probanzas, que Alonso Rosado fue uno de los asignados. Fue necesaria la prevención, porque llegando a descubrir el pueblo, que llaman Cihoo (que se dice estar en la provincia de Telchac) hallaron a los indios fortificados y prevenidos, no solo para defenderse, sino también para ofender a los españoles. Volvieron los corredores de campo al real, y dieron noticia, como los indios estaban de guerra. Cauteló esto los ánimos de los españoles, para ir con mejor disposición a la entrada, y que la confianza de su valor no fuese ocasión de algún desacierto, como suele suceder. Levantaron el real, y fueron para allá, y llegando a vista del pueblo de Cihoo, conocieron estar sus moradores de guerra, porque ellos y sus comarcanos con vigilancia le guardaban. Tenían hecha una fuerte trinchera (que los nuestros llamaban albarrada) de maderas fuertísimas, tierra y piedra, con que defender la entrada por donde venían, siendo lo restante monte cerrado, cuya aspereza le guardaba Dispusieron su escuadrón los españoles en la mejor forma que el sitio dio lugar, y acercándoseles, fue forzoso con las armas abrir paso a la entrada, que con osadía y obstinación negaban los indios, con que se trabó una reñida contienda, matando luego en ella un español, que se acercó a la trinchera. Aventuró su vida entre aquella multitud, que la defendía Alonso Rosado, que fue el primero que la acometió, y entró: blanco a que la indignación de los indios hizo tiro común de sus flechas y armas arrojadizas que le tiraban. Socorrióle el séquito de los compañeros, que se hallaron muy cercanos, que a su ejemplo la entraron, y con su ayuda redimieron la vida de Alonso Rosado, que ya peligraba, porque le habían pasado un muslo con una flecha, que le atormentaba, sin cesar de pelear. Con la entrada de los españoles en la trinchera, y daño que sus armas hacían a los indios, comenzaron a aflojar, y conociéndolo, porque no peleaban con el coraje que al principio, fueron apretándolos con más veras y presteza, de suerte, que después de algún rato se desbarataron los indios, y ganada la fuerza, fueron vencidos, desamparando el pueblo. Señoreáronse dél los españoles, y allí hallaron bastimento con que poder comer y descansar algunos días. No murió más que el español referido, y quedaron heridos otros nueve o diez, feliz principio para una empresa tan ardua como la que acometían. Curáronse los heridos, y con algunos indios prisioneros, se trató de reducir di los huidos, que con promesa de perdón de lo pasado, y de buen tratamiento para adelante, tomaron mejor acuerdo; vinieron a pedir el perdón, que se les concedió, aunque afeándoles su obstinación y dureza, pero con templanza: para que conociesen no buscaban su perdición, y se hiciesen más familiares al trato de los españoles. Testifica Francisco de Montejo, uno de los capitanes que se hallaron presentes, que se debió mucha parte del vencimiento de este día al valor con que Alonso Rosado acometió la fuerza que los indios tenían para defenderse, y la perseverancia con que peleó herido, hasta que fueron desbaratados. Hoy es encomendera de este mismo pueblo una señora biznieta suya, que logra el premio de aquel trabajo. Del pueblo de Cihoo, prosiguieron su viaje al de Campeche, y no he hallado tuviesen encuentro alguno con los indios, ni razón de si en este pueblo los recibieron de paz, o que les pasó con ellos. Digo otra vez, como en otra parte dije, que será posible algún día pese a los interesados, rogando he estado a todos me den los escritos de sus ascendientes, a muchos no se les ha dado más, que si no importara su gloria el quedar aquí escritos, de que yo no tengo omisión voluntaria, como ni en decir lo poco que diré de la fundación de esta villa. A toda ella pongo por testigo, como fui este año de 1655 personalmente, para haber de sacar esto en limpio del borrador, y poder escribir su fundación, como la de la ciudad de Mérida y la de la villa de Valladolid, porque aunque lo había solicitado por muchas encomiendas, no tenía razón de ella, y sin más de la que fui, me hube de volver, porque ni aun los papeles antiguos de los archivos para que yo los trabajase y mirase, no se me dieron. Y así digo solamente, que por el auto defundación de la ciudad de Mérida consta, que allí se fundó una villa con nombre de San Francisco de Campeche, y fue el año de 540, o el de 41, y tengo por más cierto el de cuarenta, pues fue lo primero que poblaron en saliendo de Champotón, y allí se dice, como su iglesia se edificó con titular de nuestra señora de la Concepción. Por este auto y por la instrucción del adelantado dada a su hijo, consta claramente haber errado el bachiller Valencia en su relación, diciendo, que el año de 39 estaba ya poblada esta villa.

Asentadas las cosas de ella, como el tiempo dio lugar, siguiendo don Francisco de Montejo la instrucción que su padre le había dado, determinó bajar al sitio y población de la provincia de Quepéche (Ah Ceh Pech) y fundar en Tihoo la ciudad de Mérida, como le era ordenado. No pudo salir personalmente luego, como quisiera: pero conociendo, que cualquiera dilación era dañosa, despachó por delante al capitán Francisco de Montejo su primo, con cincuenta y siete o cincuenta y nueve españoles (que esta poca diferencia he hallado en las informaciones que he leído) y él se quedó en Campeche a recoger los soldados, que cada día venían, ya remitidos de su padre, con la nueva de como se iba mejorando la conquista. Salieron estos pocos españoles para Tihoo, y en gran número de probanzas que he leído para escribir esto, hallo uniforme correspondencia en la relación que hacen de los muchos peligros de la vida, que tuvieron en el viaje, por el corto número que eran, por la multitud de indios entre quien se metieron, ya conocidos por belicosos: por las celadas que les armaban, albarradas muy fuertes que a cada paso hallaban, y otros fuertes con que los impedían. Cegaban los indios los pozos y aguadas, que no era el menor daño, porque como no hay ríos, ni fuentes en todo lo de acá dentro, con la sed pereciesen. Por donde habían de pasar, alzaban los bastimentos; ¿qué mayor guerra, que sed y hambre, cuando no hubiera otra? Llegaron a echar por los caminos (que los más parecen callejones cerrados de monte espeso a los lados) cuerpos de hombres, y animales muertos, y hasta ensuciarlas con cuantos excrementos de animales podían juntar, tanto suyos, cuanto de bestias, todo a fin de fatigarlos y infestarlos con aires inficionados. Todos estos trabajos iban tolerando en su viaje: ponderación parece, pero no lo es cierto, que no me atreviera a escribirlo así, a no haberlos visto en tantas partes repetidos, que juntos con los calores de la tierra serían más sensibles, que en otras regiones templadas.

Aunque en la instrucción dice el adelantado, que Na Chancan (Ah Na Chan Can), señor de la provincia de Acanul (Ah Canul), había sido amigo de los españoles; en esta ocasión llegando a ella, o no se atrevió por temor de los indios, o ya había mudado de voluntad, porque hallaron alzados los bastimentos, como en lo antecedente, aunque no he leído hubiese guerra en el paraje con los indios, que sin hacerles otro daño, que en el referido, dejaban pasar a los españoles. Llegaron a un pueblo, llamado Pokboc, en jurisdicción de Acanul (Ah Canul), habiendo asentado allí real, y fortificádole algún tanto para descansar, una noche se pegó fuego al real. Como los indios eran conocidamente belicosos, y experimentaban los castellanos lo mal que llevaban su compañía: atribuyeron aquel accidente a hostilidad originada de su pertinacia, y recurrieron todos a las armas, temiendo agresión de los indios tras el incendio, cuidando menos del que de esotro. Atendían a todas partes con el silencio de la noche, para ver por donde eran acometidos, pero por ninguna oían rumor de indios, que contra ellos viniese. Pasado algún rato y certificados, que no había enemigos, cuando quisieron apagar el incendio, ya se había abrasado casi todo cuanto tenían. Halláronse sin ropa que mudar, y sin bastimentos que comer, que fue más bellaca burla, y así al siguiente los hubieron de buscar con violencia, y las armas, porque de otra suerte no se la daban los indios. Dio noticia de este desmán el capitán a su primo, que quedaba en Campeche, y no he hallado quien llevó la nueva. Prosiguieron su viaje al oriente a la provincia de Quepéch (Ah Ceh Pech) (aunque viniendo de Campeche tuerce al nordeste) donde está el sitio de Tihoo, en que habían de poblar la ciudad de Mérida, y a él llegaron el año de 40, y no el de 39, como dice Valencia en su relación, de que ya he dado razón, y fuera causar referirla en cada parte. Aunque en ella pondría el autor toda solicitud, como cosa en que se daba noticia a su majestad de la tierra en que nació; la averiguación era difícil: el tiempo que gastó en ello (que me acuerdo muy bien, por estar yo leyendo entonces teología en la ciudad de Mérida) fue corto, y sobre todo no poder haber tenido los escritos, que después (por ventura) yo alcancé. Cuando llegaba haber de escribir la fundación de la ciudad, pedí por petición al cabildo de ella, se me diese del archivo razón cierta de cuando fue, y otras particularidades que pedí. La respuesta fue agradecerme el cuidado, pero diciendo, que el archivo estaba muy disipado, y que no había en el libro de la fundación. Sentílo tanto, que estuve resuelto a no proseguir la Historia, pues no podía dar razón de ella, siendo la cabeza de este reino, y así había cesado. Tenía en su poder un caballero de la ciudad, un traslado auténtico de aquel libro sacado el año de 1578, por mandado del cabildo, que a la sazón era, y signado de su escribano y por voluntad especial que me tenía, me lo fijó; pero con palabra de que se le había de volver. Confieso que me alegré, por poder proseguir con certidumbre, y singularidad sus cosas, y ocupar bien el tiempo, que ya iba en los últimos años de mi lección, y también después darle sin disgusto de quien me le dio al cabildo de la ciudad, que le puso en su archivo, como hoy le tiene, y al principio de él está copiada la instrucción del adelantado, que queda referida, con que vuelvo a la narración de los sucesos.

Capítulo VI. Asientan real los españoles en Tihoo, vencen una batalla. Viene de paz el señor de Maní, y cómo mataron los de Zotuta a sus embajadores
Llegados a Tihoo los españoles, asentaron su real para más seguridad en un cerro de los muchos que había allí hechos a mano, y era el mayor que estaba en la cuadra, que hoy hace frente a la santa catedral, y de que hoy hay señales dentro en las casas. A pocos días que allí estaban envió don Francisco de Montejo otros cuarenta españoles, y estando ya juntos; leí testificado, y comprobado en la probanza de Hernando Muñoz Zapata, que llegaron algunos indios amigos, y les dijeron: «Que hacéis españoles, como estáis así, que vienen contra vosotros más indios, que tiene pelos un cuero de venado». Muchos debían de ser, pues usaron de este modo de hablar para significárselos. Los españoles, como era la primera ocasión, quisieron dar a entender, que no temían su multitud, y resolvieron ser agresores, yéndolos a buscar. Dejó el capitán Francisco de Montejo guarda en el real, y sabiendo que estaban al oriente los indios, fue en busca suya, y en un sitio cinco leguas de Tihoo (porque juzgo era Tixpeual, o Tixkokob, pueblos que están a la distancia dicha, y al

oriente) descubrieron a los indios bien fortificados. En viendo a los nuestros levantaron gran grita, haciendo ademanes, y visajes; pero los españoles hicieron alto para repararse del cansancio. Alineado ya acometieron a los indios, que al principio defendieron sus albarradas con osadía, pero ganáronselas los españoles con muertes de no pocos indios, y con la pérdida de ellas perdieron el ánimo, y se pusieron en fuga. Quedaron los españoles señores del campo, y no quisieron seguir el alcance, pareciéndoles bastante lo sucedido para haber amedrentado a las indios; pero engañáronse como se vio después. Habida esta victoria, se volvieron al real muy contentos, dando gracias a Dios por tan buen principio.

Mientras esto sucedía, solicitó don Francisco el capitán general con toda presteza bajar de Campeche con todo el resto para poblar la ciudad de Mérida, como le era ordenado. Dejó a Beltrán de Zetina por capitán, y justicia mayor de Campeche, con que así por esto, como por estar enfermo de asma, no bajó a lo restante de la conquista, como quería; pero dio un soldado de a caballo proveído de armas a su costa, para que en lugar suyo sirviese. Junto ya el ejército, padecía necesidad de bastimentos, porque les acudían mal los indios, poco gustosos con su venida. Un día los españoles que andaban de posta vinieron al general, diciendo habían descubierto gran gentío de indios, al parecer de guerra, que traían su camino para donde ellos estaban. Desde el cerro descubrieron la multitud, y entre ellos un indio, que traían en hombros sentado en unas andas. Teniendo por cierta la guerra, la primera diligencia fue, encomendarse a Dios, pidiéndole su ayuda, y adorando una santa cruz, que el capellán Francisco Hernández puso patente a todos, prevenir las armas para la pelea. Llegando los indios cerca del cerro, se bajó al suelo el que venía en las andas, y acercándose más, arrojó el arco, y flechas, y levantando las manos juntas, hizo señal que venía de paz. Luego todos los indios pusieron sus arcos y flechas en el suelo, y tocando los dedos con la tierra, los besaron después, dando a entender lo mismo.

El indio que se bajó de las andas, comenzó a subir la pequeña falda del cerro, y viéndole don Francisco, salió algún tanto a recibirle, le hizo el indio una gran humillación al juntarse, y fue recibido con amoroso aspecto, y cogiéndole el general por la mano, le llevó a su estancia, donde residía. Era este el mayor señor de los que había en esta tierra, llamado Tutul Xiu, descendiente de los que fueron reyes de toda ella, como se dice en otro lugar, y dominaba las comarcas de Maní, y sus sujetos. Vino voluntariamente a dar la obediencia y a ofrecerse a si, y a los suyos, para pacificar a los restantes, y trajo un gran presente de pavos, y pavas (que son las gallinas de la tierra) frutas y bastimento, con que se recrearon los españoles, pero mucho más (ya se ve) con tener por amigo un señor tan grande. Dijo Tutul Xiu, que movido del valor, y perseverancia de los españoles, había venido a ser su amigo, y que tenía deseo de ser cristiano, y así pidió al general se hiciesen algunas ceremonias cristianas para verlas. Hízose una solemnísima adoración a la santa cruz, y atento Tutul Xiu, iba imitando cuanto hacían los españoles, hasta llegar a besarla arrodillado con muchas muestras de alegría. Grande fue la que tuvieron los españoles, viendo lo que pasaba, y acabada la adoración, notaron, como aquel feliz día para ellos era el del glorioso san Ildefonso arzobispo de Toledo, a 23 de enero, del año de 1541, y entonces lo eligieron por su patrón, aunque después se les olvidó, y sucedió lo que adelante se dice. Acompañado vino Tutul Xiu de otros caciques vasallos suyos, cuyos nombres halle en una relación escrita de indio, que son los siguientes.

Ah Ná Poot Xiu (Ah Na Poot Xiu), hijo de Tutul Xiu, Ah Ziyah gobernador sacerdote, Ah Kin Chi (Ah Kin Chi): estos se dice, que eran tenientes de Tutul Xiu en la cabecera de Maní. Yi Ban Can (Yiban Caan), gobernador del pueblo de Tekit, Pacáb (Pacab), gobernador del de Oxcutzcab, Kan Caba (Kancaba) del de Panabchen, que hoy está despoblado, Kupul (Kupul) de Zacalum, Navat de Teab, Uluac, Chan Cauich (Ul Uac Chan Cauich), no se dice de donde, Zon Ceh (Dzon Ceh) de Pencuyut, Ahau Tuyu (Ahau Tuyu) de Múna, Xul Cumche (Xul Kum Chan) de Tipilkál, Tucoch (Tucuch) de Máma, Zit Couat de Chumayel (Cit Couat Chumayel). Estuvo Tutul Xiu con los españoles sesenta días, y despidiéndose de ellos prometió enviar sus embajadores a solicitar a los otros señores, aunque no eran sus vasallos, para que diesen la obediencia, y dejándoles gran provisión de bastimentos se fue a Maní, cabeza, como se dijo de su señorío. Quedaron los españoles con increíble gozo de ver lo sucedido, cuando menos lo esperaban, y que en fe de su verdad les dejaba también indios, que los sirviesen. No fue remiso Tutul Xiu en la ejecución de su promesa, porque en llegando a Maní la puso por obra. Convocó a todos sus indios, y dióles noticia de su intento, y la amistad y concierto, que con los españoles dejaba tratada.

Asistieron todos a ello, que el ejemplo de un rey es poderoso a llevarse tras si las voluntades de sus vasallos.

Despachó después por embajadores a los caciques, que fueron con él a dar la obediencia a los españoles, para que solicitasen a los señores de Zotuta, llamados los Cocómes, y los demás orientales hacia donde está fundada la villa de Valladolid (que comúnmente el territorio de los Kupules, llaman) haciendo notoria su resolución y amistad, que había asentado con los españoles, en que habían convenido todos sus vasallos Amonestóles, que también lo hiciesen así, pues veían, que estaban con ánimo de perseverar en esta tierra; hacían ya población en Campeche, y determinaban hacerla en Tihoo. Trájoles a la memoria, como todas las veces, que habían tenido batallas con los españoles, les había costado tantas vidas de naturales, como habían visto perecer a sus manos. Que él había experimentado en ellos los días, que los comunicó buena voluntad, y que así tenía por mejor su amistad, la cual les aconsejaba tratasen como él lo había hecho, considerando los daños, que de lo contrario se les seguirían. Salieron los embajadores para el señorío de Zotuta, y llegando a la cabeza, así llamada, donde residían los Cocómes, y a la presencia de Nachi Cocón, principal señor de aquel territorio; le manifestaron su embajada. Respondió Nachi Cocóm, que aguardasen respuesta, que la daría dentro de cuatro o cinco días. En ellos mandó juntar todos los caciques a él sujetos, y consultado, que les parecía de lo que Tutul Xiu les enviaba a decir; resolvieron una perjudicial determinación contra toda razón y justicia, y una alevosía notoriamente infame.

Concertaron hacer una gran caza de montería, como para festejar a los embajadores, y regalarlos con ella, y sacándolas de poblado con este pretexto a una espesa montaña, los llevaron a un sitio llamado Otzmál, donde los festejaron tres días. Para remate de la fiesta, al cuarto se juntaron a comer debajo de un árbol grande y vistoso, que sé llama en su lengua Yaa (ya), en castellano Zapote, y habiendo allí continuado los bailes y regocijos de los días antecedentes: el postre de la comida fue degollar a los embajadores, violando el seguro sagrado, que como a tales se les debía. Reservaron a Ah Kin Chi uno de ellos por personaje de más razón, para que llevase la nueva a Tutul Xiu de lo que con los demás habían hecho, y que aquella había sido la aceptación de su embajada, vituperándole con gran mofa de cobarde. No perdonó la bárbara crueldad a este, aunque quedó vivo, porque le sacaron los ojos con una flecha, y cuatro capitanes de Nachi Cocóm, le trajeron al territorio de Tutul Xiu, donde le dejaron con todo recato, y dieron la vuelta al suyo. El miserable habiéndole dejado solo, clamaba, dando voces, por si alguien a ellas viniese a socorrerle. Quiso su suerte, que le oyeron unos indios, y hallaron a Ah Kin Chi con la desventura referida, el cual llevado a la presencia de Tutul Xiu, dio noticia de la lastimosa tragedia a sus embajadores sucedida.

Este suceso fue el principio de la peligrosa batalla, que el bachiller Valencia refiere en su relación (y diré presto) pero allí no refiere la ocasión de ella como fue, porque dice solamente que los de Zotuta y los demás orientales, a quien llaman Kupules, no quisieron condescender, con lo que Tutul Xiu les propuso; antes llevaron mal su resolución, y de los que le habían seguido, y que no se lo dieron a entender. Solo determinaron no dar la obediencia a los españoles, contra quien desde entonces se confederaron de nuevo. Lo que puedo certificar es, y está patente hoy en las casas reales de Maní, que tienen por su armas, este suceso pintado de que blasonan, y se precian mucho los de aquel pueblo, y refieren el caso como queda escrito, y no conservaran esta memoria, a no haber sucedido así. demás que en una cédula real de 6 de septiembre, de 1599 años, dada en Monreal, en que se refiere otra del año de 93, se hace mención de este suceso, dando por ellas el rey 200 pesos de ayuda de costa a Gaspar Antonio indio, así por ser intérprete general de esta gobernación, como por nieto de Tutul Xiu, y hijo de Ah Kin Chi, a quien sacaron los ojos con la flecha, y esta ayuda de costa con antelación a las que hubiese de españoles, y que sucediese por haber muerto cuando se hubiese de ejecutar, una nieta suya, pero sin prelación a las otras en unos papeles antiguos se dice, que Tutul Xiu fue personalmente a ver a los Cocómes, y uno de los degollados. Estos escritos que digo están con sobrada confusión, y no parece merecer crédito, adviértolo, por si alguien los tiene, porque un Tutul Xiu, a quien mataron los Cocómes, y desde cuando quedaron las enemistades entre estos linajes heredadas, parece haber sido en tiempos antecedentes, ni los de Maní callarán la muerte de su principal señor. Tienen el suceso pintado, si bien el indio que le pintó, erró el número castellano, poniendo el año de 36, que no pudo ser. Como se ve por lo referido, sino el de 41, que se va diciendo.

Capítulo VII. De una gran batalla, en que los indios fueron vencidos, y como los españoles fundaron la ciudad de Mérida en Tihoo

Mientras sucedieron las muertes referidas de los embajadores de Tutul Xiu en el señorío de Zotuta; algunos señores comarcanos de la gran población de Tihoo, vinieron a dar la obediencia a los españoles; o a imitación de Tutul Xiu, que como tan gran señor entre estos naturales, pudo ser, que su ejemplo les moviese, o ya el ver, que en tantos años de guerra no podía prevalecer contra ellos; antes bien tenían la nueva determinación de fundar la ciudad en aquel asiento, y que ya tenían por su amigo a Tutul Xiu y sus confederados, con cuyo socorro serían más permanentes, hasta acabar de sujetar este reino. Teniendo también noticia Tutul Xiu del mal suceso de los suyos, la dio también a los españoles, para que se previniesen por lo que podía suceder, porque supo de Ah Kin Chi la conjuración que quedaban tramando los Cocómes de Zotuta. Agúoseles el contento (como suele decirse) a los españoles y los principios de su quietud con los nuevos amigos, que ya tenían, y recelaron desde luego que no podía dejar de seguirse al hecho de los Cocómes, o la ejecución del intento que Tutul Xiu les avisaba, o alguna otra novedad, que diese cuidado. Vinieron con él desde entonces, y le tuvo Nachi Cocom de ejecutar su intento, atrayendo a si todos los indios de la parte oriental de Tihoo, desde Ytzamal para venir a hacer guerra a los españoles.

Tardaron en juntarse, y prevenirse hasta el mes de junio, y ¿acabando, fue tanto el gentío que se congregó, que he visto papeles, que dicen fueron sesenta mil indios de guerra los que en esta ocasión bajaron contra los españoles, y en los que menos se dice, son cuarenta mil, a quien allí llaman gandules, y este es el número, que el bachiller Valencia refiere en el escrito de su relación, y los unos, y los otros convienen, en que eran indios valientes y briosos. Fuese el un número, o el otro, era desproporcionadísimo, cuanto va de él al corto de pocos más de doscientos españoles, que en Tihoo se hallaban. Llegaron los indios a Tihoo poco antes de san Bernabé apóstol, y según colijo, fue la víspera, y descansando, al siguiente día de la festividad del santo, acometieron por todas partes al real, donde los españoles estaban asentados. Para ellos fue este día peligrosísimo, porque los indios venían con resolución de acabarlos, y a los españoles fue forzoso pelear, como quien tenían las vidas libradas solamente en el ánimo de sus corazones, y en el valor de sus manos. Bien las hubieron menester para semejante aprieto; pero sin duda obró más la potencia divina, que el valor humano. ¿Qué eran tan pocos católicos contra tantos infieles? Sin duda a solas puñadas pudieran acabarlos. Así lo confiesan en sus informaciones, que después hicieron, dando gracias a Dios por la ventura de aquel día. No aguardaron los españoles en el cerro, bajaron al llano los jinetes con sus caballos, los infantes con arcabuces, escopetas, ballestas, espadas y rodelas. Unidos, y guardándose unos a otros los de a caballo a los de a pié, se trabó una reñidísima batalla, como entre dos enemigos, que lo habían, unos por quedar del todo señores de su tierra, y otros con ella y con la vida después de tantos infortunios. Peleóse mucha parte del día porque como los indios eran tantos, aunque morían muchos de los cercanos a los españoles, muchos más sobrevenían descansados, con que no les daban lugar a sosegar un punto. Pero al cabo fue nuestro Dios y señor servido que los venciesen. En unos escritos antiguos se dice, refiriendo esta batalla entre Otras cosas, que se dio jueves a 11 de junio de este año, que voy refiriendo de 1541, que los indios la dieron por todas partes, teniendo retiradas, reparos y albarradas con defensas, que se les ganaron paso a paso, por haber tantos indios, como hojas en los árboles, en que hizo grandísimo efecto el socorro de la pólvora y los arcabuces, que mataron gran multitud de indios, y los ballesteros no pequeña. Los de a caballo hicieron gran destrozo, porque atropellando a unos, impedían la fuga a otros, que desesperados se metían por las lanzas y espadas, y como en gente desnuda se hizo gran carnicería. Quedaron montones de indios muertos, que a veces servían de reparo a los españoles, y a veces impedían seguir a los fugitivos, y los indios mataron algunos españoles y seis caballos, que fue mucha falta, por el gran provecho que hacían. Al cabo (dice) los alborotaron, y siguieron muy grande alcance, dejando los campos cubiertos de muertos. Ahuyentaron para siempre a los que vivos quedaron, que nunca más dieron batalla general en público, excepto cuando se revelaron los Kupules, como se dice adelante, porque desde este día todos fueron asaltos y encubiertas, etc. Con sacarlos la divina clemencia del peligro grande de este día, tuvieron más reputación los españoles entre los indios, viendo el destrozo que de ellos habían hecho, siendo tan pocos, cuando entendieron no quedara español vivo de los que en Tihoo se hallaban.

Desde este suceso por todo aquel año se ocuparon en atraer a todos los caciques comarcanos, y cuando ya les pareció estaban más sujetos y tratables; entrado el año de 42 resolvieron dar principio a la fundación de la ciudad, por hallar el sitio con las calidades, que la instrucción traía. Hecha consulta, y concordando todos en esto: día de la festividad de los santos reyes, a 6 de enero del dicho año de 1542. Don Francisco de Montejo, como teniente de gobernador, justicia mayor, repartidor y capitán general, proveyó por ante Rodrigo Álvarez escribano del juzgado, un auto por donde jurídicamente constase, como fundaba en nombre, y para servicio del rey, la ciudad, y en el auto dijo así.

«Que por cuanto el ilustre señor don Francisco de Montejo, adelantado, gobernador y justicia mayor por su majestad en estas provincias de Yucatán y Cozumel, con sus poderes le había enviado a ella, así a las conquistar y pacificar, como a poblarlas de cristianos y fundar las ciudades, y Villas y lugares, que al servicio de Dios y de su majestad viese, que convenía. Y porque después de venido, y efectuando lo que le fue mandado, conquistó y pacificó la provincia de Campeche y Acanul, en ella donde mejor le había parecido convenir, pobló una villa, que se llamaba la villa de San Francisco, y edificó la iglesia de nuestra señora de la Concepción. Según más largo se contiene en el libro del cabildo, que de la dicha villa se hizo. Y que después, que estaba bien poblada, y aquellas provincias pacificadas, porque era necesario venir a esta provincia de Quepéch (Ah Ceh Pech); vino, y la había conquistado y traído de paz con otras muchas a ellas comarcanas: adonde esperaba en Dios nuestro señor, nacería nueva conversión en los naturales de ellas. Y porque en los términos junto a esta provincia de Quepéch (Ah Ceh Pech) había otras de guerra inobedientes, que no querían dar la obediencia a la iglesia, ni el dominio a su majestad, y a él en su nombre y lugar, para que se les predicase el santo evangelio. Acatando a todo esto, y porque viéndole de asiento, los naturales no se revelarían, y porque a los de guerra pondría temor. Usando de los poderes que para ello tenía, y porque así se le había mandado por el ilustre señor adelantado por una instrucción suya, firmada de su nombre; poblaba y edificaba una ciudad de cien vecinos, a la cual fundaba a honor y reverencia de nuestra señora de la Encarnación, y la dicha ciudad le de nombre a tal. La ciudad de Mérida, que nuestro señor guarde para su santo servicio por largos

tiempos. Con protestación que hacia, que si al servicio de Dios nuestro señor y de su majestad, o al bien de los naturales fuese visto convenir mudarla con parecer del gobernador y señores del cabildo, se pudiese hacer, sin caer en mal caso, ni pena alguna, porque su intención era buena y sana.»
Considerando como católico, que la veneración del Culto Divino es como una llave maestra, que abre los tesoros de las misericordias divinas, para que corran las afluencias de la gracia al espíritu, y los bienes temporales a las necesidades de los cuerpos; lo primero que se ordenó, fue escoger sitio y lugar para fundar iglesia, y así prosigue en el auto diciendo: «Otrosí, para que la dicha ciudad de Mérida, no decaiga, y de continuo permanezca; mando al reverendo padre cura, Francisco Hernández, que en lo mejor de la traza, que en la dicha ciudad se hiciere, tome solar y sitio para hacer la iglesia mayor, adonde los fieles cristianos oigan doctrina, y les administren los sacramentos, y le doy por apellido nuestra señora de la Encarnación, la cual tomaba por abogada: así para que de continuo le diese gracia, y ensanchase la santa fe católica, como para que tenga debajo de su guarda, y amparo la dicha ciudad de Mérida, y los cristianos que en ella moraren». Antes que pase adelante, no puedo dejar de advertir, que no ha un año entero, que cuando vino de paz Tutul Xiu, señor de Maní, por haber sucedido en día de san Ildefonso, le eligieron por patrón, y ahora con la devoción de la Virgen santísima no lo ejecutan; pero la majestad Divina séla sin duda el cumplimiento de las promesas hechas a los santos, y dispuso que se ejecutase por el modo admirable que se dice adelante, dándosele por titular a aquella iglesia.
Dado como primicias de la tierra que poseían, el primero y mejor lugar a Dios, procedió el capitán general al gobierno político. Nombró por primeros alcaldes al capitán Gaspar Pacheco, y a Alonso de Reinoso, y luego doce regidores, que fueron Jorge de Villagómez, Francisco de Bracamonte, Francisco de Zieza, Gonzalo Méndez, Juan de Urrutia, Luis Díaz, Hernando de Aguilar, Pedro Galiano, Francisco de Berrio, Pedro Díaz, Pedro Costilla, y Alonso de Arévalo. Dio el justicia mayor las varas a los alcaldes, que hicieron el juramento acostumbrado, y luego los regidores, con que fueron recibidos sin contradicción alguna al uso, y ejercicio de sus oficios, y quedó firmado de todos, y signado de Rodrigo Álvarez escribano del juzgado. Fue aquel día muy alegre para todos, y acabado lo referido se fueron a sus alojamientos. El siguiente día 7 de enero,

recibieron en cabildo a Juan López de Mena por escribano público del consejo de la ciudad, dándole todo el poder necesario para el ejercicio de su oficio. Por tenedores de los bienes de difuntos, nombraron al alcalde Gaspar Pacheco, y al regidor Francisco de Zieza, y el nuevo escribano de cabildo por mayordomo de la ciudad a Alonso de Molina, y por procurador a Francisco de Lubones, y todos hicieron su juramento. Tenía título, y provisión de alguacil mayor de la ciudad Cristóbal de san Martín, y presentándola este día en cabildo, fue recibido al oficio. Luego determinaron, que de cuatro en cuatro meses fuesen cuatro regidores diputados de la ciudad, a quien encomendaron mucho la atención al bien común de ella, como el oficio lo trae consigo de la obligación. Tratóse luego de poner toda solicitud en dar principio a la traza de la fundación material de la ciudad, y que se edificasen viviendas en la mejor forma que fuese posible, y escogióse el sitio en contorno del mismo cerro, donde habían estado de real, por ser llano, y porque la multitud de piedra movediza, que en él y otros cercanos había, era gran comodidad para obrar, y ahorro a los indios de trabajo. Entre aquel cerro, y otro como el hecho a mano, que está a la parte oriental de la ciudad; se determinó fuese fundada, y eran tan grandes, que con la piedra que había en el que estaban, se obraron cuantos edificios hay en la ciudad, con que quedó todo el sitio llano, que es la plaza mayor hoy, y sus cuadras en contorno, y con la del de la parte oriental, se edificó nuestro convento por caerle cercano, después se han hecho muchas casas, y todo el convento y iglesia de la Mejorada, que también es nuestro, y tiene material para otros muy muchos, que se quieran edificar.

Capítulo VIII. De lo que se fue ordenando para el gobierno de la ciudad, y fundan una cofradía a nuestra señora
Ya no parecía conveniente, que en república formada, y que comenzaba a gozar de la quietud, que tanto deseaban, se permitiese exceso alguno, si algo se había tolerado con la poca que el tiempo de guerra ocasiona, y así después viernes 13 de enero, estando la justicia y regimiento juntos en cabildo, Cristóbal de san Martín alguacil mayor, dijo: «Que porque los moradores, y habitantes vivan en par, y no cometan delitos, pedía que con voz de pregonero, a altas voces se pronuncie el árbol de justicia, y cuchillo para castigo de los malhechores y ejemplo de los vivientes, y que así lo pedía de parte de

su majestad». Y habiéndolo oído el cabildo, mandó que aquel mismo día se pregonase, como el alguacil mayor lo pedía, y al escribano de cabildo hiciese mandamiento, y pregón de ello en la plaza pública, a donde hubiese el mayor concurso de gente, y para ejecución de lo que proveían, señalaron árbol de justicia en un cerro, que estaba a la parte de Levante. Decretaron en el mismo auto, que si alguna persona estuviese quejoso de algunos maravedíes o pesos de oro, o otro cualquier agravio, pareciesen ante los alcaldes ordinarios, los cuales les harían justicia, guardando derecho a todas las partes. Publicóse aquel día el decreto en la plaza que estaba señalada, con que se fue asentando el gobierno de la ciudad, pues es certísimo, que no hay mayor seguro para la conservación de una república, que la observancia de la justicia y las leyes, refrenando el castigo de las culpas, la osadía de cometerlas, así como el premio de los servicios que se le hacen, esfuerza los ánimos de los que la habitan, para que a costa de sus vigilias y trabajos, procuren su mayor lucimiento. ¿Por qué que sentirán los que más la han servido, viendo son los mayores premios dados a quien no le ha sido de provecho alguno?

No apresuraban fábricas materiales a la ciudad, por no exasperar luego a los indios amigos con el trabajo, ni endurecer los ánimos de los que no lo eran, y así por algunos días no parece hubo cosa digna de memoria, hasta que a 14 de abril renunció la vara el alcalde Alonso de Reinoso, por necesitar de ir fuera de esta tierra. Luego se trató de nombrar otro y así se dice en el libro de cabildo. «Que convenía haber dos alcaldes, porque si el uno saliere, haya otro, que tenga los vecinos en justicia, y que todos de unánime conformidad nombraban a Francisco de Bracamonte regidor de la ciudad, por ser persona en quien concurrían las calidades que su majestad mandaba para el oficio de alcalde, de que Alonso de Reinoso había hecho renunciación, y que tenga cargo de su justicia.» A 25 del mismo mes se arrendaron los diezmos, y porque se había ordenado que se pagasen de las gallinas, maíz y cera, que en las casas de los vecinos se gastasen, se trató en cabildo, que el procurador de la ciudad en nombre de ella hiciese (dicen) un requerimiento al señor don Francisco de Montejo, o apelación, que se haga de lo que mandó que se diezmasen gallinas de las que dieren, para comer los indios, y cacao que ellos rescataren, pues de cosecha no lo tienen, ni hay tal granjería de ello, y de las frutas que los indios trajeren para sus amos, de la tierra. Respondió el procurador, que haría el requerimiento, pero no hallé razón de qué se determinó a esto; solo consta no haber firma en aquel cabildo de don Francisco de Montejo, ni en los demás que se hicieron hasta 18 noviembre de este año.

Fue la causa, que se trataba con toda solicitud de pasar a la parte oriental de la ciudad de Mérida, a pacificar las provincias de Coni y Choáca (Ah Chauac Ha) (que los indios llaman Chauachaá) y sus comarcas, en las cuales, como queda dicho, habían poblado primero una ciudad en Chichen Ytzá, que despoblaron. Estaban muy rebeldes los naturales de ellas, sin querer darla obediencia, aunque el año antes, día de san Bernabé, habían tenido tan gran derrota en la batalla que se dio en el sitio de Tihoo, por cuya causa no se atrevían a hacer guerra descubierta, acometiendo, pero era necesario hacerla. No solo se ofrecieron pasar a aquella pacificación los que en la ciudad no habían quedado acomodados, sino también muchos de los ya vecinos, que pudieran en ella descansar, porque no lo hicieron, hasta que toda la tierra quedó sujeta. El primero de los vecinos, que se ofreció a esta jornada, fue Juan López de Mena, el escribano de cabildo, que para ir renunció el oficio el 27 de abril, y fue dado a Juan de Porras, y este día parece firma del alguacil mayor, que hasta entonces no la hay en los cabildos precedentes Parece también andar algo inquietos los indios comarcanos, porque a 22 de mayo en un cabildo fueron admitidos dos tenientes del alguacil mayor, y la causa se dice allí, por si sucediese (como podía) encargar alguna salida de la ciudad al alguacil mayor, para visitar los pueblos de su comarca, y inquirir si los indios intentaban alguna novedad, como se encargaba a otros. También el procurador Francisco de Lubones, no solo pasó sino que se desavecindó de Mérida, para poder ser vecino de la villa, que habían de poblar. Por esta causa nombraron procurador a Melchor Pacheco, hijo legítimo del capitán Gaspar Pacheco, alcalde actual, a 5 de septiembre de aquel primer año de la fundación de la ciudad. Obligáronle a hacer más apretado juramento, que a su antecesor, porque se dice allí, promete de defender y amparar la república de todas, y cualesquier personas que la quisiesen perturbar, aunque sea rey o príncipe excepto su Monarca y señor natural, o su gobernador, y capitán general: obligándose de ir y salir fuera de esta gobernación, si para este fin fuese necesario, con que para ello se le diese ayuda de costa alguna, con que la ciudad le dio su poder para todos casos.

No se ofreció hasta 18 de noviembre juntar cabildo, y este fue para ordenar una cofradía, con título de nuestra señora de la Encarnación, habiendo antes conferido, que era bien se procurase aumentar el culto divino. Así juntos; en la iglesia, hallándose presente don Francisco de Montejo, fue la resolución en esta forma. «Que porque esta ciudad es nuevamente fundada, y nuestro señor la guarde y ampare, a su honor y reverencia se ordenó la cofradía de nuestra señora de la Encarnación, y para regirla y gobernarla se nombraron por diputados para la dicha cofradía a los alcaldes Gaspar Pacheco y Francisco de Bracamonte: por mayordomos a Juan de Sosa y Rodrigo Nieto; por escribano de ella a Juan de Porras.»

«Y para firmeza de ello, y que mayormente sea nuestra señora servida, y en cofradía no haya falta, se hicieron ordenanzas más largamente, según en el libro de la cofradía se contiene. Fue nombrado y elegido (dicen) para que no descaeciese la veneración de la reina de los ángeles. el muy magnifico señor teniente de gobernador y capitán general por patrón general de la cofradía, el cual siendo presente lo aceptó, según más largamente se contiene en el libro de la dicha cofradía. Así solicitaban los conquistadores con la veneración de la Reina de los Ángeles su patrocinio.»

Así se iba dando asiento en la república de Mérida, y para mejorarlo, porque los vecinos padecían mucha incomodidad, viviendo en las casas de ranchería, que habían tenido de real, juntándose cabildo a 29 de diciembre, pidieron a don Francisco de Montejo, que por cuanto querían hacer casas, y moradas en que vivir, que su merced les mande dar traza de la ciudad, donde edifiquen sin perjuicio. A esto respondió, que le placía, y sacando un pergamino grande, donde traía dibujada la ciudad, firmado de su nombre, se le entregó al cabildo. Venía en él señalado solar a cada uno, puesto su nombre en el espacio de blanco, que hacia cada solar, para que por el se rigiesen, y que el padrón se fijase en el libro de cabildo para cuenta y razón de lo que a la república conviniese. Luego señaló quinientos pasos en contorno para ejido y arrabales, con protesta de que si fuese necesario aumentarle, se pudiese, y luego se mandó nadie edificase en aquel espacio cosa alguna, pena de perderla. También se decretó en este cabildo, que ninguno entrase en él con armas ofensivas, ni defensivas, pena de perdimiento de ellas, por evitar, que si alguna controversia se ofrecía entre los de cabildo, con ocasión de tener sus armas, no pasase a suceder alguna cosa escandalosa a la república.

Andaba ya la conquista de la provincia de Choáca (Ah Chauac Ha) muy viva por este tiempo, y sin duda la pobreza, que en esta tierra experimentaban, por falta de las minas, movía a muchos querer salirse de ella, y algunos pedían licencia con pretexto de que salían a buscar cosas pertenecientes para permanecer en ella. Cualquiera falta era dañosa, no solo a la nueva población de la ciudad, pero más para la pacificación de lo oriental, donde se necesitaba de gente. Nunca falta en una república quien cele el bien común, y así en esta ocasión el regidor Gonzalo Méndez propuso en cabildo lo siguiente. «Que esta tierra se andaba pacificando, y era nuevamente poblada, y de los naturales de ella no se tenía entero concepto, y que el dicho señor teniente de gobernador había hecho repartimiento general, y muchos vecinos están para irse fuera de esta gobernación, diciendo ir a cosas a ella cumplideras, sin dejar su casa poblada con una persona, armas y caballo, que sirva el mismo ejercicio que hasta allí ha servido, de lo cual se recibe notorio agravio: requería al dicho señor teniente de gobernador, una y dos, y tres veces, y más las que de derecho debía, no dé lugar, ni licencia, para que los conquistadores salgan fuera de la tierra, por el perjuicio que se seguía. Y si así lo hiciese, haría lo que debía: donde no, que si algún daño sobre ello se recreciese, sea a culpa del dicho teniente de gobernador, y no la suya.» Pidió testimonio de este requerimiento, y oyéndolo Cristóbal de san Martín, alguacil mayor, le pidió también. Respondió don Francisco, que ejecutaría lo que le era pedido, y que habiendo de dar alguna licencia, daría también parte al cabildo, para que examinase las causas, que proponía quien la pidiese, y que si aprobasen ser justificadas, concedería licencia, y no en otra forma.

Esta resolución se ejecutó con tanto rigor, por lo mucho que convenía no saliese ningún vecino, que pidiendo Juan López licencia para ir a México por cierto herraje, y otras cosas necesarias, y diciendo, que iba por mandado del teniente de gobernador; ni aprobaron la causa, ni convinieron en que se diese la licencia, hasta que él mismo en cabildo certificó ser así, y que él le despachaba, como en su petición decía, y al cabo se la concedieron, con tal, que el teniente de gobernador le limitase el tiempo, según viese que convenía. también a Francisco de Arzeo, que había sido de los primeros regidores fundadores de la Puebla de los Ángeles; había concedido el teniente (antes que se hiciese este requerimiento, y acuerdo dicho) licencia para salir fuera de esta gobernación, y habiéndose detenido para dejar a su mujer, y familia la mejor disposición que pudiese, mientras volvía; y aunque ya entrado el año de 43 le habían hecho regidor de Mérida, y aunque alegó, que los gastos de la conquista le tenían alcanzado, y iba a buscar socorro, para mejor proseguir en el servicio de su majestad, y de la ciudad misma, y que así no se debía entender con él, pues su mujer y hijos le obligarían a volver presto. Todo esto no bastó, para que se le diese licencia, sino dejaba un hombre con sus armas y caballo, para que reside (dicen) por cuanto había de salir entonces mucha gente a la guerra, y no había quien quedase en la ciudad. Y al mismo Francisco de Arzeo parece por el libro haberle hecho firmar esta denegación de lo que pedía con los demás del cabildo. Con este cuidado miraban por la conservación de la ciudad, ordenando para ella, y su gobierno lo que se ha referido en la paz, y al mismo tiempo lo necesario para la guerra, que se estaba manejando a la parte oriental, como se dice en el capítulo siguiente.

Capítulo IX. Salen de Mérida a la conquista de Choáca, y como fueron vencidos los Cocómes de Zotuta
Luego que don Francisco de Montejo hizo el nombramiento de la ciudad de Mérida, y ordenó su justicia, regimiento, y demás oficios de república, como se ha dicho; dio noticia a su padre el adelantado, que entonces residía en la Ciudad Real de Chiapa del estado en que las cosas de esta tierra iban, y la ocupación en que se hallaba con la nueva fundación de la ciudad. El adelantado, porque no se perdiese tiempo en lo que tanto se había gastado, y no se cortase la hebra (como suele decirse) a los buenos sucesos, con que la pacificación se iba mejorando: a 13 días del mes de marzo del año que se va refiriendo, de 1542, dio su poder por ante Gaspar de santa cruz al capitán Francisco de Montejo su sobrino, y de quien ya se ha hecho mención algunas veces, en que dice: «Que por cuanto para la conquista y pacificación de las provincial de Yucatán había proveído por su lugar-teniente de gobernador y capitán general de ellas a don Francisco de Montejo, el cual había poblado la villa de San Francisco y la ciudad de Mérida, donde era necesario se ocupase a hacer repartimiento general, conforme a la provisión de su majestad, y

instrucción que para ello tiene, y tiene otras cosas tocantes al servicio de su majestad a que acudir; a cuya causa no puede ir, ni hallarse presente al poblar, conquistar y pacificar de los pueblos, y naturales, que han de servir a la villa, que está por poblar en Conil o más adelante, donde se hubiere de poblar y porque para la dicha conquista y pacificación y población de la dicha villa soy informado, que vos Francisco de Montejo sois hábil, y suficiente, y que bien y fielmente haréis lo que por mi en nombre de su majestad vos fuere mandado. Por ende por la presente en nombre de su majestad vos elijo y nombro por mi lugar-teniente de gobernador y capitán de la dicha villa, que así se ha de poblar en la provincia de Conil, o donde más adelante se poblare. A la cual dicha conquista vos mando, que vais con la gente de españoles y amigos, que para lo susodicho con vos se juntare. En las cuales provincias en la parte donde la villa se hubiere de poblar en los pueblos de ella comarcanos, y en los demás, que a ella hubieren de venir a servir, podáis hacer, y hagáis vuestros llamamientos, y requerimientos a los naturales de los tales pueblos y provincia, para que vengan a dar la obediencia y dominio a su majestad. Y no queriendo venir después de ser requeridos las veces que su majestad por su instrucción real. Provisión manda, les haréis guerra con la dicha gente de españoles y amigos, que con vos se hallaren, hasta tanto, que los dichos naturales den la dicha obediencia, y vengan de paz. Y así pacificados podáis entrar y poblar la dicha villa en nombre de su majestad, en la cual después de poblada, y nombrada podáis hacer, y hagáis elección y nombramiento de alcaldes y regidores, y escribano y de todos los demás oficiales, que os pareciere que convienen. Los cuales como dicho es, hagáis y nombréis y elijáis en nombre de su majestad: y así elegidos, y nombrados, después que hayan hecho el juramento y solemnidad, que en derecho se requiere; todos juntos en cabildo y ayuntamiento hagáis la traza de la dicha villa, en la cual podáis poner todas aquellas armas, y insignias, que en nombre de su majestad, y para la ejecución de su real justicia se suelen poner, que para todo lo susodicho vos doy poder cumplido en nombre de su majestad, etc.».

He referido a la letra este poder que fue dado para la pacificación de lo oriental de estas provincias, para que conste, como las guerras, que los españoles tuvieron en ellas con los indios, estos las ocasionaron, no queriendo dar la obediencia, y que siempre fueron requeridos con la paz, que les ofrecían los españoles, como cristianos, y obedientes a los mandatos de su rey, que así lo disponían, para seguridad de la real conciencia, a que tanto se ha atendido, desde que se descubrieron estos reinos.

Como en las nuevas fundaciones suelen haber algunas contradicciones y disgustos sobre quien ha de gobernar, ya por los oficiales de república, ya por los de guerra, para obviar todo inconveniente (como de cosa contingente) previno remedio el adelantado, declarando en el poder más adelante. «Que le daba por recibido, y admitido desde luego a los dichos oficios por si a caso hubiere para ello alguna contradicción, y dándole toda su autoridad para todo lo tocante a justicia civil, y criminal, como lugar-teniente de gobernador suyo en la villa, que había de poblar con todos los requisitos, que según derecho se necesitaba.» Aunque como se ha visto venía esta pacificación cometida al primo de don Francisco, este caballero, a quien no ocupaban tanto las necesidades de la atención al gobierno de la ciudad, y la concordia de los ciudadanos ayudaba a ello, para facilitar la materia; determinó salir con una parte de los soldados por una banda, y que su primo Francisco de Montejo fuese por otra, para que viéndose opresos por diversas, no se juntasen en uno, y diesen la obediencia, que tanto rehusaban. Por el mes de mayo, año de 42, salieron de la ciudad de Mérida don Francisco el hijo del adelantado con su gente para la provincia de Zotuta, cuyos señores, como se ha visto, eran los Cocómes: y por la otra parte, que está más conjunta a la mar su primo con la demás gente. Los indios de Conil. Choáca (Ah Chauac Ha), y todos los comarcanos, que comúnmente llaman con nombre de Kupules, eran los más belicosos de todoeste reino, y bien se les echó de ver, pues aunque casi todo lo restante de él había dado la obediencia, ellos permanecían indómitos, en su porfía, y estaban dispuesto a resistir la llegada de los españoles, que ya esperaban cierta, aunque no sabían el tiempo determinado de ella.

El intento de don Francisco era llegar adonde estuviesen los Cocómes, que como más poderosos tenían con sus persuasiones, y abrigo a los demás rebeldes, para que sujetos éstos con las armas, sino querían la paz, y buen tratamiento; los restantes con más facilidad se sujetasen. Conoció por el camino, que necesitaba de las armas por hallar alguna oposición de indios de guerra, y con quien no se detenía más de lo que era necesario para pasar adelante, hasta que llegó a la comarca de Zotuta. Halló a los indios con las armas en las manos, y no valiendo los requerimientos, correspondieron los españoles con las suyas, y hubieron de proceder a batalla, por estar ya los indios en campo para ella. Si bien al principio resistieron, fue poca su perseverancia para tolerar el rigor de las manos españolas, que presto los desbarataron. Comenzaron a retirarse a los montes, cuya espesura era su refugio en viéndose perdidos. Siguieron la victoria los nuestros, y yendo una tropa de soldados en alcance de otra de fugitivos, con el calor de la guerra, Alonso Rosado menos atento a lo que pudo sucederle, se apartó de sus compañeros, tanto, que se halló perdido en la espesura de los montes, sin más recurso, que a sus manos y diligencia, sin camino ni vereda que le guiase, para volver al ejército, ni quien le pudiese defender de la multitud de indios, que el vencimiento tenía desparramados por aquellos montes. Juntóse después el ejército, y aunque se hallaron pocos heridos, y esos sin riesgo, faltó Alonso Rosado, que por entonces entendieron algunos habría sido muerto. Sabiendo don Francisco del alcance en que se había empeñado, por si en él se había perdido, o era tiempo en que le pudiesen socorrer; envió dos escuadras de infantes con algunos caballos, que le buscasen por diferentes partes salieron, pero aunque con toda solicitud le buscaron, no le hallaron, con que volvieron al ejército sin él, y todos le tuvieron o por muerto o por preso en poder de los indios para ser indigna víctima de sus abominables sacrificios, y sentían, que entre todos hubiese sido desgraciado. Detuviéronse allí, y pasados dos días, cuando ya no le esperaban, llegó al real, habiéndole valido su cautela, con que ocultándose con la espesura del monte a algunas tropas de indios que descubrió en estos dos días, se libró de tan manifiesto peligro, aunque admiró verle sin heridas, si bien traspasado con la fatiga de la hambre y sed que había padecido.

Por la otra parte el capitán Francisco de Montejo, y los que con él iban, no hallaron mejor resistencia en los indios, que siempre estaban inquietos; nunca parece daban la obediencia de voluntad, forzados con las armas se sujetaban, que fuera nunca acabar referir los encuentros todos que tuvieron. Juntáronse los dos capitanes, habiendo don Francisco sosegado la parte del señorío de los Cocómes, y procedían pacificando lo restante para poder con seguridad fundar la nueva villa en Conil, en que gastó don Francisco algunos meses por la resistencia que hallaban, y por cuya causa, como se ha visto el cabildo de la ciudad de Mérida, con tan singular cuidado zelabe, que no se diese licencia para salir de esta tierra a español alguno. Dejando ya aquello en buen estado, aunque no de todo punto pacifico, volvió a la ciudad de Mérida, donde iba sucediendo lo que en el capítulo antecedente queda referido, con que cumplió aquel año.

Primero día del de 1543, se juntó el cabildo de la ciudad de Mérida, para elegir nuevos alcaldes y regidores, en cuya propuesta que hicieron, hubo alguna variedad, y convinieron de hacer remisión de la elección, como la hicieron en el teniente de gobernador y justicia mayor don Francisco: «para que escoja y nombre (dicen) los que viese eran más convenientes para ejercer el bien de la república, conforme a lo que su majestad manda, a lo cual encargaban su conciencia, y todos juntos a una voz le requirieron hiciese aquel día el nombramiento, sin poner dilación alguna. Así luego inmediatamente dijo el justicia mayor. Que en cumplimiento de ello, y como era uso y costumbre, y su majestad mandaba, señalaba y nombraba de entre los propuestos para alcaldes a Pedro Álvarez y a Gonzalo Méndez, y por regidores a Gaspar Pacheco y Francisco de Bracamonte, que acababan de ser alcaldes, a Francisco de Arzeo, Francisco Tamayo, Melchor Pacheco, Juan de Sosa, Rodrigo Álvarez, Juan Bote, Hernán Muñoz Baquiano, Esteban Iñiguez Castañeda, Julián Doncel, y Juan de Salinas»; y confirmándolos, se les entregaron las varas a los alcaldes, y todos hicieron el juramento acostumbrado, y los demás quedaron gustosos con la nueva justicia y regimiento. A tres del mismo mes nombraron por procurador a Pedro de Chavarría, con autoridad de sustituir su oficio en cuantos fuese necesario, y después a 14, tomando cuentas a su antecesor halló en su poder solo 12 pesos de oro de minas pertenecientes al consejo, y éstos de tres sentencias, y con ser tan corta cantidad aun la tenía en conocimientos, que otros habían hecho, obligándose a pagarlo por ellos, y eran para las obras públicas de la ciudad. Tan corta ha quedado en tener algunos propios, que para las fiestas y necesidades públicas que se ofrecen, es forzoso, que el gasto le hagan los del cabildo de sus haciendas, y recurrir a personas particulares que ayuden. No hay que admirar, siendo esta tierra tan poco a propósito, y no habiendo haciendas en que perpetuar rentas para esto, que los conquistadores no lo asentasen, o pueden los fundadores de una república dejar todas sus cosas en la perfección que pide.

Capítulo X. Trátase de vender indios esclavos para fuera de Yucatán, y no se dio licencia para ello

Aunque no he visto desde cuando haya entrado Alonso Pacheco en el oficio de contador del rey, ya lo era este segundo año de la fundación de la ciudad de Mérida, y como persona por cuya cuenta corría tenerla de los intereses reales, a 19 de enero pidió en cabildo por petición presentada, que de los esclavos, que de allí adelante se hiciesen y herrasen en esta provincia y gobernación, ante todas cosas fielmente mandasen sacar el quinto para su majestad, según las ordenanzas y fueros, que sobre esto estaban hechos. Y asimismo quintasen, y mandasen quintar todas las otras cosas de que el rey debía haber quinto, y que de todas se diese a los presentes oficiales reales, como se había hecho en aquel consistorio (así dice) juntamente con el parecer del muy magnífico señor don Francisco de Montejo, capitán general y teniente de gobernador. Que de hacerlo así, harían lo que debían, donde no les protestaba el requerimiento, y para que nunca le parase perjuicio, pedía dél testimonio. Respondióle el cabildo, que lo que pedía era cosa tocante a gobernación, y consiguientemente al teniente de gobernador y capitán general, que no estaba presente para responder, que cuando estuviese en cabildo, sobre lo que proveyese en orden a lo pedido, dirían su parecer, con que no se resolvió cosa alguna en esta materia aquel día. Aunque los presentes, que eran los dos alcaldes y seis regidores, firmaron su respuesta, porque los demás se ocupaban en algunas salidas para tener con sosiego las comarcas de la ciudad, y principalmente en la pacificación de lo oriental, donde como se ha dicho, se andaba trabajando, y habían comprometido en los presentes para determinar lo que de nuevo se ofreciese.

Ya que se ha tocado esto de los esclavos, me pareció decir lo que acerca de ello pasó en el discurso de este año en Mérida. Porque de los habidos en guerra, según la capitulación licenciaba; pretendían los vecinos valerse, vendiéndolos fuera de esta tierra, para pagar sus deudas y socorrer otras necesidades. Estaban tan empeñados, que faltando dineros, como no hay minas, y no queriendo los acreedores recibir los géneros de la tierra, porque no se labraba o tejía buena ropa como ahora) después que los españoles han enseñado mejor a los indios, y así decían, no tener salida de ella: a 29 de diciembre del año pasado, hizo el cabildo un decreto, en que dice: «Que por no haber oro, ni plata, y querer cobrar en esto los acreedores, los conquistadores y pobladores recibían agravio, y si se hubiese de llevar a ejecución venían a darlo que vale diez por uno. Lo cual por nos visto, queriéndolo proveer con justicia, mandamos, que pasen en los dichos pagamientos, ropa de algodón, que en esta tierra se hace, porque así conviene a la paz y conformidad de los dichos conquistadores y pobladores, y al bien y pro común de la dicha ciudad. Y mandaron a las dichas justicias, que ahora son, o fueren de aquí adelante, lo manden pagar en la manera susodicha, apremiando a cualesquiera acreedores, que reciban así las dichas pagas, etc.». Y allí señalan la ropa y el precio con que se hubieron de convenir unos y otros, porque aunque los acreedores quisieran, según el concierto, sus pagas en oro, no lo había, como con verdad decía el cabildo en su proveimiento.

Este les había valido para componer lo pasado, pero por el mes de agosto siguiente, llegó un navío al puerto de Campeche con ropa y provisiones de Castilla, de que necesitaban mucho los conquistadores, que se hallaban faltos, así de dineros, como de granjerías o rescates de la tierra. Habiéndose tenido noticia de su llegada en Mérida, y deseando proveerse de lo que necesitaban: Pedro de Chavarría, como procurador general, a 14 de agosto, presentó en cabildo una petición, en que decía: «Que procurando el bien común de la ciudad, parecía ante sus mercedes, por cuanto a su noticia había venido, que en el puerto de Campeche estaba surto un navío, que venía a la contratación de esta tierra, así para llevar esclavos de ella, como las muestras de las granjerías que tenía, y que había traído cantidad de ganados y otros alimentos convenientes a los vecinos pobladores de estas provincias, los cuales el maestre del navío no había vendido, ni quería vender, así por no haber de presente ropa de la tierra que le dar, como ni oro, ni plata, con que pagárselo a causa de la pobreza de esta tierra». Este inconveniente decía, que se podía evitar con que los esclavos, que en esta gobernación estaban detenidos, de que no se seguía ningún provecho a los que los tenían, ni a las provincias comarcanas a la ciudad, porque algunos se soltaban, y huyéndose iban haciendo alborotos, y amotinando pueblos. Que este inconveniente se evitaría, si el teniente de gobernador diese lugar a que los esclavos saliesen de estas provincias, y se seguiría otro mayor bien, que sería, que el navío llevase muestra de ellos (según esta propuesta, no se habían enviado a barrisco, como se dice) y la fama de que esta tierra estaba poblada, y que había en ella con que poder pagar las mercaderías se dilatase, y extendiese. Pedía que esto se hiciese conforme al orden que el rey tenía dado, en que mandaba, que concurriendo el parecer de la justicia, oficiales y prelado eclesiástico, que obligasen por conveniente; se podían sacar esclavos libremente y sin pena alguna para las islas, y otras partes de la Tierra firme. Requirió al cabildo hiciese parecer al teniente de gobernador, y que hecha junta, como en la provisión real, que presentaba, se mandaba: se determinase lo que pedía, pues era tan en provecho de esta tierra, y que de no venir en ello, le hiciesen todos los pedimientos, requerimientos y protestaciones a la ciudad convenientes. Y que protestaba de quejarse del cabildo, como de personas que no procuraban el bien común de esta tierra, y que para más firmeza de su petición, hacía presentación de la real provisión que alegaba, la cual estaba en poder de Rodrigo Álvarez, escribano de gobernación, que y todo lo que se proveyese, se le diese por testimonio.

Recibió el cabildo la petición de su procurador, y a 18 de agosto mandaron a Rodrigo Álvarez, que exhibiese la provisión real, de que en ella se hacía relación, y a Juan de Porras escribano del cabildo, que les diese un traslado del capítulo tocante a los esclavos, que se alegaba. Era la provisión del señor emperador Carlos V de gloriosa memoria, cuya determinación decía así. «Otrosí, permitimos (nótese este término) que concurriendo el parecer de la justicia, oficiales, prelado, o religioso, para que convenga sacar de la tierra algunos indios, que se cautivaren por esclavos, guardada la forma susodicha, los puedan sacar, y contratar a las islas, y las otras partes de Tierra firme, que para ellos fuere declarado, sin embargo de la prohibición de lo en estas ordenanzas contenido.» Este era el permiso, que el augustísimo emperador tenía dado, pero era del año de 1534, en Toledo a 20 de febrero. Íbase esta materia, como tan grave, estrechándose más cada día. Saliendo siempre órdenes reales, dirigidas a la mayor libertad de los indios, y a sacarlos de toda forma de esclavitud, que no fuese muy justificada y conforme a todo derecho. Hizo notorio el cabildo el requerimiento referido al teniente de gobernador don Francisco de Montejo, a tiempo que ya había echado un bando, y pregón en la ciudad, que no se sacasen fuera de ella esclavos algunos sin su orden y licencia, porque con las necesidades que tenían, debían de prevenirlos, entendiendo se tomaría resolución conforme a lo pedido.

Viendo que el bando pregonado no daba a entender, que se conseguiría la pretensión propuesta; requirió el cabildo a don Francisco (aunque con mucha cortesía) diciendo: «Que el decreto era alterado, y a esta tierra no cumplidero, siendo, como era en contra de lo que su majestad tiene mandado, y que si no renovaba el decreto, la ciudad y pobladores padecerían trabajo, porque el navío que se ha dicho, había venido a ver si ya habían poblado, y que muestras de granjerías había en esta tierra, para traer a ella las mercaderías necesarias, y que esto cesaría, no habiendo licencia para sacar esclavos, porque por otra cosa desta tierra, no querían darlas, y que esta tierra quedaba perdida, si los ganados y demás cosas se volvía el navío con ellas, y lo que peor era, que con la noticia que llevase de la pobreza que había; no vendría otro con las que tanto necesitaban, y esta provincia quedaría perdida, y el trabajo de haberla conquistado sería en vano, pues parecía, que de necesidad se despoblaría, estando tan faltos de géneros de Castilla sin que no podían pasar los españoles». Protestáronle, que se quejarían al rey, como de juez que no cumplía y obedecía las reales provisiones, y que todos los daños y pérdidas, que a esta tierra viniesen, por no dar la licencia que le pedían, lo cobrarían de sus bienes del teniente de gobernador y capitán general que la negaba, y pidieron al escribano que presente estaba, testimonio del requerimiento y protestación que le habían hecho. Habiéndolo oído don Francisco, no dijo por entonces otra cosa más de que les respondería, con que se salieron de cabildo.

Pasaron tres días, y don Francisco no daba respuesta, ni se resolvía a cosa de lo que se le había pedido, y así juntando cabildo a 21 del mismo mes, determinaron hacerle otro requerimiento, y hablando con el escribano le dijeron: «Escribano, que presente estáis, dadnos por testimonio escrito en el libro de nuestro cabildo, signado de vuestro signo, firmado de vuestro nombre, como pedimos, y requerimos al señor teniente de gobernador, que presente está, siendo llamado a nuestro ruego, que responda al requerimiento, que el cabildo pasado hicimos, con protesta, que de nuevo le hacemos, que si calladamente se eximiere del cumplimiento de lo que le estaba pedido: el cabildo y ciudad a su costa enviará a los reinos de España a quejarse de su merced, como de teniente de gobernador, que no provee las cosas que tocan a la población y bien de los vecinos, con lo demás que en el requerimiento primero le habían protestado». Respondió el teniente, como la primera vez, tan solamente, que lo oía, y viendo los del cabildo, que no respondía abiertamente, y con claridad a lo que se le pedía; reclamaron diciendo. Que por si, y en nombre de la república volvían a requerirle con la provisión y protestas, que le tenían hechas. Con estos aprietos, que de parte del cabildo se hacían a don Francisco; pidió que le enseñasen el capítulo de la provisión, con que le requerían, y habiéndole visto, dijo: Que conforme a ella, haría llamamiento y junta de la justicia, prelado y oficiales, para que se ejecutase lo que por ellos fuese acordado, y que de todo haría sabidor al cabildo, pero que en las protestas no consentía en todo ni en parte, para que le pudiesen parar perjuicio, y firmó esta respuesta. Con todos estos aprietos referidos no parece haber conseguido la licencia que se pedía, para vender los indios esclavos fuera de la tierra, porque en todo lo restante de aquel año no hay escrito alguno por donde conste, que la junta mandada en la real provisión y prometida en aquel cabildo, se haya hecho, ni tratádose más del caso, como cosa que no se debió de determinar, dado que para ello hubiese junta, por donde se echa de ver había ya en esta tierra gran modificación en lo tocante a esto, y que comenzaban ya a ejecutar las nuevas leyes dadas en Barcelona a 20 días del mes de noviembre del año antecedente de 1542, que aun no podían estar publicadas, y que cuando lo fueron, llenaron de aflicción y tristeza estos reinos todos, y entre ellas había un capítulo, que decía: «Íten ordenamos y mandamos, que de aquí adelante, por ninguna causa de guerra, ni otra alguna, aunque sea so título de rebelión, ni por rescate, ni de otra manera, no se pueda hacer esclavo indio alguno: y queremos que sean tratados como vasallos nuestros de la corona de Castilla, pues lo son. Y en otro siguiente se dice. De aquí adelante por ninguna vía se hagan los indios esclavos, así en los que hasta aquí se han fecho contra razones y derecho, y contra las provisiones y instrucciones dadas». En este capítulo se mandó poner en libertad los que no mostrasen sus dueños título con que legítimamente los poseían. Pero los de esta tierra parece podían mostrarle, según lo capitulado y rebeldía de los indios para los esclavos precedentes a este tiempo, aunque no ya para las guerras desde él.

Capítulo XI. Mandanse desmontar los solares para medir la ciudad: espachase procurador a España, y que instrucción le dieron

Deseaban los ciudadanos, que la traza dada para la fundación de la ciudad, se ejecutase, y así a 22 de enero el cabildo por público pregón notificó a los ciudadanos, que todos los que tuviesen señalados solares en la traza de la ciudad, dentro de veinte días los primeros siguientes, los tuviesen limpios y desmontados, para que pudiesen los diputados medir la ciudad y compasarla. No se les puede negar tuvieron buen gusto en la disposición con que la ordenaron, porque quedaron las calles capaces, iguales y derechas, como se dice en otra parte. Había junto adonde está ahora la plaza entre otros cerros, uno que llamaban el grande de los Kues, adoratorio que era de ídolos lleno de arboleda y boscaje, y porque Alonso López le desmontase a su costa, y dejase como querían, y era que se arrancase; le dieron el sitio por suyo con toda la cuadra de cuatro solares, porque siguiesen las calles derechas, y se quitase aquella fealdad. Salía una calle por sobre el cerro grande, que había junto a las casas del teniente de gobernador, que era causa de perderse solares y cerrarse las calles, sin la correspondencia que de principio a fin se había propuesto, y por evitar esto a petición del regidor Juan de Sosa, a quien estaba cometido medir la ciudad, y ajustarla, se resolvió a 23 de febrero, que aquella calle fuese por debajo del cerro, aunque los solares de aquellas cuadras quedasen mayores, porque la calle saliese donde estaba trazada, y derecha.

Llegó el tiempo en que se celebró la festividad de la institución del Santísimo Sacramento de la Eucaristía, y para que por donde había de pasar la procesión, estuviese adornado, y porque la falta de sacerdotes para llevar las andas en que había de ir colocado, no ocasionase discordia, o ya por la devoción, o por parecer aquello pertenecía a la propia estimación en que cada uno se tenia; el día antes determinaron en cabildo lo siguiente. Que en saliendo de la iglesia fuese por la calle de las casas de Gaspar Pacheco derecha, y volviese por la de García de Vargas a las casas del gobernador, y desde allí a la iglesia. Que llevasen las andas Gonzalo Méndez, y Francisco Bracamonte alcaldes, y Francisco de Tamayo y Melchor Pacheco regidores, y que los restantes llevasen las varas del palio, rigiendo la procesión Pedro Alvarez y Cristóbal de San Martín. A diez de los conquistadores mandaron fuesen en sus caballos con sus armas, para guarda de la procesión, y más autoridad del acompañamiento, y por si los indios intentaban alguna novedad. Los de a caballo fueron (permítaseme esta dilación en gracia de los ciudadanos) Juan de Urrutía, Arriola, Campo, Brizeño, Chavarría, Antonio de Yelves, otro llamado Castilla y Diego de Medina, de los dos que faltan no halló los nombres. Así lo ejecutaron al siguiente día, celebrando la festividad con mucho regocijo de los ciudadanos, y sin sobresalto alguno de los indios, queriéndolo Dios así, para que lograsen en esta primera celebración (que parece haberlo sido, pues no hay memoria de ella en el año pasado) el fruto de su devoción y consuelo que a los fieles causa la presencia de este augustísimo sacramento.

No olvidaban los conquistadores los beneficios, que de la mano misericordiosa de Dios nuestro Señor habían recibido para darle gracias, y así en memoria de la victoria que les dio el día de San Bernabé, y queda referida; a 6 de junio de este año, hizo el cabildo de la ciudad un decreto en que dicen. «Que para que quedase perpetua memoria, y siempre se diesen a Dios las debidas gracias, que pues el día de San Bernabé se había habido muy gran victoria contra los enemigos naturales de esta tierra, que en memoria de ello se jurase de guardar su día, y de hacer una procesión, y que en ella se sacase la bandera la víspera a vísperas, y el día a misa.» Muchas años he vivido en la ciudad de Mérida siendo lector, y no me acuerdo de haber visto, que se haga la memoria allí prometida en la festividad del Santo. Este fue el primer voto público, que la ciudad hizo a nuestro Señor, y se debiera mirar más por la observancia de él; por cuya cuenta corre, la tendrá de la que ha de dar a Su Divina majestad de una omisión tan grave

Ofreciósele al alcalde Pedro Alvarez salir de esta gobernación a negocios graves, que no se dice allí, si eran propios o del común, y por esto a 25 de junio depositó la vara en el cabildo hasta que viniese, y admitida la dio don Francisco con gusto de todos a Francisco de Bracamonte regidor, que el mismo día presentó en cabildo un título de capitán, que el teniente de gobernador y capitán general le había dado, para que saliese con gente, si los indios movían alguna inquietud de las que habían acostumbrado, y el cabildo le admitió por tal capitán, y halló, que hizo juramento de ejercitar fielmente aquel oficio.

Parecía ya tiempo de que se diese particular relación al rey del buen estado de la pacificación y población de esta tierra, y de enviar procurador a los reinos de España, que solicitase las cosas pertenecientes a ella, y para esto tenían ya nombrado a Alonso López, que había de ir a costa de los mismos del cabildo, y el día que se ha dicho se le dio poder para ello, y una instrucción que tenían hecha, y firmada de lo que había de solicitar para lustre y aumento de esta tierra, con condición, que si todo lo en ella contenido, o lo más de ella no lo conseguía, no le habían de dar más de la mitad ofrecida para este viaje. El poder contenía, que por el cabildo, y en voz suya pudiese parecer en los reinos de Castilla, o en otras cualesquiera partes ante la S. C. C. majestad del emperador rey nuestro Señor, y ante los señores presidente, y oidores, y ante cualesquiera otras justicias, y presentar una relación e instrucción firmada de sus nombres, que va a su majestad dirigida, relatando así la diversidad de la tierra de estas provincias, como lo acaecido en ellas: con todos los requisitos que se acostumbra en tales ocasiones, y poder de sustituirlo en todas las personas, que para conseguirlo fuese necesario. La instrucción que al procurador dieron decía así.

«Instrucción de lo que vos Alonso López habéis de pedir, allegado que seáis en corte real.»

«Primeramente pediréis a su majestad en recompensa de nuestros servicios, gastos y trabajos: atento que esta tierra es pobre, y sin provecho, que nos den perpetuos para nos, y para nuestros hijos, los indios, que nos dieren en repartimiento, porque con esta merced permaneceremos en ella.»

«Otrosí, pediréis a su majestad, que porque a esta tierra no vienen navíos con mercaderías, armas, ni caballos para nuestro menester; haya por bien de franquear a los que dentro de diez años vinieren, que no paguen almojarifazgo ni derecho; porque la codicia de la ganancia traiga contratación a esta tierra, que la causa de ser tan pobre, y sin provecho, ningún navío quiere venir.»

«Otrosí, pediréis a su majestad, que después de los días de nuestro gobernador; su majestad sea servido de nos dar por gobernador a su hijo don Francisco de Montejo nuestro capitán general en pago de los gastos y servicios, que a su majestad ha hecho, y en pago de las dádivas y buenos tratamientos, que del habemos recibido quince años.»

«Pediréis a su majestad, que porque en esta tierra tienen por costumbre los indios naturales de ella, de que se ven fatigados dar la paz, y después de que se ven, que han sembrado, y que sus sementeras no corren peligro, se vuelven a revelar, que en tal caso a los que esto hicieren, se les pueda dar guerra, y hacerlos esclavos los tomados de ella, porque muchas veces por mandar Su majestad, que primero que sean hechos esclavos informemos de ello; se causan alborotos y desasosiegos entre los naturales, viendo que quedan sin punición y castigo. Y por ser como es el audiencia de México trescientas leguas de aquí, y haber en el camino grandes brazos de mar y lagunas, y ríos que pasar, y con la tardanza muchas veces corre peligro.»

«Pediréis a su majestad, que sea servido de nos dar comisión para hacer esclavas mujeres y niños, porque se evitan muchas crueldades, que en ello los españoles hacen, viendo que de su cautiverio no se sigue provecho: y lo otro su majestad hará bien a sus ánimas de los naturales, porque los españoles los vuelven cristianos, y crían, y doctrinan en fe de Cristo.»

«Otrosí, pediréis a su majestad nos haga merced de las penas de cámara para propios de este cabildo, y fabricar un hospital, porque el cabildo es pobre, y el hospital es muy necesario.»

«Otrosí, pediréis a su majestad, porque el padre Francisco Hernández le somos todos muy en cargo, por entrar como entró en esta tierra, y no había en ella Sacerdote ninguno, ni quería entrar a causa de ser la tierra tan pobre; su majestad le confirme unos indios, que se le dieron en repartimiento, en pago del trabajo y pobreza, que en esta tierra ha pasado, y de la doctrina y ejemplo, que en esta tierra ha puesto.»

«Otrosí, pediréis a su majestad dé título de ciudad, confirmación del nombre, que nosotros le dimos, que es a tal. Ciudad de Mérida. Y nos dé por Armas de Ciudad cuatro torres, y en medio una de homenaje. En cada torre una bandera verde, y en la del homenaje un estandarte colorado en campo amarillo, armadas las torres sobre cuatro leones las cabezas a fuera; en memoria de la conquista, y población de esta tierra.»

«Otrosí, pediréis a su majestad confirme por título, y merced las estancias, huertas y caballerías, que el cabildo nos diere.»

«Otrosí, pediréis a su majestad, que los que trajeren pleitos civiles puedan apelar para nuestro cabildo, y la sentencia que nos diéremos de trescientos pesos abajo, no puedan apelar de ella para México, porque es dar ocasión, para que entre los vecinos haya pleitos, gastos y divisiones.»

«Otrosí, pediréis a su majestad, que porque somos informados, que en la ciudad de Santiago de Guatemala, su majestad ha proveído, o quiere proveer audiencia real; sea servido, que porque es aquí muy cerca y comarcana, y la contratación de ella por Tierra Firme, y grandes gastos que se hacen en el camino: nos haga merced de nos la dar por superior, o que nosotros podamos libremente ante ella pedir justicia, e interponer nuestras apelaciones.»

«Otros, pediréis a su majestad en pago de nuestros servicios no conceda oficio real de la república a ninguna persona, sino fuere a los conquistadores de esta tierra.»

«Otrosí, pediréis a su majestad, que si algún conquistador quisiere salir de esta tierra a negociar sus negocios, así a los reinos de Castilla, como a otras partes, puedan sacar libremente seis piezas para su servicio, sin que en la saca le pongan intervalo.»

«Otrosí, pediréis a su majestad todas las demás franquezas y libertades, que a este cabildo y gobernación vieredes que son necesarias, porque para todo os damos facultad y poder, aunque aquí no vayan, especificadas, porque lo que en nuestro nombre pidieredes, nos a su majestad lo pedimos y suplicamos. Para crédito de lo cual os dimos esta fecha en nuestro cabildo, y firmado de nuestros nombres a 14 días del mes de junio de 1543.»

No he podido hallar escritos del suceso de esta procuración y mercedes que pedían, ni tampoco parece pudieran alcanzar lo más de ello, porque las nuevas leyes, que a los últimos del año antecedente habían salido; eran en orden a dar por todos caminos cuanta libertad fuese posible a los indios, quitándoles toda ocasión de esclavitud. Las encomiendas se había prohibido de nuevo se diesen a eclesiásticos, y el título de ciudad y armas, no se le concedió, hasta cuando se dice en su tiempo, y así paso a referir la carta, que para el rey se le dio al procurador con la instrucción.

Capítulo XII. Refiérese una carta del cabildo, en que dice al rey el estado de la población de Yucatán.

Pareciome referir esta carta en este lugar, por ser la primera, que después de fundada la ciudad escribieron los conquistadores a su rey y señor: por ser escrita al mayor monarca de la cristiandad, a quien era forzoso se diese verdadera noticia de lo que les había pasado, y estaba sucediendo: y porque en suma dicen los muchos trabajos, que habían padecido, las necesidades toleradas en servicio de su corona, y el ánimo con que estaban para tolerarlas hasta consumar la conquista de este reino, y decía así.

S.C.C.M.

«Grande es el deseo, que en esta tierra de continuo habemos tenido, así de informar a V. majestad lo que en ella nos ha pasado, como en nos disculpar del descuido, que en no informar habemos tenido. Pero como nuestra necesidad sea por allá notoria, y nuestra pobreza sea por acá tan continua; ni V. majestad nos echará culpa de lo pasado, ni menos con clemencia dejará de oír lo presente. Ya V. majestad habrá sido informado, dende que nuestro gobernador entró en esta tierra con mucha pujanza de gente, armas y caballos, que desembarcamos en una playa junto a un pueblo de indios, que dicen Campeche, donde más dieron muchas batallas, y se pusieron en nos impedir la tierra, por ser como son indios indómitos, gente belicosa, criada desde su nacimiento en la guerra, donde contra voluntad de ellos con muertes y heridas, así de nuestra parte, como de la suya; tomamos tierra, y asentamos real, y luego con intérprete que llevábamos, nuestro gobernador los envío a hacer entender, que no veníamos a los matar, herir, ni robar, sino a hacerles entender, como hay Dios en el cielo, a quien todos los cristianos acatan, y como vuestra majestad estaba en la tierra, a quien toda la cristiandad obedecía, venera, y honra, y procurasen darnos lugar, para que los sacerdotes les predicasen el santo Evangelio. Y que a nuestro gobernador en nombre de vuestra majestad reconociesen dominio, y que los perdonaríamos todas las muertes y daños, que en nosotros habían hecho, y que adelante en vuestro real nombre los defenderíamos, si los quisiesen contrariar. Lo cual algunas veces hicieron debajo de traición y cautela, viendo que en las batallas que nos daban, de continuo perdían, y que les habíamos rompido todas sus fuerzas, y albarradas, que para defenderse, y ofender tenían. Y de esta manera muchas, y diversas veces nos armaron traiciones, y cautelas, haciéndose de concierto con todas estas provincial, que en un día y hora diesen sobre nosotros, y nos matasen, sino que Dios milagrosamente nos ha librado, así por espías, que nuestro gobernador de continuo les ha echado, como por la buena vela, y guarda-, que en nuestro real se ha tenido. Porque toda esta tierra es una lengua, una amistad y confederación, que es la mayor fuerza de ella. Y si algunos días a esta conquista no se ha acabado, no ha sido falta de esfuerzo de cristianos, sino la confederación de la tierra, que nunca hemos podido hallar en ella amigos, como en las demás conquistas de las indias se han hallado, y por tener los españoles poca voluntad a permanecer en esta tierra, a causa de no haber en ella oro, ni plata, ni otra cosa de que se saque provecho. Y en las demás tierras de este mar océano en todas hay oro y plata: la cual codicia desasosiega los corazones de los cristianos, que en esta tierra entran. Que si algunas personas en esta tierra al presente estamos, es más por las mercedes que de V. majestad esperamos, que no de la riqueza, que en esta tierra se espera. Porque en esta gobernación, como tenemos informado, no hay oro, ni plata, ni menos nos en que cogerlo: antes es la tierra estéril de aguas, así para alimentos de nuestras personas, como para criar ganados en ella.»

«La calidad de la tierra, ni es fría que nos dé pesadumbre, ni tan calurosa que nos ahogue. Es bien templada, tierra montuosa, llena toda de piedra viva, que si no hay pozos hechos de antigua edad, que los naturales hayan hecho; hacer nosotros otros, es nos muy dificultoso, por ser como es peña viva, y el agua hondable y de poca cantidad, lo cual tenemos por gran dificultad para la población de esta ciudad y Villas, que se han poblado, y quieren ir a poblar. A cuya causa, y por la gran nueva, que del Perú a esta tierra vino ha doce años: y por suspender vuestra majestad el yerro de los esclavos de rescate, que en esta tierra se hacían, se despobló, sin ser parte nuestro gobernador, ni su hijo nuestro capitán general, que con dádivas, ni promesas, ni castigos, que en la gente hizo, nunca la pudo detener.»

«Visto por nuestro gobernador lo sucedido, y el pedimento que en esta tierra quedaba, con dádivas, que a muchos de nosotros dio, y con mercedes, que de parte de vuestra majestad ofrecía quedamos algunos en un pueblo de indios, que se dice Champoton, con don Francisco de Montejo su hijo, que nos dejó en su lugar teniente, el cual nos sostuvo tres años, así con su hacienda propia, como con la del gobernador su padre, que era ido a la audiencia real de México a informar a vuestra majestad de lo sucedido, y a nos enviar socorro, así de armas, como de caballos, y otras municiones a esta tierra necesarias, el cual socorro se tardó algunos días, a causa de estar tan extendida la nueva por toda la Nueva España, que esta tierra es pobre, y sin provecho, y los indios naturales de ella valientes, belicosos, y ejercitados en la guerra hasta agora.»

«Fue Dios servido doliéndose de nuestra perdición, con gran gasto que se hizo, y ayuda de costa, que a cristianos dieron; ha entrado gente a gran costa de moneda, quedando, como quedan nuestro gobernador y su hijo empeñados, y pobres en grandes cantidades de oro y en diversas personas. Así por servir a. vuestra majestad, como por acabar de efectuar su propósito, don Francisco de Montejo con poderes del gobernador su padre, de teniente de gobernador y capitán general entró con la gente adereza, y lo necesario, y en la costa de la mar en la provincia de Acanul (Ah Canul) junto a un pueblo de indios, que dicen Campeche, asentó real y pobló una Villa, que hoy día vive, y permanece, que dicen san Francisco, y dejó en ella la guarda que era necesaria, así para la defensa de los cristianos, como para la buena guarda, y conservación de ella. Y pasó a otras provincias, que dicen de Chacán (Ah Chakan), y Quepéche (Ah Ceh Pech): cada un día con grandes batallas, que a fuerza de armas rompía la tierra y caminos, que nos tenían cerrados con albarradas pobladas de gente de guerra, donde con la ayuda de Dios, y favor de vuestra majestad, que tenemos por amparo, pasamos. Y nos mandó asentar real, y le asentamos en el riñón de la tierra, y adonde está la mayor fuerza de los indios, y copia de 34 leguas de la Villa de San Francisco y poblamos en ella la ciudad de Mérida, donde al presente quedamos pobres, gastados, cada un día con alborotos, rebatos y armas, que los indios nos dan, poniendo como pusieron por obra de morir, o echarnos de la tierra. Porque en un día y en una hora juntaron todas estas provincias, cubiertos los campos de gente de guerra se alzaron, y nos cercaron la ciudad en redonda.»

«Si no fuera por Dios primeramente, y nuestro capitán general, que tuvo toda vigilancia y aviso, y tomó la una parte de la provincia de Chacán (Ah Chakan), y salió contra ella, y se mostró tan caballeroso, que a fuerza de armas les rompió las fuerzas. Y otros sus capitanes salieron por otras bandas, hiriendo y matando, y en el alcance de la victoria corriéndolos hasta sus pueblos: los cristianos fatigados, y cansados de las batallas referidas, fallaron los pueblos quemadas las casas, los bastimentos escondidos, los pozos cerrados, que no poco detrimento padecieron nuestras vidas, así de las heridas de las batallas, como de la sed, hambre, y cansancio: que hubo muchos hombres, que dieran por bien perdida la vida, porque les hartaran al presente de agua. Porque como a vuestra majestad tenemos informado en esta tierra, no hay otra agua, si no es los pozos, y estaban al presente tan cerrados, que en tres, ni cuatro días no se pudieron destapar. Tomamos por remedio los que más libres nos hallamos de este peligro, entrar sin orden por los montes, en condición de perder las vidas, y buscar agua para nuestros compañeros. Porque los indios después de haber quemado sus casas, escondieron sus mujeres e hijos en montes inusitados de toda habitación, y con ellos llevaron algunas vasijas, que les tomamos, con que miserablemente bebimos; hasta que los naturales dieron la obediencia a don Francisco de Montejo nuestro capitán general, y a vuestra majestad reconocieron dominio.»

«De esta manera pasamos, hasta que volvimos a esta ciudad, donde no faltó voluntades, unos de despoblar la tierra, otros con razones exquisitas, pedir licencia viéndose en tantos trabajos y necesidades, y tan poco fruto, y provecho de ellos: que prometemos a vuestra majestad, y así es, que para los hombres en esta tierra comer, hay necesidad en condición de la vida salir a lo buscar. Porque luego la mayor parte de los naturales, que quemaron sus casas, tomaron sus mujeres e hijos, y se fueron dejando sus pueblos, y naturalezas, y se resistieron en tres partes. Los unos en una provincia, que dicen Chikinchel, y los otros en la provincia de Calamud, que será cuarenta leguas de esta ciudad.»

«Luego nuestro capitán general con dádivas y promesas, que dio a los soldados, despachó un capitán a la provincia de Chikinchel, y otro a la provincia de Calamud, donde hubieron muchas batallas, hasta tanto que a fuerza de armas les ganaron la victoria. Y informado nuestro capitán general de lo hecho, y la cantidad de indios, y disposición de la tierra, mandó que poblasen allí una Villa, que hoy día permanece, que dicen Valladolid. Y aderezado de todo lo necesario nuestro capitán general, salió a los que se rehicieron en la otra parte, que es en la provincia de Cochua, gente más belicosa, y más cercana de nosotros, donde hubo muchos reencuentros, y batallas, y le hirieron y mataron mucha gente y caballos, duró la guerra cuatro meses: tomándose como se tomó muy gran presa de mujeres y muchachos, los cuales luego se soltaron, porque de ellos no hay otro provecho, sino tenerlos en prisión y darles de comer. Otros muchos se mataron, y de cada día su matan, por no ser vuestra majestad servido de nos los dar por esclavos, que si vuestra majestad lo hiciera, daría causa a que los españoles de alguna cosa se remediasen, y los pobres inocentes no muriesen, porque siendo esclavos, sus amos los guardarían y criarían, y doctrinarían en fe cristiana. Y viendo que vuestra majestad no es servido, que así sea, sin poder poner en ello remedio, los matan.»

«Nuestro capitán general después de haber hecho la guerra, se informó como junto a la provincia de Cochua, pasadas unas grandes lagunas hay gran cantidad de indios, y pueblos, que son de esta misma tierra y lengua. Al presente queda aderezando para ir, o enviar a poblar allí una Villa, que será gran seguridad de esta tierra, porque viéndonos los naturales de asiento en tantas partes, no pueden dejar de servir, y olvidar la guerra, y volverse a sus asientos y naturalezas. Porque toda su intención, es como a los primeros cristianos echaron de esta tierra con guerra; así harán agora a nosotros.»

«De cada día entre los soldados hay clamores, y novedades. Unos se quejan, que pierden el tiempo: otros que quieren ir a trabajar donde de su trabajo saquen provecho; otros reclaman, que han gastado lo que en otras tierras ganaron. Sino que nuestro capitán general a unos con dádivas, a otros con promesas pone ánimo, que vuestra majestad nos hará por nuestros trabajos y necesidades, mercedes, porque no tienen por grave la hambre, sed y trabajo, sino el poco provecho, que de ella se espera.»

«Tomamos por consejo todos ayuntados dar la voz a nuestro cabildo, para que escribiésemos, e informásemos a vuestra majestad para ver el fin de las mercedes, que de parte de vuestra majestad se nos ofrecen. Humildemente suplicamos, y pedimos en remuneracion de los servicios, y trabajos, se vean ciertos capítulos, que Alonso López, vecino de esta ciudad, en una instrucción firmada de nuestros nombres lleva. Y vistos pues son justos, y a esta tierra necesarios, vuestra majestad nos los conceda, con lo demás, que nuestro procurador se quisiere alargar, que para todo lleva poder. Que haciéndolo así vuestra majestad, Dios nuestro Señor será muy servido en la población de esta tierra, y la corona real de vuestra majestad será aumentada. Donde no vuestra majestad sea servido de dar orden, como Yucatán se pueble, porqué acá no podremos, ni otro remedio tenemos, sino es que este alcancemos. Cuya S. C. C. majestad nuestro Señor guarde su imperio, y real corona acreciente, como vuestra majestad desea. De nuestro cabildo de la ciudad de Mérida, a 14 días del mes de junio de 1543. Pedro Alvarez, alcalde. Gonzalo Méndez, alcalde, Cristóbal de San Martín, Francisco de Bracamonte, Melchor Pacheco, Juan de Sosa, Rodrigo Alvarez, Julián Donzel, Hernán Muñoz, Juan de Salinas.» No hay más regidores firmados.

Capítulo XIII. Pónese un testimonio del obispo Landa, que confirma lo referido, y otras cosas, que en la ciudad se ordenaron

Por lo que casi al fin desta carta dice el cabildo en ella. se echa de ver, que no hacen relación al rey más que de los sucesos, que en la segunda entrada acaecieron, pues dicen allí. «Porque toda su intención es, como a los primeros cristianos echaron de esta tierra con guerra, así harán ahora a nosotros.» Y esto pareció advertirlo, por lo que se dice al principio, que entró el gobernador en esta tierra desembarcando en una playa junto a Campeche, y por allí se prosiguió la conquista. Ni aun aquí parece refieren los sucesos con la claridad de tiempos para una historia necesaria, pues se puede entender de lo que dicen, que cuando sucedió la gran victoria del día de San Bernabé, estaba ya fundada la ciudad de Mérida, y fue el año antes de su fundación. Con la verdad de los sucesos, no debían de reparar en la circunstancia de los tiempos. Lo referido para no cansar más, fue lo que escribieron, y referiré un testimonio, que aunque no se dio en este tiempo, confirma lo escrito, y por eso me pareció ponerle en este lugar, pues es digno de todo crédito por la dignidad de la persona, por la santidad de su vida, y por haber sido libre censor de lo que no parecía, conforme a toda cristiandad en aquellos primeros tiempos, y fue el segundo obispo, que hubo en esta tierra don fray Diego de Landa, de quien después se hace memoria muy por extenso.

La ocasión de darle fue, que por el año de 1574, necesitó esta tierra de informar al rey, como apenas se podía vivir en el la, sin que las rentas de las encomiendas de los indios, se diesen a los hijos y nietos de los conquistadores, conforme a lo que por cédulas reales estaba ordenado. Los alcaldes de la ciudad hicieron información jurídica para remitir al consejo por el mes de febrero de aquel año, y para que tuviese más autoridad, pidieron al obispo, y personas más calificadas testificasen lo que sentían en lo articulado del interrogatorio. En la tercera pregunta de él se proponen los trabajos de los conquistadores, y belicoso natural de los indios, a que responde el obispo debajo de la asertiva de su santa consagración estas palabras: «Que lo que sabe es, que fueron tan belicosos los indios desta provincia, y tan hombres de hecho, que hicieron despoblar al Adelantado Montejo una población, y ciudad, que tenia poblada en Chichen Ytzá, de más de cuatrocientos vecinos a lo que ha oído, y le echaron de toda la tierra con mucho daño suyo, y de su gente. y los matarán a todos, sino se fueran retirando, y así estuvo la tierra ocho años, sin tornar a entrar español en ella. Y después que tornó don Francisco de Montejo, hijo, y teniente del dicho Adelantado con ejército formado, le detuvieron dos años de día en día en Champoton, pueblo de la entrada de esta provincia, defendiéndoles la entrada de ella con pura guerra. Y si no fuera por el ayuda, que deste pueblo, y de otros sus amigos, y de una provincia entera, llamada Tutul Xiu, tuvieron; no fuera posible conquistar por entonces la tierra. La cual tuvo toda la aspereza, y faltas de agua que la pregunta dice, y allende desto mucha resistencia en los naturales, y entre ellos muchos hombres de hecho, que sino fuera por su desnudez, fuera cosa muy dificultosa acabarlos de sujetar, y así lo fue. Y después de ya sujetos son tan hombres, que se tornaron al alzar (de esto se da razón después) y mataron diecisiete españoles, y cuatrocientos criados suyos, y los mataran a todos, si no fuera por particular auxilio divino. Y esto sabe por haber sido muy público en esta provincia, y haber estado en ella recién acaecido lo susodicho, y esto dice de esta pregunta. Lo mismo testifica el provincial, que era de esta provincia el R. P. fray Thomé de Arenas, y el licenciado don Cristóbal de Miranda, primer Deán de este obispado, con otras personas eclesiásticas, y desinteresadas.»

No hallo, que por estos meses sucediese cosa particular en la ciudad de Mérida, más que señalar vecindades, tratar de solares, y tierras, pero parece haber salido don Francisco fuera de ella, y habiendo do volver hizo el cabildo un decreto, que dice. «Ordenaron, y mandaron, que se salga a recibir el muy magnifico señor don Francisco de Montejo nuestro capitán general, que viene a esta ciudad, y que sea en la forma siguiente. Que salgan delante los señores de cabildo, Justicia, y regimiento, y que ninguno se adelante, so pena de diez pesos de oro. Otrosí, ordenaron escribir una carta al señor capitán general, para que les haga saber de su entrada, cuando será en esta ciudad, la cual se le escribió. Otrosí, ordenaron, y mandaron, que entre los vecinos de esta ciudad se limpie el camino de Zivical, desde la ciudad hasta la Cruz, y que cada uno limpie, según la posibilidad que tuviere de indios, so pena de dos pesos para las obras públicas.» Por este decreto dan bien a entender los conquistadores, no haber sido cosa de cumplimiento lo que de su capitán general escribieron al rey, sino verdadera estimación, y aprecio, que de su persona hacían, reconocidos a los beneficios, que dél habían recibido, como en la carta confiesan; pues voluntariamente con esta solicitud previenen la ciudad para que le reciba.

Después experimentados algunos inconvenientes en razón de compras, y ventas, para evitarlos, ordenó el cabildo de la ciudad 19 de noviembre lo siguiente. «Primeramente, que ninguna persona, vecinos, estantes, y habitantes de la dicha ciudad, fuese osado a mercar ninguna mercaduría de las que trajesen a ella los mercaderes, que viniesen dentro de nueve días, para tornarlo a revender, pena de 50 pesos de oro: la tercia parte para la cámara de su majestad, y la otra tercia parte para obras públicas, y la otra tercia parte para el acusador. Y si después de los nueve días alguna de las dichas personas lo comprare, sea obligado a manifestarlo ante los diputados de la ciudad, para que se pregone públicamente, para que los vecinos puedan tomar por el tanto lo que hubieren menester, y esto en otros nueve días.» Bien necesario parece era de presente renovar este decreto (no puedo dejar de decirlo, porque toca al bien común) pues cuanto viene de fuera lo compran algunos, y no muchos, que tienen caudal, y estos lo revenden después como les da gusto, y por los precios que quieren, encareciéndose por haberlo guardado, y costando ocho lo que pudiera comprarse por cinco. Baste esto para aquí, que a quien tocare el gobierno mirará la obligación que tiene.

«Otrosí, ordenaron, y mandaron que las mercadurías de cualquier suerte, y condición que sean, que entraren en esta dicha ciudad, no salgan, ni pasen de ella dentro de nueve días, porque si la ciudad tuviere necesidad de algunas cosas se provean: con la misma pena de arriba, salvo si no fuere con licencia del señor Gobernador, y cabildo de esta ciudad.»

«Otrosí, ordenaron y mandaron, que de aquí adelante lleven los diputados por su salario, como es uso y costumbre en otras ciudades, y Villas de todo lo que pusieren, con tanto, que del vino no lleven más de media arroba de cada veinticinco arrobas: una cuartilla para los diputados, y la otra cuartilla para el almotacen.»

«Otrosí, ordenaron y mandaron, que ningún mercader, ni otra persona sea osado de hoy más de no medir cosa ninguna, así vino, aceite y vinagre, seda, paño, ropa, ni otras cosas, su vara y medida, que no sea dada por los señores diputados: con la pena de arriba, y más todo lo que hayan medido. Y mandaron se pregonase, como se hizo, para que a todos fuese notorio lo nuevamente ordenado, y que nadie pretendiese alegar ignorancia, y señalaron un palo de cedro para vara de medir, con cinco sellos a manera de O, y una botija con tres O O O asidas unas en otras.» Hame llevado la pluma a acabar las cosas de la ciudad en este año, por no interrumpirlas, y así volveré a dar razón de la resulta de la guerra, que se hacia en lo oriental de esta tierra.

Capítulo XIV. Fúndase la Villa de Valladolid en la provincia de Conil

Díjose en los capítulos antecedentes, como el Adelantado don Francisco de Montejo dio poder a su sobrino el capitán Francisco de Montejo, para pacificar lo oriental de esta tierra de Yucatán, y poblar una Villa. Dejámosle batallando con los indios, que se llaman en esta tierra los Kupules (Ah Cupul), que mientras pudieron, procuraron conservar su libertad, a veces con las armas, y a veces con traiciones. La perseverancia de los españoles venció todas estas dificultades, discurriendo por aquellas comarcas por el año de 42 y entrado el siguiente, teniendo ya aquello en buen estado; pareció bien fundar la Villa, para sujetar del todo a los indios, que en ella los verían avecindados. Para esto juntó el capitán Francisco de Montejo todos sus españoles en el sitio de Choáca (Ah Chauac Ha) (o Chauachaá, como dicen los indios) y hízoles de nuevo notorio el poder, que del Adelantado traía; y habiéndole oído y obedecido; dijo a Juan López de Mena, escribano del juzgado de esta gobernación, que aquel sitio había parecido a propósito para la fundación de la Villa, que se trataba de poblar en nombre de su majestad, y que había de ser nombrada, y puesta debajo del yugo, y servidumbre de su majestad, y para que en ella se predique, y cante el Santo Evangelio, y de como así lo decía, que lo quería hacer y hacia, pidió al dicho escribano se lo diese por testimonio. No habiendo contradicción de alguno de los presentes, procediendo a la ejecución; inmediatamente a 28 días del mes de mayo de 1643, dijo: «Que en el nombre de Dios todo poderoso, y de la gloriosa Virgen MARIA su madre, nombraba, y nombró a la dicha Villa, que se ha de poblar. La Villa de Valladolid.» Y asimismo dio por título, y advocación de la iglesia, que en la dicha Villa se hubiese de hacer, en donde los oficios Divinos se habían de celebrar el de nuestra Señora de los Remedios. Y por ser la fundación de la dicha Villa, y iglesia, en día y fiesta de san Jerbas, le tomasen por abogado.

No puedo pasar adelante, sin notar la gran devoción, que los conquistadores tuvieron con la Reina del cielo, y Madre de Dios Señora nuestra, pues todas las iglesias de la cristiandad de este reino las consagran a su Santo nombre, y las ponen debajo de su protección y amparo, esperando dél, y de su clemencia la conservación de estas repúblicas; no afianzándolas a la vana seguridad de constelaciones astrológicas, ni puntos fatales, pues la conservación de ellas, de los reinos, y de todo depende de la Providencia divina, para con quien es tan valedora esta Gran Señora. Ya se vio, que la de Campeche fue con título de la Concepción de la Virgen MARIA: la de la ciudad de Mérida, con título de la Anunciación, y Encarnación del Verbo Eterno en su virginal vientre purísimo, aunque parece habían determinado dedicarla al glorioso san Ildefonso, como se dijo ya, y ahora la de Valladolid la dedican esta misma Señora, con título de los Remedios, que también parece misterio, porque no quedase defraudado el que se dio, cuando se hizo erección de obispado de esta tierra con él al principio de su descubrimiento, y se nombró por obispo al señor don fray Julián Garces, que fue el primero de la Puebla, como también se dijo en el primero libro.

Determinado el sitio donde se había de fundar la iglesia (cuyo cura o ministro eclesiástico, no he hallado su nombre hasta ahora, ni está en el auto de esta fundación escrito, como el de Mérida, ni allí se hace mención por donde se entienda le había) se procedió al gobierno secular, nombrando por alcaldes a Bernardino de Villagomez, y a Francisco de Zieza. Mandólos parecer ante si el capitán, y justicia mayor, habiendo jurado cada uno de por si el juramento acostumbrado les entregó las varas de la real justicia, y fueron admitidos los nuevos alcaldes. Luego nombró por regidores a Luis Díaz, Alonso de Arévalo, Francisco Lugones, Pedro Díaz de Monxibar, Juan de la Torre, Blas González, Alonso de Villanueva, y Gonzalo Guerrero, que también hicieron su juramento. Nombró para ejecución de la real justicia lugar, donde se pusiese horca y picota: un cerro altosano, que está (dice) a la entrada de la Villa entre el camino que viene de Aké (donde tuvieron la primera batalla, cuando desembarcaron de España, como queda dicho) y el camino, que va al pueblo de Choáca (Ah Chauac Ha). Por procurador fue asignado Pedro de Molina, y por escribano público y de cabildo Juan de Cuenca, y mayordomo de la Villa Baltazar de Gallegos. Habiendo firmado todos los nombrados en los oficios, según se iban haciendo los autos de sus nombramientos, dio fe y testimonio el nuevo escribano de todo lo referido. El libro de cabildo que hoy tiene la Villa de Valladolid, y la curiosidad del capitán Tomas Gutiérrez Páramo, juntó y encuadernó siendo su escribano; no tiene los autos de esta fundación, que no los debió de hallar, y comienza desde la primera petición, para mudarla donde ahora está, como so dirá en el capítulo siguiente. Dióme un traslado auténtico, que tiene un vecino de ella, entre sus probanzas, por donde lo escribí, como se ha visto. Los nombres de los que en ella se avecindaron, están los más de ellos en una relación, que el bachiller Sánchez de Aguilar, siendo su vicario y beneficiado, hizo por mandado del obispo don fray Juan Izquierdo para remitirla a la majestad del rey don Filipo III nuestro señor, que está en gloria; pondrelos todos, y algunos más, que allí no se nombraron, y no se entienda, que ponerlos primero, o postreras, es preeminencia particular fuera de los señalados en los oficios, sino que los escribí como ocurrieron a la pluma.

El capitán Francisco de Montejo fundador y justicia mayor. Bernardino de Villagomez, y Francisco de Zieza, alcaldes. Luis Díaz, Alonso de Arevalo, Francisco Lugones, Pedro Díaz de Monxibar, Juan de la Torre, Blas González, Alonso de Villanueva, y Gonzalo Guerrero, regidores. Pedro de Molina, procurador. Juan de Cuenca, escribano. Baltazar de Gallegos, mayordomo.

Andrés González de Benavides.
Juan de Azamar.
Juan López de Mena.
Blas González. Otro.
Marcos de Salazar.
Alonso Báez.
Francisco Hernández Calvillo.
Juan Nuñez.
Alvaro Osorio.
Juan Enamorado.

Toribio Sánchez.
Juan Gutiérrez Picón.
Marcos de Ayala.
Martín Ruiz Darce.
Diego de Ayala.
Juan de Cárdenas.
Juan de Contreras.
Juan López de Recalde.
Rodrigo de Cisneros.
Alonso González.
Francisco Martín.
Francisco Hernández.
Esteban Xinobes.
Juan Bote.
Juan de la Cruz.
Juan de Morales.
Martín Garrucho.
Francisco de Palma.
Gaspar González.
Pedro Zurujano.
Francisco Hurtado.
Pablos de Arriola.
Pedro de Lugones.
Mizer Esteban.
Francisco Ronquillo.
Pedro Costilla.
Santistevan.
Antón Ruiz
Pedro Duran.
Damián Dovalle.
Martín Recio.
Miguel de Tablada.
Juan de Palacios.
Pedro de Valencia.

Giraldo Díaz.
Alonso Parrado.
Belez de Mendoza.
Martín de Velasco.
Juan Rodríguez.

El licenciado Juan Cano Gaitán por mandado del cabildo sedevacante, el año de 1637, hizo una relación de las cosas de esta Villa, para remitir al bachiller Valencia, que la pusiese en la que se envió al coronista de su majestad, como por cédula real estaba ordenado; dice, que esta fundación, sería (palabras son suyas) por fin del año de 1542, y en este lugar (dice) el sacerdote clérigo, que les administraba, erigió, y tuvo iglesia, y les administró los sacramentos, &c. Después escribiendo los nombres de los pobladores, principia diciendo: licenciado Hernando de Andrada, licenciado Acosta clérigo, y luego prosigue los demás seculares. Bien se echa de ver esto fue hablar a tiento, pues dice. Esta fundación sería por tal año, y con esta seguridad propone dos clérigos. Mucho antes hizo el bachiller Aguilar la otra relación que he citado, y era también natural de la misma Villa, y allí no se atrevió a decir, que en el primer sitio y población, que voy refiriendo, hubiese clérigo, aunque luego tratando del segundo sitio, donde ahora está, dice estas formales palabras «Y teniéndola poblada en paz y concordia, y prosiguiendo en la conversión de los naturales cada conquistador en sus pueblos, acudiendo a doctrinarlos y enseñarles la verdadera religión cristiana y preparándolos para el santo bautismo los que en aquella sazón no estaban bautizados por falta de sacerdotes y religiosos, porque tan solamente vino a esta conquista con los dichos soldados un clérigo, llamado Fulano de Mendoza.» Aunque el bachiller Valencia tuvo la relación del licenciado Cano su paisano; tratando en la suya de esta primera fundación de su patria, no trae nombre de clérigo alguno, aunque en otra parte refiriendo la segunda fundación, como se verá. en el capítulo siguiente, dice así: «Está a la banda del Sur la santa iglesia parroquial, cuya erección hizo el padre Francisco Hernández clérigo ministro de la conquista, &c.» Aseguro con toda verdad, que como el de este, dejo escrito en diferentes partes, si hubiera hallado otro nombre en escritos auténticos, o siquiera de aquellos tiempos le hubiera puesto, porque lo contrario fuera faltar a la verdad, por favorecer la parte de mi religión, que fuera injusticia, y no dar a cada uno lo que es suyo. Para no incurrir esta omisión, digo, que solamente hay en el libro de cabildo de la fundación de Mérida, fuera del nombre del padre Francisco Hernández, otro, que se dice Jerónimo Gutiérrez, para el cual pidió el alcalde Pedro Alvarez vecindad en un cabildo, que se tuvo a 19 de septiembre de aquel mismo año de 43, y le fue respondido, que pareciese presente, y le recibirían, y la fundación de la Villa ya se ha visto, como fue a 28 del mayo antecedente. Pero también hay en el mismo libro, que a 19 de enero del mismo año, presentó el portero de cabildo en él una petición, en que se dice. «Que fray Juan pedía a sus mercedes le hagan merced de un solar en la traza de esta ciudad, en la cual está al presente una casa, de la cual el muy magnifico señor le hizo merced.» Y esta se la concedieron. No puedo afirmar, que fray Juan fuese este, porque ni allí se pone su apellido, ni de que religión fuese. Notorio es, que en Yucatán no hubo otra religión en muchos años, y así parece se puede conjeturar, sería fray Juan de Herrera el lego, de quien se hará relación en el libro quinto, y que este es el sitio donde tenemos el convento principal, porque es cierto le dio el general, y que era suyo, y en él debía de tener alguna casa para señal, de que allí había de edificar una de las fortalezas capituladas; porque adonde había de fabricarla, es cierto que está fundado el convento. Y aun esto parece dar a entender, vinieron los religiosos este año, pero consta de otras partes haber venido el de 46. Pudo ser viniese el dicho religioso antes a prevenir donde morasen. Esto no importa mucho, y así baste esta advertencia.

Capítulo XV. Mudan la villa al sitio en que está, y fundan la de Salamanca en Bakhalál

El asiento, o sitio de Choáca (Ah Chauac Ha), donde fundaron la villa de Valladolid, dista seis leguas de la mar, poco más o menos, y se sale a ella camino derecho para el puerto, que llaman los españoles el Cúyo, escogido por cercano, para proveerse de las cosas necesarias de Castilla, y otras partes por la mar. Aunque experimentaban esta comodidad, hallaron otros inconvenientes, así para los españoles, como para los indios contra los órdenes reales, que mandaban a tirar por su buen tratamiento y conservación, siéndoles lo menos penosos, que pudiesen. Pasaron, lo restante del año de 43 con forma de población, trazada plaza y calles con casas pajizas, como las de los indios, mientras se podían edificar de piedra. Entrado el año de 44, no pareciendo a propósito el sitio, trataron de mudarse al asiento de Zaqui (Zac li), donde está ahora. Para esto a 14 de marzo, Pedro de Molina procurador de la villa, continuado en su oficio, en nombre de ella presentó una petición al capitán Francisco de Montejo justicia mayor, pidiendo se mudase la villa y las razones que para ello dio, fueron: «Que se había fundado en aquel sitio, no conociendo la calidad de la tierra, ni salud de ella, que era lugar enfermo el asiento de la villa, con lo que se alcanza de la costa, que es tierra baja, húmeda y doliente. Los españoles que en ella residimos (dice) hemos estado dolientes y lo estamos, y algunos conquistadores de la dicha enfermedad se han muerto, y otros muchos viven enfermos, a cuya causa no osando residir en esta dicha villa, se están en sus pueblos. Allende, que del servicio y esclavos que teníamos, se nos han muerto la mayor parte, así hombres como mujeres y de cada día enferman y mueren. Y los naturales que en esta costa residen, dicen ser doliente, y viven hinchados y barrigudos, y dolientes, y mueren muchos de ellos, por donde han venido en grande disminución los pueblos. Y si esta dicha villa no se muda a otra parte más dentro de la tierra, pereceríamos de enfermedad, o ya que esto no fuese, podría ser que viéndonos los naturales enfermos, y que por falta de salud nos velamos, y estamos divididos en los pueblos, darían sobre nosotros, y nos mataran (no era en vano este recelo como se verá) y se perderá el servicio de Dios y la obediencia, que a su majestad tienen dada. Porque pido a vuestra majestad por mí solo: y en voz de república de parte de su majestad requiero una, dos y tres veces, y las que de derecho soy obligado mude esta dicha villa a otro asiento, que no sea en la costa, no embargante, que el señor gobernador manda se pase a Conil, que es en la dicha costa, y es más bajo, húmedo y cenagoso y doliente, y más fuera de comarca, que este asiento; al sitio de Zaqui (Zac li) pueblo de indios, que es sano, llano, abundoso de leña y aguas, y pastos, y la tierra adentro: más en comarca para nuestro servicio, y menos vejación de los naturales, que donde ahora estamos; visto, y experimentado por españoles muchos años ha. Y si así vuestra majestad lo hace, hará lo que es obligado: donde no, protesto contra vuestra majestad todos los daños, que a los conquistadores y pobladores se les recreciere, y el perjuicio y muertes que se recrecieren en nuestras personas y nuestro servicio, y en los naturales de los pueblos, que tenemos encomendados, que por venir a servir de lejos a tierra enferma mueren y vuelven dolientes. Demás, que me quejaré a mi rey y señor, como de persona, que no procura el bien, utilidad y pacificación de los naturales. Y de como lo pido y requiero, pido al presente escribano y a los señores del cabildo me sean testigos».

Parece, que los conquistadores viendo que el sitio de la villa no era a propósito para permanecer, le habían escrito al adelantado, y había remitido orden, para que se pasase al asiento de Conil, que hallaban por tan malo como el presente. El capitán Francisco de Montejo solamente respondió a la petición, que en ella pedían lo que eran obligados, y que lo oía; pero salido de allí no se trataba de cosa. Por esto el procurador a 17, dio otra petición con las mismas protestas, y no hubo más respuesta, que la pasada; y así a 19 dio tercera, que no tuvo mejor despacho, que las antecedentes. Entonces el cabildo pidió al escribano testimonio de lo que pasaba, para recurrir adonde debiesen a pedir justicia. Mediante esto, mandó el capitán Francisco de Montejo se procediese a información jurídica de lo contenido en las peticiones. Hízose como se estaba experimentando, con que se despobló la villa del sitio de Choáca (Ah Chauac Ha), y se mudó donde hoy permanece. Por lo referido se ve no dijo bien el licenciado Cano en su relación, afirmando, que a 14 de marzo se despobló la villa. Solamente lo titular de la iglesia se mudó en la Anunciación de nuestra señora, quizá (dice aquella relación) porque llegaron su víspera, a 22 de marzo al nuevo sitio de Zaqui (Zac li); pero de lo uno, ni lo otro no hay escrito auténtica que lo diga para certificarlo.

No había sido sola la atención de los conquistadores formar aquel la población, que en el mismo tiempo solicitaban pacificar la provincia de Cochuá, donde al capitán Alonso Dávila sucedió lo que se dijo. Había dado el adelantado poder para ello al capitán Gaspar Pacheco, con título de capitán general y teniente de gobernador suyo, y a su hijo Melchor Pacheco de maestro de campo de aquella conquista. A 3 de enero del año pasado de 1543, presentó Gaspar Pacheco su título ante el cabildo de la ciudad de Mérida, con petición en que decía, que para poner en ejecución lo que le ordenaba el adelantado, necesitaba de ir a la Nueva España a recoger gente, que poblase aquella provincia (que allí llama de Vaymil) y prevenir otras cosas necesarias para la pacificación, y que así le diesen licencia a él, a su hijo Melchor Pacheco, y a Alonso López Zarco, para ir a prevenirse de todo. La respuesta del cabildo fue, que remitían el proveimiento al general don Francisco de Montejo, para que ordenase lo más conveniente al servicio de Dios, de su majestad y bien de la ciudad. Que fuese a la Nueva España juntar la gente y demás cosas, que en la petición dice, no he hallado escritos con que afirmarla; pero juzgo que fue, porque no se hizo la entrada aquel año, que le debió de gastar en prevenirse, hasta el siguiente de 44, en que pacificaron aquella tierra. Salieron, pues, de la ciudad de Mérida los dos Pachecos, padre y hijo, acompañándolos muchos vecinos de ella, que no dieron lugar al ocio, hasta tener sujeta toda esta tierra al dominio de su majestad. Andando en la conquista de aquella tierra, enfermo el general Gaspar Pacheco, por cuya causa se hubo de volver a la ciudad a curar. Tenía poder del adelantado para sustituir aquella pacificación, y así dejó en su lugar a su hijo Melchor Pacheco, que la concluyó, venciendo las dificultades de albarradas, palizadas y otras fortificaciones que los indios habían hecho, en cuyos encuentros murieron algunos de los conquistadores. Pacificado aquello en un asiento, que los indios llaman Bakhalál, cerca de ochenta leguas de la ciudad de Mérida, a la parte oriental, declinando al mediodía en el sueste; fundaron en el nombre del rey una nueva villa, a que llamaron Salamanca, poniendo en ella un alcalde y algunos regidores, por ser pequeña población, que casi no ha tenido aumento, y aun estos años pasados los que en ella había, no pudiendo defenderse de los cotidianos enemigos, como eran tan pocos, han estado retirados la tierra adentro. Tiene puerto de mar en la costa de Honduras, y confina con los indios de la Verapaz, Ytzaes, Chinamitas y otros, de que adelante se trata, y se están por conquistar. Fundada aquella población, los conquistadores, que no quedaron por vecinos, dieron vuelta a la ciudad de Mérida, y noticia a su general de lo sucedido, con que se comenzó a gozar de más quietud, y esto dice el bachiller Valencia, fue por fines del año de 1545. Ya tenemos todo el distrito de esta tierra al parecer pacífico, y para su mayor seguridad fundadas en ella tres Villas, y una ciudad de españoles; pero cuan contra el gusto de los indios, haya sido, se verá, por lo que poco después sucedió, y se refiere adelante en el libro quinto.

Capítulo XVI. Nombres de los conquistadores que se avecindaron en Mérida, cuando se fundó la ciudad

Por el libro de cabildo de la fundación de la ciudad de Mérida, constan los nombres de los conquistadores, que en ella se avecindaron, cuando de nuevo se pobló, y son los que en este capítulo se refieren. No todos se avecindaron luego, porque fue en el discurso de los dos primeros años, y esto se ocasionó de andar en la pacificación de lo oriental de esta tierra, porque no fueron suficientes para ella, los que solamente quedaron por vecinos de las dos Villas de Salamanca y Bakhalál. El primero que pidió ser recibido por vecino, fue don Francisco de Montejo, hijo del adelantado, su teniente de gobernador y capitán general de esta conquista, y luego el mismo día quedó admitido por el cabildo, y también los primeros alcaldes y regidores quedaron avecindados. Pondré los nombres por el orden que siguen las letras, con que satisfago a algunos reparos en la antelación, y así van como ocurren.

Alonso de Reinoso.
Alonso de Arévalo.
Alonso de Molina.
Alonso Pacheco.
Alonso López Zarco.
Alonso de Ojeda.
Alonso Rosado.
Alonso de Medina.
Alonso Bohorques.
Alonso Gallardo.
Alonso Correa.
Andrés Pacheco.
Antonio de Yelves.

Bartolomé Roxo.
Blas Hernández.
Beltrán de Zetina.
Baltasar González.
Baltasar González, otro portero de cabildo.

Cristóbal de san Martín.

Diego Briceño.
Diego de Medina.
Diego de Villareal.
Diego de Valdivieso.
Diego Sánchez.

Esteban Serrano.
Esteban Martín.
Esteban Iñiguez de Castañeda.

Francisco de Bracamonte.
Francisco de Zieza.
Francisco de Lubones.
Francisco de Arzeo.
Francisco Tamayo.
Francisco Sánchez.
Francisco Manrique.
Francisco López.
Francisco de Quiroz.
Fernando de Bracamonte.

Gaspar Pacheco.
Gonzalo Méndez.
Gaspar González.
García Aguilar.
García de Vargas.
Gómez de Castrillo.

Hernando de Aguilar.
Hernán Muñoz Baquiano.
Hernán Muñoz Zapata.

Hernando de Castro.
Hernán Sánchez de Castilla

Jerónimo de Campos.
Juan Urrutia.
Juan de Aguilar.
Juan López Mena.
Juan de Porras.
Juan de Oliveros.
Juan de Sosa.
Juan Bote.
Julián doncel.
Juan de Salinas.
Juan Cano.
Juan de Contreras.
Juan de Magaña.
Joanes Vizcaíno.
Juan de Parajas.
Juan Ortes.
Jorge Hernández.
Juan Vela.
Juan Gómez de Sotomayor.
Juan Ortiz de Guzmán.
Juan de Escalona.
Juan del Rey.
Juan de Portillo.
Juan Farfán.
Jacome Gallego.
Juan López.
Juan de Priego.
Juan Caballero.
Maese Juan.

Luis Díaz.

Lucas de Paredes.
Lope Ortiz

Melchor Pacheco.
Licenciado Maldonado.
Miguel Hernández.
Martín de Yriza.
Martín Sánchez.
Miguel Rubio.
Martín de Iñiguez.
Melchor Pacheco el viejo.

Nicolás de Gibraltar.

Pedro Díaz.
Pedro Costilla.
Pedro Galiano.
Pedro Álvarez.
Pedro de Chavarría.
Pedro Díaz Poveda.
Pedro Muñoz.
Pedro de Valencia.
Pedro Franco.
Pedro Fernández.
Pablo de Arriola.
Pedro García.
Pedro Álvarez de Castañeda.
Pedro Hernández.

Rodrigo Álvarez.
Rodrigo Nieto.
Rodrigo Alonso.
Rodrigo Camiña.

Sebastián de Burgos.

El traslado de una relación de los nombres de todos los conquistadores, que anda en esta tierra en muchas manos, tiene los más, que aquí están escritos; pero dícese en su título, que se halló en la pared de nuestro convento de Mérida, en una cajita de plomo, rompiendo para el arco, donde está el altar de Cristóbal de Paredes, y aun algunos (juzgo que no con buena intención) han dicho que se hallaron otros papeles con ella, que era en daño de diversas personas. Lo que puedo asegurar, que cuando se abrió aquel arco vivía en el convento el reverendo padre fray Juan Coronel, padre de esta provincia, y tan conocido en ella, y preguntando, si tal había sucedido, me dijo, que no, ni aquellos, ni otros algunos papeles se habían hallado en la tal pared, y que si hubiera sucedido, era fuerza lo supiese, como religioso y grave, y que en el convento obtenía el primer lugar después del guardián. Nadie sabe de cierto, quien sembró este rumor, y así vuelvo a decir, que juzgo fue algún mal intencionado, así por lo dicho, como porque remata diciendo, que algunos nombres se hallaron escritos, y que tienen algunas cifras al cabo, dando a entender, que son señales originales de causas, que pueden ocasionar desdoro. Adviértolo, porque no merece crédito en lo uno, ni en lo otro.

Lo cierto es, que en las guerras referidas de la conquista de esta tierra, murieron más de seiscientos españoles, y después del último rebelión y alzamiento, que se dirá adelante quedaron ciento y noventa calificados por conquistadores de Yucatán, sin los hijos, y deudos de los primeros, que por haber muerto en la conquista no merecieron menos, como lo alegó don Juan Grau y Monfalcon, procurador general en la corte de su majestad, en un memorial informatorio, que dio al rey nuestro señor en su real y supremo consejo de las indias, por la ciudad de Mérida, cabeza de Yucatán, sobre las pretensiones de la ciudad y provincia, impreso en Madrid año de 1644. El centésimo antes de 544, hallo solamente en orden a gobierno cosa memorable; haberse tenido nuevo orden en lo tocante a bienes de difuntos, porque se publicó y mandó ejecutar la real provisión, que la cesárea majestad del emperador Carlos V, que está en gloria, había dado en Granada 9 de noviembre de 1526 años, para evitar los desórdenes y fraudes, que en ellos había.

A principio del año de 1545, lunes 5 de enero, después de una gran tormenta, que padeció el bajel, en que venía de España a su obispado el señor don fray Bartolomé de las Casas, obispo de Chiapa, con los religiosos de la orden de nuestro padre santo Domingo, que fueron los primeros fundadores, que con asiento formaron aquella su provincia de Chiapa y Guatemala; dieron vista al puerto de Campeche o San Lázaro, que habían llamado por lo que se dijo en el libro primero. No pudieron aquel día coger puerto, y hubieron de quedar en tres brazas de agua, haciendo farol en el bajel, y correspondiéndoles de tierra con otro, que les pusieron. Aquí fue donde antes de salir a tierra hizo el señor obispo a los religiosos aquella plática, que refiere el padre Remesal en su Historia, en que les refirió las crueldades de los españoles con los indios en los primeros años de la conquista, y de que se dio razón en el libro segundo. Enviaron el día siguiente a la mañana el batel a tierra, que diese nueva de la llegada del obispo, y como a las nueve del día volvió a bordo, y en él el clérigo o cura del lugar, y cuatro o cinco españoles con muchas canoas de indios, para ayudar a lo necesario. La playa se llenó de gente para recibir en el desembarcadero al obispo, que saliendo a tierra dio su bendición a todos los presentes. Fueron a la iglesia, y aunque la festividad era tan grande como día de los santos reyes, no pudieron decir más de una misa, por ser ya muy tarde. Saliendo de la iglesia, para llevar al obispo a la casa de su hospicio, pidieron los vecinos a los religiosos, para dársele en sus casas y regalarlos, como lo hicieron, con que todos por entonces quedaron bien acomodados. Sabida la llegada del obispo en la ciudad de Mérida, envió el capitán general don Francisco de Montejo a un caballero cuñado suyo, que en su nombre le diese la bien venida, y dijese, que si gustaba ir a la ciudad de Mérida; mandaba, se le diese todo avío y regalo. Agradeció mucho el señor obispo la cortesía del capitán general, y respondió, que le era forzoso pasar sin detenerse a Chiapa. Sobre decir el obispo a los vecinos, que debían poner en libertad los indios esclavos que tenían, se disgustaron con él, y le dieron algunas pesadumbres, negáronle los diezmos, salarios reales y otras libranzas, que traía para pagar el flete de la embarcación, si bien el cura Francisco Hernández le asistió con mucha fidelidad, y le prestó cien castellanos de oro, con que contentó al piloto. Después los vecinos conociendo el desacierto que habían hecho; antes que saliera el señor obispo, se reconciliaron con él, y para el viaje le dieron algunos regalos y ayuda de matalotaje, de que estaba falto. Aunque el padre Remesal dice, que la villa de los españoles, no era más que de trece vecinos; era mayor, porque aun su fundación parece haber sido de treinta. Estarían algunos de ellos en los pueblos de su encomienda, como entonces acostumbraban, y así hallaron tan pocos en la villa. El viaje de los religiosos a Tabasco fue desgraciado, porque habiéndose repartido en dos barcos, el primero con un recio Norte se derrotó, y se ahogaron nueve religiosos, y otras veintitrés personas con ellos, martes 21 de enero. Después el señor obispo con los que quedaron en su barco tuvo feliz viaje.

La poca cristiandad, que había en los indios por este año, antes que vinieran nuestros religiosos fundadores de esta provincia, se ve claramente en lo que refiere el padre Remesal, que habiendo dicho, como quedaron hospedados sus religiosos el día que salieron a tierra, dice luego estas formales palabras: «A la tarde se fueron al pueblo de los indios, porque deseaban mucho ver su policía y modo de vivir. Eran casi todos infieles, y así los hallaron trabajando, y entendiendo en sus labores. El pueblo no tenía orden, ni concierto, las casas en distancia apartadas la una de la otra, las paredes de caña, y el tejado de paja. Salió todo el pueblo a ver a los padres, y el cacique muy regocijado los llevó a su casa, etc.». Y en el capítulo siguiente dice, que la ocasión de saber aquellos religiosos, que los primeros españoles hallaron un modo de bautismo, que tenían los indios en tiempo de su gentilidad (de que se da razón luego en el siguiente libro de esta Historia) fue: «Hallar en el pueblo de los indios más mujeres bautizadas, que hombres: porque los soldados, como escrupulosos, y recelosos de llegarse a mujer gentil, y que siendo ellos cristianos, no fuesen ellas también del gremio de la iglesia, las hacían bautizar, y el cura tenía por bastante catecismo, que ella supiese, para que efecto era el bautismo». Y más adelante en el mismo capítulo tratando de la ocupación de los religiosos en aquellos días, dice estas palabras: «Los indios en este tiempo acudían desde su pueblo, y de otros de la comarca a ver los padres: sentábanse muchos a esperarlos para verlos, cuando salían de casa, hincábanse de rodillas, besábanles los hábitos, y con un entrañable afecto levantaban las manos al cielo, diciendo, Jesus, Jesus, acción que enternecía mucho a los padres, conociendo por ella el gran deseo, que aquellos pobrecitos tenían de conocer a Dios, y el misterio de su redención, cuando nombraban tanto el nombre del Salvador, y por cumplir con su deseo, envió el vicario al pueblo algunas veces un religioso, que por intérprete les dijese algo de Dios. Pero no bautizaron a ningún infiel, porque como no habían de quedarse allí, no les pareció comenzar sementera, que no podían regar con doctrina y ejemplo, para que diese fruto. Los gentiles no tenían templo de ídolo, ni Dios alguno, que los españoles se los habían derribado. Tenían los ídolos escondidos en el monte, y allá los iban a adorar y sacrificar, y así cada día se hallaba sangre vertida por los campos, etc.». Este fruto, que por falta de asistencia temieron aquellos religiosos con prudencial dictamen no poder coger; lograron los nuestros desde el año siguiente de 46, que vinieron de asiento a esta tierra, y comenzaron a predicar el santo Evangelio, y fundar esta provincia de San José de Yucatán. Y así no parece buena la consecuencia, que la clerecía hace en el pleito que hay sobre unas doctrinas, diciendo: clérigo vino a la conquista con los españoles. Luego a la clerecía se debe la conversión de este reino de Yucatán. Dese a cada uno lo que es suyo, pues no es justa otra cosa, y dénos Dios a todos la gloria, que es el fin principal a que deben mirar nuestras acciones. Su majestad Divina las reciba para gloria suya y salvación de nuestras almas. Amen.

Libro IV. De la historia de Yucatán

Capítulo I. De la situación, temperamento, frutos y cosas singulares de la tierra de Yucatán

Ya que se ha dicho, como y cuando se descubrió Yucatán, quienes la pacificaron y sujetaron a la corona de Castilla, como poblaron la ciudad de Mérida, y Villas de españoles, que hoy hay: me pareció referir ahora las propiedades de esta tierra, y de los indios naturales de ella, no con la latitud, que algunos quisieran, refiriendo por menudo su primer origen, y de que partes pudieron venir, pues mal averiguaré yo ahora lo que tantos hombres doctos no pudieron asegurar en los principios de la conquista, inquiriéndolo con solicitud, como afirman: y sin que hoy haya papeles, ni aun tradiciones ciertas entre los indios de los primeros pobladores de quien descienden, por haber los ministros evangélicos, que plantaron la fe con celo de extirpar de todo punto la idolatría, quemados cuantos caracteres y pinturas hallaron, en que tenían pintadas sus Historias, porque no fuesen ocasión de recordarles sus antiguos ritos. Diré, pues, todo lo que he hallado, que me conste de las Historias y de escritos antecedentes, a estos, que se me han dado. El demasiadamente curioso podrá aumentar lo que le pareciere, con tal, que sea con la verdad que requiere una Historia, porque mi intento no es deleitar los ánimos con discursos varios, ni escribir libros de aventuras o caballerías.

Está Yucatán tan cercado del océano, y mar del Norte, por tres lados, que al principio de su descubrimiento estuvo tenido por isla, llamándole la isla Carolina. Por la parte oriental la ciñe el golfo de Guanajos, que llaman Honduras, hasta la isla de Cozumel, que va corriendo al Nordeste y al Norte a Cabo de Cotóch, en cuyo espacio estaba la bahía de la Ascensión, y en su playa se halla ámbar, teniendo esto de distancia ciento y treinta leguas. Por la parte del Norte, o Septentrión, le baña el mar de barlovento, que pasa desde el golfo de Guanajos al seno, que llaman mexicano. Va corriendo por el paralelo de veinte grados, y cuarenta minutos boreales, hasta veintiún grados, poco más o menos, en que tiene de costa setenta y seis leguas. Tiene por la parte occidental el seno mexicano, corriendo desde Punta delgada a Santa María de la Victoria: al Sur hasta Champoton, lo demás al Sudoeste sesenta leguas. El reino de Guatemala, con quien es Tierra firme hasta el Perú, le cae al mediodía. Medían entre esto reino, y el de Guatemala las provincias de los Taitzaes (T'Ah Itza), Ceháches (Ah Ceh Ach), Campim, Chinamitas, Lacandónes (Lacan Tun),

Locénes y otras, que a todas juntas han dado título de reino del Próspero, y al presente año de 1655 se están aun de guerra, y infieles, sin haberse conseguido su reducción, aunque diversas veces se ha intentado, como se dice en sus tiempos. De donde consta tener esta tierra, que llaman Yucatán, doscientas y noventa leguas medidas por el aire; aunque en la disposición, que las puntas, ensenadas y puertos tienen, corriéndolos, como ellos están, y incluyendo lo que pertenece a Tabasco, hasta el golfo de Guanajos, pasan de cuatrocientas leguas por tierra. Desde Tichél (Tix Chel) corre la costa Leste Oeste a Champoton (Chakan Poton), Campeche, puertos de la Desconocida, Santa María de Zizal, Caucel, Telchac, Zinanché, Dzilan, Tabuzoz (Ti Buc Tzotz), Holcoben (¿Hol Coben?, ¿Hol Koben?), por otro nombre Río de Lagartos, playa del Cuyo, Bocas de Conil, y isla de Contoy, todo playa baja, que si no es en Campeche, es forzoso quedarse las naos muy afuera en la mar, aunque limpia de arrecifes con buenos surgideros. Cuantos navegan estos mares, van o vienen de España a las indias, a la entrada o salida, navegan estas costas de Yucatán, así por lo dicho, como por tener enfrente a la parte del Norte el puerto de La Habana (tan célebre, como ya sabe el mundo) distante el Cabo de San Antón, que está en aquella isla ochenta leguas, algo más, o menos de Cabo de Cotóch, Nordeste Sudoeste. En esta demarcación no deja de haber alguna variedad en los que la asignan; remítome a las cartas de marear, y a los mapas. Enfrente de Río de Lagartos tiene unas islas, que llaman los Alacranes, y otra saliendo de Campeche, para la Nueva España, que llaman las Arcas, ambas bien peligrosas para los que navegan.

Es toda la tierra de Yucatán igualmente de temperamento caliente, tanto que en ningún tiempo del año se llega a sentir frío, que lo parezca a la gente de España, y otras regiones semejantes. Desde octubre a marzo, que corren los Nortes, la refrescan, aunque en la parte que no dan, se siente el calor, sin hacer ejercicio alguno. Es tierra húmeda y muy fértil, aunque muy pedregosa, y no corren ríos por la superficie de ella; pero por señales que se han visto, es cierto corren por lo interior muy copiosos. Descubre en muchas partes diversas bocas, unas grandes y otras pequeñas, abiertas naturalmente en peña viva, que se pueden contar entre otras cosas prodigiosas, y suelen tener diez, doce estados, y más de profundidad, hasta el agua, y otros tantos de ella. Hacen abajo, como capacidad de muy grandes estanques abovedados de peña viva, sin que se vea por donde les viene el agua, y en ellos hay alguna pesca, especialmente de bagres. Entiende son ríos subterráneos, y el agua es más delgada, y mejor, que la de los demás pozos abiertos a mano, y en algunos se ha descubierto ser agua corriente. Nuestro convento de la villa de Valladolid está lo más dél fundado sobre uno de ellos, y es grande el espacio que hace abajo el agua, que dicen es casi, como dos cuadras. No falta quien afirme, que tener esta tierra tantas bocas de esta forma, es causa de que haya en ella muy pocos temblores, como los hay en Guatemala, Nueva España, y otros reinos de las indias, y llámanse comúnmente Dzonót Cenote.

En el pueblo de Tabi hay uno de estos, del cual el bachiller Valencia en su relación manuscrita, dice estas palabras: «Al mediodía, cuando los rayos del Sol le hieren de lleno, se parece en la mitad del Zenóte una palma vistosísima, la cual he visto yo muchas veces en compañía de diversos españoles, vecinos de la ciudad de Mérida, que al propósito, han gustado de verla a la hora dicha». Junto al pueblo de Tikóh entre el Sur y el Poniente hay otro, a cuyo asiento llaman los indios Jká, que entrando a él alguna persona, si no retiene la respiración, dicen, que muere luego, y así no se atreven a entrar a él. En respirando, o haciendo otro algún ruido, dicen que es grandísima la conmoción del agua, y el ruido que hace, que parece hierve fuertísimamente, y que han muerto muchos indios forasteros, que no sabiendo lo que allí sucede, han llegado a sacar agua dél. Así me lo afirmaron los indios de aquel pueblo, hallándome en el día de San Pedro Apóstol deste año 1655, en presencia de su Guardián Doctrinero, que me dijo ser esto cosa muy asentada entre ellos por cierta. Lo más es, que causa horror mirar estos Zonótes, ya sea de lo superior para abajo, ya al contrario por su gran profundidad.

Desde Cabo de Cotóch, hasta Champoton, no hay río alguno, y en este pueblo hay uno (que baja de la parte del mediodía) en que hay muy buena pesca, y es tan caudaloso, que si no fuera la barra muy baja, pudieran entrar a asegurarse en él navíos grandes, y tiene de los lagartos, que llaman Caimanes. En todo este espacio de tierra, hay sola una fuente o ojo de agua, de que se forma un arroyo, que a poca distancia entra en el mar. Así la más agua, que en toda la tierra se bebe (donde no hay los Zonótes, que he dicho) es de pozos y norias cavadas por mano, y de muchas sale buena agua y delgada, que mejoran algunos curiosos colándola, y poniéndole al Sol y al sereno, con que se purifica más. En el pueblo de Chunhuhú, camino de Bakhalál hay un pozo con cuya agua cualquiera cosa se cuece, como con las demás; pero no los frijoles, que es una legumbre, como habas pequeñas, que aunque, les den cuanto fuego puede imaginarse, siempre están duros. Muchos españoles lo han experimentado. Cual pueda ser la causa, no es lugar este de controvertirlo. A lo oriental desta tierra (en contraposición de la otra fuente que se ha dicho, y está en Xampolól cuatro leguas de Campeche) hay un manantial de agua, cuya propiedad es extraña, que si llegan a beber della con silencio, está clara y buena, y en hablando se pone salobre, amarga y turbia. Muchos lo han experimentado, y así me lo han certificado personas de la villa de Valladolid, en cuyo distrito y jurisdicción cae, y llaman los indios al sitio donde está Hichi. A quien esto se le hizo extraño, lea a Baptista Fulgoso en sus colectáneas, y le hallará testigo de vista de otra fuente, que se enturbia hablando cerca della, y también si estándolo mire hacia atrás. Dice que hizo la experiencia de ir mirando la fuente con silencio, y hallarla muy clara, y reposada, y otra vez hablar una palabra, y alterarse toda, como si la menearan, y enturbiaran con alguna cosa. Que diremos de la fuente, que Aristóteles llama Eleusina (y hacen mención de ella Solino, y Enio poeta antiguo) de quien escribe Que tocando instrumentos de música en distancia, que pueda llegar el sonido a la fuente, se altera el agua, y crece hasta derramarse, como si sintiese la música verdaderamente. En una salina de aquel mismo territorio sale en medio de ella un ojo de agua dulce, y otro en lo de hacia Zizal en una salina, que llaman el puerto del Mariscal. Desta calidad ponen algunos autores otras en diversas partes, y una de ellas entre Sicilia y la isla llamada Enaria en la costa de Nápoles, donde se coge agua dulce en la mar, que mana encima del agua salada.

Hay en Yucatán por los campos muchísimas cuevas y cavernas, y algunas, que es de admiración ver la diversidad de cosas, que en ellas ha formado la naturaleza, condensadas de agua, que la tierra destila a ellas por sus poros. Las de Tikáx y Oxcutscáb son más nombradas, y en la primera (que he entrado) se ven formas de campañas, órganos, púlpitos, cepillas, como de iglesia formadas, y otras diversidades, que admiran. Una hay junto a Chichen Ytza, que dicen nadie le ha hallado término, y aun los indios han inventado sobre ella algunas fábulas. A poco trecho están muy oscuras, y así es necesario entrar con luces.

Es toda la tierra de Yucatán, que se habita, llana, aunque llena de arboleda muy espesa, que la hace montaña: todo su sitio muy pedregoso, y áspero de andar, por ser lo más piedra incorporada con la tierra, que lo llaman laja; y así si no es subiendo en alguna eminencia, se descubre poca distancia, pero por pequeña que sea la altura, se manifiesta la circunferencia del horizonte, sin que tenga impedimento alguno la vista al Sudeste de Mérida, y como al Sur de todo lo demás, que se habita, corre de Leste a Oeste la Sierra (que llaman) de altura tan corta, que solo siendo, como es lo demás tan llano, pudo dársele el nombre, porque no es más que una loma, o ceja, que hace la tierra. Desde esto que llaman Sierra, cuanto más va al Sur (aunque hace llanadas grandes) siempre se descubren mayores Sierras, hasta llegar a Guatemala, por donde dije en el primer libro haber pasado el marqués don Fernando Cortes a aquel memorable viaje, que hizo a las Hibueras o tierra de Honduras, recién conquistado México. Hay mucha abundancia de miel, por haber todo el año diversas flores; dícese ser muy sana, así de colmenas, que se benefician como por los montes, en que la da próvida la naturaleza: con que consiguientemente hay mucha cera: si bien con la continua y grande saca de estos dos géneros, y tala de los montes, que se hace para sacarlos, desde que se conquistó esta tierra, no es, ya tanta la abundancia como solía. Es grandísima la cosecha de algodón, de que se hacen diversos tejidos, y telas muy buenas, que corren por toda la Nueva España, y muchos hilados, que teñidos de diversos colores, sirven para labrados de ropa, que se hacen muy vistosos, y de gran primor. Cógese con mediana diligencia de los indios, y poco trabajo suyo, cantidad muy considerable de grana, que tiene buena salida para España. Hácese mucha jarcia de navíos, si bien no es tan fuerte, ni durable, como la de cáñamo. En los puertos de Champoton y Campeche se fabrican algunos navíos, estimados por la fortaleza de sus maderas. Muchas de ellas se van al fondo en el agua, y una que llaman Habin es tan dura, que necesita barrenar todo lo que ha de entrar la clavazón, porque haciendo violencia para que entre por gruesa que sea, antes dobla, que pase de donde llegó el barreno: pero lo que queda dentro lo conserva de tal fuerte, que cuando echan los navíos al través, y los deshacen, está el hierro como el día que lo clavaron. Hay grandísima abundancia del palo de tinte, que llaman Campeche, de que hay continua saca. Comenzose a beneficiar el añil, y cogíase muy fino, y en cantidad: pero mandó el rey, que cesase, por parecer su trabajo dañoso a la salud de los indios, como se dirá libro séptimo, capítulo tercero, y así no se coge más, que el necesario para el gasto de la tierra.

Capítulo II. De la abundancia de mantenimientos que hay en Yucatán, y admirables edificios que en él se hallaron

Por los montes de Yucatán hay gran multitud de venados, y puercos monteses, que tienen el ombligo al espinazo, y si muertos no se les corta luego, se corrompe su carne con mucha brevedad. Hay muchos pavos y pavas monteses, que tienen la pluma más fina, que los domésticos, de que hay también grandísima abundancia, y estos comúnmente se llaman gallos y gallinas de la tierra, y su ordinario valor es 2 reales, la gallina o pava, y cuatro el gallo. Hay muchas tórtolas, codornices, palomillas torcaces, algunas perdices, como las de España, aunque no en mucha cantidad, y otras diversidades de aves y pájaros, que son comestibles. Tantos conejos, que aun hasta en los solares poblados, juntándose algunos muchachos, los matan a palos, pero no son de tan buen gusto como los de España. Hay por la inculto de los montes, tigres y leones, si bien de estos no se han hallado de la grandeza, que en otros reinos. Dos especies, o modos de zorros, unos, que la hembra tiene una bolsa abierta por la parte exterior del vientre, en que recoge los hijuelos, cuando son pequeños y huye, siendo sentida, y que la buscan, y así lleva ocho y diez, que suele parir. Otros son de cuerpo más pequeños, muy hermosos a la vista con manchas de diversos colores; pero sí se ven seguidos, evacuando la orina, no hay quien pueda parar con el mal olor en dos y tres cuadras, y si acierta a caer en alguna ropa, casi no es posible quitarlo, por la menos, sin que haya mucho tiempo de por medio.

Hay otros animales de diversas especies, y entre ellos muchas víboras o culebras, así de las que llaman bobas, que no son ponzoñosas, y de estas algunas tan grandes, que ciñéndosele a un venado al cuerpo, lo matan y después se lo comen; como de las venenosas, que matan con la ponzoña de su picadura. De estas hay diversas especies, unas que crían cascabeles, y dicen, que cada año uno: otras tan nocivas, que en picando a cualquiera animal, le hacen brotar sangre por todos los poros del cuerpo, y en veinticuatro horas el que más dura, muere, sin que se haya hallado remedio eficaz para este veneno; como se experimenta para el de otras especies, cuyas picaduras son mortíferas, si no se remedia con brevedad el daño recibido, para que es la medicina más activa un poco de ambir desecho en zumo de limón, si le hay, y sino en agua tibia. Hay muchas formas de arañas venenosas, y entre ellas una, que el indio llama Ham (h-am), que al que pica le hace estar su veneno, repitiendo en el quejido, que le ocasiona el dolor, Ham, Ham, hasta que muere, y es pequeñita de cuerpo. Pocas, o ninguna desgracia suceden por estos animales a los españoles, aunque si muchas a los indios, como andan continuamente por los montes.

Por ser tan crecido el número de los indios (respecto de los españoles, que viven en esta tierra) crían todos gallinas de Castilla; hay tantas, que ordinariamente valen a real en los pueblos de los indios, aunque llevadas a la ciudad de Mérida, su valor es real y medio. Hay tantas, porque aunque las crían los indios, es raro el que las come, ni aunque se esté muriendo y las tenga, no las matará, para regalo y alivio de su enfermedad; tan mezquinos son como esto. Criase mucho ganado de cerda, que cebado con maíz, es su carne muy sabrosa y sana. El ganado vacuno no ha tenido el aumento, que en otras tierras, por la poca comodidad de pastos y aguas; pero hay lo suficiente para el gasto de los españoles, si bien con las hambres y pestes, de estos años antecedentes han quedado muy disipadas las pocas haciendas, que de este ganado había, con que se ha encarecido. Todo es desdichas para los pobres, por ser el sustento ordinario de sus casas. Por la causa dicha es muy corta la crianza de carneros, ovejas y cabras, aunque este defecto suple para con los españoles la abundancia de gallinas de la tierra, y de Castilla, como gastan tan pocas los indios en su comer, y así un carnero se come por vianda de regalo y extraordinaria.

Todas, o las más frutas de las tierras calientes de estos reinos se hallan en Yucatán con grandísima abundancia, y más sabrosas que las he comido en otras. De las de Castilla se hallan uvas buenas, granadas, higos y melones excelentes, y estos los hubiera todo el año, si los sembraran. Las demás no producen, y ha sucedido sembrar pepitas de manzanas traídas de Nueva España, y salir guayabas, que es otra especie de fruta, que hay en estas partes, de que hay uno ú dos en la huerta de nuestro convento de Ytzamal, y algunos en la ciudad de Mérida, si bien las guayabas que estos dan, son de más suave gusto, que las de los de por acá. En las huertas se crían muy buenos repollos, berzas, lechugas, cebollas, espinacas, acelgas, ajos, y otras legumbres. No se logran cardos, escarolas, y otras algunas. Hay muchos naranjos, cidros, toronjas, limas dulces y agrias, limones de la tierra, que son pequeños, y algunos de los grandes de Castilla. El año de 1634, que yo vine de allá a esta tierra, trajo algunos pies de ellos el capitán Alonso Carrio de Valdés, y habiéndose cogido de ellos limones dulces, como eran en España: de estos se han sembrado después las pepitas, y creciendo los árboles producen los limones agrísimos, aunque de la misma grandeza, y parecer a la vista, la cual mudanza no ha habido en las naranjas.

Para que se vea la fortaleza de algunas maderas de esta tierra, diré una cosa, que causa admiración. En el pueblo de Zotuta me dijeron (el año de 1647, principiando estos escritos) que hay una noria, en que había entonces más de cincuenta años, se puso para quicio o asiento del juego de la rueda de una noria, un trozo de palo, en que se abrió el agujero, donde asienta el macho de ella; y siendo así, que le han hecho muchos de acero en el discurso de tantos años, se han gastado con el movimiento continuo, y lo que se abrió para el asiento, está de la misma magnitud, que cuando se abrió, sin que cargando allí todo el peso y ayudándole el movimiento haya gastado cosa alguna. En los edificios antiguos (de que luego se dará razón) a las entradas de los aposentos hay unos marcos de madera tal, que habiendo tantos siglos, que allí se pusieron, y patentes a todas las inclemencias de los tiempos, parece que ahora de presente están acabados de hacer.

Todos los sembrados de Yucatán son rozas de arboledas. No se le hace a la tierra más beneficio, ni labranza, que quemar lo rozado, y con un palo hacer un agujero, donde sepultan todas las semillas, que se siembran en los campos, porque es imposible arar, ni cavar lo más de ella, siendo tan pedregosa, como se ha dicho. Con todo esto es tan fértil, que ha habido curiosos, que hecho el computo de la gente que hay, y lo que necesita para su sustento, dicen, que sembrando cada indio una cantidad tan pequeña, que causa admiración: aunque la cosecha fuera muy corta, no era posible hubiese hambre sensible en esta tierra. Pero son los indios tan holgazanes, que aun lo que necesitan para vivir, si a los más no les compelen los caciques de sus pueblos a sembrarlo, andan después hambreando, y haciendo veinte trapazas para sustentarse, que cosa vergonzosa verlos.

Hállase en ocasiones cantidad de ámbar en la playa de la bahía de la Ascensión, y gobernando el marqués de san Floro, se halló una cantidad, que parece increíble. Entre los muchos, que con grandes hambres y trabajos la andan buscando y tal vez pasan sobre ella, habiéndola cubierto la resaca del mar y otras no conociéndola un español anciano, llamado Fernando Landeras, tenía por criado un indio de gran conocimiento de ella. Hallo este indio un día un pedazo tan grande, que le causó espanto, y escondiéndola, porque otro no diese con ella, vino y avisó al amo, que al instante fue con él al lugar donde quedó guardada. Admiróse el buen viejo, atónito por la grandeza, que fue de más de siete arrobas de peso, como de la cualidad, por ser de la mejor que se ha hallado en esta tierra. A que ha de ser pobre, poco importan las ocasiones de ser rico, como pudo este buen viejo, que pródigo desperdició esta dicha, dando pedazos, vendiendo otros a menosprecio, y presentando graciosamente el resto, a quien pudo remediarle (sin darle cosa suya) y no lo hizo: con que a poco tiempo volvió a pasar lo que vivió con la pobreza antigua.

Era en los tiempos pasados tan sana esta tierra de Yucatán, que tratando de ella, dice el padre Torquemada estas razones: «Los hombres mueren de pura vejez, porque no hay las enfermedades, que en otras tierras, y si hay malos humores, el calor los consume, y así dicen, que no son menester allí médicos». Esto pudo decir por aquellos tiempos, pero en los presentes, que la vivimos, se experimentan en ella muchísimas enfermedades, y muy peligrosas, que necesitan de médicos científicos, porque aunque hay el calor que de antes, no consume los malos humores de que se originan, aunque más con el sudamos. Los edificios, que cuando se descubrió y conquistó esta tierra se hallaron, fueron materia de admiración ponderosa a los escritores, que dellos tuvieron noticia, y lo son para los que hoy ven lo permanente de ellos. Hay gran número por los campos y montes: algunos de ellos son grandísimas fábricas, en especial los de Uxmál, Chichen Ytzá, y otros que dicen hay al oriente del camino de Bolonchen de Ticul, yendo desde el pueblo de Nohcacab, y en ellos se ve juntamente lo que servía de templos, cuya forma se dice adelante. Junto al edificio del templo en algunas partes hay otro, donde vivían unas doncellas, que eran como monjas, al modo de las vírgenes vestales de los romanos. Tenían su superior, como Abadesa, a quien llaman Ixnacan Katum (ix nacom katun). La que está subida en guerra: por la guarda de su virginidad, y de las que estaban a su cargo. Si alguna violaba la castidad mientras allí estaba, moría flechada, aunque podían salir para casarse, con licencia del gran sacerdote. Tenían portera para guarda de su recogimiento, y cuidaban del fuego que había continuo en los templos, y si se apagaba, tenía pena de la vida, a quien le cabía tener cuidado de ello. En Uxmál hay un gran patio con muchos aposentos separados en forma de claustro, donde vivían estas doncellas. Es fábrica digna de admiración, porque lo exterior de las paredes es todo de piedra labrada, donde están sacadas de medio relieve figuras de hombres armados, diversidad de animales, pájaros y otras cosas, que no se ha podido saber, quien fue los artífices, ni como se pudo labrar en esta tierra. Todos los cuatro lienzos de aquel gran patio (que puede llamar plaza) los ciñe una culebra labrada en la misma piedra de las paredes, que termina la cola por debajo de la cabeza y tiene toda ella en circuito cuatrocientos pies.

A la parte del mediodía le cae a este edificio otro, que se dice eran casas de morada del señor de la tierra: no es de forma de claustro, pero es la piedra labrada con las figuras referidas al otro, y hay muchos menores por allí cercanos, que se dice eran de los capitanes y señores principales. En el del mediodía hay un lienzo en lo interior de la fábrica, que (aunque es muy dilatado) a poco más de medio estado de un hombre, corre por todo él una cornisa de piedra muy tersa, que hace una esquina delicadísima, igual y muy perfecta, donde (me acuerdo) había sacado de la misma piedra, y quedando en ella un anillo tan delgado y vistoso, como puede ser uno de oro obrado con todo primor: manifiestas señales de que fueron obras de perfectos artífices. Quienes fuesen se ignora, ni los indios tienen tradición de ello. Algunos han dicho, que son obras de cartaginenses, o fenicios; pero esto comúnmente se refuta con las razones generales de no constar por historias algunas haber pasado tales naciones a estos reinos. El doctor Aguilar dice en su informe, que los hicieron indios mexicanos; pero no hallo, que otro alguno diga tal cosa, y así parece solamente ser conjetura suya. La verdad se ha ignorado aun en el principio de la conquista, y ya no hay orden de hacer inquisición de ella; pero la certidumbre de su magnificencia se ve manifiesta, y la pondera el obispo don fray Bartolomé de las Casas en su historia apologética, con estas palabras: «Ciertamente la tierra de Yucatán da a entender cosas muy especiales, y de mayor antigüedad, por las grandes, admirables y excesivas maneras de edifi-

cios, y letreros de ciertos caracteres, que en otra ninguna parte se hallan, etc.».
Y si lo hubieran hecho mexicanos, como dice el doctor Aguilar, con mayor razón se hallaran en la Nueva España.

Capítulo III. De las primeros pobladores de Yucatán, que tuvo señor supremo, y como se dividió el señorío, gobernaban y trataban
De las gentes que poblaron este reino de Yucatán, ni de sus historias antiguas, no he podido hallar más razón de lo que aquí diré. En algunos escritos, que dejaron los que primero supieron escribir, y están en su idioma (demás de practicarse así entre los indios) se dice, que vinieron unas gentes de la parte occidental y otras de la oriental. Con las del occidente vino uno, que era como sacerdote suyo, llamado Zamná (Itzam Na), que dicen fue el que puso nombres, con que hoy se llaman en su lengua todos los puertos de mar, puntas de tierra, esteros, costas, y todos los parajes, sitios, montes y lugares de toda esta tierra, que cierto es cosa de admiración, si así fue, tal división como hizo de todo, para que fuese conocido por su nombre, porque apenas hay palmo de tierra, que no le tenga en su lengua. En haber venido pobladores del occidente a esta tierra (aunque ya no saben quienes, ni como vinieron) convienen con lo que dice el padre Torquemada en su Monarquía indiana. Que después que los Teochichimecas tuvieron aquella tan espantable batalla para los Huexotzincas, y quedaron señores del territorio de Tlaxcalan, habiendo hecho paces con los Teochichimecas las otras naciones por la fama de aquella victoria; tuvieron lugar de hacer sus poblaciones, y repartir sus tierras, y que de tal suerte fueron aumentándose y ocupando la tierra, que en poco más de trescientos años se extendieron por la mayor parte de la Nueva España, desde la una costa del Norte, hasta la otra del Sur, corriendo todas las tierras medias, que hay al oriente, en que se incluye esta de Yucatán, hasta la de Hibueras o Honduras; y así por esta parte la gente yucateca parece ser descendiente de las familias Chichimecas y Aculhuas, que viniendo del poniente por las mansiones, que el padre Torquemada refiere en los primeros libros poblaron la Nueva España.
Si de la parte oriental vinieron otras gentes, que poblaron esta tierra, ni entre ellos hay ya por tradición, ni escrito, certidumbre de que parte viniesen, ni que gentes fueron, aunque se dice, que de la isla de Cuba. ¿Dificultad ocasiona, como viniendo de tan diversas partes unos y otros, hablan una lengua tan

antigua, que no hay noticias haya habido otra en esta tierra? Pero pudo ocasionarlo, que habiendo sido los unos más que los otros: o por guerra, o trato y comunicación, emparentando unos con otros, prevaleciese el idioma, usos y costumbres de los que eran más, que se llevaron tras si a los menos. Por la diversidad tan grande que hay entre el idioma yucateco y mexicano, parece que debieron de ser los más pobladores de esta tierra, los que vinieron de la parte oriental, y aun los más antiguos, pues el indio Zamná (Itzam Na), que vino con ellos, fue el que puso nombres a los parajes y tierras, como se dijo. Porque si esotros fueran, ellos se los pusieran. Lo contrario dice el padre Lizana, porque dando razón de como llamaban estos indios al oriente, Cenial (Dze Emal), y al poniente, Nohnial (Noh Emal), y el primero significa la pequeña bajada, y el segundo la grande, dice: «Y es el caso, que dicen, que por la parte del oriente bajó a esta tierra poca gente, y por la parte del poniente mucha, y con aquella silaba entendían poco, o mucho al oriente y poniente, y la poca gente de una parte, y mucha de la otra». El lector juzgará lo que mejor le pareciere.

Esta tierra de Yucatán, a quien los naturales de ella llaman Máya (Maya) fue gobernada muchos tiempos por un señor supremo, y el último descendiente de ellos fue Tutul Xiu, el que era señor de Maní, y sus comarcas, cuando voluntariamente vino a dar la obediencia, haciéndose amigo de los españoles, día de san Ildefonso, año de 1541, como queda dicho. Así parece haber tenido gobierno monárquico, que según el más valido sentir de los escritores, es el mejor para la conservación de los reinos. Tenía este rey por cabecera de su monarquía una ciudad muy populosa, llamada Mayapán (de quien debía de derivarse llamar a esta tierra Maya) que por guerras, y discordias entre él, y sus vasallos, siendo solo justicia el mayor poder de cada uno (infelices tiempos, en que no tiene el señor supremo igual el poder con la justicia) acabó este gobierno, revelándosele muchos señores y caciques, dominando cada uno la parte que podía conservar, y estando siempre en continuas guerras, como los hallaron los españoles (en división de estados, como de duques y condes, aunque sin reconocer superior) cuando descubrieron estos reinos. Quedar Yucatán sin supremo señor totalmente, cuando la ambición de los particulares, uniendo sus fuerzas, y coligándose para conseguir su intento; le ordenaron a la destrucción de la ciudad de Mayapán corte del, reino, y la asolaron, cerca de los años del señor de 1420 (según el computo de las edades de los indios) a los doscientos y sesenta años de su fundación. Con esta rebelión se ocasionó quedar el que era rey y señor supremo de todo Yucatán, con solo el señorío de Maní, y sus comarcas, donde se retiró destruida la ciudad de Mayapán, que era donde hoy se ven las ruinas de edificios, que hay junto al pueblo de Telchaquillo. Dejáronle con esto, parte la fidelidad de aquellos vasallos, que no le negaron la obediencia debida, y parte la permisión de los rebeldes, que conocían no tener ya más fuerza, que cualquiera de ellos, para poder sujetarlos, o tratar cada uno de conservar lo adquirido, o aumentarlo, pues después unos a otros se hacían guerra por quitárselo.

Cuando los señores de la ciudad de Mayapán dominaban toda la tierra les tributaba. El tributo era mantas pequeñas de algodón, gallinas de la tierra, algún cacao, donde se cogía, y una resina, que servía de incienso en los templos, y todo se dice era muy poco en cantidad. Todos los vecinos y moradores, que vivían dentro de la cerca de la ciudad de Mayapán, fueron libres de tributo, y en ella tenían casas todos los nobles de la tierra, y por el año de 1582 (que se escribió la relación de donde saco esto) se dice, que reconocían allí sus solares todos los que se tenían por señores y nobles en Yucatán. Ya con la mudanza de gobierno, y poca estimación, que de ellos se hace, ni parece que cuidan de ello, ni casi les sirve de más, que de no pagar tributo la atención, que muchos tienen a conservar su nobleza para la posteridad de sus descendientes; porque hoy los de Tutul Xiu, que era el rey y señor natural por derecho, si por sus manos no trabajan en oficios manuales, no tienen que comer, que no parece indigno de considerarse. Los nobles de Mayapán servían en los templos de los ídolos en las ceremonias y fiestas, que por su orden tenían señaladas, asistiendo en ellos días y noches, y estos, aunque muchos tenían vasallos, reconocían al supremo señor, y le servían en las guerras.

Los que vivían fuera de la ciudad, y su cerca, y en lo restante de la provincia, eran vasallos, y tributarios, no siendo de los que allí tenían casas como solariegas, pero muy favorecidos de sus señores, porque ellos mismos les servían de abogados, mirando por ellos con gran solicitud, cuando les ponían alguna demanda. No eran obligados a vivir en pueblos señalados, porque para vivir y casarse con quien querían, tenían licencia, a que daban por causa la multiplicación, diciendo, que si los estrechaban, no podían dejar de venir en disminución. Las tierras eran comunes, y así entre los pueblos no había términos, o mojones, que las dividiesen: aunque sí entre una provincia y otra, por causa de las guerras, salvo algunas hoyas para sembrar árboles fructíferos y tierras, que hubiesen sido compradas por algún respeto de mejoría. También eran comunes las salinas, que están en las costas de la mar, y los moradores más cercanos a ellas solían pagar su tributo a los señores de Mayapán con alguna sal de la que cogían.

Los indios (dice aquella relación) que eran muy partidos unos con otros, tanto, que caminando cualquiera, no solo hallaba hospedaje de casa donde recogerse, pero de comer y beber, sin interés alguno de paga, aunque sí los mercaderes: costumbre, que muchos caciques observaban con pobres españoles caminantes. Muy poco se ve hoy de esto, ni entre sí, ni para con los españoles. No comían más que una vez al día. El tiempo una hora poco más o menos, antes de ponerse el Sol, y así les servía de comida y cena. Solamente en los convites y fiestas comían carne, y dice la relación, que nunca la humana, y lo afirma también el aumento de la descripción de Ptolomeo, si bien dice, que con crueldad sacrificaban a los que prendían en las guerras, y por falta de ellos, o malhechores, compraban de los comarcanos niños y niñas para los sacrificios, y por las historias generales parece que la comían. Vense lo que dijo Jerónimo de Aguilar, habiendo estado (como consta en esta) ocho años en poder de estos indios cautivo, antes que los españoles descubriesen a Yucatán. Dice también, que no eran dados al pecado nefando, pero lo contrario se puede colegir de las figuras de ídolos, que Bernal Díaz en el principio de su historia dice que vieron.

Los señores eran absolutos en mandar, y hacían ejecutar lo que ordenaban con seguridad. Tenían puestos caciques en los pueblos, o una persona principal para oír los pleitos, y públicas demandas. Este recibía a los litigantes o negociantes, y entendida la causa de su venida, si era grave la materia, la trataba con el señor. Para haber de resolverla, estaban señalados otros ministros, que eran como abogados y alguaciles, y asistían siempre en presencia de los jueces. Estos y los señores podían recibir presentes de ambas partes, los cuales servían de memorial, y escritura (no parece que estaba la justicia muy segura, donde era obligatoria esta costumbre) observándose de tal suerte, que para cualquiera cosa que se ofreciese, pareciendo ante el señor, había de

llevársele algún presente, y hoy día lo acostumbran (aunque es cosa de fruta, o semejante) cuando van a hablar a quien reconocen superioridad alguna, y sino se les recibe, lo sienten mucho, y se tienen por afrentados. No acostumbraban escribir los pleitos, aunque tenían caracteres con que se entendían (de que se ven muchos en las ruinas de los edificios) resolviánse de palabra, mediante los ministros referidos, y lo que allí se determinaba, quedaba rato, y permanente, sin que se atreviesen las partes a obrar contra ello. Pero si el negocio que se había de tratar era con muchos, hacíanles un convite a todos, juntos, y después comunicaban el intento, a que se seguía determinar la resolución del negocio. En las rentas y contratos, no había escritos que obligasen, ni cartas de pago, que satisficiesen; pero quedaba el contrato valido, con que bebiesen públicamente delante de testigos. Esto era particularmente en ventas de esclavos, o hoyas de cacao, y aun hoy (dice) lo usan algunos entre sí en las de caballos y ganados. Nunca el deudor negaba la deuda, aunque no la pudiese pagar tan presto; pero quedaba asegurada para los acreedores confesando, porque la mujer, hijos y parientes del deudor la pagaban después de su muerte. Hoy algunos españoles, se dice, que con violencia las cobran de los parientes del deudor indio muerto o huido, aunque no haya dejado una mazorca de maíz suya, y aun quiera Dios no se haga a veces la cobranza de los vecinos, no más de porque lo son, y esto por antes de quien tiene obligación de administrarles justicia. Los confesores les ajustarán sus conciencias, y en el divino tribunal conocerán la gravedad de esta materia. Si el deudor era pobre, o incurría en pena pecuniaria asignada a algún delito; todos los del linaje se juntaban, y pagaban por él: principalmente, si el delito se había cometido un malicia, y también el señor, cuyo vasallo era, solía pagar esta pena pecuniaria.
En las guerras, que por su ambición hacían unos a otros, se cautivaban, quedando hechos esclavos los vencidos que cogían. En esto eran rigurosísimos, y los trataban con aspereza, sirviéndose de ellos en todos los trabajos corporales.
En los bastimentos no había posturas, porque siempre valían un precio, solo el del maíz solía subir, cuando faltaba la cosecha, y nunca pasaba la carga (que es media fanega de Castilla) de lo que ahora vale un real poco más.
La moneda de que usaban, era campanillas y cascabeles de cobre, que tenían el valor, según la grandeza, y unas conchas coloradas, que se traían de fuera

de esta tierra, de que hacían sartas al modo de rosarios. También servían de moneda los granos del cacao, y de estos usaban más en sus contrataciones, y de algunas piedras de valor, y achuelas de cobre traídas de Nueva España, que trocaban por otras cosas, como en todas partes sucede.

Capítulo IV. De los delitos y penas con que eran castigados los indios, y de muchas supersticiones suyas

Los indios naturales de Yucatán no prendían a alguno por deuda. Si por el adulterio, hurto y otros, que se dirá, pero había de ser (como suele decírsele) cogiéndolos con el delito en la mano. La prisión era atar atrás las manos al delincuente, y ponerle a la garganta una collera hecha de palos, y cordeles, y aun hoy día lo usan, especialmente con los que sacan de los montes, habiendo estado fugitivos. De aquesta forma eran llevados a unas jaulas de madera, que servían de cárcel, y en ellas eran puestos los condenados a muerte, esclavos fugitivos, y los presos en la guerra. Estos si eran pobres quedaban hechos esclavos: y si eran principales, eran sacrificados a los ídolos, aunque algunos de ellos se rescataban. Una de estas jaulas era pintada de diversidad de colores, y en ella guardaban los niños, que habían de ser sacrificados, y los de más edad, quedando condenados a muerte de sacrificio.

Castigaban los vicios con riguridad, de tal suerte, que de las sentencias no había apelación: terrible caso negar lo que el derecho natural concede, si ya no es, que por notorio el delito, la negaban. El hombre y mujer, que cometía adulterio, tenía pena de muerte, que se ejecutaba flechándolos, y aun el doctor Aguilar dice, que estacándolos. Así se dice aborrecían mucho este pecado, contra quien hubo castigos señalados en personas muy principales, porque no había perdón, para quien hallaban culpado, con que había mucha honestidad en los casados. Hoy que habían de ser mejores, siendo cristianos, es cosa lastimosa la liviandad que hay, y debe de ser, como no se castiga con el rigor que entonces. El que corrompía alguna doncella, o forzaba cualquiera mujer, tenía pena de muerte, como el que acometía a mujer casada, o hija de alguno, durante el dominio de sus padres, o le quebrantaba la casa. Dícese, que un señor de la ciudad de Mayapán, cabeza del reino, hizo matar afrentosamente a un hermano suyo, porque corrompió una doncella. La misma pena tenía el que mataba a otro, aunque no moría flechado, y si era menor de edad el matador, quedaba hecho esclavo; pero si la muerte había sido casual, y no maliciosamente, pagaba un esclavo por el muerto.

El traidor a su señor tenía pena de muerte, y también el incendiario. El ladrón quedaba hecho esclavo, hasta que se redimía, y si no tenía posibilidad, quedaba en esclavitud perpetua.

Los hijos de los esclavos eran esclavos hasta que se redimían, o se hacían tributarios. El que se casaba con alguna esclava, o engendraba en ella, quedaba hecho esclavo del dueño de la esclava, y la misma razón corría en la mujer, que se casaba con esclavo. Si sucedía morirse el esclavo o esclava, pasado poco tiempo después de la venta, el dueño era obligado a volver alguna parte del precio al comprador, y lo mismo si se huía, y no le hallaban.

Algunas veces al que no se le probaba el adulterio, o le hallaban a deshora en parte sospechosa, le prendían, y tenían atadas las manos atrás por algún día, o horas, o le desnudaban, o le cortaban los cabellos (que era grave afrenta) según la gravedad de los indicios.

Para compurgarse o afirmar alguna cosa, no usaban de juramento, pero en su lugar echaban maldiciones al que presumían mentiroso, y se creía no mentían por el temor dellas. Hoy se perjuran con facilidad, yo entiendo (dice el que escribió la relación) que es, porque no entienden la gravedad del juramento. Ya lo entienden muy bien, y cada día es cosa más lastimosa, porque de presente con facilidad perjuran.

No tenían costumbre de azotar a los delincuentes, ni conocieron estos indios tal género de castigo en su infidelidad. Estas, y otras muchas costumbres (que dice la relación no refiere) usaron estos indios de Yucatán: téngola en mi poder escrita original por Gaspar Antonio, descendiente de los señores y reyes de la ciudad de Mayapán, llamado Xiu en su gentilidad, bautizado adulto por los religiosos fundadores de esta provincia, que le enseñaron, no solo a leer y escribir, pero aun la latinidad, que la supo muy bien, y cuando la escribió año de 1582, a los 20 de marzo, era intérprete por el rey del juzgado mayor de esta gobernación, y dice, que se la mandó recopilar don Guillen de las Casas, gobernador y capitán general en estas provincias.

El rigor con que en aquellos tiempos eran castigados los delitos, se conocerá por lo que refiere el padre Torquemada en su monarquía, donde citando a Pedro mártir, dice estas palabras: «Un señor de un pueblo de tres mil casas, llamado Campech, mostró a los primeros descubridores un lugar, donde eran puestos, y castigados los malhechores de cualquier delito que cometiesen, el cual tenía esta forma y hechura. Era como un pie de cruz cuadrado de una vara en alto, al cual subían por cuatro gradas: estaba en lo alto de este asiento otro a manera de púlpito, todo macizo, en cuya superficie estaba esculpida una figura de hombre, y a sus dos lados otras dos figuras de animales de cuatro pies, aunque no de los ordinarios y conocidos, los cuales parecía arremeter al vientre del hombre para hacerle pedazos. Estaba allí junto una serpiente hecha de cal y canto, del tamaño, y grueso de un toro, pero tenía de largo cuarenta y siete pies, en cuya boca estaba un león de mármol, que parecía tragárselo. Estaban allí tres vigas hincadas en el suelo, y otras tres, las atravesaban, y muchas flechas y saetas rociadas, y teñidas con sangre, echadas en el suelo. Todo esto tenía su significado, y ello en si era muy de ver, y admirable, porque en todo ello figuraban el rigor de la justicia para poner temor, y freno, para que los malos no se desmandasen en hacer mal».

Demás de las costumbres referidas, pone otras muchas el doctor Pedro Sánchez de Aguilar tan gran ministro, y de tantos años de experiencia de estos indios en el informe, que contra los idólatras de esta tierra escribió, por estas palabras. Las abusiones y supersticiones que usan, y heredaron de sus padres estos indios de Yucatán, son muchas y varias. Las que yo pude alcanzar, pondré en este informe, para que los curas las reprueben, y reprehendan en sus sermones y pláticas, y yo ahora las pongo aquí con el mismo fin. Creen en sueños, y los interpretan, y acomodan, según las cosas que tienen entre manos. En oyendo el graznido de un pájaro, que llaman kipchoh, sacan y coligen mal suceso de lo que están haciendo, y lo tienen por agüero, como los españoles con la zorra y el cuclillo.

Si el que va caminando topa una piedra grande de muchas, que se levantaron para abrir los caminos, la reverencia poniéndole encima una rama, y sacudiendo con otra las rodillas para no cansarse, tradición de sus antepasados. Cuando va caminando alguno a puesta de Sol, y le parece que ha de llegar tarde, y noche al pueblo, encaja una piedra en el primer árbol que halla, para que el Sol no se ponga tan presto, o se arranca las pestañas, y las sopla al Sol, embuste de sus antepasados.

En los eclipses de Sol y Luna, usan por tradición de sus pasados, hacer que sus perros aúllen, o lloren, pellizcándolos el cuerpo, o las orejas, y dan golpes en las tablas y bancos, y puertas. Dicen que la Luna se muere, o la pican un género de hormigas, que llaman Xulab. Ya están más desengañados de este error en el tiempo presente.

Hasta hoy año de 56, les dura otra superstición, y mala credencia, y esto es general en toda la tierra, y constante a todos, que mientras tienen sembrado el algodón, no comen carne alguna, porque dicen que si la comiesen, no tendrían buena cosecha de algodón. Usábanlo en tiempo de su gentilidad, y no ha sido posible reducirlos a entender lo contrario.

También usan llamar a ciertos indios viejos hechiceros, que ensalmen con palabras de su gentilidad a las mujeres de parto, a las cuales confiesan, y a algunos enfermos. Esto no he podido averiguar (dice) de que estoy muy arrepentido. También hay indios hechiceros, que con ensalmos curan a los mordidos o picados de víboras y culebras, que hay infinitas de cascabel, los cuales rabian y se les pudren las carnes, y mueren. En orden a esto, me pareció referir aquí un caso, que dice antes haberle sucedido. Yo tuve preso (refiere) a uno del pueblo de Tezóc, gran idólatra encantador, que encantaba, y cogía en la mano una víbora, o culebra de cascabel, con ciertas palabras de la gentilidad, que escribí por curiosidad, que no son dignas de papel, y tinta (ne forte) basta decir, que en ellas se invoca al demonio, y príncipe de las tinieblas.

Cuando hacen casas nuevas, que es de diez a doce años, no entran en ellas, ni las habitan, hasta que venga el viejo hechicero de una legua, y dos, y tres, a bendecirla con sus torpes ensalmos, lo cual (dice) oí decir: pésame de no haberlo averiguado.

Son sortílegos, y echan suertes con un gran puño de maíz, contando de dos en dos, y si salen pares, vuelve a contar una, y dos, y tres veces, hasta que salga nones, y en su mente lleva el concepto sobre que va la suerte, verbi gratia. Huyóse una vez una niña de una casa, y la madre como india, llamó a un sortílego de estos, y echó suerte sobre los caminos, y cupo la suerte a tal camino, y enviando a buscar la niña la hallaron en el pueblo de aquel camino. Castigué a este sortílego, que era de un pueblo una legua de Valladolid, y examinándole despacio hallé, que las palabras que decía, mientras contaba el maíz, no eran más de decir nones, o pares, y no supo decir, si invocaba al demonio con ellas, porque el sortílego era simplicísimo, y casi tonto.

En esta ciudad de Mérida (prosigue) es público, que hay algunas indias hechiceras, que con palabras abren una rosa antes de sazonar, y la den al que quieren traer a su torpe voluntad, y se la den a oler, y se la ponen debajo de la almohada, a que si la huele la persona que la da, pierde el juicio por gran tiempo, llamando al que la había de oler, y para quien se abrió la rosa. Digna cosa de remedio, y castigo si es verdad, y más si esta mancha cae en blanco.

También ha habido fama, que las indias de esta ciudad echan en el chocolate ciertos hechizos, con que atarantan a sus maridos: la voz oí (dice) pero no sabré donde cantó el gallo.

También advierto, lo que en mi niñez vi, que ahogan en un hoyo los perritos, que crían para su regalo, y comida, que son unos de poco, o ningún pelo, que llaman Tzomes (tzom): abusión judaica, que veda el apóstol.

De los indios de Cozumel (Cuzamil) dice, que aun en su tiempo eran grandes idólatras, y usaban un baile de su gentilidad, en el cual flechaban un perro, que habían de sacrificar, y cuando habían de pasar al pueblo de Ppolé (Ppole), que es acá en la Tierra Firme, usan muchas supersticiones antes de embarcarse, y pasar aquella canal, que corre con más velocidad, que un río caudaloso. Haciéndole relación de estas supersticiones cierto cura de ellos, le reprehendió, porque no las desterraba, y indiscretamente le respondió, que deseaba vivir, y temía no le ahogasen al pasar. Dentro de pocos años sucedió la desgracia de otro cura, que dicen, que los castigaba, y lo ahogaron, dejando trastornar las canoas, que son sus barquillos, lo cual se prueba, pues todos los indios remeros se escaparon, y solo el pobre cura se ahogó.

también dice de los indios de la provincia de Titzimin (Ti Tzimin), que en su tiempo, cuando iban a pescar en toda la costa de Choáca (Ah Chauac Ha), antes de hacer sus pesquerías, hacían primero sus sacrificios, y ofrendas a sus falsos dioses, ofreciendo candelas, reales de plata, y cuzcar (cuzcatl / kan), que son sus esmeraldas, y piedras preciosas en lugares particulares, Kúes (ku na), y sacrificaderos, que se ven en los brazos de mar, y lagunas saladas, que hay en la dicha costa hacia el río de Lagartos.

Capítulo V. Como conservaban la memoria de sus sucesos, dividían el año, y contaban los suyos, y las edades

En tiempos de su infidelidad tenían los indios de Yucatán libros de cortezas de árboles, con su betún blanco, y perpetuo de diez y doce varas de largo, que se cogían doblándolos como un palmo (anahte). En estos pintaban con colores la cuenta de sus años, las guerras, inundaciones, huracanes, hambres, y otros sucesos. Por uno de ellos, que quitó el doctor Aguilar a unos idólatras, supo que a una peste antigua llamaron Mayacimil (maya cimil), y a otra Ocna Kuchil (oc na kuchil), que quiere decir muertes repentinas, y tiempos en que los cuervos se entraron a comer los cadáveres en las casas. A la inundación, o huracán llamaron Hunyecil (hun ye ciil), anegación de árboles.

Contaban los años con trescientos sesenta y cinco días, divididos por meses de a veinte días, correspondiendo a los nuestros por este orden. A 12 de enero llamaban Yaax (Yax); desde primero de febrero Zab (Zac), desde 21 Ceh (Ceh); desde 13 de marzo, Mac (Mac), desde 2 de abril Kan Kín (Kan Kin); desde 22 de abril Muan (Muan); desde 12 de mayo Paax (Paax); desde primero de junio Kayab (Kayab). El mes Cum Ku (Cum Ku) comenzaba a 21 de junio; el de Vayeab (U Uayab Haab) a 11 de julio, y por otro nombre le llamaban Utuz Kin (u tuz kin), y también Ulobol Kin (u lobil kin), que quiere decir tiempo mentiroso, tiempo malo, porque caían en él los cinco días, que faltan para la cuenta, los cuales tenían por tan malos, como diré luego. A 17 de julio comenzaba el mes llamado Poop (Poop). A 6 de agosto el de Voo (Uoo). A 26 de agosto el de Cijp (Zip). A 15 de septiembre el de Zeec (Zec). En octubre el de Xul (Xul). En noviembre el de Yax Kin (Yax Kin). En diciembre el de Mool (Mol), y el de Cheen (Chheen) terminaba en 11 de enero. Por esta cuenta repartían el año en dieciocho meses, pero comenzaba su año nuevo en nuestro julio, a 17. Los cinco días que faltaban para cumplir los trescientos y sesenta y cinco, llamábanlos los días sin nombre (ixma kaba kin). Teníanlos por aciagos, y decían, que en ellos sucedían muertes desastradas y súbitas: picaduras y mordeduras de víboras y animales fieros, y ponzoñosos, riñas, y disensiones, y en especial tenían por peor al primero. En ellos procuraban no salir de sus casas, y así se proveían de lo necesario para no tener que ir en ellos al campo, ni a otra parte. Frecuentaban más en estos días sus ritos gentílicos, rogando a sus ídolos los librasen de mal en aquellos días peligrosos, y les diesen buen año siguiente, fértil y abundante; y estos días tan temidos eran el 12, 13, 14, 15 y 16 de nuestro julio. Todos los días del mes tenían su nombre propio, que dejo sin decir, por parecerme prolijidad.

Por esta cuenta sabían los tiempos en que habían de rozar los montes y quemar las rozas, esperar las aguas, sembrar su maíz, y otras legumbres, teniendo para esto sus proverbios. Los primeros religiosos (dice Aguilar) santos, y verdaderos viñadores de Jesucristo, procuraron desterrar esta cuenta, entendiendo era supersticiosa, y no aprovechó, porque los más la saben. Que comunicó esto con un gran religioso varón apostólico, llamado el padre Solana, y con otro no menos, llamado fray Gaspar de Naxara (Nájera), grandes ministros, y predicadores, que sentían no ser perjudicial para la cristiandad de los indios; pero el padre Fuensalida dice en su relación tratando destas cuentas antiguas. «Valiera más, y fuera mejor, que no las entendieron, y supieran de los antiguos, porque se han hallado en sus idolatrías, que hacen los que apostatan de nuestra santa fe católica, adorando al demonio en millares de ídolos, que se han hallado en esta provincia, etc.» pero usar mal de ellas no parece que convence ser intrínsecamente malas.

Contaban sus eras y edades, que ponían en sus libros de veinte en veinte años, y por lustros de cuatro en cuatro. El primer año fiaban en el oriente, llamándole Cuchhaab (ah cuch haab Kan), el segundo en el poniente llamado Hijx (Hiix), el tercero en el Sur, Cavac (Cauac); y el cuarto Muluc (Muluc) en el Norte, y estos les servía de letra dominical. Llegando estos lustros a cinco, que ajustan veinte años, llamaban Katún (katun), y ponían una piedra labrada sobre otra labrada, fijada con cal y arena en las paredes de sus templos y casas de los sacerdotes, como se ve hoy en los edificios que se ha dicho, y en algunas paredes antiguas de nuestro convento de Mérida, sobre que hay unas celdas. En un pueblo llamado Tixualahtun (Tix Ualah Tun), que quiere decir lugar, donde se pone una piedra labrada sobre otra, dicen, que estaba el archivo, recurso de todos acaecimientos, como en España lo es el de Simancas.

El común lenguaje de ellos para contar sus años, era por estas edades, o Katunes, como para decir tengo sesenta años; era Oxppelhabil, tengo tres eras de años, esto es tres piedras; para setenta tres y media, o cuatro menos media. Por donde se conoce no eran demasiadamente bárbaros, pues vivían con toda esta cuenta, que se dice era ciertísima, tanto, que con ella no solo tenían certidumbre del suceso, pero del mes, y día en que pasó.

Por autoridad y por gala, se fajaban con ciertas lancetas, que usaban de piedra, los pechos y brazos, y muslos, hasta sacarse sangre, y en las heridas echaban una tierra negra, o carbón molido. Cuando sanaban dellas, quedaban las cicatrices con figuras de águilas, sierpes, aves y animales; que habían dibujado con las lancetas, y se horadaban las narices. Por estar así pintado Guerrero el español cautivo, no quiso ir a la presencia de don Hernando Cortés, cuando fue Jerónimo de Aguilar. Los Kupúles, que son los del territorio de la villa de Valladolid, lo usaron mucho.

En su gentilidad, y ahora bailan, y cantan al uso de los mexicanos, y tenían, y tienen su cantor principal, que entona, y enseña lo que se ha de cantar, y le veneran y reverencian, dando asiento en la iglesia, en sus juntas y bodas. Llámanle Hol pop (hol poop), a cuyo cargo están los atabales, o tunkúles (tunkul), e instrumentos de música como son flautas, trompetillas, conchas de tortuga, y otros de que usan. El tunkúl es de madera hueco, hay algunos tan grandes, que se oyen a distancia de dos leguas en la parte a que corre el viento. Cantan en ellos fábulas, y antiguallas suyas, que se podrían reformar, si bien los religiosos lo han hecho en muchas partes, dándoles historias de santos, y de algunos misterios de la fe, para que canten por lo menos en los bailes públicos de pascuas, y festividades, con que olviden lo antiguo.

Tenían, y tienen farsantes, que representan fábulas, y historias antiguas, que tengo por cierto sería bien quitárselos, por lo menos las vestiduras con que representan, porque según parece son como las de sus sacerdotes gentiles, que cuando no haya otro mal más que conservarse en ellos aquella memoria, parece muy perniciosa, y más siendo inclinados a idolatría, y que en ella los usan, siempre me han parecido mal, cada uno tendrá su dictamen, conforme más o menos haya hecho el reparo. Son graciosos en los motes y chistes, que dicen a sus mayores y jueces: si son rigurosos, ambiciosos, avarientos, representando los sucesos que con ellos les pasan, y aun lo que ven a su ministro doctrinero, lo dicen delante dél, y a veces con una sola palabra. Pero quien los hubiere de entender, necesita ser gran lengua, y estar muy atento. Son más peligrosas estas representaciones, cuando se hacen de noche en sus casas, porque sabe Dios lo que allí pasa, y por lo menos muchas paran en borracheras. Llaman a estos farsantes Balzam (baldzam), y por metáfora con este nombre al que es decidor y chocarrero, y remedan en sus representaciones a los pájaros.

Hacían, y hacen sus bodas y banquetes en los desposorios, gastando muchos pavos, y pavas, que crían todo un año para un día. Los que salen de alcaldes hacen también convite a los que entran, pena de infames, y en la noche de la elección hay grandes borracheras.

Los indios de esta tierra eran, y son muy diestros con arco y flecha, y así son grandes cazadores, y crían perros, con que cogen venados, jabalíes, tejones, tigres, algunos leones pequeños, conejos, armados, iguanas, y otros animales: flechan pavos reales, unas aves que llaman faisanes, y otras muchas.

Son al presente grandes imitadores de todas las obras de manos que ven hechas, y así aprenden todos oficios con facilidad, y hay muchos en sus pueblos demás de los que asisten en la ciudad y villas, grandes oficiales de herreros, cerrajeros, freneros, zapateros, carpinteros, entalladores, escultores, silleros, oficiales que hacen muy curiosas obras de concha, albañiles, canteros, sastres, pintores, zapateros, y así de los demás. Lo que causa admiración es, que hay muchos indios, que trabajan en cuatro y seis, y más oficios de estos (como los españoles suelen en uno solo) con que se sustentan, y a veces con herramientas, y instrumentos, que da risa verlos: pero con la flema, que casi connatural tienen en el trabajar, suplen su falta, y sacan buenas las obras, que las dan más baratas, que los españoles, con que los que llegan oficiales a Yucatán, pasan mal con sus oficios, y así hay pocos de ellos, y buscan otro modo de vivir.

Visten ropas de algodón blanquísimo, de que hacen camisas, y calzones, y unas mantas como de vara y media en cuadro, que llaman tilmas, o hayates. Sírvenles de capas cogiendo las dos esquinas sobre el hombro, con un ñudo, o cinta: si bien muchísimos las usan de lana tejida algo basto, y aun muchos de telas, que se traen de Castilla, y aun de damascos, y otras sedas. Usan algunos jubones, y muchos traen zapatos, y alpargates: lo ordinario es andar descalzos, especialmente en sus casas, y campos, sino es algunos caciques, y principales, y lo mismo es las mujeres. Los más de los varones traen sombreros de paja, o palma, y muchos los compran ya de fieltro. Las mujeres usan Vipiles, que es una vestidura, que coge desde la garganta hasta la media pierna, con una abertura en lo superior por donde entra la cabeza, y otras dos por lo superior de los lados por donde salen los brazos, que queda cubiertos más de hasta la mitad, porque no se ciñe al cuerpo esta ropa, que también les sirve de camisa. Desde la cintura hasta el pié traen otra ropa, que llaman Pic, y es como naguas, o fustanes, que caen debajo de la vestidura superior: las más de estas son labradas, y tejidas con hilo azul, y colorado que las hacen vistosas. Si una española se viste de este traje, es en ella muy lascivo. Las indias pequeñas, que se crían con las españolas, salen grandes lavanderas, costureras, y punteras, y así hacen obras de mucho precio, y estimación

Para los domingos, y fiestas, cuando van a misa, y cuando se han de confesar, tienen así varones, como mujeres, sus vestidos más limpios y aseados, que guardan para esto. Otras costumbres, y cosas suyas se conocerán por las leyes que se les han dado para remediarlas, que se refieren es el libro quinto siguiente.

Su comida ordinaria es de poco sustento al parecer, porque comen pocas veces carne: lo ordinario es sustentarse con sus legumbres, frutas, y diversas bebidas, que hacen del maíz. Son de muchas fuerzas, para sustentarse con mantenimientos tan débiles; de buena corpulencia, aunque may enemigos del trabajo, y dados a la ociosidad: bien agestados de color trigueño, como los demás indios. Son muy amigos de comer pescados.

Hubo indios en tiempos pasados, de mayores cuerpos que los ordinarios, y que se hallaron en sepulcros de esta tierra, de estatura como gigantea. El año de 1647, junto al pueblo de Vecál (Becal) en el camino real de Campeche, mandando el padre fray Juan de Carrión (hoy comisario provincial para el capítulo general próximo) hacer una ramada para un recibimiento, cavando para poner los palos con que se hace, dieron con la barreta en una sepultura muy grande, hecha de lajas una sobre otra, sin curiosidad alguna. Los indios huyeron de ella, y fueron a llamar al padre, que llegando les mandó sacasen lo que en ella había. Los indios no quisieron, diciendo les era vedado tocar a cosa alguna de aquellas, con que el religioso, ayudándole un muchachuelo, sacó unos huesos de hombre de estatura formidable. Había en la sepultura tres cajetes grandes de barro finísimo, con tres bolas huecas, cada uno en lugar de pies, y un bote de piedra negra, que parecía jaspe. Quebró los huesos, y los arrojó haciendo macizar el vacío, reprehendió a los indios la superstición de no querer tocar aquello, diciendo les era vedado. Sucedió esto el mes de septiembre de aquel año.

Capítulo VI. De la credencia de religión de estos indios, que parece haber tenido noticia de nuestra santa fe católica

Cuando los españoles descubrieron a Yucatán, hallaron a sus habitadores gente más política, que los restantes hasta aquel tiempo descubiertos, y así este hallazgo fue tan ruidoso, y movió el ánimo de Diego Velásquez, gobernador de Cuba, dando noticia al rey con las esperanzas tan grandes, que las historias generales refieren, y se ha dicho al principio: ocasionado esto de no haberse aun manifestado, ni sabido la grandeza de la Nueva España. Aunque en lo político era gente de más razón; convenían en la profesión de religión, en cuanto a ser idólatras, adorando diversos ídolos, reverenciando diferentes deidades fingidas, y no conociendo un solo Dios Omnipotente (enfermedad espiritual de todas estas naciones indianas) el cual les dio a conocer la verdad, cuando mediante su divino favor los redujo a la obediencia de la iglesia romana, única madre de la verdadera credencia, y a la sujeción de nuestros católicos reyes. Parece que todos los indios de estos reinos tenían puesta su mayor felicidad en la muchedumbre de dioses, que adoraban con idolátrico culto, en que se asemejaron a las más naciones gentiles, y en especial a la romana, cuando lo era, de quien dice san león papa, que dominando casi sobre todas las naciones, se sujetaban a los errores de todos los gentiles, y les parecía exaltación de su religión no menospreciar falsedad alguna de las que en ellos hallaban. Así estos indios de. Yucatán, para casi cada cosa tenían su Dios, como los de la Nueva España: solo se diferenciaban en los nombres, y así pasó sin singularizarlos todos; pues lo que tan dilatadamente escribió el padre Torquemada en su Monarquía indiana, puede el discurso individuar en lo presente.

No se olvido de esta advertencia el capitán Bernal Díaz en su historia, refiriendo lo que les sucedió en Cabo de Catoch (c'otoch), pues dice: «Un poco más adelante donde nos dieron aquella refriega, que tengo dicho, estaba una placeta y tres casas de cal y canto que eran adoratorios, donde tenían muchos ídolos de barro, unos con caras de demonios, y otros como de mujeres, altos de cuerpo, y otros de otras malas figuras, de manera, que al parecer estaban haciendo sodomías unos con otros, y dentro en las casas tenían unas arquillas hechas de madera, y en ellas otros ídolos de gestos diabólicos».

Los religiosos de esta provincia, por cuya atención corrió la conversión de estos indios a nuestra santa fe católica, con el celo que tenían de que aprovechasen en ella; no solo demolieron y quemaron todos los simulacros que adoraban, pero aun todos los escritos (que a su modo tenían) con que pudieran recordar sus memorias, y todo lo que presumieron tendría motivo de alguna superstición o ritos gentílicos. Ocasionó esto, que no se puedan hallar las singularidades que deseé individuar en estos escritos; pero aun la noticia de sus historias quedó a la posteridad negada, porque a las vueltas fueron todas las que se pudieron descubrir, entregadas al fuego sin hacer reparo en la diversidad de las materias. Ni me conformo con el dictamen, ni le repruebo, pero parece pudieron conservarse las historias temporales, como se conservaron las de la Nueva España, y otras provincias reducidas: sin que se haya tenido por impedimento para el aumento de su cristiandad, con que solo podré decir poco más de lo que hay en otras historias escrito de la observancia de religión en su tiempo de su gentilidad.

No se sabe con certidumbre, que la predicación evangélica hubiese pasado a dar luz a las gentes de esta América, antes que a nuestros españoles fuese manifiesta. Si alguna cosa pudo, y causó admiración, fue la credencia particular, que entre todas las demás naciones de estos dilatados reinos tenían los indios de Yucatán, que por lo menos hace difícil entender, como pudo ser. Sin habérseles predicado los misterios de la ley evangélica, y para prueba de esto diré lo que refiere el padre Remesal en su historia. Dice, pues, que cuando el obispo don fray Bartolomé de las Casas pasó a su obispado, que como se dijo en el libro tercero, fue el año de 1545, encomendó a un clérigo, que halló en Campeche, llamado Francisco Hernández (y es de quien queda hecha memoria en la fundación de la ciudad de Mérida, y otros capítulos) que sabía la lengua de los indios, que los visitase con cierta instrucción de lo que les había de predicar, y a poco menos de un año le escribió el clérigo. Que había hallado un señor principal, que preguntándole de su religión antigua que observaban, le dijo: Que ellos conocían y creían en Dios, que estaba en el cielo, y que aqueste Dios era Padre, Hijo y Espíritu santo, y que el padre se llamaba Yzóna (Itzam Na) que había criado los hombres, y el hijo tenía por nombre

Bacáb (Bacab), el cual nació de una doncella virgen, llamada Chiribirias (Ix Chhilibil Yax, Ix Chebel Yax?), que está en el cielo con Dios, y que la madre de Chiribirias se llamaba Yxchel (Ix Chel), y al Espíritu santo llamaban Echvab (Ek Chuuah). De Bacáh (Bacab), que es el hijo, dicen que le mato y hizo azotar, y puso una corona de espinas, y que lo puso tenido los brazos en un palo, y no entendían, que estaba clavado si no atado, y allí murió, y estuvo tres días muerto, y al tercero día tornó a vivir, y se subió al cielo, y que está allá con su padre. Y después de esto luego vino Echvab (Ek Chuuah), que es el Espíritu santo, y hartó la tierra de todo lo que había menester. Preguntado, que quería significar aquellos tres nombres de las Tres Personas, dijo que Yzóna (Itzam Na) quería decir el gran padre, y Bacáh (Bacab), hijo del gran padre, y Echvah (Ek Chuuah) Mercader, Chiribirias suena madre del hijo del gran padre. Añadía más, que por tiempo se habían de morir todos los hombres, pero de la resurrección de la carne no sabían nada. Preguntado también como tenían noticia de estas cosas. Respondió, que los señores lo enseñaban a sus hijos, y así descendía de mano en mano esta doctrina. Afirmaban, que en el tiempo antiguo vinieron a esta tierra veinte hombres, y el principal de ellos se llamaba Cozás, y que estos mandaban, que se confesasen las gentes, y que ayunasen. Por esto algunos ayunaban el día, que corresponde al viernes, diciendo había muerto en el Bacáb. Con noticia de cosas tan particulares, en otras partes de esta América no vistas, ni oídas, dice el obispo en su historia apologética, así: «Si estas cosas son verdad, parece haber sido en aquella tierra nuestra santa fe sabida. Pero como en ninguna parte de las indias habemos tal nueva hallado (puesto que en la tierra del Brasil se imagina hallarse rastro de santo Tomas apóstol) y así como aquella nueva no voló adelante: ciertamente aquella tierra de Yucatán da a entender cosas muy especiales y de mayor antigüedad, por las grandes, admirables y excesivas maneras de edificios y letreros de ciertos caracteres, que en otra ninguna parte se hallan. Finalmente, secretos son estos, que solo Dios los sabe, etc.». Donde es de advertir, que este reparo le hizo persona tan grave, docta, y la más noticiosa de todas las singularidades de estos reinos, que tuvieron aquellos tiempos.

No solo lo referido parece de notar haber tenido noticia de nuestra fe los indios de Yucatán, sino lo que supieron de ellos los religiosos de nuestro padre santo Domingo, cuando estuvieron en Campeche, pasando con el obispo a Chiapa, como se dijo, porque les dijeron, como los primeros españoles hallaron entre estos indios bautismo con vocablo en su lengua, que en la nuestra significa, nacer otra vez; y hoy día el santo bautismo se les da a entender con aquel nombre. Creían, que recibían en él una entera disposición para ser buenos, no recibir daño de los demonios, y conseguir la gloria que esperaban. Dabáseles de edad de tres años, hasta doce, y ninguno se casaba sin él, porque según afirma el padre Lizana, decían, que el que no había recibídole estaba endemoniado, y que no podía hacer cosa buena, ni ser hombre o mujer de buena vida. Elegíanle para darle día, que no fuese aciago y los padres ayunaban tres días antes, y se abstenían de las mujeres. La primera ceremonia era, que los sacerdotes purificaban la posada echando fuera al demonio con ciertas ceremonias, porque decían se apoderaba de la criatura desde que nacía, y aun antes. Luego iban los niños uno a uno, y el sacerdote los echaba en la mano un poco de maíz y de su incienso molido, y los niños lo ponían en un brasero, que servía de incensario. Después daban a un indio un vaso del vino que acostumbraban beber, y envíabanle fuera del pueblo con él, mandándole, que ni lo bebiese, ni mirase atrás, con que creían quedaba totalmente expulso el demonio.

Acabada ésta como disposición y exorcismos, salía el sacerdote con sus vestiduras largas, y un hisopo en la mano: preguntaban a los grandecillos, si habían cometido algún pecado, y en confesando los ponían a una parte, y bendecían con oraciones, amagándoles con el hisopo, y a todos ponían unos paños blancos en las cabezas. Después con un agua que tenían en un hueso, les mojaban la frente, facciones del rostro, y entre los dedos de los pies y de las manos. Levantábase el sacerdote, quitaba los paños a los niños, y hechos ciertos presentes, quedaban bautizados, acabando la fiesta en banquetes, y en los nueve días siguientes no habían de llegar a sus mujeres los padres de los niños. El padre Lizana añade a esto, que dicen Remesal y Torquemada, que este modo de bautismo se hacía de tres en tres años, y que ponían cuarenta hombres, que como compadres apadrinasen a los niños. El padre fray Luis de Urreta en su historia de Etiopía, tratando, como los Abisinos, y aquellas naciones, aunque eran católicos cristianos, se circuncidaban, y defendiéndoles, que no era acto pecaminoso en ellos por el fin con que lo hacían: y como el demonio se ha hecho venerar de muchas naciones gentiles con costumbres y ceremonias dadas por Dios a su pueblo, dice estas palabras: «Una de estas fue la circuncisión, queriendo el demonio remedar a Dios en esta costumbre, como lo habemos visto en las indias, donde los de Yucatán, los Totones de Nueva España, los de la isla de Acuzamil se circuncidaban». De los de Yucatán lo refiere también Pineda en su monarquía eclesiástica, y el doctor Illescas en la pontifical. Que esto no sea así por lo que toca a los de Yucatán y Cuzamil, o Cozumel, parece persuadirse, de que ni aquellos religiosos dominicos, ni el obispo de Chiapa, haciendo tan particular inquisición, hacen memoria de haber hallado tal cosa, ni nuestros religiosos, primeros predicadores evangélicos de estos indios se ha dicho, que tal supiesen. A todos los antiguos que viven lo he preguntado, y me han respondido, que no han alcanzado hubiese tal entre los indios, ni estos tienen tradición de que usasen tal costumbre sus ascendientes.

Creían los indios de Yucatán, que había un Dios único, vivo y verdadero, que decían ser el mayor de los dioses, y que no tenía figura, ni se podía figurar por ser incorpóreo. A este llamaban Hunab Ku, como se halla en su vocabulario grande, que comienza con nuestro castellano. De este decían, que procedían todas las cosas, y como a incorpóreo, no le adoraban con imagen alguna, ni dél la tenían (como se dice en otra parte) que tenía un hijo a quien llamaban Hun Ytzamna (Hun Itzam Na), a Yaxcocahmut (Yax Cocay Mut). Este parece ser el que aquel señor dijo al clérigo llamado Francisco Hernández.

Capítulo VII. De otros ritos de religión, que tenían estos indios en tiempo de su infidelidad

No solo supieron aquellos religiosos (referidos en el capítulo antecedente) lo que se ha dicho; pero que también tenían y usaban los indios de Yucatán confesión bocal de pecados, semejante en algo al Sto. sacramento de la penitencia, y algunas otras ceremonias de la iglesia católica. De lo que se confesaban, era de algunos pecados graves, y a quien los decían era sacerdote o médico, y la mujer al marido, y éste y la mujer. El que había servido de ministro de la confesión, publicaba los pecados, que se le habían dicho, entre los parientes, y esto para que todos pidiesen a Dios le fuesen perdonados, para lo cual hacían oración particular. En la papel antiguo, dice el padre Lizana, que halló, que para este fin no buscaban Dios alguno de los que adoraban, más que solo llamaban a Dios con muchos suspiros, diciendo Kue (ku), que es lo mismo que

Dios, y hoy vemos, que el decir a Dios Ku está de la misma manera introducido en este tiempo, porque en su lengua Ku es lo mismo, que Dios en nuestra castellana, y no señala Dios alguno, de los que vanamente adoraban los gentiles, sino el solo Dios, que lo es verdadero. Aunque este modo de oración con esta circunstancia parece especial de los indios yucatecos, pero no lo de la confesión bocal, que otras naciones de la Nueva España la hacía como refiere Torquemada en diversas partes, y Remesal dice de los indios de Chiapa; pero unos, ni otros obraban con tan buen fin, como los Yucatecos.

Había entre estos indios noticia alguna del infierno y paraíso, o a lo menos, que en el otro mundo después de esta presente vida eran castigados los malos con muchas penas en lugar oscuro, y los buenos eran premiados en deleitosos y agradables sitios, y en esta razón tenían cosas por ciertas, que les obligaban a no pecar, y saber pedir perdón, si pecaban, y también tenían tradición de que el mundo se había de acabar. Hablaban con el demonio, a quien llamaban Xibilba (Xibalba), que quiere decir el que se desaparece, o desvanece.

Tenían fábulas muy perjudiciales de la creación del mundo, y algunos (después que supieron) las hicieron escribir, y guardaban, aun ya cristianos bautizados, y las leían en sus juntas. El doctor Aguilar refiere en su informe, que tuvo un cartapacio de estos, que quitó a un maestro de capilla, llamado por sobrenombre Cuytun (cuy tun), del pueblo de Zucóp (Tzuc Op), el cual se le huyó, y nunca lo pudo haber, para saber el origen de este su génesis. recién venido yo de España, oí decir a un religioso, llamado fray Juan Gutiérrez, y era gran lengua de estos indios, que había visto otro escrito semejante al dicho, y que en él tratando de la formación del primer hombre, se decía, que había sido formado de tierra, y zacate, o pajas delgadas, y que la carne, y huesos se habían hecho de la tierra, y el cabello, barba, y bello, que hay en el cuerpo, era de las pajas, y zacate, con que se había mezclado la tierra. No me acuerdo de más singularidad, que si entonces yo presumiera haber de escribir esto en algún tiempo, fuera posible hubiese tenido noticia de otros muchos desaciertos como el referido.

Dice el padre Lizana, que había asimismo matrimonio muy natural entre estos indios, porque jamás se les consintió tener dos mujeres a ellos, ni a ellas dos maridos: más podía el marido por algunas causas repudiar la mujer, y casarse con otra y la repudiada con otro, y así siempre era una sola la mujer, y uno solo el marido. Contradice Aguilar en su informe lo de una mujer sola, diciendo, que tenían muchas, y aunque con dificultad en su conversión a la fe, las dejaron, quedándose con sola la primera.

Consérvase hoy la memoria, de más de lo escrito en las historias, de que la isla de Cozumel (Cuzamil) era el supremo santuario, y como romano de esta tierra, donde no solo los moradores de ella, pero de otras tierras concurrían a la adoración de los ídolos, que en ella veneraban, y se ven vestigios de calzadas que atraviesan todo este reino, y dicen rematan a lo oriental dél en la playa del mar, desde donde se atraviesa un brazo dél, de distancia de cuatro leguas, con que se divide esta Tierra Firme de aquella isla. Estas calzadas eran, como caminos reales, que guiaban sin recelo de perderse en ellos, para que llegasen a Cozumel (Cuzamil) al cumplimiento de sus promesas, a las ofrendas de sus sacrificios, a pedir el remedio de sus necesidades, y a la errada adoración de sus dioses fingidos.

Sin esto tenían diversidad de templos muy suntuosos en muchas partes de este Tierra Firme, de que hoy permanecen partes de sus edificios, como son los que están en Vxmál (Uxmal), o Vxumual (U Xul Muyal), en Chichen Ytzá (Chi Chheen Itza), en el pueblo de Ytzamál (Itzmal), entre Chapab, y Telchaquillo, y otros que dicen, son muy grandes, situados a la parte oriental del camino, que va desde el pueblo de Nohcacab (Noh Cacab) al de Bolonchen (Bolon Chheen) de Ticul, sin otros muchísimos, que en diferentes partes por los montes se hallan: menores en grandeza que los referidos, aunque todos de una forma. Son al modo de los que de la Nueva España refiere el padre Torquemada en su Monarquía indiana: levantado del suelo un terrapleno fundamento del edificio, y sobre el van ascendiendo gradas en figura piramidal, aunque no remata en ella, porque en lo superior hace una placeta, en cuyo suelo están separadas (aunque distantes poco) dos capillas pequeñas en que estaban los ídolos (esto es en lo de Vxumual (U Xul Muyal / Uxmal) y allí se hacían los sacrificios, así de hombres, mujeres y niños, como de las demás cosas. Tienen algunos de ellos altura de más de cien gradas de poco más de medio pié de ancho cada uno. Yo subí una vez al de Vxumual (U Xul Muyal), y cuando hube de bajar me arrepentí; porque como los escalones son tan angostos, y tantos en número sube el edificio muy derecho, y siendo la altura no pequeña al bajar; desvanece la vista, y tiene algún peligro. Hallé en una de las dos capillas cacao ofrecido, y señal de copal (pom) (que es su incienso) de poco tiempo allí quemado, y que lo era de alguna superstición, o idolatría recién cometida, si bien no pudimos averiguar cosa alguna los que allí estábamos. Dios conforte la fragilidad de estos indios, porque los engaña el demonio a muy poca costa.

Los sacerdotes de estos templos traían vestidas unas ropas de manta de algodón largas y blancas, más que los otros, que no lo eran, los cabellos cuanto podían crecidos, y revueltos, que nunca los peinaban, ni podían, sino los cortaban, porque los untaban con la sangre de los sacrificados; y así andaban tan sucios, como se deja entender. Viéronlos así los primeros españoles, cuando llegaron a Campeche, como lo dice Bernal Díaz. Traer así los cabellos, parece haber sido uso común de todos los sacerdotes de esta Nueva España. Sacrificaban hombres, mujeres y niños, con la impiedad que en ella, aunque no en tanto número, por ser menos la gente. Tenían demás de estos muchos modos de sacrificios de animales, aves y otras cosas. Solían ayunar dos y tres días, sin comer cosa alguna, sajábanse todas las partes de su cuerpo sacando su sangre, que ofrecían al demonio. Este los hablaba muchas veces en una columna muy grande, y les mandaba lo llevasen cargado por toda la tierra, y a cada cosa que hacían se ofrecían muchos al sacrificio, a los cuales flechaban, permitiendo la majestad divina con su oculta providencia estos engaños del demonio, por lo que su divina majestad sabe. También había recogimientos como de monjes, al modo que se dijo del de las doncellas vírgenes.

Eran muy observantes de su religión gentílica, y al que quebrantaba sus ritos, castigaban los sacerdotes, que en esto tenían más autoridad, que sus reyezuelos. No lo son tanto por nuestra desdicha de nuestra religión católica. Aunque hay el cuidado que se dice después en este libro. Porque lo general (aunque muchos parecen buenos cristianos) es, que son indevotos del culto divino, poco amigos de acudir a misa, y a la doctrina, que si los doctrineros no los hubieran de contar, fueran muy pocos los que asistieran, y así suelen decir, cuando vienen tarde: voy a que me cuenten, que esto solo parece es con lo que tienen cuenta. Para la observancia del precepto de la confesión anual, a que están obligados todos los fieles, vienen como violentos, que si los dejaran, poco se les diera de buscar remedio tan saludable para sus almas, y sabe nuestro señor lo que sus confesores padecen espiritualmente en el tiempo, que se les administra. En esta guardianía de Cacalchen, donde estoy dando la última mano a estos escritos este año de 55 no hubo indio, ni india de toda ella, que son dos pueblos; que tienen por lo menos más de setecientos casados, que quisiese recibir el santísimo sacramento de la Eucaristía el jueves santo, ni le había recibido en la cuaresma. Presente se halló en la iglesia la madre del Encomendero (que es muchacho) con él, y toda su familia, que lo vieron, y se quedaron con solamente reprehendérselo después en el sermón del mandato a la tarde.

Acontece estarse diciendo misa, y haber indios arrimados al compás, o patio de la iglesia, y aun a las paredes por lo exterior, sin querer entrar a oírla, y al salir el pueblo juntarse entre los otros, para que los cuenten con ellos, engañando así a sus curas doctrineros, que como han estado diciendo la misa, no pueden saber la verdad; pero muchas veces viniendo de decirla de otros pueblos, los hallamos por las esquinas, aguardando la hora de contarlos, con no poco dolor nuestro. Para excusarse, menos recelosos, se están cuanto los dejan en sus labranzas en los montes, porque alegando esto hallan mejor salida para no ser castigados. Ya yo he visto tiempo desde que vine de España, que nuestro superior mandó por sus letras patentes a todos los religiosos doctrineros, que en sus distritos tocasen las campanas haciendo señal para la doctrina y misa, y que aunque no viniese indio alguno, no los castigasen de ninguna suerte, sino solo reprehendérselo bocalmente. Ocasionóse esta omisión (que si sería dañosa, júzguelo el verdadero cristiano) por diversas calumnias de algunos, a que seguían disfavores manifiestos de quien gobernaba: porque en cualquiera cosa suelen decir, que usurpamos los eclesiásticos la jurisdicción real, y por esto a veces se disimulan cosas, de que puede resultar mucho daño a la cristiandad de los indios. A Dios dará la cuenta, quien fuere culpado, como quienes muchas veces son causa de que pierdan los indios el respeto a sus doctrineros, dándoles a entender, que podemos, y valemos nada, y juzgando los tienen a ellos en más por esto. Conocido tuvo el daño, que puede ocasionar esto nuestro prudentísimo rey Filipo II, y solicitó el remedio, como se verá por las cédulas referidas en estos escritos. Pero cuando la pasión es de cuerpo presente, no basta todas veces a moderarla la recomendación, aunque tan superior y digna de toda veneración por la distancia del dueño, buscándose pretextos, con que no parezca contravenir a la real voluntad de tan gran monarca, y aun la modestia religiosa, con que debo escribir, no permite referirlo con otros términos, que dijeran la verdad con propiedad de palabras.

Confieso la digresión que he hecho, pero he visto en ocasiones ultrajado el estado eclesiástico, menospreciados los sacerdotes, tratarse sin la reverencia debida lo dedicado al culto divino; y así no es mucho, que en alguna parte de estos escritos se diga, ni aunque se presuma, que es parte, para que Dios permita las calamidades que estos reinos están padeciendo, porque es Dios muy celoso de la honra de sus ministros. Como acudirían en aquel tiempo los indios a las cosas de la cristiandad, con solo oír las campanas, cuando no basta, que desde el alba por todos los barrios les griten a voces, que es día de misa (aunque lo sepan) para que venga a la iglesia.

Son tan poco caritativos, que si los gobernadores y obispos precedentes (conociéndolos) no hubieran dado forma, como sustentaran a sus doctrineros; por sola su voluntad y caridad, raro fuera el que nos diese un huevo, aunque es verdad, que como está dispuesto nos sustentan bien. Dios se lo pague. Raro es el indio, que viviendo, da limosna, para que se diga una misa por su alma, o por las de sus padres y cuando mueren, aunque tengan hacienda, solo mandan que se les diga una misa. Mediado el año de 54, se intentó quitarles aun ésta, con color de que morían muchos de las viruelas, que eran los indios pobres, y que en toda la tierra montaría mucha cantidad la que se había de dar por ellas. Para los tributos y demás cargas, nunca los hallan pobres, y lo eran para que hiciesen tan corto beneficio (digo en el número) por las almas de sus padres y parientes. Desdichados indios, que habiendo sustentado a tantos con vuestro sudor y trabajo, viviendo en la muerte se os quería quitar este único sufragio, con título de piedad para con vuestros hijos y parientes vivos.

Capítulo VIII. De algunos ídolos especialmente venerados, y motivos que para ello tuvieron

Antes que dé principio a la vanidad de algunos ídolos, que estos indios adoraban; referiré un caso, que denota lo poco que saben de la virtud, como se dijo al fin del capítulo antecedente, y por no alargarle, me pareció principiar este con él por la singularidad de sus circunstancias, que pasó así. Embriagóse un indio de la ciudad de Mérida, y estando de aquel modo le hirieron de una herida peligrosa. Vióle un ciudadano de lo noble de la ciudad, que con ánimo caritativo y cristiano, le mandó llevar a su casa, buscar cirujano y curar a su costa, regalándole hasta que sanó. El agradecimiento que tuvo el indio, fue ir al gobernador, y decirle, que mandase al español le pagase lo que debía. Admiróse el gobernador, por ser persona tan conocida el ciudadano, y envióle a decir, que pagase a aquel indio. Vino a la presencia del gobernador, que le preguntó, que había en el caso. Respondió, que no le debía cosa alguna, que antes le había hecho curar en su casa. A esto replicó, que pues había hecho con él aquello, a lo le debía sin duda, porque sino, ¿por qué lo había de hacer? Viendo esto el gobernador, mando dar al indio unos cuantos azotes, y le echó de su presencia con confusión, y así apenas reconocen el bien que se les hace, teniendo aquella máxima, con que solamente ha de mirar a Dios el que tuviere caridad con ellos. Ni por esto los incluyo en ella a todos, que algunos hay que reconocen el beneficio que se les hace, pero vengamos a la materia del capítulo presente.

Aunque la diversidad de ídolos, que adoraban los indios de Yucatán, era excesiva, pondré los que referiré en este capítulo por las ocasiones particulares, que tuvieron para la veneración con que los respetaban. Fingieron, que el Dios mayor que todos los otros, a quien también llamaban Kinchahau (Kinich Ahau), fue casado, y que la mujer de este fue inventora del tejer las telas de algodón, con que se vestían, y así la adoraron por Diosa, llamándola Ix azal voh (Ix Zacal Uoh?). El hijo del Dios único, que como dejo dicho, sentían haber, y le llamaban Itzamná (Itzam Na) tengo por cierto fue el hombre, que entre ellos primero inventó los caracteres, que servían de letras a los indios, porque a este le llamaban también Itzamná, y le adoraban por Dios, como también a otro ídolo de una Diosa, que decían era madre de los otros dioses, y la llamaban Ix Kanleox (Ix Kan Le Ox), y otros diversos nombres.

Otro ídolo era una mujer inventora de pinturas, y entretejer figuras en las ropas que vestían, por lo cual la adoraban y la llamaban Ixchebelyax (Ix Chebel Yax), como también a otro de otra grande hechicera, que decían inventó o halló entre ellos la medicina, y la llamaban Ixchel (Ix Chel), aunque tenían Dios de la medicina, nombrado Citbolontun (Cit Bolon Tun).

Aunque tenían Dios del canto, a quien llamaban Xocbitum (Xocbil Tun), adoraban el ídolo estatua de un indio, que decían fue gran cantor y músico, llamado

Ah Kin Xooc (Ah Kin Xocbil Tun), y a este adoraban por Dios de la poesía, y le llamaban también Pizlimtec (Ppizlim Tec).
Veneraban un ídolo de uno, que había sido gran capitán entre ellos, llamábanle Kukulcan (Kukul Can): y uno de otro que fingieron traía en las batallas una rodela de fuego, con que se abroquelaba, llamado Kakupacat (Kak U Pacal), vista de fuego. En las guerras llevaban cuatro capitanes un ídolo nombre era Ah chuy Kak (Ah Chhuy Kak), que era el Dios de sus batallas. Tuvieron por Dios a Quetzalcohuat (Quetzal Coatl) el de Cholula, llamándole Kukulcan (Kukul Can), según dice el padre Torquemada.
Fingían otros dioses, que sustentaban el cielo, que estribaba en ellos: sus nombres eran Zacal Bacál (Zacal Bacab), Canál Bacáb (Kanal Bacab), Chacal Bacáb (Chacal Bacab), y Ek el Bacáb (Ekel Bacab). Y estos decían, que eran también dioses de los vientos.
Otro decían que fue gigante, llamado Chac (Chac) inventor de la agricultura, y por eso le adoraban. Teníanle por Dios de los panes, truenos y relámpagos.
Otro llamado Mul Tul Tzec (Multun Tzec) decían, que reinaba en los malos tiempos, y sus días de éste eran aciagos y de mala fortuna en opinión de los indios.
A tiempos, y ocasiones no más adoraban un ídolo: tenían un madero, que vestían a modo de Dominguillo, y puesto en un banquillo sobre un petate (poop), le ofrecían cosas de comer, y otros dones en una fiesta, que llaman Vayéyab (u uayab haab), y acabada la fiesta le desnudaban, y arrojaban el palo por el suelo, sin cuidar más de reverenciarle, y a éste llamaban Mam (Mam); abuelo, mientras duraba la ofrenda y fiesta.
Reverenciaban otro ídolo de uno que decían había tenido las espinillas, como una golondrina: su nombre era, Teel cuzám (Teel Cuzam). Otro tenía los dientes muy disforme, llamado Lahunchaam (Lahun Chan). Otro que fingían escupía piedras preciosas (kan), cuyo nombre era Htubtun (Ah Tub Tun). Ídolos también de los que labraban los cuerpos a los indios, que decían se convertían en flores, llamados Acat. Ídolos de los mercaderes, y estos tenían uno de piedra en particular muy venerado. Habíalos de los caminantes, pescadores, cazadores, de las milpas, y otros, que invocaban en los tiempos tempestuosos. Dios y Diosa del vino, y uno antiquísimo de un gran hechicero. Diosa de los que se ahorcaban (Ix Tabay), que decían se les aparecía. Ídolo del amor, de las

farsas, de los bailarines, y otra infinidad de idolillos, que ponían a las entradas de los pueblos, en los caminos, en las escaleras de los templos, y otras partes. En el pueblo de Ytzmal, junto a un cerro de los muchos que se ha dicho hay labrados a mano, que era morada de sacerdotes gentiles, y en él se fundó después el convento que hoy permanece, había un templo edificado a un ídolo, que tenían muy celebrado, que se llamaba Ytzamat ul (Itzam Thul), que quiere decir él que recibe y posee la gracia, o rocío del cielo. Decían los indios, que este fue un gran rey, señor de esta tierra, que era obedecido por hijo de dioses, y cuando le preguntaban, como se llamaba, o quien era; no respondía más de estas palabras, Ytzencaan Ytzen muyal (itzen caan, itzen muyal), que era decir: Yo soy el rocío, o sustancia del cielo y nubes. Murió este rey y levantáronle altares, y era oráculo, que les daba respuesta, y allí le edificaron templo. Cuando vivía le consultaban los pueblos las cosas que sucedían en las partes remotas, y les solía decir las futuras. Decían, que le llevaban los muertos, que los resucitaba y sanaba los enfermos, y así le tenían gran veneración. Estos indios tenían este crédito, y así no conocían otro Dios autor de la vida, sino a este ídolo; que decían los resucitaba y sanaba. Este no es posible, sino que fue algún gran hechicero, que mediante el demonio con prestigios engañaba a los indios. El resucitar muertos, sabemos ser reservado solamente a la potencia divina, pues ninguna criatura tiene poder para ello, y así a los que decían resucitados, debía de amortiguar el demonio (permitiéndolo Dios) para que después cobrados los sentidos perseverasen en aquel crédito, y adorasen aquella figura.

Otro templo tenían en otro cerro, que cae al poniente, dedicado también a este mismo ídolo, donde tenían la figura de la mano, que les servía de memoria, y a este templo llevaban los muertos y enfermos donde decían que resucitaban y sanaban. Llamábanle Kab ul (Kauil), que significa: mano obradora, donde ofrecían grandes presentes, y limosnas. A este hacían romerías de todas partes, y para ello estaban hechas cuatro calzadas a oriente, poniente norte y mediodía, que corrían por toda esta tierra, y pasaban a Tabasco, Chiapa y Guatemala, que hoy hay señales de ellas en algunas partes. Tanto era el concurso de gente, que acudía a estos oráculos de Ytzamat ul (Itzam Thul), y Kab ul (Kauil). Tenían otro templo en otro cerro, que cae a la parte del norte, y a este llamaban Kinich Kakmó (Kinich Kak Mo), por llamarse así un ídolo, que en él adoraban, que significa Sol con rostro. Decían que sus rayos eran de fuego, y bajaba a quemar el sacrificio mediodía. Como baja volando la Vacamaya (es esta un ave a modo de papagayo, mayor de cuerpo, y muy finas colores de plumas). A este ídolo recurrían en tiempo de mortandad, pestes, o enfermedades generales, así hombres como mujeres, y llevaban muchos presentes que ofrecían. Decían que a mediodía a vista de todos bajaba un fuego, que quemaba el sacrificio. Después de esto les decía el sacerdote lo que había de suceder, de lo que querían saber acerca de la enfermedad, hambre, mortandad, quedando sabedores de su bien, o mal: aunque muchas veces experimentaban lo contrario de lo que se les decía.

Los de Campeche, tenían un ídolo particular, ú quien llamaban Dios de las crueldades, y le sacrificaban sangre humana: su nombre era Kinchachanhaban (Kinich Ahau Haban). Los de Tihoó, donde está la ciudad de Mérida otro llamado Ahchun caan (Ah Chun Caan). Y así se llama el cerro, que esta al oriente de nuestro convento, que debía de estar en él. Para olvidar esta memoria se fundó en él una ermita dedicada a san Antonio de Padua, y así todos le llaman ya el cerro de San Antonio, aunque la ermita no permanece. Los muy antiguos de Tihoó tuvieron otro llamado Vaclomchaam (Uac Lom Chaan). En Cozumel uno singular, que pintaban con una flecha: su nombre Ahhulané o Ahhulneb (Ah Hul Neb).

A las que perseveraban en el recogimiento que se ha dicho, que era como monasterio de monjas, porque algunas nunca querían salir a casarse, y permanecían vírgenes, teniéndolo a gran virtud; cuando estas tales morían, las adoraron en sus estatuas por Diosas. Una de estas fue hija de un rey, a la cual llamaron Zuhuy Kak: esto es fuego virgen. Era Diosa de las niñas, a la cual las ofrecían y encomendaban. Adoraban por dioses a sus reyes ya difuntos, y lo más fuera de razón a peces, culebras, tigres, con otros animales inmundos, y aun al mismo demonio, que les aparecía en figuras horribles; pero esta adoración más parece originada de temor servil, pareciéndoles, que con ella excusarían el daño que estas cosas les podrían hacer; y baste lo dicho para tan despreciada materia, y pasemos a otra de más admiración.

Capítulo IX. Hállanse cruces en Yucatán, que adoraban, siendo idolatras gentiles, y lo que de esto se ha dicho

Los más escritores de las historias de estos reinos, refieren haber hallado los primeros españoles, que descubrieron a Yucatán en esta tierra cruces, acerca de lo cual han sido también diversos los pareceres. Los padres Remesal, y Torquemada dicen, que el sacerdote llamado Chilam Cambal, o Chilan Calcatl (y no se llamó sino Chilan Balam) poco antes que vinieran los españoles, profetizó su venida, que es la profecía, que dejo referida en el libro segundo, y que entonces les mostró la señal de la cruz, y que ha hizo hacer de piedra y puso en los patios de los templos, a donde fuese vista, que la iban a ver muchas gentes por cosa tan nueva, y la veneraban desde entonces. Esta fue la causa, dicen porque cuando llegó Francisco Hernández de Córdova preguntaron los indios a los españoles, si venían de donde nace el Sol. Esta fue la causa (dicen también) porque cuando entró el adelantado don Francisco de Montejo, y vieron los indios, que los españoles hacían tanta reverencia a la cruz, tuvieron por cierto lo que su gran profeta les había dicho.

El doctor don Pedro Sánchez de Aguilar en su informe contra los indios idolatras de esta tierra, dice, que el origen de decirse, que se hallaron cruces en Yucatán, se ocasionó, de que cuando don Hernando Cortés halló a Jerónimo de Aguilar en la isla de Cozumel, como se dijo en el primer libro; puso allí una cruz, qué mandó adorar, la cual después el año de 1604, gobernando esta tierra don Diego Fernández de Velasco, envió al marqués del Valle, nieto de don Hernando Cortés. «De esta cruz —dice—, tomó, motivo un sacerdote de ídolos, llamado Chilan Cambal, de hacer una poesía en su lengua, que he leído muchas veces, en que dijo, que la gente nueva, que había de conquistarlos, veneraba la cruz, con los cuales habían de emparentar. Esto mismo (dice, refiere Antonio de Herrera) y como el adelantado Montejo, a cuyo cargo fue la conquista de esta provincia, tardó más de diez años en volver a ella; pensaron los nuestros, que estos indios pusieron esta cruz, y tuvieron por profecía la poesía de Chilan Cambal, y esta es la verdad, la cual averigüé por saber la lengua de ello, y por la comunicación de los indios viejos primeros Neófitos que alcance, los cuales iban a su romería al templo de Cozumel.» Estas son las palabras formales del doctor Aguilar.

Que don Hernando Cortes les dejó una cruz a los de Cozumel, es cierto, y como testigo de vista lo refiere Bernal Díaz del Castillo en su historia, y aunque no dice allí viesen cruz alguna en Cozumel; tratando antes de la primera vez, cuando con Francisco Hernández de Córdova llegaron a Campeche, dice. Que en unos grandes adoratorios de ídolos al rededor de uno como altar estaba lleno de gotas de sangre muy fresca, y a otra parte de los ídolos tenían unas señales, como a manera de cruces. El obispo de Chiapa don fray Bartolomé de las Casas, cuando como se dijo, pasó a su obispado con los religiosos dominicos que llevaba, llegó a Campeche a 6 de enero de 1545, y por lo que ellos pudieron saber, dice el padre Remesal, que Chilam Cambal fue antes de la llegada de los castellanos, aunque pocos años. El padre Torquemada conviene en este, y dice también, que cuando se descubrió Yucatán, no solo se halló una cruz, sino algunas, y entre ellas una de cal y canto, de altura de diez palmos, en un muy solemne, y visitado templo de la isla de Cozumel. La que puso don Hernando Cortés fue de maderos, que nuevamente se labraron, como dice Bernal Díaz, que la vio labrar.

Afirma también Torquemada, que el año de 1527, que fue cuando llegó el adelantado con los conquistadores de Yucatán, se averiguó haber tenido origen la señal de la cruz del indio referido Chilam Balam. Pero digo a esto lo uno, que el adelantado presente estaba con don Hernando Cortés, como uno de sus capitanes, cuando les dejó la cruz, que se ha dicho, en Cozumel, y sino se vieran otras antes, que se les hiciese aquella, fácilmente quitaría la duda a los que con el vinieron después a esta conquista, con decir, que por aquella habrían hecho otras, que se hallaron. Ni don Hernando Cortés fue el primero que descubrió a Yucatán, pues otras dos veces habían estado aquí españoles, como es notorio y constante, sin que en esto haya controversia, y pues los primeros escritores ponderaron, que los primeros españoles hallaron cruces en Yucatán, bien se deja entender, que no fue la ocasión la que puso Cortés en Cozumel, pues Gómara habiendo escrito, como llegó a aquella isla, después tratando de la religión de aquellos indios, dice: «Que junto a un templo, como torre cuadrada, donde tenían un ídolo muy celebrado, al pié de ella había un cercado de piedra y cal muy bien lucido y almenado, en medio del cual había una cruz de cal tan alta, como diez palmos, a la cual tenían y adoraban por Dios de la lluvia (Chac), porque cuando no llovía y había falta de agua, iban a ella en procesión, y muy devotos. Ofrecíanle codornices sacrificadas por aplacarle la ira y enojo, que con ellos tenía, o mostraba tener, con la sangre de aquella simple avecica. Quemaban también cierta resina a manera de incienso, y rociábanla con agua. Tras esto tenían por cierto, que luego llovía. Tal era la religión de estos Acuzamilanos (Ah Cuzamil). Y no se pudo saber, donde ni como tomaron devoción con aquel Dios de cruz, porque no hay rastro ni señal en aquella isla, ni aun en otra ninguna parte de indias, que se haya en ella predicado el Evangelio, como más largamente se dirá en otro lugar, hasta nuestros tiempos, y nuestros españoles. Estos de Acuzamil (Ah Cuzamil) acataron mucho de allí adelante la cruz, como quien está hecho a tal señal».

Lo segundo digo, que aunque los conquistadores, que vinieron con el adelantado, entendiesen entonces haber sido Chilan Balam pocos años antes de su llegada, sería porque con la poca inteligencia de la lengua, no acertarían a ajustar los años, que no es fácil, aun a los que la saben bien hacer el computo de sus edades. No ser tan poco el tiempo, como ocho años que pasaron de la venida de Cortés al principio de esta conquista, parece que claramente lo denotan las palabras de la profecía, pues la empieza, diciendo: Era el año de la décima tercia edad, y por edad contaban el número de veinte años, como el mismo Aguilar dice. Así, si fuera en aquella en que vivía, dijera en la edad presente, como dijo Ah Kukil Chel (Ah Kauil Chhel) (otro de los referidos) en su profecía. Ni tampoco parece la edad siguiente inmediata, pues no la pronunciara con términos, que dan a entender prolongación de tiempo, y era más fácil decir: en la edad que se sigue a ésta. Por lo menos la venida de nuestros españoles ochenta años antes la predijo el otro sacerdote gentil, llamado Nahau Pech (Ah Na Hau Pech), diciendo, que vendrían de allí a cuatro edades. Y aun el padre Fuensalida en su relación, diciendo, cuando los indios Ytzaes dejando esta tierra, poblaron la que hoy viven, afirma, que fue más de cien años antes, y que se fueron allí huyendo de la venida de los españoles, de que tuvieron noticia, mediante las profecías de aquellos indios, que tenían por sacerdotes, que se la prenunciaron. Ni tampoco había sido necesario se hubiese predicado antes la ley evangélica, para que hubiese cruces, pues tuvo el origen, que se ha dicho antes. Ni en el corto tiempo referido parece haberse podido radicar tanto entre los indios la veneración de la cruz, adorándola por Dios, fabricándole templo, y ofreciéndole sacrificios tan diversos.

En medio del patio, que hace el claustro de nuestro convento de la ciudad de Mérida, hay una cruz de piedra, que será del grueso de una sesma por cada parte de los cuatro lados, y como una vara de largo, y se echa de ver estar su longitud quebrada, y faltarle algún pedazo. Tiene sacado de medio relieve en la misma piedra una figura de un santo crucifijo, como de media vara de largo. Entiéndose haber sido una de las que en el tiempo de la infidelidad de los indios se hallaron en la isla de Cozumel. Había muchos años, que estaba en lo superior de la iglesia, y se decía, que desde que la pusieron allí, no daba casi rayo alguno, y que de antes solían caer muchos en el convento. Cayóse con algún temporal, y la bajaron a la iglesia, donde algún tiempo la vimos arrimada al pié del altar de la capilla del capitán Alonso Carrio de Valdés, con poca decencia. Habiendo sido electo provincial el reverendo padre fray Antonio Ramírez, por decirse lo que se decía de esta santa cruz, y colocarla más decentemente; hizo labrar un asiento de piedra de sillería, y sobre el unas gradas, en medio una columna de altura competente, en cuyo remate hizo fijar el de la cruz, quedando derecha, y la efigie del santo crucifijo a la parte oriental dorados los remates de la cruz, que son labrados de vistosas molduras. Por la voz común, así de religiosos, como seculares, y por no afirmar cosa de que no hay total certidumbre, se puso a las espaldas de ella un rótulo, que dice: Esta cruz se hallo en Cozumel sin tradición. Habiendo sabido don Eugenio de Alcántara (que murió beneficiado del partido de Hoctun, y fue de los ministros doctrineros, que más lengua han sabido de estos indios: curiosísimo en averiguar antiguallas suyas, grande eclesiástico, y celosísimo de que fuesen verdaderamente cristianos) que andaba yo ocupado en estos escritos, me dijo no una vez sola, que podía escribir con seguridad, que esta santa cruz la tenían los indios en Cozumel en tiempo de su infidelidad, y que había años, que se llevó a Mérida porque habiendo oído a muchos lo que se decía de ella, había hecho particular inquisición con indios muy viejos de por allá, y se lo habían afirmado así.

Podía haber dificultad la efigie del santo crucifijo que tiene; pero considerado lo que se ha dicho en este libro, que creían estos indios, que el hijo del Dios a quien llamaban Bacab había muerto puesto en una cruz tendidos los brazos, no parece tan difícil de entender le tuviesen figurado, según el crédito de religión que tenían.

El padre Torquemada dice, que después que el indio Chilan Balam les manifestó la señal de la cruz, la tenían por el Dios de la lluvia; estando muy certificados, que no les faltaría cuando devotamente se la pidiesen. El doctor Illescas dice también en su pontifical, que tenían un Dios a manera de cruz, que llamaban el Dios de la lluvia. Confírmalo el aumento de la descripción latina de Ptolomeo, con estas palabras: «En lo interior, y escondido de esta isla había un templo cuadrado labrado de piedra, muy celebrado en su antigua religión de los indios, en medio del cual se veía una cruz de altitud de diez palmos, a la cual adoraban». Y prosiguiendo dice, que creían de ella lo que después dijeron el doctor Illescas y padre Torquemada Pero tratando aquel autor, de donde haya procedido, que los indios adorasen la cruz, dice que es incierto, como también lo había dicho Gómara, si bien nota, que refiere Pedro Mártir Milanés: «Que los habitadores de aquella isla por tradición de sus mayores decían, que por estas tierras había antiguamente pasado un varón más resplandeciente, que el Sol, el cual había padecido en una cruz, y que por esta causa siempre les fue venerable su memoria, y imagen de la cruz».

La singularidad de un ídolo, que había en aquel templo, y por cuya causa era tan visitada de peregrinos aquella isla, he reservado para terminar las cosas del tiempo de la infidelidad de los indios. Estaba este ídolo en el templo cuadrado, que se ha dicho, era muy diverso y extraño de los demás, su materia era barro cocido, la figura grande y hueca, pegada a la pared con cal. Había a las espaldas una como sacristía, y en ella tenían los sacerdotes una puerta pequeña oculta abierta a las espaldas del ídolo, por donde uno de los sacerdotes se entraba, y de allí respondía a las demandas, que le eran hechas. Creían los miserables engañados, que su ídolo los hablaba, y creían lo que se les decía, y así le veneraban más que a los otros con diversas ofrendas, sacrificios de sangre, aves, perros, y aun a veces de hombres. Como este siempre su parecer les hablaba, era tan grande el concurso de todas partes a consultarle y solicitar remedio a sus cuidados; con que ya que he dicho lo posible del estado antiguo de esta tierra, paso al que tiene después de su conversión en el cristianismo.

Capítulo X. Del estado y gobierno político de la ciudad de Mérida, cabeza de Yucatán

Habiéndose sujetado Yucatán a la corona real de Castilla, y pobládola los españoles del modo que se ha dicho, mientras sucedía; estaba gobernando el adelantado la ciudad Real de Chiapa de españoles, y provincial de Honduras por orden del rey. Púsose allí audiencia, que llamaron de los Confines, con que cesó su gobierno, y como por la capitulación hecha para la conquista de esta tierra, era gobernador perpetuo de Yucatán, que ya estaba pacífico; vino a gobernarla. Poco después se le tomo residencia, y con ella, para dar sus descargos y otras pretensiones, se fue a la corte. después aquel tiempo gobernaron a Yucatán alcaldes mayores, enviados ya de la real audiencia de los Confines, ya de la de México, hasta que vino el doctor Quijada proveído de España, con título de alcalde mayor, y en su tiempo desde el año de 1561, ha permanecido este gobierno subordinado a la de México. Desde este caballero los restantes la han gobernado con título de gobernador, y aunque a todos llamaban capitanes generales; el primero que con título real vino, fue el capitán Francisco Ramírez Briceño, y después a todos los sucesores se les ha dado distinto de la merced del gobierno, también han tenido la preeminencia tan honorífica (como provechosa a sus intereses) de encomendar indios en nombre del rey, sin dependencia de la real audiencia, ni señores virreyes de la Nueva España; antes les esta prohibido intrometerse en estas Encomiendas, sino es que por vía de apelación se recurre a ella.

Las que han dado alguno a gobernadores interinos y alcaldes ordinarios por muerte de gobernadores propietarios, se dilató confirmarlas algún tiempo; pero el supremo consejo de las indias por auto dado en Madrid a 19 de abril de 1652 años, tuvo por bien de declarar: no obstar a las Encomiendas de Yucatán deducidas en la causa, y detenidas en ella por el defecto referido, para conseguir la confirmación que pedían los interesados en ellas. Lo cual dicen, sea sin perjuicio de otros defectos, que contra ello opusiese, o tuviese opuestos el fiscal de su majestad. Para lo de adelante ordenaron se despachen cédulas generales, para que los gobernadores en ínterin, que fueren nombrados por los virreyes y presidentes, que tienen autoridad para ello, las puedan proveer y encomendar, mientras no llegaren los propietarios del mismo modo que estos pudieran. Asimismo declararon, que las audiencias en que presida virrey o gobernador, que tenga la dicha facultad, sucediendo el caso de quedar por vacante el gobierno en ellas, puedan usar de la dicha facultad, y proveer las Encomiendas vacas de sus distritos. En cuanto a lo de Filipinas determinaron otras cosas, después de las cuales declararon. Que de allí adelante los alcaldes ordinarios de Yucatán y Venezuela, y otros cualesquiera de las indias, aunque tengan el gobierno político de cualquier modo, no puedan usar, ni usen de aquella facultad, ni encomienden indios algunos, porque las vacantes que se ofrecieren en su tiempo, han de quedar reservadas a los gobernadores propietarios o interinos: sin embargo de las reales cédulas despachadas para Yucatán, Venezuela, y otras que se hayan dado, y que esto se guarde, mientras el consejo no determinare otra cosa.

Reside el gobernador de Yucatán en la ciudad de Mérida, donde provee lo tocante a gobierno y justicia, y tiene de salario 1.000 pesos de oro de minas cada año, pero los interinos la mitad. Hay un teniente general letrado, que ha de ser por lo menos abogado de alguna de las reales audiencias, para determinar lo tocante a justicia, así civil, como criminal, y tiene de salario cada un año 500 pesos, y el que no es nombrado por gobernador propietario la mitad, y se pagan estos salarios de las rentas reales. El teniente tiene obligación por cédula real especial de residir en la ciudad de Mérida, y por su propia persona decidir las causas ocurrentes.

El gobernador en nombre del rey, según el derecho de su real patronato, presenta todos los beneficiados y doctrineros, así clérigos seculares, como regulares, haciendo nominación, según ordena el derecho canónico, para que se dé la colación, no solo en todo lo que se llama Yucatán y Cozumel, sino también para la provincia de Tabasco; cuyas encomiendas de indios asimismo provee, aunque en lo temporal la gobierna un alcalde mayor nombrado por el rey. Las apelaciones de las sentencias del gobernador y su teniente general, se hacen para la real audiencia de México.

El cabildo secular de esta ciudad consta de dos alcaldes ordinarios, que los elige el mismo cabildo cada año; alguacil mayor, que es el primer voto inmediato a los alcaldes, alférez mayor, en cuyo poder está el estandarte real, a quien siguen todas las compañías de milicia, tesorero de cruzada, oficio que hoy goza de particulares favores, y prerrogativas, que hasta ahora no ha tenido, y con cédula especial se concedieron al capitán Antonio Maldonado de Aldana, y doce regidores, que aunque a los principios se nombraban cada año, después se compraron quedando perpetuos, y uno de ellos es depositario general. Solíanse elegir dos alcaldes de la santa hermandad cada año, y de algunos a esta parte lo son los dos ordinarios, porque pareció conveniente no multiplicar personas en estos oficios. Porque en las juntas de cabildo se procediese conformo a derecho; se mandó por cédula real dada en Badajoz, a 21 de octubre de 1580 años, que cuando los regidores se hubiesen de juntar a cabildo, diesen noticia al gobernador para que presidiese las juntas.

Reside en la ciudad la real caja de su majestad administrada ella, y sus rentas y regalías por dos oficiales tesorero y contador, nombrados por el rey. Hubo antiguamente entre los oficiales reales y cabildo secular, competencia sobre la precedencia de los asientos en los actos públicos, y por cédula real dada en Madrid, se declaró que la justicia, gobernador, su teniente y alcaldes ordinarios, que por tiempo fuesen de la ciudad de Mérida, prefiriesen a los oficiales reales en todos los actos públicos donde concurriesen.

Hay pública alhóndiga, que la fundó de sus bienes Hernando de San Martín, para el común y socorro de los pobres en la necesidad. Nómbrase cada año con los demás oficios de república un mayordomo, que cuide de ella, y quedó el cabildo secular por su patrón, que dispone su expedición. Este es el gobierno para lo de la paz.

Para lo de la guerra es capitán general, nombrado por el rey, el gobernador de esta tierra, y como tal da títulos y patentes de capitanes y nombró los demás oficiales de milicia. Tiene la ciudad de Mérida cuatro compañías de infantes arcabuceros españoles, y una de caballos lanzas jinetas, que se compone de los encomenderos de indios de los pueblos, jurisdicción de la ciudad, otra de arcabuceros mulatos, y cuatro compañías de indios de los barrios, que son piqueros y flecheros: unos y otros muy diestros en el ejercicio de sus armas, por la continua disciplina militar en que los ocupan los gobernadores, ocasionados de la necesidad que hay todos los años de defender la tierra de las cotidianas invasiones, que enemigos cosarios hacen en los puertos menos guardados, y muchas veces saliendo a la mar en bajeles a resistirlos, porque allí es más continuo el dañó con los robos de las haciendas de estos reinos, que se trajinan de unas provincial a otras, llevando las embarcaciones sin armas con que defenderse y ofender. Mucho ha que oigo decir, se trata de poner remedio en esto, pero no se ve la ejecución. Los dueños de las haciendas lo experimentan con notable daño, pero al cabo las fían, no solo a los contrastes del mar, sino a la violencia de los piratas. Tienen las compañías referidas maestro de campo, sargento mayor, y a veces suele nombrar el gobernador (por ocupaciones de gobierno) teniente de capitán general. Hay capitán de la artillería gruesa, con sueldo de 300 pesos de mina, y a su cargo están dieciséis piezas, que la ciudad tiene para su defensa.

Hácese todos los años reseña general de las armas, a que acuden todas las compañías, manifestando las suyas: así encomenderos las que tienen por obligación que llaman cargo de encomienda) como los demás vecinos libres de ella, y son muchísimos los que a su costa pueden armar otros dos, y tres soldados forasteros, que no las tengan, ofreciéndose necesidad de ello. Todos los vecinos están alistados en sus compañías, así los que residen en la ciudad, como los que viven en los pueblos de su jurisdicción, como si fueran soldados pagados: siendo notable la presteza con que se juntan, para socorrer cualquier puerto, distante doce, dieciséis, y más leguas y aun la villa de Campeche, con alargarse a treinta y seis. Otro día señalado después da la muestra de armas, suelen formar en la plaza mayor (que lo es de ellas) escuadrón guarnecido de la caballería, que en tales ocasiones los he visto llevar carabinas en lugar de lanzas, y allí escaramuzan haciendo otros ejercicios militares. Cierto es de ver este día, porque procuran salir oficiales, y soldados lo más lucido y galanes, que les es posible.

Para el gobierno general de los indios hay nombrados letrado, procurador, defensor, intérprete, a quien recurren los indios con todos sus negocios, y están obligados a solicitarles su despacho, porque tienen estos oficios renta, que se paga de una pequeña contribución, que cada indio da, la cual llaman Holpatán (hol patán), y aunque como he dicho es corta en cada singular, como son tantos, llega a cantidad crecida. Recógela como mayordomo una persona abonada; que la distribuye, y tiene por este cuidado 500 pesos de renta. De ella se den al escribano mayor, o secretario de gobernación, que llaman, 2.000 pesos cada un año, porque hace todos les despachos pertenecientes al de los indios, como son nombramientos de gobernadores, confirmaciones de alcaldes y regimientos de todos los pueblos, y otras cosas pertenecientes a ellos. Tiene este oficio en propiedad el capitán don Pedro Díaz del Valle, cuyo padre se le compró al rey para si, y para sus descendientes perpetuamente, y es uno de los cargos más honoríficos, que tiene este reino. Deben mucho estos escritos a este caballero, en especial para haber dado razón de la conquista, por la mucha confusión con que se menciona (y aun anda dada a la estampa en otras historias) porque con benevolencia me franqueó su archivo, donde están las probanzas de los conquistadores, de que me valí solamente, no fiando la certidumbre menos, que de instrumentos tales, que aun muchos interesados, pidiéndoselas, no cuidaron de dármelas.

Lo material de la ciudad de Mérida está fabricado con todo cuidado, las calles muy capaces, tiradas por cordel derechas de oriente a occidente, divididas en cuadras por igual, que hacen calles, asimismo derechas de norte a sur. En medio de ella está la plaza mayor, que tiene de oriente a occidente ciento y noventa y tres pies geométricos, y de norte a sur otros tantos. Entrase a ella por ocho calles derechas, dos al oriente, dos al occidente, dos al norte, y dos al sur, igualmente proporcionadas. La santa iglesia catedral le hace frente al oriente, las casas reales, que llaman, donde viven los gobernadores, están a la parte del norte, y les hace frente a la banda del sur, los que fabricó para sí el adelantado don Francisco de Montejo con una portada labrada de piedra muy vistosa, que sola la fábrica de ella costó 14.000 pesos. A una cuadra de la plaza mayor corresponden por ambas partes de norte y sur otras dos plazas menores que ella. Las casas de la ciudad son todas de cal y canto, obra de mampostería: haylas muy vistosas, y de gran vivienda. Todas están cubiertas de azotea: solo una había con tejado, que se cayó el año pasado de 54, con el gran temporal de octubre. El asiento de la ciudad es tan llano, que apenas tienen corrientes las calles: hay en algunos pozos donde se sume el agua de las lluvias pero no es suficiente desagüe para muchas. Como la ciudad no tiene propios, no se trata de remediar el daño, que de la detención de las aguas puede, y debe de seguirse a los vecinos junto a cuyas casas se rebalsan. Tendrá la ciudad cuatrocientos vecinos españoles: quedó muy falta de gente con la peste de los años de 48, y el siguiente. Es muy crecido el número de mestizos, mulatos y negros, que en ella residen, así nacidos en esta tierra, como venidos de fuera de ella.

Capítulo XI. Del gobierno eclesiástico, y de la santa catedral de la ciudad de Mérida

Aunque luego que se halló este reino de Yucatán, se trató de hacer erección de nuevo obispado con tantas veras, que el sumo pontífice hizo la gracia a don Fray Julián Garcés, que después fue primero de Tlascala, o ciudad de la Puebla de los Ángeles, como se dijo en el libro primero: cesó por entonces la ejecución, porque también cesó la pacificación de estos indios. Y aunque también se dio principio a ella, no se hizo erección de obispado de Yucatán, hasta que pasaron algunos años después de poblada esta tierra, como hoy esta. En ellos los prelados superiores nuestros de esta provincia, ejercían la jurisdicción eclesiástica, que la sede apostólica concedió a los superiores de sus órdenes mendicantes, que residían en estos reinos, ocupadas en la conversión de los indios. Estando va en disposición de hacerse erección de obispado, a petición de nuestro rey Filipo II, que esta en gloria, la santidad de Pío IV, por su bula dada en Roma en 9. Pedro, a 16 de diciembre de 1561 años, el segundo de su pontificado erigió la iglesia de la ciudad de Mérida en catedral, para que desde entonces tuviese obispo que se nombrase de Yucatán y Cozumel, dando por titular a la santa catedral el glorioso san Ildefonso, arzobispo y patrón de Toledo.

En el libro tercero queda dicho como los ciudadanos de Mérida dieron por titular a su iglesia, nuestra señora de la Encarnación, olvidando la promesa, que a este glorioso santo hicieron el año antes; y sin haberse hecho memoria de él desde entonces, ni haber dado noticia de lo prometido al rey, ni su majestad al pontífice: su santidad por propio motivo, haciendo erección de obispado, dio a aquella santa iglesia por titular este glorioso santo, cumpliendo la promesa que le estaba hecha, que es cosa digna de ponderación.

El primero obispo presentado para ella fue don fray Juan de la Puerta, religioso de la orden seráfica (y aun juzgo, que de esta provincia, porque entre todos los religiosos, que en estos reinos había en aquellos tiempos, no se nombra otro con este nombre, sino uno que hubo en ella) que no gozó el obispado, porque murió recién electo, como dice el padre Torquemada en su Monarquía indiana. Por su muerte fue presentado don fray Francisco Toral, religioso de la misma orden, que había sido provincial de la santa provincia del santo Evangelio de México, y fue el primero consagrado, que tomó posesión de esta iglesia, aunque tercero en la presentación para el obispado. Es sufragánea de la Metropolitana de México, y su erección la misma, y así goza de todas las cláusulas de ella, especialmente en razón de las cuartas que se adjudican al prelado y mesa capitular los dos novenos al rey, y los escusados a la Catedral. Tiene esta santa catedral cuatro dignidades, deán, arcediano, chantre y maestreescuela. Los años pasados ordenándolo así el rey con autoridad de la Sede Apostólica, se suprimió la tesorería, aplicando la renta de esta dignidad para los señores inquisidores del santo tribunal de México, a quien se les remite. Hay dos canonjías y dos raciones, que juntas con las dignidades forman cabildo. Tiene seis capellanes de coro, y otros cantores asalariados para la celebración de los oficios divinos, que según la continua asistencia a ellos reverencia y solemnidad, con que Dios nuestro señor es venerado y alabado en este santo templo; puede competir con otras de muy gruesas rentas y de muchos ministros, que satisfagan a tantos piadosos empeños, como tiene una catedral. La solicitud, y devoción de las dignidades, y demás eclesiásticos de ella, suple, que la tenuidad de las rentas, y ministros no haga falta a su veneración. Para los españoles hay en ella dos curas, y otro para los negros y mulatos; proveídos por oposición en concurso público, con presentación del gobernador en nombre del rey. Otro cura proveído en la misma forma, administra los santos sacramentos a los indios criados de los españoles de la ciudad, y a los mestizos y juntamente es cura propietario de cinco pueblos de indios, que son como arrabales de la ciudad: sus nombres Santiago, Santa Ana, Santa Catalina, Santa Lucía y San Sebastián. También se provee por oposición en la misma forma, que los beneficios el oficio de sacristán mayor de esta santa iglesia. Es hoy comisario, subdelegado de la santa cruzada el doctor don Juan Muñoz de Molina, calificador del santo oficio y Chantre, persona de quien en la vacante presente se hace memoria, y será siempre corta para la que sus muchas letras se merecen.

Más son de cuarenta las capelladas, que personas devotas han fundado en ella, y tres cofradías muy piadosas y devotas. La una del santísimo Sacramento, cuyas misas se dicen en su sagrario; y también en honor de este sacrosanto misterio, todos los terceros domingos de cada mes se canta una misa con mucha solemnidad y devoción, estando patente el divino señor sacramentado, y después por fuera en gradas se lleva en procesión. Otra cofradía es fundada en reverencia de la siempre virgen María señora nuestra, y sus misas se dicen en altar propio, que está a la espalda del caro con una imagen de talla entera muy hermosa: su título de la Natividad de esta imagen se dice, que habiéndola llevado a México para renovarla, y vuéltola el año de 1592, cuando la sacaron del cajón en que venía, la halló el mayordomo Jerónimo de Castro con mucho sudor en el rostro, y comunicado el caso al doctor don Pedro Sánchez de Aguilar, dice en su informe, que por entonces le pareció atribuirlo al nuevo barniz, y no a milagro, aunque después lo tuvo por cosa milagrosa. Otra cofradía es de las animas de purgatorio, y dícense sus misas en el altar de san Gregorio. Tiene jubileo y indulgencia plenaria para los cofrades, que habiendo confesado y comulgado, entraren en ella por hermanos, y para los que con la misma preparación visitar en este altar las días de la festividad del Canto, da la Natividad del señor, el segundo de la Resurrección, el primero de Pentecostés, y el de todos los santos. Concedióle la santidad de Paulo V en Roma en Santa María la Mayor, a 16 de marzo de 1617 años. Nuestro santo padre Urbano VIII concedió por su breve dado en Roma en san Pedro, a primero de abril de 1628 años, el quinto de su pontificado, que en el mismo altar se sacase ánima del purgatorio el día de la Conmemoración de todos los difuntos y los de su octava, y todos los lunes y viernes del año. Susténtanse éstas cofradías con las limosnas que den los vecinos de la ciudad.

Lo material de esta santa catedral es una de las más lucidas fábricas, que hay en todos estos reinos de la Nueva España. Está situada, y hace frente en la parte oriental de la plaza mayor de la ciudad, y tiene su suelo de hueco de oriente a occidente doscientos y treinta y un pies geométricos, que hacen la longitud: y de norte a sur ciento y diez, que hacen su latitud. En este espacio están fabricadas doce columnas o pilares de orden dórico, que forman tres naves de norte a sur, a siete de oriente a occidente. Corresponden a las columnas del hueco, incorporadas en el muro del edificio, volando de unas otras hermosos arcos de prima cantería, cerrados con bóvedas de muy vistosa lacería, hacen artesones cuadrados el crucero nave del medio y sus dos colaterales, las restantes son llanas. La cúpula es media naranja, que se levanta sobre una cornisa de labor correspondiente a los pilares, y hace un vistoso relieve, cubierta de artesones, y variedad de molduras, sobre cuya cúpula tiene una linterna, obrada con columnas y cornisa cerrada de bóveda. Entre las medias columnas del muro, embebidas en él hay por cada parte cinco capillas, y en lo superior de cada una otra ventana grande, con que el hueco del edificio queda muy claro y alegre. A lo occidental de él, fin de estas capillas terminan otras dos cubiertas de bóveda, edificadas fuera del muro, aunque continuadas con él, y por su interior de la iglesia la entrada de ambas. En la del sur está el sagrario y depósito del santísimo sacramento, de donde los curas le administran a sus parroquianos y sirve de parroquia: en la del norte está el baptisterio. La nave del evangelio tiene a lo oriental una capilla, que sale fuera del muro, capaz y bastantemente curiosa, dedicada a la gloriosa santa Ana.

Por altar mayor tiene un retablo de tres cuerpos de igual proporción a la vista, y por remate otro de diversa. Contiene en si cada cuerpo ocho columnas, cada dos forman un nicho, que hacen entre ellas catorce (con otros tantos cuerpos de santos de talla entera) y hace cada uno una figura redonda de primorosa escultura, quedando entre uno y otro un tablero de pincel. La calle del medio tiene en el primer cuerpo el sagrario de arquitectura corintia: es de dos cuerpos con su cúpula, y remate. En el segundo está el titular y patrón san Ildefonso de medio relieve; el tercero tiene una tabla de la Asunción de nuestra señora de la misma escultura; el cuarto y último es un devoto Crucifijo, a cuyos lados corresponden una imagen de la virgen de talla entera, y otra del evangelista san Juan. Cierra toda esta fábrica con un arco redondo, cuyo medio ocupa una imagen del Eterno padre de medio relieve, correspondiente a las tablas de la calle del medio, y a los extremos las dos virtudes de fe y esperanza, terminando ambos lados dos escudos de las armas de nuestros católicos reyes. Ocupa toda la testera de la nave, y por lo alto hasta el principio de la bóveda. Su costa fue de más de 21.000 pesos, que por tercias partes dieron el rey, los encomenderos y todos los indios de esta tierra. Su sacristía tiene muy ricos ornamentos, y mucha plata para el servicio del Culto Divino, en especial dos custodias una grande, y otra pequeña. Su adorno y grandeza más se debe a la piedad y devoción de los prelados y prebendados, juntamente con las limosnas, que nuestros reyes han hecho, que a las rentas que tiene, porque son cortas para tanta grandeza, como es con la que se administra en ella, pues hasta el año de 1640, el más ventajoso en los diezmos de este obispado, fue el de seiscientos y treinta y seis, y en deste llegó la gruesa, pagados los salarios de los que los administran, no más de a 11.976 pesos.

No es menos vistoso lo exterior de este santo templo, cuya entrada es por cinco puertas, una al sur, otra al norte de igual proporción, y tres al Occidente, que corresponden a las tres calles de la longitud. La del medio tiene labrada de cantería (obra corintia) una portada de perfecta arquitectura, que cierra con un arco volado correspondiente a la altura de la bóveda, y sobre él un escudo grande de las armas reales: obra tan perfecta, que cuantos le ven, tienen que ponderar la destreza del artífice. Remata esta obra en lo alto con unos corredores labrados de cantería, y en las esquinas con dos torres de tres cuerpos, aunque la que cae al sur no estaba acabada. El cimborio está adornado de remates, cornisas y columnas, que acompañan a la linterna, que le cierra, sirviendo de estribo a este adorno cuatro arbotantes, que todo junto ofrece agradable perspectiva. Costó esta fábrica más de 200.000 pesos, que dieron por tercias partes nuestros reyes, los encomenderos por su mandato de las rentas que les dio, y la otra contribuyeron todos los indios para ella. En esta conformidad se han dado para esta santa iglesia, y su adorno desde su fundación, hasta el año de 1643, 363.000 pesos, que se han gastado en ella, como consta de la instrucción, que la ciudad remitió aquel año a sus procuradores en corte, y sin esto hay cédula real para que en la misma forma se den 24.000 pesos para sus obras y aumentos.

El monumento, que esta santa iglesia tiene, para depositar el santísimo sacramento el jueves santo, es fábrica de orden dórica, que casi llena el hueco de la nave del medio, aunque su altura no llega a lo superior. La disposición, y proporción es agradable y campea mucho con la multitud de luces, que arden en la presencia de aquel divino señor.

No se sabe ya el día cierto de la dedicación deste santo templo, aunque quedó memoria del año en que se acabó, gravada en la cornisa del cimborio por la parte interior, que dice así: «Reinando en las Españas y Indias orientales y occidentales la majestad del rey Felipe Segundo, y siendo gobernador y capitán general en su lugar teniente de estas provincias don Diego Fernández de Velasco, se acabó esta obra. Fue maestro mayor de ella Juan Miguel de agüero. Año de 1698».

Para dar buen fin a este capítulo, digo, que el santo tribunal de la fe, tiene en este reino de Yucatán cuatro comisarios. Uno en la jurisdicción de Mérida, otro en la de Campeche, otro en la de Valladolid y otro en Champoton. El uno es clérigo secular, y los tres son religiosos de esta provincia.

Capítulo XII. De nuestro convento principal, y iglesia de la ciudad de Mérida
El convento principal, y como cabeza de esta provincia, es el que comúnmente se llama el de San Francisco de Mérida, aun que su titular es la Asunción de nuestra señora. Tiene el primer lugar entre los demás, si bien la fundación del de Campeche le precedió en tiempo, porque la de este fue el año de 1547, y así en antigüedad sigue a la santa catedral, y precede a las demás iglesias y conventos de la ciudad. Su iglesia es obra de mampostería, gruesas murallas y cubierta de bóveda. No tiene la capacidad en grandeza, que parece era necesaria para el concurso de los ciudadanos en las festividades, que ordinariamente es lo más de la ciudad, pero es la suficiente. Fundose en la infancia de la población de esta tierra, y entonces debió de parecer bastante para cualquiera ocurrencia. Está situado en un cerro pequeño de los muchos que había hechos a mano en esta tierra, donde estaban unos edificios antiguos, cuyos vestigios hoy permanecen debajo del dormitorio principal. Aunque el adelantado don Francisco de Montejo tenía asignado aquel sitio para una de las dos fortalezas, que había de edificar en esta tierra, según lo capitulado; pidiéndosele el bendito padre fray Luis de Villalpando para edificar el convento, le concedió sin repugnancia alguna. Es casa capitular, donde se han celebrado todos los capítulos provinciales de esta provincia, y los prelados de ella han aumentado mucho lo material del edificio, porque no era capaz la vivienda para la comunidad, que de algunos años a esta parte reside en él, que es de ordinario de más de cincuenta religiosos por causa de los estudios de filosofía y teología. Para esta hay tres lectores, y para aquella uno, y a estos estudios acuden algunos seculares, de quien han salido sujetos lucidos que ocupan hoy beneficios curatos de este obispado.
El reverendo padre fray Fernando de Nava alargó el principal dormitorio en la grandeza que hoy tiene. Era el refectorio muy estrecho, y asimismo el de profundis, que le correspondía, y en sitio cercano labró otras dos piezas para que sirviesen de ello bastantemente capaces, el reverendo padre fray Luis de Vivar siendo provincial, y dejó sacada de cimientos, y pie derecho una enfermería

nueva. Sucedióle en el oficio el reverendo padre fray Bernabé Pobre, y también en el cuidado de la obra, que prosiguió sobre aquellas dos piezas, fabricando celdas para provincial, secretario de provincia y otras. Era la enfermería antigua estrecha, y melancólica para los enfermos, porque se curan en ella los más doctrineros, que en los pueblos enferman, y así sobre el principio que había, hizo el reverendo padre fray Antonio Ramírez una nueva más alegre y capaz. Sobre ella edificó celdas (que son de las mejores que tiene el convento) su sucesor el reverendo padre fray Diego de Cervantes, con que se ha ilustrado, y engrandecido de forma, que parece otro, respeto de la primera fundación.

La iglesia ya que no se pudo agrandar, la adornó mucho el reverendo padre fray Antonio Ramírez, siendo provincial. Tiene en lo que sirve de capilla mayor su modo de crucero, que hacen dos arcos abiertos en la muralla con dos altares, que sirven de colaterales al mayor, al cual se sube por algunas gradas. El retablo es obra corintia, las columnas, basas, capiteles y nichos, con diversos cuerpos, como el de la catedral, pero se diferencia en los tableros, que hacen lado a los nichos, donde están las imágenes de talla entera; porque estos no son de pincel, sino de media talla. Es obra muy primorosa y perfecta, que después de haber sido provincial, hizo la solicitud del reverendo padre fray Fernando de Nava. Ganase indulgencia plenaria el día de san José en este altar. Concedióla Urbano VIII a 6 de noviembre de 1630 años. En el cuerpo de la iglesia de la parte del sur hasta el coro, tiene tres capillas, cuyo espacio está fuera del muro principal de ella. Es la más célebre la del santo nombre de Jesus, y a ésta llaman la capilla de San Martín, por haberla dotado dos ciudadanos marido y mujer, llamados Fernando y Catalina, y ambos por sobrenombre de san Martín, que gastaron los bienes que Dios les dio (cantidad considerable) fundando obras pies y capelladas. Una fue en esta capilla, y para ella, y fábrica del convento dieron 4.000 pesos. Sírvela un capellán clérigo, que juntamente dejó obligado a enseñar gramática a la juventud, y por este trabajo y estipendio de las misas señaladas, dejaron al capellán 600 pesos de renta cada un año: con cláusula de que por cualquiera causa que hubiese vacante de capellán, dijesen las misas los religiosos del convento, moderando la limosna, y de lo restante aplicado al trabajo de la lección, se casasen huérfanas pobres hasta que se proveyese. Al convento dejó limosna para el adorno del altar: cera y vino para las misas. Es patrón de esta capellanía el cabildo secular de la ciudad. El altar es privilegiado de suerte, que todos los sacerdotes, que en él dijeren misa, aplicándola por cualquier difunto, sea libre de las penas del purgatorio su alma. Concedió esta gracia la santidad de Gregorio XIII por su bula dada a los 5 de julio de 1579 años. Confirmóla Clemente VIII a los 20 de marzo de 1593. Asimismo se gana jubileo plenísimo en esta capilla las festividades de la Circuncisión del señor y la Purísima Concepción de la virgen María: concedido por el mismo Gregorio XIII. Por la banda del norte corresponden otros tres altares abiertos los arcos en el muro. El primero es un santo crucifijo de pincel. El segundo mayor, y más adornado de san Diego el de Alcalá, de escultura, que se hizo con limosnas de todos los vecinos, que le tienen muy grande devoción. El día de su festividad hay en aquel altar especial jubileo plenísimo, concedido por la santidad de Urbano VIII, a 13 de septiembre de 1631. El tercero es de san Antonio de Padua, de escultura, a quien también reverencian todos con singular afecto.

A los dos lados de los colaterales corresponden otras dos capillas, la del norte hace antesacristía, y salida a la capilla mayor, dotóla el sargento mayor Alonso Carrio de Valdés. En su altar hay un santo crucifijo muy devoto, y se saca alma del purgatorio, aplicando el santo sacrificio de la misa por ella el día de la conmemoración de las difuntos, y los de aquella octava; todos los lunes, miércoles y viernes del año, gracia que concedió Urbano VIII, a 3 de septiembre de 1631 años. También concedió al mismo altar jubileo plenísimo los días de san Ildefonso, fiestas de la invención y exaltación de la santa cruz, de nuestro padre san Francisco y san Diego, como consta de bula de dicho día. La capilla del lado del sur está dedicada a san Luis rey de Francia, a quien tienen por patrón los hermanos de la tercera orden de penitencia, cuya es la capilla muy capaz, pues es suficiente para celebrar en ella su festividad, que se hace con mucha solemnidad. En ella tienen todas sus juntas, y se entierran los hermanos terceros en cuatro bóvedas, que están dos en el cuerpo de la capilla, y dos en su sacristía.

Tienen los hermanas de la tercera orden anexa a si la esclavitud del santísimo Sacramento, venerado de ellos con singular piedad y celo católico. Todos los primeros domingos de los meses está patente, desde que se acaba la prima, con muchas luces de cera, cántase la misa de este misterio, y después se hacen procesión por el claustro, concurriendo lo más de la ciudad a este acto.

Queda patente hasta la tarde, que se cantan sus vísperas, y después se guarda en el sagrario muchas personas devotas se que dan asistentes mientras está patente, y dan los esclavos limosna especial al convento por la misa y vísperas, que se cantan por ellos. Cada cuatro meses se solía predicar sermón de este santo Misterio, ya parece se ha dejado esto, y juzgo será no alcanzar las limosnas para tanto gasto, que cierto es considerable al fin del año.

El coro alto de esta iglesia es muy adornado; no tenía más que una orden de sillas, hízole otra superior a ella con coronación de escultura, matizada de oro, y diversos colores el padre fray Antonio Ramírez siendo provincial. Toda la bóveda que le cubre, hizo también pintar de iluminación al fresco, una semejanza de la bienaventuranza con todas las jerarquías de santos, obra primorosa, con que se asemeja mucho al de san Agustín de Córdova. Hace hermosa correspondencia a esta pintura la que iluminó en los lazos, que cubren la capilla mayor, pintando entre ellos santos, y varones insignes, como sumos pontífices y cardenales de nuestra religión, y en las paredes de los lados sus gloriosos mártires. Igualó las entradas de las capillas, iluminando los huecos de los arcos, correspondiendo a la mayor y coro: hízoles rejas nuevas, con que todo junto hace agradable perspectiva.

La sacristía tiene toda la plata necesaria para el servicio del Culto Divino. Una custodia de plata grande y muy costosa, de las obras insignes que tiene la Nueva España; hízola el reverendo padre fray Fernando de Nava, habiendo sido provincial, con un ornamento muy rico. Hay otro Sol grande de plata dorada para el mismo fin, que le hizo siendo provincial el reverendo padre fray Jerónimo de Prat. Tiene muchos y muy lucidos ornamentos, de que cuidan los superiores de esta provincia, porque las limosnas del convento aun no alcanzan para el sustento de los religiosos, que es necesario contribuyan a el todos los de la provincia.

El claustro aunque pequeño, esta muy adornado con cuadros grandes de pincel, en que está retratada la vida de nuestro padre san Francisco. Mandólos pintar el reverendo padre; fray Bernardo de Sosa siendo provincial. Murió antes que se colocasen, y el reverendo padre fray Sebastián de Quiñones siendo vicario provincial hizo acabar la iluminación, que en todo lo restante de las paredes, y huecos de los arcos se hizo conforme a la de la iglesia, y de mano del mismo artífice. Entre muchos santos, que en esta obra se pintaron, puso las efigies de algunos religiosos antiguos de esta santa provincia, y se festejo mucho la colocación de los cuadros.

En el patio anterior a la iglesia hay una capilla de nuestra señora de la Soledad, con una imagen muy devota y bien adornada. Tiene una cofradía del mismo título, en que son hermanos toda la nobleza de la ciudad, y patrón el gobernador de estas provincias. Sale de ella el viernes santo en la tarde la procesión del entierro de Cristo Redentor nuestro en un sepulcro muy rico, y es la más grave y de mayor concurso de aquel santo tiempo.

Por la parte del mediodía tiene la iglesia de nuestro convento conjunta a sí la de San Cristóbal, parroquial de los indios del pueblo llamado San Cristóbal, y es barrio el mayor, que la ciudad tiene de estos naturales, cuya administración pertenece a los religiosos. Es iglesia de tres naves muy capaz; cubierta de bovedillas, y corre su longitud de norte a sur, donde cae la puerta principal, y otras dos a oriente y occidente, saliendo esta al patio, que hace la iglesia de nuestro convento. La de los indios tiene tres cofradías, una del santísimo sacramento a imitación de la esclavitud, que tienen fundada los españoles, otra es de nuestra señora y otra de las ánimas del purgatorio. Hacen sus procesiones la semana santa muy devotas, siendo grandísimo el concurso a ellas, no solo de indios, mestizos, negros y mulatos, sino de españoles y españolas, que las acompañan.

Capítulo XIII. Del convento de religiosas, y colegio de la compañía de Jesus con su universidad

Habiendo venido Antonio de Voz-Mediano a gobernar a Yucatán, solicitó con muchas veras, que en la ciudad de Mérida se fundase un convento de religiosas, pues demás de ser materia tan agradable a los ojos de Dios, tendría en ellas un coro de vírgenes, que dedicadas al servicio de su Divina majestad, con continuas oraciones rogasen por su conservación y aumento, siendo también remedio de muchas doncellas descendientes de conquistadores, que no podían acomodarse con encomiendas de indios. Por lo uno y otro pareció bien a los ciudadanos, que ofrecieron ayudar con lo que pudiesen, y el gobernador escribir al rey se sirviese de señalar alguna renta para ayuda al sustento de las religiosas. Quien más dio para esta santa obra, fue Fernando de San Martín (de quien queda hecha memoria) asignando gran parte de sus bienes, que se pusieron a censo para ella. Escribió el gobernador a las dos villas de Campeche y Valladolid, y esta última hallé, que habiéndose juntado en cabildo abierto, a que asistió toda la villa, ofreciendo cada uno según su posible, y firmándolo en el libro, que sirvió de escritura pública, para quedar obligados a darlo, se juntó cantidad de 2.101 pesos por entonces para ayuda de la fábrica. Hízose este donativo a 22 de mayo de 1589 años. De la villa de Campeche no he hallado razón de que contribución hiciese.

Con esto se compraron sitios donde hacer la fundación distante de la plaza mayor una cuadra al occidente, y se fabricó vivienda para las religiosas, aunque como era con limosnas particulares tardó hasta 22 de junio de 1596 años, en que tomaron posesión del convento. Las fundadoras vinieron del muy ilustre de la Concepción de la ciudad de México, que fueron cinco: las madres Marina Bautista, nombrada abadesa, María del Espíritu santo, portera, y tornera mayor Ana de San Pablo, maestra de novicias, María de Santo Domingo, vicaría del convento, Francisca de la Natividad, vicaría de coro y organista, cuyas virtudes y ejemplares vidas se refieren en el libro undécimo. Llegó esta familia de sagradas vírgenes y esposas de Cristo a número de cuarenta religiosas profesas, nietas y descendientes las más de conquistadores y antiguos pobladores de esta tierra, que no menos la han ilustrado con sus virtudes, que ellos con sus hazañas y victorias.

La iglesia que hoy tiene este convento, se comenzó a 29 de marzo de 1610 años. Puso el mariscal don Carlos de Luna y Arellano, gobernador, por su propia mano la primera piedra del cimiento en la parte del coro, con monedas corrientes, un Agnus Dei, y una imagen de la Pura Concepción de la virgen, asistiendo a ello toda la nobleza de la ciudad, con mucho regocijo, de lo cual quedó testimonio en el libro de esta gobernación. Colocóse el santísimo sacramento a 9 de junio de 1633 años: su titular Nuestra señora de Consolación. Es la fábrica obra de mampostería, cubierta de bóveda de una nave alegre y capaz. Tiene demás del altar mayor otros tres en el cuerpo de la iglesia, el uno a la banda del sur, y dos a la del norte, siendo el más celebrado uno de santo Domingo Soriano, porque por intercesión de este glorioso santo confiesan los fieles muchos beneficios de la majestad divina, que reciben encomendándose a él. Para consumar esta fábrica, fue necesario gastar más de 14.000 pesos de dotes de las religiosas, que se privaron de aquella renta con mucho gusto (aunque necesitadas y pobres) porque la majestad Divina fuese con más decencia venerada en este santo templo. Hay en él concedidos tres jubileos particulares, uno el día de san Pedro Mártir, otro el de los príncipes de la iglesia san Pedro y san Pablo, otro el día y octava de la Purísima Concepción de nuestra señora. Constan de bulas de nuestro santo padre Urbano VIII, de 6 de noviembre de 1630 años, de 20 de octubre, y 9 de noviembre de 1633. Observan la regla de santa Clara, confirmada por Julio II, año de 1511, sujetas al ordinario Pasan conocida necesidad y pobreza, por las ruinas de las casas acensuatadas para las rentas, de que se dice no les han quedado más de 2.500 pesos cada año, que no haberles dado el rey 800 ducados de renta perpetuos, situados de pensión en una encomienda de indios, pasaran casi extrema necesidad. La vivienda interior se dice, que es estrecha para tierra calurosa, y con decir que desde la fundación hasta hoy no ha tenido el convento para dar vestuario a las religiosas, se manifiesta bien, cuan pobremente lo pasan. Han gobernado este religioso convento veinte madres abadesas, incluyendo la presente electa víspera de pascua del Espíritu santo, día en que han sido todas las demás elecciones de trienio en trienio.

El colegio de la compañía de Jesus está situado una cuadra dé la catedral a la banda del norte. Muchos años deseó la ciudad gozar del fruto, que esta sagrada religión hace en la iglesia católica; pero la cortedad de la tierra no daba lugar a ver logrado este afecto. El año de 1604 se trato con más veras de verle ejecutado, y para conseguirlo escribió el cabildo secular al muy reverendo padre provincial residente en México, pidiendo con todo encarecimiento por carta de 12 de octubre, bien afectuosa y devota, enviase sujetos para dar orden en la fundación del colegio. Vinieron el año siguiente de 1605 los padres Pedro Díaz y Pedro Calderón, y recibidos en la ciudad con muestras de alegría; se tuvo cabildo a 5 de agosto, en que se determinó, que para ayuda del congruo sustento de los sujetos, que en él habían de residir, se depositasen en cabeza del rey 2.000 pesos de oro común, que perpetuamente se diesen cada un año de las primeras encomiendas de indios, que vacasen, aunque hiciesen falta a pobres beneméritos, descendientes de conquistadores, pues la fundación era ordenada al bien común de toda esta tierra, y ofrecieron escribir al rey, y supremo consejo de las indias, para que lo tuviesen por bien, y confirmasen esta merced.

No tuvo efecto la fundación en aquella ocasión, hasta después el año de 1618, que habiendo algunos antes dejado el capitán Martín de Palomar, natural de la villa de Medina del Campo unas casas y sitio, para fundar el colegio, se dio principio a la obra. Dejó también más de 20.000 pesos, que se pusiesen a censo, para que de los réditos anuales se sustentasen los sacerdotes necesarios para predicar, leer gramática y teología moral, y con lo que sobrase, se fuese fabricando la vivienda. Cuatro fueron los primeros fundadores, los padres Tomas Domínguez rector, Francisco de Contreras predicador, Melchor Maldonado maestro, y el hermano Pedro Menan para los oficios domésticos interiores. Así ellos como muchos, que los han seguido, han dejado loable memoria de su buen ejemplo, virtudes y letras, con que han edificado a los moradores de esta tierra. Dióles la posesión dicho año el obispo don fray Gonzalo de Salazar, juntamente con el gobernador Francisco Ramírez Briceño. Nuestro piísimo y santo rey Filipo III, impetró de la silla apostólica breve, para que en los colegios de la compañía de Jesus de estos reinos, distantes de las universidades generales doscientas millas (que son setenta leguas castellanas) habiendo los que en ellos estudiaren hecho primero todos los actos literarios, que en las universidades se acostumbran para los grados, y teniendo aprobación del rector y maestro, que han oído, y del tiempo que en los dichos colegios han estudiado; se les puedan dar grados de bachilleres, licenciados, maestros y doctores, los cuales han de dar los arzobispos, obispos y sedevacantes. Recibido, por cédula real dada en Madrid, secretario Pedro de Ledesma, ordenó que se observase en estos reinos. Después el año de 1624, siendo rector el padre Diego de Acevedo, a 22 de noviembre presentó el breve apostólico con la cédula real al obispo don fray Gonzalo de Salazar, y al día siguiente se decretó la fundación de universidad en el colegio. Sacaron el obispo y gobernador con mucha solemnidad, y asistencia de ambos cabildos, y ciudadanos el breve apostólico, y real cédula por las calles, y así fueron al colegio de la compañía, donde el obispo tomó la posesión de la universidad, metió por su mano en ella al padre rector Diego de Acevedo, con general alegría de todos.

Eligióse por patrona de la universidad a santa Catalina virgen y mártir, declarando el obispo su día por festivo en Mérida, y por voz de pregonero público se hizo notorio, como obligaba la observancia de aquella festividad. Dio la majestad de Filipo III, que está en gloria, para esta fundación 500 pesos cada un alto, que situasen en indios vacos. Prosiguiéronse los estudios por espacio de diez años, dándose grados; y dice el bachiller Valencia graduado en ellos, que cesaron por haber cesado el privilegio de Gregorio XV, no le debió de ver cuando hizo la relación, porque no tiene asignación de tiempo; tengo por cierto, fue por cesar la ayuda de costa del rey, con que por algunos años quedaron solas dos cátedras de moral y gramática, que el fundador instituyó, por no tener el colegio con que sustentar las otras, porque después sin nuevo privilegio se ha leído, y lee filosofía y teología escolástica, dándose grados conforme al privilegio, con aprovechamiento de la juventud educada en buenas letras, aunque no han alcanzado prorrogación de la ayuda de costa, bien merecida pues con el continuo trabajo de la enseñanza se ilustran los hijos de esta tierra. La vivienda de casa que han tenido hasta estos tiempos, ha sido algo desacomodada: hace labrado un cuarto donde hay ya mejores aposentos. La iglesia es pequeña, y como de prestado, ha causado lo uno y otro la cortedad de las rentas. Titular de ella es su ínclito fundador el santo padre Ignacio de Loyola. Tiene jubileos especiales al año, con que en lo espíritu al han acudido siempre a las necesidades de los fieles con religioso celo, causa de estar estimados en esta tierra.

Capítulo XIV. Del hospital de San Juan de Dios: de nuestro convento de la Mejorada, y otras ermitas

Viendo los conquistadores, y antiguos pobladores las continuas enfermedades, que en las repúblicas padecen los pobres, así forasteros, como originarios, trató su piedad tuviesen refugio en ellas, fundando un hospital, que va tiene antigüedad de ochenta años, y más, cuando esto se escribe. Como le fundaron, y es patrón el rey, como su administración corrió por cuenta de la ciudad, y se dio a los religiosos de San Juan de Dios; está escrito en el libro. El templo que tiene es una nave de mampostería, y su titular nuestra señora del Rosario. Gózase en el jubileo con indulgencia plenaria todas las festividades de la virgen María señora nuestra, las tres pascuas, de Epifanía, Resurrección y Espíritu santo, las festividades de Cristo Redentor nuestro y de su santísima cruz, las de san Juan Bautista y Evangelista: en las festividades de los apóstoles, en la de todos los santos y octavas de dichas festividades, como consta de la bula de erección, que la santidad de Pío IV dio a instancia de los vecinos de la misma ciudad de Mérida. Diciendo misa en el altar de nuestra señora del Rosario se saca ánima del purgatorio, si se aplica por ella, y se gana jubileo en los días arriba referidos, y en los de santa Isabel, san José y san Sebastián Mártir: dura mientras permaneciere dicha imagen. Por breves apostólicos, que concedió Clemente VIII, para que el padre Pedro de Morales de la compañía de Jesus asignase los altares que le pareciese, para ganar estas gracias, señaló este altar, y imagen, y se goza de ellas desde 27 de septiembre de 1588 años. Están fundadas en este hospital las cofradías de la santa Veracruz, y de Jesus Nazareno. La primera sale con su procesión el jueves santo por la tarde, y la segunda después a media noche con singular devoción, y los hermanos de esta han hecho ahora una capilla nueva en una esquina conjunta a la catedral, para tener sus juntas y ejercicios. Es juntamente convento desde el año de 1625.

Hay en la ciudad de Mérida otro convento nuestro, que se llama la Mejorada. Fundóse con intención, que fuese recolección, y dio el sitio para su fundación don Diego García de Montalvo. Tuvo gran contradicción de los padres antiguos, que prevenían con su consideración los inconvenientes que hoy se experimentan para conservarle en una ciudad corta habiendo otro, y porque debiendo atender principalmente a la administración de los indios, en provincia también de pocos religiosos, había de dar cuidado a los superiores proveerle de moradores, como vemos se le da. Fueron los primeros fundadores el padre fray Pedro Navarro, primero presidente, el reverendo padre fray Juan de Acevedo, que había sido provincial, el venerable padre fray Juan de Urbita, padre fray Juan García y fray Bartolomé de Fuensalida, sacerdotes, de quienes adelante se hace larga memoria, y fray Juan Fernández Lego. Aunque con la contradicción referida, con beneplácito de los prelados, prosiguió obrando el padre fray Pedro Navarro, hasta que acabó convento y iglesia, en que gastó gran suma de plata, causando admiración de donde pudiese salir, porque ni se pidió, ni vio limosna particular alguna asignada para tan grandes gastos.

Es el templo a lo moderno de los más vistosos, y bien adornados, que hay en estos reinos, hace crucero muy capaz en le capilla mayor, y a esta cubre una media naranja con su linterna, que hace clave. El cuerpo de la iglesia tiene por cada banda cuatro capillas cubiertas de bóveda en correspondencia, muy hermosos altares, y rejas matizadas y doradas, que las cierran. El coro, y media naranja de la capilla mayor pintado al fresco de iluminación, obra del mismo maestro, que la del convento principal. El retablo del altar mayor es escultura de orden dórica, lleno todo el testero de la capilla mayor. Los ornamentos de la sacristía, y adorno de los altares es lo más y mejor, que hay en esta tierra, y puede lucir en otras más opulentas. Todos cuantos lo ven tienen que alabar, y más que admirar, como y con que hizo el padre fray Pedro Navarro tan excesivos gastos. Visitando este templo don Francisco de Bazán recién venido a gobernar esta tierra el año pasado de 55, dijo: «Paréceme que veo lo de doña María de Aragón de Madrid».

Colocóse en él el santísimo Sacramento a 22 de enero de 1640 años, con mucha fiesta, y asistencia de los ciudadanos, predicándose todo el octavario de su dedicación. Para que no se olvidase, como de otras se ha dicho, quedó un rótulo gravado en mármol fijado en lo interior de la portería por donde se entra al claustro, dice así: «Año de 1640, a 22 de enero, se dedicó esta iglesia del tránsito de nuestra señora, siendo pontífice Urbano VIII, y reinando en las Españas Filipo IV, general de toda la orden fray Juan Merinero».

Hay en este templo una capilla de nuestra señora del Carmen, donde está fundada su cofradía, que todos los terceros domingos de los meses canta una misa y hace procesión, asistiendo a ella los cofrades, que son muchos y lo más noble de la ciudad, acudiendo a la veneración desta santísima señora con singular devoción que la tienen, y para acrecentar ésta, de poco acá está desde antes patente el santísimo sacramento, que se lleva juntamente en la procesión, y después se cierra en su sagrario.

No se ha podido conservar la forma de recolección, como antevieron los religiosos antiguos por falta de limosnas para sustentar comunidad de los presentes; pero viven en él tres o cuatro moradores, que es de gran consuelo espiritual para toda la gente de aquel barrio, y aun para el resto de la ciudad, que tiene particular devoción al convento; para ayuda de su sustento han fundado algunas capelladas personas devotas.

En lo occidental de la ciudad hay una ermita de san Juan Bautista, cuya erección tuvo origen de haber sobrevenido recién conquistada la tierra tan gran multitud de langosta, que cubría la luz del Sol. Con esta aflicción se recurrió al obispo, y se echó suerte con los nombres de algunos santos: para tener por patrón al que saliese, rogando intercediese en la divina presencia, para impetrar remedio contra tan grave daño. Salió el del glorioso precursor san Juan Bautista, cantándosele aquel día una misa con mucha solemnidad, y Dios nuestro señor, que es admirable en sus santos, tuvo por bien, que casi como instantáneamente se vio esta tierra libre de aquellas sabandijas. Agradecidos al santo por tan singular beneficio, le edificaron esta ermita con limosnas de todos los vecinos. Con el progreso de muchos años se resfrió la devoción con el glorioso santo, y el año de 1618, víspera de su festividad pareció tan gran multitud de langostas, que cubrían los campos y caminos: cosa que puso gran temor en toda esta tierra, y recordó la devoción del santo. Viendo esta desdicha el obispo y gobernador con ambos cabildos, hicieron voto de ir todos los años con procesión desde la catedral a su ermita el día del santo, donde se le cantaría una misa con mucha solemnidad, y se predicarían sus alabanzas. Fue cosa admirable, que desde luego comenzó a cesar aquella plaga. Lo mismo casi sucedió gobernando a Diego de Cárdenas.

Tiene el altar de esta ermita concesión de Pío IV, para que cualquier sacerdote, que diga misa en cualquiera día en él por el alma de algún difunto, mediante aquel sufragio salga de las penas del purgatorio. No tiene esta ermita dotación alguna, ni más renta, que las limosnas dadas por los vecinos, y es patrón el cabildo secular, que cuida de ella. Devotos del santo han dado preseas y pinturas, con que está muy bien adorna, y el licenciado don Pedro Borges natural de esta tierra, y que murió Chantre de la santa catedral de Mérida, dejó fundada en esta ermita una capellanía de 300 pesos de renta, con cargo de algunas misas, y se mandó sepultar en ella, como se hizo.

El licenciado don Manuel Núñez de Matos, maestreescuela que fue de la misma catedral con licencia de los superiores fundó de sus bienes una ermita con título de nuestra señora de la Candelaria, y la dotó en 1.500 pesos, fundó en ella una capellanía de 150 pesos de renta, que se dan al capellán cada un año. Mandó sepultar su cuerpo en esta ermita, y así se cumplió, dejando libres dos esclavos, que tenía con obligación, de que necesitando de algún reparo, sirviesen en la obra sin paga del trabajo.

La devoción de los vecinos de la ciudad fundó otra ermita dedicada a la gloriosa santa Lucía. No tiene dotación más que las limosnas que le hacen. Su festividad se celebra con gran concurso de gente, y la administración pertenece al cura de la catedral. Acabóse por la gran solicitud que en ello puso el capitán Alonso Magaña Padilla, que también dio algunas cosas para su adorno, y otros vecinos también han dado, con que está muy bien aderezada. Han fundado en ella los circunvecinos una hermandad, que ejercita mucho la caridad, asistiendo a servir en sus casas a los enfermos, especialmente pobres y necesitados, ayudándoles con sustento y médico.

A la salida del camino para Campeche hay otra ermita, titulada nuestra señora del Buenviaje. Fundóla Gaspar González de Ledesma, y retiróse a vivir en ella en hábito de ermitaño algunos años, que se ocupó en su adorno y limpieza. Hay singular devoción a esta santa imagen, y acuden muchos visitarla en cumplimiento de promesas que le han hecho.

Capítulo XV. De la villa y puerto de San Francisco de Campeche, y milagrosas Imágenes que tiene

La villa de San Francisco de Campeche, la más antigua población de españoles, que fundaron la segunda vez, cuando con efecto pacificaron a Yucatán, es el puerto más principal que tiene, y se llamó por algunos años el puerto de San Lázaro, como se dijo al principio de estos escritos. Estuvo esta población como en depósito a la ribera de un río, y en el pueblo que ahora llaman Tenozic, hacia Tabasco, en el beneficio de Uzumazintla, y después otra temporada en el pueblo de Potonchán, que después se ha llamado Champoton, de que también se ha dado larga noticia. Es muy conocido este puerto en las cartas de mareaje, y por ser como escala, donde tocan los más navíos de contratación de todos estos reinos, ya para hacer agua, y proveerse de bastimentos, ya para descarga, según hace el registro, que ocasiona ser más gruesa la contratación de aquella villa, que fuera según la vecindad que tiene. Es muy acosado de enemigos piratas, que todos los años andan a la vista, con que tienen a los vecinos casi siempre con las armas en las manos, como si fuera presidio de soldados pagados. Ya que por esta continua prevención no hacen daño en tierra, le hacen muy grave en la mar, cogiendo muchas fragatas del comercio de estas provincial, cuando van o vienen de la Nueva España, y otras partes, por la poca defensa con que navegan. Al común de la ciudad de Mérida y la demás de la tierra he oído decir resulta grave daño de recurrir solo a aquel puerto todos los bajeles, porque, o con no hacerles buena acogida (como se ha dicho ha sucedido a muchos) o con comprar tres o cuatro (y a veces uno solo por todos) las mercaderías que traen, y retenerlas en sí algún tiempo; y otras por tenerlas, no dejando descargar, se venden después en la tierra adentro por los precios que quieren ponerles. No afirmo, que esto sea así, porque no lo he visto, dícese: quien gobierna debe saber lo que en esto pasa para remediarlo. El gobierno ordinario de esta villa se compone de dos alcaldes ordinarios que se eligen cada año, y lo son también de la santa hermandad, un alguacil mayor, un alférez mayor, cinco regidores, y un procurador general, que se elige con los alcaldes. Para la milicia hay tres compañías de infantería española: las dos se forman de los vecinos, y una de los forasteros, hay otra de mulatos, y ocho de indios piqueros y flecheros. Tienen en alférez mayor, y sargento mayor, cabo de las compañías, antiguamente en lo tocante a milicia estaban todos sujetos al alcalde de primer voto, que era teniente de capitán general, cuya posesión inmemorial amparaba cédula real moderna del año de 47. Algunos años ha, que en diferentes ocasiones daban los gobernadores título de teniente de capitán general a personas de su afecto, de que se ocasionaba disgusto, así al que era alcalde actual, como a los otros vecinos, que podían suceder en el oficio. Los gobernadores usaban del suyo siendo como son capitanes generales, porque yo les oí decir en diversas ocasiones, que tal cédula no se les había hecho notoria. Escribiendo esto este año de 54, se ha ocasionado sobre la materia un pleito, que no se sabe en que parará: la paz del señor lo sosiegue todo por su misericordia. El alcalde de segundo voto hace el oficio de oficial real con recurso a los que están en Mérida puestos por el rey. De las sentencias de los alcaldes se apela al gobernador, come a superior en todo Yucatán. Tiene este puerto para defensa de artillería gruesa, veinte piezas en lo que llaman la fuerza catorce en San Román, cuatro en otro paraje junto a nuestro convento, y cuatro hacia la puentezuela de Campeche, que todas son cuarenta y dos. Desplaya en el mar mucho más, que en todas las otras partes, tanto, que a veces se retrae una legua.

De la iglesia parroquial desta villa no he hallado escrito cierto el día de su fundación o dedicación. El año consta, que, fue el de 1540, por un auto del capitán general don Francisco de Montejo, fecho en Mérida el de cuarenta y dos siguiente, donde dice que hizo la erección de ella con título de la Concepción de la virgen santa María señora nuestra. Su fábrica fue pequeña, como también corto el número de los conquistadores (aunque no tanto como dice el padre Remesal) que en la villa se quedaron por vecinos, por pasar a lo restante de la pacificación de esta tierra. Tiene los ornamentos, y plata necesaria para celebrar los oficios divinos. Tenía hasta pocos años ha dos curas beneficiados proveídos en concurso, y presentados según el real patronato, ya no hay más de uno, que también tiene título de vicario dado por el obispo. Administra a españoles, mestizos, mulatos, negros, indios, navorios y otros siete pueblos de indios, que están en comarca de la villa. En la forma del beneficio se provee el oficio de sacristán mayor. Hay en ella fundada una capellanía de 8.000 pesos de principal, que rentan 400 cada año: fundación del capitán Iñigo Doca, y Mariana Velásquez su mujer. Otras seis capellanías hay, que la más no pasa de 100 pesos de renta. Tiene cinco cofradías fundadas en el tiempo de la vacante, por muerte del obispo don fray Gonzalo de Salazar, que visitando en ella aquel territorio el licenciado don Pascual Mallén de Rueda canónigo, las fundó a pedimento de los vecinos de aquella villa. Una es del santísimo sacramento, otra de la santa Veracruz, otra de la Soledad de nuestra señora, otra de su Purísima Concepción, y una de las ánimas del purgatorio, de que cuida el beneficiado, y dice sus misas. Por ser la iglesia tan corta, se comenzó a fabricar otra muy capaz, y aunque se hizo gran parte de ella, ha muchos años que cesó la obra, por no haber rentas particulares para su fábrica, y cada día ser mayor la pobreza que hay en todo Yucatán.

Segundo lugar tiene el convento de nuestro padre san Francisco, siendo su titular el mismo santo, y la fundación el año de 1546, la primera que tuvimos los religiosos en esta provincia después de conquistada. La iglesia está casi arruinada, por cuya causa los oficios divinos se celebran en la de los indios conjunta a ella. Por esto, y estar apartado de la villa, que ocasiona no poderle frecuentar con comodidad, se ha tratado en algunas ocasiones de fundarle dentro de la villa. Llegando el año pasado de 54 el muy reverendo padre fray Juan de la Torre, comisario general, cuando vino a visitar esta provincia, le comunicaron los vecinos el deseo que tenían de que el convento estuviese en la villa, y pareciéndole conveniente lo trató con el gobernador, con cuyo gusto y del ordinario se asignó sitio para la nueva fundación, encomendando al reverendo padre fray Francisco Bueno, padre de la provincia, electo guardián de aquel convento, la solicitud y cuidado de la obra, por haber hecho otras may lucidas. Luego que llegó dio principio a la presente, y se espera mucho adelantamiento en su tiempo.

Hay otro convento de la hospitalidad de San Juan de Dios, su fundación desde el año de 1626, y desde entonces tiene religiosos. Es titular de su iglesia nuestra señora de los Remedios, y es de grande utilidad para los enfermos pobres, así de la villa como forasteros, que en los navíos y fragatas llegan al puerto de todas partes. No tiene este hospital renta señalada, y así se sustenta con las limosnas, que los fieles ofrecen para tan caritativo ejercicio. Fundóle el padre fray Bartolomé de la cruz, con limosnas que juntó para ella.

Recién poblada la villa, vino gran multitud de langosta (debió de ser cuando se dijo la hubo en Mérida) y buscando el divino auxilio contra aquella plaga; echaron suertes para celebrar fiesta al santo, cuyo nombre saliese. Fue san Román mártir, a cuyo honor edificaron fuera de la villa una pequeña iglesia, su titular el glorioso santo, donde todos los años va procesión desde la parroquial el día de su festividad, y se canta misa con sermón de sus alabanzas. Encomendósele a un mercader, llamado Juan Cano de Coca Gaitán, que iba a la Nueva España, trajese para adorno de esta iglesia una hechura de un santo crucifijo. Compróla, y trayéndola el año de 1565, se tuvo por cosa milagrosa, que el bajel en que se embarcó, llegó desde la Veracruz a Campeche en solo espacio de veinticuatro horas. Con esto, y otras cosas, que sucedieron en aquel tan breve, cuanto extraordinario viaje, se comenzó la devoción de esta santa imagen, y con otros muchos beneficios, que los fieles han recibido encomendándose a ella, se ha aumentado con singular piedad y veneración católica. Para memoria de ellos hay colgadas en su presencia muchas muletas, cabezas, piernas y brazos de cera y otras señales, como también las hay de navegantes, que en gravísimos peligros se vieron libres, invocando su santo nombre.

Llegando a ser mucha la copia de cera de estas señales, las bajó el mayordomo para hacer de ella candelas, que alumbrasen el monumento el año de 1638, y habiéndola fundado para sacarla más limpia, al dar un golpe con una hacha para partir el trotón, salió del medio dél una palma muy bien formada de la misma cera, y del mismo color, como de un palmo de grande. Con admiración la llevaron a la iglesia parroquial, desde donde la volvieron con solemne procesión a la del santo Cristo. Púsose en un relicario de plata con vidriera por donde se manifiesta, quedando testimonio auténtico del suceso, que si se hubiera recibido de los demás (como fuera justo) se pudiera dar a la estampa libro particular de ellos, por ser tantos los que se han visto.

Enfermó el mercader que trajo esta santa imagen, y habiendo padecido muchos días, viéndose próximo a morir, se encomendó a ella con mucha devoción. Murió (según pareció) y como a difunto le amortajaron, y así estuvo siete horas, pero milagrosamente le resucitó nuestro señor. La primera palabra que habló, como persona que volvía de un sueño, fue decir, o santo Cristo de San Román, y luego pidió de comer. Tenía cuando esto sucedió ochenta años de edad, y vivió después otros cuatro.

Don Pedro Machuca, vecino de aquella villa, llegó a ver a su mujer tan enferma, que los médicos dijeron moriría a su parecer sin duda. Afligido con tan triste nueva se fue una noche a la iglesia del santo Cristo, y de rodillas le hizo afectuosa oración pidiéndole diese salud a su mujer, y que si era servido de llevar de esta vida a uno de los dos, fuese a él, y no a ella, por la falta que haría a la crianza de sus hijos. Habiendo hecho la oración estando con entera salud, volvió a su casa con un accidente mortal, y al paso que se le agradaba el achaque, se aumentaba la salud de su mujer, de suerte, que a los ocho días que el don Pedro Machuca pasó de esta vida a la eterna, estaba la mujer sana sin enfermedad alguna. Cuida de aquella iglesia el cura de la parroquial. Hay en la villa otras dos ermitas pequeñas, una de nuestra señora de Guadalupe, y otra del santo nombre de Jesus, y en esta se administran los santos sacramentos a los morenos.

En nuestro convento está una imagen de nuestra señora, que se halló el año de 1649 por quien nuestro señor ha obrado muchas maravillas, que porque de ellas, y de todo el suceso se da entera noticia en el libro duodécimo, y último de estos escritos no refiero más en éste.

Capítulo XVI. De las villas de Valladolid y Salamanca: y en Tabasco de la Vitoria y Villahermosa

El gobierno de la villa de Valladolid es de dos alcaldes ordinarios, que lo son también de la santa hermandad, y el cabildo secular se compone de ellos, un alguacil mayor, alférez mayor, depositario general, tres regidores y un procurador general. Por costumbre antigua el alcalde de primer voto era capitán a guerra, y de algunos años y esta parte le han dado los gobernadores título de teniente de capitán general, y algunas veces a otras personas, ocasionándose los mismos disgustos que se dijo había en Campeche. Hay para la milicia dos compañías, una de infantería de los vecinos, y otra de caballos, lanzas jinetes, que se forma de los encomenderos con sus oficiales, alférez mayor, y sargento, sujetos todos al teniente de capitán general, nombrado por el gobernador. Defienden los puertos de cabo de Cotóch, Cuyo, Choáca, Holcoben o Río de Lagartos, y muchas veces han venido al socorro de la ciudad de Mérida, y aun pasado al de la villa de Campeche, con distar más de setenta leguas, a costa suya y de las rentas que en su territorio poseen.

En cuanto a lo eclesiástico, la gobiernan dos curas beneficiados presentados por el real patronato, como los demás que se han dicho, y el uno hace oficio de vicario general, con nombramiento del obispo. Administran los dos igualmente a españoles, mestizos, mulatos, negros, indios navorios, y a los de siete pueblos, que pertenecen a este beneficio. El sacristán mayor es proveído como los beneficiados. La iglesia parroquial fundada en la plaza mayor a la parte del sur, es de tres naves, cubiertas de tejado, el retablo de su altar mayor es obra antigua de no mucha costa, aunque el sagrario es de obra moderna, y más primorosa. A los dos lados tiene dos altares colaterales, uno con imagen de la Purísima Concepción de nuestra señora de talla entera, que los conquistadores trajeron de España, y a quien recuren sacándola en Procesión en las comunes necesidades, de hambres, enfermedades, y faltas de agua. El capitán don Alonso Sarmiento y Chaves dotó este altar con 2.000 pesos, cuyos réditos se gastan en su adorno, y por esta obra pie el obispo don fray Gonzalo de Salazar le asignó entierro en aquel altar. El otro colateral es del glorioso san Juan Bautista, de talla entera, imagen muy devota, y a este dotó el capitán Juan Luis de Arce con otros 2.000 pesos de principal, en la forma que el antecedente. Impetró más dos gracias de la silla apostólica, que concedió Gregorio XV, la una a los cofrades de este santo, que habiendo confesado y comulgado visitaren aquel altar el día de su festividad, las de la Presentación, Natividad, Anunciación y Asunción de la virgen Purísima, concediéndoles indulgencia, y remisión de pecados. La otra por diez años, para que diciendo misa de réquiem los lunes, aplicada por alma del purgatorio, fuese libre de sus penas.

Hay en aquella parroquial cofradías del santísimo sacramento, del santo nombre de Jesus, de nuestra señora y de las ánimas del purgatorio, y éstas son de españoles. Otra tienen los indios, negros y mulatos, con título del santo nombre de Jesus: adminístranlas las curas, y no tienen más renta, que las limosnas que se les hacen.

Desde el tiempo de los conquistadores hay un hospital fundado con título del santo nombre de Jesus, y no tuvo renta alguna hasta el año de 1634, que pasando de esta presente vida el licenciado Francisco Ruiz, que había sido cura y vicario, dejó 4.000 pesos, para que con sus réditos se sustenten cuatro camas. Son patrones los vicarios de la villa, aunque el cabildo secular usa del patronato. En este hospital tienen los españoles fundada la cofradía de la santa Veracruz.

El convento de nuestro padre san Francisco (que ha tenido guardián electo en los capítulos, desde el año de 1553) está fuera de la villa como seis cuadras a la parte occidental. Vase de ella al convento por una calzada de ocho varas de ancho, hecha de cal y canto con su petril, y por ambos lados tiene una alameda de árboles, que se llaman ceibas (yax che), que son muy grandes y coposos, que la hacen sombría, y aunque hay esta distancia, es muy frecuentado de los vecinos por ser devotos de nuestra sagrada religión. La iglesia es obra de mampostería, nave cubierta de bóveda, y su titular san Bernardino de Sena. El retablo del altar mayor es de pincel, aunque el sagrario de escultura obra moderna. Correspóndele a los dos lados dos capillas, una de nuestra señora de Guadalupe de talla entera de gran devoción, y hecha en Guatemala; la otra de san Diego de Alcalá imagen de pincel. En el cuerpo de la iglesia hay tres capillas, una de nuestro padre san Francisco, otra de santa Ana, y fuera del muro uno de san Antonio de Padua, que hicieron los hermanos de la tercera orden de penitencia, cuyo comisario es ordinariamente el predicador conventual, que predica los sermones de la parroquial de la villa. Dentro del patio de la iglesia está la de los indios del pueblo de Zaqui, donde está fundado el convento: su titular también. San Bernardino de Sena.

La villa de Salamanca fundada en la provincia de Bakhalál, siempre fue de corta vecindad, y hoy lo es más por haberse huido los indios de ella, que apenas quedó quien la habita, habiendo sido tan numerosa de gente y tan belicosa, como se ha dicho. El gobierno de aquella villa consiste en un alcalde, que es capitán a guerra, y dos regidores, que sirven todos los oficios necesarios a aquella corta república. Túvose en los principios por tan bueno, que algunos conquistadores quisieron más allí las Encomiendas de indios, que en estos territorios. Fue necesaria aquella fundación para obviar las entradas de enemigos piratas, y estorbar la fuga de los indios de esta tierra para los gentiles Ytzaes, aunque para esto ha sido de poco efecto, porque se pasan por los montes sin ser sentidos, y últimamente aquellos indios apostataron miserablemente de nuestra santa fe católica yéndose con los gentiles, como se dice en el libro undécimo, con que quedó aquello más desdichado. Las continuas invasiones de enemigos hicieron retirar a los vecinos la tierra adentro en el pueblo de indios llamado Pácha. La fundación esta en la ribera de una hermosa laguna de agua dulce, que tiene alguna pesca, y para salir a la mar se divide el agua en muchos brazos, que juntándose todas haciendo un buen río, desaguan el mar. Tiene la villa pocas casas de piedra, las más son cubiertas de hoja de guano.

Lo eclesiástico depende de un beneficiado proveído como los demás, a quien el obispo da título de vicario general de aquella jurisdicción, y ha días que cuando escribo esto año de 55, están sin sacerdote que les diga misa, y administre los santos sacramentos a españoles y indios no habiendo quien quiera ir al beneficio por su mucho trabajo, y corto estipendio, sino es siendo propietario, y aun de esta suerte hay pocos que lo quieran. La iglesia parroquial tiene solamente la capilla mayor cubierta de piedra, lo restante de guano. Su erección fue el año de 1544, con título de la Pura Concepción de nuestra señora. Dista de la ciudad de Mérida cerca de ochenta leguas, cáele a lo oriental declinando al mediodía, y se pasan grandes espacios despoblados para llegar a ella.

Por haber costado tanto trabajo a los conquistadores de Yucatán pacificar la provincia de Tabasco, daré con brevedad noticia de sus dos villas, y el gobierno que en ellas hay. Muchos años desde la conquista gobernó a Tabasco el gobernador de Yucatán, hasta que el rey dio título de alcalde mayor a distinta persona, aunque la provisión de encomiendas, y presentación de beneficios la hace el gobernador de Yucatán en nombre del rey. Está la provincia de Tabasco situada al Occidente de Campeche hacia el sudoeste, en distancia por mar, según se mide, de sesenta leguas, y también se va a ella por tierra. Es abundante de ríos y muy caudalosos, llena de pantanos, cenagosa y enferma. Abundante de mosquitos, que den mucha pena de día y de noche, y parece plaga particular. Cógese en ella cacao, y ha perdido el valor que solía tener, por la abundancia que se trae de Uayaquil y otras provincial. Da aquella todos los frutos de la de Yucatán, y la excede mucho en la abundancia de ganado vacuno, que no llega a valer una vaca o toro, más de 2 pesos, y una ternera 4 reales. Debe de haber sido la multiplicación tan grande por la poca gente que hay que lo coma. Es grandísima la cantidad, que por los campos se mata cada año, solo para aprovecharse del cebo y corambre, de que hay gran saca. Tiene dos villas, aunque de muy corta vecindad: una se llama Villahermosa, donde asiste el alcalde mayor, por estar situada en el medio de la comarca, desde donde despacha los negocios de su gobierno, y para los de justicia tiene un escribano público, que sirve a toda la jurisdicción. El alcalde mayor es subordinado al virrey de la Nueva España, y real audiencia de México, a quien se apela en las sentencias. Es teniente de capitán general del gobernador de Yucatán, que es capitán general por el rey en ambas provincial, y aquella villa es la menor. Mayor vecindad tiene la villa de la Vitoria, donde hay dos alcaldes ordinarios, un alguacil mayor, un alférez mayor, y procurador general de quienes se compone el cabildo secular, y residen en ella. Para lo ocurrente de milicia habiendo nueva de enemigos, despacha el alcalde mayor mandamientos por toda la comarca, y se juntan ordinariamente de los vecinos de la tierra y forasteros tratantes, como hasta cien infantes, los cuales bajan de Villahermosa en lanchas y canoas, la de la Vitoria por un río. Para estas ocasiones hay nombrado sargento mayor, ayudante y un alférez que forman compañía de la gente. En la Vitoria hay hecho un fuerte con cuatro piezas de artillería, que aunque parece corta defensa, es de grande efecto para ofender, y defenderse por la comodidad y disposición, que ocasiona el sitio para cualquiera resistencia, a la villa de la Vitoria se le puso este nombre por la insigne que don Hernando Cortés alcanzo de los indios de aquella tierra, cuando pasaba a la conquista de la Nueva España, de que se dio entera razón en el primer libro de estos escritos.

Lo eclesiástico se gobierna por un beneficiado presentado, según el real patronato. La iglesia es pobre, su titular santa María de la Vitoria, y hay en ella algunas capellanías de muy corta renta, que sirve el beneficiado. Están fundadas en ella dos cofradías antiguas, una de nuestra señora, y otra de las ánimas del purgatorio. La de Villahermosa tiene por titular a san Juan, y su beneficiado es vicario general de todo aquel distrito nombrado por el obispo, por estar como se ha dicho en el medio de la comarca, y residir allí el alcalde mayor, aunque no hay más que veinte vecinos españoles, si bien hay mayor número de mestizos, mulatos y negros, cuyo cura es, y también de la gente que hay en las estancias de ganado de aquel territorio.

Capítulo XVII. Del gobierno espiritual y temporal de los indios de Yucatán después de su conversión

Habiendo antes dicho, como se gobernaban los indios en el tiempo de su infidelidad: como los españoles los sujetaron, con que fue forzoso se alterase el gobierno, y espirasen las leyes con que se regían; lo político y espiritual se mudase: me pareció escribir lo que observan de presente en uno y otro, que aunque no he dado razón de su conversión, se refiere luego en libro siguiente, y se estará dicho, pues acabando de decir el gobierno, y estado presente da los españoles, se sigue el de los indios, como una de las dos partes, que componen este reino. Aunque en esta mutación perdieron los naturales el señorío temporal, quedando y dándose por vasallos de nuestros católicos reyes: el gobierno temporal inmediato de los pueblos quedó por entonces, y se conservó muchos años en los mismos caciques y señores, si bien con título, que en nombre del rey les daba quien gobernaba esta tierra. Ya de algunos años a esta parte no hay tanta atención a esto, y nombran por caciques a los que deben de juzgar conviene más para el gobierno de los pueblos, aunque no desciendan de los que eran señores.

Para que al cacique ayuden en la administración de la justicia y gobierno, sé nombran en los pueblos cada año el primer día dos alcaldes ordinarios, el número de regidores necesario, y procurador del lugar, los cuales confirma el gobernador en nombre del rey. El mismo día se eligen alcaldes, que llaman de los mesones y casas de comunidad, en que se hospedan los pasajeros, para que se les provea de comida, y avio. También se elige fiscal para la iglesia, que cuida principalmente de la enseñanza de la doctrina cristiana a los muchachos, y se le nombran otros como alguaciles, para que los hagan venir, y llamen cuando faltan. Suelen elegirse otros ministros, que con vara de la real justicia cuidan de que los indios rocen sus tierras, siembren y beneficien sus milpas, o sementeras, y en esto suele haber poca atención, siendo así, que depende la conservación de todos los que vivimos en esta tierra de este cuidado, y en habiendo falta de cosecha, quien más desdichas padece son los miserables indios, y con experimentarlas son tan flojos, y poco amigos del trabajo, que aun lo mismo con que se han de sustentar, es necesario hacérselo sembrar, porque los más ninguna providencia tienen a lo que les ha de suceder, como tengan de presente alguna cosa, con que sustentarse por entonces.

Para evitar confusión están los pueblos repartidos en barrios, que llaman parcialidades, cada uno con nombre de un santo, con que se diferencian entre sí. Tiene cada una un indio principal señalado, que solicita todo lo que a ella pertenece, así de la administración temporal como para venir a la iglesia los indios e indias. Cuando el cacique del pueblo quiere ordenar se haga alguna cosa, manda llamar a estos principales, y con hacérsela notoria, se ejecuta luego con puntualidad, como si se lo hubiera intimado a cada indio en singular. También se nombran aquel día patrones, que llaman de los enfermos, dáseles una vara, que tiene una cruz, o imagen en lo superior, y estos tienen obligación de saber los enfermos, que hay en su parcialidad o barrio, y dar noticia de ellos al doctrinero cura, cuando necesitan de los sacramentos. No los ocupa el pueblo en otra cosa de comunidad, porque no hagan falta a su ministerio, y son duplicados, para que se muden a semanas, y en las otras cuiden de sus milpas, y de los demás que necesitan. Tienen estos indios sus leyes particulares, por donde se gobiernan y están hechas con autoridad real, y confirmadas con real provisión de que se da razón tratando del tiempo en que se hicieron.

Grande fue la disposición con que nuestros primeros padres fundadores de esta provincia ordenaron el gobierno espiritual de estos indios, y no ha sido, ni es menor la ejecución de todo lo que conduce a su mayor cristiandad, y bien de sus almas, y puedo afirmarlo así, porque cuantos han estado en Yucatán, lo han visto, y ven experimentalmente. Es singularísimo el cuidado de que todos los días festivos para ellos, que les obliga a oír misa, se les diga en sus propios pueblos, predicándoles muy continuo el santo evangelio del día, que así está mandado con graves penas, exhortándolos al amor de las virtudes y aborrecimiento de los vicios. Es a costa de no pequeño trabajo de los doctrineros, por ser necesario, para que fuera continua su presencia en todos los pueblos que hubiera cuatro veces tantos clérigos, religiosos como somos; pero suple esta falta el amor que tienen a los indios y el celo del mayor servicio de las dos majestades divina y humana. La asistencia continua, así de clérigos, como de religiosos, es en los lugares que se señalaron para cabezas y conventos, de donde se reparten las vísperas de las fiestas a los pueblos de su administración, y les es forzoso a los más decir aquel día misa en dos pueblos, y a veces en tres: trabajo, que solo quien le ha ejercitado puede conocerle, pues en cada pueblo de más de esto administran los santos sacramentos del bautismo, matrimonio, penitencia, eucaristía y extremaunción a los que los piden, llevando el santísimo viático a sus casas de los enfermos, con la decencia y reverencia posible.

Después de haber dicho misa se cuentan por tablas, en que están escritos todos los vecinos de los pueblos) según las parcialidades que se han dicho, con que sabe el doctrinero los que han asistido a oírla. Esto se hace en los patios de fuera de las iglesias, y ahora veinte años había pueblos tan grandes, que era necesario para esta cuenta salirse a la plaza del pueblo, que todas están conjuntas a las iglesias: hoy faltan en ellos más de la mitad de sus vecindades, que es lástima verlos. Cada principal (o Chunthan (ah chun than), que ellos llaman) da cuenta de su parcialidad, cuya cuenta está a su cargo, y como ya se conocen en saliendo de la iglesia se aparta cada una a su sitio, donde con facilidad se sabe quien ha faltado de la misa. Inquiere el doctrinero la causa, y cuando es legitima, dala el principal, porque sea por enfermedad, o ausencia del pueblo, o haberse huido, sin haberse donde esté (que esto sucede muchas veces, y en estos tiempos es muy considerable el número de los que faltan de esta suerte) lo ordinario es, que el principal sepa donde está. Pero cuando sin causa justa falta, y el principal no responde por él, es buscado por algunos de los alguaciles de doctrina; y traído a la presencia de su doctrinero, sino da causa suficiente para haber faltado, le castiga el gobernador del pueblo, que está allí asistente, mandándole dar algunos azotes, más, o menos, conforme acostumbra ser defectuoso. Cuando no son hallados en esta ocasión, quedan señalados sus nombres, tirando una cuerdecita que cada uno tiene, y otro día de fiesta, sabiendo con esta señal, que faltó la precedente, es corregida su culpa, exhortándole el doctrinero con una plática espiritual a que no falte de la iglesia, y dé ocasión a otros, para que con su mal ejemplo hagan lo mismo.

También hay puntualísimo cuidado, que los días festivos para los indios, todo el pueblo junto diga toda la doctrina cristiana con las preguntas del catecismo, que enseñan los misterios de nuestra santa fe católica, y su explicación en su natural idioma, para que con toda certidumbre se enteren de ellos, y sepan lo que deben creer para salvarse. Trabajo fue este de los religiosos antiguos, que con celo santo los tradujeron en su lengua, y los modernos lo han perfeccionado, y dado a la estampa, para que los indios puedan leerlo. La forma que en esto se observa es, que el día de fiesta en tocando a prima se hace señal con la campana mayor, y desde aquella hora viene la gente a la iglesia, así hombres, como mujeres. Como van entrando se apartan los varones al lado del Evangelio, las mujeres al de la epístola, y habiendo hecho oración al santísimo sacramento, se sientan en el suelo, y las justicias tienen sus bancos en que sentarse. Recogida la mayor parte salen dos sacristanes con sobrepellices, debajo sus ropas coloradas, y puestos en pié en el fin de la capilla mayor, principio del cuerpo de la iglesia cantan las cuatro oraciones en séptimo tono, repitiendo el pueblo lo que los sacristanes dicen. Lo restante de la doctrina cristiana se canta en tono llano, con que cuando se acaba, es ya hora de cantar tercia para decirles misa, porque por los grandes calores, y porque los indios queden desocupados para acudir a sus necesidades domésticas, y hijos que quedaron a guardar sus casas, se celebra más temprano que en España, y en otras tierras frías. En habiéndose dado principio a cantar la doctrina, dos tupiles, o alguaciles de ella se ponen a las puertas de la iglesia con una disciplina en la mano, y al que llega tarde, con algún azote que le alcanzan al entrar, hacen que reconozca la pereza que ha tenido en venir a tan santo ejercicio. Del mismo modo se vuelve a repetir a la tarde, comenzando como a las dos a tocar la campana, y asistiendo los gobernadores, alcaldes y demás Justicia, Si bien a esta hora acuden más las mujeres, que los varones, y no hay tan especial atención, ni estrecha cuenta, para que vengan todos, como por las mañanas. Para que entre semana no falte quien asista a la misa mayor, hay loable costumbre de que para cada día vengan algunas indias de las parcialidades repartidas por sus días, y raro es el que falta de asistir a ella el gobernador del pueblo, los alcaldes ordinarios, los más de los regidores y principales o chuntanes (ah chun than) de las parcialidades.

Capítulo XVIII. Prosigue el precedente, y como se celebran los oficios divinos

El modo de repetir las fiestas, la doctrina cristiana, y la hora es una misma siempre en las cabeceras, por la asistencia continua del doctrinero: pero en los pueblos de visita, o anexos, no puede ser así, por las mañanas, porque sucede decírseles misa al amanecer, y artes para pasar a otro pueblo de su administración, que hay algunos distantes, cuatro, seis y más leguas, con que no se pudo decir la doctrina antes de misa, ni el ministro estar presente a ella. Por esto muchos cuidadosos, cuando dijeron en un pueblo la misa última en la festividad antecedente; dicen la siguiente la primera, con que unas veces asiste a la doctrina de un pueblo, y otras a la de otro. Está tan introducida esta santa costumbre de cantar la doctrina los días de fiesta, que aunque no tengan misa; no por eso deja de ir todo el pueblo a la iglesia a la hora que se acostumbra y se canta, después los cantores cantan la tercia, y acabada, los gobernadores y fiscales, cuentan por las tablas los que han venido, como cuando está el doctrinero presente, con que saben quien ha faltado a cantar la doctrina, y a encomendarse a Dios en su santo templo.

Las plantas nuevas fácilmente se erigen con rectitud y hermosura agradable a la vista, si la solicitud del que las planta no desmaya en la asistencia para cultivarlas. Plantas nuevas son de esta militante iglesia los niños hijos de estos indios, que al paso que sus padres naturales no tienen la vigilancia debida en enseñarles la doctrina cristiana; corre mayor obligación en los ministros doctrineros de atender a su espiritual educación, para que como crecen en el cuerpo, aumenten la hermosura del espíritu, y agradables con ella a los ojos de Dios y de sus fieles, se coja el fruto pretendido de verdaderos cristianos. Pudiera correr peligro dejado al cuidado de los padres naturales, porque con sus continuos trabajos, y con natural descuido, aun para lo temporal peligra lo político de su educación. Previno el celo de los predicadores y maestros espirituales, este inconveniente con haber puesto en costumbre, que todos los niños y niñas de los pueblos vayan los días de entre semana a la iglesia, donde se les enseñan las oraciones y doctrina cristiana, que para que con menos trabajo llegue a la ejecución del deseo, está dispuesto de esta forma.

Ya se dijo, como todos los pueblos están divisos en parcialidades. Cada una, o entre dos, si son cortas, tiene un tupil o alguacil señalado, el cual por la mañana en saliendo el Sol recoge todos los de su parcialidad de hasta catorce años ellos y ellas de doce (que es cuando luego se trata de casarlos) y juntos a un lado todos los varones, y a otro las muchachas, hacen una procesión, precediendo el tupil con una cruz mediana algo levantada, y comenzando en voz alta con séptimo tono las oraciones, van por las calles, que salen derechas a la iglesia, donde entran con el mismo orden, y puestos de rodillas adoran al santísimo sacramento, y se quedan separados hasta que todos han llegado. Después uno de aquellos tupiles (que ya tiene cada uno su día señalado) da principio cantando las oraciones en el mismo séptimo tono, y van repitiendo todos hasta que es hora de misa mayor. En haciendo señal para cantar la tercia, cesan, quedando presentes al santo sacrificio de la misa, la cual acabada sale el sacerdote y despide a las justicias del pueblo y asistentes. Después cuenta de ordinario los muchachos por las tablas que tienen diferentes de los casados, con que ve los que faltan, y sus tupiles dicen si están enfermos o los tienen ocupados sus padres. Sino se envía por ellos, y cuando llegan les den dos o tres azotes, para que otra vez no falten, y los tupiles son reprehendidos por su negligencia, y cuando el religioso está ocupado, los cuenta el fiscal, pero si entonces no parecen, quedan señalados con su cuerdecita, que tiene el nombre.

Por la tarde no vienen a la iglesia, para que puedan ayudar a sus padres, cuanto la tierra edad da lugar en las necesidades domésticas, con que habiendo dado a Dios la mayor parte de la mañana, les queda lo restante del día para aprender lo ministerial de la vida humana, con que a un mismo tiempo se aumente en ellos el hombre interior y exterior por la solicitud de sus ministros evangélicos, que con esta vigilancia atienden a lo uno y a lo otro. Los sábados no vienen, porque las madres le laven su ropa. Con esta continuación desde la niñez se procura cultivar el ánimo de estos indios para la devoción del culto divino, y noticia de lo que deben observar, como cristianos, pues en el claro espejo de la cotidiana doctrina se les manifiestan las virtudes que deben seguir y los vicios con que se ofende la majestad divina, para que se aparten de ellos. Solicitud bastante es ésta, para que no se pueda imputar a culpa de los padres espirituales, que no sepan todas las oraciones y doctrina cristiana, pues tanta continuación en la edad adulta, sobre el cuidado con que se les enseñó en la niñez, denota o demasiada incapacidad en ellos (que no la tienen para malicias) o mal natural, con que distraídos no atienden a lo que tantas veces repiten. Porque demás de lo dicho, cuando se casan, se hace examen si la saben, y todos los años al tiempo de la confesión, que por precepto obliga, se examinan también: y con haberse criado de esta forma, son tan poco aficionados a la iglesia, misa y santos sacramentos, como en otra parte se dijo. Dios les dé su gracia y auxilios pasa que le sirvan.

Para la celebración de los oficios divinos hay en todos los pueblos número asignado de sacristanes y cantores; aquellos para que cuiden de los ornamentos y limpieza de la iglesia, y sirvan al altar. Tiénenlos de ordinario llenos de flores, porque casi todo el discurso del año las hay diversas en esta tierra. Los otros para la solemnidad de los oficios divinos, que la iglesia ordena se cantar. Una cosa hay digna de atención, y es, que no hay pueblo en Yucatán por pequeño que sea, donde los oficios divinos no se solemnicen canto de órgano y capilla formada, como la música la requiere, y en los conventos con bajoncillos, chirimías, bajones, trompetas y órganos, con que se provoca más el afecto a las alabanzas de la majestad divina. Estas son comunes y cotidianas, porque demás de rezar el oficio divino los sacerdotes; el maestro de capilla, y la mitad de los cantores a semanas, en los pueblos de nuestra administración, aunque no reside ministro en ellos, en tocando a prima, rezan las cuatro horas menores del oficio de nuestra señora, después cantan la tercia de la festividad del día, conforme a su solemnidad, y a la tarde vísperas, sin que en esto se experimente falta.

Todos los sábados por la tarde se canta la salve regina a la madre de Dios con mucha solemnidad y concurso de pueblo, especialmente asisten las mujeres a. esta devoción, como por la mañana a la misa solemne que se canta. Todas las cabeceras tienen cofradías de nuestra señora, y celebran sus festividades con solemnidad: cada mes dicen una misa cantada por los cofrades, y algunas todas las semanas, y no solo en las cabezas, pero en muchísimos pueblos de visita hay cofradías que unas y otros con singular devoción festejan los días de la Purísima Concepción de la virgen santísima. En todos nuestros conventos hay órgano, que no ha costado pequeña solicitud, porque los más son traídos de los reinos de España, y esto de las limosnas que nos den para nuestro sustento y vestuario, aplicando de ello, cuanto es posible para el mayor ornato del culto divino. En los pueblos de visita o anexos, donde no alcanza la posibilidad a tener órgano, hay un modo de flautas con voces de bajos, contra altos, tenores y tiples, que suple la falta de los órganos, alternando como ellos los versos de los salmos y aun muchos tienen trompetas y chirimías: cosa cierta digna de ponderación (siendo esta gente tenida por bárbara y reputada por rusticísima) pues si volvemos la consideración a los lugares de nuestra España, hallaremos, que solamente las iglesias de cuantiosas rentas tienen lo referido, y las de esta tierra, sin tener algunas, están servidas con tanta decencia, y ornato por la vigilancia de los ministros. Para que esto no descaezca, hay conjuntas a las iglesias, en los patios de ellas escuelas, donde los maestros de capilla enseñan a leer, escribir y cantar a algunos muchachos; con que no solo se provee de quien sirva al culto divino, sino que de allí salen escribanos para los pueblos.

Aunque es ordinario celebrar los indios las pascuas y festividades clásicas con festejos de bailes y otros juegos; la de la institución del santísimo Sacramento es con muy mayores alegrías, y para ella concurren a las cabeceras todos los pueblos sus anexos, como también para celebrar el lunes y viernes santo. Las fiestas de sus patrones celebran los pueblos con muchos festejos, y concurren a ellas todos los comarcanos, convidándose unos a otros. Los caciques convidan a los de los otros pueblos, los regidores a los regidores, y así los demás, hospedándolos y regalándolos a su modo, cuanto pueden, con que es grandísimo el concurso, que asiste a cualquiera de estas fiestas, y si se dijera la multitud de pavos que aquel día se comen, con dificultad se creyera, porque los están criando todo el año para aquel día. Para más solemnizarlas convidan los doctrineros a los ministros de la comarca, con que es para dar gracias a Dios ver celebrar una de estas festividades. Sea siempre bendita su divina majestad, por haber traído estas gentes al conocimiento de su verdadero culto y adoración. Concluyo este capítulo con lo que dice el padre Torquemada tratando en su Monarquía indiana de la administración de doctrina, que los religiosos de esta provincia han tenido, por estas palabras: «está muy concertada así en lo que toca a la religión de los frailes, como en la doctrina y aprovechamiento de los indios: y débelo de causar ser sola una lengua de ellos, y ser de una sola orden (que es la nuestra) los ministros y lo principal no morar españoles en los pueblos de los indios, etc.». Algunos viven ya en ellos, pero son pocos, y así los indios se están con el mismo concierto de doctrina que antes. Véase adelante el informe, que acerca de esto hizo al rey, el obispo don Diego Vásquez de Mercado, que por no repetirlo dos veces, no se refiere en este lugar.

Capítulo XIX. De las doctrinas de indios, que administra la Clerecía de este obispado de Yucatán

La administración de los santos Sacramentos y predicación evangélica para los indios de este obispado y gobierno de Yucatán, está repartida entre la clerecía y los religiosos de nuestro padre san Francisco, que estamos en esta provincia de San José, sin que en tiempo alguno hayan tenido administración religiosos de otra religión, y está la división en esta forma. La clerecía tiene veintidós doctrinas, que son beneficios curatos, que se proveen según el orden del real patronato en concurso público. Los religiosos tenemos treinta y cinco conventos, que tienen administración de indios, y en ellos hay guardianes electos en los capítulos provinciales, y los ministros doctrineros de ellos están asignados y presentados, según la forma que la voluntad real tiene expresada para la justa conservación de su real patronato, siendo unas veces los guardianes juntamente ministros, y algunas otros distintos religiosos, conforme más y menos lengua saben. Hay también otras dos doctrinas, en cuyos conventos su superior no tiene título de guardián sino de vicario, aunque también electos en capítulo, y los padres dominicos administran una vicaría en Tabasco. Descendiendo a ellas, y a sus pueblos anexos o visitas, que tienen pila bautismal, a sus titulares y patrones son las siguientes.

En la ciudad de Mérida hay un cura, que reside en la catedral, el cual administra los indios criados de españoles, y es beneficiado propietario de cuatro pueblos de indios extramuros de la ciudad, barrios de ella, cuyos titulares de iglesias son Santiago, santa Catalina, san Sebastián y santa Ana, y los pueblos se nombran, y diferencian con los nombres de estos santos.

El beneficio de Tixkokob tiene seis pueblos de administración con la cabecera, cuyo titular es nuestro padre san Bernardino de Sena. Fue convento nuestro hasta el año de 1602, y su último guardián el venerable padre fray Alonso de Solana. Sus visitas son los pueblos de Tixpéual titular de su iglesia san Martín

Obispo, el de Euan titular san Luis Obispo de nuestra religión: Nólo tiene a san Bartolomé, Ekmúl la Asunción de nuestra señora, y Yaxkukúl la pura Concepción.

El beneficio de Hocabá fue también convento nuestro hasta el año de 1602, su último guardián el padre fray Francisco de Piña. La iglesia de Hocabá tiene por titular a nuestro padre san Francisco: las de sus pueblos Tzanlahcat la Asunción de nuestra señora, y en aquel asiento están otros los pueblos Hují y Tixcamahil, del de Zabcabá es titular san Juan Evangelista, del de Hují san Pedro Apóstol.

El beneficio de Hoctún, que fue fundación nuestra, y pertenecía a la administración del convento de Hocabá, tiene por titular a san Miguel Arcángel: por visitas los pueblos de Xocchél, san Juan Bautista, el de Tahméc a san Lorenzo, y el de Zeyé a san Bartolomé Apóstol.

El beneficio de Zotuta (Sotuta) fue convento nuestro hasta el año de 1581, su último guardián el padre fray Pedro de Magaña; titular san Pedro y san Pablo. Sus visitas son los pueblos de Tibolón, que tiene por titular a san Juan Bautista, el de Tábi los santos reyes, Ceyenzih Santiago el Mayor, los de Yaxá y Cantamayec, que están en un asiento a san Andrés Apóstol.

El beneficiado de Yaxcabá, que también era administración nuestra del dicho convento de Zotuta, tiene su cabeza por titular a nuestro padre san Francisco. Sus pueblos son Mopila, titular san Mateo Apóstol, Tixcacal san Juan Bautista, y Tacchebilchen la Exaltación de la santa cruz.

El beneficio de Petu (Peto) tiene por titular su cabeza la Asunción de nuestra señora: los pueblos de visita, que son el de Tahdziu a nuestro padre san Bernardino, el de Tixalatún a nuestro padre san Francisco, el de Tzucácab a santa María Magdalena, y el de Calotmul a san Pedro Apóstol.

El beneficio de Ychmúl fue convento nuestro hasta el año de 1602, en que fue último guardián electo dicho año el padre fray José Muñoz, y es titular de la cabeza nuestro padre san Bernardino de Sena. Sus visitas son los pueblos de Tixholóp, con titular de san Juan Evangelista, Timúm de la limpia Concepción de Nuestra señora, del de Celúl, nuestro padre san Buenaventura, de Tibác san Luis Obispo, de Zaclac la Asunción de nuestra señora, de Zabán san Pedro Apóstol, de Uaymáx san Miguel, de Titúc san Lorenzo, de Chunhuhúh san Juan Bautista.

El beneficio de Tixhótzuc (Tihosuco) era de la administración del dicho convento, es titular de la cabeza san Agustín, y las visitas son los pueblos de Chikinzonót, su titular la Asunción de nuestra señora, del de Tila san Laurencio, de los de Ekpédz, y Tuci, que están en un asiento san Laurencio.

El beneficio de Chemzonót fue convento nuestro, su último guardián electo el año de 1581, el padre fray Juan de Tordesillas. Diéronsele los religiosos voluntariamente al obispo don fray Gregorio de Montalvo, como se dice en su tiempo. Titular de aquella cabeza es nuestro padre san Francisco, y sus visitas son san Miguel del pueblo de Emál, san Pedro de Tixholóp, santa Ana de Cechac; san Antonio, de Human, san Clemente, de Pachihohon, que está en cabo de Cotóch.

La cabeza del beneficiado de Nabalón, tiene por titular a san Agustín, y por visitas los pueblos de Tixcáncal a san Martín obispo, el de Hunabku a san Juan Bautista, el de Yalcobá a san Andrés Apóstol, y el de Tehuh a la pura Concepción de nuestra señora.

El beneficio de Tichél, que hoy llaman Popolá, por haberse destruido aquel pueblo, fue convento nuestro hasta el año de 1602, su último guardián el padre fray José del Bosque, y era titular de Tichél la pura Concepción de nuestra señora. Tiene por visitas los pueblos de Ticintumpá, a quien se juntó el de Mamantel, los de Cheuzih, Chiuha, Chekubul, y Uzulaban, que no he hallado quien me diga los titulares de sus iglesias.

En la isla de Cozumel fue nuestra la primera fundación de iglesia Véanse las probanzas de méritos de los Villalobos de la villa de Valladolid, por donde consta. Mudóse no ha muchos años la cabeza al pueblo de Boloná, y así ahora es beneficio de Cozumel, se llama el de Boloná. Su iglesia tiene por titular la pura Concepción de nuestra señora, y son dos sus visitas, el un pueblo se llama san Miguel, y es su titular; el otro santa María, su título la Asunción.

Ya se dijo, que en la villa de Valladolid los dos beneficiados, que son curas de los españoles, lo son también de otros siete pueblos de indios, que están sujetos a su administración; el de Tekuch, su titular la visitación de nuestra señora, el de Chemax san Antonio de Padua, el de Tekanxoc san Cosme y san Damián, el de Tixualahtun san Juan Bautista, el de Yalcon san Lucas, el de Tizoc san Lorenzo, el de Tahmuy y Yalcóba san Esteban. Navorios son santa Ana, san Juan y santa Lucía.

En la villa de Campeche también se dijo administra el beneficiado otros siete pueblos de indios, que son el de Teop, su titular la Concepción de la Madre de Dios; el de Kehté, san Miguel Arcángel: el de san Pedro con este santo: el de Chiná la pura Concepción de nuestra señora: los de santa Ana y san Román con estos santos.

Los beneficios y doctrinas de Tabasco son el de la Vitoria, que tiene un pueblo sujeto, y el de Villahermosa, de que ya se trató, y como residen allí españoles. En este último también hay administración de indios, aunque corta, y no la he podido saber con distinción.

El beneficio de Uzumazintla tiene sujetos a su administración nueve pueblos. El de Xalpa tiene doce pueblos. El de Guaymango tiene siete pueblos. El de Nacaxuxuca trece pueblos. El de Tepetitlan tres pueblos. La Vicaría de Ozolotlan, dice el bachiller Valencia en su relación, que por convención que hubo entre los religiosos de nuestro padre santo Domingo de Chiapa, y a clérigos de este obispado, con permiso de sus prelados la administran cuatro religiosos suyos, que el uno tiene título de vicario, y los tres son sus coadjutores, y que tiene esta vicaría nueve pueblos, de todos ellos no he hallado quien me diga los nombres, ni los titulares de sus iglesias, y así no es omisión voluntaria no escribirlo, pero referiré lo que se dice de ellos. La vicaría de Ozolotlan es la más poblada de toda la jurisdicción de Tabasco, en la cual aunque los demás pueblos son de muy cortas vecindades; los indios son muy crecidos en la piedad, que tienen con sus doctrineros, y afecto con que acuden a dar limosna de pié de altar, que como todo su trato consiste en los buenos temporales, para la cosecha de sus huertas de cacao, acuden siempre a Dios a pedirle este remedio, ofreciendo en sus iglesias muy ordinarias limosnas, con que sustentan a sus beneficiados.

Capítulo XX. De las doctrinas que administramos los religiosos de esta provincia

Nuestro convento principal de la ciudad de Mérida tiene administración de indios, como se dijo tratando dél. La cabeza de la iglesia de San Cristóbal fábrica de tres naves cubiertas de bovedillas muy capaz y alegre. Su administración tiene a cargo un religioso con título de vicario, que se elige en los capítulos, aunque no es vocal en ellos. Sus visitas son la de los santos reyes del pueblo de Kanazin, la pura Concepción de nuestra señora del de Chubulná, san Miguel del de Caukel, san Luis obispo de Ucú, y san Miguel del de Itziminá. Ayudan al vicario para la administración los religiosos moradores del convento, donde ordinariamente hay muchos, que son lenguas y ministros aprobados por el ordinario.

En la villa de Campeche hay iglesia de los indios fuera de la del convento, y su titular es nuestro padre san Francisco. En ella se administran los pueblos de San Francisco de Kinpech, Santa Lucía de Calkiní, y el de Kinlacam con la misma patrona, y son barrios de la villa. Tiene por visitas la de san Diego de los pueblos de Ucumal y Yaxa, que están en un asiento, la de Santiago de Chulul, la de san Juan Evangelista de Tixmucuy, la Degollación de san Juan Bautista de Bolonchen (que llaman de Cauich) la de la pura Concepción de nuestra señora de Cauich, la Asunción de la madre de Dios Tixbulul (que los españoles llaman Lerma) la Natividad de la virgen de Zamulá, y la de san Juan Bautista de Xampolol.

Hay también en la villa de Valladolid iglesia de los indios del pueblo de Zizal, su titular san Bernardino, y se administra en ella a los de otro pueblo pequeño conjunto, cuyo patrón es san Marcos Evangelista, Tiene por visitas la Asunción de nuestra señora del pueblo de Timozon, la de nuestro padre san Francisco del de Popolá y la de santa Ana del de Pixoy. Los demás conventos, que juntamente son doctrinas, están en pueblos de indios, que referiré por sus territorios, como ellos están divisos.

Doctrinas del territorio de la Sierra.

del convento de Tikoh, cuya iglesia tiene por titular la Asunción de nuestra señora, se hizo erección titulándole convento el año de 1609. Tiene por visitas la iglesia de los Santos reyes del pueblo de Timucuy, la de san Gregorio Papa del de Telchaquillo, la Natividad de nuestra señora de los de Acanceh, Xiol y Chaltun, que están en un asiento.

A la fundación de la casa del pueblo de Homun, se le dio título de convento el año de 1561. Su iglesia tiene por titular a nuestro padre san Buenaventura, y por visita la de Santiago del pueblo de Cuzamá.

La del pueblo de Máma le tiene de convento desde el año de 1612, y es titular de su iglesia la Asunción de nuestra señora, y tiene por visita la de san Antonio de Padua del pueblo de Tekit

El convento de Maní tiene el tercero lugar de antigüedad entre los de esta provincia desde la primera tabla capitular custodial del año de 1549. Su iglesia es de nave de bóveda, y conjunta otra de los indios, titular de las dos San Miguel Arcángel. Sus visitas son Santiago del pueblo de Zán, Santa María Magdalena del de Tipikal, la de San Pedro Apóstol del de Chapab. Fundaron los primeros padres en Maní un hospital, entendiendo hubiese algún modo de renta, para curar a los indios pobres en él, y no la hubo. Permanece el edificio, y su capilla sirve a los cofrades de la virgen de aquella cabeza, y del pueblo de Tipikal. Otros se fundaron, que por el mismo defecto se perdieron, y así no haré relación de ellos.

A la casa del pueblo de Tiab se le dio título de convento el año de 1609. Tiene en la cabeza dos pueblos, el uno Tiab, y el otro Tiek, con justicias distintas el uno de la corona real, y el otro encomendado. Titular de su iglesia San Pedro Apóstol, y sus visitas San Bernabé del pueblo de Pencuyut, la pura Concepción de la virgen del de Chumayel, y San Buenaventura del de Xaya.

La del pueblo de Tikax es convento desde el año de 1576, y su titular San Juan Bautista. Sus visitas San Miguel del pueblo de Tixmeuac, San Antonio de Padua del de Ticun, y la Asunción de nuestra señora del de Tixcuytun. En un repecho de la sierra a la parte del mediodía tiene una ermita dedicada al glorioso san Diego de Alcalá de Henares, era antes cubierta de guano, y edificóla de mampostería, cubierta de bovedillas el reverendo padre fray Pedro de Artiaga, siendo guardián de aquel convento. Hízole una hermosa calzada para subir a ella con pretiles almenados. Es la hechura de este santo de escultura de talla entera, imagen milagrosa, como se dice en el libro duodécimo, y se celebra su fiesta con mucha solemnidad.

El convento de Oxcutzcab tiene antigüedad de tal desde el año de 1581, y por titular de su iglesia a nuestro padre San Francisco. Administrase en ella a los indios del pueblo de Yaxá, que aunque tienen alcaldes a parte, están en el asiento de Oxcutzcab, y tienen por patrón a San Juan Bautista. Las visitas son santa Inés del pueblo de Akil, y la de los apóstoles san Felipe y Santiago del de Yotolin.

La administración de Ticul tiene antigüedad de convento desde el año de 1591, y su iglesia por titular a san Antonio de Padua, y es obra moderna de tres naves capacísimas y muy alegres, que pudiera ser catedral. Sus visitas son

San Mateo del pueblo de Nohcacab, y se administra en ella a otro que está conjunto, aunque en diversas justicias, y tiene por patrona santa Bárbara. Otra visita es la Asunción de la madre de Dios del pueblo de Puztunich. Tiene Ticul en el repecho de la sierra dedicada ermita a san Antonio de Padua, con quien tienen particular devoción los indios, y está cubierta de guano.

La de Muna es convento desde el año de 1609, y titular de su iglesia San Juan Evangelista: sus visitas la de san Antonio de Padua del pueblo de Zaclum, y la de san Juan Bautista de los de Abalá y Becyá, que están en un asiento.

La de Bolonchen (que llaman de Ticul) es vicaría desde el año de 1633, titular de su iglesia la Asunción de nuestra señora, y en ella se administra a los de Bolonchen, Ticul, Maní, y otros pueblos de la sierra, que están en aquel asiento avecindados y otros huidos de sus casas, y están sujetos a una justicia. Por visitas la de san Antonio de Padua del pueblo de Hopelchen, y la pura Concepción del de Numkiní.

Doctrinas del territorio de la costa.

La administración del convento de Hunucmá (Hunucma) tiene antigüedad de convento desde el año de 1581. Es titular de su iglesia nuestro padre san Francisco, y en ella se administra a los pueblos de Zihunchen (Zihun Chheen) y Yabucu (Yaab Ukul), que están en aquel asiento; sus visitas son san Bernardino de Sena, del pueblo de Tiz, y san Miguel de los de Kinchil y Tzemé, que están en un asiento.

El convento de Cumkal tiene cuarto lugar en la tabla del primero capítulo custodial del año de 1549. Es titular de su iglesia nuestro padre san Francisco; sus visitas son Santiago del pueblo de Chicxulub (Chhic Xulub), santa Ursula del de Chablé (Chable), san Pedro Apóstol del de Chulul, y san Juan Bautista del Zicipach (Zicil Pach).

La administración de Mocochá es convento desde el año de 1609 y titular de su iglesia la Asunción de nuestra señora: sus visitas san Bernabé del pueblo de Ixil, la pura Concepción del de Báca, y san Miguel del de Tixcunchel.

Es convento la de Mutul desde el año de 1567, y tiene iglesia moderna de nave de bóveda, capilla mayor cubierta de media naranja: su titular es san Juan Bautista, sus visitas san Antonio de Padua del pueblo de Ucí, san Mateo del de Kiní, y Santiago del Muxppip.

La de Tichác es convento desde el año de 1693, y su iglesia tiene por titular a nuestro padre San Francisco: sus visitas son santa Ana del pueblo de Zemúl (Dze Muul) y san Buenaventura del de Zinanché.

La de Canzahcab (Kan Zahcab) lo es desde el año de 1609, y nuestro padre san Francisco su patrón. Tiene por visita la de san Bartolomé del pueblo de Zuma.

La de Zizamtun (Dzidzan Tun) se erigió en convento el año de 1567, y su iglesia (que es una nave de las grandes, que hay en estos reinos) tiene por titular a santa Clara: sus visitas son san Lorenzo del pueblo de Yobain, y la de nuestro padre san Francisco del de Zilam (Dzilam).

La de Timax que tiene título de convento desde el año de 1591, su titular san Miguel: sus visitas la pura Concepción de nuestra señora del pueblo de Buctzotz, la de san Juan Bautista de Zumcauich, y la de san Pedro apóstol del de Tikal.

El de Tiyá es convento desde el año de 1612, y patrón de su iglesia san Bernabé apóstol: su visita san Juan Evangelista del pueblo de Tipakam.

El convento de Tikantó lo es desde el año de 1576, y titular de su iglesia san Agustín. Tiene por visitas la de san Pedro del pueblo de Citilcum, santa Clara del de Cinimilá. Los de Tixkochoch por patrón a san Juan Bautista, y el de Tixculum a san Pedro, ambos en una iglesia, porque están en un asiento.

Doctrinas del camino de Valladolid, y su jurisdicción.

El convento de Cacalchen tiene erección de tal, desde el año de 1609, y por titulares de su iglesia a los apóstoles san Pedro y san Pablo, y por visita la Asunción de nuestra señora del pueblo de Bokobá.

El convento (y en esta tierra tan celebrado Santuario) del pueblo de Ytzamal, tiene en la primera tabla capitular, que se ha dicho, del año de 1649, el quinto (y último entonces) lugar de antigüedad en esta provincia. Su iglesia es abovedada, y en ella está la milagrosa imagen de nuestra señora, que llaman de Ytzamal, el título es de su Purísima Concepción, de que adelante se trata latamente. Tiene iglesia afuera en el patio para los indios, su titular san Antonio de Padua. Celébranse en esta iglesia las festividades de san Ildefonso, patrón del pueblo de Pomolche, y de otro llamado santa María, porque estos dos y el de Ytzamal están en un asiento. Tiene por visitas la de san Jerónimo del pueblo de Citilpech, la de san Buenaventura de Pixilá, la Asunción de nuestra señora de Zuzal, san Nicolás de Xanabá, nuestro padre san Francisco de Kantunil, san Miguel de Chalamté, y en un asiento los pueblos de Vitzi y Tocbaz con una iglesia dedicada a la Natividad de la virgen Santísima.

La administración de Zonót es convento desde el año de 1619. Está en el mismo asiento otro pueblo llamado Muxppip, y una iglesia para ambos, cuyo título es santa Clara: sus visitas son santo Thomé de los pueblos de Tunkaz y Zahcabá, que están en un asiento, santa Inés del de Zitaz (Dzit Haaz) y san Juan Bautista de Chichen Ytzá.

Del convento que hoy está en el pueblo de Uayma (y se trasladó del pueblo de Tinum, donde fue su primera erección año de 1681) tiene la iglesia por titular a nuestro padre santo Domingo, y por visitas la pura Concepción de nuestra señora del pueblo de Tinum, la asunción del de Kauva, y san Juan Bautista de Cuncunul.

La vicaría de Tixcacal, de que se hizo erección el año de 1645, tiene por titular a Santiago apóstol, y por visita la de san Pedro del pueblo de Ticóm.

El pueblo de Chechemlá tiene otro en su asiento, llamado Ychibxul, y a esta administración se le dio título de convento el año de 1609. Tiene en él una iglesia, cuyo titular es nuestro padre san Francisco: sus visitas son la Natividad de la virgen del pueblo de Xocén, San Andrés del de Zitnup (Dzit Nup) y san Bartolomé apóstol de Hebtún.

El año de 1612, se hizo erección de convento de la de Calotmul, de cuya iglesia es titular la invención de san Esteban: sus visitas san Bartolomé del pueblo de Tahcab: los pueblos de Tixppitah, que tiene por patrón a san José, y el de Ytzabcanul la pura Concepción de la virgen, están ambos en un asiento, y con una iglesia.

Hízose erección de convento de la de Titzimin el año de 1563, y están en aquel asiento los pueblos de Titzimin, Zonotchuil Cacauchi y Tikay, que todos tienen por iglesia la del convento, y ella por titular a los santos reyes. Esta tiene por visitas la de Santiago de los pueblos de Zucilá, y Yokchec en un asiento, la de san Pedro de Panabá, y Tetzitz y Mexcitam en otro, san Agustín de Lóche, nuestro padre San Francisco de Kikil, y de Chocholá en un asiento, san Ildefonso de Tixcomilchen, san Juan Bautista de Zozil (Zodzil), san Martín obispo de Tzucop, y la de nuestro padre santo Domingo de los pueblos de Zonotaké y Cekpez en un asiento.

Doctrinas del camino de Campeche y su jurisdicción.

En la administración del pueblo de Human se hizo erección de convento el año de 1585, y están en su asiento los pueblos de Zibikal, y de Zibkak con la iglesia del convento, cuyo titular es nuestro padre san Francisco, y sus visitas la pura Concepción de la virgen del pueblo de Bolompoxche, san Pedro de Zamahil, y Santiago de Chocholá.

De la del convento de Maxcanul se hizo erección el año de 1603, y es titular de su iglesia san Miguel: sus visitas la Asunción de nuestra señora del pueblo de Kopomá, san Bartolomé de Hopilchen, y Santiago de Halalchó.

En el asiento del pueblo de Calkiní (donde se hizo erección de convento el año de 1561), están los pueblos de Cucab, Kinlacam, Zihó y Halalchó agregados a él, y se administran en la iglesia del convento, cuyo titular es San Luis Obispo. Tiene por visitas la Asunción de nuestra señora del pueblo de Zitbalché (Dzitbalche), san Bartolomé de Mopilá y Tipakan, que están en un asiento, la Natividad de nuestra señora de Bécal y Nohcacab en otro, y san Diego de Alcalá en Nunkiní.

De la de Xecchakán se hizo erección el año de 1579, y es titular de aquella iglesia nuestro padre san Francisco, y sus visitas los santos reyes del pueblo de Pocboc, la circuncisión del señor del de Tixpokmuch, la Asunción de nuestra señora del de Tahnab, y san Miguel de Timum.

De la de Champotón, en cuyo asiento está el pueblo de Yulmal, se hizo erección de convento el año de 1607, y es titular de su iglesia la pura Concepción de nuestra señora. Sus visitas la de san Miguel del pueblo de Haltunchen, la de nuestro padre san Francisco de Zihochac, y la de san Juan Bautista del de Zaptun, que los españoles llaman la Ceiba.

De la de Zahcabchen (que comúnmente llaman las Montañas) se hizo erección de convento el año de 1612, es titular de su iglesia san Antonio de Padua, y su visita la de san Jerónimo de Holail.

Conventos que se perdieron, y juntamente algunas poblaciones de sus indios, demás de las erecciones de conventos, y iglesias referidas, hechas por los religiosos, y que hoy permanecen, constará en el progreso de estos escritos, de los que aquí referiré, y hubo fundados con guardianes electos por la provincia, que son los siguientes.

Los conventos de san Juan de Chunhaaz, de los santos reyes de Ychbalche, y el de san Jerónimo de Tzuctok, para quienes se eligieron guardianes hasta el año de 1614, como consta de las tablas capitulares. La conversión de los indios de que se poblaron, comenzó el año de 1604 el padre fray Juan de santa María, como se dice en el libro octavo. No he podido ajustar, que pueblos de administración tuvieron cada uno, porque ni he hallado escrito que lo diga, ni hoy es vivo religioso alguno de aquellos tiempos a quien preguntarlo. Fundaron los padres fray Juan de Orbita, y fray Bartolomé de Fuensalida iglesia en los Ytzaes indios infieles el año de 1618, dedicada a los apóstoles san Pedro y san Pablo, donde dijeron misa algún tiempo, hasta que aquellos indios los echaron, como se dice en el libro nono.

Fundó el padre fray Diego Delgado el año de 1621, en el pueblo de Zaclum (que llaman lo de la Pimienta) de indios, que redujo a nuestra santa fe católica; convento y iglesia dedicada a los apóstoles san Felipe y Santiago, que duró hasta que los indios mataron allí al padre fray Juan Henríquez, como se dice en el libro décimo.

También fundaron los religiosos de esta provincia convento en la de Tabasco. Los fundadores fueron el reverendo padre fray Francisco Silvestro de Magallón, hijo de la santa provincia de Aragón, y natural de aquel reino, el padre fray Bernabé de Pastrana criollo de México, y que recibió el hábito de nuestra religión en el convento de Mérida de esta provincia, y fray Juan Fajardo hijo también de ella. Su iglesia se dedicó al glorioso san José, y no he hallado guardián nombrado más de en la tabla capitular del año de 1632, porque las dos antecedentes no parecen. Despoblóse por enfermar todos los religiosos que a él iban por moradores, y morir en él el padre fray Buenaventura de Valdés, sacerdote, y fray Diego de Padilla, lego, y los demás hallarse sin esperanza de conseguir salud.

El reverendo padre fray Hermenegildo Infante, y padre fray Simón de Villacís, de quien se trata en el libro duodécimo, fundaron el año de 1646. Convento en el pueblo de Nohhaa del reino de Próspero, con iglesia dedicada al príncipe de los apóstoles san Pedro. Duró cerca de tres años, hasta que se despobló, como allí se dice.

Así parece haber en este obispado de Yucatán 299 iglesias dedicadas para gloria de Dios nuestro señor, y en honor de sus santos, y de ellas tiene la clerecía en posesión 148, las 95 en lo que se llama Yucatán, y las 53 en la provincia de Tabasco, y las que administran los religiosos en la vicaría de Ozolotlan. Los religiosos nuestros de esta provincia han hecho en ella nueva erección de doscientas y doce iglesias, sin las visitas de estos últimos conventos, que no he podido ajustar. De ellas tenemos en posesión 151, y las 145, son parroquiales con pila bautismal. Entre ellas se ha hecho erección de 25 conventos, y tenemos en posesión 38. No he tenido suerte, de que haya llegado a mis manos el teatro eclesiástico del maestro Gil González Dávila, para que la singular atención de este escritor a todas las curiosidades dignas de la estampa, hubiera sido el norte que guiase mi pluma en las que debiera yo escribir de este obispado en esta historia.

Libro v. De la historia de Yucatán

Capítulo I. Viene el adelantado a Yucatán, y los religiosos que fundaron esta provincia

Materia se me ofrece ya de no pequeño cuidado, y que solicita temores a la pluma, que se ha de ocupar en escribir la fundación de esta santa provincia de San José de Yucatán, y de sus primeros varones apostólicos, porque la voz común de todos los estados de esta tierra, es llamarlos santos a boca llena, como suele decirse y sus ejercicios lo manifestaron. Pero como tales dejaron unos tan poco escrito de otros, que será ocasión de muchas omisiones en este, sin defecto de mi atención, que solo mira a dejar memoria de cosas, que con toda verdad pueden asegurase en esta materia, de donde se podrá colegir lo mucho que trabajaron en la predicación del santo Evangelio, y enseñanza de estos naturales, y con la perfección de vida, y observancia regular que vivieron: confirmando con ella la verdad de lo que predicaban y enseñaban.

Habiendo ya por es (como antecedentemente se ha vista) sujetado con las armas los rebeldes ánimos de estos naturales don Francisco de Montejo, hijo del adelantado, con los demás conquistadores, y fundado la villa de Campeche, ciudad de Mérida, y villas de Valladolid, y Salamanca de Bakhalál, de quienes se ha dada razón en el libro antecedente, en aquel tiempo intermedio, que se fundaron había gobernado el adelantado la ciudad real de Chiapa de españoles, y la provincia de Honduras por orden del rey, donde también los conquistadores de Yucatán le ayudaron a pacificar parte de aquella tierra y poblarla, como se dice en la ejecutoria del adelantado, y he leído en muchas probanzas de sus capitanes y soldados. Ordenó el rey la real audiencia de los Confines, con que allí cesó el gobierno del adelantado, y para venirse a este de Yucatán, que por la capitulación tenía por toda su vida; llegó a la ciudad de Chiapa de españoles año de 1546.

Fue esto a tiempo, que ya hablan llegado a la Nueva España los ciento y cincuenta religiosos, que el emperador Carlos V nuestro rey y señor había dada al venerable padre fray Jacobo de Testera, primer predicador apostólico de esta tierra para la predicación del santo evangelio en estos reinos. De aquellos religiosos destinó doce a Guatemala (lo cual es más cierto, que veinticuatro, como dice el padre Lizana) y por su comisario el venerable padre fray Toribio de Motolínia, uno de los doce, compañeros del santo padre fray Martín de Valencia, con orden, que enviase algunos de ellos a Yucatán. Llegados a

Guatemala, y dado principio a su apostólico ejercicio, escribió el venerable padre comisario al adelantado (que supo se estaba aun en Chiapa) el orden que tenía de su comisario general fray Jacobo de Testera para enviar religiosos a Yucatán y que así le daba noticia, para que constándole, cuando llegasen los recibiese debajo de su protección, ayudándoles con el favor, que tan santa obra requería.

Recibió el adelantado esta carta, y respondió a ella significando el gozo que con tan buena nueva había tenido, con que aseguraba del todo la quietud de Yucatán, y que viniesen muy en buena hora, que él estaba ya de partida, con que si llegaban a tiempo los traería con todo cuidado, y regalo posible. El adelantado se vino a Yucatán, para donde fueron asignados los padres fray Luis de Villalpando, con título de comisario, fray Juan de Albalate, fray Ángel Maldonado, fray Lorenzo de Bienvenida y fray Melchor de Benavente, sacerdotes, y fray Juan de Herrera, lego. Determinóse, que el padre fray Lorenzo de Bienvenida entrase en esta tierra por la parte oriental de ella, y así fue de Guatemala al golfo dulce, por donde se sale a la mar, para venir a Bakhalál, y como quien salía solo, se despachó con toda brevedad. Los otros compañeros tardaron algo más en salir de Guatemala, y así cuando llegaron a Chiapa, ya había un mes, que el adelantado había salido para esta tierra. Como no le hallaron allí, partieron con brevedad en prosecución de su viaje, padeciendo grandes trabajos, y cansancios por ser aquella tierra asperísima, grandes cuestas, y pantanosas, que aun andadas en buenas mulas, es penosísimo viaje, y lo restante en bajando a Tabasco, a los ríos por el pueblo, que llaman el Palenque, lo que más es cenagoso con atolladeros a cada paso, tierra caliente, mosquitos sin número de día y de noche: incomodidades, que dan bien a entender lo que padecerían viniendo a pie y descalzos tan largo viaje, como trescientas leguas de estas calidades, que hay desde Guatemala a estas provincias.

Fue Dios nuestro señor servido, que llegasen con salud al puerto, y villa de San Francisco de Campeche, donde ya estaba el adelantado, su hijo y la nobleza de los conquistadores, que habían ido a recibirle, como a su gobernador propietario. Los religiosos fueron recibidos con mucha alegría de todos, y en especial del adelantado, que era muy devoto de nuestro santo hábito, y los hospedó en la misma casa, donde estaba aposentado, para poderlos comunicar con más comodidad, y de terminar el modo que se había de tener en la conversión de estos indios, El padre Lizana en su Devocionario de la Madre de Dios de Izamal, tratando de la llegada de estos religiosos, dice: «Que el adelantado quiso, que aquel la villa se intitulase san Francisco de Campeche, por ser devotísimo del santo, y decir, que pues él había llegado a salvamento de su conquista, y puesto principios a ella, que con el ayuda de Dios y su santísima madre y glorioso san Francisco, esperaba tendría buen suceso toda la conquista, y más con tan buenos sacerdotes, hijos del glorioso padre san Francisco». No debió de tener este escritor los instrumentos de papeles necesarios para la verificación del tiempo de la conquista, y fundación de las poblaciones de españoles, que en esta tierra se hicieron, pues como queda dicho y comprobado con los testimonios auténticos referidos; la conquista, en cuanto a la sujeción corporal de los indios, cuando volvió el adelantado, y vinieron estos religiosos este año de 46, ya estaba conclusa, y la ciudad y villas pobladas, pues la última, que fue la de Salamanca se fundó el año de 44.

Como el adelantado era tan devoto de la religión, y tenía por ejemplar la acción digna de eterna memoria de don Fernando Cortés (cuando recibió a nuestros religiosos en México, hincando la rodilla en tierra delante de aquella innumerable multitud de indios, a quien había sujetado y de quien estaba tan reverenciado y temido, como se sabe) llamó a los señores y principales del territorio de Campeche. Presentes ya, les dijo, como aquellos padres sacerdotes, que allí estaban, eran los que les habían de enseñar los misterios de la santa fe que profesamos, y que habían de ser los padres de sus almas, cuya doctrina debían asentar en sus corazones con toda firmeza. Que para este fin eran enviados desde Castilla por el emperador nuestro rey y señor, y que en su nombre se los daba por tales, que les tuviesen todo respeto, y obedeciesen en lo que les mandasen, como si él mismo se lo ordenase. Que les edificasen iglesia y convento, donde habían de acudir para ser instruidos de lo que debían saber. Ocasión fue esta plática, y veneración pública, que el adelantado mostró tener a los religiosos, para que los indios concibiesen el respeto, que les debían tener, viéndolos tan estimados de su adelantado, y de mucha importancia para el ministerio a que se ofrecían. Ya por nuestros pecados les dan algunos tantos motivos para que no tengan el respeto debido a sus ministros, qué me parece, puedo decir sin nota de temeridad, que parte del desaprovechamiento,

que en los indios vemos (pues y las obligaciones de cristianos venían los más como forzados) se ocasiona por ellos. A Dios dará la cuenta quien tuviere la culpa, y allí se verá la justificación de algunos pretextos con que se colorean las intenciones, y la retribución de ambas ejecuciones.
Considerando el padre fray Luis de Villalpando el número tan crecido de almas infieles, y cuan pocos eran los ministros para su conversión, trató con el adelantado, como era necesario escribir a España, dando noticia al emperador, para que manifestada la necesidad, se socorriese, como convenía. Pareció bien al adelantado, y así el padre comisario nombró por procurador al padre fray Juan de Albalate (y no fray Nicolás, como dice el padre Lizana) y entregados todos los despachos, así del padre comisario, como del adelantado, éste antes de salir de Campeche le avió con toda diligencia. Poco después hubo de salir de allí el adelantado para la ciudad de Mérida, cabecera de esta gobernación, por la alteración y levantamiento de los indios orientales de esta tierra (cuyo suceso se dice en el capítulo siguiente) y el padre comisario fray Luis de Villalpando se quedó en Campeche para fundar el convento en el sitio, que con gusto del adelantado quedó asignado, que es donde ha estado hasta ahora, y le fabricó, dándole título de San Francisco. Allí dice el padre Lizana, que manifestó el padre Villalpando; como venía nombrado por el muy reverendo padre comisario general fray Jacobo de Testera, custodio de Yucatán, y que esta provincia quedaba asignada custodia de la de México. No parece haber esto sucedido entonces, porque luego al primero capítulo custodial, le eligieron custodio, y también porque el padre Torquemada sumando los viajes del padre fray Lorenzo de Bienvenida, y fundación de esta provincia, dice: «No teniendo más de dos monasterios, uno en la ciudad de Mérida, y otro en Campeche, cerca de los años de 1550, alcanzó del padre fray Francisco de Bustamante, que a la sazón era comisario general de todas las indias, que aquellas dos casas por estar tan remotas, se hiciesen custodia por si, y fuese sujeta a esta provincia de México, etc.». Por esto juzgo vino solamente con título de comisario.
Luego comenzaron él y sus compañeros a tratar de la conversión de los indios, valiéndose mientras sabían su idioma, de intérprete para enseñarlos y catequizarlos, en que parece obró la majestad Divina una cosa milagrosa. El padre comisario puso sumo cuidado en aprender de memoria muchas voces,

y sus significados, consideró las variaciones de los nombres y verbos; halló a estos su forma de conjugación al modo de la que tenemos en la latinidad, y a aquellos sus declinaciones, con que en brevísimo tiempo redujo el idioma de estos indios a reglas ciertísimas, y ordenó arte para aprenderle, hablando con gran propiedad, y facilitando su inteligencia con él a los otros compañeros, a quien se le enseñó, y se halló apto para predicar el mismo a los indios, traduciéndoles en su idioma las oraciones cristianas. Fue gran motivo esto para su conversión, porque se persuadieron ser cosa más que humana, que en tan corto tiempo hablase lengua tan extraña con tanta perfección, que podía ya ser maestro suyo, declarándoles sus frases más difíciles, y consumó su admiración, cuando le vieron por escrito declarar tan fácilmente, cuanto era necesario, porque esto solo lo sabían sus sacerdotes y reyezuelos. Con esto se dispusieron a recibir la santa doctrina que les enseñaba, y el primero que recibió el bautismo fue el señor del territorio de Campeche. A este catequizó el padre comisario, y bautizó el padre Bienvenida (habiendo llegado como se dice después) llamóse don Diego Na, supo muy bien la lengua castellana, y fue intérprete, ayudando en la conversión de los indios mucho a los religiosos, que le hallaron tan hábil, que le enseñaron la latinidad. Envidioso sin duda el enemigo del linaje humano de verse ya despojar del principado, que en estas almas tantos siglos había poseído; incitó los ánimos de los Kupúles (Cupul) y de las de Bakhalal (Bak Halal) contra los españoles, de suerte, que se puso en contingencia de perderse todo lo trabajado, y costó reducirlos a sujeción lo que se dice en los capítulos siguientes.

Capítulo II. Revélanse los indios orientales a tres años pacificados, y las crueldades usadas con los españoles
Ya parecía a los conquistadores de Yucatán, que pacificada la tierra, y domados los naturales de ella, gozaban el fruto de sus trabajos, y aunque no había minas, ni las riquezas que en otras; estaban alegres con el repartimiento que de los indios se les había hecho, encomendándoselos, según la licencia de la capitulación hecha para la conquista. Como los indios no habían dado la obediencia al rey con gusto voluntario, sino obligados con violencia de las armas españolas, continua guerra que les hacían, y verlas ya avecindadas en su tierra con ánimo de perseverar en ella; maquinaron sacudir el yugo tan pesado a su

parecer, que sobre sí tenían de los españoles, sin ponérseles por delante, que estaba ya poblada la ciudad y tres villas, que hoy permanecen. Como habían experimentado tan a costa suya el valor de los castellanos, y fiereza de sus armas, valiéronse de los mejores medios que les pareció, convocándose en secreto, y haciendo liga para unir las mayores fuerzas, que pudiesen juntar, previniéndose de todas armas ofensivas y defensivas. Movieron esta conjuración los indios, que viven en estas provincias hacia el oriente, a quien llaman Ahkupúles (Ah Cupul), y son los que tan valerosos se mostraron al principio de la conquista, como queda escrito en el segundo libro. A estos siguieron los de Zotuta, Yaxcabá y todas aquellas comarcas, que fueron los que degollaron a los embajadores de Tutul Xiu, cuando los envió a decir, diesen la obediencia a los españoles, como él lo había hecho. No se atrevieron a acometer y los que estaban juntos en la villa de Valladolid, en cuya jurisdicción estaban, teniendo por mejor aguardar que saliesen a ver los pueblos de sus encomiendas, para matarlos así separados, y después a los restantes, que estuviesen en la villa. Era tal el aborrecimiento, que los indios tenían a los españoles, y tal la resolución con que intentaron este alzamiento, que presumiendo los acabarían, para que no les quedase cosa, que fuese recuerdo de Castilla, mataron cuantos animales tenían de ella, como perros y gatos, y hasta las gallinas que ya criaban. Tuvieron oculta su mala intención, hasta que a 9 de noviembre de 1546, descargó en aquel mismo día la tempestad en diversas partes, según lo tenían determinado, para mejor salir con su intento. Los primeros a quien cogió aquella avenida de males, fueron dos hermanos españoles, llamados Juan Cansino y Diego Cansino, hijos legítimos de Diego Cansino, que había sido conquistador de la Nueva España y de Magdalena de Cabrera. Estaban los dos en el pueblo de Chemáx, bien descuidados de que maquinasen novedad semejante los indios, y de estos los acometió gran número, que como los cogió repentinamente sin armas con que defenderse, facilitó su presto rendimiento. El odio que a los españoles tenían, se conocerá por la lenta muerte, que a estos dos mancebos (primicias de su venganza) dieron, porque no los mataron luego, que pareciera efecto de cólera, sino que con terribles dolores les dilataron todo aquel día la muerte, que fue argumento evidente de su malicia. Teníanles prevenidas dos cruces, y poniendo a cada uno en la suya, retirados los indios a tiro de arco, y flecha, disparando poco a poco en los dos crucificados mancebos, siendo blanco de su indignación, los cubrieron de flechas. Conocían los pacientes, que el principal aborrecimiento de los indios, se originaba de la mudanza de religión y costumbres, que les introducían, habiéndoles negado el culto público de sus ídolos, y les predicaban desde las cruces, permaneciesen en la obediencia que habían dado al rey, y prometido tener a la iglesia. El fruto que cogían, era oír blasfemias en detestación de lo uno y menosprecios con vituperio de lo otro. Dice Séneca, que la muerte en sí considerada, no es digna de gloria a alabanza. Tolerarla con fortaleza de corazón, expuesto a la atrocidad de la malicia por defensa de la ley y honor de la patria, merece perpetuas memorias. Con valeroso esfuerzo toleraron la indigna venganza con que eran atormentados, hasta que el Sol declinaba al occidente, que ya con la falta de la sangre e intención de dolores, conocieron, que les faltaban los vitales alientos. En aquella última hora encomendándose con todo afecto a la Reina de los Ángeles, y Madre de Dios: cantándole la oración Salve Regina, dieron sus espíritus al Criador, que piadosamente se puede creer, remuneró con muchos grados de gloria, afectos tan católicos, como los que aquel día manifestaron entre tan crueles dolores, luego que vieron los indios habían espirado, los quitaron de las cruces, y cortándoles las cabezas, clavadas en estacas, que tenían prevenidas, los capitanes las pusieron al hombro en señal de victoria; haciendo con ellas ostentación de venganza, y desmembrados los cuerpos, los enviaron a diversos lugares, para que viesen el principio de sus ejecuciones.

Como tenían señalado el día en que le habían de dar, el mismo en diversos pueblos, acometieron a sus Encomenderos. Hernando de Aguilar (que como se dijo fue uno de los primeros regidores de la fundación de Mérida) estaba en el de su Encomienda, llamado Cehaké, distante doce leguas de la villa de Valladolid, y la noche de aquel día le dieron allí la muerte, y cortándole la cabeza, piernas y brazos, las enviaron los indios a los de otros pueblos confederados, para que se animasen a ejecutar lo resuelto en los suyos. Juan López de Mena en el pueblo de Piztemax, o Hemax encomienda suya, tuvo mejor suerte. Aquella noche entendiendo los indios, que estaba en su casa, la pegaron fuego por todas partes, y ellos estaban prevenidos para matarle, si salía. Quemóse todo lo que en ella había, y le mataron dos muchachos españoles, y la demás gentes de servicio, que allí tenía. Guarda la divina clemencia a quien por bien tiene con medios no prevenidos de la providencia humana, que como

tan limitada, no conoce los riesgos futuros, por cercanos que estén antes que lleguen. Esperimentólo Juan López de Mena, pues aquel día a caso había salido a una estancia, que tenía cerca del pueblo, con que no le cogió en su casa el incendio, y se pudo librar, aunque con mucho trabajo y peligro de la saña de los indios, que viendo no estaba allí, le buscaron a toda diligencia. Púsola el mayor, echando de ver por el rumor lo que pasaba, y llegó a la villa, donde los demás conquistadores estaban, y en cuya compañía se aseguró del riesgo en que se había visto.
Al mismo tiempo los del pueblo de Calotmul (ocho leguas de la villa) quisieron matar a Diego González de Ayala su Encomendero. Habíase ido a él aunque no sin recelo de la poca fidelidad de los indios, pues había llevado consigo su lanza y adarga, prevención de que necesitó bien para el suceso. Al ruido con que los indios llegaron a su casa, salió el y un negro esclavo suyo, que había llevado, y conociendo a lo que venían, mando al negro, que mientras él defendía la entrada de la casa, ensillase el caballo. Hízolo el negro con toda presteza, y trayéndole con la lanza y adarga, subió en él Diego González, y amparándose el negro con él, rompieron por entre la multitud de indios, que los había cercado. Defendiéronse de ella con valor, aunque con el riesgo que se deja entender, y retirándose, ganaron el camino que va a la villa. Fueron en su seguimiento muchos indios, quedando otros a saquearle la casa, y el esclavo como pudo (que la necesidad parece da alas) saltó a las ancas del caballo y apresurándole los dos, se alejaron algún tanto de los indios, que no por eso dejaron de ir en su seguimiento. Sintieron el caballo cansado, y parando un rato, en él les dieron alcance los indios, de quien fue forzoso defenderse bajando el negro, hasta que retirándolos un espacio, subió como antes y prosiguieron, hasta que con la distancia los dejaron. Hay en el camino un árbol frutal, de los que se llaman zapotes, que hoy día le nombran el árbol del garabato (y a mi me le mostraron pasando a visitor los conventos de aquel territorio) porque en esta ocasión, viéndose este conquistador cansado, algo lejos de los indios, y siendo la mayor defensa huir con más presteza, colgó la adarga de una rama de él. Algunos dicen, que fueron unas alforjas; pero salida tan repentina y peligrosa, no parece daría lugar a buscar más alforjas, que armas con que ofender y defenderse. Los españoles, que en esta ocasión mataron en diversos lugares, fueron dieciséis, cuyos cuerpos sacrificaron en

ofrenda a sus antiguos ídolos los nombres que he podido hallar, son los tres referidos, y Juan de Villanueva, que había sido maestro de campo en tiempo de la conquista, Juan de la Torre caudillo, Pedro Zurujano, Juan de Azamar, Bernardo, o Bernardino de Villagómez, y Pedro Durán: a ellos, y a los demás haya dada Dios la gloria.

Hecha en cada pueblo la facción que pudieron, salieron a juntarse para ir a la villa, según tenían determinado. Había en ella noticia de lo sucedido, así por los dos Encomenderos que se huyeron, como porque la dieron otros indios navorios, que se recogieron a ella, con que se dispusieron a la defensa, y juntamente dieron aviso a la ciudad de Mérida, para que los socorriesen. Hallábanse en la villa solos veinte conquistadores, o pocos más, porque de los sesenta que la poblaron, se ahogaron dieciséis pasando a la isla de Cozumel o Cuzamil, por mandado del capitán Francisco de Montejo para reducirla; y algunos vecinos estaban ausentes, así a negocios propios, como de su república. Francisco de Zieza, alcalde, Juan González de Benavides, y Juan de Cárdenas, regidores, habían ido a Campeche a ver al adelantado. Por esta particularidad me persuado a que esta última venida del adelantado, llegada de los religiosos, y fundación del convento de Campeche, fue este año de 46, y no el de 47, como dijeron algunos, porque en las probanzas de estos conquistadores, se dice habían ido a dar el bien venido al adelantado. Los nombres do los que estaban en la villa son los siguientes.

Alonso de Villanueva, alcalde por ausencia de otro.
Alonso Ruiz de Arévalo.
Juan Urrutia, alférez.
Blas González.
Álvaro Osorio.
Alonso González.
Baltasar de Gallegos.
Juan Rodríguez.
Juan Gutiérrez Picón.
Francisco Hernández.
Luis de Baeza.
Sebastián de Burgos.

Rodrigo de Cisneros.
Martín Ruiz Darce.
Marcos de Ayala.
Juan Cano.
Juan López de Recalde.
Miguel de Tablada.
Esteban Ginovés.
Lucas Pimentel.
Juan López de Mena, y Diego González de Ayala, que son los dos que se vinieron huyendo de sus pueblos.

Capítulo III. La ciudad de Mérida socorre a Valladolid, a quien pusieron cerco los indios

Junta ya gran multitud de diversos pueblos, llegaron a dar vista a la villa de Valladolid, donde los pocos españoles, que se dijo en el capítulo antecedente, estaban recogidos, y fue Dios servido, que los indios de servicio, que tenían, y algunos de los mexicanos (que con licencia de la audiencia, vinieron ayudar en la conquista) no los desamparasen: con que todos juntas haciendo un cuerpo, resolvieron no dejar la villa, sino defenderla, esperando el socorro de Mérida. Reconocido por donde venían los indios rebeldes, les salieron al encuentro, dejando quien tocase cajas de guerra dentro en la villa, con que les dieron a entender, que tenían más gente de la que había, y en especial soldados de a caballo, que era a los que más temían. Como los indios vieron, que los españoles les habían salido al campo (cosa que nunca imaginaron, juzgándolos tan pocos) se atemorizaron, y no pasaron adelante. Trabóse allí una reñida escaramuza, en que los españoles mataron algún número de los rebeldes, y aunque fue Dios servido no muriese español alguno, faltaron de los amigos, que los ayudaban, con que pasado algún espacio, en buen orden se retiraron a la villa, quedando los rebeldes a la vista. Lo que tardó en venir el socorro de Mérida, aunque los indios no se atrevieron a entrar la villa, los de ella no estuvieron ociosos, saliendo a inquietar a los indios con rebatos en que les mataban algunos, si bien los rebeldes recompensaban su sentimiento con otros, que en los encuentros morían criados de los españoles.

Sabido en Mérida lo que pasaba, dio gran cuidado, conociendo cuan belicosos eran aquellos indios, y lo que se había trabajado para conquistarlos. No se hallaban en Mérida los capitanes, que lo habían sido de la conquista, por estar en Campeche a ver al adelantado, y así el cabildo determinó, que uno de los dos alcaldes, llamado Francisco Tamayo Pacheco, saliese luego con cuarenta soldados, y que en su seguimiento irían con brevedad otros capitanes. Tanta puso en despacharse el alcalde, que habiéndose recibido la nueva el sábado, salió domingo para la villa. Estaban ya los más indios de la provincia alterados con el suceso, y desde adelante de Izamal más declarados, y así hallaron algunos caminos cerrados, y aun indios que les retardaban el viaje. No se detenían con ellos más de lo necesario para proseguirle, y así llegaron a la villa prestamente. Halláronla cercada de los indios y los españoles fortificados, aunque con recelo de su perdición, si el socorro faltaba o tardaba, porque cada día se juntaban más indios en favor de los rebeldes. Aunque supieron estos la llegada del socorro, no desistieron del intento, ni dejaron el sitio, antes amenazaban con los arcos disparando flechas hacia la villa.

Quedó en la ciudad de Mérida el otro alcalde llamado Rodrigo Álvarez, juntando más soldados, que fuesen en seguimiento de los primeros, y dieron noticia al adelantado, como casi toda la tierra estaba revelada, con que necesitó bien de manos y consejo, para determinar, que haría. El peligro parecía mayor, que al principio de la conquista, por estar ya los indios en todo más astutos y cautelados; y el ánimo obstinado de los indios en no querer estar sujetos a los españoles, de todo punto era patente, y así comenzó luego a disponer remedio a tan grave daño, como amenazaba. Revalidó la autoridad, con que había ido el alcalde Francisco Tamayo Pacheco, nombró por capitanes a Juan de Aguilar, y a los dos hermanos, Hernando y Francisco de Bracamonte, para que fuesen con la gente de Mérida. Los capitanes que habían sido de la conquista, y estaban en algunos pueblos del territorio de Mérida, se recogieron a la ciudad, donde habiendo venido el adelantado, de común acuerdo, se resolvió excusar cuanto fuese posible la guerra con los indios, solicitar todos los medios para pacificarlos sin ella, y así que no se llegase a las armas, sino obligados de su pertinacia. Al capitán Francisco de Montejo, el que como se dijo fundó la villa, dio patente de general, quien estuviesen sujetos todos los que para aquella pacificación se juntasen en el territorio. Con este orden salieron los capitanes con su gente para la villa, no he podido ajustar el número, si bien en unas probanzas de los que fueron, hallé, que el capitán Francisco de Montejo llevó consigo cuarenta soldados. Tuvieron algunos encuentros con los indios en el camino; pero como su atención principal era librar la villa del asedio presente, y después tratar de lo restante, que no pedía tan urgente remedio, solo trataban de pasar adelante abriendo camino.

Junta toda la gente española que fue posible en Valladolid, estuvieron algunos días sin hacer demostración de hostilidad con los rebeldes, pero ellos ni mudaban de intento, ni se alejaban de sus alojamientos, aunque se les propusieron medios de su conveniencia. Viendo que estos no valían, y pareciendo ya que la reputación peligraba, pues a la presencia de tantos españoles no aflojaban en su obstinación; determinaron, que obrasen las armas lo que la razón no convencía. Salieron de la villa en forma de batalla, y acercándose a los indios, fue más peligrosa, que las de la conquista, porque pelearon con desesperación sin aprecio dé las vidas, como enemigos que habiendo estado sujetos, querían a costa de ellas alcanzar la libertad deseada. Pero aunque el valor de los nuestros fue mucho, no suficiente a que no estuviese la campaña por los rebeldes, como era el número tan sin proporción excesivo. Habiéndoles hecho grave daño, se retiraron los españoles concertadamente a la villa de donde saliendo, se dieron diversas batallas, en que murieron veinte conquistadores, y más de quinientos indios criados de los españoles, que con fidelidad ayudaban a esta guerra, aunque a costa de muchos más de los rebeldes, que no pudiendo ya sufrirla tan continua, dejaron libre la villa, y se fueron a sus pueblos con intento de defenderlos, cuanto pudiesen.

Desembarazados los españoles de aquel tumulto, se repartieron los capitanes a los pueblos más culpados para sujetarlos y componerlos por el mejor camino que se pudiese. Cúpole al capitán Juan de Aguilar la reducción del pueblo de Piztemax, donde quisieron quemar a su Encomendero Juan López de Mena. Fue necesario sujetarle con las armas, porque hallaron a los indios dél prevenidos para la defensa, y que habían hecho una fortaleza considerable (todas las probanzas que he leído le dan nombre de grande, cosa que en las demás no singularizan) y había muchos indios para su defensa. Acometió la el capitán Juan de Aguilar con su gente, y defendiéronla los indios gran rato con tesón y coraje. El primero que rompió entrada a la fuerza, fue Sebastián Vázquez, que viéndole solo, cargaron a la parte que estaba más de ciento y cincuenta indios. Apretáronle tanto, que se halló en manifiesto peligro de morir, sino le alcanzara a ver su capitán, que dejando la parte que expugnaba con algunos soldados, le socorrió, y apretando por aquella a los indios, los ahuyentaron, con que cogidos algunos, y huidos los demás, los españoles se señorearon del pueblo. La causa principal de esta facción, testifica el mismo capitán en un dicho suyo, que fue el valor con que Sebastián Vázquez dio principio a la expugnación de la fuerza. Luego que se sujetaban los pueblos, se trataba de atraer a los indios, que discurrían fugitivos por los montes, y agregados de allí los más que se pudieron, y asegurándolos de los recelos que tenían, se fue donde andaba el capitán Francisco de Montejo.

Discurría este capitán cercano al pueblo de Chemax (donde crucificaron a los dos hermanos españoles) y mando a algunos soldados, que fuesen a descubrir las rancherías y guaridas, donde se habían huido los indios. Hubieron de ir algunos de los que vinieron con el capitán Juan de Aguilar, y entre ellos cupo a Sebastián Vázquez seguir un camino, que iba a dar a una montaña alta. Halló al pié de ella un escuadrón de más de cien indios de guerra, todos con sus arcos y flechas, que andaban recogiendo gente para volver al pueblo de Piztemax a recuperarle, por ser donde tenía su asiento uno de los grandes sacerdotes de su gentilidad idolátrica. No se turbó hallándose solo con tantos indios, dióle Dios esfuerzos para acometerlos, y le cobraron tal temor, que le huyeron, pero prendióles una india y una muchacha, que llevaba al capitán Francisco de Montejo. Había salido por otra vereda Francisco Briceño el viejo, y habiendo descubierto algunas rancherías oyó un ruido, y siguiendo a la parte que sonaba, llegó al pie de la montaña, donde le había sucedido a Sebastián Vázquez lo que se ha dicho. Había al lado de ella un valle, donde estaba cantidad de indios de guerra, y estándolos mirando, llegó Sebastián Vázquez, que venía con las dos indias prisioneras, y refirió a Diego Briceño lo que le había pasado. Briceño le dijo, que pues ya eran dos, sería bueno volver sobre aquellos indios. Replicó el otro, que era temeridad siendo tantos, y que el tenía a dicha lo que le había sucedido: que era mejor dar noticia al capitán, para que con alguna gente, se acudiese a cogerlos. Hiciéronlo así, y por medio de las dos indias se supo el intento, que aquellos indios tenían de ir a Piztemax para recuperarle. Despachó luego el capitán Francisco de Montejo sesenta hombres infantes, con los dos

349

que habían traído la nueva, porque por la espesura de las montañas no podían ir caballos. Con la diligencia hallaron a los indios, a quien en breve desbarataron y prendieron pocos menos de cuarenta, salvándose los demás con la fuga por aquellos montes, sin poderles dar alcance. Trajeron los prisioneros al capitán, el cual los trató con más benignidad de la que ellos por su delito merecían. Como era el blanco de esta guerra, principalmente la venganza del atrevimiento con que se habían alzado, y hecho con tanta atrocidad las muertes que se han dicho, los iban apaciguando con templanza, para después en la quietud de la paz con moderado castigo escarmentarlos para lo futuro.

Capítulo IV. Revélase en el mismo tiempo el pueblo de Chanlacao en Bakhalal, y como se apaciguó

Estaban pacificando los españoles a los indios de la provincia de Valladolid, como se ha dicho en los capítulos antecedentes, y entendiendo que con quietar los ánimos de aquellos naturales, estaba todo sosegado, vino nueva de la villa de Salamanca de Bakhalál al capitán Francisco de Montejo, que como se ha dicho era general de la gente de guerra, de que el pueblo de Chanlacao en la provincia de Chetemal, jurisdicción de Salamanca, se había alzado, y sus moradores muerto a Martín Rodríguez su Encomendero, vecino de Salamanca, y que lo restante de la provincia quedaba muy alterado: los españoles recelosos, que los demás pueblos a imitación de aquel, manifestasen alguna novedad, que de ellos sospechaban por algunas señales, que el recelo o la apariencia les persuadía, veían en ellos. No dio poco cuidado esta noticia al capitán y a su gente, pues sobre tantos trabajos como se habían padecido en la conquista, y los que tres meses había, les ocasionaba el rebelión de aquel territorio, se ofrecía aquella novedad en parte tan distante, con que se dificultaba más el socorro la presteza en remitirle parecía muy necesaria, por la instancia grande con que los de Salamanca le pedían, y la gente con que se hallaba no era tanta, que no necesitase de ella para dar fin a la pacificación de las comarcas. Ocurrió a lo más urgente, aunque esta se retardase algo, porque aquel daño, que estaba en el principio, no cobrase fuerzas con el disimulo, y dio comisión al capitán Juan de Aguilar, para que con veinticinco españoles soldados de a caballo, fuese a pacificar aquel tumulto. En el nombramiento que fue dada a 6 de febrero de 1547 años, estando de real en el sitio de Texio, hablando con el capitán Juan de Aguilar se le dice: «En que si caso fuere (lo que Dios no quiera) que las dichas provincias estén alzadas y los naturales de ellas os salieren de paz, que los recibáis y amparéis, y guardéis la paz, conforme a lo que su majestad manda».

Partió el socorro con toda presteza para la villa de Salamanca, venciendo las dificultades que ofrecía la distancia, y algunos encuentros que tuvo con indios, que le procuraban impedir, el paso, y así le fue forzoso pelear con ellos para abrir camino, y aun padecer necesidad de bastimentos y agua por los despoblados, que hay en el intermedio. En este viaje sucedió al capitán un caso, que al principio ocasionó terror a sus soldados. Iban caminando con sus lanzas y adargas, y en una travesía, caballo y caballero se sumieron, desapareciéndose, como si la tierra la hubiese tragado. Con el susto de tan repentino accidente se acercaron los soldados al lugar donde despareció su capitán y hallaron, que como esta tierra está tan cubierta de matorrales y malezas de monte, se había cubierto la boca de uno como pozo algo capaz, aunque no de mucho fondo, donde estaba. Fue Dios servido, que no se lastimase, y con la ayuda salió, sacando después no sin dificultad al caballo. Visitando este obispado el obispo don fray Gonzalo de Salazar, por curiosidad mandó, que le llevasen a ver el pozo donde fue la caída. Finalmente llegaron a la villa de Salamanca, donde con su vista recibieron increíble alegría, que como tan pocos temían no les acometiesen los indios, y luego el cabildo requirió al capitán, que con toda brevedad se dispusiese para ir al pueblo de Chanlacao, porque en él consistía la fuerza de los indios de aquella provincia, y así pacificado él, los demás con brevedad se sosegarían. Las causas que tuvieron para tan acelerado requerimiento según consta de un auto de 12 de febrero, fueron decir: «Que habían muerto a su encomendero Martín Rodríguez, y no bastante esto, nos alborota (dicen) y alza nuestros repartimientos: amenazándonos los indios, que nos sirven y diciendo, que quieren venir a dar sobre nosotros. De la cual causa nuestros repartimientos no nos sirven también, como solían y puede ser, que nos los alcen: por do nos podrán venir grandes daños, y es en desprecio de Dios nuestro señor, y en menosprecio de la justicia real. Y por las causas sobredichas (prosiguen) de parte de su majestad mandamos, y de la nuestra rogamos al dicho Juan de Aguilar vaya al dicho pueblo de Chanlacao, y prenda y pacifique los que hallare culpados, y los demás llame de paz y reciba. Y para

esto nosotros le ayudaremos con la gente de españoles y canoas, e indios, que fuere menester. Y habiéndolo así hecho, hará lo que es obligado, y a lo que viene; y donde no, todos los alborotos y daños, que sobre esto vinieren, le protestamos de demandar, como a hombre causador de ellos, y para esto le damos todo el poder, que de su majestad tenemos, y en tal caso se requiere».
Bien se deja entender por las protestas de este auto el aprieto en que a su parecer se hallaban los pocos vecinos de aquella corta villa, pues requerían con tal instancia a quien con tanta presteza había atropellado los inconvenientes que se han dicho del camino por socorrerlos, andando en menos de seis días más de cien leguas. Notificáronle el auto, y obedecido, a otro día 13 de febrero le dio el regimiento todo su poder, para que en nombre del rey hiciese la entrada, y en todo lo tocante a ella le obedeciesen, así españoles como indios, pero con orden, que si los alzados saliesen de paz, los recibiese con ella, y defendiese de todos malos tratamientos, que se les pudiesen intentar hacer y tuviese en justicia a los españoles que con él iban, para que no resultase algún nuevo inconveniente. Con estos poderes salió el capitán Juan de Aguilar con los españoles que llevó, con los que en la villa le dieron, y con indios de ayuda para el pueblo de Chanlacao en cantidad de canoas por la laguna, a quien hace ribera la misma villa, y caminando por ríos y lagunas llegaron a dar vista al pueblo. Estaba fundado en una isleta toda rodeada de agua, muy fortificado y por esta causa peligrosa su entrada, habiendo de ser a fuerza de armas. El cacique y la demás gente se alborotaron con la vista de los españoles, pero no dieron muestras de temerlos mucho. Considerada la dificultad de la entrada, y el orden con que iban, de que si se podían reducir sin llegar a manejar las armas, no se les hiciese guerra, siendo como es más gloriosa la consecución de la paz, sin exponer las vidas a la incertidumbre de una batalla, y sin derramamiento de sangre de estos pobres indios, para con quien siempre encomendaron tanto la piedad nuestros católicos reyes, se trató de atraerlos con medios pacíficos, excusando rigores, que una vez empezados, suele ser difícil impedir su curso.
Pareció el medio más a propósito, que acaso en otra entrada habían cogido los españoles de Salamanca a la mujer de aquel cacique, y teniéndola prisionera la llevaban en su compañía. El capitán envió a decir al cacique, que se la traía para entregársela, sin que se le hubiese hecho mal tratamiento alguno, como

ella diría, y que conociese por esto no ser su venida a hacerles daño alguno, como ellos se quietasen. Certificado el cacique de la verdad de la embajada se sosegó, y habiendo apaciguado a los indios, vino a la presencia del capitán Juan de Aguilar y españoles, con muestras de humildad y rendimiento. Fue recibido con agrado, y el capitán le dio algunos regalos de lo que llevaba, pero lo que más estimó fue la entrega de su mujer, cuya falta sentía mucho. Con el buen trato que el cacique y los indios vieron en los españoles, se acabaron de humillar, y confesando habían errado, los entraron en su pueblo con mucha alegría. Verificóse en la ocasión, que a la fiereza más indómita ablandan los beneficios, y más hechos con corazón sencillo y ánimo verdadero. Reconoció aquel cacique el buen pasaje, que a su mujer se le había hecho, y se trocaron tanto los ánimos de aquellos indios, que la guerra presumida por cierta, se convirtió en paz eficacísima, que duró hasta cuando ahora en nuestros tiempos, no solo aquel pueblo, pero casi todos los restantes de aquella provincia, apostatando miserablemente de nuestra santa fe, se huyeron avecindándose con los gentiles Itzaes, de que se dará razón en su tiempo. En aquel las muertes y llantos, que se les ocasionaran de la guerra, se convirtieron en alegrías comunes de ambas partes; la de los españoles contenta por no haber ensangrentado sus manos en los indios: y la de estos viéndose recibidos de paz, y así lo festejaron mucho, regalando a los españoles cuanto les fue posible, y de nuevo volvieron a prometer perpetua obediencia. Como los demás pueblos tenían a la mira el suceso de este, con facilidad se quietaron, y aun del buen suceso resultó la seguridad de toda esta tierra, que prudencialmente recelaba de aquel levantamiento, y de no ver concluida la pacificación del territorio de Valladolid, no hubiese alguna semillas ocultas sembradas en los ánimos de estos indios. Con bastantes manifestaciones de seguridad en aquellos, se volvieron los españoles y la villa de Salamanca, donde festejaron la nueva paz de los indios, y dieron gracias Dios por ella. Habiéndola conseguido con tan buen fin, se volvieron el capitán Juan de Aguilar, y su gente a la provincia de Valladolid, y dando cuenta dél al capitán Francisco de Montejo, quedaron todos muy gustosos. En todo aquel mes de febrero, se concluyó la pacificación de todo lo oriental de esta tierra, habiendo costado cuatro meses de andar los españoles con las armas en las manos de pueblo en pueblo, sujetándolos, que fue como otra nueva conquista y desde entonces sea Dios bendito, no ha habido necesidad de semejante trabajo, porque se han intentado algunas sediciones de que se da razón en el progreso de estos escritos, se han manifestado a tiempo, que con castigar jurídicamente las cabezas que las movían, se han evitado. Solo para lo que dije poco ha de Bakhalál en nuestros tiempos no ha habido castigo, porque ni tampoco ha habido manos para sujetarlos: vasallos son del rey y cristianos bautizados, y no hay quien mire su perdición, quizá como se debiera. Excusas se dan con que legitiman la ocasión de omitirlo: no es de estos escritos más obligación que referir los sucesos.

Capítulo V. El padre fray Luis de Villalpando convierte los indios del territorio de Campeche, y baja a Mérida

Por el alzamiento de los indios hubo de ir a Mérida el adelantado, y quedarse los religiosos en Campeche dando principio a su conquista espiritual, a que sin duda favoreció mucho el auxilio divino, pues no fue impedimento para coger gran fruto en breve tiempo. Oían bien los indios la predicación evangélica, admitiéndola y disponiéndose para recibir el santo bautismo, catequizándolos con toda solicitud y cuidado, y habiendo ya bautizado al señor de Campeche, que como se dijo, se llamó don Diego Ná, y a otros muchos que con su ejemplo se redujeron más brevemente de lo que se podía entender: teniendo aquello en tan buen estado, quiso el padre comisario Villalpando salir por aquellas serranías a reducir y congregar los indios, que por ellas estaban desparramados en rancherías. Parecióle dar antes noticia de los buenos principios y grandes esperanzas, que desta conversión tenían al reverendo padre comisario general de México, y a la real audiencia, y al V. padre fray Toribio de Motolínia su comisario de Guatemala, y también como agradecido de la buena acogida que habían hallado en el adelantado, lo mucho que les había favorecido en Campeche, y ofrecídose a continuarlo en el resto de la provincia. Con estas nuevas tuvieron en México todos mucho gusto, y dieron gracias a la majestad Divina, que se dignaba reducir los ánimos de estos naturales al yugo de su santa ley: cosa que tanto se deseaba, por haber sido esta tierra la primera, y por la cual se descubrió la Nueva España, donde con tan grandes aumentos ya estaba recibida. Hecho el despacho, el padre Villalpando dejó a sus compañeros en Campeche, y lleno del espíritu del señor, entró por aquellas serranías pié y descalzo como varón apostólico, talando los montes y recorriendo todos los lugares donde habían indios congregados, que eran muchos, porque aunque habían pueblos como hoy los hay; son naturalmente inclinados a estarse en los montes y en sus sementeras o milpas. Lo primero que hizo, fue reducirlos a que se bajasen a los llanos a sitios acomodados, donde se hiciesen poblaciones para poderlos predicar, catequizar y enseñar conforme a su deseo, teniéndolos más a mano, pues los ministros eran tan pocos. Con esta diligencia pobló muchos de los lugares, que hoy permanecen en el distrito de Campeche y en el camino hacia la ciudad de Mérida. Fundó iglesias y ordenó las demás cosas necesarias a una república, para lo eclesiástico y político secular de ella, a que le ayudaron mucho sus compañeros. Predicábales con tanto amor, y se acomodaba de tal suerte por aquellos montes, que les quitó todo el recelo y temor, que podían tener de vivir juntos con los españoles. No era mucho le tuviesen los indios, pues el tiempo precedente, como de guerra habían padecido muchas incomodidades que de ella se originan, y no advertían que ya en el de la paz sería diferente, pues porque se sujetasen a ella, se había procedido algunas veces con rigor, porque se redujesen.

Con este seguro le seguían con voluntad rendida a todo lo que les ordenaba, y como experimentaban en su padre espiritual y pastor, singular caridad y compasión a los enfermos necesitados, le amaban más de corazón. Si alguno enfermaba, hacía que otros sanos le cargasen, y aun se dice, que veces él mismo le cargaba, para dar mayor ejemplo a los indios. No les era molesto de ningún modo en su comida, porque se sustentaba de cualquiera cosa, que los indios le daban de lo que acostumbraban a comer, y lo ordinario era solo maíz y las frutas, que en los mismos montes se hallaban. Entre otras cosas espirituales, que en algunas pláticas les había dicho, fue el amor grande, que Dios nuestro señor tiene a los hombres, por lo cual su majestad Divina se comparó a la gallina, que solicita de la protección de sus polluelos, los recibe debajo de sus alas, defendiéndolos del gavilán, que diligente procura quitárselos para presa con que sustentarse. Que esto pasaba espiritualmente a sus sacerdotes con los hombres, que les eran refugio y amparo contra sus enemigos los demonios, que por todos caminos solicitan su muerte; y que así los sacerdotes eran a quien habían de recurrir en sus adversidades y trabajos, para hallar el verdadero descanso y alivio de que necesitaban. Con la corta capacidad, y por entonces también poco conocimiento de los misterios divinos, entendieron tan lo literal esto del recogerse debajo del amparo del ministro en sus trabajos, que en queriendo algún principal castigar a algún indio, se iba donde el padre Villalpando estaba, y recogiéndose debajo de sus mangas, se estaba allí sin hablar palabra. El no entendía el fin de aquella acción, pero dejábale, aunque no le fuese ocasión de desconsuelo, si le apartaba, juzgando, que algún motivo tenía para ella. Sucedió diversas veces, y ya deseoso de saber, que quería ser aquello, vino a una ocasión un niño, que poniéndose detrás del, se cubría con el hábito. Preguntóle, porque hacía aquello, y respondió el niño: Quiérenme azotar, y véngome a valer de ti, que eres padre piadoso, que yo te lo oí decir habrá ocho días. Reparó en lo que les había predicado, y dio gracias a la Divina majestad, por ver que así recibían su doctrina, y cuan mansos y domésticos estaban. Con esto de allí adelante, cuando sucedía algún caso de estos, les decía quedase libre el que se venía a valer de él, pues era justo, que el padre de su alma y sacerdote de Cristo fuese refugio de pecadores, y de los que erraban, con que se aumentaba más el amor de los indios y crecía la reverencia a su padre espiritual, de suerte, que cuanto les ordenaba, ejecutaban sin repugnancia alguna.

Mientras el padre comisario se ocupaba por los montes en este apostólico ejercicio, no se descuidaban en Campeche los padres fray Melchor de Benavente y fray Ángel Maldonado, ejercitándose en estudiar la lengua, predicar y enseñar a los indios mediante la que ya sabían, y valiéndose de intérprete, para lo que por si mismos no podían declararles, aunque mediante el favor divino no tardaron mucho en ser grandes lenguas. Fray Juan de Herrera, aunque lego, era muy hábil, sabía escribir bien, cantar canto llano y órgano, y aprendiendo la lengua, se ocupaba en enseñar la doctrina cristiana a los indios, y en especial a los niños. Para poder mejor lograr su deseo en estos ejercicios, puso forma de escuela, donde acudían todos los muchachos, dándolos sus padres con mucho gusto y voluntad, aprehendían las oraciones, y a muchas enseñó a leer, escribir y cantar: habilidades, que tanto más estimaban los indios, ver medrados a sus hijos con ellas; cuanto antes las ignoraban, pues solos los de los señores sabían de sus caracteres, que servían de escritura. Bien se lució el trabajo de estos primeros predicadores evangélicos, pues mediante el favor divino creció tanto el edificio espiritual de la conversión de estas gentes, que en menos de ocho meses bautizaron todas las que tocaban a la provincia de

Campeche, llamadas de los naturales los Chikin Cheles, cuyo número de adultos fue más de veinte mil, sin los niños y niñas, que eran mucho más.

Pareció al padre comisario, que estándose sin proceder adelante era volver atrás, y así determinó venir a la ciudad de Mérida, en cuyas comarcas era el mayor gentío, para emplear en él su espíritu. Antes de ejecutarlo fue a Campeche, donde dio a sus compañeros el orden, que habían de observar en la administración de los indios y lo demás, que le pareció conveniente, y trayendo consigo al bendito lego fray Juan de Herrera, se vino para la ciudad de Mérida. El adelantado le recibió con más muestras de amor, que en Campeche, venerando al santo varón muy de corazón: efecto sin duda dimanado de ver el santo celo de la conversión de los indios, y el crecido fruto, que en tan corto tiempo había hecho en ellos en el territorio de Campeche. Por no haber donde hospedarle, que estuviese solo, como él quisiera, le llevó consigo a su casa, y en ella le tuvo, hasta que se determinó, donde había de fundarse el convento. Tal fue el concepto, que de este apostólico varón formó, que desde que llegó a Mérida, cuanto había de obrar, así en orden a sus cosas, como del gobierno de la tierra lo consultaba con el padre Villalpando, y según su consejo lo ejecutaba. No se engañaba el adelantado, porque demás de la mucha virtud, que en él experimentaba, era persona de muchas letras, así divinas, como humanas: tan advertido en las materias del estado político, ajustándole al proceder cristiano, que a todos causaba admiración. Por esto decían dél, que su ciencia parecía más infusa, y dictada del Espíritu santo, que adquirida con arte y trabajo humano.

Por aprovechar el talento de la divina sabiduría, que le había sido comunicado, y no estar ocioso mientras se disponía la enseñanza de los indios, se ocupaba en predicar a los españoles. Como este no era el fin de su venida a esta tierra, no sosegaba su espíritu, aunque ocupado en tan santo ejercicio, y así pidió al adelantado, que en el asiento de la ciudad le señalase sitio para la fundación del convento y tener donde tratar luego de la conversión de los indios. Tuvieron por costumbre los desta tierra en el tiempo de su gentilidad, edificar los templos de sus ídolos en eminencias, como se dijo en el libro cuarto, y parece, que como el demonio incitaba al pueblo de Israel, para que idolatrasen más en lugares eminentes, que en las llanadas; así a estos indios los tenía engañados, asemejándolos en este rito y ceremonia. Como lo más desta tierra es tan llano, tenía ocasión el demonio de que les costase más trabajo el servirle, porque a fuerza de manos hacían las eminencias juntando tierra y piedra, con que formaban un cerro donde fabricar el templo. Había algunas destas en el sitio, que está fundada la ciudad de Mérida, y la mejor, que domina cerca la ciudad, había elegido el adelantado para edificar un castillo y casa fuerte de los dos que capituló, cuando vino a pacificar esta tierra; pero teníala la divina providencia determinada, para castillo espiritual de los fieles, donde se había de edificar templo a la majestad divina, donde desde entonces se le hallan estado dando divinas alabanzas. Pidiósele el padre comisario para fundar en él el convento, y el adelantado lo concedió sin repugnancia alguna: considerando su devoción, que el más fuerte presidio eran las oraciones de tan apostólicos varones, como le habían de habitar. Por no haberse señalado otro sitio para el castillo, ni haberlos edificado, como se capituló, se perdió la merced y renta señalada perpetua a sus sucesores.

Capítulo VI. Convócanse en Mérida todos los caciques, para que entiendan a que han venido los religiosos

Mientras el padre Villalpando, y sus compañeros se ocupaban en lo que queda referido, venía el venerable padre fray Lorenzo de Bienvenida por el camino del golfo a salir a Bakhalal, atravesando por muchas tierras de infieles, que aun hoy están por reducir, como después se dice: por lo cual le llamaron los conquistadores el explorador. Aunque de paso venía aficionándolos a la cristiandad, y poniendo cruces, enseñándolos a adorarlas. Los trabajos que en tan dilatado y áspero camino, sin compañía y entre infieles padecería, bien se dejan entender. Holgárame de tener relación de tan singular viaje, y lo que en él le pasó, pues fuera bien saliera a luz para gloria de Dios nuestro señor, con cuya virtud principalmente se obran cosas tan grandes: pero no la tengo, y así no puedo decir más, de que su divina majestad le sacó de tantas penalidades y peligros con salud, y le trajo con ella a la presencia de su comisario, a quien dio la obediencia como a su prelado.

El padre Lizana tratando de la llegada de este religioso, dice estas palabras: «Todavía no había cesado la crueldad, que algunos conquistadores usaban con los indios, y según parece estaban ya aquí algunos de los que habían quedado de la primera entrada, que el adelantado hizo por eso de Bakhalál, como por Campim, que fue apretado de manera, que le obligó retirarse y aguardar la ocasión ya dicha (que fue esta que va ahora diciendo) y según eso los conquistadores de antes de su venida más fueron crueles que humanos, pues el santo Bienvenida los reprehendía y requería de parte del rey, que cesasen de sus crueldades, y todavía aprovechaba algo, y después de ya asentada la tierra era gran defensor de los indios. Cesó la crueldad con la venida del adelantado totalmente, porque era noble y de natural muy compasivo, y castigaba a los crueles, que fue freno que sujetó la fiereza de los soldados, etc.». Ya he dicho en otra ocasión, que en materia de lo tocante al estado secular no debió de tener los escritos necesarios para certificar la verdad de los sucesos, y me persuado, que habló según las relaciones, que diversos afectos hacen variar en estos tiempos, y que yo he oído, que no concuerdan con lo que consta por instrumentos auténticos. Por los que he referido de la fundación de la ciudad de Mérida, se ve, que ni un palmo de tierra se daba a español menos que con protesta, que había de ser sin perjuicio de los indios. Ya había mucho; que no se permitía vender esclavos, observando las nuevas leyes, que se habían publicado. No había ya guerra, porque los indios estaban sujetos, y las poblaciones de los españoles fundadas; y así confieso, que no puedo alcanzar, que fiereza de soldados cesase con la venida del adelantado. Si algo pudo haber en este tiempo, fue durante la rebelión de los indios, en que se procedió como se dijo. En Bakhalál, por donde pasó el padre Bienvenida, sucedió lo que queda visto, con que se apaciguó del todo sin guerra. Concuerde esto el discurso, que el corto mío halla contradicción entre lo uno y lo otro.

Habiendo estado el padre Bienvenida algunos días en Mérida, le mandó el padre comisario fuese a la villa de Campeche a cuidar de la administración, y doctrina de aquellos naturales, y que el padre Benavente viniese a Mérida, para ayudarle o la que deseaba ejercitar con los de ella, y sus comarcas porque su espíritu no halló quietud al deseo, hasta que lo puso por obra. Venido ya el padre Benavente, y tratado con el adelantado, era tiempo de dar principio a la conversión de los indios; pareció conveniente llamar a todos los caciques y señores principales, pues la tierra estaba ya pacífica, donde en común se les tratase de su reducción a la fe católica, y para que conociesen a los maestros y padres espirituales, que hablan de predicarla y enseñársela. Ejecutólo el adelantado despachando sus mandamientos por toda la tierra, para que viniesen a su presencia todos los caciques y principales, porque así convenía. Recibidos los mandamientos, todos obedecieron, viniendo a la ciudad, y como iban llegando los remitía a los religiosos, para que los viesen y hablasen. Los que hasta entonces no los habían visto, quedaron admirados considerando el traje, y vestuario tan diferente del de los otros españoles, la corona, y falta de barba. Como comunicando al padre comisario, experimentaba aquel amor y ferviente caridad, que con ellos tenía: recorriendo la memoria de sus profecías antiguas, coligieron, que aquellos eran los que les habían profetizado sus sacerdotes, que habían de venir a enseñarles la credencia del Dios verdadero y su fe, desengañádolos de la que tenían, en los que veneraban por dioses.

Asignóles estando ya juntos todos un día en que les predicó, dándoles a entender, como la intención del papa, y del emperador nuestro rey, que los enviaba, para que los hiciesen cristianos, y les enseñasen la fe católica, sin la cual ninguno puede salvarse, como ni sin observancia de ley Divina, que enseña haber un solo Dios verdadero, criador de todas las cosas premiador con vida eterna en la gloria de las virtudes, castigador con eternos tormentos de los idólatras, que adoran falsos dioses, y fingidos, como también de los pecadores obstinados, que sin hacer penitencia pasan de esta vida: con lo demás, que por principio le pareció conveniente para atraer los ánimos de estos naturales. Como el padre Villalpando les habló en su idioma nativo con tanta propiedad de palabras, fue mayor el afecto que le cobraron, a que se junto encargarles el adelantado, como lo había hecho en Campeche, el respeto, y la veneración que le debían tener, y el crédito necesario a lo que les predicase y enseñase para remedio de sus almas, que era el fin principal de su venida, como él mismo les había dicho en su plática. Los más de los indios quedaron aficionados a los religiosos, y a lo que se les había propuesto; pero había entre ellos algunos sacerdotes gentiles, que llevaron mal haber de mudar religión, aunque más lo debían de hacer los desventurados por la pérdida de sus comodidades, que por celo de ella, ni razón contraria, que tuviesen para la permanencia en la que profesaban.

Pidió después el bendito padre comisario a todos los caciques y principales, que le enviasen sus hijos a la ciudad (pues no podía asistir en todos los pueblos) para enseñarles la doctrina cristiana, a leer y escribir, como usaban los españoles, que ya tendrían noticia lo habían hecho así los de Campeche, y el

provecho que de ello se les seguía. Respondieron, que lo harían así, con que los despidió el adelantado y se fueron a sus pueblos Aunque dieron esta palabra, muchos no la cumplieron, porque el demonio incitó a los sacerdotes gentiles persuadiesen a los padres de los muchachos, que no era para enseñarlos, como decían los religiosos, sino para sacrificarlos y comérselos, o hacerlos esclavos. Como sabían ya que los religiosos enterraban a los que morían en la iglesia del convento, persuadieron a muchos que eran brujos, que de día parecían en la forma que los habían visto, y de noche se convertían en zorras, búhos y otros animales, que desenterraban los huesos de los difuntos. Siendo tanto el crédito que los indios daban a sus sacerdotes, se entristecieron con estas falsas relaciones, y perdieron algún crédito los religiosos. Muchos de los caciques enviaron sus hijos, sin esperanza de verlos más, y otros escondiéndolos, enviaron a los de sus esclavos. Después les pesó, porque habiendo salido buenos escribanos, lectores y cantores los que vinieron: siendo personas de más razón, que los que quedaron, fueron ocupados en los gobiernos de sus pueblos, y los ocultados lo perdieron, permitiéndolo la majestad divina en retribución de la malicia de sus padres. No se le ocultó al santo padre Villalpando este error, que los sacerdotes gentiles sembraron en los ánimos de los indios, y con santas y continuadas pláticas que les hacia, solicitaba remedio a tan grave daño, procurando disuadirlos de estas mentiras que tenían creídas. Con tan amorosas y eficaces palabras les hablaba, que al fin juntó en la ciudad más de mil muchachos, muchos de los cuales ayudaron después a los religiosos en la enseñanza de sus connaturales, siendo sus predicadores y maestros. La de estos niños corrió por cuenta del bendito lego fray Juan de Herrera, teniéndolos con comodidad, y acariciándolos para que tuviesen amor n los religiosos, sintiesen menos verse entre gente extraña de su natural, y ausentes de sus padres.
En el ínterin trabajaban con gran espíritu los padres Villalpando y Benavente en catequizar no solamente a los indios, que estaban en el sitio de la ciudad, sino también a los pueblo distantes hasta siete leguas, no atreviéndose a alejar más por ser los dos solos. Salían a los lugares circunvecinos, predicaban y exhortaban a los indios recibiesen el santo bautismo, y volvían a la ciudad a confirmar de nuevo en su buen propósito a los que en ella enseñaban. Las primicias de este trabajo se lograron en dos señores caciques, uno del pueblo de Zicilpach

y otro del de Caucel, ambos distantes a dos leguas de la ciudad. Este último junto con haber sido señor en lo temporal, era sacerdote de ídolos, y gran maestro de la idolatría. Celebróse el bautismo con gran solemnidad, y fue su padrino el adelantado, que por llamarse Francisco, se les dio este nombre en él a los nuevos cristianos. El cacique de Caucel ya llamado don Francisco Euan, era de más de cincuenta años de edad, de muy buen entendimiento y capacidad, con que aprendió a leer y escribir. De tal suerte obró en él la gracia del santo bautismo, que habiendo hasta entonces sido maestro de la idolatría, desde que le recibió fue fidelísimo coadjutor de los religiosos en la conversión de los restantes. Fue de grande ejemplo la de este indio, para que los demás se dispusiesen a recibir el santo bautismo, porque demás de tener buena persuasiva, ayudaba mucho la opinión grande, que entre ellos tenía de sabio, y ver que habiendo sido sacerdote de sus ídolos, ya los detestaba con tanta eficacia, y les decía no ser dioses los que adoraban por tales, con que creían más bien lo que de la fe cristiana se les predicaba, y por este medio con buena voluntad se convertían y acudían a la doctrina aun sin ser llamados. Vivió este buen indio hasta el año de 1560, que le sacó Dios de esta vida mortal para le eterna, donde tendrá el premio de su buen celo y trabajo, con que ayudó a los religiosos. Está enterrado en lo que fue la iglesia antigua del convento de Mérida, que cae debajo del principal dormitorio que hoy tiene; y aunque los religiosos sintieron su muerte, se consolaron viendo moría tan buen cristiano el que había sido tan gran idólatra.

Capítulo VII. Van los religiosos a los pueblos de la Sierra, donde son bien recibidos, y después quieren quemarlos
Como el adelantado experimentaba el gran fruto, que la predicación de los benditos padres Villalpando y Benavente cogía, deseoso, que los indios de su encomienda gozasen de tanto bien, y pareciendo que era el más cierto media, para que del todo se sosegasen, trató con ellos el gusto que tendría de que fuesen a ella. Díjoles, que juzgaba sería de mucha importancia, porque la gente del pueblo de Maní, y los comarcanos de toda aquella tierra (que comúnmente se llama la Sierra) era más lucida y poderosa de estas provincias, sujeta a Tutul Xiu, el que dio la obediencia sin guerra a los españoles, recién llegados al sitio de Mérida, cuando la fundaron. Pareció bien a los religiosos

hacer esta entrada, presumiendo aquella gente más dispuesta, pues sin la pertinacia que los demás habían dádose de paz a los españoles, y que así obraría más presto en ellos la divina palabra. Ejecutaron sin dilación el intento, y así salieron de la ciudad por fin del año de 547 a pié y descalzos con sus báculos en las manos. No estaban por aquel tiempo abiertos caminos como ahora, porque los indios solamente usaban unas veredas muy angostas, por donde caminaban: los montes eran muy cerrados, y en muchas partes espinosos, con que ya era necesario cortar ramas, ya pasar inclinados a la tierra por no lastimarse con las espinas, y a no haberlos prevenido que llevasen unos como capotes de pieles sobre los hábitos, llegaran sin ellos al fin de su viaje. El camino muy pedregoso, los calores más crecidos por no bañarlos los vientos con la espesura de la arboleda, puede dar a entender el trabajo con que le pasarían estos religiosos. El celo santo de la conversión de las almas, y el fervor de caridad con que a ella se ofrecían, era el alivio de su cansancio, alegría espiritual de su trabajo, y escudo firme contra el temor de ir solos entre tanto número de infieles, expuestos a todo trance por amor de Jesucristo redentor nuestro. Llegados al pueblo de Maní (cabecera de todos los de la Sierra) fueron bien recibidos de los indios, y requiriendo el territorio, dice el padre Lizana, que dieron orden se juntasen los caciques y principales de toda la Sierra en el pueblo de Oxcutzcab, dos leguas distante de Maní, por ser sitio más en medio de toda la comarca, para comunicarles allí el fin de su venida. Por las probanzas de Hernando Muñoz Zapata parece haberse fundado el pueblo en el asiento de Oxcutzcab, después de esto, visitando esta tierra el oidor Tomas López, con cuya licencia los indios, que estaban en el sitio llamado Tixúl (que cae detrás de la Sierra) poblaron el de Oxcutzcab, para que con la cercanía los administrasen del convento de Maní. Por esto juzgo, que la junta fue en el de Maní, y por residir allí Tutul Xiu, y también por la ocasión del titular de aquella iglesia. Lo cierto es que los indios se juntaron, y les hizo una plática el padre Villalpando, diciéndoles, que bien se acordarían, que cuando el adelantado los llamó a la ciudad de Mérida, había sido para que los conociesen, y supiesen como eran los padres de sus almas, que les habían de enseñar la credencia de un Dios verdadero, y sus divinos misterios. Que con el deseo que tenían de enseñárselos, habían venido a visitarlos, y que habiendo de asistir a ella, era necesario les hiciesen morada donde vivir, y casa donde se recogiesen a oír la palabra de Dios, lugar a que los cristianos llamaban iglesia. Quedaron los indios al parecer muy contentos con la venida de los religiosos, y plática del padre Villalpando, y dijeron que luego les harían casa e iglesia, del modo que gustasen, con que se despidieron.

A otra día sin más dilación se juntaron más de dos mil indios, repartieron entre sí cortar y traer las maderas, otros los guanos, que es como hoja de palma, con que se cubren las casas por tejado, otros lo que sirve de sogas, con que se atan las maderas, y en aquel mismo día quedó acabada una iglesia muy capaz, y casa donde viviesen los religiosos: no admirándolos poco ver la facilidad y presteza con que se había hecho sin gastar un clavo en ella, ni haber costado a particular cosa alguna, porque todos los materiales se hallaron muy cercanos, Y sin singular dueño de ellos. Viéndose con iglesia y casa donde vivir, pidieron a los indios les enviasen sus hijos para doctrinarlos, a quienes con la sencillez de la infancia sería más fácil enseñar los misterios de la fe y ley divina, con menos peligro de que bautizados idolatrasen o ejercitasen los hechizos, que los adultos acostumbraban. Envíabanselos al parecer con voluntad y gusto, con que dieron principio a la enseñanza de la doctrina cristiana, catequizando así a los adultos como a los niños. De estos bautizó alguno especialmente de los que tenía en su campaña, los cuales cobraron tanto amor a sus padres espirituales, que no se querían apartar de ellos, olvidando a los que les dieron el ser natural.

Entrado el año siguiente, aunque continuamente catequizaban y enseñaban a los adultos, para recibir el santo bautismo, a muchos no se les concedía, porque tenían indios por esclavos, que los vendían cuando les daba gusto, y se servían de ellos como de gente no libre. Informado el padre Villalpando del modo con que habían venido a la esclavitud aquellos pobres; teníala por injusta, y sentía que ilícitamente se servían de ellos los dueños, y así a estos decía, que hasta que los pusiesen en libertad, no estaban dispuestos para recibir la gracia del santo bautismo. Con deseo de quitar este inconveniente les predicaba muchas veces, diciéndoles que según derecho natural y divino, tenían obligación de dar libertad a sus esclavos, pues lo eran injusta y tiránicamente, y que si como daban a entender, deseaban tanto recibir el santo bautismo, les diesen libertad, que así lo habían hecho los señores de Campeche y Mérida, que habían sido bautizados, que por solo esta causa no se les concedía.

Propúsoles, como por no ser cristianos, eran esclavos del demonio, y que para conseguir la libertad de hijos de Dios, que en el santo bautismo se comunica, era necesario librasen a los suyos de la esclavitud en que los tenían.

Sentían los dueños haber de libertarlos con grave extremo, porque los apreciaban por su principal hacienda y riqueza, y les parecía que los religiosos los desposeían de lo que más estimaban, y cuanto mayores señores, crecía en ellos más el sentimiento, cuanto era más crecido el número de esclavos, de quien se servían. Halló con esto el demonio entrada en sus ánimos para conjurarse contra los religiosos, y habiendo conferido que harían, determinaron de quitarles las vidas con muerte inhumana. Persuadidos, que a título de cristiandad los engañaban los religiosos, resolvieron quemarlos vivos con la casa y iglesia, que antes con tanto gusto les habían hecho. Esta resolución, dice el padre Lizana, que fue a 27 de septiembre del año de 1548, habiéndola de ejecutar la noche siguiente víspera del glorioso arcángel San Miguel. La divina providencia, que guía las cosas por los medios más convenientes, previno el remedio contra esta maldad, con un caso que parece milagroso.

Estaban los benditos religiosos ignorantes de la crueldad con que los indios querían matarlos, y el día en cuya noche habla de suceder, uno de los niños ya bautizados de los que asistían en su compañía, llegándose al padre Villalpando, le dijo estas razones, que parecen más que de muchacho. Sacerdote dime, y responde a lo que te quiero preguntar. Díjole, di niño, que yo te responderé, y el niño le dijo: ¿Cuál es mejor, vivir o morir? Admiró esta pregunta al padre Villalpando, por ser de una criatura que apenas tenía cinco años, y recién bautizado, y pareciéndole que aquel niño no hablaba por si, sino que el Espíritu santo le había comunicado su sabiduría en el santo bautismo, aunque le pudo responder, conforme a lo espiritual: que mejor era morir por Cristo redentor nuestro, según la doctrina de san Pablo: viendo que era niño, y por saber su intento, le respondió a lo humano diciendo: «Mejor es vivir que morir, porque el vivir es cosa natural, y el morir lo adquirimos por herencia causada del pecado».

A esto dijo aquel angelito: «pues padre, si quieres vivir húyete, porque los principales nuestros os quieren matar, y esta noche os quemarán con vuestra casa y iglesia, si os estáis aquí».

Oído por el padre Villalpando tal razonamiento, le dijo al niño, que le agradecía el aviso: pero que aunque era tan criatura, conocería como la potencia del Dios que les predicaba, era sobre la malicia y fuerza de los hombres en el suceso que vería. Que se fuese con sus padres aquella noche, y volviese a verle por la mañana. Replicóle el niño: «¿y si os matan y queman, cómo os he de ver?»

«Allá verás a la mañana, si vivimos o morimos, y si no vienes a vernos y te vas al monte, quizás te engañarán.»

Respondióles el muchacho, mucho os quiero, yo vendré, aunque deje a mis padres en el monte, donde me llevan a esconder por lo que quieren hacer. Dio su bendición el bendito padre al niño, y acaricióle en sus brazos, con que le despidió, y se fue a la casa de sus padres.

Aunque con esta nueva quedó el ánimo del padre comisario muy sosegado, conformándose con la voluntad de Dios en lo que fuese servido les sucediese; causó turbación al padre Benavente la terrible muerte de fuego, que les amenazaba. Confortóle el padre Villalpando, y principalmente el divino auxilio, que ya le era consuelo con la esperanza de la corona del martirio, y deseaba llegase la hora en que la había de tolerar por Cristo vida nuestra. Fuéronse a la iglesia, y arrodillados delante de una imagen que tenían, exclamaron ante una cruz, diciéndole lo que San Andrés, cuando vio en la que había de ser crucificado. Ofreciéronse con corazones humildes a la majestad Divina, para que según su santa voluntad dispusiese de ellos. Hicieron oración por aquellas almas engañadas del demonio, pidiendo a Dios les diese luz, para que le conociesen y que dispusiese lo que más fuese de su santo servicio, y bien espiritual de aquellos infieles, que con su preciosa sangre y muerte de cruz había solicitado. Acabada la oración, se confesaron generalmente los dos, y cumplida la penitencia, pasaron lo restante de aquel día en continua oración con lágrimas, que presentaban ante la divina clemencia. Viendo que ya venía la noche, se levantaron y entraron en su pobre casa, aguardando lo que el señor ordenase, conformándose con su santa voluntad. Por bien cierta tendrían la muerte, pues demás de lo que aquella criatura les había dicho, no parecieron aquel día los indios como solían, ni habían usado de aquellas cortesías, que acostumbraban. Todo les ocasionaba tristeza en lo corporal, sin ver estos mártires de deseo, señal que pudiese asegurarles la vida, que con tantos afectos tenían ofrecida a la majestad Divina.

Capítulo VIII. Libra Dios a los religiosos: son presos los agresores, y consiguen que no mueran por el delito

Oscureció la noche, y perseverando los religiosos en encomendarse a Dios como quien esperaba la muerte, a su parecer cercana; no oyendo rumor alguno, ni sintiendo pareciesen los indios, de cuyas manos la esperaban; dijo el padre Benavente su comisario y prelado. Temo no sea ilusión del demonio, lo que se nos ha dicho para inquietarnos. Como siendo ya de noche, no vienen estos indios a matarnos, que ya lo deseo, pues san Pablo apetecía tal ventura, cuando dijo que deseaba morir para estar con Cristo. Respondióle el padre Villalpando, presto se vera lo que es: más nosotros acordémonos de lo que el redentor dijo a sus discípulos, que dormían cuando él oraba cercano a la muerte. Velad y orad, para que no caigáis en la tentación. Esto pues, hermano y compañero, debemos hacer sin intermisión, pues el mismo señor de la vida oraba en el Huerto, cuando se le acercaba la hora del morir, y si bien sabía la muerte que había de padecer, y la porción superior estaba conforme con la voluntad de su Eterno padre; la inferior le hacía orar, diciendo que si era posible excusase su muerte, que el espíritu pronto estaba a morir; más la carne era enferma, y temía: pero por último dijo, hágase tu voluntad. Pues nos vemos como en huerto ya cercanos a la muerte, como nos dijo el señor por boca de un niño; dispongámonos a morir, y si la carne muestra flaqueza, el espíritu muestre osadía. Quisiera el enemigo hallarnos descuidados, y hacernos caer en tentación: velando y orando venceremos sus asechanzas, que es la medicina, que el redentor dio a sus discípulos, y la oración es antídoto contra toda aflicción y trabajo.

Ocupados con estas santas pláticas, disciplinas y oración, se llegó como las once de la noche, y entonces oyeron grandísima gritería y ruido, que venía acercándose a donde estaban. Descubrieron por una ventana de la pobre casa gran multitud de indios armados con tizones en las manos, flechas, arcos y dardos, que la iban cercando. Viendo esto se pusieron de rodillas cada uno con una cruz en las manos, ofreciéndose de nuevo a la disposición divina, pidiendo y aguardando por instantes la rigurosa muerte que venían a darles, pues los tizones lo declaraban, y las armas que los indios traían lo decían. Habiendo cercado la casa, estuvieron más de una hora amenazando a llegar, para ponerle fuego, y abrasar con ella a los religiosos, o si salían fuera matarlos. Guardábalos la divina providencia para la conversión de aquellas almas, aunque en aquel punto tan obstinadas, y así no dio lugar a que alguno de ellos diese paso adelante, ni arrojase tizón de la mano, con que se prendiese fuego. Continuaban los indios las voces y grita, diciendo a los religiosos mil oprobios, y que eran unos embusteros: pero ellos se estaban quedos en su casita, sin salir de ella, ni hablar palabra a los indios. Como ya había pasado buen espacio de tiempo, y vieron, que los indios no ejecutaban su intento; siendo ya más de media noche, se pusieron a rezar maitines del glorioso San Miguel, encomendándose en su patrocinio. Acabáronlos, y no oían rumor alguno. Miraron por los resquicios de la casa, y no descubrían indias, ni señal de lo que había precedido, de que estaban admirados, sin saber la causa. Presto los saco Dios nuestro señor de esta duda, quitándoles juntamente la congoja con que estaban, que parece un caso milagroso.

Habían dado nueva al adelantado en Mérida de que los indios do Petu (Peto) catorce leguas más adelante al oriente de donde esto sucedía, se habían revelado, y negaban la obediencia. Para certificarse de la verdad, y poner el remedio conveniente despachó algunos soldados con un cabo, que entonces le llamaban caudillo, y para haber de pasar a Petu, aunque pudieron ir por otra parte, los guió Dios sin duda, para donde estaban los religiosos, llegando cuando rezaban los maitines cercados de los indios, los cuales como oyeron ruido de caballos y voces de españoles, desampararon el cerco, y se huyeron todos, dejando solos a los religiosos. Los españoles vinieron luego en busca de ellos, que como oyeron pisadas de caballos y voces castellanas, que los llamaban por sus nombres, salieron gozosos a darles el parabién de su venida. Preguntáronles que donde iban, y respondieron que a Petu, al remedio del alzamiento dicho. Dijéronles los religiosos, que sosegasen y descansasen sin pasar de allí, y aunque no les manifestaron entonces lo que les había pasado con los indios, les advirtieron, que tuviesen centinela y guarda hasta que amaneciese, y que después se tornarían a ver, porque importaba. Despidiéronse los españoles, y los dos benditos padres se fueron a la iglesia, donde cantaron el Te Deum laudamus con mucha devoción, dando gracias a nuestro señor, por haberlos librado de un peligro tan próximo a la muerte, con un medio que solo su divina majestad parecía haberle dispuesto, y de allí se fueron a descansar hasta la mañana.

Amaneció, y en saliendo el Sol, hicieron señal con la campana a misa, como acostumbraban, y para que se juntasen la doctrina los indios. Vinieron los españoles para oír misa y saber lo que les habían insinuado los religiosos: pero indios ni muchachos no parecieron, porque con el temor se habían huido detrás de la sierra, llevando consigo sus hijuelos: solo vieron un niño que estaba como acechando. Reconoció el padre Villalpando, que era el que le había dado la tarde antes noticia de la determinación, con que los indios estaban, y llamándola vino muy contento, y le dijo: «¿padre qué vivo estás? Ahora digo, que tu Dios es muy grande y poderoso. Mis padres son idos al monte por guardarse de estos españoles, y por venirte a ver me huí, para cumplir mi palabra, que me alegro mucho de hallarte vivo: aquí me quiero quedar contigo». Enternecióse el padre Villalpando oyendo tales razones de un niño tan pequeño, y le recogió en sus brazos, dándole su bendición, y de verdad, que en tan corta edad, con la poca capacidad que en ellos experimentamos, que causa admiración las pláticas y razones, que con los religiosos tuvo, si ya no es que digamos que obraba la gracia del Espíritu santo recibida en el bautismo, lo que parece que la naturaleza aun no podía, o para consuelo de estos religiosos, o para confusión de los adultos, o para manifestación de su potencia. Refirió entonces el padre Villalpando a los españoles todo el suceso, y como aquel niño les había dado noticia del, de que dieron muchas gracias a Dios, así por la fidelidad de aquella criatura, como porque los hubiese traído, para remedio de tan grave daño, sin tener noticia de él.

Certificado el caudillo del caso, dio luego aviso al adelantado de lo que pasaba, y quedóse con los religiosos mientras le venía orden de lo que debía hacer, porque los indios no tuviesen algún descomedimiento. Sabido en la ciudad, que los indios de Petu no habían tenido alteración alguna, que estaban quietos y pacíficos, y el peligro grande en que los religiosos habían estado a la hora, que allí llegaron los soldados despachados para Petu, causó al adelantado, y a todos notable admiración por no haberse podido averiguar, quien había sembrado en Mérida el rumor del alzamiento de Petu: con que todos entendieron haber sido disposición divina, para librar de aquel peligro a los religiosos, que no se entendía necesitaban de algún favor humano.

Dio mucho cuidado al adelantado, y a todos el caso, porque no fuese ocasión este ejemplar de tumultuar los demás indios, a cuya noticia llegase, y así envió orden, para que se supiese quienes habían sido los principales agresores, y motivado tan inicua resolución, para que procurando cogerlos el caudillo, se los enviase presos a Mérida con colleras y guardas para castigar su sacrílego delito. No se había hallado presente, ni consentido a él el señor de Maní (que dice el padre Lizana se llamaba Ah Kukum Xiu, por donde parece había ya muerto Tutul Xiu el que hizo paces con los españoles) y en sabiendo lo que pasó, vino a ver a los padres. Manifestó bien su buena intención, y el pesar que del suceso tenía, pues cuando le dijo el caudillo la orden que había dado el adelantado, y que así le buscase los delincuentes, porque de no hacerlo le había de llevar a él preso, ya el buen cacique tenía cogidos veintisiete indios los más culpados, y se los entregó todos. El caudillo no fió de otra persona, que la suya el llevarlos a la presencia del adelantado, y por temor de que llevando aquellos principales presos no hubiese nueva alteración; nombró otro caudillo, que quedando allí con los más soldados, cuidase de ello, y él con algunas partió con los presos para la ciudad de Mérida.

Viendo el santo padre Villalpando, que aquellos miserables indios iban, donde por su delito recibirían el castigo merecido: como los amaba en Cristo, deseoso del bien suyo, determinó ir en su compañía, por si con su presencia podía mitigar el rigor de la justicia. Quedándose el padre Benavente fue con ellos a la ciudad de Mérida, donde luego que llegaron, fueron puestos en la cárcel pública, y el adelantado se holgó mucho viendo al bendito padre. Procedióse con vía jurídica contra los indios, que convencidos y confesando su delito, fueron sentenciados a quemar. Sentíalo su padre espiritual entrañablemente, y con fervorosa caridad le ocurrió otro medio más suave, y a su parecer eficaz, para provocar a enmienda a los indios, y asegurar lo futuro. Trató con el adelantado, que para conseguirlo, fuesen los reos puestos en el último terror vista del suplicio tan horrible; y que cuando ya entendiesen se quería ejecutar el castigo en ellos, a vista suya le pediría les perdonase, y que retardase concederlo, porque pareciese lo hacía obligado de sus ruegos, y que después diese el perdón, con que entendía se granjearía más, que con castigarlos. El adelantado, que de su natural no era cruel, y tenía gran veneración al padre Villalpando, asintió a su consejo y dispuso se ejecutase como lo ordenaba.

Llegado el tiempo en que se había de hacer el castigo, se hizo un gran fuego, y trajeron a los indios a la presencia del adelantado que allí asistía. Juntóse gran concurso de indios, para ver la ejecución de castigo tan poco experimentado entre ellos, y mandé el adelantado, que echasen vivos en el fuego a los delincuentes, pues ellos habían querido quemar vivos a los religiosos. El venerable padre Villalpando se arrodilló entonces delante del adelantado, haciendo muchas súplicas por ellos. Mostraba el adelantado enojo de que le estorbase el castigo, y con mayores instancias pedía les concediese la vida, alegando por ellos que estaban arrepentidos, y enmendarían lo pasado. Perseveró en esta piadosa acción, hasta que el adelantado se dio por obligado de ella, y mandó que cesase aquel castigo, pero que atados como estaban se los entregasen, para que hiciese con ellos según su voluntad. Dio muchas gracias al adelantado por el favor que le hacía a él en condescender a sus ruegos, y a los delincuentes en perdonarlos. Recibiólos por suyos, y desatándolos los llevó consigo al convento, donde en lugar de algún grave castigo que esperaban, puestos en mano de aquel mismo a quien habían querido dar tan atroz muerte (ignorando a lo que se extiende la caridad cristiana) hallaron en su padre espiritual, caricias y regalo.

Capítulo IX. Vienen más religiosos de México y España, y celebrase el primero capítulo custodial de esta provincia

Grande efecto resultó del caritativo amor con que el padre Villalpando usó con sus hijos, que iba regenerando en el señor, porque volviendo a Maní con ellos, daban mucho crédito a lo que les decía. Salió luego de la ciudad de Mérida para los pueblos de la Sierra, pareciéndole, que el tiempo que en llegar tardaba, podía ser ocasión de que se entibiasen los indios en el nuevo espíritu de cristianos, que habían comenzado a concebir. Como ya sabían todos lo que había sucedido, cuando llegaron a Maní fueron recibidos con grandes alegrías y regocijos, porque no esperaban ver más alguno de ellos, considerando la gravedad de su delito. Publicaban los delincuentes, como el padre Villalpando en vez de pedir contra ellos justicia, los había librado del castigo, impetrándoles con misericordia las vidas. Como era tan poco usado aquel modo de retribución en su infidelidad, que el agraviado la pidiese para el delincuente; causó suma admiración en los indios, resolviendo, que no era posible, no fuese bueno, quien tal hacia, ni dejase de quererlos muy mucho. Con esto formaron gran concepto del venerable padre, dando crédito a lo que les decía. Tuviéronle singular respeto y obediencia en lo que les mandaba, que sin réplica, ni dilación alguna era luego ejecutado. En cualquiera desconsuelo que se veían, recurrían a él, como a remedio de sus males, y compiadosísimas entrañas los recibía y consolaba. Tanto puede la virtud aun a vista de ánimos gentiles.

Domesticados con la fuerza dulce de la caridad los ánimos de los indios, y persuadidos a que debían los que tenían esclavos, darles libertad, lo iban ejecutando, con que ya el padre Villalpando hallaba más disposición, para darles el santo bautismo, que parecía deseaban con verdadero afecto. En pocos días fue grande el número de los bautizados, y entre ellos el señor de Maní, que se llamó don Francisco Xiu, a contemplación del adelantado, y toda aquella comarca estaba muy sosegada acudiendo con gusto a la enseñanza de la doctrina cristiana. A esta sazón dice el padre Lizana, que pareció al señor de Maní don Francisco Xiu, que el asiento de Maní era más a propósito para fundar el convento, por ser más en medio de la comarca y haber más piedra, y materiales para el edificio, que en el de Oxcutzcab; y que así sería bien se pasasen los religiosos allá, como se hizo. Ya he dicho lo que siento en orden a esto. Lo cierto es, que en el pueblo de Maní se señaló sitio para iglesia y convento, que es donde ahora está fundada, aunque todo por entonces se hizo al modo de las casas de los indios.

La noticia que el padre Villalpando había dado por sus cartas (que queda dicho escribió desde Campeche, luego que llegó, diciendo el gran número de almas, que en esta nueva conversión hacia, y como era necesaria ayuda de ministros para ella) ocasionó, que el muy reverendo padre comisario general fray Francisco de Bustamante enviase otros seis religiosos a esta tierra, que llegaron a ella por fines del año de 48. Venía por su comisario y prelado el padre fray Juan de la Puerta, hijo de la santa provincia de Castilla: los nombres de los demás, ni el padre Lizana los refirió, ni he hallado escrito que los asigne. Ocupado halló la venida de estos religiosos al padre Villalpando en la administración de Maní y sus comarcas. Causó gran consuelo a él y a su compañero el padre Benavente, a quien dejó en Maní, y partió para Campeche a pié y descalzo, como salía a recibirlos. Como no venían a estar ociosos, ya habían salido de Campeche, y así los hallo en el camino. Alegráronse mucho viendo al apostólico varón, y juntos todos caminaron para la ciudad de Mérida a verse con el adelantado, y desde allí repartirse, conforme la presente necesidad pedía. Antes que ellos llegasen, tenía ya la devoción del adelantado, prevenido saber que día habían de entrar, y así salió personalmente a recibirlos al camino con muy lucido acompañamiento de los más nobles conquistadores, en cuya compañía entraron los religiosos en Mérida, concurriendo los más de los españoles y muchos indios, que con su alegría y regocijo manifestaban el contento que tenían de verlos.

Fueron los religiosos derechos a su convento, y entrando en la pobre y corta iglesia, que entonces tenían, hicieron oración dando gracias a Dios por el cumplimiento de su viaje. Por no haber capacidad para hospedarlos allí, los llevó consigo el adelantado, haciéndoles hospicio en su casa, donde los tuvo algunos días regalándolos. El bendito padre Villalpando sé fue con toda presteza a Maní a ver sus nuevos hijos, cuya memoria siempre estaba en su alma impresa, donde quiera que asistía, y quedaron los recién venidos en casa del adelantado. Considerando, que su hospicio había de ser por algún tiempo, aunque estaban en casa de seglar, escogieron pieza, donde puesto un altar, les sirviese de coro. Allí se recogían a sus religiosos ejercicios, y a rezar el oficio divino a sus horas, como pudieran en el más recoleto convento: con que satisfaciendo a sus obligaciones, resultaba grande edificación del estado secular, y aumento de la devoción, que el adelantado y los demás conquistadores tenían a nuestro santo hábito. Aumentóse el consuelo de todos, que el año siguiente por el mes de agosto llegó el padre fray Juan de Albalate, que había ido a España con otros seis religiosos, que el real consejo de indias le había dada, para la administración de estos naturales, y así fue esta la primera misión, que de España vino directamente asignada a esta provincia. Los religiosos que en ella vinieron, fueron los padres fray Alonso de Alvarado de la santa provincia de Santiago, fray Diego de Landa, fray Francisco Navarro, fray Antonio de Valdemoro, fray Antonio de Figueras y fray Pedro de Noriega, todos cinco de la de Castilla, y de quienes se trata adelante, aunque no como se debe por falta de escritos, que nos singularicen sus apostólicas vidas y heroicos trabajos. Con este aumento de religiosos, se trató de celebrar capítulo custodial, que por ser el primero singularizaré, como el padre Lizana le escribe y como él sucedió en realidad de verdad. «Dice el padre Lizana, que el padre fray Juan de la Puerta, comisario de los religiosos que vinieron de México, traía orden para celebrar capítulo custodial con los frailes que en la tierra hubiese, y elegir custodio y definidores, para que la elección que se había hecho de custodia pasase adelante, y que convocados los frailes de Campeche y Maní al principio del año de 49 por la pascua de Espíritu santo, celebraron su capítulo en la ciudad de Mérida, y salió electo en custodio el V. varón fray Luis de Villalpando, que hasta entonces había sido comisario no más: definidores el bendito padre fray Lorenzo de Bienvenida, que entró por Bakhalál, y el padre fray Miguel de Vera, a quien llamaron el remendado, y confirmadas sus elecciones, fue electo por guardián del convento de nuestro padre San Francisco de Mérida el padre Bienvenida, definidor primero, y de Campeche el padre Vera definidor segundo, y el padre Pesquera de los recién venidos con el padre fray Juan de Herrera, y padre fray Ángel Maldonado fueron nombrados para las doctrinas de Maní y su comarca, y a los demás frailes repartieron en Mérida y Campeche; todo lo cual ya concluso, fue nombrado de consentimiento de todos los frailes el padre fray Juan de la Puerta para procurador de la corte del emperador, y que trajese Frailes a esta provincia.» No sé como se dejó llevar de relaciones o pláticas, que oiría; pues como ahora para estos escritos se ha hecho, recurriendo al archivo de la provincia la tabla capitular que hay permanece, le dijera con certidumbre lo sucedido, que fue en esta forma.

El muy reverendo padre comisario general vino personalmente a visitor los religiosos, y ver los progresos que en la nueva conversión de los indios había, y habiendo hecho lo primero, y experimentado lo segundo, habiendo también llegado ya la misión de España que se ha dicho, celebró el primero capítulo custodial a 29 de septiembre de 1549 años, en que fue electo custodio el venerable padre fray Luis de Villalpando al año justo de como en Maní le habían querido quemar los indios con su compañero. Fueron definidores el mismo padre custodio el primero, padre fray Lorenzo de Bienvenida segundo, padre fray Francisco Navarro tercero, y padre fray Miguel de Vera cuarto. Por esta misma tabla parece tener ya nombre de conventos el de la ciudad de Mérida, su guardián, electo el padre fray Juan de la Puerta referido: el de

Campeche, su guardián el padre fray Diego de Bejar: el de Maní, guardián el padre fray Juan de Albalate; y el de Cunkal, guardián el venerable padre custodio y el de Ytzamal, guardián el padre definidor fray Lorenzo de Bienvenida. No solamente en esta tabla capitular se hallan asignados los guardianes, pero aun también los compañeros, que habían de vivir con ellos en cada convento: costumbre que se observó en esta provincia, hasta el capítulo provincial celebrado el año de 1603 desde cuando parece haber quedado al arbitrio de los reverendos padres provinciales, asignar los compañeros y moradores de cada convento, según la necesidad que en él se ofrece. Presidió el capítulo el muy reverendo padre fray Francisco de Bustamante, como consta de tabla firmada de su nombre y sellada con el sello de su oficio de comisario general. Este fue como nacimiento de esta santa provincia de San José de Yucatán, por lo cual con tanta singularidad le he escrito, en que con los cinco conventos que se han nombrado, quedó en forma de custodia, sujeta mientras lo fue, a la de México. Aunque el padre fray Juan de la Puerta quedó en el capítulo electo guardián del convento de la ciudad de Mérida, como eran aun los religiosos tan pocos, para tanto número de pueblo, como en Yucatán había, pues para toda la provincia de Valladolid tan populosa, y de tanto gentío no se había podido hacer fundación de convento, se trató que fuese religioso de la provincia por procurador a España, representando la necesidad que de ellos había, y parece que convinieron en que era el más a propósito para materia de tanta importancia el padre fray Juan de la Puerta. Fue el adelantado del mismo parecer que los religiosos, y así le dio cartas para el emperador y real consejo de las indias, en que significaba el gran fruto que se hacía en la conversión de estos indios y la necesidad urgente que tenían de ayuda de ministros. Recibió el padre fray Juan de la Puerta los despachos, que la provincia y el adelantado le dieron, y concediéndole por su compañero al padre fray Ángel Maldonado, fue a México, donde el muy reverendo padre comisario general, que tenía gran satisfacción de su virtud y prudencia, le confirmó el oficio de procurador, que la provincia le había dada, y encomendó otros negocios, para que le dio recaudos, y papeles suficientes, con que fue a España en la Flota del año siguiente de 1550. No he hallado la resulta de este viaje, solamente me parece, que este religioso fue después electo obispo de este obispado, como se dijo en el libro cuarto.

Capítulo X. Mandádse tomar residencia, y quitar los indios de encomienda al adelantado, y porque causa lo uno y otro

No habla sucedido cuanto al estado secular cosa notable hasta este tiempo: pero como en las nuevas leyes, que se habían dado para estos reinos, se mandaba, que ningún gobernador, ni oficial real tuviese indios de encomienda, y el adelantado, como conquistador retuviese los suyos, vino nuevo orden para que se le quitasen. El padre Lizana dice, que este año de 49 vino de España (con el padre Albalate, que trajo los religiosos) el licenciado Herrera asignado por oidor de la real audiencia de México, y que visitó esta tierra y residenció al adelantado. Persuádome, a que quien le tomó residencia fue el licenciado Santillán oidor, que residía en la misma audiencia, porque en una real provisión de 16 días del mes de junio del mismo año de 1549, se le da facultad, para que viniendo a Yucatán, le quitase los indios que tenía, y averiguase otros excesos, que se decía haber cometido el adelantado en el tiempo de su gobierno, con que si el otro caballero le estuviere residenciando, no parece había necesidad de esta nueva comisión. En ella se refiere como en preámbulo, que en fraude de las nuevas leyes estaban muchos indios encomendados en cabeza de las mujeres, hijos e hijas de los gobernadores y oficiales reales, con que gozaban de los indios, como sino hubiera dicha prohibición de leyes, descendiendo al motivo singular de esta comisión, se dice:

«Y somos informados, que como quiera, que por la dicha nuestra audiencia real fue proveído, que los dichos indios se quitasen a la mujer, hijos y hijas del dicho adelantado Montejo, no se había hecho ni cumplido: antes dicen que está la mayor parte de aquella tierra en el dicho adelantado Montejo y en su mujer, y en don Francisco de Montejo, y en su mujer, y en un entenado suyo, hijo de su mujer, y para ello se han hecho muchos fraudes y cavilaciones. Especialmente dicen que habiéndose dado provisión, para que se le quitasen los indios al dicho adelantado y a sus hijos y hijas; tuvo forma con el que la llevaba, que se la entregase, para que no se pudiese usar de ella y de otra provisión que llevaba, en que so mandaba, que no se entremetiesen en la jurisdicción de la villa de la Victoria del Río de Grijalva a fin de cobrar de los indios, que le mandaban quitar, todos los tributos de un año adelantado, perteneciéndonos a nos. Y que el título con que había hecho coger los dichos tributos, había sido con decir, que los había dado a un su sobrino; y de ello había mostrado cédulas de depósito y la fecha de ellas de tiempo atrás. Y que para hacer lo susodicho, había fecho detener las provisiones. Y que visto por un alcalde ordinario de la dicha villa de la Victoria el fraude, que el dicho gobernador hacía a nos y a nuestra real hacienda: él y un regidor, que se llamaba Alonso Bazán, como oficiales nuestros tomaron a la persona, que por el dicho adelantado cobraba los tributos, y lo que de ellos había procedido, y lo pusieron en el arca de las tres llaves. Y que sabido por el adelantado, fue a la dicha villa con mano armada, después de haberle sido notificada la dicha provisión, para que no fuese juzgado, y prendió al dicho alcalde y regidor, y los llevó presos a Yucatán. Y él de nuevo crió otros oficiales criados suyos, que tuviesen cargo de nuestra hacienda, y procuró, que le tuviesen por gobernador en ella, a fin de vengarse de los oficiales, y dar los indios que él tenía a personas de la dicha villa pagándolos; lo cual hizo así que vendió algunos indios naturales por intereses que le dieron. Y que asimismo somos informados, que el dicho adelantado Montejo en Champoton hace un ingenio de azúcar y para él ha tomado, y toma la tierra a los indios de aquella provincia, y les quitó sus labranzas, siendo los dichos pueblos míos, conviniendo descargar los dichos tributarios, en ocuparlos en granjerías. Y que sobre todo lo susodicho el dicho adelantado no ha dado repartimiento a ningún conquistador, sino a todos sus parientes y mujeres y hijos, a entenados y nietos: dicen que no solo a los legítimos, sino a los bastardos. Y dicen que hizo a los indios de Champoton y Campeche, que fuesen a la guerra, y hiciesen esclavos, y así dicen que se hicieron muchos de ellos, asimismo como mujeres contra las nuestras leyes por nos fechas, y que se venden contra toda razón y Justicia, lo cual es causa de se despoblar las dichas provincias. Y que no contento el dicho adelantado con todas las cosas susodichas, hace casas, estancias y granjerías en las dichas provincias con nuestros indios: no lo pudiendo, ni debiendo hacer, y fatigándolos y haciéndolos trabajar demasiadamente. Y que asimismo otras personas han hecho y cometido en las dichas provincias muchos y graves delitos dignos de prisión y castigo, a lo cual convenía proveerse y remediarse como cosa importante.»

Tal fue la relación, que al emperador en el real consejo de las indias se habla hecho de lo que en Yucatán había sucedido; pero parece haber sido excesiva, pues para lo que en ella se dice de no haber encomendado el adelantado indios a conquistador alguno, sino a sus parientes, están aun hoy día en contrario muchísimas cédulas de depósitos, que se exhibieron luego que se acabaron de sujetar, las cuales observan sus descendientes originalmente para mayor calificación de sus méritos en la conquista. Acerca de hacer esclavos a los indios y venderlos, ya se ha dicho lo que pasaba y queda escrito en el libro tercero. Pero como nunca falta quien se queje (o es rara vez) de los que gobiernan, había sucedido al presente, y juntándose la retención de los indios, de que el adelantado gozaba, como conquistador: habiéndosele de quitar por las leyes generales, y deseando el emperador certificarse de la verdad, se despachó esta real provisión, que por su contesto parece ser de residencia, y en ella inmediatamente a la relación referida, se dice:

«Y visto por los del nuestro consejo de las indias, queriendo proveer en ello, confiando de vos, que sois tal persona, que guardareis nuestro servicio, y el derecho a cada uno de las partes, y que con todo cuidado y diligencia pretenderéis entender en lo que por nos os fuere mandado y cometido: es nuestra merced y voluntad de vos lo encomendar y cometer, y por la presente vos lo encomendamos y cometemos. Porque vos mandamos, que luego que esta veáis, vais con vara de nuestra real justicia a las dichas provincias de Yucatán, Cozumel, y ante todas cosas, quitéis los indios, que tuviere el dicho adelantado Montejo y a su mujer y hijos, y a los nuestros oficiales de las dichas provincias: salvo a los hijos varones a quien se encomendaron los tales indios, siendo ya casados los tales hijos, y viviendo sobre si al tiempo que se los encomendaron. Lo cual así haced y cumplid, aunque las encomiendas de las tales mujeres y hijos y hijas se hayan hecho, antes de las nuevas leyes o después. Y porque las dichas nuevas leyes de ordenanzas tenemos proveído para el de bien de los conquistadores y hijos de ellos, para que puedan vivir y permanecer en esas partes, que los indios que se quitaron por disposición de las dichas nuevas leyes y ordenanzas, se pongan en la real corona y de los tributos de ellos se de para sustentación y entretenimiento de los dichos conquistadores, y si ellos son muertos de sus hijos, que no tienen repartimientos: proveeréis, que los tributos que rentaren los pueblos de indios, que así quitáredes al dicho adelantado y a su mujer, hijos y hijas, y a los nuestros oficiales de las dichas provincias de Yucatán y Cozumel; entre tanto, que nos proveemos en la perpetuidad de aquellas provincias lo que convenga: repartiréis entre los conquistadores, que no tuvieren repartimiento, y en los hijos de ellos y en algunos buenos pobladores. Lo cual así haced y cumplid, sin embargo de cualesquiera suplicaciones, que de esta nuestra carta se interpongan. Informaros eis, como y de que manera han pasado las tales cosas de suso en esta nuestra carta contenidas, y que fraudes se hayan hecho en nuestra real hacienda, y que personas hicieron y cometieron lo susodicho, o cualquier cosa o parte de ello, y de los otros delitos que se han hecho en la dicha provincia, y por cuyo mandado lo hicieron, y quien les dio para ello consejo, favor, y ayuda, a los que en ello halláredes culpados, prendedles los cuerpos, y así presos, llamadas y oídas las partes a quien tocare, haréis sobre ello justicia por vuestra sentencia o sentencias así interlocutorias, como definitivas, etc.» Y después prosigue poniendo todas las cláusulas, que en semejantes comisiones acostumbran ponerse. Solo singulariza, que para la ejecución, así de lo contenido, como de otra cualquiera cosa que se le cometa, asista el tiempo que por el virrey don Antonio de Mendoza le fuese asignado.

Mediante este orden, llegó al adelantado el tiempo de haber dar residencia del que había gobernado a Yucatán en guerra y paz. Aportó a Campeche el oidor que le había de residenciar, y dado aviso al adelantado de su llegada, envió a su hijo don Francisco con otros principales vecinos de la ciudad de Mérida, para que en su nombre le diesen el bien venido y le recibiesen. Llegados a Campeche visitaron al oidor, que con muchas cortesías agradeció la que el adelantado había tenido, enviando a su hijo, y la que los otros caballeros habían manifestado yendo a visitarle. Vinieron juntos a la ciudad de Mérida, y manifestado el orden superior, que el oidor traía, fue recibido al ejercicio de su comisión. Publicó la residencia, y en el ínterin que se había de hacer advocó el oidor en si el gobierno de esta tierra. Aunque había quejosos del adelantado, generalmente fue sentido el suceso, así de los religiosos, como de seculares y indios, porque era muy caballero en su proceder y noble persona, amigo de pobres, benigno y dotado de muchas buenas prendas, que le hacían amable aunque tuviese algunos defectos como hombre: cuál hay perfecto en todo? Ya se vio en el libro tercero lo que de él, y de su hijo don Francisco escribieron los principales conquistadores juntos en cabildo al emperador, recién fundada la ciudad de Mérida, cuando despacharon al primero procurador general a los reinos de España.

Capítulo XI. Quítanse los indios al adelantado. Va con su residencia a España, y muere: y dícense sus sucesores

Publicada la residencia del adelantado, quedó la administración de justicia y gobierno de Yucatán en el oidor que la actuaba, en cuyo tiempo sucedió que se huyeron algunos negros esclavos de los españoles a los montes, y juntos de los que andaban alzados una tropa de hasta veinte o más; entraban algunos pueblos de los indios, a quien hacían mucho mal y daño, quitándoles lo que podían, y cometiendo otros delitos, que pedían presto remedio. Para que este tuviera el fin que era necesario, nombró el oidor a Alonso Rosado conquistador, por cabo y caudillo de los algunos españoles, que los buscasen y trajesen presos, y no dándose a prisión, usasen del último remedio arcabuceándolos o matándolos de cualquiera suerte que se pudiese. Salió Alonso Rosado con su gente, y padeciendo algunos trabajos por los montes, dio vista a los negros fugitivos, los cuales hallándose sin armas, y cercados de los españoles con ellas, se rindieron y fueron llevados prisioneros a la ciudad de Mérida. Entregados al oidor, los puso en la cárcel, hasta que por vía jurídica fueron castigados según sus delitos. Reputóse la prisión de estos negros, por servicio considerable en esta tierra; porque demás de los daños, que con ella se evitaron, se sosegó un rumor que ya corría, de que algunos indios intentaban revelarse contra los españoles, con el color y ánimo que les daban aquellos esclavos, temerosos de que habían de venir a manos de la justicia, y ser castigados, como después lo fueron.

Sucedió también, que muchos indios de la parte del mediodía de esta provincia, que llaman la Sierra, se habían retirado a lo interior de la tierra (que dista entre esta y la de Guatemala) huyendo de la comunicación de los españoles, y de la enseñanza cristiana. Considerando el oidor el de servicio grande que a Dios y al rey, se hacía con esta fuga, ordenó al capitán Francisco de Montejo, que como se dijo, lo fue de la conquista, que entrase por aquellos despoblados, y procurase atraerlos a los pueblos de su naturaleza. Salió aquel capitán con gente de la ciudad, y anduvo por las montañas y rancherías, congregando con medios pacíficos muchos indios. Distaban algunos más de setenta leguas de la ciudad, y cuarenta de la más cercana población. Entre estos distantes supo el capitán de una tropa de indios acuadrillados, y no pudiendo ir, lo encomendó a Alonso Rosado, uno de los que con él iban, y que prendió antes a los negros, dándole algunos españoles para que fuesen con él. Hallaron a los indios, y de suerte los persuadió, que se dieron de paz y los trajo al capitán. Congregóse con esta salida número muy considerable de indios, que se repartió a los pueblos de su naturaleza, con que quedó esta tierra de Yucatán quieta por entonces. Consta lo uno y lo otro de las probanzas auténticas que se hicieron y he leído.

Dícese, que duró el tiempo de la residencia tres mesas, en el cual el oidor ordenó algunas cosas para útil de los indios, y su buen tratamiento, y para el aumento de su cristiandad. Reformó otras en cuanto a los españoles, que como en repúblicas recién fundadas, le pareció convenir para su mejor gobierno. Quedaron estas memorias por mayor, y no he hallado instrumentos con que singularizar lo sucedido en la residencia al adelantado. Según lo mandado en la real provisión referida en el capítulo antecedente, le fueron quitados los repartimientos de indios, que le cupieron en el general, que de todos los de esta tierra se había hecho en la conquista de ella conforme a lo capitulado. He oído decir a algunos, que le fueron quitados por resulta de la residencia: pero como se ha vista, no fue sino porque llegasen a la debida ejecución las nuevas leyes generales dadas para estos reinos, y así perdió por ser gobernador, lo que no se le quitara siendo conquistador particular: pero debió de preponderar el bien universal, que se pretendía a estos reinos con la ejecución de dichas leyes, al daño particular que de ella resultaba al adelantado, aunque tuviese derecho por vía de conquistador a la posición de los indios, que le habían sido encomendados, pues no tenía otra recompensa de tantos gastos, como había hecho. Por esta causa después doña Catalina su hija pidió restitución de ellos, y en litigio, que con su real fisco tuvo, durante muchos años, como se dará razón en el capítulo siguiente, hizo el rey merced de una renta muy considerable en esta tierra en recompensa de ellos. Quedaron en la corona real hasta este tiempo, si bien nuestros reyes, como tan piadosos, no han gastado las rentas de ellos en gastos suyos, sino que quedaron para ayudas de costa, que se dan a los que no alcanzan encomiendas, y todas se reparten a personas beneméritas de esta tierra.

Concluida la función del oidor, se fue a la real audiencia de México, y quedó el gobierno en los alcaldes ordinarios de la ciudad y villas, cada uno en su distrito por algunos meses, hasta que la misma audiencia envió quien gobernase a todo Yucatán, con título de alcalde mayor, como se dice adelante. El adelantado n. Francisco de Montejo se fue con su residencia a España a dar cuenta de sus acciones en el real consejo de indias, y allá en España murió. Dice dél Bernal Díaz del Castillo en su historia «El adelantado don Francisco de Montejo fue de mediana estatura, el rostro alegre y amigo de regocijos, y buen jinete: cuando pasó acá sería de edad de treinta y cinco años, y era más dada a negocios, que para la guerra, era franco y gastaba más de lo que tenía: fue adelantado y gobernador de Yucatán, murió en Castilla». Esto dice este autor, que le comunicó tanto, como se deja entender. En doña Beatriz de Herrera su legítima mujer hubo durante el matrimonio a doña Catalina de Montejo, que le sucedió en el adelantazgo, y los demás derechos de su padre. Casó esta señora doña Catalina de Montejo en la ciudad de México con el licenciado Alonso Maldonado, que fue el primer presidente de la real audiencia de los Confines, cuando se quitó el gobierno de Honduras al adelantado, como refiere el padre Remesal en su historia de Chiapa, y por la herencia de la muerte fue después adelantado de Yucatán. El licenciado Maldonado y doña Catalina, tuvieron por hijo legítimo a don Juan Maldonado Montejo, que por muerte de su padre fue adelantado. Siéndolo, y alcalde ordinario de la ciudad de México, renunció, y hizo donación del adelantazgo, y todo lo que a él pertenecía en don Alonso Suárez de Solís su sobrino y hijo de Cristóbal Suárez de Solís y doña Aldonza de Guzmán, vecina de Salamanca en España, cuya descendencia goza el título y preeminencias de adelantado de Yucatán, de que se da más razón en los dos capítulos siguientes.

Don Francisco de Montejo hijo del adelantado y capitán general de esta conquista, que con poderes de su padre pobló y fundó la ciudad de Mérida, y las tres villas de Campeche, Valladolid y Salamanca, y sujetó con efecto toda esta tierra al dominio del rey, aunque vivió después del padre; no le sucedió en la herencia, por no ser habido en legítimo matrimonio, aunque engendrado en tiempo, que el adelantado le podía contraer con su madre, llamada Ana de León, persona soltera, no obligada a matrimonio, ni religión, como ni tampoco el adelantado. Habiendo tenido relación el señor emperador Carlos V de este defecto en el nacimiento de este caballero por su real carta, provisión y privilegio dado en Valladolid a 6 días del mes de abril de 1527 años, secretario Francisco de los Cobos, usando de la autoridad real, dice: «Por ende por hacer bien y merced a vos el dicho Francisco de Montejo: por la presente hacemos legitimo hábil, y capaz al dicho Francisco de Montejo vuestro hijo, para que pueda haber y heredar todos, y cualesquier bienes, así muebles, como raíces, que por vos el dicho Francisco de Montejo en vuestra vida, o al tiempo de vuestra fin y muerte, por vuestro testamento, y postrimera voluntad y por vuestra manda, y donación, e por otras cualesquier personas le fueren dados, dejados e mandados en cualquier manera, bien así, y tan cumplidamente, como si de su propio nacimiento fuese de legitimo matrimonio, nacido y procreado, con tanto que no sea en perjuicio de vuestros hijos legítimos, y de legitimo matrimonio nacidos, si alguno tenéis o tuviéredes de aquí adelante, ni de los otros vuestros herederos ascendientes y descendientes por línea derecha extestamento, o ab intestato. Y para que de aquí adelante pueda tener y ser admitido a todos y cualesquier oficios reales, y concejiles, y públicos, que le sean dados y encomendados por nos. o por otras cualesquier personas, así, y tan cumplidamente, como los pueden tener los que son de legitimo matrimonio nacidos. Y para que pueda haber, y haya, y le sean guardadas todas las honras, gracias, franquezas y libertades, y todas las otras cosas, que han y deben tener los que son de legítimo matrimonio nacidos, aunque sean tales, que según derecho deba ser hecha expresa y especial mención en esta nuestra carta de legitimación. Y para que pueda decir y razonar: Ca Nos dé cierta ciencia, y propio motu, y poderío real absoluto, de que en esta parte queremos usar, como reyes y señores naturales no reconocientes superior, en lo temporal le hacemos legítimo, hábil y capaz, para todas las cosas susodichas, y alzamos y quitarnos dél toda infamia, mácula, y defecto, que por razón de su nacimiento le pueda ser puesto en cualquiera manera, así en juicio, como fuera de dél etc. y prosigue expresando leyes contrarias, que deroga por este privilegio, con el estilo que en semejantes mercedes se acostumbra».

Aunque así nobilitado don Francisco, no pudo perjudicar al derecho, que doña Catalina como legítima tuvo, y permaneció en esta tierra con la estimación que le era debida, quedando por suyas las casas, que el adelantado fabricó en la plaza de Mérida. Casó este caballero con doña María del Castillo, cuyos hijos fueron don Juan de Montejo, doña Beatriz de Montejo, y doña Francisca del Castillo. Murió don Francisco por el año de 1564, tan pobre por haberle quitado los indios encomendados, que para haber de casar las dos hijas, antes que muriese, se empeñó de suerte, que cuando falleció, debía de veinticinco a 30.000 pesos, de que hubo de hacer información la viuda doña Andrea, para pedir al rey la socorriese con una ayuda de costa, conforme a su calidad, porque padecía extrema necesidad, que era las medras con que la dejaba su marido después de tantos servicios a que solamente correspondía una encomienda de indios, que su hijo don Juan poseía, como cualquier particular conquistador, y el hijo no la podía alimentar por haberse obligado a pagar todas las deudas del padre, para descargo de su conciencia, y el empeño se había hecho para casar las dos hermanas don Juan casó con doña Isabel Maldonado, que tuvieron por hijos a don Juan de Montejo Maldonado, y a don Francisco de Montejo, y a doña Andrea de Montejo Maldonado. En don Juan, que murió el año pasado de 1642, cesó la sucesión de don Francisco por vía de varón. Quedaron en igual grado de parentesco por línea femenina don Francisco de Solís Casaus, regidor perpetuo de la ciudad de Mérida, y capitán de la compañía De caballos, que hay en ella cuando esto se escribe, y el maestro de campo don Juan de Salazar Montejo. Este caballero heredó por mayoría las casas, que labró el adelantado en la plaza mayor do la ciudad de Mérida, y quedaron vinculadas en don Francisco, que no parece haber otra cosa de herencia. Casó don Juan con doña Ignacia de Padilla, y los sucederá su hijo don José de Salazar Montejo. Esta es la descendencia de aquel caballero hasta el tiempo presente.

Capítulo XII. Doña Catalina de Montejo pide restitución de los indios quitados a su padre, y litigio que en ello hubo
Dicho en el capítulo antecedente, como los indios de encomienda, que cupieron al adelantado don Francisco de Montejo en el repartimiento general de esta tierra, se le quitaron por ser gobernador de ella, será bien decir en el presente lo que de ello resultó, por si no hubiere otro lugar tan a propósito, aunque no sucedió en el tiempo que voy refiriendo. Fue pérdida tan considerable para el adelantado, y sus sucesores, como se deja entender, quitarle estos indios, porque en las rentas de sus tributos tenía afianzado el descanso de sus trabajos y recompensa de los grandes gastos, que en tantos años había hecho, porque se hallaba alcanzado y necesitado; pero no consiguió la restitución de ellos en lo restante que vivió. Quedó su hija doña Catalina por

su heredera legitima, y siguiendo la justicia, que su padre alegaba tener, para que le fuesen restituidos; presentó en el real consejo de las indias, por medio de un su procurador Juan de Uribe, una petición en 11 de noviembre de 1561 años, en que hacienda relación de la capitulación, que su padre hizo con el emperador, y que mediante ella le habían sido encomendados estos indios, que se le habían quitado por ser gobernador, la cual merced se contenía en la capitulación dada por su vida. Pidió, que le fuesen vueltos con los frutos y rentas, que hubiesen rentado y rentasen, hasta la real restitución. Lo cual si así no se hiciese, dijo el procurador, que los dichos sus partes habían sido engañados con autoridad de príncipe, por la merced, que de esta gobernación se le había hecho, pues por ella fueron quitados los indios, y todo el provecho que en esta tierra tenía, con otras muchas cosas que allí alegó.

A este pedimento se proveyó, que se diese traslado al fiscal real, que a la sazón era el doctor Francisco Hernández de Liébana, el cual respondió, no había lugar a lo pedido, porque el adelantado no había hecho la conquista de Yucatán, ni fundado las poblaciones, que con él se había capitulado, ni usado los oficios, que se le habían prometido, ni cumplida enteramente la capitulación, por lo cual no había derecho alguno para lo que se pedía. Que el adelantado había tenido pleito con el fiscal, sobre la residencia, que se le había tomado, así de esta gobernación, como de los demás oficios que había tenido, por donde se podría entender lo que había servido, y que se juntase la residencia, para que viese, juntamente con lo que doña Catalina pedía.

Diósele traslado, y su procurador respondió, que haber poblado su padre, y no otra persona esta tierra, constaba por cosa notoria, y que sino había usado los oficios concedidos, había sido, porque no los había podido ejercer antes de poblarla, y que después había venido a la corte a suplicar se cumpliese con él la capitulación, y había muerto en la corte estando en esta pretensión, por lo cual no se había podido concluir. Que siempre en todas las cédulas, y provisiones le había llamado el rey adelantado de Yucatán. Como doña Catalina pedía, no solo los indios quitados, sino el cumplimiento de toda la capitulación, alegó no solamente el servicio de esta conquista, sino todos los que el adelantado había hecho antes, y los de otras partes, durante el tiempo que tardó en pacificarse, y poblarse Yucatán. Que el pleito de la residencia era otra materia diversa, y ya estaba dada sentencia. Que la ley de quitar indios,

aunque en cuanto a algunos gobernadores fuese justa, en cuanto a su padre no lo era, pues si entendiera, que por gobernador se había de hacer después ley, que se le quitasen los indios, no se obligara a lo que se había obligado en la capitulación, ni gastado lo que gastó. Que así suplicaba, no fuesen molestados con pleitos, y siniestras relaciones los que habían servido, y gastado sus haciendas en ello. Mandóse dar traslado al fiscal, y por él se concluyó a ello, sin embargo, y fue habido este pleito por concluso. Visto por los señores del consejo, por autos de vista, revista, recibieron las partes y prueba, para los reinos de España e Indias.
Estando en este estado el procurador Juan de Uribe, en nombre de doña Catalina, a 4 de junio de 1562 años, presentó en real consejo otro pedimento, y en el hizo larga relación de todos los servicios del adelantado su padre. Como había pasado a las Indias en compañía del capitán Pedro Arias Dávila, con quien sirvió al rey en Tierra firme, y de allí pasando a isla de Cuba, vino con el capitán Francisco Hernández de Córdova, cuando se descubrió esta tierra, segunda vez con el capitán Juan de Grijalva, cuando se dio la primera vista a la Nueva España: tercera con don Hernando Cortés, cuando se conquistó, siendo capitán, como se ha dicho en esta historia y consta de otras. Como fue el primer español que pisó la tierra de la Nueva España, el primer procurador, que de ella llevó el primer presente de plata, oro y otras cosas al emperador. Vuelto a la Nueva España a dar cuenta de su legacía, a pocos días que en ella estuvo, todo el reino le volvió a enviar por su procurador general al mismo emperador. En este segundo viaje capituló con su majestad la conquista de Yucatán, que con tan grandes gastos propios vino a ejecutar el año de 1527, durando hasta el de cuarenta, verse de todo punto pacífica esta tierra donde habiendo capitulado fundar dos lugares de españoles, pobló cuatro. Que por mandado del mismo emperador, en el ínterin que se pacificó Yucatán, donde tenía a su hijo con los conquistadores, había conquistado y poblado la provincia de Honduras a su costa (y yo he vista en muchas probanzas de los conquistadores de esta tierra de Yucatán servicios hechos en aquella conquista.) allí pobló la ciudad de Gracias a Dios, donde primero residió la audiencia real de los Confines, que se pasó a Guatemala; las villas de San Pedro y Comayagua, Valladolid, y otros pueblos. Que nada de esto le había sido gratificado; antes le habían quitado los indios en aquella tierra por

ser gobernador, como en Yucatán. Que atento a tantos servicios, ya que los indios quitados no se restituyesen, se le hiciese merced en recompensa de otros, que restasen tanto como ellos en Yucatán, o otra tanta renta en la caja real de México, y que el consejo descargase la real conciencia, entre tanto que el pleito se determinaba.

Diose traslado al fiscal de su majestad, que ya lo era el licenciado Jerónimo de Ulloa, y pidió tiempo para hacer más probanzas por los mismos artículos, lo cual le fue concedido por autos de vista y revista con la mitad del término probatorio, con que las partes fueron recibidas a prueba para en los reinos de España. Aunque por parte de doña Catalina fue pedida, y hecha publicación dentro del término, ni por la suya, ni por la del fiscal se presentó probanza alguna. Después siendo el licenciado López de Sarria fiscal, hizo un pedimento en que suplicó, se mandase suspender la vista, y determinación de este pleito, hasta que se juntase con él la residencia, y otros papeles, que contra el adelantado presentaba, y en particular una corte, que el virrey, que a la sazón era, había escrito tocante a la conquista de esta tierra. Esta corte juzgo, que fue la respuesta de la cédula que vino al virrey, y queda referida en el libro segundo. Proveyóse auto mandando, que el fiscal dentro de cierto término presentase realmente el proceso y escrituras de que hacía relación, con apercibimiento, que pasado el término se vería y determinaría el pleito. Notificóse al fiscal y pasóse el término, que vista por los señores del consejo por autos de vista y revista, a 27 de mayo de 1576 años se proveyó, que se diese cédula para el virrey de la Nueva España, y para el gobernador de Yucatán, con relación de lo pedido por doña Catalina de Montejo, y de lo que contenía la capitulación que alegaba, para que enviasen relación particular de lo contenido en la dicha relación, especificando, en que cosas había sido gratificado el adelantado don Francisco de Montejo, y si se le había dada alguna cosa equivalente en recompensa de lo que se pedía y qué había sido: y si tenían inconveniente, alguna o algunas de las cosas contenidas en el pedimento de doña Catalina, y que valor podrían tener cada una de ellas, y si se seguía perjuicio a alguna persona, y que perjuicio era. Y en caso que se hubiese de hacer alguna equivalencia a doña Catalina, por razón de lo dicho, en que se le podía hacer, y lo que más les pareciese convenir sobre ello.

Despachada real provisión en orden a esto, y recibida de». Por es la relación que se pedía, y pareceres, fueron presentados en el consejo. Replicó el fiscal del rey, el doctor Marcos Caro, en 4 de marzo de 1585 años (tanto tiempo pasó en estas diligencias) que la relación no cumplía con lo que se había mandado en los autos de vista y revista, que así lo que se había hecho era de ningún valor y pedía que por tal se declarase. Diose traslado a doña Catalina, que pidió, que sin embargo, pues no había necesidad de nuevo parecer, se determinase el pleito y habiéndosele dada traslado al fiscal, a 22 de abril de 1597 años, se pronunció un auto mandado, que se cumpliese con los de vista y revista proveídos, y informasen de nuevo el virrey y gobernador de Yucatán y que se buscase la residencia del adelantado. Luego a 27 del mismo mes replicó Juan García de Solís, procurador, en nombre de don Juan Maldonado de Montejo, hijo de doña Catalina (que parece ser era ya difunta) suplicando de este auto, diciendo era nulo, agraviado y de revocar, y que se había de mandar determinar esta causa definitivamente, sin dar lugar a más dilación, pues se trataba de cumplimiento de contrato oneroso con la majestad real, conforme a derecho, y por las reglas de justicia conmutativa. Porque era notorio por las probanzas hechas, que el adelantado había cumplido con la capitulación: y el fiscal no había podido probar cosa en contrario en más de treinta y dos años, que había puesto de dilación para la determinación de esta causa, y después de una larga alegación concluyó: que el adelantado había sido dada por libre de la residencia, como constaba por los autos de ella. Diose traslado al fiscal, que respondió a ello, y pidió, que se cumpliesen los autos proveídos. Confirmólos el consejo a 20 del mayo siguiente, si bien revocando se buscasen los autos, que en esta causa había hecho el doctor Palacio (cuya venida a esta tierra se dice adelante) y también lo de la residencia del adelantado. Lleváronse los pareceres del virrey y gobernador de Yucatán, habiéndose pasado en esta diligencia seis años, porque se presentaron en el consejo a 13 de noviembre de 1603 años. En esta suspensión se estuvo el pleito otros diez, hasta que a 6 de diciembre de 1613 años, don Alonso Suárez de Solís, sobrino del adelantado don Juan, hizo nuevo pedimento por la causa que se dice en el capítulo siguiente.

Capítulo XIII. Renuncia el adelantado su derecho en un sobrino suyo, dícese la conclusión del litigio

Como la materia que se va tratando estaba reducida a vía judicial, alegando los fiscales del rey lo que se ha vista, se procedía en ella lentamente, y consta de lo ejecutoriado en favor del adelantado, que por no haberse hallado por su parte al litigio persona de las calidades, que negocio tan grave requería, no se concluyó tan presto, como el consejo lo determinara. El adelantado don Juan Maldonado Montejo, siendo alcalde ordinario de la ciudad de México, otorgó en ella su poder, a 24 de abril de 1596 años, para que don Alonso Suárez de Solís su sobrino (y hijo de Cristóbal Suárez de Solís y doña Aldonza de Guzmán) vecino de Salamanca en España, pudiese seguir, y pedir ante el rey y su consejo el derecho que tenía a lo referido. Y para que con más eficacia lo ejecutase, le hizo donación irrevocable, por ser tan cercano deudo de todo el derecho y acción, que a las capitulaciones del adelantado su abuelo tenía, y a todo lo contenido en este pleito: con tal, que si don Alonso muriese sin tener efecto la consecución de las mercedes, que por la capitulación se pedían, retenía en si su derecho, y la donación que dél hacía para lo repetir y usar del, cada y cuando que le conviniese.

Don Alonso Suárez, como quien ya tenía este derecho por suyo, pareció en el consejo, y por un pedimento de 6 de diciembre de 1613 años, dijo: Que pues se había suspendido la determinación do esta causa, porque informasen el virrey de la Nueva España, y gobernador de Yucatán, y ya lo había hecho, con que estaba el proceso, y pleito en estado de verse y determinarse, que suplicaba se viese y resolviese. Dióse traslado al fiscal, que replicó, que no habían informado, como se debía y que era necesario nuevo informe: alegando muchos excesos, que se decía haber cometido el adelantado en la conquista, los cuales se había mandado averiguase el licenciado Santillán, por cédula del señor emperador Carlos V, dirigida para ello con otras cosas en contrario de lo pedido, y que se trajesen todos los autos hechos por el licenciado Santillán, que no se hallaban en el consejo, aunque se habían buscado con cuidado, y que mientras no fuesen presentados, no se votase el pleito. Respondió don Alonso, que la cédula, que el fiscal decía, no era averiguación cierta de excesos, ni delitos hechos por el adelantado, sino sola relación, de quien por emulación o fines particulares había dicho, que el adelantado los había cometido. Lo decisivo había sido, que el licenciado Santillán quitase los indios, que contra los reales órdenes estuviesen dados por el adelantado, o repartidos entre él y sus hijos, y averiguase si era cierta la relación de los excesos, y enviase al consejo las averiguaciones que hiciese, y que oídas las partes hiciese justicia. Que los indios se le habían quitado solo por ser gobernador entonces, como constaba del pleito visto por el real consejo, y no por otra causa. Que si el licenciado Santillán hubiera hallado, que los excesos que se decía eran ciertos, hubiera enviado la averiguación con los demás autos y informes, y parecieran en el consejo como estos parecían. Que de esto constaba el perjuicio que se le hacía con la dilación, que pedía el fiscal desde que duraba el pleito, cincuenta y tres años había. Que parecía dar causa a, los sucesores, para que gastadas sus haciendas en el seguimiento, se viesen necesitados a desamparar la causa, contra la mente y intención, de que siempre se administrase justicia. Que de la residencia no constaba cosa culpable, como se había visto en el consejo, y en particular cuanto al mal tratamiento de los indios, que era una de las cosas, y la más principal, que se contenía en la cédula del año de 49, sino que antes les había hecho muy buen tratamiento, y procedido en forma digna de premio, y no de castigo, y propuso otras muchas alegaciones, en orden a que se determinase el pleito, pues tenía estado para ello.

Dióse traslado al fiscal, el cual respondió, contradiciendo el pedimiento de don Alonso: pero visto por los señores del consejo, proveyeron a 20 de septiembre de 1614 años, que no había lugar de concederse el término ultramarino que el fiscal pedía, y se lo dieron cuarenta días, con denegación de más, para que dentro de ellos hiciese las diligencias en la corte, y en Simancas, para traer las escrituras y papeles pertenecientes al dicho pleito, y para ello se le diesen las reales cédulas que fuesen menester, con apercibimiento, que no presentándolos dentro del dicho término, sin le conceder otro ninguno, se votaría y determinaría la causa en lo principal definitivamente. Notificóse este auto al fiscal en 30 del mismo mes de septiembre, y no presentando dentro del término asignado escrituras, ni papeles algunos; los señores del consejo dieron y pronunciaron en el dicho pleito sentencia definitiva en Madrid, a 22 de diciembre del mismo año de 1614, la cual fue del tenor siguiente.

Sentencia definitiva de este pleito.

«En el pleito que es entre el dicho Garci Pérez de Araciel, fiscal del rey nuestro señor en el real consejo de Indias de la una parte. Y de la otra don Alonso Suárez de Solís, vecino y regidor de Salamanca y Gaspar de Lesquina su procurador en su nombre, como cesonario de don Juan Maldonado su tío. Fallamos, que el dicho don Alonso Suárez de Solís probó su acción y demanda, según, y como probar lo convino, para en lo que yuso se hará mención. Y la parte del dicho fiscal no probó sus defensas, como probarle convino. Por ende, que debemos de mandar y mandamos, que a al dicho don Alonso Suárez por todas las pretensiones deducidas en este pleito, se le den 3.000 ducados de renta en indios vacos por tres vidas, con prelación a todas las demás personas, que tuvieren merced hecha en los dichos indios vacos, o que vacaren, lo cual se le dé en los indios vacos de la provincia de Yucatán. Y se le dé título de adelantado perpetuo de la dicha provincia de Yucatán para él, y para sus sucesores perpetuamente. Y de todo lo demás pedido por parte del dicho don Alonso Suárez absolvemos al dicho fiscal de su majestad, y ponemos sobre ello perpetuo silencio a el dicho don Alonso y a sus sucesores, para que sobre ello no pidan más cosa alguna ahora ni en tiempo alguno. Y por esta nuestra definitiva juzgando así lo pronunciamos y mandamos sin costas.»

Notificada a las partes, ambas suplicaron de ella. El fiscal aceptando por lo que hacía en favor del real fisco, pero no en haberle absuelto y dada por libre en todo, diciendo que debía ser oído, porque el adelantado no había cumplido la capitulación en todo el contrato, pues no había hecho las dos fortalezas que había capitulado, y que así no tenía acción a pedir, y que en lo demás había tenido provechos bastantes para gratificación. Don Alonso la aceptó también en lo que le era favorable, y suplicó de lo demás, diciendo: Que en cuanto por ella no se habla declarado, que el adelantado había cumplido de su parte con las capitulaciones que se habían hecho sobre la conquista y población de Yucatán, y que su majestad estaba obligado a cumplir de la suya, mandándole dar todo lo que se le habla prometido por la capitulación; era agraviada, y debía revocarse, porque las dichas capitulaciones eran un contrato reciproco, en que cada una de las partes contrayentes estaban obligados a el cumplimiento de lo prometido por su parte: constando, que el otro había cumplido de la suya. Y así teniendo probado el adelantado, que había cumplido de su parte con todo lo capitulado, estaba su majestad obligado a cumplir todo lo que de la suya había por la capitulación prometido. Que no solo había poblado el adelantado dos pueblos, sino cuatro, como era notorio, y aun tuvo poblado en Chichen Ytzá uno de ciento y sesenta vecinos, como constaba de la Crónica de las Indias, y estaba probado por los testigos del fiscal de su majestad, que probaban más abundantemente el cumplimiento de la capitulación, que los presentados por parte del mismo adelantado.

Que no haber hecho las dos fortalezas, era pérdida solamente del adelantado, porque se capituló hacerse, siendo conveniente al servicio de su majestad, y constaba no haberlo sido: no solo por la probanza do testigos, sino por lo que habían informado separadamente el virrey, la audiencia, el gobernador de Yucatán, y el doctor Palacio, enviado por la audiencia con orden, para ver si convenía hacerse, y por su parecer había informado lo mismo. Porque si no fuera así, era cierto que el adelantado las hiciera por su interés particular, que se le seguía de ellas, pues había de ser suya la tenencia con salario perpetuo. Volvió a hacer relación de todos los servicios del adelantado, y diciendo como los indios, que se le habían quitado, no los poseyó más de cinco o seis años; concluyó su súplica, con que no podía ser satisfacción competente los 3.000 ducados de renta por tres vidas en indios vacos. Porque no solamente no era correspondiente, pero ni aun los réditos, que se les debían. Ni era satisfacción el título de adelantado al presente, aunque pudiera serlo en tiempo de la conquista, sino en el de marqués o conde, respecto del estado presente de las cosas y de las pagas preposteradas del asiento y daños que habían recibido en la prosecución de esta causa, en que había muerto el adelantado, su hija doña Catalina, y Alonso Maldonado su marido y Cristóbal Suárez de Solís, padre de don Alonso, y los gastos que el había hecho en dieciocho años, que había asistido al pleito. Por todo suplicaba, que la sentencia dada en lo favorable se confirmase y enmendase, declarando haber cumplido el adelantado con la capitulación, y deberse cumplir por parte de su majestad lo prometido en ella, o por lo menos dar satisfacción correspondiente. Y que al fiscal se debía negar el término ultramarino, y lo demás que pedía.

Dióse traslado al fiscal, que repitió lo pedido, pues se podía entender, que los papeles que alegaba se hallarían en Nueva España, aunque no se habían hallado en Simancas. Dióse traslado a don Alonso, y en este estado fue habido el pleito por concluso, y la prueba ofrecida por el fiscal por autos de vista y

revista, para cuando el pleito se viese en definitiva. Y vista por el consejo en definitiva, dieron y pronunciaron en él sentencia en grado de revista, a 8 de abril de 1615 años, que dijo así.
Sentencia de revista más favorable al adelantado.
«En el pleito, que es entre el licenciado Garci Pérez de Araciel, fiscal del rey nuestro señor en el real consejo de las indias de la una parte, y don Alonso Suárez de Solís, vecino y regidor de la ciudad de Salamanca y Gaspar de Lesquina su procurador en su nombre de la otra. Fallamos, que la sentencia definitiva en este pleito dada, y pronunciada por algunos de nos de los del dicho real consejo, de que por ambas las dichas partes fue suplicado, fue y es buena, justamente dada y pronunciada. Y por tal, sin embargo de lo contra ella dicho y alegado en el dicho grado de duplicación, la debemos confirmar y confirmamos: con que los 3.000 ducados, que le están mandados dar al dicho don Alonso Suárez de Solís por tres vidas con antelación, sean por cuatro vidas, sin obligación de residir, con que ponga escudero, conforme a la ley de los encomenderos, y que los 1.500 ducados de ellos se le paguen en la caja de su majestad de aquella provincia, hasta que se le enteren en indios. Con que en cualquier cantidad, y en la primera que se le fuere enterando en indios, cese aquella misma cantidad de la situación de la caja de los dichos 1.500 ducados. Y también la confirmamos en cuanto le mandamos dar título de adelantado perpetuo: reservando como reservamos al dicho don Alonso Suárez de Solís su derecho a salvo, para que por vía de gracia pueda pedir, y su majestad hacerle la merced honorífica que fuere servido. Y con lo susodicho mandamos que la dicha sentencia se guarde, cumpla y ejecute en todo y por todo, según y como en ella se contiene. Y por esta nuestra sentencia definitiva en grado de revista, así lo pronunciamos y mandamos sin costas.»
Suplicaron de ella ambas partes para ante la persona real. El fiscal de su majestad en su nombre, que cumpliendo con el tenor de la ley de Segovia, hizo presentación de la obligación y fianza para las 1.000 doblas, porque las otras 500 pertenecían a su real fisco. Gaspar de Lesquina en nombre de don Alonso ofreciendo la de las 1.500, según la misma ley, pidiendo el cumplimiento de la capitulación, porque su parte era agraviada en no cumplírsela, y entre otras razones que alegó, fue decir, que los réditos que se le debían en razón de lo prometido, montaban más de un millón. Y que encomiendas por tres o cuatro

vidas, se habían dada ordinariamente en las indias, no a los conquistadores principales, que a su costa habían hecho la conquista, sino a cualesquier que les habían acompañado en ella, y que para mucho mayores mercedes no habían sido necesarias capitulaciones, sino servicios voluntariamente hechos. Mandóse dar traslado de esto, y habido el pleito por concluso, se presentaron ambas partes ante la persona real en grado de segunda duplicación. Su majestad dio facultad al licenciado don Juan Gaitán de Ayala, del consejo de la santa y general inquisición, y a los licenciados Diego Lucio Lucero y don Luis de Campo y Mendoza del consejo de las indias, y los licenciados don Juan Serrano Zapata, y don Juan Coello de Contreras, del consejo de órdenes, para que viesen el proceso de este pleito en el grado de segunda apelación, y le determinasen como hallasen por justiciar. Visto por aquellos señores jueces, dieron y pronunciaron sentencia en el grado de segunda duplicación, a 8 de julio de 1617 años, cuyo tenor fue como se sigue.
Ultima sentencia más favorable.
«En el pleito que ante nos es, y pende por especial comisión de su majestad en grado de segunda duplicación, con la pena y fianza de las 1.500 doblas, conforme a la ley de Segovia, entre partes don Alonso Suárez de Solís vecino y regidor de la ciudad de Salamanca actor demandante, y Gaspar de Lesquina su procurador en su nombre, y de la otra reo demandado el real fisco, y el doctor Bernardo Ortiz de Figueroa, fiscal de su majestad en su nombre. Fallamos, que la sentencia definitiva de revista, dada y pronunciada por los del real consejo de las indias, en 8 días del mes de abril del año pasado de 1615 años, de que por ambas las dichas partes fue suplicado para ante la persona real segunda vez, conforme a la ley de Segovia, y so la pena y fianza de ella es y fue justa y a derecho, conforme y como tal la confirmamos: con que los 3.000 ducados que por ella se mandan dar al dicho don Alonso Suárez de Solís por cuatro vidas, sean y se entiendan por seis vidas en la misma forma, que se le daban por las dichas cuatro vidas. Y con que como se le mandaban dar los 3.500 ducados de los 3.000 en la caja real, en el ínterin que no se le situasen, se le den, y paguen en la dicha caja todos estos 3.000 ducados, mientras no se situaren toda la dicha cantidad, y como se le fueren situando, tanto menos se le pague de la dicha caja. Y más mandamos, que demás de lo contenido en la dicha sentencia de revista con la declaración de ésta, se le

den y paguen a el dicho don Alonso Suárez de Solís y a sus sucesores perpetuamente 3.000 ducados de renta en cada un año, pagado de la caja real de las dichas provincias de Yucatán y Cozumel. Y con lo susodicho mandamos, que la dicha sentencia de revista se guarde, cumpla y ejecute según y como en ella se contiene. Y por esta nuestra sentencia definitiva en grado de segunda duplicación, así lo pronunciamos y mandamos.»

Concluido con esta última resolución, pidió el adelantado don Alonso Suárez de Solís a su majestad su real carta ejecutoria de esta sentencia, para que le fuese guardado lo contenido en ella, y le fue concedida su data en Fuenti-Dueña, a 26 de octubre del mismo año de 1617, firmada de su majestad, y por su mandado de Juan Ruiz de Contreras, secretario, y de los señores del real consejo de las Indias. Presentóse esta real ejecutoria en la ciudad de Mérida de este reino de Yucatán, a 8 de mayo del año siguiente de 1618 años, siendo gobernador Francisco Ramírez Briceño, el cual la obedeció luego que le fue presentada: mandando a los oficiales reales se le pagasen al adelantado los 6.000 ducados en la forma que su majestad mandaba y luego se les notificó a los oficiales reales, que también la obedecieron: con que desde este tiempo comenzó a gozar esta renta el adelantado don Alonso Suárez de Solís. Consta de los autos de este pleito haber pasado desde la primera petición de doña Catalina de Montejo, hasta la última resolución, cincuenta y seis años, menos los días, que hay desde 26 de octubre, hasta 11 de noviembre, sin los doce que pasaron, desde que fueron los indios quitados al adelantado su padre, hasta cuando ella la presentó.

Capítulo XIV. Ocupado el padre Landa en la conversión de los indios, intentan matarle y sucédenle cosas notables

Luego que llegaban los religiosos, lo primero que hacía el venerable padre comisario fray Luis de Villalpando, era enseñarles la lengua de estos naturales, sin lo cual no podían ejercitar el santo ministerio de la predicación evangélica a que venían destinados. Facilitaba su enseñanza el arte que queda dicho había compuesto para ella, y el que más presto y con mayor perfección la supo, fue el bendito padre fray Diego de Landa, de quien se dice (no sin admiración) que a pocos días la hablaba y predicaba, como si fuera su lengua nativa. Por causa de haber compuesto su maestro el padre Villalpando el arte, sin reglas de dirección precedentes, pareció haber en él algunas no necesarias. Quitólas el padre Landa, y aumentó otras, que lo parecían, de suerte, que en ninguna se ha hallado defecto, solo que por parecer muchas, y por el número difícil enseñarle presto, se redujo después a las necesarias, para aprender el idioma en la forma que hoy se nos enseña, recopilado por el reverendo padre fray Juan Coronel, que le dio a la estampa.

Ya dije, como en la tabla del capítulo se leyeron asignados los moradores para los conventos. Cupo al padre Landa el de Ytzamal, y el celo de la conversión de las almas que tenía, no se contentó con predicar y catequizar los indios del territorio de Ytzamal, aunque allí estaba por compañero; antes bien con deseo de aprovechar a todos, teniendo licencia y la bendición de su prelado, le sacó de allí su espíritu. Discurrió por toda la provincia (excepto lo que llaman Bakhalal por su mucha distancia) a pié y descalzo, como varón apostólico, y lleno de confianza en el señor, pasó grandes trabajos y muchas veces peligros de la vida, predicando, catequizando, y bautizando mucha multitud de almas, sacándolas de los montes donde vivían en rancherías, domesticándolos y atrayéndolos a poblado, y fundando de muchos de ellos pueblos en sitios acomodados, para poderlos doctrinar en nuestra santa fe, y administrarles los santos Sacramentos. Ocupándose en esto pasó a la Sierra y fue al convento de Maní, seminario de doctrina cristiana de todos aquellos pueblos tan numerosos de gente. Allí supo, que andaban muchos indios de ellos desparramados por detrás de aquellas serranías y solicitaba reducirlos, a que se bajasen a poblar en el sitio de Oxcutzcab, por ser tan a propósito, como después se experimentó. Tuvo noticia de que una multitud de indios gandules, en el sitio, que en su lengua llaman Yokvitz, habían trazado una solemnísima idolatría, y esto con publicidad bastante, para que llegase a noticia del padre Landa, teniendo por cierto, que en sabiéndolo, iría allá para evitarles la ejecución de su intento. Tenían determinado que en llegando, le habían de quitar la vida, sacrificándola a sus ídolos, y después comérsele, haciendo plato a su abominable apetito del cuerpo del bendito religioso. Parecíales, que con eso quedaban libres de la nueva observancia de ley, que les predicaba tan contraria a sus antiguos vicios y torpezas, en que estaban criados y envejecidos.

Aunque el padre Landa supo esta resolución de los indios, no se atemorizó con ella, sino que puesta su fe y esperanza en la majestad divina, por cuyo honor se daba al riesgo, luego al punto se fue en busca de ellos al sitio donde sabía que le aguardaban. Llegando, vio muchos indios embijados, cuyo aspecto le daba bien a entender con las demostraciones que hacían, la mala voluntad con que estaban. Llevaba una cruz de palo consigo y levantándola en alto, dijo: Ecce Crucem Domini fugite partes aduersa; y en su lengua a los indios. «Dios os guarde hijos, que me alegro mucho, que hoy os ha juntado aquí el señor y Criador de cielo y tierra, para que oigáis su divina palabra; si bien os habíades juntado a matarme y sacrificar a vuestros vanos dioses.» Fue cosa de admiracion que con estar aquellos indios con los arcos y flechas en las manos, para flecharle y matarle, ninguno se movió, más que si fuera de piedra, para la ejecución de su depravado intento, que tanto deseaban. Viendo el padre Landa este efecto de la poderosa mano de Dios, les predicó un fervoroso sermón, del amor y fe, que a su divina majestad, como a solo verdadero Dios era debido, cuyo poder detenía la furia, con que el demonio los había incitado a quererle quitar la vida, sin haberles hecho mal alguno. Declaróles el engaño con que los tenía persuadidos a adorarle en sus ídolos que veneraban, no siendo alguno Dios, ni digno de reverencia, y el demonio a quien adoraban misérrima criatura, que por su culpa y obstinada malicia estaba condenado a eternas penas, y que con la envidia que tenía de que los hombres habían de gozar la gloria que él había perdido, procuraba por todos caminos apartarlos del servicio de Dios, para que no la alcanzasen. Tanta eficacia tuvo la divina palabra por boca de este religioso, que oída por aquellos indios de fieros lobos carniceros, quedaron convertidos en corderos mansos. Compungidos en sus corazones, y arrepentidos del intento, arrojaron los arcos y flechas en el suelo, pidiéndole perdón de haberle querido matar, y le rogaron se quedase con ellos en aquel sitio algunos días para su consuelo. El bendito padre, aunque con descomodidad suya, como solamente atendía al bien de los indios, se detuvo allí, persuadiéndolos siempre, que se bajasen al asiento de Oxcutzcab. Vinieron los indios en ello, y guiándolos el apostólico padre Landa a todos los que pudo haber por aquellas serranías, los bajo al llano; y comenzó a poblar. Habiéndoles allí dado asiento, catequizó y bautizó a muchos, a quien dejó muy consolados, viéndose cristianos, aunque sentidos de ver que se les iba. Quedaron encargados de su administración los religiosos del convento de Maní, que como se ha dicho, no dista más de dos leguas.

De allí prosiguió hacia lo oriental de esta tierra, saliendo a la villa de Valladolid por la provincia de los Cocómes y Cochuaxes, procurando atraer sus naturales al conocimiento del verdadero Dios que ignoraban. Llegando a un pueblo, que hoy se llama Zitaz (Dzit Haaz) en tierra de los Cupúles, cansado, como quien iba a pié en tierra tan calurosa, le pareció irse a hospedar a la casa del cacique de aquel pueblo. Tenía su casa la vista a la plaza, y llegando a ella, la halló toda en circuito muy compuesta y adornada, según usaban, puesto recaudo para un solemne sacrificio, que querían ofrecer a sus ídolos. Muchas vasijas llenas de una bebida con que se emborrachaban en el sacrificio, y una especial, en que estaba un brebaje, con que a los que sacrificaban, privaban del uso de la razón, los adormecía y sacaba de sí, de suerte que no rehusaban que les abriesen los pechos y sacasen el corazón, con cuya sangre rociaban los ídolos, a honor de quien ejecutaba tan inhumano acto. Tenían un mancebo de hasta dieciocho años de edad, muy cargado de flores y bien amarrado a un palo para ejecutar en él el sacrificio. Sin mostrar temor el padre Landa, ni decir cosa alguna a los indios, se fue hacia el palo en que el miserable mancebo estaba atado, y le desató poniéndole junto a si. Derribó los ídolos de donde los tenían colocados, quebró las vasijas de aquella idolátrica bebida, y con espíritu de Dios les dijo, que le oyesen lo que quería enseñarles para el bien de sus almas. Había más de trescientos indios presentes a este acto, y siendo así, que instigados en él por el demonio, se solían enfurecer como leones; en esta ocasión no hicieron más, que mirarse unos a otros admirados, pero quietos contra su costumbre, para oír lo que el apostólico varón quería decirles. Viéndolos sosegados, les hizo una larga plática manifestándoles la obligación que tenían de conocer, amar, temer y servir a un solo Dios verdadero, infinito y todo poderoso, criador de todas las cosas, premiador de buenos, y castigador de idólatras y pecadores. Que su divina justicia les estaba amenazando por la muerte de aquel inocente mancebo, a quien injustamente querían quitar la vida. Que conociesen, que la majestad de aquel solo Dios, que les decía le había enviado en aquella ocasión, para que no cometiesen tal maldad, y aquel mancebo con IR muerte temporal que le querían dar, pasase a la eterna, muriendo sin ser cristiano. Declaróles la benignidad de Dios nuestro señor, que recibe a su amistad al pecador arrepentido, y la crueldad del demonio a quien adoraban en aquellos ídolos. Que la vida solo Dios era señor de ella, y que solo era lícito exponerla según su santa ley permitía, y que dada por su fe era gloriosa, como lleno de ignominia ofrecerla al demonio. Que el Eterno padre envió a su unigénito hijo al mundo, hecho hombre, movido de infinita caridad, para que nos redimiese, muriendo por los hombres para darnos la vida eterna. Que solamente el Dios que les predicaba, podía dar aquella en el otro mundo, y la temporal que ahora tenemos en este. Que sus falsos dioses, ni la podían dar ni quitar, y el demonio los persuadía por ellos, que unos a otros se la quitasen, para llevarlos más presto al infierno, a que en su compañía padeciesen eternos tormentos. Difusamente declaradas todas estas verdades, por medio de ellas movió Dios los corazones de aquellos idólatras, que compungidos le pidieron les enseñase despacio aquello que habían oído, porque deseaban saberlo, y para que se certificase, ellos mismos quebraron los ídolos en su presencia. Correspondiendo al deseo de los indios y en ejecución del que tenía de verlos cristianos, se estuvo con ellos catequizándolos y enseñándolos, discurriendo por todo aquel territorio, hasta que habiendo entrado el año de 51, le llamó la obediencia. Dijeron después los indios, que la causa de haber estado tan quietos, cuando desató al mancebo y quebró los ídolos, había sido el temor que les puso un grande resplandor que de su rostro salía, cuando los hablaba. La causa de llamar al padre Landa, fue que habiéndose llegado tiempo de celebrar la congregación o capítulo intermedio, y asignado el día del glorioso evangelista San Marcos, 25 de abril de aquel año de 1551, se tuvo en el convento de Mérida. Parece haberla presidido el bendito padre Villalpando, custodio actual y primero definidor. Están en la tabla asignados por segundo el padre fray Juan de Albalate, por tercero el padre fray Francisco Navarro y por cuarto el padre fray Diego de Landa, cuyas ocupaciones se van refiriendo. Este bendito religioso fue asimismo asignado por morador del convento de Cumkal, donde fue electo guardián el venerable padre fray Juan de la Puerta por cuya causa me persuado, a que no hizo el viaje a España, que dijo el padre Lizana, o que si fue, volvió con mucha celeridad, pues esta congregación fue por abril, y dice haberse partido en la Flota el año antes para España.

Esta variación de elecciones fue causa de que el padre Landa viniese del territorio de la villa de Valladolid (donde discurría tan bien ocupado, como se ha dicho) al convento de Cumkal, donde continuo el mismo ejercicio que allá tenía. Sucedióle en aquel pueblo un caso milagroso. Predicando un día a los indios, que aun habían muchos que no estaban bautizados, asistía una india entre los demás, que estaba de enfermedad ética, y se había hecho llevar cargada para oírle, porque no tenía fuerzas para ir por sus pies. Acabado el sermón, la india le pidió que la diese el santo bautismo. Quiso dilatarlo el padre Landa, y la india le dijo: «Padre, dame el bautismo, que yo creo todo lo que predicas, y espero que con él quedaré sana del cuerpo y del alma». Movido de la fe de la india, la bautizó, y al punto sanó como lo esperaba, y fue a su casa sana y por sus pies, la que había sido traída cargada por impedida. Con este milagro quedaron los indios más aficionados a la fe de Cristo redentor nuestro, que obra tales maravillas, cuando conviene, y esta hizo tal operación, que dice el padre Lizana, que hasta sus tiempos no se sabía haberse hallado indio idólatra de aquel pueblo.

Capítulo XV. Suceden al adelantado algunos alcaldes mayores, y celebrase el segundo capítulo custodial de esta provincia
Ya se dijo, como habiendo tomado residencia al adelantado, cuando se hubo de volver el juez de ella a la audiencia real de México, quedó el gobierno de esta tierra en los alcaldes ordinarios de la ciudad de Mérida y villas, cada uno en su jurisdicción y distrito. Luego el año de 1550, envió la audiencia a Gaspar Juárez de Ávila con título de alcalde mayor de todo Yucatán, y con este título le gobernó dos años, y en los fines de ellos mandó el rey, que estas provincias estuviesen sujetas a la audiencia de Guatemala. No he hallado, que día entró en el oficio, ni le acabó este alcalde mayor, y así no lo escribo.
Gobernando a Yucatán, llegaron al puerto de Campeche unos soldados españoles, que venían huidos del Perú, por uno de los tumultos, que en estos tiempos hubo en aquellos reinos, de cuya culpa debían de sentirse bien gravados, pues necesitaron de la fuga. Era tal su proceder de aquellos hombres, que en información jurídica que he vista hecha en esta tierra, todos los testigos les dan nombre de tiranos. Quisieron alzarse con un navío, que estaba en aquel puerto, y teniendo noticia de ello la justicia ordinaria de aquella villa, determinó prenderlos: no debió de ser con la cautela, que materia tan grave requería, con que antes que se llegase a la ejecución, se ausentaron de Campeche. Cogieron el camino real, que sale a la ciudad y en el pueblo de Maxcanul, donde se divide también para la Sierra, se apartaron para pasar a la villa de

Salamanca de Bakhalál. Dio aviso la justicia de Campeche de la fuga y camino que llevaban al alcalde mayor, el cual despachó a Alonso Rosado (de quien se ha hecho mención algunas veces) con algunos españoles, para que prendiese a aquellos hombres Alcanzólos veinte leguas de la ciudad de Mérida (que debió de ser. según la distancia, en este pueblo de Tikax, donde estoy trasladando esto en limpio) porque en su información de probanzas no se expresa el lugar, y los prendió y llevó a la ciudad. Entregados al alcalde mayor, los puso en la cárcel pública, y después hizo justicia de ellos, según sus méritos. Mucho daño se temió hubieran hecho estos hombres, si llegaran a la villa de Salamanca de Bakhalál, por ser población tan corta de españoles, y así fácil de inquietar con la llegada de gente tan perniciosa, que se pudo entender inquietaran los indios de aquella provincia, consintiéndolos vivir, como quisiesen, por tenerlos en su ayuda contra la justicia, de quien iban huyendo.

A este alcalde mayor sucedió el licenciado Álvaro de Caravajal, enviado por la audiencia de Guatemala a gobernar esta tierra, y estuvo en ella, según dice el bachiller Valencia en su relación, hasta el año de 58 desde el de 54. Sucedióle por año y media el licenciado Alonso Ortiz de Argueta, y a éste por otros dos el bachiller Juan de Paredes, y porque vino a visitar la tierra el licenciado Jofré de Loaysa, oidor de Guatemala; quedó el gobierno en el ordinario hasta el de 62 que comenzaron a venir gobernadores proveídos de España. En otros escritos parece haber venido el bachiller Paredes el año de 56, y gobernado hasta el de 58, y el licenciado Argueta desde el de 58, hasta el de 60, en que fue proveído en España el doctor Quijada, como se dice adelante. No he hallado más del gobierno del tiempo de estos alcaldes mayores, y así los he juntado en este lugar, aunque sucedió antes lo que en el resto de este libro se dice, y aunque el oidor Tomas López dejó tan bien ordenado gobierno para el aumento de la cristiandad de los indios, como se verá desde el capítulo siguiente; no parece haber tenido los religiosos la ayuda necesaria para su mejor educación, como consta de algunas provisiones reales que sacaron de la audiencia de Guatemala (y hoy se conservan originales en nuestro archivo) dirigidas a estos alcaldes mayores, procurando evitar algunos daños de los indios, de las cuales se da razón en el libro VI.

Volviendo a lo que toca a nuestra religión, dice el padre Lizana, que mediado el año de 1552, se celebró el segundo capítulo custodial de esta provincia, y que le presidió el padre fray Francisco de la Parra. Por la tabla capitular consta, que se celebró el año siguiente de 53, y que le presidió el reverendo padre fray Diego de Bejar. En él fue electo custodio el venerable padre fray Lorenzo de Bienvenida, y juntamente primer definidor, segundo el padre fray Diego de Landa, tercero el padre fray Miguel de Vera, y cuarto el padre fray Francisco Navarro. Asimismo parece haberse fundado ya convento nuestro en la villa de Valladolid, cuyo primero guardián electo en este capítulo, fue el padre fray Fernando de Guevara, y así quedó la provincia con seis conventos.

Aunque era definidor el padre fray Diego de Landa, fue electo en este capítulo guardián del convento de Ytzamal, a quien se encargó cuidase de fabricarle, porque hasta entonces eran unas casitas de paja, en las que habitaban los religiosos. Como este bendito padre había sido morador de aquel convento, en llegando escogió sitio para la fundación. Porque el demonio fuese desterrado con la divina presencia de Cristo sacramentado, asignó, que se edificase el convento y iglesia en el mismo lugar, que los sacerdotes de ídolos vivían, y que él que lo había sido de abominación y idolatría, lo fuese de santificación, donde los ministros del verdadero Dios ofreciesen los divinos sacrificios y adoración a su divina majestad debida. Este era uno de los cerros, que allí parecen estar hechos a mano, llamado de los naturales Ppappholchac (Paa Hol Chac), que dice el padre Lizana, significar morada de los sacerdotes de los dioses, y es metafórico modo de hablar, porque aquel nombre significa casa de las Cabezas y rayos, y los sacerdotes eran tenidos por señores, cabezas y superiores a todos, y eran los que castigaban y premiaban, obedecidos con grande extremo. En otro, que estaba el ídolo llamado Kinich Kakmo (Kinich Kak Moo), fundó un pueblo, llamándole San Ildefonso, y en el otro cerro llamado Humpictok (Hun Pic Tok) (por un capitán) donde cae el pueblo de Ytzamal, le dio por patrón a San Antonio de Padua, y arrasó el templo, que allí había, y donde estaba el ídolo Kabul (Kauil), fundó un pueblo, llamado Santa María, con que procuró borrar las memorias de tanta idolatría. Habiendo ya dispuesto lo necesario para la fábrica, comenzó a edificar la iglesia y contento en que trabajó mucho, pues para animar a los indios, a que obrasen con gusto, salía el bendito padre muchas veces con ellos a los montes con un hacha en sus manos, y cortaba maderas de las necesarias para el edificio, con cuyo ejemplar los indios trabajaban con gusto y se animaban viendo a su padre espiritual trabajar juntamente con ellos.

En el tiempo, que edificaba aquel convento, le sucedieron algunas cosas dignas de memoria. Había mucha hambre en toda la tierra, tanto, que perecían muchos de los naturales, y aun los españoles padecieron graves necesidades. Mandó el piadoso guardián, compadecido de ellas al portero, que sin reparar en la cantidad, que el convento tenía para su sustento, diese del maíz que había y repartiese a los pobres todo lo que le pidiesen para suplir su necesidad. El portero obedeció al mandato, sin poner duda en la ejecución de la caridad de su guardián para con los pobres, y prosiguió sustentando el convento, a los indios del pueblo, y a gran número de forasteros, que a la voz de aquel recurso acudieron por espacio de seis meses que duró el hambre. Al último de ellos se halló el granero, como sino hubieran sacado de él un grano de maíz, como cuando se comenzó a ejercitar la caridad con los pobres. Multiplicólo el divino señor, por cuyo amor se daba, y todos atribuyeron esta maravilla a la santidad de este apostólico varón, por quien la divina majestad la había obrado. A la vista del caritativo afecto, con que este gran predicador evangélico trataba a los naturales, y la vida ejemplar, que en él experimentaban, se acabó de reducir a nuestra santa fe católico todo aquel territorio.

Confirmaba la majestad divina su enseñanza y predicación, acreditándola con especial señal manifiesta, porque afirmaban muchos indios y algunos españoles y religiosos, haber visto una estrella resplandeciente sobre el púlpito muchas veces cuando predicaba, como señal de su clara doctrina, resplandor de sus virtudes y celo santo de la conversión y luz que deseaba en las almas de estos naturales.

Contra la pureza de vida en que el bendito padre vivía, permitió la majestad divina, para probarla por todos caminos una adversidad notable. Vivía allí un español (cuyo nombre en otra parte está escrito, y aquí omito, pues no es necesario) con título de calpixque, que es lo mismo que mayordomo, el cual tenía amistad deshonesta con una india del pueblo, que por habérsela quitado a su marido estaba unas escandalizado, cual se puede entender de personas tan recién convertidas, que veían públicamente obrar aquel español lo contrario de lo que su padre espiritual les predicaba y enseñaba. Reprebendióle a solas muchas veces para evitar aquel escándalo; pero no aprovechando, usó de remedio público, como lo era el pecado. Dióse el español por ofendido, y tratando de vengarse, presumió cogerle en alguna flaqueza carnal para afrentarle. Con este mal propósito más de cincuenta noches continuadas le espió al rededor de la casa de paja, en que entonces moraba el inocente religioso. Dormía de día, para poder velar toda la noche. Lo que halló tan exquisita diligencia, fue experimentarle siempre ocupado en rezar oración mental, continuas disciplinas y otras mortificaciones, que con facilidad veía, por serlo tanto en estas casas de paja, como no tienen paredes que lo impidan. Compungido con esto, se fue al santo varón, y confesando públicamente lo que había hecho, dijo, que Dios quería conociese su culpa y confesase la virtud ajena. Pidióle perdón de la mala voluntad, que contra él había tenido, y rogóle confesase generalmente, porque quería mudar de vida, dejando el mal estado en que se hallaba.

El bendito padre le perdonó y consoló diciéndole, como Dios nuestro señor por diversos caminos atrae a si a los hombres, que por sus culpas se ausentan de su gracia, y que enmendase su vida, pues la conocía. Y para que se conozca la humildad de este santo religioso, le dijo a aquel hombre, que si le había visto rezar, y otros actos virtuosos, no hacía aun lo que tenía obligación como religioso, y que si alguna penitencia hacia, toda la había menester, por ser tan gran pecador, que el reino de Dios, que el pecado cierra, la penitencia le granjea. «Y miserable de mí —le dijo— sino hago esto toda mi vida, que no se que será de mí. ¿Y sino le fuera a la mano en su pecado, parécele, que hiciera yo menor culpa que la suya? Siendo, pues, padre de su alma debí buscarle su remedio, y si le dejara, nos perdiéramos los dos, y diéramos ocasión a otros de perderse: uno haciendo el mal y otro consintiéndole. ¿Era eso bueno, para quien vino de España a ganar almas, que el demonio poseía, que las dejase perder, y a si con ellas? Yo estoy muy consolado de verle así compungido, y con propósito de la enmienda, que es señal, de que es tocamiento de Dios.» Confesó el español, que quedó muy trocado en su modo de vivir, devotísimo del santo varón, pregonero de su virtud y defensor suyo, quien más sintió su ida a España (de que se trata adelante) y quien sabiendo, que volvía con la dignidad de obispo, dijo: Vea yo a mi devoto y querido padre Landa en esta tierra y más obispo, y luego más que nunca viva. Cumplióse como lo dijo, porque llegando ya obispo a Mérida, fue a verle y luego que le habló, le dio una calentura, con que al tercero día habiendo recibido los sacramentos en una celda del convento, dio su alma al Criador con mucho reposo y sosiego.

Capítulo XVI. Fue necesario hacer leyes con autoridad real, para evitar en los indios algunos ritos de su gentilidad

Aunque como se va diciendo, solicitaban los religiosos de mi seráfico padre San Francisco la conversión de estos naturales con la predicación evangélica, y ejemplares costumbres, que los moviesen, estaban muchos pertinaces en la observancia de sus antiguos ritos, que fue dificultoso desarraigarlos de sus corazones. Proveyó la divina misericordia, que la autoridad del brazo real ayudase a la predicación evangélica, con que se facilitó la consecución del fin principalmente deseado. Sujeta esta tierra a la audiencia de Guatemala (como se dijo) hubo de venir a visitarla, según se acostumbraba en aquellos tiempos un oidor de ella. Trajo en esta ocasión la facultad el licenciado Tomas López, y habiéndola visitado, le pareció ordenar leyes en nombre del rey, para que con ellas pudiesen los naturales ser compelidos por las justicias seculares, y se evitasen los malos abusos y ruines costumbres, en que permanecían. Habiendo hecho primero muchas para dar forma a los españoles en la vida política, que habían de observar en esta tierra, y modo de comerciar entre sí y con los indios: como habían de portarse con estos y sus encomenderos, y otras cosas muy justificadas, procedió a las de estos naturales. De estas escribiré a la letra las más, así porque en ellas se da noticia de sus malas costumbres, como por excluir, que alguna delicadeza no diga, soy ponderador de faltas ajenas, como para que la verdad quede más auténtica. Consérvanse solamente en el libro antiguo de cabildo de la villa de Valladolid, las cuales fueron promulgadas en la forma siguiente.

«Porque una de las cosas más cumplideras, y necesarias al bien espiritual y temporal de los naturales de esta dicha provincia, y que es preámbulo y entrada para el santo evangelio, y porque la ley de Dios se plante y funde entre ellos, es que tengan policía y orden de vivir, así para las cosas espirituales, como para las temporales, de que hasta ahora han carecido. Porque como la experiencia muestra, tanto más hábiles y dispuestos so hallan para la doctrina cristiana, y para recibir la predicación del santo evangelio, cuanto más están puestos en la policía espiritual y temporalmente. Y principalmente en esta dicha provincia se ve más claro esta necesidad, por ser los naturales de ella tan fuera de conservación y traza, y orden de vivir. Envueltos en muchas injusticias, que con la licencia del pecar cometían y cometen, no teniendo freno, ni punición para el delito, castigo, ni premio para la virtud. Y porque al emperador nuestro señor, y a mí en su nombre incumbe poner remedio en ello, y dar orden de vivir a estas gentes, para que el santo evangelio y ley de Dios vaya adelante entre ellos: Por ende, usando del dicho poder y facultad, que por provisión de su majestad tengo, para visitar estas provincias, y ordenar en ellas lo que me pareciere convenir al bien y aprovechamiento de los naturales de ellas; mando y vos los caciques, principales y maceguales, y a los demás naturales de estas provincias y estantes en ellas, y a cada uno de vos en lo a ello tocante, guardéis y tengáis los capítulos siguientes, so las penas en ellos puestas.»

«Primeramente, que todos los caciques y gobernadores, principales y alguaciles de esta dicha provincia, residan y estén en sus propios pueblos, y no entiendan, que la gobernación y regimiento de los pueblos donde son caciques y gobernadores, se haya de privar de su asistencia.»

«No se ausenten de ellos con largas ausencias, como hasta ahora han hecho, sino fuere por causa justa y muy cumplidera al bien espiritual o temporal de sus propios pueblos y de ellos, o llamándolos los padres. So pena, que el que de los susodichos estuviere ausente de los tales sus pueblos y oficios, por más de cuarenta o cincuenta días, cuando mucho; por el mismo caso pierdan su cacicazgo o gobernación, y sea puesto otro en su lugar, y que los males y delitos, que en sus pueblos hubieren acontecido por su ausencia, se castigarán en sus personas y bienes, sino fuere con justa causa. Y que ninguna justicia, ni español alguno, pueda llamar, ni ocupar a los dichos caciques a gobernadores para fuera del pueblo del cacique o gobernador. Pero bien se permite, que los tales caciques y gobernadores y alguaciles, por su recreación, puedan ausentarse hasta ocho días o más.»

«Otrosí, porque la muchedumbre causa confusión y discordia, y así lo es entre los naturales de esta dicha provincia por los muchos principales, y mandones, que en cada pueblo se levantan; por ende mando que en cuanto a este número de principales se guarde esta tasa y número. Que si el pueblo fuere de cincuenta vecinos, y dende abajo, que con el cacique hallo un principal el más anciano y más virtuoso, de los que ahora hay, y los demás se quiten y queden por maceguales. Y si fuere dende arriba, hasta cien vecinos, se elijan dos principales demás del cacique. Y si fuere de ciento y cincuenta, hasta doscientos, pueda haber tres; y si fuere de hasta cuatrocientos, pueda haber cuatro o cinco; y aunque el pueblo exceda de este número, que no pueda haber más que hasta seis.»

«La desobediencia y desacato de los maceguales y súbditos para con el cacique gobernador, y principales ha causado en esta provincia grande rotura y desorden. Por remedio de ello mando, que todo macegual y natural de esta dicha provincia obedezca a su cacique y gobernador, y a las justicias en todo aquello que se les mandare, honesta y lícitamente, con toda obediencia y buen comedimiento, y los honren y acaten, por donde quiera que pasaren y estuvieren, y mucho más a los padres religiosos, que andan doctrinándolos, so pena, etc. Y si algún desafuero le hiciere el cacique o gobernador de la justicia de los españoles, désele por aviso, que contra los tales ha de haber residencia, que se lo puede pedir a su tiempo y cuando quisiere ante el superior, que antes quisiere.»

«Íten, una de las cosas que ha impedido e impide la policía temporal y espiritual de los natural es de las dichas provincias, es el vivir apartados unos de otros por los montes. Por ende mando, que todos los naturales de esta dicha provincia se junten en sus pueblos, y hagan casas juntas, trazadas en forma de pueblos todos los de una parcialidad y cabecera en un lugar cómodo y conveniente, y hagan sus casas de piedras, y de obra duradera, cada vecino casa de por si, dentro de la traza que se le diere, y no siembren milpas algunas dentro del pueblo, sino todo esté muy limpio y no haya arboledas, sino que todo lo corten, sino fuere algunos árboles de fruta, pena, etc.»

«Otrosí, porque como la experiencia ha mostrado, por la licencia que se les ha dado a los naturales de esta dicha provincia, para mudarse de unos pueblos a otros, no se pueden doctrinar cómodamente, por andarse de un pueblo en otro hechos vagamundos, huyendo de la doctrina. Por ende mando, que ningún indio, ni india de esta dicha provincia, natural e vecino de algún pueblo de ella, se pueda mudar y dejar su naturaleza y pueblo, para irse a vivir a otro, sin licencia de la justicia del pueblo de españoles, en cuyos términos estuviere el pueblo del tal indio, la cual examine la causa, que el tal indio tiene, para mudarse de su pueblo para otro, pena, etc.»

«Algunos caciques y principales hay en esta dicha provincia entre los naturales de ella, a quien los maceguales por antigüedad de sus mayores y pasados, y por ser descendientes de ellos, les tienen gran veneración y respeto: y es porque les predican sus ritos y ceremonias antiguas. Y los unos y los otros por sonsacar a los pobres maceguales, y gente baja lo que tienen, y sus joyas y haciendas, y por apartallos de la doctrina cristiana y ley de Dios con embaimientos, hacen juntas y llamamientos a los naturales en lugares apartados y escondidos por señas y coyóles, que les envían. Y juntos les predican sus setas y ritos pasados, diciéndoles que sus dioses pasados envían a decir por lengua de ellos algunas cosas que hagan, y siguiendo acontecimientos, que han de acontecer, sino lo hacen, y atemorizándolos con otros medios semejantes de parte de sus dioses. De lo cual los indios y vulgo desta dicha provincia quedan distraídos y apartados de la doctrina cristiana, y refrescada en ellos la memoria de sus ritos pasados, y allende se da ocasión a rebeliones y levantamientos, por ser tan flacos y tan poco entendidos los indios. Por remedio de esto mando. que ningún india, ni india natural de esta dicha provincia de cualquier condición sea osado de hacer los tales llamamientos y juntas, ni enviar los tales señores coyóles a indio alguno, ni predique, ni enseñe pública, ni escondidamente sus ritos y gentilidades pasadas, ni casas de sus dioses, ni renueve la memoria de ellos, ni haga juntas para alzarse y revelarse contra el rey en cualquier manera, so pena, etc. Paso más rigor en esta, que en las precedentes contra los convocantes y convocados, y contra los que sabiendo, se hacía algo de ello, si no lo manifestaban a las justicias de los españoles.»

«No menos sospechosas, y ocasionadas a males y delitos, y otras liviandades son las juntas, que los caciques y principales de esta dicha provincia, cada cual en su pueblo acostumbran hacer, donde ociosamente traban pláticas indebidas y no cumplideras al bien suyo espiritual y temporal. Y la noche que so hizo para reposo y recogimiento del hombre, la suelen gastar en parlerías, y en otros males. Por ende mundo, que de aquí adelante no se haga ayuntamiento alguno en casa de cacique, ni en otra parte alguna, ni ande nadie de noche tocada la campana de las animas de purgatorio, so pena, &.»

«Íten, porque entre el cacique y sus maceguales haya más cuenta, mando que cada cacique y principales en sus propios pueblos, tengan por memoria todos sus indios y maceguales de sus pueblos por orden. Los casados a una parte, los solteros y solteras a otra, las bautizados y no bautizados: por manera, que tengan muy grande claridad y cuenta en esto, porque cada vez que se la pidiere la justicia y los padres religiosos, que andan en la doctrina se la puedan y sepan dar de todos los de su pueblo. Y asimismo mando, que el cacique y principales, que tuvieren en sus milpas y en sus casas y otras haciendas indios y indias para su servicio, sean obligados a tenerlos por memoria: particularmente para que den cuenta de ellos a los padres de la doctrina, a quien la pidiere y se sepa como los tratan y como han aprovechado la doctrina, y los dejen venir a la doctrina todas las fiestas. Y esta misma cuenta y razón tengan y den los tutores y curadores, y las demás personas, que tuvieren a cargo menores y pupilos y encomendados. Y los unos y los otros no los trasporten a parte alguna, so color, que son esclavos, o por otro título o color alguna, so la pena abajo impuesta contra los que tuvieren, o hicieren en cualquiera manera esclavos.»

«Porque soy informado; que muchos de los naturales de esta dicha provincia, por ocasión que toman de salirse a rescatar, y por otros achaques semejantes suelen ausentarse de sus pueblos, y aun dejar sus mugeres y casas por un año, y por más tiempo, y sucede, que ellos se amancebaban por allá, y ellas por acá, y otros inconvenientes semejantes y peores. Por remedio de todo esto mando, que ningún macegual pueda estar ausente de su pueblo más de treinta o cuarenta días por vía de rescate, ni por otra causa alguna, que no sea cumplidera al bien común del tal pueblo, o sino fuere yendo con los padres, so pena de cien azotes y diez días de prisión. Y ni el cacique le pueda dar licencia para más tiempo, y que cuando se ausentare deje su casa proveída de maíz y todo lo necesario, y el indio, que más tiempo estuviere ausente, el cacique tenga cuidado de saber donde está, y enviar por él a su costa, y castigalle, como dicho es, y hacerle estar con su mujer. Y si fuere rebelde, le envíen preso a la justicia de los pueblos de los españoles, en cuyo término aconteciere, para que allí sea castigado brevemente.»

Capítulo XVII. Prosiguen las leyes más en orden al bien espiritual de los indios

Más luce la piedad cristiana, cuando lo temporal y político se instituye para crecimiento del culto divino, honra de Dios, y bien espiritual de las almas. Así lo ejecutó este gran ministro de su majestad, que habiendo ordenado lo que se ha visto en el capítulo antecedente, prosigue diciendo.

«Íten, ordeno y mando, que todos los pueblos de estas dichas provincias, y naturales de ellos hagan buenas iglesias en sus pueblos, de adobes y de piedra y bien labradas, y aderezadas, como conviene al culto divino; y esto mando que se haga dentro de dos años primeros siguientes, y mando que todos de mancomún hagan las dichas iglesias, y ninguno se excuse. Y así mismo mando, que en ningún pueblo haya más de una iglesia, donde todos concurran, porque así conviene a la paz y comodidad de los naturales. Y ningún cacique, ni principal, ni alguacil, ni otra persona alguna sea osado por su autoridad a levantar, ni hacer iglesia, ni oratorio o ermita. Y si alguna hay hecha, que luego se derribe, y ninguno sea osado a lo contrario, pena de cien azotes. Y no haya más de una iglesia principal, donde todos concurran las cuales dichas iglesias mando sean muy bien adornadas, y siempre estén limpias, y bien cerradas, de manera, que no puedan llegar ningunas bestias a ellas, y todas tengan sus puertas y llaves, y que ninguno sea osado de dormir en ellas, ni de meter cosa alguna, so pena, etc.»

«El bautismo es la entrada para todos los sacramentos, y sin el efecto dél no se puede gozar de Dios. Y para recibirse en los adultos, por lo menos ha de preceder la doctrina cristiana, y creencia de un solo Dios verdadero, y el enseñamiento de su evangelio. Por ende mando, que a todos los naturales de esta dicha provincia se les predique y enseñe la doctrina cristiana, y ley de Dios, para que alumbrados de sus tinieblas, en que han estado, los que quisieren recibirla y ser cristianos, se bauticen. Y para que esto mejor se haga, asimismo, que por toda esta dicha provincia se hagan casas de escuelas para la doctrina en los lugares, y en la forma y manera, que los padres religiosos, que por esta provincia andan, y anduvieren en las doctrinas fuere ordenado y acordado. Y que los caciques y señores, y cada cual en su pueblo den orden, como se hagan las casas para ello, y las sustenten y tengan: y vengan, y concurran a ellas todos los indios naturales de los pueblos, que los dichos padres ordenaren y concertaren. Y los dichos caciques y gobernadores compelan a los dichos naturales, que así lo hagan, y el cacique o principal, que en algo de lo susodicho fuere negligente, y lo contradijere, sea preso, etc.»

«Y para que haya mejor acierto en el venir los pueblos comarcanos al lugar que se les señalare, y los días que les mandaren los padres; mando, que en cada pueblo tengan cruz con su manga o con un paño, y que un indio la traiga delante de todos los del pueblo, y congregación con mucha veneración, y todos se alleguen, y recojan debajo de ella, y vengan al lugar y a la doctrina, donde les fuere mandado. Y por el mismo orden se vuelvan siguiendo su cruz, y bandera cada cual pueblo, poniéndose con ella a una parte, que no se junten unos con otros.»

«Y si alguno de los naturales de esta dicha provincia (lo que Dios no quiera) después que se haya predicado el santo evangelio, y después de ser inducido y atraído por todas vías buenas, a que deje sus ritos, y falsa religión, y se bautice, y reciba la ley de Dios, si todavía fuere pertinaz y rebelde, y se quisiere estar en su infidelidad: si el tal indio impidiere la predicación del santo evangelio, y fuere infesto a las cosas de nuestra santa fe, y escandaloso y dañino a los indios cristianos y bautizados, con sus ceremonias y idolatrías: mando que el tal indio o los que fueren, sean presos y llevados al pueblo de españoles, en cuyos términos aconteciere, para que con acuerdo y parecer de la real audiencia sea castigado con todo rigor, y se ponga remedio en ello, que su malicia no impida al bien espiritual de los indios.»

«La predicación del santo evangelio, y la jurisdicción y autoridad de poner escuela pública para el enseñamiento del, pertenece a la autoridad apostólica, y a los prelados, y a quien sus veces tienen. Por ende mando, que ningún indio de esta dicha provincia, de cualquier estado y condición que sea, sea osado de levantar ni tenor escuela, para enseñar la doctrina cristiana y predicar el santo evangelio, pública ni escondidamente por si y do su autoridad, ni funde iglesia de nuevo, ni pinten ni pongan imágenes en ella, ni bauticen, ni casen, ni desposen a ningún indio ni india, sin licencia y expresa instrucción del prelado de esta dicha provincia o de los padres religiosos, que anduvieren en la doctrina, so pena, etc.»

«Por el santo bautismo profesamos los cristianos la creencia de un verdadero Dios, y renunciamos al demonio y a sus malas obras. Por ende mando, que todo indio y india de esta dicha provincia bautizado y cristiano, que ha recibido la ley de Dios, se aparte y deje sus idolatrías y ritos antiguos, y no tenga ídolos, ni consientan que otros los tengan, y les hagan sacrificios de animales, ni de otras cosas, ni con sangre propia, horadándose las orejas, narices, o otro miembro alguno, ni les enciendan copal, ni les hagan honra. Ni celebren ayunos, ni fiestas pasadas, que en honra de sus dioses solían celebrar y ayunar, ni consientan, que otros lo hagan pública, ni secretamente, y si lo supieren, den de ello aviso a la justicia. Y enteramente en todo y por todo dejen sus vanidades pasadas, y tengan y confiesen, y sigan la creencia de un solo Dios verdadero y de su santo evangelio, como lo profesó en el santo bautismo, so pena, etc.»

«El bautismo es uno de los sacramentos, que no se reiteran y se le hace grande ofensa al Espíritu santo, que por el santo bautismo se nos da, cuando se reitera. Y muchos de los naturales de esta provincia, dicen, que aunque están bautizados, se tornan a bautizar, engañando a los ministros del evangelio; y aun ellos dicen, que bauticen a otras, y consienten que otros lo hagan. Por ende mando, que de aquí adelante, ningún indio ni india de esta dicha provincia, que una vez hubiere recibido legítimamente el santo bautismo, se torne a bautizar, ni lo consienta, ni bautice de su autoridad a otro alguno, so pena, etc.»

«Otrosí, porque muchos de los naturales desta dicha provincia ya bautizados, con intención del demonio, dicen que han tomado por agüero, que el bautismo mata a los niños chiquitos y que los niños bautizados se mueren luego, y los no bautizados se crían: y con este embaimiento del demonio los dichos naturales esconden sus hijos, cuando los religiosos vienen a bautizar. Por ende mando, que todo indio e india cristiano bautizado, desechando de sí tan grande error, manifiesten y lleven a bautizar sus hijos y menores, cuando los padres religiosos de la doctrina fueren a bautizar, y los pidieren, y no los escondan, so pena, etc.»

«El sacramento del matrimonio es muy usado entre los naturales de esta dicha provincia, porque todos los naturales de ella se casan, aunque en celebrar este santo sacramento cometen grandes errores y abusos. Por remedio de esto mando, que se guarden los capítulos siguientes, so las penas en ellos contenidas.»

«Primeramente que todos los indios después de bautizados, que tuvieren muchas mujeres, las manifiesten al obispo o religiosos, que tienen su poder, que los doctrinan, para que ellos examinen, cual es su legitima mujer y se la den, y deje luego las otras. Y lo mismo el que no tiene más de una, de la cual se duda ser su verdadera y legítima mujer: que luego sea examinado, y sin más dilación tomen la que fuere su mujer, y el que no lo quisiere hacer, sea luego azotado, y si en ello estuviere rebelde, sea llevado a la justicia del pueblo de españoles, en cuyos términos aconteciere, para que sea castigado conforme a derecho. Y asimismo mando, que el hombre y mujer, que se probare o fuere deprendido en adulterio, le sean dados cien azotes, y trasquilado, y sino se emendare, sea llevado ante la dicha justicia, para que sea castigado.»

«Muchos caciques y principales, y otros indios, tienen muchas indias por esclavas, y las tienen por sus mancebas, y de ello resulta, que menosprecian sus mujeres, y ofenden al matrimonio y así no tenga esclava, como abajo se dirá, porque es contra derecho. Y si alguna india tuviere alquilada y asoldada, y a su servicio, que no tenga que hacer por ella, ni esté amancebado con ella, ni deje a su mujer por ella. Y el que lo contrario hiciere, etc.»

«Íten mando, que ningún indio ni india sea osado de se casar clandestina ni escondidamente, sin que primero se de parte de ello al prelado o religiosos, que andan en la doctrina, para que hecha examinación, si hay impedimento o no, y precediendo las moniciones, determinen si se deben casar o no, so pena, etc.»

«Íten, cualquiera que sea preguntado, o sabiendo que se hacen las moniciones acostumbradas, para que ninguno se case, encubriere la afinidad o consanguinidad, y no manifestare el impedimento que sabe, que hay entre los que se quieren casar, sean azotados los que lo encubrieren y callaren públicamente. Y que los testigos que en semejante cosa mintieren, o afirmaren lo que no saben, sean traídos ante la justicia, etc.»

«Íten mando, que ninguno sea osado de casarse dos veces, y si alguno como mal cristiano lo hiciere, sea castigado públicamente, y errado en la frente con un yerro caliente a manera de 4, y pierda la mitad de sus bienes para la cámara de su majestad, y que se entregue el tal a su primera mujer, etc.»

«Es costumbre entre los naturales desta dicha provincia comprar las mujeres con quien se han de casar de sus mismos padres, y darles alguna manera de rescate, porque les den sus hijos para casarse con ellas, y aun muchas veces les hacen a los yernos servir dos y tres años, y no les dejan muchas veces salir de su casa, a vivir donde quieren. Y costumbre es también de los dichos naturales, que si la india que así se da mujer, no pare, el marido la vende, especialmente cuando el suegro no le da el rescate que le dio, de lo cual se siguen muchos inconvenientes. Por ende mando, que de aquí adelante ningún indio ni india de esta dicha provincia, sea osado de recibir rescate alguno en precio de su hija, para casarla con alguno, ni después de casada impida al yerno no saque a su mujer de su casa, o donde quisiere. Ni el yerno sea osado a vender a su mujer por falta alguna que en ella haya, ni en su padre de ella su suegro, so pena, etc.»

«Íten, por extirpar toda gentilidad y resabio de entre los naturales, mando que ninguno sea osado de poner a su hijo o hija nombre gentil, ni divisa o señal alguna, que represente haber ofrecimiento al demonio, so pena, etc.»

Capítulo XVIII. Continúa lo espiritual de la cristiandad y ordena otras cosas, que conducen a ella

«Otrosí mando, que todo indio o india desta dicha provincia, hinque las rodillas al santísimo sacramento, cuando le encontraren en alguna parte. Y cuando tañeren el Ave María, las manos puestas, recen la oración acostumbrada, y hagan reverencia a la cruz y en las imágenes de nuestro redentor Jesucristo y de su bendita madre, y el que no lo hiciere, por la primera vez, etc.»

«Íten mando, que todo indio o india (por introducir buenas costumbres en los naturales de ella) sea obligado cada día dos veces, una por la mañana y antes que se ocupen en sus labores, y otra a la tarde cuando alcen de ellas, de ir a la iglesia de sus propios pueblos a rezar el Ave María y Pater noster y lo demás, y a encomendarse a Dios. Y que siempre que entrare en la iglesia, y mientras estuviere en ella rezando, y en los divinos oficios y en el signarse y santiguarse, y en sus oraciones, y en oír de la misa, y en todos los demás actos espirituales, guarden y tengan las ceremonias y reverencia y humildad, en que los padres que los doctrinaren impusieren y enseñaren, so pena de ser por la primera vez gravemente reprehendido, etc.»

«Y so la misma pena mando a los dichos naturales, que sus comidas y cenas, las comen y cenen en sus mesas con sus manteles, con toda limpieza, con sus hijos y mujeres. Y tengan asientos en que se asienten, y al principio de la comida y cena bendigan la mesa, y al fin della den gracias a Dios las manos puestas, con las oraciones y ceremonias, que los padres religiosos les enseñaren y dijeren. Y que al tiempo de acostarse, cuando fueren a dormir y cuando se levantaren, se signen con la señal de la cruz, y se santigüen y encomienden a Dios, y recen las oraciones que los dichos padres les enseñaren, y lo mismo enseñen a sus hijos y familiares que lo hagan.»

«Otrosí mando, que los indios y indias que fueren bautizados y cristianos, dejen (así como lo prometieron en el santo bautismo que recibieron) todas supersticiones y agüeros, y adivinaciones, y hechicerías, y sortilegios, y no echen suertes, ni cuenten maíces para saber lo por venir, ni canten ni publiquen sueños como cosa verdadera, ni agüeros, ni consientan que otros lo hagan, ni hagan la fiesta del fuego, que hasta ahora en esta dicha provincia se hacia. Y ninguno sea osado de traer insignia alguna de sus gentilidades en las orejas, ni en las narices, ni en los labios, ni se embigen con color alguno, ni críen coleta, sino que en todo dejen sus insignias gentílicas, y la costumbre o por mejor decir corruptela, que los varones y mujeres tienen de labrarse todos. Lo cual demás de ser peligroso para la salud corporal, tiene también algún resabio de su infidelidad y gentilidad. Y los maestros y oficiales de labrar, quemen y desechen todos los instrumentos y aderezos que para ello tengan, y de aquí adelante no labren a persona alguna, ni usen tal oficio. So pena, etc.»

«Es tan poca la caridad de los naturales desta dicha provincia, en socorrerse los unos a los otros en sus necesidades y enfermedades corporales, que después de puestos en ellas, ni la mujer tiene cuidado del marido, ni el marido de la mujer, ni el padre del hijo, ni el hijo del padre, ni entre los deudos y parientes hay caridad alguna, ni entre los demás, Antes los desamparan y dejan morir. Por remedio de esto mando, que el marido y la mujer, en sus enfermedades y necesidades, se sirvan y curen a veces, y el padre tenga cuidado de curar al hijo en sus enfermedades, y los deudos y parientes a sus deudos. Y que para los pobres y miserables, que no tienen quien les sirva ni de que curarse, se haga en cada pueblo una casa de hospital con sus apartados, conforme a la calidad y cantidad del pueblo, donde sean puestos y curados de cada pueblo de sus enfermedades, y que para el servicio haya un indio y india casados, etc. Y puso grave pena a los caciques negligentes en la ejecución de este mandato.»

«Otrosí mando, que si la enfermedad de los tales enfermos fuere en acrecentamiento, que los que los curaren y sirvieren, tengan cuidado de avisar al cacique o a la persona que los padres religiosos de doctrina tuvieren puesta en cada pueblo, para que envíen a llamar a algún padre, si estuviere cerca de allí, en parte que pueda venir para confesar y consolar los enfermos, y para que ordene su ánima, y se disponga a bien morir. Y encargo a los padres de doctrina, que porque ellos no se podrán hallar en todos los pueblos y necesidades, que pongan y señalen en cada pueblo personas de indios más entendidos y más expertos en la doctrina, con instrucciones que les den para ello, y para que ayuden a bien morir a los tales enfermos, etc.»

«Otrosí, que a los tales enfermas se les avise y recuerde, que ordenen sus ánimas, y hagan su testamento y dispongan en sus bienes, como arriba es dicho, y si lo hicieren, se guarde lo que ellos mandaren siendo lícito y honesto, y conforme a la ley de estos reinos, y sino hicieren testamento, ni dispusieren de sus bienes, que los bienes que dejaren, repartan entre sí sus hijos, si los tuvieren, etc. Y después de ordenar, que a los menores se les pusiesen tutores, que cuidasen dellos dice. Y que ninguna persona sea osada a apoderarse de los tales menores, ni de sus bienes, como hasta ahora se ha hecho. Y que el cacique gobernador y principales estén obligados a la guarda de todo, y no consientan, que los bienes sean quitados a los herederos legítimos: y asimismo no tomen por esclavos a los tales menores, so la pena abajo puesta.»

«En Jesucristo todos somos libres, y en cuanto a la ley temporal, también lo son los que nacen de padres libres, y no obstante esto en esta dicha provincia, los caciques y principales de ella, y otras gentes de los naturales de esta dicha provincia se apoderan de indios y indias libres, pobres y débiles huérfanos, que quedan sin padres, y so color que son sus esclavos, se sirven de ellos, y a veces los llevan a vender a otras partes. Por remedio de esto mando, que ningún indio ni india, ni otra persona alguna de cualquier estado o condición, que sea de esta provincia, de aquí adelante no tome ni tenga por esclavo indio o india alguna de ella ni haga siervo alguno por vía de rescate ni compra, ni en otra cualquier manera, so pena, etc. Y so la misma mando, que todos los indios de esta dicha provincia, que tuvieren esclavos al presente, dentro de la data de este mandamiento, los pongan en su libertad y alcen mano de ellos. Pero bien se permite, que los caciques y principales, y otros indios poderosos puedan alquilar y recibir a soldada indios, y indias para servicio de sus casas, y para entender en sus haciendas y milpas, pagándoles en su debido trabajo y alquilándose ellos de su voluntad, y no por fuerza, ni por vía de esclavonia, como hasta ahora lo han hecho. Y porque podría acontecer, según soy informado, que algunos caciques y principales, todavía usando do su tiranía antigua tuviesen en milpas y en lugares apartados indios y indias escondidos, y ocupados en sus labores, persuadiéndoles que son sus esclavos, y encubriéndoles allá. Mando que cualquier cacique o principal, o otro cualquier indio de esta dicha provincia, que tuviere indio o india alquilado en su milpa, o en servicio de su casa, o otro cualquier lugar, en cada un año sea obligado dar cuenta y razón de los que tuvieren, y traerlos ante las padres que los doctrinan cada año una vez, para ver los que faltan, y dar cuenta de ellos y dejarlos venir a la doctrina ordinariamente, so pena, que haciendo lo contrario serán gravemente castigados.»

«Costumbre es también de esta dicha provincia de hacer largos convites los indios y naturales de ella, en que convidan a todos los del linaje, y a todo el pueblo y otros comarcanos, y de ellos resultan grandes desórdenes y pasiones, porque los convidadores quedan gastados, y otros por no verse convidados, corridos y afrentados, y los unos y los otros destruidos en su cristiandad, por las borracheras y desórdenes que allí se hacen. Por ende mando, que de aquí adelante ningún indio de cualquier calidad que sea, no pueda hacer convite alguno general, sino fuere en casamiento de hijo o hija, o suyo o en otras fiestas semejantes y que al tal convite, no pueda convidar más de una docena de personas, etc.»

«Otrosí mando, que no se hagan mitotes de noche, sino fuere de día y después de los divinos oficios, y en ellos no canten cosas sucias, ni de su gentilidad, y cosas pasadas, sino cosas santas y buenas, y de la doctrina cristiana y ley de Dios. Y el que en algo de esto excediere, etc.»

«Tiempo nos dio Dios para trabajar, y entender en nuestras, y intereses sin ofensa suya, y tiempo nos dio y constituyó, para que del todo nos diésemos a él, y ocupásemos solamente en su servicio, con oración y recogimiento de nuestras conciencias. Esto ha de ser en las fiestas, como lo mandó guardar y la iglesia su esposa. Por ende mando, que los naturales de esta provincia, que guarden por si y con toda su familia y casa, las fiestas que los padres religiosos, que andan en la doctrina les echaren de guardar, y de la manera que ellos les mandaren, y no las quebranten abstrayendo de toda obra y trabajo servil y corporal, so pena, etc.»

«Por información me consta, que muchos de los naturales de esta dicha provincia, por cosas y precios que les dan, venden sus hijas y parientes, y mujeres y indias que tienen de servicio, so color que son esclavas, para que otros se alcen con ellas, y otros son rufianes de sus mujeres, y las traen por los pueblos para ganar con ellas. Por ende mando, etc.»

«Puso grandes penas para que no se hiciese brebaje alguno de los que usaban los indios, con que se emborrachaban y que para esto ni aun vino de Castilla se les diese, por evitarles no solo muchas enfermedades corporales que les causaban la muerte, sino porque se distraían mucho de la doctrina cristiana, y renovaban con las borracheras la memoria de sus gentilidades. Para desarraigar esto del todo, mandó a los caciques y principales, y aun a los encomenderos de los indios solicitasen con todo cuidado, que dentro de dos meses hiciesen quemar las canoas, o vasijas en que se hacían los tales brebajes. Y a los encomenderos puso pena de 50 pesos para la cámara de su majestad, si consentían, que se hiciesen otras de nuevo.»

Capítulo XIX. De otras ordenanzas en orden a la policía temporal de los indios

Habiendo dado orden a lo referido, que parece tocante al espíritu y cristiandad, luego pasó a componer la policía temporal de los indios, porque mediante ella se consigue y ayuda (dice) es otra con más facilidad. Así mandó, que todos los pueblos se poblasen al modo de los españoles, de suerte que estuviesen limpios, sin sementeras ni arboledas, y que si algunas había se quemasen. Que ningún macegual por causa alguna se ausentase del pueblo de su naturaleza para vivir en otro, y que hiciesen los edificios públicos necesarios a una república. Y porque el dar recaudo a los pasajeros (dice) es derecho, que unos hombres a otros deben, y unos pueblos a otros; que dentro de dos meses se hiciesen mesones en todos, cada uno con dos apartados, uno para los españoles y otro para los indios, por quitar ocasión de pesadumbres, si se hospedasen juntos, con servicio de indios y indias casados, por meses o semanas. Y si sirviesen todo el año fuesen reservados de tributo.

Por evitar, que los pasajeros no anduviesen discurriendo por los pueblos a título de buscar mantenimientos; que en todos hubiese tiangiez, o mercado donde se vendiesen, según los aranceles que dejó y que fuera de él no se pudiese vender, ni comprar cosa alguna por muchos males, que de lo contrario se seguían. Y que ningún mercader indio mexicano, ni natural de esta tierra, ni negro, mestizo, mulato, ni otro alguno se aposentase en casa de indio particular, sino en el mesón.

Para que en todo se guardase la justicia debida que dentro de dos meses trajesen pesos y medidas ciertas, y que las justicias españolas tuviesen obligación de dárselas pagando la mitad de la costa y derechos el pueblo, y la mitad el encomendero, el cual tuviese obligación, pena de 20 pesos de oro, de que las hubiese dentro del tiempo señalado.

Por dar remedio a las hambres cuotidianas, que en esta tierra suele haber por la poca providencia de los naturales, que los caciques no solo cuidasen de que sembrasen los maceguales conforme a su familia, de suerte que les sobrase, sino que les obligasen a tener donde guardar la sobra, y que si el año fuese abundante, se renovase para el siguiente. Con esto quedaba prevenido remedio a tantos males, como se ven en esta tierra con la esterilidad de un año solo. Todos los sentimos cuando acontece: pero nadie se acuerda de ello si no es cuando la necesidad se está padeciendo. Para que esto tuviese mejor efecto, mando a los encomenderos diesen todo favor y ayuda, pena que serían castigados en sus personas y bienes. No es pequeño el menoscabo, que cuando sucede, tienen en los tributos.

Mandó, que se introdujese entre los indios la granjería y cría de los ganados. Que se les enseñasen los oficios mecánicos necesarios en las repúblicas, a mancebos solteros, y que sabiéndolos volviesen a sus pueblos, donde los compeliesen a usarlos y a enseñarlos a otros.

Porque el principal tributo de esta tierra eran (y son) mantas de algodón, y todo el trabajo de tejerlas, cargaba (y carga) sobre las indias; que se diese orden aprendiesen los maceguales a tejer, para que ayudasen a sus mujeres a hacer el tributo, y vestidos necesarios para sus familias, o a lo menos, que algunos mozos solteros de los pueblos aprendiesen este oficio, para que pagándoselo trabajasen en él, pues todo lo principal del tributo y granjería de esta tierra está en el algodón, y los tejidos de él.

Y porque es gran deshonestidad (prosigue) que las mujeres anden desnudas, como andan entre los naturales, y grande ocasión a enfermedades con el poco abrigo, descalcez y falta de camas en que dormir. Mandó que de ninguna manera las indias dejasen de traer una camisa larga, y encima su vaipil; y los indios sus camisas y zaragüelles, y que todos procurasen traer calzado a lo menos alpargates, y que se les procurase introducir toda limpieza en sus casas y personas, en especial en tiempo de enfermedad y crianza de sus hijos. Porque los indios con ocasión de la caza, que usan con arco y flechas, se andaban distraídos por los montes mucho tiempo, con que sus haciendas se perdían, y les venían otros daños; mandó, que quemasen los arcos y flechas que tenían. Pero para si se ofrecía alguna caza por vía de entretenimiento o para matar algún tigre, o animal fiero, tuviese cada cacique en su casa dos, o tres docenas de arcos con sus flechas, para que él los diese, según la necesidad que acaecía.

Por ser necesario para la policía el trato, comunicación, conversación y comercio de unos pueblos con otros, y especialmente de las personas buenas, y de buen ejemplo, lo cual no podía hacerse, sin dar entrada a los pueblos; mandó, que se abriesen caminos anchos y capaces, que se hiciesen calzadas y reparos, donde fuesen necesario, para que con comodidad se fuese de unas partes a otras, porque estaban muy cerrados de arboleda, y encargó a las justicias de los pueblos los reparasen con cuidado cada año.

Mucho más, que no consintiesen hacer malos tratamientos a sus indios maceguales, ni por dádivas permitiesen se les hiciese vejación alguna, como solían hacer, aunque fuesen sus encomenderos, sino que diesen cuenta a los defensores, que en los lugares de los españoles dejaba nombrado, para que se remediase. Que no consintiesen vivir en sus pueblos hombres o mujeres de mala vida.

Que no pudiese entrar en los pueblos de los indios, negro alguno, esclavo, ni mestizo, sino yendo con sus amos, y pasando de camino. Y en este caso pudiese estar un día y una noche no más. Y que si algún negro anduviese por los pueblos, lo prendiesen los caciques, y enviasen a las justicias españolas, para evitar con esto robos, muertes y otros delitos, que podían suceder.

Para quitar las disensiones, que podía haber entre los indias y sus encomenderos en razón de cobrar el tributo, y que los maceguales supiesen lo que habían de dar, y para que no defraudasen lo que debían a los encomenderos, ni estos pidiesen lo que no les era debido. Mandó, que los caciques y principales con asistencia de los religiosos doctrineros hiciesen cada año al principio del minuta de los indios que tenían, y les repartiesen el tributo, y después cuidasen de cobrarlo, para que se diese a quien se había de dar.

Porque los caciques y principales han de ser como padres de sus pueblos, que les procuren todo bien y aparten todo mal, y algunos de esta provincia (dice) por dádivas, que les dan sus encomenderos y otros españoles, y por lisonjas y halagos que les hacen y dicen, para atraerlos a su voluntad: les piden sus pueblos tamemes, cantidad de gallinas y maíz, y maceguales para hacer edificios y otras obras de balde, y tributos demasiados de cera y mantas. Mandó, que de ningún modo nada de esto hiciesen, ni diesen indio sin que se le pagase su trabajo y fuese de su voluntad, y que la paga se entregase al mismo macegual, y no a sus justicias, porque no se quedasen con ella.

Que pues los tales eran padres de su república, a lo menos una vez cada año hiciesen ayuntamiento, al cual llamasen a los ancianos y antiguos del pueblo, y allí se tratasen las cosas a él necesarias, y lo que fuese conveniente pedir al rey y a sus audiencias, para mayor bien de sus pueblos: que obras sería bueno edificasen, y para que se hiciese con más maduro acuerdo, diesen parte de ello a los padres religiosos, y lo que allí se acordase se pusiese por obra, de suerte que tuviese efecto. Que asimismo hiciesen otro ayuntamiento, para ver y recoger todos los malos tratamientos, que de sus encomenderos hubiesen recibido, y de otros cualesquier españoles en su s pueblos, y los agravios, daños, robos, fuerzas y otros cualesquier males, para que hecha general información de ello, se enviase a la real audiencia, que proveería de justicia, si no se les hubiere hecho. Y para que esto mejor se haga (dice) se den las informaciones a los religiosos o al defensor, y esto se entienda de lo que no se hubiere castigado.

Mandó, que ninguna india se fuese a lavar con los hombres adonde ellos se bañaban, ni anduviese en hábito de hombre, ni el varón en el de mujer, aunque fuese por cansa de fiesta y regocijo. Ni tocasen atambor, toponobuzles, o tuncules de noche, y si por festejarse le tocasen de día, no fuese mientras misa y sermón, ni usasen de insignias antiguas para sus bailes ni cantares, sino los que los padres les enseñasen.

Que no cobrasen los indios por su autoridad lo que otros les debían, como solían hacer y hacían de presente.

Que los indios de la costa ni sus encomenderos, no prohibiesen a los demás de la provincia hacer sal, y las pesquerías a título de estar en sus términos, pues debían ser comunes, y Dios las crió para todos, y en lugares comunes.

Que a los caciques por la administración, y cuidado de gobernar los pueblos, se les haga cada año una milpa de maíz, y otra de frijoles. Otros muchos capítulos puso de cosas, que por razón de cristiano obligan a cualquiera con las penas a los transgresores, que por parecer ya demasiada prolijidad para estos escritos, no refiero, pues las dichas constituciones las he escrito, porque las más de ellas dan a entender, así las costumbres antiguas de los indios, como muchas y malos abusos, que aun después de cristianos, y admitida ya la predicación del santo evangelio; no eran poderosos los religiosos a quitárselas, y así entró el poder del brazo real ayudándolos, para que la cristiandad se afijase de todo punto. Al fin de ellas declaró las penas, que por leyes eclesiásticas y seculares están puestas para cada delito, para que como se hizo juntamente, se publicasen con ellas año de 1552. Veinte y dos ha, que estoy en esta tierra, y según lo que alcanzo, no me parece puede suceder cosa necesaria para entre los indios, ni para entre ellos y los españoles, que la providencia de este gran ministro no la previniese.

Libro VI. De la historia de Yucatán

Capítulo I. Erígese en provincia esta de Yucatán, y hace el provincial un grave castigo en unos indios idólatras

Dije en el libro precedente, como se celebró el segundo capítulo custodial de esta santa provincia de San José de Yucatán; corrió la pluma refiriendo otras diversas materias, y llámala de nuevo la de mi religión, para decir los progresos con que se dilató en este reino, hasta que en él se hizo erección de provincia. Celebróse la segunda congregación custodial en Mérida, a 15 de octubre de 1554 años, presidiendo, en ella el venerable padre custodio fray Lorenzo de Bienvenida, y no parece par la tabla capitula, tener aumento de convento alguno. Después a 26 de abril de 1556 años, se celebró en Mérida el tercero capítulo custodial, en que presidio el mismo custodio reverendo padre fray Lorenzo de Bienvenida, y fue electo tercero custodio el reverendo padre fray Francisco Navarro, y juntamente primero definidor, segundo padre fray Fernando de Guevara, tercero padre fray Diego de Landa, y cuarto el padre fray Diego de Pesquera. Por esto parece haber errado el padre Lizana en la relación que hizo de la celebración de este capítulo, así en el año que le asigna de 55, como en decir, que le presidió el padre Landa. No parece haber sucedido congregación intermedia a este capítulo, porque la tabla siguiente tiene título de capítulo custodial, y no sé que fue la causa. Este presidio el reverendo padre fray Buenaventura de Fuenlabrada (comisario de esta custodia) en Mérida, a 13 de noviembre de 1556 años, en que salió electo cuarto custodio el reverendo padre fray Diego de Landa, y juntamente par primer definidor, segundo el padre fray Miguel de Vera, tercero el padre fray Fernando de Guevara, y cuarto el padre fray Diego de Pesquera. También dice el padre Lizana tratando de este capítulo que se celebró el año de cincuenta y ocho, y que le presidió el muy reverendo padre comisario general fray Francisco de Bustamante. Ya dije como este prelado vino a Yucatán el año antecedente de cuarenta y nueve, y la asignación que en estos escritos hago, es teniendo presentes las tablas capitulares originales. Celebró su congregación en Mérida, presidiéndola el mismo padre custodio fray Diego de Landa, último día de julio de 1559.

Electo custodio, fue poner la luz sobre el candelero, para que sus rayos alumbrasen a todo este reino, y participase de su prudencia, letras y virtudes. Viendo la necesidad que había de ministros doctrineros, y el gran trabajo, que los pocos residentes tenían en la enseñanza de estos naturales, siendo tantos, trató de escribir al rey, dándole cuenta del estado de las cosas de esta tierra, aumento de la cristiandad de estos Indios, y falta de doctrineros, para que enviando con su católico celo ayuda de religiosos, llegase a perfección la total conversión de este reino. Parecía también se podía ya tratar, de que con los conventos que había, y que en breve se esperaba gran aumento, se hiciese de esta custodia erección de provincia en el capítulo general próximo de nuestra religión seráfica. Para que los religiosos que viniesen fuesen tales, como la ocasión pedía, y para que tuviese efecto la erección de provincia, no fió la acción menos, que del venerable padre fray Lorenzo de Bienvenida. Este religioso, que tanto ilustró esta provincia con deseo de aumentarla, y de que los indios tuviesen ministros doctrineros suficientes, obedeció sin réplica, y recibidos los despachos necesarios hizo su viaje, pero mientras le sigue, volvamos a lo que le sucedía en esta tierra a nuestro custodio fray Diego de Landa. Como no había aun en esta tierra obispo, y los prelados de las religiones mendicantes en estos reinos hacían oficio de comisarios apostólicos por la autoridad pontificia, que les estaba concedida, trató de reformar algunos vicios públicos, que había en la gente española, procurando con rigor cesasen algunas deshonestas amistades, y escándalo que con ellas había. Como a los buenos pareció bien esta solicitud, desagradó la ejecución a los interesados en aquellos torpes deleites. Fue el venerable padre custodio gran defensor de los indios, sintiendo si se usaban con ellos algunas demasías, y doliéndose de su pobreza y miseria. Esto le concilió algunas malas voluntades de los que por saciar su codicia no miraban lo justo a que se juntaron las de los antecedentes, y todos procuraron desdorar su crédito, cuanto les fue posible, como se verá delante: pero el señor cuya causa defendía, le libró de las calumnias que le opusieron, premiando aun en esta vida su santo celo.

Aunque el oidor Tomas López, cuando visitó esta tierra, dejó tan justas leyes como ya se dijo, y su providencia parece que comprendió cuanto en ella necesitaba de determinarse para españoles y indios, como las leyes sin ejecutor no son suficientes, y los alcaldes mayores que sucedieron, eran remisos en mirar por el bien de los indios: fue personalmente el padre Landa a la real audiencia de Guatemala, y en ella hizo relación de todo lo que le pareció digno de remedio. Fue acordado por aquellos señores, que viniese oidor de ella a visitar esta tierra, y fue asignado el doctor Jofré de Loaysa, en cuya compañía volvió a ella el venerable padre custodio. En esta ocasión trajo la santa imagen de nuestra señora de Izamal, de quien se trata adelante. Llegado el oidor visitó esta tierra, y entre las demás cosas que ordenó, fue una, moderar el tributo que los indios daban, así al rey como a los encomenderos. Hasta este tiempo daban al año cuatro piernas de manta, y desde ahora quedaron en tres, con que se dieron por más ofendidos del padre Landa, y se aumentó el poco afecto que le tenían. Ocupado en lo referido, pasó el tiempo de su custodiato, hasta que llegado el año de sesenta, se celebró capítulo en Mérida a 12 de noviembre, el cual presidió el mismo padre custodio fray Diego de Landa, y fue electo quinto y último custodio el venerable padre fray Francisco de la Torre, y por primero definidor el padre fray Miguel de Vera, segundo el mismo padre custodio, tercero el padre fray Antonio de Valdemoro, cuarto el padre fray Roque de la Ventosa.

Volvió de España el bendito padre fray Lorenzo de Bienvenida, con no menos feliz despacho, que se presumió de la solicitud de tan gran religioso, y trajo una misión de diez religiosos, que le dio el rey para esta provincia, y sabiendo que habían llegado a desembarcar en el puerto de Dzilam, el reverendo padre custodio dio orden al padre fray Diego de Landa, que era guardián de Mérida, para que fuese al puerto, y los recibiese, y llevándolos al convento de Ytzmal, les leyese el arte de la lengua de estos naturales, que él había perfeccionado, y que en sabiéndole se fuese a su convento de Mérida. En el ínterin vino a la presencia de su prelado el padre fray Lorenzo de Bienvenida, y manifestó los despachos que traía del capítulo general, que nuestra seráfica religión había celebrado en Aquila año de 1559, en que salió electo ministro general el reverendísimo padre fray Francisco de Zamora. El orden que se dio fue, que de los religiosos que estaban en Yucatán y en Guatemala, se hacía una provincia separada de la del santo evangelio de México, alternando los capítulos provinciales, que una vez se hiciese en Yucatán, y otra en Guatemala. Por la distancia grande que hay de una tierra a otra, se determinó que cuando el provincial fuese electo de los de Yucatán, el guardián de Guatemala, fuese vicario provincial de todo aquel territorio, y cuando allá se hiciese la elección lo fuese en Yucatán el guardián de Mérida, pero que la primera elección de provincial fuese hecha en religioso de los de Yucatán.

En ejecución de lo determinado se juntaron en la ciudad) de Mérida, y a 13 de septiembre de 1561 años, se celebró el primero capítulo provincial, presidiendo el reverendo padre fray Francisco de la Torre, custodio actual, y fue electo primero ministro provincial el reverendo padre fray Diego de Landa, y juntamente con voz de primer definidor, segundo el venerable padre fray Lorenzo de Bienvenida, tercero el padre fray Miguel de Vera, y cuarto el padre fray Antonio de Valdemoro. Como ya había más religiosos, se aumentaron en este capítulo los conventos de Homun, su primero guardián el padre fray Andrés Bruxeles, y el de Calkiní, guardián el padre definidor fray Miguel de Vera, con que en este capítulo quedó la provincia con ocho conventos.

Con la ayuda de los religiosos, que el padre Bienvenida trajo, que ya habían aprehendido la lengua de los indios, se había dado mejor orden en la administración: pero cuando el venerable provincial presumía habían puesto en olvido las idolatrías por el continuo cuidado suyo, y de los demás ministros; descubrieron la guerra, que el demonio les hacía. Idolatraban unos indios del pueblo de Maní, quebrantando la fe prometida en el santo bautismo, y aunque ellos cometían ocultamente aquel pecado, permitió la majestad divina, que se manifestase, y con su ocasión el de otros de diversas partes, que no se presumía, para enmienda de los miserables engañados, y escarmiento de los que no lo estaban. Había en el convento de Maní un indio, llamado Pedro Che, que era portero. A este le dio un domingo gana de salir por el pueblo a cazar conejos, de que en todos hay abundancia. Salió por las calles, unas de bosque, que de pueblo (porque los indios no los tenían tan limpios de arboleda, como ya están) y los perrillos, que con el indio iban llevados del olor, entraron en una cueva, y sacaron arrastrando un venado pequeño, acabado de matar y arrancado el corazón. El indio admirado, entró donde los perrillos salieron, y por el olor de sahumerio de copal (que es su incienso) llegó en lo interior de la cueva, donde estaban unos altares y mesas muy compuestas, con muchos ídolos que con la sangre del venado, que aun estaba fresca, habían rociado. Espantado de esto, porque era buen cristiano, salió de allí, y con celeridad dio cuenta de lo que habla visto a su guardián, que era el padre fray Pedro de Ciudad-Rodrigo, y este al provincial, que estaba en la ciudad de Mérida. Sintiólo el celoso ministro, como culpa de hijos a quien había regenerado en Cristo, cuyo honor y culto ultrajaban, y fue personalmente a poner el remedio, que tan grave mal pedía. Como era tan sabio en la lengua de estos naturales, presto descubrió los que habían caído en aquel pecado, y con la autoridad apostólica que tenía, haciendo oficio de inquisidor, procedió a información jurídica contra los idólatras apostatas de la fe, y descubrió en ella otras idolatrías de los indios orientales de esta tierra hacia los Cupúles, Cochuaxes de Zotuta, Canules, y otros. Hallo, que habiendo muerto algunos pertinaces en su idolatría, ignorándose, estaban sepultados en lugar sagrado y mandó desenterrar los cuerpos, y echó sus huesos por los montes. Sustanciadas las informaciones, determinó hacer un auto público, como de inquisición, en el pueblo de Maní, para atemorizar los indios, y pidió para ejecutarle el auxilio real al alcalde mayor. No solo le dio, sino que asignado el día en que se había de publicar, fue al pueblo de Maní para hallarse presente, y llevó consigo la más nobleza española de toda esta tierra, así para la autoridad del acto, como para la seguridad de lo que pudiese acontecer. Concurrió aquel día gran gentío de los indios a ver cosa para ellos tan nueva, y en el auto fueron leídas las sentencias, y castigados los idólatras con el auxilio real, aunque algunos engañados del demonio impenitentes se habían ahorcado, temiendo el castigo, porque parece había entre ellos, ya relapsos, y sus cuerpos de estos fueron echados a los montes Con el recelo de esta idolatría, hizo juntar todas los libros y caracteres antiguos, que los indios tenían, y por quitarles toda ocasión y memoria de sus antiguos ritos: cuantos se pudieron hallar, se quemaron públicamente el día del auto, y a las vueltas con ellos sus historias de sus antigüedades. Fue ocasión esto de que por muchos años no se hallase ni supiese de idolatría alguna entre los indios, aunque los émulos del bendita padre le dieron título de cruel, pero bien diferentemente sintió de la acción el doctor don Pedro Sánchez de Aguilar en su Informe contra los idólatras de esta tierra.

Capítulo II. De la muy celebrada y devota imagen de la virgen santísima de Ytzmal

Por todos los caminos posibles solicitaba el venerable padre fray Diego de Landa atraer los indios a nuestra santa fe católica, y apartarlos del culto idolátrico, en que habían vivido como se ha visto, y también se dijo lo mucho que en el pueblo de Ytzmal era venerado el demonio, y lo que con sus naturales trabajó este gran varón en el principio de su conversión: los tres pueblos, que en su asiento fundó y como al uno puso título de santa María. Para que más se aficionasen a la devoción de tan gran señora, trató con ellos, que se trajese una imagen suya, que venerasen. Correspondió a su buen afecto la voluntad de los indios, y así juntaron lo que pareció era suficiente, para que se comprase. Ofrecióse haber de ir el padre Landa a Guatemala (como se ha dicho) y porque en aquella ciudad había artífice escultor, que las hacia, le encargaron que la trajese de allá, y también los religiosos pidieron otra para el convento de Mérida. Compráronse las dos imágenes, y puestas ambas en un cajón, de suerte que no se maltratasen, le traían indios cargado en hombros. Sucedió en el camino, que lloviendo muchos aguaceros, nunca llovía sobre el cajón de las imágenes, ni indios que las traían, ni aun algunos pasos en circuito donde estaban. Llegadas a la ciudad de Mérida, los religiosos escogieron para aquel convento la que en él quedó por más hermosa de rostro, y parecer más devota.

La otra, aunque se había traído para los indios, y se llevaba al pueblo de Ytzmal, pretendían los vecinos de la villa de Valladolid, que se llevase al convento que allí teníamos pareciéndoles, que no era justo quedase en un pueblo de indios. Los de Ytzmal, donde ya estaba resistieron lo posible, pero no tanto, que no se comenzase a poner en ejecución lo que los españoles deseaban. No faltó la majestad divina al buen deseo, con que los indios estaban de tener la imagen de su santísima madre; y así aunque más diligencias se hicieron, no bastaron fuerzas humanas para moverla del pueblo, y así la volvieron al convento de él con grande alegría de los indios, y admiración de los religiosos. Creció la devoción de los fieles con esta santa imagen a vista destas maravillas, y pasó destos reinos a los de España, y en todas partes, así de la tierra, como del mar, ha obrado nuestro señor por medio de su invocación, y encomendándose a ella los fieles, innumerables milagros, de que se pudiera escribir un gran volumen, si se hubiera tenido el cuidado que era justo. Los más se han olvidado con el tiempo, y aun los que se apuntaron, no se escribió aquel en que sucedieron, ni muchas circunstancias que los calificaran, y así los habré de escribir sin estas particularidades, pues no se pueden ya averiguar Así los escribió el padre Lizana en su devocionario, y muchos de ellos están pintados en el templo de esta santa imagen.

Cuando la traían pusieron en el cajón muchos papeles, para que no se rozase con el movimiento del camino. Con la devoción que se comenzó a tener con ella. Una señora vecina de la ciudad de Mérida, hubo unos papeles de aquellos, y guardábalos con veneración. Un indio criado de aquella señora cayó de una azotea alta de su casa, donde traían obra. La caída fue tal, que le tuvieron por muerto, aunque con algunas medicinas volvió en sus sentidos, pero le quedaron quebrados un brazo y una pierna. Fueron a buscar quien le curase, y en el ínterin la buena señora sacó los papeles y envolvió el brazo y pierna lisiados en ellos. Cuando vino el cirujano, buscando el daño que había de reparar, dijo, que para que le habían llamado, que el indio estaba sano y bueno, y así fue hallado, atribuyendo la sanidad a milagro de la virgen santísima de Ytzmal, dando Dios virtud sobrenatural a aquellos papeles, que habían tocado a la imagen de su santísima madre.

A un indio y una india casados en el pueblo de Tixhotzuc, les dio Dios un hijo, que nació encogido el cuerpo, y tullido, y así fue creciendo, hasta que fue de edad de doce años. Aunque solicitaron su remedio, no le hubo humano, y les era a los padres muy penoso haber de llevarle cargado donde quiera que iban. Oyeron de otros indios los milagros de esta santa imagen, y preguntaron a unos, que iban de visitarla, si llevaban alguna limosna, o les pedían alguna paga por la sanidad de los enfermos. Respondieron, que no se pedía cosa alguna, pero que los que iban a visitar la virgen, le llevaban candelas, pañitos, fruta o lo que gustaban de ofrecerla. Propusieron de llevar el muchacho a Ytzmal, y consultaron llevar 3 reales que tenían, y cuando llegasen dar los dos a nuestra señora, y guardar el otro para dárlele, si sanaba el enfermo, y sino quedarse con el real delante de la imagen, ofreciendo los 2 reales, como habían tratado. Estuvieron todo el día en la iglesia, de donde salieron desconsolados por no haber sanado su hijo. Volvieron al otro día y estuvieron hasta la tarde y viendo no sanaba, dijeron: Vamos y llevamos el real, que no se le ha de dar a la virgen, pues no sanó nuestro hijo. Últimamente privados de remedio, cargaron con el muchacho, y despedidos de la virgen, salieron de la iglesia. Pero pasando la calle a la vuelta del convento, dijo el muchacho a su padre que lo llevaba cargado: padre, ponme en el suelo que se me ofrece una necesidad corporal. Dijo el padre: «¿cómo puede ser, si desde que naciste no te mueves?».

Porfió el muchacho llorando, hasta que obligó al padre a que le bajase al suelo. Quedó en pié sano, bueno, y suelto de sus miembros, de suerte, que por sí solo hizo la necesidad que tenía. Atónitos sus padres y confusos de su sanidad, dijeron: Vamos otra vez a ver a la virgen y darle gracias, y el real que nos quedaba, pues ha sanado a nuestro hijo. Y lo hicieron, publicando el milagro, porque todos dieron gracias a la virgen, y ellos quedaron muy radicados en la fe y devoción de esta santísima señora.

Unos piratas ingleses cogieron un navío de españoles, y sobre malos tratamientos de obra, les decían por vituperio, que eran papistas embusteros. Pasaron tan adelante, que quisieron obligarles a negar la obediencia a la santa madre iglesia romana, y otros artículos de fe. Los españoles, como verdaderos católicos hijos de ella, defendiéndola, abominaron semejantes errores. Indiguaronse los herejes contra los católicos, y a uno de estos, que debía de ser más entendido, y hablaba por todos, le cortaron la lengua y después de bien apaleado, lo echaron en tierra en esta costa de Yucatán. Caminaban los pobres para la ciudad de Mérida, y esperaban hallar socorro de su necesidad. En el camino un devoto de la santa imagen, dijo al que iba herido: vaya hermano al pueblo Ytzmal en donde hay una imagen de la madre Dios, que hace muchos milagros, y confíe en Dios; que le ha de volver su lengua, como la tenía. El hombre vino a su santa casa (donde actualmente acaso me hallo trasladando esto) y puesto de rodillas ante la devota imagen de la virgen santísima pidió le restituyese su lengua. Comenzóle a ir creciendo poco a poco y asistiendo nueve días en su presencia, tuvo su lengua entera, y restituida su habla, con que dio muchas gracias a Dios, y a su bendita madre, ofreciendo ser perpetuo pregonero de sus maravillas.

Había un indio tullido de muchos años, que se ponía a la puerta de la iglesia de esta santa imagen, donde pedía limosna. A los que entraban a visitarla. Una vez muy triste de verse tan impedido, ayudándose con sus muletas, se fue al altar de la virgen, y en la primera grada estribando en las muletas puesto de rodillas, la pidió salud. A poco rato probó a subir otra grada, y se halló más suelto, de suerte, que dejó la una muleta en ella. Allí volvió a hacer oración con mucha devoción y lágrimas, y queriendo subir las demás gradas, se halló tan suelto, que pudo dejar la otra muleta, y ayudándose con las manos fue subiendo hasta el altar. Continuó su oración por un rato, y luego queriendo levantarse, se halló sano, y bajó las gradas por sí solo. Ya sano llevó las muletas a los religiosos del convento, publicando el beneficio recibido, y ellos las pusieron en la iglesia de él, de que dice fue testigo de vista el padre Lizana en su devocionario

Tenían marido y mujer, naturales del mismo pueblo de Ytzmal, una niña hija suya enferma cinco años había. Vivían en otro pueblo, y llevaron la niña a la virgen, pero a dos días llegados murió, quedando sus padres muy desconsolados. Estando para amortajarla, dijeron, llevemos a nuestra hija muerta a la virgen, que nos la dé viva, pues venimos a traérsela enferma y se ha muerto. Llevaron la niña difunta, y pusiéronla en media de la capilla mayor, porque estaba abajo la santa imagen, que era víspera de su festividad, y allí la pidieron con grandes lágrimas, les resucitase su hija. A vista de tan gran concurso como a la fiesta se junta, comenzó la niña difunta a sudar, y quejarse. Viendo los padres, que su hija se movía, dieron voces, dando gracias a Dios y a su bendita madre, y todos los presentes las dieron, viendo un milagro tan patente. Estaba presente el gobernador don Antonio de Figueroa con su mujer y familia, y otras muchas personas nobles. El mismo gobernador de rodillas ante la santa imagen tenía la niña, que estaba en pié, y la gobernadora asida de las manecitas, te preguntaron, que quien la había resucitado, y con ser de tan tierna edad, respondió en su lengua estas palabras: «Mi señora la virgen María, que está allí arriba puesta en alto, me resucitó». Vióse otra cosa digna de admiración, que no habiendo sabido aquella niña las oraciones, decía el Ave María muy bien pronunciada delante de toda la gente, que allí estaba. Movido el gobernador con esta maravilla, se llevó la niña consigo para tenerla en su casa. Hízola vestir luego a su usanza muy galana, y al día siguiente llevaron la niña delante de la santa imagen en la procesión, que con ella se hace. Aunque el gobernador tuvo mucho cuidado con la niña, fue mayor el de sus padres, que sin que lo sintiese, se la quitaron, y escondieron, de suerte, que no la pudieron hallar, ni lograr el buen deseo, que tenía de criarla en su casa con regalo.
Una India natural del pueblo de Homun, era muda desde su nacimiento. Visitó a esta santa imagen, y vuelta a casa de un vecino donde se hospedó; la gente de ella la oyó hablar claramente, y que rezaba. Entraron al aposento, y preguntáronla ¿cómo hablaba? Respondió que la virgen santísima le había traído el habla y puéstosela en la boca.
A otro indio sordo de mucho tiempo, que la vino a pedir salud se la concedió quedando bueno, y sin la sordera. También otro ciego desde su nacimiento consiguió la vista, encomendándose a esta santísima señora.

Capítulo III. De otros milagros de nuestra señora de Itzmal
De día en día se ha continuado la devoción de nuestra señora de Izamal, porque también la divina clemencia ha continuado sus misericordias con los fieles que se encomiendan a ella. Hubo un indio tullido de muchos años, que continuó diez el venir día de la festividad de la virgen a pedirle salud. El año de 1625, vino como acostumbraba, y viendo que otros la alcanzaban, y él no la conseguía, se sentó a la puerta de la iglesia muy triste, y conociéndolo sus compañeros le preguntaron ¿por qué estaba así? Respondió, que estaba riñendo a la virgen, porque no le daba salud, y que no había de venir más a visitarla, pues no se la concedía. Llegó allí un donado del convento, y entendida la queja del indio, le reprehendió de su poca confianza, y dijo que viniese otra y muchas veces, y le pidiese salud, y vería como le sanaba. Humillóse el indio, y puesto de rodillas, aunque con trabajo, hizo oración a la madre de misericordia con muchas lágrimas. A poco rato le dio gana de pasar por debajo del carro, donde estaba la santa imagen, y probando a entrar, se halló sano y suelto a vista del donado, y las manos y pies del tullido hicieron patente a todos el milagro.
Alonso Rodríguez, canónigo de la santa catedral de Mérida, tenía un negro esclavo, que echaba gusanos muy grandes por todas las partes del cuerpo. Desahuciado de los médicos, fue traído a esta santa imagen, que en presencia de los religiosos del convento, del dicho canónigo y de muchos españoles, dio salud milagrosa al enfermo.
Un español natural de la ciudad de Sevilla, estuvo muchos meses sin expeler excremento alguno, y comía más que dos personas. Decía que era tanta la aflicción interior, que padecía, que le parecía se abrasaba, y había mucho tiempo que le quitaba el sueño, aunque el color y aspecto tenía de persona sana. Destituido de humanos remedios, vino a visitar esta santa imagen, y dio la limosna de unas misas que traía devoción le dijesen. Prometió a la virgen de no salir de su santo templo, sino fuese sano, o que en él había de morir por su consuelo. Así estuvo casi dos meses, hizo confesión general de su vida, y se encomendó a Dios y a su bendita madre. Fue nuestro señor servido, que mejorase y salió sano de aquella tan singular enfermedad, y dijo, que a no ser casado en Sevilla, se quedara perpetuamente a servir en aquesta santa iglesia: pero que prometía de venirla a visitar todos los viajes que hiciese a estos

reinos, y traerla alguna ofrenda, solicitando a todos fuesen sus devotos, y se valiesen del favor de esta santa señora.

Jugando en una ocasión un niño español (hijo de Francisco de Espinosa y doña María de Matos su mujer) con otros muchachos españoles, cayó de una azotea alta, quedando quebrantado y tenido por muerto. Encomendóle su madre a la virgen de Ytzmal, pidiendo con muchas lágrimas le sanase, y ofreció llevarle a su santo templo. A las veinticuatro horas volvió el niño en sus sentidos, quedando sano y bueno.

Rodrigo Álvarez de Gamboa, era encomendero del mismo pueblo de Ytzmal, y su mujer doña María de Sosa, tenía un achaque (que comúnmente llaman fuego) en una mano, que en las menguantes de la Luna la afligía mucho, y en las crecientes sentía alivio. Llegó a tanto el dolor, que sin aprovechar medicinas, ni comía ni dormía. Viendo esto su marido la dijo fuese a visitar esta santa imagen, y la llevase un ornamento para su altar, que esperaba en Dios la había de dar salud. Vinieron, y dieron limosna, para que se les dijesen nueve misas, y oyendo una de ellas día de la festividad de la expectación de nuestra señora, como se iba diciendo la misa, iba mejorando la mano, y acabada la misa, quedó del todo sana, sin señal aun de la enfermedad, que había tenido.

Navegando el capitán Domingo Galván, tuvo una tormenta, y fluctuando en ella impelido el navío con la violencia, iba a dar en un gran peñasco entre bajos muy peligrosos: no teniendo ya fuerzas los marineros, cansados con el trabajo del recio temporal. Perdidas casi las esperanzas de librarse del riesgo presente, dijo el capitán a todos, que sus pecados los anegaban, que se encomendasen a Dios, pidiéndole misericordia, y que prometiesen todos de ir a visitar a la virgen de Ytzmul, si los libraba de aquel peligro. Hicieron todos la promesa puestos de rodillas con mucha devoción y confianza, y luego cesó la tormenta, y se hallaron en alta mar y paraje conocido, y con viento favorable concluyeron su viaje. En saliendo a tierra (que fue en esta de Yucatán) cumplieron su promesa, y estuvieron nueve días en Ytzmal, oyendo nueve misas, y dando gracias a nuestro señor, publicaban el milagro.

Saliendo a pescar unos indios de Campeche en sus canoas, los sacó un recio temporal la mar a fuera, donde se vieron casi anegados. Dijo uno a otro: nuestros pecados nos trajeron a pescar, que no es posible, sino que los demonios a quien solemos dar crédito y aun adoramos, nos quieren perder.

Encomendémonos a la virgen de Ytzmal madre de Dios verdadero, sacando de nuestros corazones (modo de hablar suyo) esta mala inclinación a idolatrar, y verás como nos libra deste peligro. El compañero respondió, que decía bien, y que irían a visitarla, y llevarían su limosna, y con esto se encomendaron a ella. La tormenta los llevó a Alvarado, donde se admiraron los vecinos no se hubiesen ahogado con aquella tormenta en embarcación tan pequeña. Preguntáronles, como habían llegado tan lejos de su tierra, y contaron lo referido, y que desde que se encomendaron a la virgen les pareció, que no sentían la tormenta. Después costa a costa se volvieron en su canoa, y llegados a Campeche, donde ya los tenían por ahogados, contaron lo que les había sucedido, y cumplieron su promesa. Decían después, que en solo Dios se debía confiar, y que vivían engañados los indios idólatras, que ponían en duda las cosas de nuestra santa fe católica y que ellos habían vivido engañados de algunos embusteros, con que amonestaban a los demás indios fuesen verdaderos católicos, y de todo punto echasen de su corazón la idolatría. Muchos destos milagros han confirmado a los indios en la fe, y así tienen grandísima devoción, y veneración a esta santa imagen.

Había en una ocasión en el mesón del pueblo de Ytzmal algunos españoles, y uno burlándose cogió un arcabuz, y apuntando a un amigo suyo, le dijo: allá van esos confites, y sin querer se disparó, sembrándole el vientre de postas y perdigones. Al punto que el herido se vio así, dijo: o virgen de Ytzmal libradme, que me han muerto y también el que le hirió invocó a la virgen, y de carrera se fue al altar, y arrodillado delante de ella, con grandes ansias le pidió sanase al herido, al cual llevaron como estaba al altar, pidiendo su salud. A vista de todos se fueron cayendo las postas y perdigones, quedando allí el herido no solo sano, pero sin señal alguna, y todos admirados dando gracias a Dios y a su bendita madre por el beneficio.

Una india de la ciudad de Mérida, padeciendo un gran dolor de vientre, determinó visitar esta santa imagen, y puesta en camino le apretó tanto el dolor, que entendió espirar, y así la llevaban cargada, como casi difunta. Llegó y vio a la santa imagen, y después la llevaron a su posada, donde le reventó el vientre por un lado, quedando tan grande abertura, que por ella excrementaba. Encomendóse con más veras a la virgen santísima, y repentinamente se halló sana, como si tal enfermedad no hubiera tenido.

Como en la corte de nuestro católico monarca concurren personas de todos sus reinos, y allí se tratan las cosas grandes, que hay en ellos, dijo una desta tierra los grandes y innumerables milagros, que la madre de Dios de Ytzmal hacia, y la gran devoción que se le tenía, con que la gente de la casa donde lo dijo, quedó con gran afecto, y se encomendaban a ella, especialmente una doncella. Esta enfermó a poco tiempo, de suerte que no aprovechando médicos, ni medicinas, recibidos los santos sacramentos, y dispuesta como cristiana, llegó al parecer a lo último de su vida. Dióle un parasismo por espacio de dos horas, con que tenida por difunta, la amortajaron, y comenzaron a disponer dar sepultura a su cuerpo. Ya amortajada volvió en sus sentidos, y admirados los presentes le preguntaron, quien le había dado la vida, pues ya la habían juzgado muerta. Y respondió de esta suerte: «Bendita sea la limpieza de la virgen y madre de nuestro criador, que así paga la devoción de sus devotos. Habéis de saber, que la virgen sin mancilla me restauró la vida, que ya era en mi acabada, y alcanzó de su hijo precioso me volviese a este mundo, para que haga penitencia de mis pecados, y sea motivo de que muchos sean verdaderos devotos desta reina del cielo. Llevadme de aquí, que ya estoy sana, y libre de mi enfermedad». Quedólo verdaderamente, como manifestó la experiencia; y preguntándole sus padres, que devoción era la que tal beneficio consiguió, dijo: Que desde el día que oyó tratar de la virgen de Ytzmal, de la provincia de Yucatán, se ofreció a su devoción, y le rezaba un rosario cada día, por cuya causa la sacó de las manos de la muerte, dio salud entera, y hizo otras muchas mercedes. Dieron gracias a Dios y prometieron de enviar alguna ofrenda, y avisar de este milagro, como lo hicieron, para que se supiese, y así está pintado con los demás referidos en su santo templo.
El año de 1634, por el mes de septiembre, viniendo de España, ya por esta costa a vista de tierra en el navío del capitán Alonso Carrión de Valdés, una tarde sentimos todos, que el navío tocó con la quilla dos veces en tierra una poco después de otra. Viendo el capitán el riesgo de varar el navío, y por lo menos perder el bajel, dijo a voces: virgen santísima de Ytzmal, favorécednos, que yo os ofrezco el valor del cable de plata. Estaba cuando esto dijo el viento de la mar, que nos iba acercando a tierra, y instantáneamente se volvió el viento de la parte de tierra, que nos sacó a la mar, y quedó el navío libre de aquel

peligro. Después dio el capitán el valor del cable a virgen santísima, como lo prometió.

Gobernando esta tierra el marqués de santo Floro, enfermó la señora marquesa su mujer doña Jerónima de Laso y Castilla. Llegó tan a lo último, que por instantes entendían espiraría. Encomendóse con gran afecto a la virgen de Ytzmal, y cuando menos se esperaba, consiguió salud, la cual tuvo por cierto le impetró la virgen, y así para memoria dello lo hizo pintar en un lienzo, que esta puesto en su capilla, el cual envió con otros dones en agradecimiento de la salud recibida.

Por el mes de octubre del año pasado de 1654, me vi yo con un achaque, no peligroso de muerte, pero penosísimo, y se me iba extendiendo por todo el cuerpo muy apresuradamente. Hice remedios, que se dice son eficacísimos, pero muy sensibles, y que causaban vehementes dolores, y no aprovechaban, ni lo atajaban. Viéndome afligido con ellos, me encomendé a esta santa imagen, y le hice una promesa. Desde entonces comencé a mejorar, y aunque es verdad, que apliqué otra medicina menos sensible, que las precedentes (por no esperar con temeridad, que Dios obrase conmigo manifiesto milagro, pudiendo aplicar causas naturales) sané del achaque, atribuyéndolo más a merced de la virgen santísima, que a eficacia del medicamento, porque conseguí salud más brevemente de lo que entendí. Sea Dios bendito en sus misericordias, y su santísima madre. Amen.

Capítulo IV. Celébrase con gran concurso la fiesta de la virgen de Ytzmal, y refiérense otras milagrosas de este reino

Ya dije, que fuera necesario hacer gran volumen de los milagros desta santa imagen: pero para el discurso de la piedad católica bastarán los referidos, y decir, que es el consuelo de todos los afligidos, que la invocan. Así por todo el discurso del año es visitada en su santo templo de aquellos, que por su intercesión han conseguido beneficios divinos. Más continuos y en mayor número son los que ha hecho con los indios, como gente más mísera destituida de socorros humanos y pobre; y así es grandísima la devoción que con ella tienen, y la veneración tanta, que en diciendo el indio: por la corona de la virgen de Itzmal, se le puede creer, aunque continuamente son tan de poca verdad.

Con las mismas palabras ruega por sí, para alcanzar perdón de cualquiera culpa en que le cogen: pareciéndole el más eficaz medio para conseguirle.

Aunque por todo el año es visitada, principalmente en su festividad a 8 de diciembre día de su Purísima Concepción suele ser el concurso casi innumerable de españoles, mestizos, mulatos, negros y indios de toda esta tierra, hasta de Cozumel provincia de Tabasco, y aun de Chiapa. Celébrase todos los años con las mayores fiestas posibles en esta tierra, y los caminos aquellos días se ven tan llenos de indios por todas partes, que parecen hormigueros. Muchos españoles y españolas desde que en el camino descubren su santo temple, van hasta él a pié. Pero lo que causa más devoción, es ver la veneración con que a él llegan los indios. Ya se ha dicho, que está el temple en un cerrillo, y así por todas partes se sube a él por gradas. Muchos son los que desde la primera van las rodillas por el suelo todas ellas, patio y iglesia, hasta llegar al pié del altar, que en medio de la capilla mayor se hace para colocarla aquellos días, y allí ofrecen lo que llevan, según su pobreza, y con besar la orla del frontal van consoladísimos a sus casas.

Es esta santa imagen de escultura de talla entera con su ropaje estofado, de altura de cinco cuartas y seis dedos, el rostro muy majestuoso y grave, la color de él, blanco algo pálido, las manos juntas sobre el pecho y levantadas, y causa respecto venerable mirarla. Tiene muy ricos vestidos y joyas, que devotos le han dada, especialmente uno, que de España le trajo el reverendo padre fray Antonio Ramírez, y una vidriera cristalina, con que se descubre toda en su trono, que esta en medio del retablo del altar mayor sobre el sagrario. Después le hizo un transparente muy vistoso y adornado, y con las joyas que la ofrecieron en la ciudad de Mérida, cuando la llevaron por la peste (como se dice adelante) un trono de plata labrada de martillo muy costoso y curioso. Después hizo cubrir de plata las andas, en que se coloca para la procesión del día de su festividad. Tiene delante de su altar muchas lámparas de plata, y en la iglesia muchísimas señales de los milagros que ha hecho, que ha sido necesario quitar muchos, porque llenaban las paradas. Sea Dios bendito, que tan singular merced hizo a esta tierra, concediendo esta santa imagen.

Por si no hay otro lugar tan a propósito, digo en este, que no solo hay de esta santísima señora nuestra, la imagen referida, sino también otras milagrosas, aunque no tan celebradas. En el convento de Calotmul, jurisdicción de la villa de Valladolid, hay una escultura de talla entera, de una vara, el color del rostro blanco y agradable. Su título es de la Purísima Concepción, y con ella tienen los fieles singular devoción. Hablando de ella el doctor Aguilar en su informe contra los indios idólatras desta tierra, dice estas palabras: «Y esta por la bondad de Dios veneré y he venerado, y veneraré en mis días, por las mercedes y milagros, que conmigo usó en el viaje que hice a España por procurador de la clerecía de este obispado el año de 1602, trayéndome a salvo en una nao vieja y rota, cuya bomba no cesó días, ni noches en todo el viaje, hasta el puerto de Zizal, trayéndole por ofrenda la primera corona de plata que tuvo. Lo cual refiero, para que todos la veneren.»

En el pueblo de Bécal, visita de nuestro convento de Calkiní, en el camino de Campeche a Mérida, hay otra imagen de nuestra señora de talla de escultura, de altura de cinco palmos. El rostro hermoso y blanco de color. Su título es de la Natividad. Tienen con ella singular devoción, así españoles, como indios, y por su invocación ha obrado Dios algunas maravillas, y así es grande el concurso de gente que va a visitarla, cuando se celebra su festividad a 8 de septiembre cada un año.

Hay en el pueblo de Tiz (Tetiz) visita de nuestro convento de Hunucmá otra imagen de nuestra señora, de singular devoción y hermosura de rostro, a quien visitan muchos españoles: unos a pedir remedio en sus necesidades, y otros a dar gracias por beneficios recibidos. Estando en novenas ante su altar unos españoles (entre ellos el encomendero de aquel pueblo) y algunos indios vieron al punto del mediodía bajar de lo superior del media de la iglesia, que es cubierta de paja, un globo de fuego, que yéndose para la santa imagen, se entró debajo de su manto, recibiéndole ella con movimiento de las manos y levantando el manta, como para recibirle debajo. Quedó este prodigio autenticado en el libro de la cofradía, que los indios de aquel pueblo tienen, de la reina del cielo. Su hechura es de talla entera, de altura vara y media, su rostro de color blanco, y su título de la Purísima Concepción. El case referido sucedió a 8 de diciembre, año de 1650.

En nuestro convento de Maní, en la iglesia de piedra, hay una imagen de nuestra señora, título de su Purísima Concepción. Es de escultura de talla entera, de buena y proporcionada altura, su rostro hermosísimo, de color blanca, mueve a mucha devoción su postura, como en elevación al cielo. Después de puesta en su altar, se le vio una mancha, como lunar grande en la mejilla izquierda, debajo del ojo, habiéndose puesto sin él. Yo he sido guardián de aquel convento, y muchas veces me parecía, que en unas ocasiones estaba aquel como lunar, mayor que en otras, y la hermosea mucho. Ha obrado nuestro señor por media de ella algunas maravillas, y en especial resucitó a un niño indezuelo de edad de tres años. Su madre llorando, le llevó muerto, y le puso delante de la imagen sobre un banquillo, y haciendo oración con la devoción y fe, que Dios la dio no solo resucitó el niño, pues le volvió la afligida madre sano y bueno a su case. No solo los indios de aquel pueblo tienen particular devoción a esta santa imagen: pero aun también los de la comarca, y ninguna persona la ve, que no se la tenga.

A la administración del beneficio de Zotuta está sujeto un pueblo llamado Tavi, donde está el Zonóte o caverna de agua, de que se hizo mención en el libro cuarto. En este Zonóte se halló una imagen de la virgen, de esta suerte. Una noche estando en el pueblo Rodrigo Alonso García encomendero de él, y otros españoles, se oyeron repicar las campanas de la iglesia. Causóles novedad, como era a deshora, y fueron a la iglesia para ver la ocasión de aquel repique: pero no se halló persona alguna, que las hubiese tocado, ni mandado tocar. Cesó el repique mientras allí estaban, y en apartándose de la iglesia sonaron otra vez las campanas. Entre otras, una de las veces que fueron, pasando por junta a la boca del Zonote (que está luego a la puerta y vista de la iglesia) vieron una imagen en la misma boca y bordo del Zonote, sobre una peana, cuya mitad estaba para la parte de adentro de la concavidad, y así parecía estar como suspendida. Acercáronse, y conocieron ser imagen de la madre de Dios, y al ruido se había juntado mucha gente del pueblo no se atrevieron a tocar a ella, hasta dar noticia del suceso al beneficiado que entonces era Diego Velásquez de Arceo, el cual en sabiéndolo vino y halló la imagen como se ha dicho. Lleváronla con gran regocijo a la iglesia, y pusiéronla en su tabernáculo, donde solía estar sin que se pudiese saber, cual fuese la causa de estar allí, y repicarse las campanas. Frecuentóse mucho su devoción desde entonces, y por ella se han recibido muchos beneficios de la divina clemencia. Faltóle al bachiller Valencia en su relación, poner el día y año de este suceso cuando la hizo, que le fuera fácil averiguar, por es había sido allí beneficiado, sucesor del referido. Yo aunque he hecho diligencia no he hallado quien me lo diga. Es esta santa imagen de talla de escultura, su color de rostro trigueño, y su altura de tres cuartas todo el cuerpo.

Después que es beneficiado el bachiller don Fernando Pacheco y Benavides, me escribió que el año pasado de cincuenta, a 10 de enero, en presencia suya, con el aceite de la lámpara de esta santa imagen sanó un mulatillo de su casa tullido, y anduvo luego que con él le untaron.

El año siguiente de 1651, don Gaspar Pacheco, hermano del dicho beneficiado, llegó a estar tan al cabo de la vida por achaque de la orina, que no podía evacuar, que ya se había despedido dél, y de todos los suyos, pareciéndole estaba para reventar. En este grave, y próximo peligro a morir, le hizo poner una toca de esta santa imagen el padre beneficiado, y luego al instante empezó a evacuar, y a echar pedazos de cáusticos, que le tenían tapada la vía natural. Sucedió esto a 12 de junio del dicho año.

En nuestro convento de Uayma hay una imagen de la madre de Dios, que su hechura es de talla entera de escultura, de altura de poco menos de vara, su ropaje estotado, el rostro muy agraciado y blanco, con una imagen de su hijo santísimo en las manos. Su título es de la Purificación, o Candelaria, y no solo los españoles, y indios de jurisdicción de Valladolid, de donde dista dos leguas, sino el resto de esta tierra, tiene gran devoción con ella, y hay en su iglesia muchas insignias de beneficios por su invocación recibidos. De nuestra señora de la Laguna, como y cuando se apareció, y sus milagros, se da razón en el libro duodécimo.

Capítulo V. De un singular duende, que hubo en la villa de Valladolid

La diversidad de cosas, que por unos mismos tiempos suceden ocasiona tratar en este lugar materia, que lo es tanto de la precedente inmediata, toda pía, devota y celestial toda, como ella misma dirá. Aunque la gravedad de una historia, no admite fábulas, indigno objeto de ella: el caso presente por particular, y constante a todos los de esta tierra, le referiré como le escribió el doctor V. Pedro Sánchez de Aguilar en su informe contra los indios idólatras de esta tierra, el cual dice así: «Tampoco vendrá fuera de propósito traer a la memoria, cuan perseguida y alborotada estuvo la villa de Valladolid mi patria, por los años de 1560, según mi cuenta, con un demonio parlero o duende (caso estupendo e inaudito) que hablaba y tenía plática de conversación, con cuantos querían hablarle a las ocho o diez de la noche a candiles apagados y sin luces, el cual hablaba a modo de un papagayo, y respondía a cuanto le pedía un hidalgo conquistador, llamado Juan López de Mena, natural de Logroño, y otro conquistador llamado Juan Ruiz de Arce de Las Montañas de Burgos. En sus casas este duende hablaba, y conversaba más que en otras, mandábanle tocar una vihuela, y la tocaba diestramente, y sonaba castañetas, y bailaba tocándole otro, él se regocijaba, y reía, pero no le pudieron, ni se dejó ver».

«Preguntándole donde había estado dos o tres días, que no había venido a conversación, dijo, que había estado en la ciudad de Mérida en casa de un conquistador, llamado Lucas de Paredes, yerno de un hidalgo, vecino de la dicha villa, llamado Álvaro Osorio, natural de Salamanca, conquistador asimismo, porque decía, que era su aficionado, y daba razón de su salud, y sucesos. Otras veces hablaba mal de algunas doncellas, y § una levantó un falso testimonio, cuyo padrastro la trató mal injustamente, pues a un demonio no se debe dar crédito, que es padre de mentiras, testimoniero, y cizañador. Preguntándole quien era, y de donde, afirmaba que era cristiano, y de Castilla la vieja, y rezaba el pater noster, y otras oraciones.»

«A los principios no hacía daño alguno, ni fue perjudicial en estas dos casas donde hablaba, aunque en otras lo era, y tiraba piedras, sin hacer daño con ellas, y hacía ruido en las azoteas y zaquizamíes, con que espantaba a los que no le habían oído hablar, y muchas veces tiraba con huevos a las mujeres y doncellas, y enfadada una tía mía, le dijo una vez: vete demonio de esta casa, la dio una bofetada en la cara, dejándola el rostro más colorado, que una grana. En otras casas hacía ruido y no más, y luego iba a las dos, que él más cursaba y haciendo ruido, y silvos, como una chicharra, se reía y contaba lo que le había pasado en otras casas, y los asombros y espantos que había hecho. Sucedió, que el cura de aquella villa, llamado Tomás de Lersundi, le quiso conjurar, para lo cual llevó el Ritual y Manual, y hisopo debajo la capa, y disfrazado una noche, fue a una de las dos casas, donde hablaba, y le esperó a que hablase, y aunque le llamaron no vino ni habló; a ido el cura, hizo el ruido que solía, riéndose muchísimo. Vuelto el cura a su casa, donde había dejado la mesa puesta para cenar, y una fuente de buñuelos y una limeta de buen vino, cerrada la casa, halló en la fuente mucho estiércol de su mula, y la limeta llena de orines añejos, y al punto que el cura salió del conjuro que iba a hacer, riéndose mucho, dijo el duende: el cura me quería coger, pues no me cogerá, allá verá en su mesa con quien se burla, y rogándole que dijese lo que pasaba, dijo la burla dicha, y por la mañana la contó el cura a todo el pueblo.»

«Hacía un alacrán de cera, o una sabandija, y la pegaba a la pared, para asombrar a algunos.» Sucedió, que el conquistador Juan López de Mena, estando en la ciudad preso, le habló al oído una noche y le dijo estas palabras: «Amigo, tu mujer te ha parido un braguilote, y a la mañana lo contó a todos los presos, y de allí a pocos días le vino una carta, en que le avisaban haber parido su mujer un hijo, y está la ciudad treinta y cuatro leguas. Y sabiendo el señor obispo los falsos testimonios que decía, y los denuestos con que infamaba a algunos, mandó con graves censuras, que ninguno le hablase, ni respondiese. Y cumpliendo con estas excomuniones los vecinos dejaron de hablarle, y responderle; por lo cual dio este demonio o duende, en llorar y quejarse del obispo, y en hacer mayores ruidos y golpes, y estruendos en las azoteas y terrados, con que asombraba y quitaba el sueño. después de esto dio en quemar las casas que entonces eran las más de paja, y de unas palmas que llaman guano; por lo cual los vecinos acudieron al favor divino, y se juntaron en la iglesia y pidieron al cura echase suerte por un santo abogado y prometieron de celebrar su fiesta con procesión al convento de san Francisco, y les cupo en suerte al bienaventurado san Clemente Papa y mártir, que es a 23 de noviembre, y en este día voy trasladando este informe para imprimirlo, siendo Dios servido, y en su nombre acuso a mis compatriotas en el descuido que vi en ir a la procesión, dejando solo al cura, siendo el voto de la villa en común, y de sus padres y abuelos. En el retablo de la iglesia está este santo con un demonio atado».

«Calló por más de treinta o cuarenta años, hasta los años de 1596, que siendo yo cura en la dicha villa, volvió este demonio a infestar algunos pueblos de mis anexos, quemándoles las casas de los pobres indios, y en particular en el pueblo de Yalcobá, de donde fui llamado por los indios devotos, para que les conjurase y desterrase de aquel pueblo, donde a mediodía puntualmente, o a la una de la tarde entraba un remolino de viento, levantando gran polvareda y con un ruido como de huracán y piedra paseaba todo el pueblo, o la mayor parte dél, y aunque los indios se prevenían luego en apagar aprisa el fuego de sus cocinas, no aprovechaba, porque de las llamas con que este demonio es atormentado, despedía centellas visibles, que como cometas nocturnas y estrellas erráticas pegaba fuego a dos o tres casas en un instante, y de ellas se abrasaba la que no tenía gente bastante para apagar el fuego con baldes de agua y mantas mojadas, con que tenía a los miserables indios asombrados y temerosos, y se salían a dormir a la sombra de sus árboles altos y coposos. Y habiendo yo llegado a este pueblo, y comunicado con los indios la misa cantada solemne que pedían; la misma noche por su despedida quemó una casa bien grande. Y habiendo otro día dicho misa cantada a la intercesión del arcángel san Miguel, abogado de estos indios, hice mi oficio de cura, en la puerta que cae al sur, conjuré a este demonio, y con la fe y celo que Dios me dio, le mandó que no entrase más en aquel pueblo, con que cesaron los incendios y torbellinos, a gloria y honra de su divina majestad, que tal poder dio a los sacerdotes. Con lo cual volvió este demonio a infestar y perseguir la dicha villa de Valladolid con nuevos incendios en las casas de los pobres vecinos, que no eran de teja, y poniendo cruces en todos los caballetes; cesó este daño por algunos años, aunque todos lo atribuían a los muchos hechiceros, encantadores y idólatras de estos tiempos, lo cual no deja de tener fundamento y sospecha verosímil.» Con estas palabras a lR letra refiere los sucesos de este duende o demonio, y en la villa de Valladolid hay memorias de otras muchas cosas del después de venido yo de España, hubo allí algunos incendios de casas, que no se sabía de que se originasen, y se sospechaba que él los ocasionaba, procurando inquietar a los vecinos españoles y indios, y molestarlos como solía antiguamente.

Capítulo VI. Vienen de España obispo y alcalde mayor. Renuncia el provincial su oficio, y va a España
Hasta este tiempo esta tierra fue gobernada por alcaldes mayores, que enviaban las audiencias de México y Guatemala según que en diversos tiempos estuvo subordinada a ellas, como queda dicho. Desde el que ocurre ha venido gobierno proveído por los reyes. El primero a quien se dio fue el doctor Diego Quijada, y le fue hecha la merced a 19 de febrero de 1560 años, con título de alcalde mayor por seis años. Los libros de cabildo de la ciudad que se conservan, no alcanzan al año en que fue recibido en ella para gobernar, y así no afirmo con certidumbre cual fue; si bien el bachiller Valencia en su relación,

dice, que llegó el siguiente de sesenta y dos. Trajo facultad de su majestad por cédula de 12 de enero de 1562, para poder encomendar los indios, que en Yucatán vacasen, y en ella se le dice: «Y en las tales encomiendas preferiréis a los primeros conquistadores de esas provincias, que estuvieren sin indios, y después de ellos a los pobladores que hubieren calidades para los tener, etc.». Trajo también orden de tasar los tributos conforme a las nuevas leyes, para que eso diesen los indios al rey y encomenderos, y no más. Prohibióse asimismo en la cédula al presidente y oidores de la Nueva España, mandando que no se intrometiesen en encomendar los indios destas provincias, sino que dejasen encomendarlos, conforme a la facultad real, que se les daba a los gobernadores de ellas, la cual siempre se ha continuado. Duro en este gobierno hasta 13 de noviembre de 1565 años, que fue recibido en Mérida su sucesor, que trajo orden para tomarle residencia, y en el título de su sucesor se dice, enviase al doctor Diego Quijada, aunque no había cumplido los seis años, de que le había sido hecha merced, porque así convenía al real servicio; pero cual fuese no he hallado razón de ello. En su tiempo se abrieron mucho los caminos, que casi todos eran veredas cerradas con la espesura de la arboleda, que toda esta tierra tiene. El licenciado Valencia dice, que gobernó dos años: pero habiendo dicho vino el de sesenta y dos, consta por el libro de cabildo que fueron tres años.

El mismo año de 62 vino a esta provincia el primer obispo, que tomo posesión de este obispado (aunque tercero en presentación, como en otra parte se dijo). Este fue don fray Francisco Toral, de la orden seráfica de mi padre san Francisco, provincial que había sido de la santa provincia del santo evangelio de México, del cual el padre Torquemada en su Monarquía indiana, dice lo siguiente: «don fray Francisco Toral, primer obispo de Yucatán, fue natural de Úbeda, y en su tierna edad se abrazó con el yugo del señor, recibiendo el hábito de religión de nuestro glorioso padre san Francisco en la provincia del Andalucía. Con celo de la salvación de las almas vino a esta del santo evangelio, donde vivió con mucho ejemplo y observancia de su regla. Fue el primero que aprendió la lengua popoloca, y la enseñó a otros frailes, y la puso en arte y método para más facilitarla. Aprendió también la mexicana, y trabajó en ambas lenguas fidelísimamente en la provincia y comarca de Tecamachalco. Bautizó allí gran número de popolocas y mexicanos, y plantó en ellos la doctrina y fe cristiana, y púsolos en policía lo mejor que pudo, por lo cual en aquella provincia le tuvieron y tienen por primer apóstol de aquella nación Popoloca, y así le nombran, y tienen pintada su figura y imagen en el convento de Tecamachalco, en memoria de lo mucho que con ellos trabajó. Fue electo en custodio de esta provincia del santo evangelio, para el capítulo general que se celebró en Salamanca el año de 1563. Anduvo la mayor parte de España buscando religiosos observantes, y celosos del bien de las almas, para obreros desta viña del señor, y siempre a pie con un pobre hábito de sayal remendado, con que dejaba muy edificados los conventos por donde pasaba. Dio la vuelta a esta Nueva España el año siguiente de 1554, trayendo consigo treinta y seis religiosos. Pocos años después fue electo en décimo ministro provincial desta provincia del santo evangelio, el cual oficio ejercitó con común aprobación, y contento de todos sus súbditos, porque los gobernó con mucha discreción y madureza. En acabando su oficio fue electo en primero obispo de Yucatán; porque aunque primero había sido electo fray Juan de la Puerta, no llegó a su obispado. Aceptó esta dignidad el siervo de Dios constreñido por la obediencia, y por no haber en aquel obispado otros ministros del santo evangelio sino solos religiosos de san Francisco, y por el deseo que tenía de ayudar a los naturales, a los cuales siempre tuvo entrañable afición de verdadero padre. Antes de consagrarse, se partió otra vez a España, a negocios que se le ofrecieron de su obispado deseando poner su ánima por el remedio de sus ovejas, como buen pastor (como dice Cristo) el cual no repara en morir por guardarlas y defenderlas de las bocas de los hambrientos lobos, que las siguen por matarlas. Y desde España volvió a su obispado consagrado, y con algún remedio acerca de lo que fue a negociar. Al cabo de algunos días, deseando la quietud de su celda, pareciéndole que estaba como peje fuera de las aguas de la religión, y muy inquieto con el oficio pastoral, y también deseando enterrarse entre los santos religiosos, que en esta provincia del santo evangelio había conocido. Renunció muchas veces el obispado: pero como era conocida la necesidad, que en el reino de Yucatán había de la persona deste venerable obispo, nunca se le aceptó su renunciación. Y dado caso, que no fue oído en sus ruegos para la dejación que hacía de su oficio, fue oído del señor en los deseos que siempre tuvo de morir en esta provincia del santo evangelio, entre los hermanos que en ella había dejado, y así se los cumplió; porque viniendo de Yucatán a México a algunos negocios, estando aposentado en el convento de san Francisco, acabó el curso desta vida en el, como a Dios se lo había pedido, porque sabe Dios acudir a los gustos de los que le aman y sirven con fidelidad, rodeando las cosas para este cumplimiento como más ve que conviene. Enterróse en medio de la capilla mayor de la iglesia vieja, y allí yace su cuerpo. Murió en el mes de abril de 1501 años».

Tal prelado como este venerable varón, fue el primer obispo que estuvo en este obispado, que como queda dicho, se consagro en España para venir a esta tierra Había ido de ella allá un ciudadano de la ciudad de Mérida, y volvió cuando vino el obispo. Siendo alcalde este ciudadano, y custodio el reverendo padre provincial fray Diego de Landa, sobre conservar la inmunidad eclesiástica, por haber sacado con violencia un retraído de la iglesia, debiendo gozar de ella, hubo entre los dos un gravísimo disgusto. Conservaba el ciudadano la memoria del caso, y como tuvo tanta oportunidad en el viaje para informar al obispo, según su afecto de la persona del provincial; tales cosas le dijo, que cuando llegó a Campeche trata mal concepto de su proceder. Luego que el bendito provincial supo que había llegado el obispo a Campeche, fue a verle y darle la bien venida, y hallóle aposentado en nuestro convento de aquella villa. Habiendo llegado, aunque el obispo procuraba hacerle buen rostro, no podía disimular la mala opinión, que dél había concebido. Dióle cuenta de los negocios que por la suya había corrido, y de la autoridad episcopal que había usado, y cosa ninguna satisfacía al obispo, ni le parecía bien. Conociendo el provincial su desabrimiento, se fue a Mérida pesaroso de ver que había señales de poca paz entre el obispo y religiosos, por haber dado tal asenso a lo que se le había dicho, sin admitir la satisfacción que para ello se le daba, cosa bien perjudicial en los superiores.

Llegado el obispo a la ciudad de Mérida, como aun no había casas episcopales, fue aposentado en casa de un ciudadano, y como allí los pocos afectos al provincial y religiosos, le hablaban despacio, consumó el mal concepto que de ellos había formado. Con más facilidad que la materia requería, sin advertir podía moverlos pasión por los vicios que había evitado, y por el visitador que trajo, que moderó los tributos; escribió al rey muchos defectos impuestos a los religiosos, y pidiéndole sacase de esta tierra al provincial, porque la tenía revuelta y inquieta. Sin duda por evitar estas inquietudes con el obispo, renunció el provincialato el provincial, pues en lugar de la congregación o capítulo intermedio, que en su trienio se había de tener; parece hubo junta de la provincia, la cual presidió el venerable padre fray Lorenzo de Bienvenida en la ciudad de Mérida, a primero de marzo de 1563 años, en que fue electo comisario provincial (tal título se le da en la tabla) el reverendo padre fray Francisco de la Torre, y juntamente primer definidor, segundo el padre provincial que renunció, tercero el padre fray Antonio de Valdemoro, y cuarto fray Roque González. En esta junta o capítulo se hizo erección del convento de Tizimin, con titular de san José, su guardián el padre fray Francisco Aparicio.

Supo el bendito padre Landa, cuan temerariamente había escrito el obispo al rey, y como pedía le sacase de esta tierra, y previno todo suceso, y procuró quitar la ocasión, con salir luego para irse a los reinos de España, donde daría satisfacción de lo que contra él y los religiosos se hubiese escrito, y solicitaría más bien el remedio de los indios, de que se había originado la turbación presente. Salió de Yucatán el bendito varón, con gran sentimiento de los religiosos, por carecer de la compañía de padre, a quien tanto amaban: varón verdaderamente apostólico, y ejemplar de su regular observancia. Los indios se tenían por huérfanos sin su patrocinio, y así lamentaban su ausencia, y clamaban por su padre. Fue en una carabela, que salía para la isla española, donde habiendo llegado enfermó: pero fue Dios servido (que le guardaba para tan grandes cosas, como se dicen en estos escritos) de darle salud, y convaleció presto. Habiendo salido de Santo Domingo en prosecución de su viaje, tuvieron grandes calmas, y en una de ellas sucedió un caso admirable. Por gozar de la tranquilidad de la mar, y refrescarse del calor que con la calma se siente: un mancebo que sabía nadar, se echó al agua no estando presente el bendito padre. Apenas sucedió, cuando salió de su retiro donde estaba haciendo oración, y desde el combés dio voces al mancebo, diciéndole subiese de presto al navío, que venía un gran peje a tragársele. Miraron los marineros a todos lados, y no vieron cosa alguna: pero el mancebo, dando crédito a las voces del bendito varón, sin dilatar tiempo, se subió al navío. Tan presto como echó mano arriba, para entrar en él, llegó un peje monstruoso, que según dijo la gente dio tales bramidos y golpes en el navío, que le estremeció, y todos temieron. El santo varón los consoló diciendo, como Dios por sola su bondad los libraba do aquel monstruo, y en particular a aquel mancebo, a quien dijo, diese gracias al señor por tan singular merced, y enmendase la vida. Mejoróse el tiempo, prosiguieron su derrota, y llegando sobre el paraje que llaman Arenas Gordas, los corrió una galeota de moros, de quien Dios los libró, quizá porque llevaban en su compañía este varón apostólico. Llegó a España y a Toledo, donde había recibido nuestro santo hábito, y allí descansó y supo como el general de la orden, salió camino de Barcelona para pasar a Italia: pero pues ya queda en España, recurramos a lo que sucedió en esta provincia, después de haberse ido.

Capítulo VII. Séparase esta provincia de Guatemala, y lo que sucedió con el obispo, y a nuestro padre Landa en España
No por haber salido de esta tierra nuestro padre fray Diego de Landa, se quietaron los ánimos, que habían concitado contra él el del obispo, a quien persuadieron hiciese informaciones, y las remitiese al consejo, para más desacreditarle, y algunos decían: vuelto se ha cañamazo Landa. Hiciéronse las informaciones, y lo más que se actuó fue, que había hecho oficio de inquisidor, y castigado con rigor a los idólatras, de los cuales algunos estando presos se habían ahorcado, y que se veía ser inquietador de la república: pero no en que, ni hallaron defecto personal, ni mal ejemplo que hubiese dada, y remitiéronle a España.

Con estas alteraciones llegó tiempo de celebrar el segundo capítulo provincial, que se tuvo en la ciudad de Guatemala, sábado antes de la dominica de sexagésima, año de 1564. Fue electo provincial el venerable padre fray Gonzalo Méndez, gran religioso, cuya suma de vida y virtudes refiere el padre Torquemada en su Monarquía indiana. Definidores fueron los padres fray Francisco de Colmenar, fray Luis de Peñalosa, fray Juan de Ocaña, y fray Lorenzo de Salvatierra. La tabla de las guardianías que pertenecían a esto de Yucatán, no parece en el archivo, si bien dice el padre Lizana, que por vicario provincial fue nombrado el padre fray Antonio Quijada, persona muy docta, y uno de los primeros religiosos que trajo el padre Albalate de España: pero cuando escribió su llegada con ellos, ninguno de los seis, que dice vinieron, tiene tal nombre. La de Guatemala esta original sellada, y por ella consta había ya en aquella tierra los conventos de Guatemala, el de la Concepción de Almolonga, san Juan Bautista de Comalápa, Santiago de Atitlán, la Asunción de nuestra señora de Tecpanatitlán, y san Miguel de Totonicápa. Por ministro de los pueblos, que caen detrás del volcán, fue asignado el padre fray Diego Ordóñez.

Con deseo de consumar la planta de esta santa provincia, fue el padre fray Lorenzo de Bienvenida al capítulo general, que se tuvo en Valladolid, año de 1565. Propuso al capítulo general el inconveniente de la distancia entre este reino y el de Guatemala, para gobernarse por un superior; y así se determinó, que fuesen provincias distintas y separadas. Esta de Yucatán quedó con título de san José, como se le había dada el santo varón fray Jacobo de Testera, por haber llegado a Champoton víspera del santo, y la de Guatemala con título del santo nombre de Jesus. Con este despacho vino a Yucatán, donde a 13 días del mes de abril de 1567 años, se celebró capítulo provincial en la ciudad de Mérida, como ya de provincia separada de Guatemala. Presidióle el reverendo padre fray Francisco de la Torre, que actualmente era guardián del convento do la misma ciudad, y en él fue electo ministro provincial, por la satisfacción que de su gobierno tenían ya los religiosos. Definidores fueron los reverendos padres fray Bias de Cotelo, fray Andrés de Bruselas, fray Francisco de Miranda, y fray Juan Martínez. Hízose en este capítulo erección de los conventos de santa Clara de Zizantun (Dzidzan Tun), su primer guardián el padre fray Diego Zazo, y de san Juan Bautista de Mutul, su guardián el padre fray Tome de Arenas, con que parece haber la provincia quedado en aquel capítulo con nueve conventos.

Recibió el rey la carta que el obispo había escrito contra el provincial, antes que el general saliese de la carta, para su viaje de Italia, y mandóle llamar y preguntóle: «¿qué opinión tenía de sus frailes de Yucatán?».

Respondió el general: «señor, muy buena», y el rey le dijo: «y del provincial que es llamado fray Diego de Landa, ¿qué nuevas tenéis?, ¿cómo precede?»

Respondió el general: «señor, si sus obras son como las noticias que del tengo, está en opinión de varón santo, prudente y muy celoso de la honra de Dios».

Dióle entonces la carta, diciendo: «leed esa, y después volveréis, y me diréis lo que sentís».

Despedido el general, leyó lo más presto que pudo la carta, y para responder a su majestad, se informó de los religiosos más graves, que le dijeron, como el padre Landa había salido de aquella provincia con opinión de muy siervo de

Dios, y que donde estaba, sabían había procedido religiosamente. Con este informe volvió a ver al rey, a quien refirió lo que le habían dicho, y como su majestad con su gran providencia por medios ocultos tenía noticia del proceder de sus vasallos, le mando al general, que aquella carta la remitiese a los frailes de Yucatán, con cédula suya cerrada, y otra para que el provincial fuese a España, y respondió al obispo. Despachó el general estos recaudos a la provincia, escribiendo a los religiosos, que si tenían algún defecto de los que escribió el obispo, lo enmendasen, y advirtiesen la honra, que su majestad les hacia, y que le enseñasen la carta del general, y la suya, para que viese otra vez, como escribía de los religiosos.

Reservaron manifestar los despachos, hasta la ocasión del capítulo donde después de hecha la elección, hallándose el obispo en el convento, le suplicó el provincial, se hallase a una junta que el difinitorio había de tener, para tratar cosas del descargo de su conciencia, y dijo, que si haría. Túvose la junta en el coro, y después de agradecer el provincial al obispo haberlos honrado con su presencia, sacó de la manga las cartas. Como el obispo estaba tan cercano al provincial, conoció la suya, y levantándose con cólera dijo: ¿Qué traición es ésta, padres? ¿Úsase en la orden de san Francisco coger las cartas que los prelados escriben, y más al rey? Arrodilláronse provincial y definidores ante el obispo, suplicándole que se sosegase, que haberle rogado se hallase en aquella junta, fue para que viese su carta y la del general, con que la habían recibido, y con esto, aunque colérico, se sentó. Leyóse primero la del general a quien el obispo conocía muy bien, y oyendo que decía que el rey le había mandado despachase su carta a los religiosos, quedó admirado, y mucho más cuando vio que luego el provincial le dio la carta de su majestad, que decía así. «El rey, reverendo in cristo padre obispo de Yucatán, Cozumel y Tabasco, de mi consejo. Bien tenéis entendido la obligación con que tenemos esas tierras y reinos de las indias, que es, procurar por todas vías y buenos medios, la conversión de los naturales dellas a nuestra santa fe católica. Y porque de esto desde el primer descubrimiento de ellas los religiosos que han estado y están en esa tierra, han tenido muy especial cuidado; y así han hecho mucho fruto en la conversión y doctrina de los indios. Y al servicio de Dios nuestro señor, y descargo de mi real conciencia, conviene que tan santa obra no cese, y los ministros della sean favorecidos y animados. Vos ruego y encargo, que a los religiosos de la orden que residen en esa provincia, de quien tenemos entera satisfacción, que hacen lo que deben, y se ocupan en la doctrina y conversión con todo cuidado, de que Dios nuestro señor ha sido y es muy servido, y los naturales de ellos muy aprovechados, les deis todo favor para ello necesario, y los honréis mucho y animéis, para que como hasta aquí lo han hecho, de hoy adelante hagan lo mismo, y más si fuere posible, como de sus personas y bondades esperamos que lo harán. Y de lo que en esto hiciéredes, nos tendrémos de vos por bien servido. De Madrid a 19 de junio de 1566 años. — YO EL REY. Por mandado de su majestad, Francisco de Eraso.» Esta cédula original se conserva en el archivo desta provincia.

Como el obispo de su natural era bueno, y por lo que el rey afirmaba en su carta, conoció el yerro que había hecho, y compungido se levantó de la silla, y de rodillas, como si fuera un fraile particular, dijo la culpa, confesando haber hecho mal en escribir de aquel modo, por solo informe de apasionados, que se dolía mucho que por su causa faltase a esta tierra un varón santo, como el padre Landa, y a los indios un tan gran ministro. De todo pidió perdón, y prometió la satisfacción necesaria al descargo de su conciencia. Viendo al obispo con tan singular humildad los religiosos se postraron a sus pies, suplicándole se sentase en su silla, pues era mayor la edificación, que con este acto les había ocasionado, que la turbación que con lo pasado había tenido. Finalmente quedaron muy conformes, y el obispo ejecutó luego sin dilación lo prometido, y cautelado con esto, conoció algunos defectos que castigó en seglares, que fiados en su favor, ignorándolo el, vivían a su gusto.

Mientras esto sucedía en Yucatán, sabiendo en Toledo nuestro padre Landa, como el general iba a Barcelona, se puso luego en viaje, y le alcanzó en aquella ciudad. Allí le dijo lo que le había pasado con el rey, y le dio carta para que fuese a ver a su majestad. Llegó a la carta, y alcanzó licencia para verle, y dándole la carta del general, tuvo el rey mucho gusto en ella, y con ver y hablar al santo varón, a quien mandó no se alejase de la carta, hasta que se le ordenase otra cosa. Vio después a los señores del consejo, de quien supo la cédula, que se había despachado llamándole. Conforme al orden de su majestad, se fue a vivir al convento de Ocaña, donde estando recogido, llegaron a la carta las informaciones que contra él en Yucatán había hecho el obispo, las cuales mandó el rey examinasen cuatro teólogos y dos canonistas. Habiéndolas visto le llamaron y lo que contra él resultó fue, que había hecha oficio de inquisidor, ejercitado actos episcopales, y castigado en acto público. Respondió que era así: pero que la santa sede apostólica daba omnímoda autoridad a los prelados de las órdenes en estos reinos, donde no había obispos, para todo lo que había ejecutado, como concerniente al mayor bien espiritual de los indios, y de los demás fieles. Vista la justificación de la respuesta, le absolvieron de los cargos, si bien dijeron parecía exceso haber llegado a todo rigor con los indios, por ser gente nuevamente convertida a la fe; más que en lo de los españoles lo debía hacer, y aun usar de más rigor; pero el bien que de este rigor resultó) le pondera bastantemente el doctor Aguilar en su informe contra los idólatras destos indios, como se dice en este libro, capitán 16 adelante. Con la declaración de los jueces, el rey y consejo real de las indias, le dieron por buen juez y ministro, digno de toda honra. Habióle su majestad muy benignamente, diciendo que no había presumido menos de su persona, que lo que vía por la resulta de su causa, y que no se fuese por entonces de la corte, porque necesitaba comunicar con él algunas cosas. Gozó de la benignidad que el rey y su consejo le mostraba, impetrando algunos favores para los indios, y en ejecución dellos remitió algunas cédulas reales a esta provincia.

Desocupado ya de aquellos negocios, se fue a vivir al convento de la ciudad de Guadalajara, donde dio tal ejemplo, que la provincia le hizo maestro de novicios del insigne convento de san Juan de los reyes de Toledo, donde él lo había sido. Después fue electo guardián del convento de san Antonio de la Cabrera, casa recoleta y de mucha perfección en la observancia regular. Allí dio mayores muestras de virtud, que hasta entonces había experimentado la provincia: prueba de su mucha religión, pues donde florece tanto, sobresalía la suya. Muchas veces le pidió el rey y el consejo en este tiempo se volviese a Yucatán, porque le pedía esta provincia, y que su majestad cuidaría de su persona. El apostólico varón con humildad se excusaba diciendo, temía ser ocasión, de que el obispo, y sus émulos la tuviesen de ofender a Dios, viéndole presente. Con esto, aunque amaba tiernamente a los indios) por cuyo bien admitiera cualquier trabajo y peligro, retardaba su venida, ocupado en los ejercicios referidos: pero tengo por cierto era dispensación divina, para que cuando le hubiesen de ver sus queridos hijos espirituales, fuese ya su obispo consagrado.

Capítulo VIII. Solicitan los religiosos el bien espiritual y temporal de los indios con provisiones reales

Muchas incomodidades padecían los religiosos en la enseñanza de estos naturales, por vivir muy retirados, y en rancherías por los montes. Dejó el oidor Tomas López en sus ordenanzas se congregasen para su mejor policía espiritual y temporal; pero los religiosos no habiendo tenido en los alcaldes mayores el favor, que para la ejecución se requería, recurrieron a la real audiencia de Guatemala, que dio toda ayuda para el bien de los indios, como consta de muchas reales provisiones, que hoy se conservan originales en nuestro archivo desta provincia.

Los indios del territorio de la villa de Valladolid, a quien administraban los religiosos de aquel convento, estaban divisos en pueblezuelos muy pequeños, y algunos distantes entre sí, y del convento veinticinco y treinta leguas. No les era posible a los religiosos con persuasiones reducirlos a sitios buenos, cercanos y desocupados que había. Redujeron a algunos, pero sabido por el licenciado Argueta, alcalde mayor, mandó se tornasen a sus asientos antiguos. Sintiéronlo los religiosos, porque con la distancia no podían ser tan bien doctrinados, y con la poca comunicación tenían más ocasión de cometer algunas idolatrías. Suplicando los religiosos a la audiencia se obviase este daño, se despachó provisión dada en 5 de febrero de 1560 años, mandando al alcalde mayor ejecutase todo lo más conveniente a la cristiandad, policía, aumento y conservación de los indios, con que se redujeron a mejor estado y forma los naturales, y los religiosos a mejor comodidad para la enseñanza cristiana.

Había muchos indios y indias, que servían a los españoles de la ciudad de Mérida, y se decía, no sabían la doctrina cristiana, como era razón y teniendo noticia dello la real audiencia, despachó otra provisión el día que la antecedente. Mandó por ella al alcalde mayor y demás justicias de la ciudad, tuviesen especial cuidado, que todos los dichos indios y indias se juntasen y viniesen a nuestro convento de ella los domingos y fiestas de guardar, después de mediodía a oír y aprender la doctrina cristiana, que en el so enseñaba, y que esto se guardase sin impedimento alguno, como cosa del servicio de Dios nuestro señor, con pena en lo contrario de 200 pesos de oro para la real cámara. Obedecióse esta provisión en la ciudad, a 30 de noviembre del mismo año, y

se observó algunos tiempos. Ya no se ejecuta, ni parece necesario, porque como es tan común saber los que nacen en esta tierra la lengua de los indios, la rezan en casa de los españoles que los entienden y saben, si cumplen con esta obligación. El que en su casa no tuviere el cuidado que debe, a Dios dará cuenta de la omisión, pues se confía de su cristiandad, que acuden los indios a la obligación de cristianos sabiéndola.
Muchos indios de la provincia de Chacán vivían en lugares desacomodados, para doctrinarlos, y por esto determinaban mudarse a sitios convenientes. Repugnaban los encomenderos la ejecución, y sobre el caso habían hecho prender algunos caciques y principales de aquellos pueblos. Recurrióse a la audiencia, la cual determinó por provisión dada a 26 de febrero del mismo año de 60, que para que esto tuviese el efecto más conveniente, se consultase con el alcalde mayor, y que obtenida su licencia, se pudiesen mudar donde mejor les estuviese, para el aumento de su cristiandad, sin que sus encomenderos contraviniesen a ello, para que interviniendo la autoridad de la justicia, no hubiese fraude en los tributos, los indios quedasen favorecidos, y los religiosos más aliviados para poder doctrinarlos.
Mandóse por otra provisión, que por cuanto estaba ordenado, que los alcaldes mayores y jueces de residencia visitasen personalmente los pueblos de los indios, para que si estaban agraviados en las tasaciones de sus tributos, los desagraviasen y relevasen, y por ser la distancia desta tierra mucha, no podían acudir a esto, como los indios necesitaban. Quedándose los indios por agraviados en esta razón, se pudiese nombrar persona de confianza, que juntamente con el defensor de los indios los contase y ajustase sus tributos, y se remediase el agravio si le hubiese.
Por otra mandaron al alcalde mayor se informase y supiese, que pueblos había notoriamente agraviados en las tasaciones de los tributos y que los contase y informase de la posibilidad, cantidad y calidad de ellos para proveerles de remedio; porque por parte de los indios se había informado a la audiencia, que a causa de las mortandades que habían tenido, había muchos pueblos, que estaban con gran falta de gente, y que los que habían quedado, eran vejados, porque pagan el tributo que debían, conforme a sus tasaciones, y más el de los muertos, y que con la nueva cuenta cesaría, si algún daño recibían los indios.

Otra se dio el mismo día, para que el oidor de aquella audiencia que saliese a visitar esta tierra, como se acostumbraba, tomase residencia a todos los caciques y principales de los oficios que habían tenido. Y porque no salía en aquella ocasión, y fueron representados algunos agravios, que los maceguales recibían actualmente y habían recibido de los que gobernaban. Se mandó al alcalde mayor, que hiciese esta residencia y los desagraviase, para que en todo conociesen los indios, que se les había de hacer justicia, y se animasen y consolasen, sabiendo que tenían remedio contra sus agravios. Debían de ser más excesivos los que padecían los territorios, que llamaban provincias de Maní y Hocaba, porque se dio para ellos especial provisión, en que se hace relación, que los caciques y gobernadores vivían tan viciosos en embriagueces y amancebamientos, como pudieran en su gentilidad, de que se seguían muchos robos, malos tratamientos y peor ejemplo a los indios maceguales contra la ley de Dios, que los religiosos les enseñaban. Mandóse al alcalde mayor o juez de residencia, y otras cualesquiera justicias, hiciesen averiguación de estos excesos, y castigados los culpados, se evitasen tan graves daños en ofensa de Dios nuestro señor y perjuicio de los naturales.

Porque los indios del pueblo de Tichel, con la distancia de la villa de Campeche, recibían malos tratamientos de los pasajeros, siendo tardo el recurso a la justicia española les sacaron los religiosos real provisión, dada en 5 de febrero de aquel año de 60, para que los alcaldes, caciques y principales de aquel pueblo, si algún español, mestizo o mulato, les hiciese algún agravio en sus términos y jurisdicción, le pudiesen prender y hacer información contra él. Y preso sin por ello hacerle mal tratamiento ni molestia, le llevasen a las justicias españolas más cercanas, para que conocido el agravio, se satisficiese a los indios.

Pareció también queja de los indios, en la cual decían que las justicias desta tierra hacían, que muchos sirviesen por fuerza a los españoles, porque se daban por agraviados en su libertad. Y así el mismo día de la provisión antecedente, se proveyó otra, mandando que los indios no fuesen compelidos a servir a español alguno contra so voluntad, con paga ni sin ella, sino que libremente los dejasen estar, vivir y residir donde ellos quisiesen, como personas libres y vasallos de su majestad, con quien se debían observar las leyes, que en orden a su libertad estaban publicadas. Con tal que los indios vagamundos fuesen compelidos a trabajar y servir, y que tomasen orden y manera de vivir, como buenamente se pudiesen sustentar.

Como el congregar los indios costaba a los religiosos el trabajo que se ha dicho, sacándolos de los montes, y boscaje desta tierra, habían dado noticia al rey por medio de los procuradores, que a traer religiosos habían ido a España. Libró su majestad cédula dirigida a la real audiencia de México en 9 de enero de este año (que se va diciendo) de 1560, para que en estas provincias se congregasen los indios en la forma que en la Nueva España se usaba. Presentóse esta cédula en aquella real audiencia, la cual inserta en una provisión dada en México, a 18 de noviembre del mismo año, se despachó al alcalde mayor destas provincias, mandándole que luego congregase los indios, haciéndolos pasar de las partes montuosas que habitaban, donde con dificultad eran doctrinados en nuestra santa fe, a sitios llanos a suficientes para sus labranzas, donde con más comodidad los visitasen los religiosos. Que aunque los así congregados, no pudiesen volver a morar en sus antiguos sitios, gozasen ellos y sus sucesores el señorío, como si actualmente los habitasen. Porque no padeciesen detrimento en su salud, que los sitios nuevos fuesen del temperamento que los antiguos, con que se evitaría el daño experimentado en la Nueva España con lo contrario. Pero que esta mudanza se entendiese de los indios, que vivían en rancherías con casas de por si fuera de poblado. Más donde hubiese población cerca de los conventos, aunque fuese pequeña, no se innovase, pues estaban en disposición para aprender la doctrina, aunque no con tanta policía en razón de lo temporal, como los pueblos muy formados. Por las datas destas provisiones, parecen haber sido negociadas de nuestro padre Landa, y la ejecución la causa de los disgustos antes referidos entre los religiosos y algunos seculares.

Pero como la audiencia de Guatemala, mirando al bien de los indios, proveía, que no se les hiciese agravio; también dispuso, que los encomenderos no padeciesen fraude en los tributos. En esta razón dio dos provisiones a 5 de enero del dicho año de 60. Una para que los alcaldes mayores no contasen y tasasen los pueblos de los indios, sin hacerlo notorio a los encomenderos, para que alegasen si sentían hacérseles agravio, y que la tasación hecha de otra suerte, no tuviese valor alguno. Otra para que se obligase al ministro doctrinero del pueblo, que se había de contar a exhibir el libro o matrícula de los indios, que casaba y desposaba, para saber el verdadero número de los tributarios, porque los indios hacían grandes fraudes en las cuentas que daban, para eximirse de la paga. Mandóse al alcalde mayor, que se mirase esto con toda atención, para que se ajustasen las tasaciones con toda verdad. El mismo día se dio otra provisión, para que ninguna persona pudiese vender, ni fiar cosa alguna a hijo de familias, que estuviese debajo del dominio de sus padres o tutores, dando por perdido lo que les vendiesen o fiasen, aunque hiciesen obligación de pagarlo. Esta fue para los españoles, y presumo que si hoy se observase; no estaría mal a algunos. Miren por sus familias, pues les importa.

También a 29 del mismo mes de enero, se libró otra provisión en orden a los españoles, a petición de Andrés Pérez en nombre de toda esta gobernación, para que los alcaldes mayores no tomasen residencia a los alcaldes ordinarios y demás oficiales de república, durante sus oficios. Porque de ella resultaba, deponerlos sin haber pedimento de parte, y solían residenciarlos dos veces al año. Declaróse, que se determinaría quien, y cuando había de tomarles residencia.

Y porque he dicho, que este año de 1560 sujetó el rey estas provincias a la real audiencia de México, desde cuando continuadamente lo han estado hasta hoy, y lo están, me pareció referir el piadoso y cristiano celo, que le movió a ello, como consta en su real cédula, dada en Toledo a 9 de enero de aquel año, en que expresa su majestad el notable daño, que a los vecinos desta tierra se les seguía, habiendo de recurrir a Guatemala para sus pleitos y negocios, por la distancia y aspereza de los caminos, y que el viaje a México, donde tenían sus contrataciones, era más breve y acomodado, con que harían sus negocios a menos costa. Despachóse esta cédula a estas provincias, inserta en provisión real, dada en México a 28 de marzo de 1561 años, y a 4 de mayo del mismo año, consta estar ya publicada y obedecida en ellas.

Capítulo IX. De los gobernadores don Luis Céspedes, y don Diego de Santillán, y sucesos de su tiempo

Al doctor Diego Quijada (que se dijo vino el primero enviado por el rey a gobernar a Yucatán, con título de alcalde mayor) sucedió don Luis Céspedes de Oviedo, un caballero vecino de Ciudad Real en Castilla. Hízole su majestad la merced, con título de gobernador, en Madrid a 3 de junio de 1564 años, por cuatro desde el día que entrase en esta tierra. Fue recibido en la ciudad de Mérida al gobierno en 13 de noviembre del año siguiente de 1565. Gobernó hasta 13 de marzo de 1571 años, y aunque traía facultad para nombrar teniente general desta gobernación, no lo hizo hasta 6 de marzo de 1567 años, que nombró, y fue recibido al ejercicio de este oficio el bachiller Juan de Mestanza Ribera, que residía en la misma ciudad de Mérida.

Parece que este gobernador dio muchas ayudas de costa, y entretenimientos en la real caja a deudos y parientes suyos que trajo en su compañía de los de España, cuando vino, contraviniendo a las órdenes reales que habla, para que se diesen a los beneméritos de esta tierra, y hizo que los oficiales reales se las pagasen, lo cual no podía hacer sin expresa licencia del rey, como parece por cédula suya, dada en el Escorial a 5 de julio de 1570 años, en que lo declaró así. Pero cuando le vino sucesor con orden que le tomase la residencia, se le mandó hiciese averiguación, cuales hubiesen sido, a que personas se habían dado y que tanta cantidad fuese, y habiendo excedido de lo que por su majestad estaba ordenado, le hiciese cargo dello en la residencia y lo que se hubiese pagado, se cobrase de las personas a quien se dio. El mismo día se libró otra real cédula al mismo gobernador, y a sus sucesores, en que universalmente se dice: que porque los gobernadores han dado algunas ayudas de costa a personas estantes en esta tierra y a criados, y allegados suyos, no pudiendo ni debiendo hacerlo, por ser contra lo ordenado por su majestad y contra su voluntad; que por esta mandaba, que ninguna se diese sin expresa licencia suya, y que todas las que hasta entonces estaban dadas por los gobernadores ninguna se pagase por ninguna vía.

Don Diego de Santillán había servido en el Perú algunos años, y en especial en Chile, cuando don García Hurtado de Mendoza pacificó los ánimos alterados que tenían aquellas provincias reveladas. Fue a España a presentar sus servicios, y hízole el rey merced del gobierno de la isla de Cuba el año de 1567. Dispuesto ya para embarcarse, pareció a su majestad conveniente dar al adelantado Pedro Meléndez junta con el gobierno de la Florida el de Cuba para que mejor se socorriese la una provincia de la otra, y para que mejor se poblase. Escribió el rey una cédula honorífica, dada en 15 de octubre de aquel año, en que le dice su resolución, y mandaba al licenciado Castro, presidente de la audiencia de la ciudad de los Reyes, le proveyese de un buen corregimiento, y que así se embarcase para allá, y usase de las cédulas, que para pasar esclavos a Cuba, Almojarifazgos y otras cosas se le habían dada; pero no parece haberse embarcado para aquellos reinos. Había gobernado este de Yucatán don Luis Céspedes cuatro años, y así el rey habiendo de proveer sucesor, dio este gobierno a don Diego de Santillán a 27 de diciembre de 1569 años con facultad de tomar la residencia a su antecesor, y que especialmente inquiriese, como él y los demás oficiales habían tratado las cosas del servicio de Dios nuestro señor, y lo tocante a la instrucción, conversión, y buen tratamiento de los indios. A 29 de agosto del año siguiente de 1570, presentó sus despachos en la contratación de Sevilla, y se avió para venir a Yucatán, donde llegó el siguiente de 71 y a 12 de marzo fue recibido en la ciudad de Mérida, y gobernó hasta 16 de septiembre de 1573, que fue recibido su sucesor. Nombró por teniente de esta gobernación al licenciado Rodrigo Sánchez, que a 21 de aquel mes en que él fue recibido al ejercicio de su oficio.

Estando ya don Diego de Santillán en el gobierno, tuvo carta del rey, como por aviso de don Francés de Alaba, embajador de Francia, se tenía noticia de que en ella se aprestaba una armada muy gruesa, para venir a robar estas partes de las indias. Con este aviso recorrió personalmente todos los puertos de esta tierra, y previno todos los reparos posibles. Debió de venir, o la armada o parte de ella por estas costas, porque luego por el mes de mayo llegaron al puerto de Sisal unos franceses herejes, que saltando en él, y no hallando resistencia, entraron hasta el pueblo de Hunucmá, que está cuatro leguas la tierra adentro, camino de Mérida. No hallaron en él resistencia de españoles, y así dieron saco a nuestro convento, robando la plata y ornamentos de la iglesia, y lo que peor fue, profanaron el santo cáliz, bebiendo sacrílegamente en el, y ultrajaron las imágenes. Aseguraron primero con gente la plaza, que está delante del convento, más no se atrevieron a discurrir por el pueblo, con estar solos los indios, aunque prendieron al cacique, y algunos principales, que llegaron a ver, que gente era, y los llevaron presos para pedir su rescate. Llegó la nueva a la ciudad de Mérida, y el gobernador dio orden al capitán Juan Arévalo de Loaysa, encomendero de indios, para que con una compañía de soldados fuese en seguimiento de los enemigos. Con presteza se avio, pero con mayor se habían ellos retirado a la mar, llevando el robo, y así llegando no los hallaron en el pueblo. Pasaron sin detenerse al puerto, más cuando le dieron vista, ya se habían embarcado los enemigos. Dio noticia al gobernador, y hubo de estar guardando el puerto dieciocho días, porque los enemigos estaban surtos a la vista. Viendo que ni salían a tierra ni se iban, dio aviso al gobernador que mandó, que él en un bajel con su gente, y el capitán Juan Garzón, que iba de socorro en otro con la suya. Saliesen a la mar contra los enemigos. Como estos descubrieron el nuevo socorro, que iba de tierra, dieron velas al viento, con que desvanecieron las esperanzas, que nuestra gente llevaba de cogerlos, porque se alargaron la mar a fuera, con que perdidos de vista, aunque embarcándose siguieron su derrota, no dieron con ellos.

Como sabían que la isla de Cozumel estaba sin españoles, salieron en ella a tierra para repararse y proveerse de algún bastimento, de que tuvo noticia el gobernador. Mandó al capitán Gómez de Castrillo, conquistador que había sido destas provincias, fuese con gente en busca de los franceses. Era este capitán persona de mucho valor, y fue con toda brevedad a la isla, entrando en ella con tal disposición, que cuando los enemigos vieron a los nuestros, queriendo retirarse a la mar, no pudieron, y así hubieron de valerse de las armas. Peleóse varonilmente por ambas partes; pero habiendo muerto muchos de los franceses, los restantes se dieron a prisión víspera de la festividad del corpus de aquel año. Vino con los prisioneros, y el robo que habían hecho a la ciudad de Mérida, y entregados al gobernador; los remitió a México, donde se dijo habían quemado algunos por Luteranos.

Aquel mismo año de 71, viniendo los navíos de Flota para la Nueva España, pasando por la sonda a entrar en el seno mexicano, les dio un temporal tan recio que se derrotaron sin poder valerse. Dieron cuatro dellos en la costa de Tabasco al través y avisó del suceso Juan de Villafranca, que allí era alcalde al gobernador. Con la noticia salió luego de la ciudad de Mérida, llevando della personas principales, para que se cuidase de que los reales haberes no se perdiesen, y los bienes de particulares no fuesen defraudados. Llegó con presteza a Tabasco, nombro oficiales, para que su cuidado conservase aquellas haciendas, hizo sacar las mercaderías, y lavar las que admitían este beneficio, con que se reparó mucha parte dellas. Puso depositarios y guardas, para que no se perdiese cosa alguna, y especial asistencia a los azogues del rey, y si se tomaba algo sin licencia del dueño, lo castigaba, y de lo que no parecía dueño se pagaba a los que trabajaban en sacar y limpiar la ropa.

Estaba la gente de los navíos contenta con el buen despacho, a tiempo que vino un alcalde de corte de México, con comisión para el beneficio destas naos perdidas. Disgustáronse los que en ellas venían, porque era rígido con los pasajeros, a quien detenía con notable molestia, por la estrecheza de aquel paraje, y tardo despacho que se les daba, y aun se quejaban del gobernador, por haberle dejado conocer desta causa en su gobernación. El obediente al orden superior que había, habiendo estado cerca de un mes en Tabasco, dejó en manos del oidor el cuidado de los navíos. Ya que se hallaba en aquella tierra, visitó la caja real, y no hallando tan buena cuenta, como se debía dar, suspendió al tesorero llamado fulano Tolosa, y nombró otro, haciendo dar nuevas fianzas, con que aseguró 5.000 pesos poco menos, que se dice estaban en riesgo, y cauteló lo futuro.

Vuelto a la ciudad de Mérida, puso gran diligencia en que se prosiguiese la obra de la santa Catedral, que había algún tiempo no se trabajaba en ella, y trajo oficiales de la Nueva España, con que el edificio recibió mucho aumento. Hubo aquel año grandísima falta de maíz en esta tierra, con que se padeció gran hambre, de suerte que muchos de los naturales perecieron can ella, y los más se despoblaron vagueando a buscar su remedio, No fue la causa desta desdicha la esterilidad de la cosecha, sino haberse sacado grandes cantidades de maíz para fuera de esta tierra: por donde se verá lo que deben atender los gobernadores, a no permitir tales sacas, aunque sean muy grandes las cosechas; porque llegado a haber falta, con grandísima dificultad, tarde, poco y tan caro, que apenas hay con que comprarlo, se puede proveer de fuera y se padecen las desdichas, que cuando estoy escribiendo esto año de 1651, se experimentan las cuales se singularizan en el libro duodécimo. Temióse gran ruina con esta desdicha en la ciudad de Mérida, y para reparo de ella, se informó el gobernador de las partes donde más maíz había en la provincia, y por mar y tierra trajo lo necesario para bastecerla. Hizo memoria de todos los vecinos españoles necesitados, y del resto de los indios, y personalmente asistió a que se diese a cada uno conforme la familia que tenía, a precio acomodado: singular beneficio, que aunque he visto algunas necesidades como aquella, no he oído decir lo haya hecho alguno en espacio de veintidós años, que ha que vine de España a esta tierra. Visitó el territorio de Campeche, contó y tasó los pueblos, que allí tienen la corona real y encomenderos, para que no diesen más tributo del que pudiesen pagar, porque parece se sentían gravados en la cuenta. Por el título de su sucesor, parece haber pedido al rey, le diese licencia para dejar este gobierno, y que su majestad le proveyese en otro; porque dice le envía antes que cumpla el tiempo asignado en la merced, por suplicación que para ello le había hecho. Hallóse (cuando le llegó el sucesor) muy pobre, que sin haber sido jugador ni desperdiciador, debía más de 3.000 pesos a Hernando de San Martín, vecino de Mérida (ya no se ve esto por corto tiempo que dure) pues públicamente se dice, que ha habido quien en un año ha sacado más de 100.000 pesos, siendo gobernador interino, ya pasó desta vida, Dios le haya perdonado, que según se dice, mandó restituir alguna cantidad a los indios, señal cierta que no se granjea con segura conciencia, y no hay persuadirse a ello hasta aquel punto. Hizo don Diego información de su verdadera necesidad, y nueva presentación de sus servicios al rey, con que su majestad le dio el gobierno de Tucumán por cuatro años, desde el día que se diese la posesión, hecha la merced en el bosque de Segovia, a 20 de julio de 1576 años.

Capítulo X. Celébrase capítulo provincial, y dícese la vida de nuestro don padre fray Francisco de la Torre

Gobernando don Luis Céspedes de Oviedo, llegó tiempo de celebrar segundo capítulo provincial de esta provincia, después de separada de Guatemala, y cuarto en orden desde la erección de provincia. Presidióle el reverendo padre fray Antonio Roldan (no se dice de que provincia era) en Mérida a 18 de febrero de 1570 años. Fue electo provincial en él el reverendo padre fray Juan de Armellones, y juntamente por primer definidor, y los restantes los reverendos padres fray Diego de Cazaca, fray Francisco de Miranda, y fray Roque González. No halló aumento de conventos en este Capítulo, ni novedad alguna de como estaba la provincia, ni parece ya en el archivo de ella la tabla de la congregación intermedia, para decir cuando se tuvo: pero porque en el trienio de este difinitorio murió el venerable padre fray Francisco de la Torre, provincial que fue en el antecedente, me pareció este lugar apropósito para referir su vida y muerte.

Fue nuestro reverendo padre fray Francisco de la Torre, natural de la Torre en el reino de Toledo, no se dice quien fuesen sus padres. Enviáronle a estudiar a

Salamanca, y siendo ya sacerdote, y graduado de maestro en artes por aquella insigne universidad, le llamó Dios a nuestra sagrada religión, y recibió el hábito de ella en nuestro convento de aquella ciudad. Habiendo ido el padre fray Lorenzo de Bienvenida la primera vez a España por religiosos, le trajo entre otros grandes religiosos a esta provincia. Estudió con ellos en el convento de Ytzmal el idioma de estos naturales, y fue tan perfecto en el con mucha brevedad, que admiró viéndole ya que podía ser maestro de la lengua, como después lo fue enseñando a muchos. Desde luego que la supo, se ocupó con gran fervor en la conversión de estos indios, no dejándole el espíritu del señor, que de tan lejas tierras le trajo para este ministerio, que estuviese un punto ocioso. Viendo la necesidad de conservar los convertidos, y reducir a los que aun estaban gentiles decía misa muy de mañana, y dando orden a los indios fiscales de la doctrina de lo que habían de hacer para enseñarla a los niños: con su báculo en las manos y el Breviario en la manga, guiándole un indio, se iba por los montes a las rancherías en busca de los que en ellas se estaban. Acariciábalos con persuasiones, para que se viniesen a poblado, diciéndoles que no eran fieras montesas, sino criaturas racionales, redimidas con la preciosa sangre de cristo redentor del linaje humano. Con tal eficacia les hacía estas pláticas, y tal amor les mostraba, que dejando el monte a que son tan inclinados, se iban los indios tras él, como si cada uno fuera en seguimiento de su propio padre. Con esto los traía y los acomodaba en poblado haciendo se les diesen sitios y casas, donde les daba modo de vivir, con que quedaban muy contentos.

Luego que los tenía así reducidos, procuraba que aprendiesen las oraciones y artículos de la fe, catequizándolos para que recibiesen el santo bautismo, a que se ordenaba todo su trabajo. Recibían tanto consuelo los indios con sus pláticas y doctrina, obrando principalmente en ellos la divina gracia, que en su presencia quebraban los ídolos y los escupían, habiendo poco antes adorádolos por dioses. En esta continua ocupación pasó grandes trabajos, como se puede entender en tierra, donde el ardor del Sol fatiga tanto, como experimentamos. Éranle tan agradables estos cansancios llevados por Dios en la conversión destos naturales, que cuando se Juntaban los religiosos a tratar de lo que en ella se obraba, los exhortaba muchas veces diciendo: padres, tengan mucho ánimo en los trabajos y consuelo en las aflicciones penosas, que con el ardor del Sol y sus calores pasamos; que todo se me hace fácil y gustoso, cuando considero que imitamos a cristo redentor nuestro, y me acuerdo siempre, que por una alma caminó tanto, que se fatigó y caluroso, fatigado y sediento, se sentó pidiéndola un poco de agua, porque no se perdiese prenda que tanto amaba. Que más clara doctrina, que aquella parábola de la oveja perdida, que fue a buscar con tantas angustias, y hallada la cargó sobre sus hombros, y contento (como olvidado del trabajo) pedía se alegrasen con él, por haber hallado la oveja que se había perdido. Así cuando me veo con el trabajo, cansancio, fatiga y peligros de la vida que se ofrecen por una parte: y veo por otra tantos gentiles que adoraban al demonio, y hoy conocen al verdadero Dios y señor nuestro, listados ya en la milicia cristiana; no solo no me acuerdo de las fatigas y sudores; más me alegro y hallo tan consolado, que no cabe en mi el regocijo, y quisiera que todos se alegrasen conmigo, y solo quede triste el demonio a quien se le quitó la presa. Con esta y semejantes pláticas esforzaba a los religiosos, para que no desmayasen, y que con nuevos bríos prosiguiendo cultivasen las nuevas plantas, que doctrinaban.

Teníanle los indios gran veneración y amor, y como nunca vieron en sus obras cosa que contradijese a lo que les predicaba (propiedad tan necesaria en el predicador evangélico, para que la divina palabra logre colmados frutos) recibían su doctrina con mucho gusto, y con voluntad obedecían a lo que les mandaba. Fue tanto el número de almas, que redujo al rebaño de la iglesia, que dice el padre Lizana en su libro, que afirmarlo fuera poner a riesgo el crédito de la verdad, así por el número, como por el corto tiempo en que obró tanto. Pero que no dificultaría nada, quien sabe, que este varón apostólico, y muchos de los de aquellos tiempos fueron verdaderos imitadores de cristo redentor nuestro, y que por ellos obró su divina majestad muchas maravillas, que parece excedían las fuerzas humanas. Cooperaban con la divina gracia en este bendito religioso muchos dones de naturaleza; porque se escribe, era en extremo hermoso de rostro, bien dispuesto en su persona, afable y blando de condición, sus palabras tan agradables a los que comunicaba, que todos se le aficionaban en conversando con él, con que docto, agradable y virtuoso hizo tan gran fruto en la conversión de los indios, de los cuales, cuando vino habla aun muchos infieles, porque cada día se hallaban nuevos gentiles escondidos en las rancherías por los montes.

Aunque en lo espiritual trabajaba tanto, en lo temporal que conducía a ello, no fue menos solícito. Acabó de edificar el convento de Itzmal, que había comenzado nuestro padre Landa, y se concluyó este edificio el año 1561 si bien la iglesia, y lo de la portería parece haberse consumado el año antecedente de 64 según denota un rótulo gravado en la piedra que hace clave sobre la puerta de ella. En compañía del reverendo padre fray Hernando de Guevara, edificó el convento de San Bernardino de Sisal, que es el de la villa de Valladolid. Después comenzando el mismo padre Guevara el de san Juan Bautista de Motul, le ayudó mucho.

Gastando los días en estas ocupaciones con Marta, muchas horas de la noche se recogía a la oración, gozando de la mejor parte, y más perfecta con María. De ella le resultaba el fervor para muchas penitencias, disciplinas y mortificaciones, con que maceraba el cuerpo, y fortificaba el espíritu. Fue singular su abstinencia, porque con ser sus trabajos corporales, cuales se han dicho, no comía ni bebía cosa de regalo, ni aun lo ordinario. Contentábase con frijoles y otras legumbres, diciendo que no era él de mejor calidad que los pobres indios que con ellas vivían, y que su estado era más pobre, que el del indio más mísero, pues este podía gozar de su trabajo, y gastarlo en sus necesidades o en lo que tuviese gusto, y que él solamente comía de limosna como pobre mendigo. Desta consideración se seguía que no solo comía con ellos, pero aun les repartía de lo que él había de comer. Manifestaba su caridad, en que no solo a los pobres indios enfermos daba de comer por su mano, más los curaba y consolaba con tales caricias que admiraba. Afirmó al padre Lizana un religioso, que vivía en su tiempo, que había tratado a este apostólico varón, que era tan sólida su santidad, que cada vez que le veía le parecía ver a N. P. san Francisco; porque hallaba en él un celo de Elías, para la honra de Dios, una humildad tan profunda, que nunca presumió de si fuese digno de cosa alguna, y junto con esto presumía bien de los demás, teniéndolos a todos por virtuosos, y alabándolos por tales. Que juraría no pudo alcanzar a saber del cosa que oliese a pecado mortal, ni a negligencia que un religioso puede cometer respecto de su estado. Que creía era virgen, y había deseado el martirio con grande afecto, y otras muchas virtudes, que en él había visto. Y luego dice el padre Lizana, que lo que le dijo era poco, respecto de lo que halló escrito deste bendito religioso en un memorial de un curioso, que en aquellos tiempos apuntó cosas notables suyas. Bien hubiera sido que cuando dio su escrito a la estampa, las singulariza, para gloria de Dios nuestro señor en sus siervos; porque los memoriales ya no parecen, y con esto quedan ignoradas acciones virtuosas, que nos sirvieran de ejemplar a nosotros y a la posteridad, que nos sucediere.

Aunque sentía de si tan bajamente como se ha dicho, edificio tan fijo de virtudes, fundado sobre la firmeza del verdadero monte de ellas la imitación de cristo vida nuestra, no se podía ocultar a los ojos de los religiosos, que reconociéndolas siempre que podían, le elegían por su prelado. Ocasionábalo, que aunque para si era tan severo, tenía el don de la prudencia, que cristo encomendó a sus discípulos, con que se acomodaba con todos, dando prudentemente el pasto espiritual según tenía necesidad. Así siendo custodia esta provincia, le eligieron custodio de ella. Siendo una provincia con lo de Guatemala, fue comisario o vicario provincial de lo tocante a esta tierra, cuando el provincial renunciando su oficio se fue a España. Después de separada la provincia de lo de Guatemala, ministro provincial della: llamado siempre, como otro Aarón a esta superior prevacía, y otros oficios porque los tuvo obligado de la obediencia, y siempre cuanto a su voluntad repugnando a ellos.

No le faltó a este apostólico varón el favor, que nuestro señor suele hacer a sus siervos regalándolos en esta vida con enfermedades corporales, para mayor mérito suyo; y así fue servido, que de las penitencias y trabajo, que en la conversión de los indios había tenido, le procediese un corrimiento al pecho, con que quedó asmático. Levantósele con este achaque tanto el pecho, que parecía hidrópico, y la respiración le sonaba tanto, que se oía buena distancia. Hízosele una bola en la garganta tan grande como una naranja, que subía y bajaba juntamente con la respiración; y parecía cosa viva. Con este accidente no pudo en seis años recostarse en la cama, sino que sentado descansaba, poniendo la frente sobre un cojinito de cuero, de que se le hizo en ella un callo tan duro, que ya no necesitaba o no quería más que una tabla, a que la arrimaba. Cosa digna de admiración es, que con un achaque tan grave no faltase a las obligaciones de prelado, en que la obediencia le ponía: pero de mayor la paciencia con que le toleraba, pues nunca se le oyó quejar, ni palabra impaciente. Vivía con tanta alegría de espíritu, que si le daban el pésame de su enfermedad, lo sentía mucho, y decía que antes le diesen parabienes de que el señor le regalaba, y se acordaba dél, pues le deba en esta vida ocasión de mérito y satisfacción, y que si conforme a sus pecados le hubiera de castigar, que desdichado de él. Dicho esto, conversaba con tan piadosas palabras, que a todos era motivo de alabar a Dios, viendo en sujeto tan enfermo tal tolerancia, acompañada con tanta discreción.

Capítulo XI. De la muerte del V. padre, y cosas notables en ella sucedidas, y sentimiento de los indios

Acabado el trienio de su provincialato, para darse más de todo punto a Dios, se recogió a vivir en el convento de nuestra señora de Itzmal, que había sido el primero que habitó en esta provincia, y sin duda llevado de la devoción de aquella santa imagen, que en él había ya y quizá guiado de la Divina majestad, para que de donde salió a dar principio a la predicación destas gentes, de allí saliese su espíritu separado de la mortalidad del cuerpo a gozar el premio de tan felices trabajos. Seis meses antes de su muerte se halló tan impedido, que no podía subir ni bajar las escaleras del convento, y así se recogió al coro de él, donde se le puso un altar, en que decía misa todos los días. Llegó el de la expectación del parto de la madre de Dios (18 de diciembre) y habiéndola dicho llamó a un religioso mancebo que le servia, y ayudaba a. misa, y le dijo: hijo, ya he dicho misa de la virgen sacrosanta, lleve ese ornamento a la sacristía, que ya no es menester: parece esto haber tenido revelación de ser llegado ya el fin de sus días.

Siendo hora de comer, le llamaron para que saliera al antecoro, donde solía comer, y respondió que su comida había sido el santo viático de su alma, que para él ya sobraba la comida del cuerpo. Instáronle que comiese alguna cosa, y dijo: mi comida ha de ser liviana, pobre y en pobre lugar, y así la comeré. Digan a nuestra vecina la hospitalera, que tenga guisados unos frijoles y pan de pobres, que allá iré a comerlos al hospital, y avisaré la hora. Hízose como lo ordenó, y la hospitalera con su marido, que eran españoles y muy devotos suyos, dispusieron la pobre comida que el bendito padre había pedido. Como a las tres de la tarde llamó a su compañero, y le dijo hiciese traer una silla, para que en ella le llevasen al hospital. Hizo oración al santísimo sacramento puesto de rodillas, aunque con mucho trabajo, y a la virgen santísima con muchas lágrimas, y luego le llevaron al hospital en la silla, por no poder ir de otro

modo. Entrando por la puerta dél, dijo: «Bendita sea la caridad, primera fabricadora de los hospitales, para refugio y remedió de los pobres de Jesucristo». Llegando al medio del patio dijo que le parasen allí, y vuelto a la hospitalera con mucha alegría le dijo: «Ea hermana en Cristo, haga el oficio de Marta, póngame una mesita, y tráigame mi última comida. Luego la devota mujer aderezó la mesa, y le trajo una escudilla de frijoles con pan de esta tierra, y el V. P. echó la bendición con tan devotas palabras, que causó ternura en los corazones de los asistentes. Estaba a esto en pié y tomando el primer bocado dijo: ya la comida es hecha, y faltándole la respiración, se arrimaron a él su compañero y un vecino español que estaba presente, porque no cayese en el suelo. Puso las manos juntas, levantó los ojos al cielo, y con intercadencias por falta de la respiración dijo: In manus tuas Domine commendo spiritum meum, y levantándose el cuerpo más de tres palmos del suelo, dio su alma al que la crió, quedando así por un breve espacio, y poco a poco fue volviendo al suelo, quedando el cuerpo derecho. Entendiendo que no había espirado, le llevaron a recostar en una cama: pero viéndole allí ya difunto, le sentaron en la silla, que le habían traído para volver el cuerpo al convento. Dijeron los que le llevaron, que iba liviana, como sino tuviera cosa que pesase, y el cuerpo tan derecho como si fuera vivo».
No solo vieron lo referido tres españoles personas honradas que allí se hallaron, y el religioso su compañero, sino también muchos indios, que habían venido con el amor que se tenían, sabiendo que era llevado al hospital, y dello se dio testimonio. Quedáronsele las manos juntas, como las había puesto y los ojos elevados al cielo, de su cuerpo salía un olor que parecía sobrenatural, y de su rostro unos resplandores, que se le pusieron más hermoso que era en su juventud. Si mi pluma la guiara espíritu tan superior, como a este bendito varón acompañó; materia grande le había ocurrido, con tan particulares circunstancias, para ponderaciones misteriosas; pues parece que levantarse el cuerpo del suelo, cuando aquella dichosa alma se apartó de su compañía, fue como alegar el derecho que tenía al dote de la agilidad, consumado ya el curso de sus méritos: el breve espacio que así estuvo levantando, como afirmación de que le era debido, y quedar derecho la rectitud, con que le fue instrumento, para que sin torcer el camino llegase a su dichoso tránsito. Quiso morir en hospital de pobres, el que lo había sido verdaderamente evangélico.

Los ojos elevados al cielo parece, dicen quedó el cuerpo aspirando a la patria, que después de la universal resurrección gozarán los de los bienaventurados, y con el resplandor, y hermosura del rostro, manifestar la majestad divina los resplandores divinos, y hermosura de que su bendita alma gozaba, para gloria de Dios, honra de su siervo, y enseñanza nuestra, pues piadosamente se puede entender de la perfección con que vivió hasta lo último de su vida: pero no me parece lugar a propósito para digresión más dilatada, pues juzgo no faltará quien diga: déjelo para el púlpito.

Llevado ya al convento, con las campanas se hizo señal de su muerte, y fue tanto el concurso de los indios, que parecía haberse juntado allí toda la tierra. Lo que causo más admiración, fue ver luego allí muchos de pueblos distantes, tras y cuatro leguas, que no se sabe como podían haber tenido noticia de su muerte, cuanto más haber venido tan presto. Al día siguiente se celebraron los oficios para darle sepultura, con muchas lágrimas de los religiosos. El sentimiento con que los indios daban gritos llorando por su padre, movía a ternura y devoción a los circunstantes. Unos decían, padre mío ya no tenemos a quien acudir por consuelo en nuestras aflicciones, y otras cosas lastimosas a este modo; y todos a una voz: santo: «¿cómo nos dejaste tan preso?». Y así causaban llanto general en todos, con que los oficios fueron más llorados que cantados. Pasó al señor el año de 1572, habiendo venido a esta provincia el de 53, y fue sepultado su cuerpo en la capilla mayor de aquel convento, junto al altar de san Antonio de Padua, patrón dél.

Muchos milagros se dice, que obró nuestro señor por este su siervo: pero el religioso que anotó lo referido, aunque dice que fueron muchos en su vida y muerte; no singularizó más de uno. Traía este venerable padre por el achaque de la asma una almilla de grana, y habiendo quedado después de su muerte en poder del hospitalero, hallándose afligido de un dolor de jaqueca muy grande, que había años padecía con él, y le tenía flaco y como fuera de si; con la opinión que tenía de su santidad, se la puso sobre la cabeza, sintiéndose al punto sin el dolor, y nunca más desde entonces le tuvo. Vista esta maravilla por la mujer del hospitalero, en estando alguna de parto, se la ponía sobre el vientre, y luego paría sin pena alguna, y fueron muchas las maravillas que Dios hizo con ella: el padre Lizana dice en su devocionario, que habiendo de escribirle (y fue allí en Itzmal) preguntó a muchos indios viejos que vivían, de los que había bautizado, y que le dijeron muchas maravillas, que pudiera escribir: pero que por no tener el crédito necesario por ser indios los testigos, no las escribió. Yo las escribiera con mucho gusto; porque viniendo este bendito varón entre los indios, separado de los españoles, y ejercitando su caridad y santo celo con estos naturales, así en lo espiritual como en lo temporal; ¿quién lo podía decir sino ellos, que recibían los beneficios, no habiendo otras personas que los viesen? A sus dichos deba autoridad, concordar con lo que dice escribieron dél otros santos varones sus cronistas.

Habiendo después venido nuestro padre Landa ya consagrado obispo, como se dice adelante, se trasladó el cuerpo deste venerable religioso del convento de Itzmal, al nuestro de la ciudad de Mérida año de 1574. Para su traslación convocó el reverendo padre provincial que ya era fray Thomé de Arenas, los religiosos más graves de la provincia, a los cuales acompañó el obispo, honrando la virtud que en el difunto había experimentado, desde que vino de España. Cuando traían sus huesos, los indios de los pueblos que hay en el camino, os acompañaban con muchas lágrimas, y fue tanto el concurso de ellos, que por distancia de dos leguas delante y otras dos detrás, repartidos los pueblos llevaban muchas luces y hachas encendidas, y en cada pueblo le hacían sus exequias. Cuando hubieron de llegar a la ciudad, temiendo los religiosos no les quisiese quitar el precioso tesoro que traían, o que el obispo le llevase a la santa Catedral, entraron muy de madrugada en el convento, sin que en la ciudad se advirtiese. Sintiólo mucho porque quería salir a recibirle y honrarle, con la veneración que sentían era debida a la perfección con que vivió, pues Dios le había honrado claramente en su muerte y después de ella. A muchos no pareció bien, que se sacase el cuerpo de aquel santuario de Itzmal, para ponerle en sepulcro común con otros muchos, que no están con la veneración que fuera justo. Pero que se hizo con particular intención de llevarlo a España, como se dice le llevaron (pero no adonde) y que está con gran veneración, aunque se entiende, que no tenido por religioso desta provincia. Fue tan sentida de los indios su muerte, y tan venerada de ellos su memoria, que compusieron muchas endechas lastimosas en su lengua: y dice el padre Lizana, que hasta en su tiempo las cantaban.

Capítulo XII. Dícense en suma las vidas de los padres fray Jacobo de Testera, fray Luis de Villalpando, y fray Lorenzo de Bienvenida, fundadores de esta provincia

Habiendo sido el venerable padre fray Jacobo de Testera el primer predicador evangélico de estas gentes de Yucatán, como se ha vista antecedentemente, razón será no dejar a los lectores que no tuvieren la historia del padre Torquemada, con el deseo de saber el progreso de su vida. Fue natural de la ciudad de Bayona, en el reino de Francia, hijo de nobles padres, pues un hermano suyo era camarero del rey Francisco I. Estuvo en España poco menos de veinte años, y aunque los más pasó en Sevilla, gastó algunos predicando en la corte de Cesárea majestad del emperador Carlos V, aplaudido en ella por ser muy docto en las divinas letras. Corrió por el mundo la fama de la innumerable multitud de almas, que en este mundo habla que convertir a nuestra santa fe católica, y con este santo celo pasó a la Nueva España con el padre fray Antonio de Ciudad-Rodrigo el año de 1520, o como algunos dicen el de 30. Por no poder aprender la lengua de los naturales, les predicaba por intérprete, y les declaraba los misterios de la fe, teniéndolos pintados en un lienzo. Habiendo dicho nuestro padre Torquemada que vino a Yucatán el año de 34, dice después donde escribe su vida, que vino el de 31. Más cierto es, que fue el de 34, pues dice que vino siendo custodio y fue electo el año de 33, como refiere en otra parte. Lo que trabajó en Champoton ya queda referido, y vuelto a la Nueva España, fue electo custodio de aquella provincia el año de 1541, para el capítulo general que se celebró en Mantua. Habiendo ido a el, vino nombrado comisario general de la Nueva España, que lo fue cuarto en número y trajo gran número de religiosos. De ellos envió algunos (dándoles por su comisario al padre fray Toribio Motolínia) a Guatemala, con orden que pasasen a Yucatán los que quedan en estos escritos referidos. Fue muy celoso de la conversión de las almas, y así no contento con lo que había trabajado en México y Yucatán, pasó al reino de Michoacán y dio orden que se poblase de religiosos. Amó mucho la santa pobreza, y fue muy dada a la oración, humildísimo y despreciador de si mismo, tanto que siendo prelado superior le acaecía remendar su pobre vestuario públicamente en la portería. Acabó el curso de su vida en venerable vejez, y está sepultado en el convento de nuestro padre san Francisco de México, como afirma el padre Torquemada, por lo cual se ve el error del padre Lizana, que dice: que habiendo vuelto de Yucatán a México, pasó de allí a los Zacatecas, donde fue martirizado por los indios chichimecos. Proseguiré con la santa memoria del venerable padre fray Luis de Villalpando, heredero del espíritu del santo padre Testera, y primer prelado desta provincia, como se ha dicho Su patria, ni nombres de sus padres no he hallado escrito alguno, en que se digan, solo que desde su niñez fue tan aficionado a las cosas eclesiásticas, que en su puericia juntándose con otros muchachos de su edad, les decía que quería predicarles, y para ello se subía en una silla, o otra cosa alta, y les predicaba y reprehendía. Viendo sus padres esta inclinación, cuando tuvo edad le enviaron a estudiar a Salamanca, donde aprovechó tanto, que de veintiún años era ya graduado de licenciado en santa teología. Llamóle Dios a nuestra sagrada religión, y recibió él ávido della en la santa provincia de Santiago, donde perfeccionó sus estudios, y salió uno de los grandes predicadores, que la religión tuvo en aquellos tiempos: pero lo más importante muy ejemplar religioso. Cuando el santo padre Testera (viniendo nombrado comisario general) trajo el copioso número de religiosos, que se ha dicho, era el padre Villalpando predicador de nuestro convento de Zamora en su provincia. Como Dios le tenía para padre, y predicador evangélico de este reino de Yucatán, llegando el santo comisario a aquel convento, le manifestó su deseo, y luego le admitió, como a religioso de conocida virtud, y de tan buenas letras. Estando ya en México fue enviado con el padre fray Toribio Motolínia a Guatemala, desde donde vino a Yucatán, donde predicó el santo evangelio a estos naturales, y convirtió tantas almas a Dios, como se dijo; y habiéndosele dado a esta provincia título de custodia, fue su primer custodio y prelado superior. Deste santo varón, dice el padre Torquemada, que por ser el primero que supo la lengua destos naturales y que la predicó con ejemplo de esencial religioso, es digno de eterna memoria. Pasó en breve de esta presente vida aun antes de acabar su trienio de custodio, y no he podido ajustar el cuando, solo que habiendo celebrado su congregación por abril del año de 51, como se dijo en su lugar; después en la tabla del segundo capítulo custodial del año de 53 por abril, está ya puesto en el número de los difuntos. Fue su cuerpo sepultado en la iglesia antigua del convento de Mérida, tan poco veneradas sus reliquias, como ignorado el lugar de su sepultura que no se sabe donde fue. Gran descuido de aquellos tiempos en atención a cosas tan graves, si ya no fue disposición de la providencia divina, que no alcanzamos.

El venerable padre fray Lorenzo de Bienvenida, pasó también de España con los demás religiosos, que trajo el padre fray Jacobo, y así salió de la santa provincia de Santiago en compañía del padre Villalpando, con quien también vino a Yucatán. En él entró el padre Villalpando por el occidente a Campeche, desde donde dio principio a la predicación evangélica, y el padre fray Lorenzo por Bakhalál predicando a los naturales, que están a lo oriental algo al sueste. Aunque venía de paso para la ciudad de Mérida, en pocos días catequizó muchos de los señores naturales de aquella provincia, que después fueron bautizados. Por donde pasaba, le recibieron con mucho amor y regalo, que no causó poca admiración a los españoles, cuando le vieron llegar a la ciudad, y que hubiese pasado tan larga distancia solo entre aquellos indios, que aun estaban infieles. Por esto dice el padre Lizana, que los conquistadores llamaron este bendito religioso el explorador.

Ya se dijo como luego que llegó a Mérida, le envió el padre Villalpando a Campeche, donde fue admirable el fruto de conversión, que en aquellos indios logró de su trabajo. En el primer capítulo custodial fue electo guardián del convento de Itzmal, donde estuvo todo aquel trienio predicando y convirtiendo los naturales de todas aquellas comarcas, hasta que el año de 53 fue electo segundo custodio de esta provincia antes que lo fuese. Acabando de ser custodio, fue electo guardián de Mérida y después de Campeche. Débele esta provincia a este venerable padre haber llegado a ser provincia, y tener el lustre que tiene; para lo cual trabajó con espíritu de verdadero padre. Porque aun no teniendo más de los dos conventos de Mérida y Campeche, alcanzó del muy R padre comisario general fray Francisco de Bustamante, que de ellas se hiciese custodia de por si, sujeta a la santa provincia del santo evangelio de México. Después fue al capítulo general de Aquila, y allí negoció, que de Yucatán y Guatemala se hiciese una provincia, y a esta tierra trajo una misión de religiosos, que fueron grandes ministros evangélicos, y predicadores de estos indios. Venido con ellos en el primer capítulo provincial, fue electo definidor y juntamente guardián del convento de Mérida. Después al siguiente capítulo, que según lo ordenado, se celebró en el reino de Guatemala, fue electo guardián del convento de aquella ciudad. No sosegando su espíritu hasta ver consumada esta planta, fue al capítulo general, que se celebró en Valladolid, año de 1565, y en él dejó por provincias separadas a esta y a la de Guatemala, y volvió de aquel viaje con otra misión de religiosos, que a Yucatán trajo.

Desde este tiempo no hallo ya en las tablas capitulares desta provincia su nombre. La causa fue, porque como dice nuestro Torquemada, pasó a Guatemala, de donde había salido el padre fray Pedro de Betanzos, a quien Dios comunicó gracia de lenguas, para Nicaragua a predicar a aquellos indios por el año de 1550. Gastados allí algunos, y hecho mucho fruto, determinó pasar a los de Costa-Rica, que aun se estaban infieles. Fueron en su compañía otros dos religiosos, que con buen logro se ocupaban en la conversión de aquellas gentes. Supo el padre Bienvenida, que el padre fray Pedro de Betanzos había desamparado aquella custodia de Nicaragua, y pasádose a lo de Costa-Rica; y saliendo de Yucatán fue en su demanda con intención de hacerle volver a Guatemala. Sucedió al contrario, porque el padre fray Pedro con tan eficaces razones persuadió al padre Bienvenida, que le obligó a quedarse en su compañía. Sucedió, que el padre fray Juan Pizarro de la santa provincia de san Miguel, tuvo ciertos disgustos en esta de Yucatán con el gobernador de aquel tiempo, y sabiendo que el padre Bienvenida había ido a Costa-Rica, determinó seguirle como lo hizo, y se juntó con los cuatro que allá estaban.

El padre Bienvenida con su fervoroso espíritu, y deseo que tenía de la salvación de las almas, viendo las muchas que allí dependían del cuidado de tan pocos, que no eran suficientes a obligación tanta; fue tercera vez a España, y con su solicitud negoció treinta religiosos, con que volvió a Costa-Rica, que es del obispado de Nicaragua. Fue luego proveído por obispo dél el padre fray Antonio le Zayas de nuestra sagrada religión, y hijo de la santa provincia del Andalucía, que solicitó otros treinta, y con el reverendísimo padre fray Francisco de Guzmán, comisario general de indias, que con ellos y los que allá estaban, se hiciese una provincia con título de san Jorge. Concedió esto al obispo, pero como su autoridad no bastaba para hacer erección de provincia, lo confirmó el capítulo general celebrado en París, año de 1579, por el cual tiempo tenía ya fundados diecisiete conventos. No he hallado, que nuestro venerable padre fray Lorenzo de Bienvenida volviese de Costa Rica a esta provincia de Yucatán, por donde juzgo consumó allí el curso de sus días, de donde pasaría a gozar en la vida eterna el premio de tantos trabajos en servicio de la majestad Divina, conversión de estos naturales, aumento de nuestra santa fe católica y extensión de nuestra sagrada religión, a quien le aumentó tres provincias, pues esta le debe todo el ser a este gran varón, y las de Guatemala y Nicaragua su consumación en ser de provincias. Sea bendita la divina majestad, que le comunicó su espíritu, y dio fuerzas para tan grandes y continuos trabajos, y a esta provincia de Yucatán tan santos padres por sus fundadores.

Capítulo XIII. Cómo acabaron esta presente vida los padres fray Melchor de Benavente, y fray Juan de Herrera

El padre fray Melchor de Benavente, que como queda dicho vino a esta santa provincia en compañía de los venerables padres fray Luis de Villalpando, y fray Lorenzo de Bienvenida a fundarla, asistió en ella poco tiempo: pero sin duda mereció en él mucho con Dios, pues le tuvo ofrecida su vida, cuando a el, y al padre Villalpando los quisieron quemar vivos los indios. Por serle contrario a su salud el temperamento tan calido de esta tierra, se volvió en breve a la santa provincia del santo evangelio de México, donde perseveró santamente todo el resto de su vida, como refiere el padre Torquemada en su Monarquía indiana. Pero pues fue nuestro fundador, aunque allí esté escrita su vida y muerte, será razón referirla aquí para honra desta provincia, que tales fundadores tuvo. Dice, pues de él el padre Torquemada lo siguiente.

«El padre fray Melchor de Benavente tomó el hábito en la provincia de san Gabriel, de donde pasó a esta del santo evangelio, con celo de la salud de las almas. Vivió siempre en mucha religión, y vida ejemplar hasta la muerte. Tuvo singular celo de la honra de Dios nuestro señor, y de la fe de su santa iglesia, y de ayudar a salvar los indios, con los cuales trabajo fielmente, haciendo mucho fruto en su conversión, y doctrina. Fue algunas veces definidor en esta provincia, y guardián del convento de México. Y siéndolo de Tulantzinco, renunció la guardianía para irse con los otros a la reformación de la insulana, como en otras muchas partes hemos dicho y referido. Caminando una vez de Quauhtinchan, donde era guardián, a otro pueblo en compañía de otro religioso su súbdito le dio el bendito guardián, que para honra de Dios confesaba, que en más de treinta años, que había tratado con los naturales, por ocasiones que le habían dado; jamás perdió la paciencia, ni sentido turbación. Obra por cierto heroica, y de tan perfecto varón como él era; porque los naturales, por ser en aquellos tiempos faltos de las cosas de la fe y policía castellana, eran torpes y pesados, y muy ocasionados, para hacer perder la paciencia cada momento a los que trataban con ellos: pero obraba aquí Dios, cuyo siervo era fray Melchor, y estando lleno de su amor y caridad no era posible menos, sino que se sufriese y reportase, por ser efecto suyo, como dice san Pablo, ser sufrida.»

«Estando una vez sentado hablando con un religioso, pasa por delante de ellos una tortolilla, la cual él llamó con mucha simplicidad. Obedecióle luego, y vino volando y púsosele en la mano con gran familiaridad, y dende a poco voló y fuese. Volvió segunda vez, y tornósele a poner en la mano, que quiso Dios que a la santidad de este siervo acompañase la fuerza do la obediencia, que en la creación del hombre puso en él haciendo inferiores todas las cosas criadas, y dándole potestad y dominio sobre ellas; la cual por su inobediencia le negaron y se le sustrajeron todas, desconociéndole como a enemigo della. Pero en esta ocasión de la voz de este santo religioso acude esta avecita movida del movimiento del poder de Dios, para que se conozca, que si al uno por inobediencia le desconocieron, al otro por obediente a la ley de Dios y a sus mandatos, le rinden esta obediencia. Visto aquello por el siervo de Dios, y no pudiendo encubrir el milagro, rogó con humildad al religioso que con él estaba, que no lo dijese a persona alguna mientras él viviese. Lo cual aquel religioso cumplió, que no lo descubrió hasta la muerte del santo varón.»

«Era fray Melchor de muy gran celo de la santa pobreza, y de su estado y profesión, de la cual ninguna ocasión le pudo apartar. Fue hombre de oración continua, y muy ferviente. Siendo guardián del convento de Quauhtinchan, quiso nuestro señor llevarlo para si con aparejo de una gravísima enfermedad, con que padeció intensos dolores y tormentos, con grandísima paciencia; porque sabía que dice Dios en el libro del eclesiástico. Todo lo que te fuere aplicado, recíbelo y sufre en los dolores y entre humildad muestra paciencia. Y es la razón por que así como en el fuego y crisol se prueba la fineza del oro; así también el hombre en la hornaza de la tribulación y dolores. Y así como le fue aconsejado, lo hizo este siervo de Dios fray Melchor, y acabó el curso de la vida con ellos, recibidos los santos sacramentos, lleno de muchas obras vistosas y santas, y enterróse en el convento de la ciudad de los Ángeles, donde murió.» Este es a la letra el testimonio, que de este bendito religioso da aquel autor.

Del bendito fray Juan de Herrera, que como se dijo, vino a Yucatán con los referidos, por la razón que de ellos no será justo dejar de referir el fin dichoso de sus días. El padre Lizana dice dél, que después de haber trabajado en Yucatán, como se ha dicho, tuvo suficiencia para ordenarse de sacerdote, y que fue a México por la obediencia, y que de allí acompañó al santo mártir fray Pablo de Acevedo, en cuya compañía fue martirizado. Que no haya sido sacerdote, consta de la historia del reverendo padre Torquemada, que refiriendo el caso de su muerte, y habiendo dicho la ocupación, que en esta provincia do Yucatán había tenido, prosigue así.

«Al cabo de quince años, que se ocupó en este ejercicio, pareciéndole que en esta provincia del santo evangelio, por ser muy mucha la gente podría emplear con más fruto el buen talento que Dios le había comunicado, vino a México cerca de los años de 1560, y estuvo algunos años en esta provincia trabajando con buen ejemplo, sirviendo a los sacerdotes religiosamente, porque eran ya muchos, y había buenas lenguas, y no era necesario que los legos les ayudasen en la doctrina de los indios. Ofrecióse en esta sazón la jornada arriba dicha, que hizo el gobernador Francisco de Ibarra a tierra de Chichimecas, y conociendo el espíritu de fray Juan de Herrera, y su buen celo de entender en la conversión de los infieles; envióle el prelado en compañía de fray Pablo de Acevedo, y con el mismo hizo asiento en el pueblo de Zinaloa. Residía allí, como queda dicho, un mulato perverso y malo, por cuya cansa mataron los indios a fray Pablo. Este tenía cargo de cobrar los tributos, que habían de dar a su amo, y sobre esta continua cobranza los molestaba mucho y maltrataba. Vista tanta vejación por los indios, acordaron todos de conformidad de matar al mulato, más en vida de fray Pablo no se atrevían, como veían que se servía dél de intérprete y él les daba a entender que lo que les decía, o mandaba, era con autoridad del religioso, que era su guardián. Pero teniendo ya muerto a fray Pablo, luego dieron tras el mulato, y lo mataron en presencia de fray Juan de Herrera, y con esta muerte pagó los embustes que hacia, y la ocasión que dio, para que el dicho fray Pablo muriese. Y como un yerro suele ser causa de otro mayor, no contentos estos encarnizados homicidas con el cometido en la muerte de fray Pablo y luego la del mulato, y advirtiendo que viviendo fray

Juan les quedaba testigo de sus atroces delitos, como sino lo quedara Dios por muy abonado de sus maldades, fueron de parecer, que matasen también a fray Juan (puesto que estaban bien con él, pues les hacía obras de verdadero padre) y así lo pusieron por obra y lo mataron, y mataron juntamente a todos los indios cristianos y amigos, que habían llevado de otras partes para servicio de aquella iglesia y casa. Dejaron los cuerpos muertos en el campo, y se acogieron a las Sierras, donde estos indios chichimecas tienen su guarida. Sabido este hecho por los españoles de la comarca, fueron por los cuerpos para hacerlos enterrar, y halláronlos todos comidos de los Coyotes y Adives, hasta los huesos (porque en aquellas partes hay multitud dellos, que aun los cuerpos muertos suelen sacar debajo de la tierra) y solo el cuerpo de fray Pablo de Acevedo hallaron entero, que no habían tocado en él estos animales: pero tan revenido y encogido, que parecía cuerpo de algún niño, siendo hombre corpulento y de muchas carnes. Aquí pienso yo, quiso nuestro señor mostrar en esto, que había guardado sin lesión, y entero el cuerpo de su siervo fray Pablo, para que se conociese por este modo su inocencia, la cual no estaba tan manifiesta, como la de fray Juan de Herrera, por la ocasión que tomaron los indios de matarlo, creyendo que les era contrario, y sustentaba las vejaciones del mulato, según él lo daba a entender, etc.» Así refiere el padre Torquemada el fin de sus días del bendito fray Juan de Herrera, del cual no por esto se debe entender, no murió la muerte de los justos, pues a muchos ha permitido Dios muerte violenta, y al parecer del mundo desastrada, para purgarlos de algunas culpas leves, que como hombres habían cometido. San Anastasio Niceno, tratando de la repentina muerte de Nadal y Abiu, abrazados con fuego del cielo, refiere, que un santo anacoreta lleno de virtudes, y claro en prodigios, murió tragado de una hiena miserablemente, a tiempo, que el señor de la ciudad más cercana, hombre de vida perdidísima, era enterrado con gran pompa, honra y aparato mundano. Un discípulo suyo puesto en oración, deseaba saber de Dios la causa de esta desigualdad. Oyó una voz que le dijo, que aquel príncipe entre las muchas culpas que había cometido, había hecho una obra buena: en premio de la cual recibía aquel honor en su entierro, habiendo de pagar las malas con perpetua ignominia en el infierno. Pero que el santo anacoreta entre sus grandes virtudes había contraído una mácula, cuya pena pagaba con aquella miserable muerte, y al parecer desdichada, habiendo de gozar en la patria celestial de eterno descanso en premio de ellas, como piadosamente podemos creer le recibió este bendito religioso por sus virtudes, y celo de la salvación de las almas, en que trabajó tantos años.

Capítulo XIV. Vida y muerte del padre fray Bartolomé de Torquemada, hijo desta provincia y las de otros religiosos

No solamente ilustró la divina majestad esta provincia con tan religiosos y apostólicos fundadores, más también quiso que las primicias de sus hijos, que en ella recibieron nuestro santo hábito, fuesen demostración de sus misericordias, y manifiesto testimonio de la virtud de sus padres, que en ella los criaron. Ofréceseme haber muerto por estos tiempos el padre fray Bartolomé de Torquemada, nacido en España aunque no se dice de que lugar fuese. Pasó a estas partes de las Indias, con deseo de adquirir riquezas temporales, a la fama de las que había entonces. Teníale Dios guardado, para que solícitase las verdaderas, que son tesoro para el cielo, y que con premio eterno permanecen en la bienaventuranza. Granjeó algunas, y no pocas de las temporales, a que su deseo le había traído, y viéndole sus amigos con crecido caudal, le trataron casamiento con una doncella principal. Rehusó tomar estado de matrimonio, porque era honestísimo: pero fueron tantos los ruegos de sus amigos, que dio el sí y se trató el casamiento. Llegó el día en que se casó, y considerándose con carga de mujer, y las obligaciones anexas al matrimonio; fue tanto su sentimiento, que sin hablar palabra a la desposada, ni a otra persona; antes de consumar el matrimonio, se fue al convento de nuestro padre san Francisco de Mérida. Con deseo de permanecer virgen, y solo emplearse en servir a nuestro señor: pidió por su amor al padre guardián le diese el hábito de nuestra sagrada religión, que iba huyendo de un gran disgusto. Admiró al guardián su resolución, porque como persona conocida, se sabia, que aquel día se casaba. Preguntóle la causa de tan repentina mudanza, y deseo de tan diferente estado como elegía. Respondió el siervo de Dios que su inclinación no era a ser casado, y sus amigos con importunaciones le habían obligado a admitir aquel casamiento. Que luego que se vio entre tantas mujeres, como a la boda habían concurrido, los cumplimientos y vanidades del mundo, y que todo era tratar de deleites y liviandades, se afligió de suerte, y recibió tal pena, que ya le parecía que cada mujer de aquellas era un enemigo malo, que solo le ponía delante de la vista lo dulce de los gustos del mando, y le escondía la amargura, que en el fin de ellos se experimentaba Estando con esta aflicción, le dio súbitamente en el corazón un movimiento, y juntamente con el gran deseo de quitarse de aquel (a su parecer) peligro en que se veía. Movido dél se fue a un aposento donde vio una imagen de la madre de Dios, y de rodillas la dijo: «Virgen y madre de Dios sacadme de esta aflicción y guiadme por el camino que más seguro llegue di gozar de la gloria de vuestro precioso hijo. Parecióle entonces, que oyó una voz que le dijo: el que no dejare al padre, madre, mujer y hijos por mi, y me siguiere, no es digno de mí». Que sino fue voz, a lo menos le pareció que lo era. Recibió con ella grandísima alegría, y saliendo del aposento, sin saber por donde iba, se halló en la calle. Que le parecía que le traían por el aire al convento, y le venían diciendo: que mejor era para religioso que para casado, y que supuesto que le había sucedido aquello, le admitiese a la religión.

El guardián temiendo no fuese algún movimiento liviano, y por probar el espíritu que le trata, le alabó mucho el estado del santo matrimonio diciéndole, que advirtiese que había muchos siervos de Dios y santos canonizados, que fueron casados. Respondió, que más quería no serlo, para poder ser mejor siervo de nuestro señor. Dio el guardián muchas gracias a Dios; pero con todo eso le dijo: señor estése en su casa, y avisaré al padre provincial de la determinación con que está, y responderá lo que conviene hacer. Dio el guardián noticia al provincial, que envió orden para detenerle algunos días, con que experimentase la perseverancia de aquel propósito, y que si duraba en él fuese admitido al hábito de nuestra religión.

Habiendo echado menos al desposado, sin saber que se hubiese hecho, buscándole por todas las partes, donde podían presumir estuviese; supieron como se había ido al convento. Fueron a verle el padre, y parientes de la novia, sus amigos, y conocidos del piadoso fugitivo; los unos con quejas, los otros con persuasiones solicitaban moverle la voluntad, procurando llevarle otra vez a su casa. No pudieron persuadirle a retratar el propósito, antes más firme en él, se apartó de los que te habían ido a sacar del convento, diciendo que él no nació para casado; y que sus padres se lo decían: que lo que había hecho había sido violentado con sus ruegos, sin gusto suyo, que no le estorbasen la seguridad de su alma, con que los dejó. Vuelto al padre guardián con instancias, le pidió permitiese que se quedase en el convento, porque no había de salir dél, y hubo de concederle su petición. Perseveró algunos días, sin querer salir del convento, con que se le dio el hábito de la religión, y profesó a su tiempo.

Conocióse después haber sido su vocación de Dios por la perfección de vida, que desde entonces tuvo, y observancia regular, con que siempre se conoció ajustado. Sabía latinidad, y así le fue dado el hábito para el coro, y se ordenó de misa. Viéndose sacerdote aprendió la lengua de los naturales, con que ayudó mucho a su conversión y doctrina; porque demás del espíritu con que se ocupaba en este santo ministerio, salió muy aventajada lengua. Amaba muy de su corazón a los indios, y perpetuamente los defendía de quien les hacía alguna molestia: tanto que decía, que por ellos por ser pobres y humildes, daría la vida si necesario fuese, y que si nuestro padre san Francisco estuviera entre ellos, tuviera mucho consuelo, por verse entre desnudos pobres, y tan poco codiciosos de los bienes de este siglo. Era cosa maravillosa ver el cuidado que tenía del bien de los indios, y consolarlos en sus trabajos. Con este afecto, y el que tenía de su conversión, como recibió el hábito aun cuando no estaban bien reducidos a pueblos, como verdadero predicador apostólico, se entraba por los montes a sacarlos, con que pobló algunos pueblos, y edificó iglesias. El trabajo corporal, que en esto tenía, decía que era para él de mucho gusto, porque tenía más confianza de que Dios le había de dar su gloria por el tiempo, que en administrarlos ocupaba, que por la penitencia que para adquirirla hacía. Era este siervo de Dios de natural tan sencillo, que movía a veces a risa con algunas inocencias, que decía: no creía, que hubiese alguno malo, ni que alguno fuese pecador, sino solo él. Fue varón de mucha oración siendo su continua habitación el coro y capillas retiradas, en cuya soledad pasaba con profunda oración y disciplinas. Envidioso el enemigo del linaje humano de las virtudes que en él resplandecían; le inquietaba en la oración con diversas tentaciones, y hallando en el siervo de Dios resistencia, llegó a tal extremo, que corporalmente le maltrataba y le azotaba. Aparecíale en diversas formas ya horribles, ya de mujeres hermosas, que bailaban delante dél, ya de su misma esposa, que le lloraba amargamente la desdicha de haberla dejado, y se quejaba del menosprecio, que della había hecho. Otras veces le aparecía como Ángel de luz: pero manifestaba bien quien era, diciéndole, que era necio, pues maltrataba tanto su libertad, y se enflaquecía y acababa la vida, y que Dios no quería eso. Pero todo lo vencía con la divina gracia, valiéndose de la señal de la cruz contra su enemigo.

Sucedióle una vez estando recogido en su celda por la mañana rezando una devoción, que entró en ella tan niño, como de hasta diez años, y le dijo: padre vengo a decirle que una mujer le llama, para que la vaya a consolar de un agravio que la han hecho, y dice que solo vuestra reverencia puede consolarla. Como este siervo de Dios era de tan sencillo sentimiento, creyó ser así, y pidió licencia al guardián para ir a consolarla. Llegó a la portería, y preguntó al portero, si había visto a un niño español que le había llamado. Díjole el portero que no le había visto, que abría entrado por la sacristía, por ser hora en que se decían las misas. Salió el siervo de Dios a la parte de afuera de la portería por si estaba allí, y vióle que estaba asentado. Dijote: «¿niño dónde esta esa mujer que dices?». Respondió: venga padre conmigo, y le llevó a la iglesia de los indios. Entrado en ella, se halló con su esposa que con grandes lágrimas y suspiros le dijo: «Mal hombre, mal cristiano, como dejaste a tu esposa, pues no soy fea». Hermano, mira mi hermosura y galas, y mostróle el rostro y muchas galas, y joyas con que iba adornada. Creyó el siervo de Dios, que era su esposa como le parecía, y bajando la vista al suelo, con mucha modestia le dijo: Si yo supiera quien me llamaba y para que era, no bajara, que fui engañado. Más ya que oigo las quejas, digo que más estimo mi pobreza, que vuestras riquezas y galas. Más la hermosura de las virtudes, que la vuestra. El dejaros señora, fue para teneros en la memoria, encomendándoos al señor, que os haga santa y que no me queráis a mí, que soy un vil gusano. Y mirad que os mando, que no me volváis con estas locuras, que pues fui aquel poco de tiempo vuestro esposo, bien os puedo mandar. Y porque no se os olvide, llevaos esta cruz que traigáis en el pecho. Apenas hubo sacado la santa cruz, cuando se halló solo, y parece que sonó un trueno al desaparecer aquella visión. Reparó con esto el siervo de Dios, que había sido el demonio el que le había hablado en figura de su esposa, y luego se fue a la oración a pedir a Dios nuestro señor fuerzas para resistir a tan sutil y poderoso enemigo.

Quedó con esto más advertido para de allí adelante, y continuamente se andaba signando con la señal de la cruz, aun cuando estaba comiendo. Ocasionó verlo el guardián que le preguntase la causa, y obligado con la obediencia, porque rehusaba decirlo, refirió este suceso, y que no podía desechar de sí aquella representación, sino era con la señal de la cruz. Habiendo trabajado en la viña del señor, como siervo fiel, pasó de esta presente vida, con cuarenta y tres años de edad, andando en trece de religión, dejando edificados a los religiosos, llorosos a los indios que le amaban, ya todos aclamándole por siervo de Dios. En la tabla de la congregación del año de 1568, está escrito por difunto. El padre fray Alonso de Alvarado de la provincia de Santiago, vino como se dijo a esta el año de 49. No se le conoció cosa que no fuese de varón perfecto y atento en sus acciones. Trabajó mucho, y continuamente en la conversión destos indios sacándolos de los montes, para traerlos a poblado a bautizarlos y doctrinarlos. Las grandes incomodidades y aguaceros con soles, le abreviaron la vida corporal, para que más presto gozase la eterna en premio de ellos, como se puede entender, hallándole tan santamente ocupado; y aunque dice el padre Lizana, que murió año de 1557 por el de 53 era ya difunto, como consta de la tabla del segundo capítulo custodial.

El reverendo padre fray Francisco Navarro, compañero del antecedente, fue persona de muchas y buenas letras, hijo de la provincia de Castilla, y en esta maestro de la lengua de los naturales. Colígese su mucha virtud de haberle elegido prelado superior, cuando florecían tan apostólicos varones, y que entre ellos todo era tratar de perfección y santidad. Edificó el convento de Maní como hay está. Dícese dél, que vivió ajustadamente amicísimo de los pobres, y en especial de los indios, a quien administró y predicó, siendo dellos muy querido. Murió el año de 1559, habiendo venido el de 49 a esta provincia. Pasó de esta vida con opinión de virgen, y su muerte fue sentida de todos, porque por la mansedumbre de su natural le amaban. Fue tenido entre los padres antiguos por varón santo, y su cuerpo sepultado en la iglesia antigua del convento de Mérida.

Capítulo XV. Viene nuestro padre Landa consagrado obispo a Yucatán, y dale el rey treinta religiosos para la administración de los indios

Díjose como el obispo don fray Francisco Toral, y los religiosos quedaron en paz y concordia, y en ella prosiguieron mientras vivió. Ofreciósele ir a México, donde fue Dios servido pasase desta vida, con que el gobierno eclesiástico quedó en la sedevacante. No parece haber en el cabildo más que el licenciado don Lorenzo de Monterroso Chantre, y don Leonardo Gonzáles de Sequeira tesorero, que fueron los dos, que primero poseyeron estas dignidades, y gobernaron desde el año de 1571 hasta el de 73.

Aunque nuestro reverendo padre fray Diego de Landa estaba retirado en el convento de san Antonio de la Cabrera, no lo estaba de la memoria de nuestro prudentísimo rey Filipo II, que teniendo presentes sus virtudes dignas de estimación, deseaba premiarlas. Teniendo noticia de la vacante deste obispado, le envió su real cédula al convento de san Antonio, diciéndole como había resuelto presentar su persona a la silla apostólica para obispo destas provincias. Bien diferentes experimentamos cada día las disposiciones divinas de lo que los juicios humanos can su providencia corta ordenan. Salió este apostólico varón de Yucatán, como desterrado con alguna ignominia, acusado de sus émulos, el crédito de su reputación en opiniones, convertida la holanda, según decían sus enemigos, en tosco cañamazo. Permitió la divina majestad, que el hilo de esta holanda, aunque delgado, no quebrase en el premio de la tribulación, que acrisola y manifiesta la verdadera perfección de la tela de las virtudes, con que el alma que no vemos, se adorna y por último vemos, que Dios saca de ella a sus siervos con honra, a vista de sus enemigos. Admitió el obispo, juzgando serviría a Dios en la dignidad, como quien era tan gran lengua, y ministro de estos indios, a quien había regenerado en Cristo por medio del santo bautismo. Persuadióse era disposición divina pues sin diligencia humana era llamado de aquel retiro donde estaba, a la dignidad episcopal, que de otra suerte no admitiera por vivir en la religión muy gustoso.

Fue a ver al rey, y agradecerle la honra que le había hecho. Su majestad le recibió con mucha benignidad, y dijo que le había querido restituir a los indios honrados, cuyo padre era, y que así se le daba a los yucatecos por príncipe de su iglesia. Valióse de la ocasión de ver al rey tan propicio, y pidióle un buen número de religiosos, para que ayudasen a los de acá en la administración de los santos sacramentos, porqué sabía que se necesitaba dellos en la provincia, y su majestad le dio licencia para traer treinta religiosos. Recurrió con la licencia del rey al general de nuestra religión, que le dio sus letras patentes, para que escogiese los que más convenientes le pareciesen. El buen obispo personalmente fue de convento en convento, y los escogió tales, como de la elección de tal comisario, y que sabía también los que eran necesarios para esta tierra. Después de asignados dio vuelta a la corte, donde le llegaron las balas del sumo pontífice. Acercábase la salida de Flota y así vino a Sevilla, donde fue consagrado. Juntáronse en aquella ciudad los religiosos y les mandó nombrasen de entre sí uno que fuese su comisario, y a cuya obediencia viniesen sujetos.

Súpose en Yucatán por principio del año de 1573, como estaba electo obispo deste obispado, y fueron diversos los sentimientos que con la nueva hubo. Los religiosos, los españoles que sentían de las materias sin pasión, y los indios quedaron muy gozosos, esperando verle en esta tierra, y más con tal dignidad. Sus émulos presumían, que con ella se vengaría de ellos, no considerando que los siervos de Dios no conservan rencillas en su corazón, para tomar venganza por sus manos, sino que sus cosas las ponen en las de Dios, para que les dé la salida que fuere servido. Así lo experimentaron después que le hallaron lleno de caridad para con todos, y bien se manifestó en la testificación que hizo de los trabajos de los conquistadores y necesidades desta tierra, en información que se hizo para remitir a su majestad en el real consejo de las indias, y queda referida en el libro tercero.

Tubo feliz viaje aquella flota, pues en cincuenta y seis días llegaron a dar fondo en el puerto de san Juan de Ulúa. Allí fletó dos barcos, uno para si y dos compañeros de los religiosos que traía, y el otro para el resto de los de la misión. Aunque salieron juntos, llegó primero a Campeche víspera de nuestro padre san Francisco, el que traía los religiosos, y el del obispo llegó ocho días después, si bien unos y otros recibidos con grande aplauso y alegría. No quiso el obispo aposentarse en el convento, y satisfizo con razones, que le movían a los religiosos, para no hospedarse en él, y así mandó que le aderezasen casa en la villa, para los días que allí estuvo. Solemnizaron los vecinos su llegada con muestras de mucha alegría, y desocupado de las visitas seglares. Se halló rodeado de más de mil indios, que a gritos y llenos de lágrimas de gozo, le daban la bienvenida, como a padre a quien tanto amaban. El siervo de Dios los correspondía con no menos lágrimas, que agradecimiento, y ellos se gozaban mucho como él mismo los hablaba y acariciaba con su lenguaje natural, y los entendía sin necesidad de intérprete. Daba no menos gracias a Dios de ver el afecto con que le saludaban, y el contento que con su venida tenían. El día siguiente fue a nuestro convento, donde después de haberle recibido los religiosos, como a obispo, se consolaron con su presencia, como de padre a quien tanta veneración tenían.

Luego que en la ciudad de Mérida se supo como había llegado a Campeche, despachó el gobernador y cabildo secular dos regidores, que en su nombre le diesen la bienvenida, y en su compañía fueron algunos vecinos nobles, que estimaban al obispo reconociendo su virtud y santidad. Salió en breve de Campeche para la ciudad, y en su compañía llevaba los religiosos. Era cosa de admiración los indios, que de toda la tierra hallaba por los caminos, saliendo a verle luego que supieron había venido. Conocía a muchos dellos por haberlos catequizado y bautizado, con que tenía el consuelo espiritual, que se deja entender, y nuevo motivo de dar gracias a la majestad divina. Cuando hubo de entrar en la ciudad, salieron a recibirle el gobernador, ambos cabildos y los religiosos, y allí fue mayor el con curso de los indios. Llegó con el acompañamiento a la santa Catedral, y manifestadas las bulas y real cédula, le admitieron y tomó posesión del obispado. Hizo una plática docta y devota a la ciudad, tomando por asunto las palabras, que san Clemente papa y mártir dijo a los de la isla de Licia, donde iba por mandato del emperador Trajano desterrado. No por mis méritos me ha enviado el señor a ser participante de vuestras coronas; y terminó agradeciendo la voluntad y regocijo, con que le habían recibido, y dando la bendición episcopal a todos, le llevaron a sus casas.

Habiendo descansado del camino, salió a ver a los religiosos de nuestro convento, con sus dos compañeros religiosos, sus clérigos, y gente secular noble de la ciudad, afectos suyos. Fue recibido en el convento como obispo; y aunque en la ocasión dice el padre Lizana, que era provincial el reverendo padre fray Pedro de Noriega, no era sino el reverendo padre fray Juan de Armellones, como consta de las tablas capitulares. Entró en la iglesia a hacer oración, y viendo la santa imagen de nuestra señora que trajo de Guatemala, cuando la de Itzmal, fue grandísima la ternura de corazón y gozo espiritual que tuvo, dando gracias a Dios que le había dejado ver aquella imagen de su santísima madre. Despidió en la iglesia el acompañamiento secular, y retirado con los religiosos a lo interior del convento, saludó como otro Joseph a sus hermanos, y todos se consolaron de los sucesos pasados. Hízoles una breve y humilde plática en que les dijo: «O padres y hermanos míos espirituales, que es más conjunto parentesco que el del cuerpo, y hace las ventajas que a él el alma, con que podré significar el consuelo que la mía ha recibido de verme entre mis hermanos. Más ¿qué digo? que no merezco bien tan crecido, pues mi dignidad parece que me aparta: pero no me puede dividir, pues es estado tan perfecto antes ahora me tengo por más hijo de nuestro padre san Francisco, de quien aunque indigno lo soy. Y así suplico al padre provincial y a todos, que me reciban por hijo de esta santa provincia, y me quieran incorporar en ella». Dijo esto con algunos sollozos y lágrimas, y también las derramaron los religiosos viendo tal humildad en el obispo. Respondióle el provincial, que le tenían no por hijo, sino con la veneración de padre, a quien tanto amaban.

Trataron después largamente de la conversión de los indios recordando muchos sucesos pasados, y se le dio noticia del aprovechamiento que tenían en su cristiandad. Dijo a los religiosos, como el rey le había encargado mucho mirase por estos naturales, y que así en su real nombre se los encomendaba. Rogó al provincial se leyese luego el arte de la lengua a los recién venidos, y que la administración, y todo lo concerniente al mayor bien de los indios, con la nueva ayuda, se dispusiese de suerte, que Dios nuestro señor fuese servido con todo cuidado: la real conciencia descargada conforme a la satisfacción, que el rey tenía de los religiosos, como lo manifestó en la cédula dirigida a su antecesor, y los indios fuesen de bien en mejor siempre. De allí fue a la enfermería, visitó, y consoló a los enfermos. Halló que solamente había tres clérigos, que sabían la lengua de los indios, y a estos acomodó; despidió de la tierra algunos, que no le pareció conveniente, que residiesen en ella, y a otros acomodó para el servicio de la santa Catedral con que próvido en todo iba con suavidad disponiendo el gobierno de este obispado. Ordenó al provincial luego que los religiosos que trajo tuvieron suficiencia para administrar a los indios, repartiese más las doctrinas, para que con la cercanía, con más comodidad de los religiosos fuesen también más aprovechadas los indios en la enseñanza y doctrina cristiana.

Capítulo XVI. Viene a este gobierno Francisco Velásquez Guijón. Solicita el obispo aliviar a los indios, y los disgustos que de ello se originaron

El cuarto gobernador nombrado por el rey para Yucatán, fue Francisco Velásquez Guijón. Hízosele la merced en el pardo a 8 de abril de 1573 años por tiempo de cuatro. Fue recibido en Mérida a 16 de septiembre del mismo año, y gobernó hasta 10 de octubre del de 1577, que le llegó sucesor. Nombró por su teniente general al bachiller Álvaro Tinoco Caravajal, que ejercitó este oficio todo el tiempo de su gobierno. Diósele cédula a este gobernador, para encomendar los indios que vacasen, encargándole mucho en ella prefiriese si había algunos conquistadores que no estuviesen gratificados, como el rey deseaba a que siempre atendió, por donde se colige el aprecio que de sus trabajos hacia, si bien los gobernadores no parece cuidaban de la ejecución de la real voluntad, como les era mandado, y se dice en otra parte refiriendo algunas cédulas, en que nuestros reyes han manifestado el sentimiento y disgusto, que de ello tenían. Terrible vicio es la avaricia, que con la edad crece, cuando los demás con ella se disminuyen. Ya habrán dado cuenta a Dios, sí ella les movía para no ejecutar el orden que traían. Diósele orden a este gobernador para que tomase la residencia a su antecesor don Diego de Santillán; y así luego que fue recibido, a otro día le pidió el cabildo de la ciudad, le hiciese asegurar de estar a lo juzgado y sentenciado en la residencia, y dio la fianza a los 23 del mismo mes de septiembre. Pareciendo al cabildo inconveniente para lo de adelante, haber de solicitar esto acabado su oficio los gobernadores, granjeó una real cédula del tenor siguiente.

«El rey. Consejos, justicia y regidores de todas las ciudades y villas de la provincia de Yucatán, y a cada uno de vos. Porque somos informados, que de no dar los nuestros gobernadores de esa provincia fianzas de estar a derecho en las residencias que les tomaren, se han seguido inconvenientes y perjuicio a algunas personas. Para que esto se evite en lo de adelante, os mando a cualquier de vos, que no recibáis ni consintáis recibir al dicho oficio a los que por nos fueren por gobernador, hasta tanto que hayan dado las dichas fianzas en la cantidad, que pareciere convenir. Que por la presente mandamos a los dichos nuestros gobernadores, que las den llanas y abonadas, antes que

tomen la posesión de su oficio. Fecha en Madrid a 15 de febrero de 1575 años. — Yo el rey. — Por mandato de su majestad. — Antonio de Eraso.»
El piadoso obispo doliéndose del trabajo de los indios, y en particular de verlos cargados por los caminos con cargas, que le parecía se podían excusar, pues ya habían multiplicado los caballos que podían cargarlas; se informó secretamente de los que habría en el contorno de la ciudad, y halló que a lo menos serían tres mil. Tenida esta noticia trató con el gobernador y cabildo, que los indios no se cargasen pues había bestias para ello, y así era la voluntad del rey y mayor servicio de Dios. Propúsoles también que moderasen el servicio personal de los indios y el demasiado señorío que sobre ellos tenían. Que la paga le su servicio fuese algo más, pues el trabajo lo requería. No parecieron bien estas propuestas, y muchos se alteraron contra el obispo, diciendo que les quería quitar aquello de que el rey los había hecho señores. Supo el obispo que en la Ciudad no se hablaba como se debía en la materia, y predicando un día en la Catedral, declaró a todos lo que había propuesto, y la justificación que tenía. Lo que consiguió fue, que se dijesen muchas desinensuras, y que sin duda el rey no supo, que daba el obispado a fray Diego de Landa el revoltoso, que ya comenzaba a alterar la tierra con sus cosas.
Llegó a tanto el descomedimiento, que un día iba el obispo a nuestro convento y encontró con un vecino de la ciudad, que iba en un caballo y pudiéndose detener como era justo en cortesía para que pasase el obispo no solo no lo hizo, pero fue arrimando tanto el caballo al obispo, para que le salpicase el lodo del suelo (que era en tiempo de aguas) y el caballo parece, que rehusándolo se apartaba, que violentado para acercarse hubo de dar con el estribo en los pechos al obispo. Quisieron sus criados hacer demostración de sentimiento, y los detuvo diciendo: que en tales ocasiones más se ganaba perdiendo, y que tanto se levanta el que se humilla, como se humilla el que se ensalza. Que Dios tenía dicho, que la venganza de tales acciones estaba por su cuenta. Diciéndole un criado: señor, a la iglesia se ha hecho este desacato. Respondió lo que santo Tomas Cantuariense dijo a sus clérigos: que la iglesia de Dios no había de ser defendida al modo de los ejércitos militares. Vamos y paciencia, que otros mejores que yo sufrieron más que yo sufro, y pasó adelante al convento. Alabóse después el desventurado caballero (que era de sangre noble, y siéndolo admiró más la acción a los bien considerados) pero la divina justicia,

que con singular atención parece mira las injurias hechas a los príncipes de su iglesia, y que a veces castiga más severamente las que se hacen a sus siervos, que las que contra la divina majestad se cometen; permitió que habiendo muerto este bendito obispo, y venido su sucesor don fray Gregorio de Montalvo, corriendo aquel caballero un caballo en festejo de su llegada cayó dél, y fue hallado muerto. Dios le haya perdonado, que si morir tal muerte, fue castigo de aquella culpa, su divina majestad lo sabe, cuyos juicios secretos no alcanza la fragilidad humana: pero ella sucedió como se ha referido.

Con el celo que el bendito obispo tenía de la honra de Dios, sabiendo algunas culpas graves que los indios del territorio de Campeche habían cometido; envió por visitador al padre fray Gregorio de Fuente-Ovejuna, religioso desta provincia, para que las remediase. Averiguó la verdad, y castigó algunos culpados, con que tuvieron ocasión los émulos del obispo de calumniarle. Rodrigo Franquez, vecino de Mérida, presentó en la real audiencia de México una petición en nombre de Francisco May, cacique del pueblo de Campeche, y del teniente de los demás caciques, y principales de aquel territorio. Contenía querellarse del padre fray Gregorio, que por mandado del obispo había ido a visitar los pueblos de aquella villa, y que sin causa y razón alguna en todos los pueblos había hecho muchos castigos en los caciques, alcaldes y otros oficiales, y refieren algunos tan indecentes, que es indigno presumirlos de un sacerdote, y de que aquí se refieran. De allí pasó luego a decir que el obispo quería de presente visitar estas provincias, y que los indios estaban atemorizados de los castigos hechos por el padre fray Gregorio, y de los que el obispo haría por ser severo, con que estaban en término de irse a los montes. Que su alteza proveyese de remedio, pues los indios eran menores de edad y faltos de entendimiento. Así acusaron al obispo de hecho, y por hacer y de contrario a los indios por cuyo bien, y defenderlos, había tolerado lo que antes se ha dicho. Consta esta acusación de provisión real, dada en aquella audiencia a 12 de agosto de 1574 años.

Dícese en ella esta queja, y después se inserta una cédula real, dada en Toledo a 4 de septiembre de 1570 años, en que su manda que los religiosos no aprisionen a los indios, ni tuviesen cepos, ni cárceles ni los trasquilasen ni azotasen, y que esta cédula se observase sin contravenir a ella. Ordenósele por esta provisión al obispo, que viese dicha cédula, y la ejecutase como en ella se contenía, y al gobernador destas provincias, que no permitiese contravenir a ella, y que si de presente hubiese algunos indios presos, los hiciese soltar de la prisión libremente; y asimismo los que hubiese penitenciado el obispo, y de lo que así hiciese, diese relación dentro de cien días siguientes. Esta provisión, aunque justificada por la conservación de la real jurisdicción, para que las ministros eclesiásticos no la perturbasen, ni contra ella se alegase costumbre; con todo eso causo algunos graves daños, como fue perder los indios el temor a los ministros doctrineros (con lo mucho a que la extendieron los gobernadores después) y otros que refiere el doctor don Pedro Sánchez de Aguilar en su informe contra los idólatras desta tierra por las palabras siguientes, traducidas de su latín en castellano, después de referir la provisión, y su justificación.

Pero en aquel tiempo, y en este nuestro miserabilísimo, y calamitoso dañó mucho a la cristiandad de los indios, porque las justicias reales la extendían, a que sin su auxilio no podían ser los indios presos en caso de herejía y idolatría: cuyo castigo cesó por espacio de cuarenta años, pensando que los jueces eclesiásticos, o el mismo obispo, no podía sin auxilio del brazo seglar prender y encarcelar las personas de los indios idólatras, de que no se hace mención ni en la provisión, ni en la real cédula, ni en la relación del que la impetró quizá porque quiso callar la verdad, y acusó falsamente al obispo y su comisario, diciendo que había procedido sin haberse cometido delito alguno, lo cual ni del obispo Landa, ni de ningún sacerdote se debía creer ni presumir. Sino que por sugestión del demonio se había referido así con el temor del celo y severidad, que en el obispo tenía, como consta de aquellas palabras al obispo escritas: Y lo que vos el dicho obispo les hariádes por severo, etc. Bien diferentemente siente este escritor, que el que dio la querella de la severidad del obispo; porque tratando antes de lo referido del santo celo con que el obispo siendo custodio desta provincia había procedido contra los idólatras, de que ya se trató dice: «Que con celo divino como otro Matatías destruyó las aras de los ídolos; cogió, encarceló y castigó a los idolatras, azotándolos, y con todas sus fuerzas él, y sus compañeros (cuyos nombres están escritos en el libro de la vida) extinguieron algún tanto este pecado. De suerte que por algunos años concibieron tal temor los indios, que no solo dejaron los ídolos, pero aun una bebida que se llama balché, que acostumbran en sus idolatrías. Por lo cual émulos, que decían era cruel con los indios, ocasionaron su ida a España de donde (habiendo dado satisfacción de sus acciones) vino por segundo obispo desta tierra, donde santísimamente gobernó este obispado diez o doce años, y amedrentados los indios con el temor que le tenían, alcanzaron la provisión dicha, a los cuales ayudaron los encomenderos. Estas son las palabras con que se duele de la impetración de esta provisión, siendo como era nacido en esta tierra en la villa de Valladolid, hijo, hermano, y primo de encomenderos; porque no se diga, que como de casa doy censura, en abono de aquellos religiosos, y del obispo las he referido a la letra».

Capítulo XVII. Va el obispo a México, y volvió a desta tierra, y algunas cosas que le sucedieron
Pasado lo referido, y impetrada aquella provisión, necesitó el obispo de pedir el auxilio real al gobernador para prender algunas personas; porque ya no podía de otra suerte remediar algunos males que se hallaba obligado a evitar. No solo no dio el gobernador el auxilio al provisor que se le pidió, sino que sobre el case le prendió y le puso en un cepo en la cárcel pública. Sabido por el obispo, hizo información de ello, y descomulgó al gobernador, y llegó hasta apagar candelas, teniendo determinado ejecutar todo lo que el derecho dispone contra un descomulgado pertinaz en su inobediencia. Por excusarse el gobernador de que llegase a ello, porque tenía por cierto de su constancia que lo haría, y por no poner al provisor en la libertad, que debía con brevedad lo desterró a México. En sabiendo el gobernador, que el bajel en que iba, había salido del puerto, se vistió de luto y con muchas maestros de dolor, acompañado de los más nobles de la ciudad, fue a la presencia del obispo y se le postró a los pies, pidiéndole perdón. Como el obispo le vio humillado, le absolvió y penó en algún aceite para el santísimo sacramento, dejándolo a Dios, en cuya presencia semejantes acciones tienen el valor, que lo interior de la voluntad y corazón merece, y no lo que en lo exterior se quiere hacer creer a los hombres, aunque de esta no parece muy difícil la inteligencia.
Ver que las cosas corrían de tal forma, y solicitar el bien de los indios, le llevó a México donde presente, satisfizo a los señores de aquella real audiencia, y manifestándoles la verdad de lo que en Yucatán pasaba, se proveyeron en ella muy acertadas provisiones a petición suya. Dícese, que estando en la ciudad

de México, tuvo un auto de la fe el santo tribunal de la inquisición, y que predicó en él nuestro obispo con mucho espíritu y aplauso de todos.
Despachado de los negocios de México, viniendo a Yucatán, quiso visitar a la provincia de Tabasco, y así encontró por ella. Descubrió tan gran número de brujos y hechiceros, que no solo admiró al obispo, pero causó pavor a todos los que en aquella tierra vivían. Procedió contra los culpados, castigándolos como convenía: y ellos viéndose oprimidos, hicieron una junta diabólica, en que determinaron matar al obispo. La traza y ocasión había de ser ahogarlo en un río, por donde había de pasar, haciendo que el puente se hundiese. La majestad Divina, cuya providencia le había librado otras veces de la muerte, que contra él los indios habían maquinado, le guardó en esta ocasión de la que querían darle, enviando un ángel, que le acompañase al pasar de la puente, sin que el bendito obispo echase de ver la buena compañía que llevaba, ni el peligro en que estaba. Viéronla los indios brujos, que atemorizados huyeron. Dijeron después, que un niño hermoso y de muchos resplandores, que iba adelante de la cabalgadura guardaba al obispo. Que estaba el niño vestido de verde, y de muchas colores, que parecía tenía alas, y que aunque era hermosísimo, les mostró el rostro airado y amenazó con una espada de fuego que llevaba en la mano. Por esto no se atrevieron a cosa de lo tratado, dándoles tal temor esta visión, que entendieron ya eran muertos, y fue causa de enmendarse muchos. Así lo declararon algunos, que de ellos fueron presos y libre el obispo mediante la potencia divina, limpió aquella tierra de tan mala gente.
Llegado a Yucatán, bien entendió el obispo tener algún descanso del cuidado, que le daba el bien de los indios, por las provisiones que en su favor traía y otras órdenes para diversas materias. Las leyes sin ejecutor, parecen cuerpo sin alma. Falto el aliento de los gobernadores para la ejecución con que darles vida, y así faltó el buen efecto pretendido con ellas. El que consiguió el obispo fue, que las voluntades de los interesados se enconasen más contra él: pero no le deba cuidado, diciendo que las pesadumbres que por esta causa le intentaban dar, eran saetas despedidas de brazo de niño, que no llegaban a turbarle el espíritu. Que solo sentía el daño que el de los detractores recibía, por quien rogaba a nuestro señor, ofreciéndose en sacrificio con oraciones y penitencias por ellos, como pastor y padre, que todo bien les deseaba. Saliendo a la visita que hizo, descubrió un indio famoso brujo, en el partido de Petu, que era natu-

ral de allí. Pidió el auxilio al gobernador para prenderle, pero no fue hallado, hasta que cinco meses después fue preso en Chancenote, territorio de la villa de Valladolid. Trayendo preso el fiscal del obispo al indio, un alcalde ordinario de aquella villa se le quitó, y sin prisiones le envió al gobernador, pareciéndole que le daba gusto, y pena al obispo, y como el indio iba sin prisiones se huyó. Descomulgó al alcalde el obispo a tiempo que estaba para salir a la visita deste obispado, y luego se puso en camino. Estando ya en el pueblo de Zitilpech, llegó el alcalde pidiendo que le absolviese de la descomunión, sin más diligencia ni satisfacción. Nególo el obispo, y el alcalde escribió al gobernador, que no le quería absolver. Salió el gobernador con sus ministros de justicia (que llevaban grillos colgados y los arzones de las sillas) para donde estaba el obispo, y a los que les preguntaban donde iban con aquel aparato, decían que a prender al obispo, y echarle grillos y cadenas. Oyólo un español bien entendido, y dijo: «¿Por qué le van a prender?». Porque non est de illis. Dijeron los que le oyeron: «¿Qué latín es ese?». Respondió: «Señores, aquí se ve lo contrario de lo que dice el refrán. ¿Quién es tu enemigo, el de tu oficio, pues a quien tiene el obispo por enemigo, es porque no es de su oficio, y con preguntas que le hicieron declaró más su intento?».

Con tanta prisa fue el gobernador, que halló al obispo en el pueblo de Xanabá, distante del de Zitilpech, donde llegó el alcalde no más que cuatro leguas. Habiendo oído misa el gobernador, trató de hablar al obispo, que sabiéndolo salió a recibirle, y le dijo: «Y pues, señor gobernador, ¿qué se ha ofrecido por esta tierra? Respondió el gobernador: señor vengo en busca de la paz. Díjole el obispo: vuestra merced parece a lo que dicen del rey de Francia, que cuando quiere paz, paz, y cuando guerra, guerra. Replicó el gobernador, no soy rey de Francia sino de España. Aunque esta razón se ve que fue equivocación, no la pudo tolerar la mesura del obispo, que le dijo: «Que ni era rey de Francia ni de España, ni aun de bastos que advirtiese lo que decía, y que mirase también que tenía escandalizada esta tierra». El gobernador le dijo: «señor, dejemos razones y déme V. S. licencia para que se le presente un escrito mío». Dijo el obispo que fuese así, y contenía pedir el gobernador absolviese al alcalde, según el patronato real, a reincidencia. Notificado, dijo el obispo que deseaba absolverle, pero que había de ser dándole el preso. Conociendo el gobernador de la constancia del obispo, que con violencia no conseguiría su petición, se arrodilló delante dél pidiéndole la absolución, con darle palabra de traerle el indio. No halló esta humildad resistencia en el obispo, que luego absolvió al alcalde con una leve penitencia, y el gobernador se detuvo todo aquel día en el pueblo muy contento de verse amigo con el obispo. De allí se apartaron el gobernador para Mérida, y el obispo en prosecución de su visita. Pero habiendo tenido noticia el rey de lo que pasaba, escribió el gobernador una carta, que dice así: «Nos somos informado, que tenéis poca conformidad con el obispo de esa tierra, y con los religiosos que están en ella, de que resultan y podría resultar inconvenientes en deservicio de Dios nuestro señor, y nuestro. Y porque conviene se estorben y cesen las ocasiones, que puede haber de encontraros: os mandamos, que procuréis mucho de vuestra parte tener con el dicho obispo toda conformidad y paz: de manera, que no se pueda entender, que basta a estorbarla ningunos fines particulares, mayormente en personas que gobiernan, y de quien los demás han de tomar doctrina, y estando tan declaradas y entendidas las cosas, en que cada uno se ha de ocupar para el buen ejercicio de sus oficios. Y a los dichos religiosos favoreceréis y ayudareis en todo lo que fuere necesario. Que de que en todo ello procedáis con el término que de vuestra persona se confía, Nos tenemos por servido. Fecha en Madrid a 25 de agosto de 1578 años. — Yo el rey. — Por mandato de su majestad. — Antonio de Eraso».

En las visitas que hizo deste obispado, todo era consolar los indios y animarlos a que tuviesen paciencia en los trabajos, y confiasen siempre en la misericordia de Dios, de cuya mano les vendría todo bien. Que estuviesen firmes en la fe, pues su Divina majestad les había hecho tan singular merced, como traerlos a su conocimiento, y a ser hijos de la iglesia. Que perseverasen en su vocación, dando si fuese necesario la vida por ella, que él los encomendaría a Dios como solía hacer. Si en la visita algún indio o india, le traía algún presentillo de los que suelen, le recibía porque sabía el desconsuelo con que quedan si no se les admite; y habiéndoselo agradecido mucho le decía: «¿Hijo ya no me diste a mí esto?». Respondíale: «sí padre y señor». Entonces le decía, pues ahora te lo doy yo: toma y llévalo para ti como cosa mía, con que los obligaba a volverlo sin desconsuelo suyo, y muchas veces les deba de algunas niñerías que llevaba, a que son aficionados, como quien también los conocía. Especialmente en la última visita parece que como pronosticando el fin de sus días les decía, que cuando supiesen que era muerto encomendasen a Dios su alma, que era la más pecadora del mundo, y que su Divina majestad sabia, si le verían más, y llorando con los indios, se despedía de los pueblos. Los indios, como le oían decir que Dios sabía si le verían más, se iban tras él diciendo: «O padre, y padre de nuestras almas, que te vas y nos dejas, ¿qué haremos sin ti?». Ya somos huérfanos, ¿quién nos consolará y será nuestro amparo? Con estas y otras tales, que son muy sentidas en su lengua, le iban siguiendo hasta que el bendito obispo les mandaba que se volviesen.

A los pobres españoles hacía muchas limosnas de lo que tenía, que aunque era poco, todo lo gastaba en eso; porque ni tenía ostentación de casa, ni criados sino los muy necesarios. El aparato, y adorno de ella era como de un religioso pobre, y tanto que llegando a la ciudad de Mérida un religioso lego de nuestra orden, que pasaba de camino, necesitado de hábito se le pidió de limosna, y le respondió. Pues en verdad hermano, que le ha de llevar de la tapicería del obispo, y mandó descolgar un dosel de sayal, y se le dio diciendo: Pues no lo hago, porque no es necesario, sino porque no hay en casa, cosa que pueda suplir lo que es necesario para el hábito, que el obispo es propio para un pobre fraile, y no alcanza a más su caudal. Así era su casa pobre, porque apenas tenía el real cuando iba el pobre para quien le tenía asignado. Tratábase con humildad y ordinariamente, cuando salía a visitar a los religiosos, a los enfermos del Hospital y a los vecinos de la ciudad, no llevaba más que un negrillo, que le tenía el sombrero, cuando era necesario: de suerte, que quien no le conocía, no le tendría por obispo, sino es que advirtiese en el pectoral, porque andaba con su hábito que parecía un fraile particular.

Capítulo XVIII. Como murió el obispo don fray Diego de Landa, y fue revelada su muerte por un difunto

Llegó el tiempo en que la majestad divina tenía determinado dar al bendito obispo don fray Diego de Landa, el premio que sus muchos méritos y virtudes le habían granjeado, sacándole desta presente vida con el achaque de un resfriado que le dio, habiendo predicado un sermón de la pasión y muerte de Cristo vida nuestra. Dióle calentura con el resfriado y un dolor, que le picaba en un lado; envió a llamar al enfermero de nuestro convento, que considerando el dolor, junto con la calentura, juzgo que era dolor de costado y le sangró.

Luego dijo el obispo, que se sentía mortal, y se dispuso para la hora postrera. Pero como toda su vida había sido una continua preparación para ella, en breve se halló muy desocupado de cuidados, que solo necesitó de recoger algunos papeles, y así pasó aquel día. Al siguiente se halló muy debilitado, y mandó le dijesen misa en su aposento, y diesen el santísimo sacramento de la eucaristía por viático de su alma, el cual recibió con mucha devoción y lágrimas. A prima noche mandó juntar los criados que en casa tenía, y les hizo una plática espiritual, animándolos a la virtud, temor y amor de Dios: y agradeciéndoles lo que le habían servido, les dio su bendición, y mandó que hiciesen colación en su presencia. Acabada pidió el santo sacramento de la extremaunción, el cual recibió con notable alegría de su alma.

Asistíanle los religiosos, como a verdadero padre que tanto amaban, y a uno le rogó que tuviese cuidado de la puerta del aposento, para que no permitiese entrar persona alguna con ruido, porque deseaba morir entre sus hermanos espirituales a solas. A otro que tuviese una candela, y una cruz, que le había de poner en las manos en su tránsito. A otro, que en no pudiendo hablar le dijese de cuando en cuando: Señor mirad, que os morís, y que le humedeciese la boca con un hisopillo, porque necesitaría dello. Hasta este punto no se había quitado el hábito de sayal que traía, y con razones que le dijo el enfermero, le obligó a que se le desnudasen, y entonces le hallaron un áspero silicio que siempre trajo. Vistióle una camisa el enfermero y con ella se refrigeró algún tanto: pero a poco espacio pidió muy aprisa el hábito diciendo: que ya los enemigos se le acercaban, y que no era tiempo de estar sin la defensa del hábito. Pidió el santo crucifico y la candela, y encargó que tuviesen cuidado con lo que les había encomendado. Recibiólo en sus manos, y estando echado de espaldas se le quitó el habla, quedando con los ojos fijos en el santo crucifico y hechos dos fuentes de lágrimas tan continuas, que aun cuando los cerraba, no cesaban, y el rostro muy sereno. Publicóse en la ciudad, como parecía estar ya muy cercano a la muerte, y el gobernador, y deán fueron a toda prisa a recibir su bendición, y la alcanzaron. Aunque no hablaba, tenía los sentidos muy vivos, y sintiendo crujir la ropa del deán, que era de seda, abrió los ojos y viéndole, y al gobernador al pie de la cama, dio la candela que tenía en la mano a un religioso, y les echó la bendición, y dada volvió a recibir la candela y cerró los ojos, de quien aun continuamente no cesaban lágrimas. Supo una señora principal, que era muy devota del santo obispo el punto en que estaba y fue con mucha prisa por alcanzar su bendición postrera. Hizo algún ruido al entrar, y púsose a los pies de la cama, con que abrió los ojos el obispo, y conociéndola quiso darle su bendición, pero no pudo alzar el brazo. Hizo seña, como pidiendo ayuda y entendiéndole el religioso, le levantó el brazo, y así bendijo a su hija espiritual, que quedó con mucho consuelo de haberlo alcanzado, y desde allí se fue a la iglesia a encomendar a Dios a su padre y devoto. De allí a poco rato dio el obispo su espíritu al señor que le crió, quedando su rostro tan hermoso, que parecía un ángel. En vida tenía el color pálido, porque desde su mocedad con los grandes trabajos que padeció en los montes por la conversión de estos indios, quedó con achaque de asma que le molestaba mucho, y de los muchos caminos se le recrecieron otros, que sufrió con no pequeña paciencia. después de muerto le salieron chapas de color, poniéndosele rosadas las mejillas, con que aun los que le habían tenido poco afecto, se persuadieron a que era varón santo, y así lo aclamaban todos. Murió a 29 de abril de 1579 años, con treinta y ocho de religión, treinta de ministro y apóstol desta tierra, y seis no cumplidos de la posesión de su obispado: los de todo el discurso de su vida 54.

Luego que se hizo señal de que era muerto, concurrió gran número de pobres, que clamando decían: Ya se acabó nuestro refugio, ¿quién nos dará remedio? Cada día le teníamos de tus santas manos, o padre de pobres, y con muchas lágrimas y lástimas lloraban su muerte. Fue depositado su cuerpo en el convento de N. padre san Francisco de la ciudad de Mérida con mucha solemnidad y gran concurso. Fue sentida de todos su muerte (palabras son estas a la letra del bachiller Valencia) por lo mucho que le amaban. «Por su buena vida y ejemplo, y por la opinión de santidad en que estaba. «Y poco antes había dicho dél.» Fue uno de los segundos frailes que vinieron a esta provincia, en donde trabajó apostólicamente predicando el santo evangelio a los naturales, por ser como era gran lengua Yucateca.» Y el padre Lizana dice, que fue aclamado de todos por santo, porque quiso Dios le honrasen en su muerte con este título, aun los mismos que en vida le publicaban revoltoso y inquietador de la república. Sobre todo dice, sintieron su muerte los indios, entre quien quedó su memoria en lamentaciones perpetuas, a cuyo tránsito compusieron tres endechas (que aun cantaban al tiempo que dio a la estampa su devocionario) con canto tan lastimoso y tal tristeza, que aun la causaban a los que no los entendían. Fue natural de la villa de Cifuentes en la Alcarria, reino de Toledo, hijo de padres nobles del linaje de los Calderones. Recibió el hábito de nuestra sagrada religión en el insigne convento de san Juan de los Reyes de Toledo, siendo de edad de dieciséis años, en la santa provincia de Castilla, donde estudió la filosofía y santa teología hasta los veinticinco de su edad, que fue cuando vino ti esta tierra. Lo demás de su vida consta de todo lo hasta este punto escrito.

Tengo en mi poder una carta suya de 25 de abril de 1568 años, fecha en el convento de Cifuentes su patria, y en ella responde a un ciudadano de Mérida, que había tenido algunas adversidades, después que el santo varón se fue a España, y está ya carcomida, que no se pueden leer algunas razones, y consolándole en sus trabajos le dice: «Aunque los muchos trabajos y desasosiegos, que usted ha pasado, después que yo de Yucatán salí, me han dado harta pena, y tanta que me he arrepentido por haberle impedido la venida a España, cuando yo vine; porque por mucho que hubiera pasado, no me parece llegara a lo que allá le quedaba que pasar, aunque en esto no hay que reparar, pues no somos adivinos ni profetas, ni pueden nuestros acuerdos impedir los consejos de Dios, que deben ser llevar a usted por ese camino para madurarle y ablandarle con trabajos, y aun para preservarle por ventura con ellos de males y pecados, que por ventura haría si sin ellos estuviese. A lo menos la intención de Dios en los males que permite, que nos vengan y se nos ofrezcan; siempre es de nuestro mayor bien y provecho; y si nosotros supiésemos referir a nuestra señor nuestros trabajos, grandes provechos nos harían, conforme a la sentencia de la divina escritura, que dice: se convierten en bien todas las cosas a los que las ofrecen a nuestra señor Dios, como hacen los que pasen sus acaecimientos y adversidades con constancia y paciencia virtuosa. Y entienda usted que no debemos tener en mucho pasar pocos trabajos, peligros y tentaciones, los que no son grandes, ni por grave negocio, que nos pongan los enemigos, como también los amigos) todo lo cual le ha acaecido a usted. Y por eso los tengo, y son sus trabajos muchos, y en mucho y le son graves, pues se los han causado sus hijos que crió en su casa, y han sido tan grandes que con ser tan hijodalgo y tan honrado, le han puesto en los términos y aprieto que se ha visto. Dios se lo perdone a quien lo ha hecho, que no lo hiciera así en

España, y a usted dé paciencia tanta, que acordándose de las persecuciones del señor inocente y sin pecado, le ofrezca sus trabajos y de que es pecador, huélguese ser en esta vida castigado, y de que es mortal; perdone a todos por amor del que decía en la cruz: padre perdónalos, que ignoran lo que hacen, y con esto se sosegará más y comenzará a hacer matalotaje para el cielo, pues tiene usted tan buena ayuda en la señora Bazana, y tan buena edad para comenzar ya a tratar del negocio de su alma: tan importante negocio, y en que tanto a todos va. Y si nosotros mismos no lo hacemos, no hay quien, que todo el mundo como malo y puesto en maligno, nos impide. Y usted perdone mi sermón y reciba mi voluntad, que yo le juro como religioso, que si yo pudiera, que de tan buena voluntad le diera dineros y remedio, como consejos y buenas palabras, etc. después tratándole de otras cosas, y llegando a lo que le había escrito pasaba en esta tierra, dice: «Pésame de sus desasosiegos por el daño grande que con ellos echará, nuestro señor les dé paz y los concierte. De mi se decir a usted que no se me olvida en lo del desearles todo bien y servicio, como se le hiciera acá y allá en las indias». Reciba nuestro señor mi voluntad que la sabe, etc. Y tratando de lo que le pasaba en España, y como ni aun acordarse de la causa dello querría, dice: «Y así poniéndome en mi paz, entiendo en lo fue a mi salvación toca, y entenderé con el favor divino, esto poco que me debe quedar de vida, la cual aun gastaré en mis trabajos, sin perdonarla ni huirlos, si pensara he de sacar de ellos algún fruto. He quedado y estoy viejo, lleno de canas y mal aliñado de dientes y muelas, que me dan pena; harta falta hacen, aunque tengo más fuerzas y salud que tenía allá, y con grande deseo de gastarlo todo en mi salvación, plega a nuestro señor que acierte. Amen». He referido esto, para que se vea el espíritu del señor, con que estaba este siervo en medio de su mayor adversidad, como desterrado desta provincia».

Permitió la majestad Divina, para gloria suya y honra de su siervo, un caso admirable luego que murió. En la playa de la mar entre Champoton y Campeche, venía un español llamado Pedro de Cáceres para la villa, y desde lejos descubrió un hombre que al contrario iba para Champoton. Acercándose le pareció que era un difunto compadre suyo, y quiso Dios que sin turbarse le dijo:

—¿Compadre no sois vos fulano? —respondió yo soy.

Replicóle el Pedro de Cáceres:

—Pues cómo, no sois difunto.

Respondióle:

—Sí soy, y el señor me dio licencia para que me apareciese a vos y os pida cumpláis con unas obligaciones de misas que yo tenía a cargo y me descuidé, de suerte que cuando quise cumplirlas no tuve con qué. Estoy detenido en el purgatorio, hasta que se satisfaga lo que debo, y díjole las que eran. Así os pido me hagáis este bien, e iré luego a gozar de Dios.

Prometióle Pedro de Cáceres cumplir lo que le había pedido, y luego le dijo el difunto: Para que creáis que soy vuestro compadre y no se os olvide lo que habéis prometido, sabréis que habrá una hora que el obispo Landa murió en la ciudad de Mérida, y fue tan querido de Dios, y su siervo fiel que fue a gozar de la bienaventuranza, y pasó por el purgatorio, como pasa el relámpago de oriente a poniente, que apenas le vimos, cuando ya pasó y de esto soy testigo, y veréis por esto ser yo y la necesidad que tengo. Quedaos con Dios, y no volváis el rostro a mí, cuando me vaya que no os estaré bien. El buen hombre o por curiosidad, o porque así lo permitió Dios, para más manifiesto testimonio desta verdad; volvió el rostro a ver al difunto, y fueron tales las llamas en que le vio, y el espanto que le causó, que le quedó el rostro torcido a aquel lado mientras vivió y el color pálido.

Llegó a Campeche como a las tres de la tarde, y preguntó si habla nuevas de Mérida, y dijéronle que no, y él dijo entonces, pues el obispo murió a las nueve del día. Preguntáronle que como lo sabia, que ni aun había nueva de que estuviese enfermo, y no respondió más de que presto se sabría. Después de media noche llegó la nueva de la muerte del obispo y como por ella se supiese que había sido a la hora, que el Pedro de Cáceres había dicho, le llamaron y obligaron a que dijese como lo había sabido, pues cuando lo dijo, a lo más habría seis horas que el obispo habla muerto, y sabían que venía de Champoton, que cae más adelante al occidente de Campeche. Entonces contó el case como le había sucedido, y comprobólo con su rostro torcido y color pálido, que antes no tenía: con que todos lo creyeron, y dieron gracias a nuestro señor, que así había querido manifestar la gloria de su siervo, y cuya misericordia sea bendita por siempre. Amen.

Por su muerte quedó el gobierno en el deán y cabildo, sedevacante don Cristóbal de Miranda deán, don Francisco de Quintana arcediano, don Lorenzo de Monterroso chantre, don Leonardo González de Sequera tesorero, y Pedro Pérez de Vargas racionero, que gobernaron hasta el año siguiente que vino sucesor don fray Gregorio de Montalvo, tercero obispo de Yucatán.

Libros a la carta

A la carta es un servicio especializado para
empresas,
librerías,
bibliotecas,
editoriales
y centros de enseñanza;
y permite confeccionar libros que, por su formato y concepción, sirven a los propósitos más específicos de estas instituciones.

Las empresas nos encargan ediciones personalizadas para marketing editorial o para regalos institucionales. Y los interesados solicitan, a título personal, ediciones antiguas, o no disponibles en el mercado; y las acompañan con notas y comentarios críticos.

Las ediciones tienen como apoyo un libro de estilo con todo tipo de referencias sobre los criterios de tratamiento tipográfico aplicados a nuestros libros que puede ser consultado en Linkgua-ediciones.com.

Linkgua edita por encargo diferentes versiones de una misma obra con distintos tratamientos ortotipográficos (actualizaciones de carácter divulgativo de un clásico, o versiones estrictamente fieles a la edición original de referencia).

Este servicio de ediciones a la carta le permitirá, si usted se dedica a la enseñanza, tener una forma de hacer pública su interpretación de un texto y, sobre una versión digitalizada «base», usted podrá introducir interpretaciones del texto fuente. Es un tópico que los profesores denuncien en clase los desmanes de una edición, o vayan comentando errores de interpretación de un texto y esta es una solución útil a esa necesidad del mundo académico.

Asimismo publicamos de manera sistemática, en un mismo catálogo, tesis doctorales y actas de congresos académicos, que son distribuidas a través de nuestra Web.

El servicio de «Libros a la carta» funciona de dos formas.

1. Tenemos un fondo de libros digitalizados que usted puede personalizar en tiradas de al menos cinco ejemplares. Estas personalizaciones pueden ser de todo tipo: añadir notas de clase para uso de un grupo de estudiantes, introducir logos corporativos para uso con fines de marketing empresarial, etc. etc.

2. Buscamos libros descatalogados de otras editoriales y los reeditamos en tiradas cortas a petición de un cliente.

www.ingramcontent.com/pod-product-compliance
Lightning Source LLC
Chambersburg PA
CBHW030849170426
43193CB00009BA/546